W0315782

Edition Methusalem

Das Große Lexikon der Heilsteine, Düfte und Kräuter

Methusalem Verlag UG (Haftungsbeschränkt)
89231 Neu-Ulm

Gedruckt auf chlorfrei gebleichtem Papier

Überarbeitete Neuauflage Januar 2010
ISBN Nr. 978-3-9811492-1-0

Copyright ©
Alle Rechte, auch bezüglich Veröffentlichung und Übersetzung in Fremdsprachen sind dem Verlag vorbehalten. Kein Teil dieses Buches darf in irgendeiner Form kopiert, nachgedruckt, Micro-verfilmt oder nach einem anderen Verfahren, auch nicht auszugsweise, reproduziert, vervielfältigt oder verbreitet werden, ohne die schriftliche Genehmigung des Verlages.

Zu diesem Buch

Das Große Lexikon der Heilsteine, Düfte & Kräuter ist nicht das Werk eines Autors, sondern eine gemeinschaftliche Errungenschaft vieler Autoren und erfahrener Menschen weltweit, die sich über Jahrzehnte um die Erkenntnisse heilender Steine bemüht haben. Hierfür waren Eigenerfahrungen genauso wichtig, wie die Erfahrungen zufriedener Menschen, die ihre Gesundheit und ihr seelisches Wohl mit heilenden Steinen verbessern konnten. Hinzu kommen die handfesten Lebenserfahrungen vieler Generationen und Traditionen wie z.B. aus dem Indianischen, dem Ayurvedischen oder aus der traditionellen chinesischen Medizin, die zum einen auf Überlieferungen beruhen und zum anderen auf den Erkenntnissen täglicher neuer Erfahrungen unzähliger geheilter Menschen aufbauen. Das große Lexikon der Heilsteine, Düfte & Kräuter spiegelt demnach keine vorangegangene Literatur wieder, worauf in einem Quellenverzeichnis hingewiesen werden könnte, sondern die tatsächlichen Erfahrungen unzähliger geheilter Menschen, deren Bemühungen um die Kräfte der heilenden Steine die wahren Quellen dieses Buches sind. An dieser Stelle ein herzliches Dankeschön an alle, die mit ihren Erkenntnissen und Erfahrungen zum Erfolg der Steinheilkunde beigetragen haben. Sie sind die eigentlichen Autoren dieses Buches. Tragen auch Sie mit Ihren Erfahrungen zu neuen Erkenntnissen bei und ermöglichen Sie hierdurch auch anderen Menschen mehr Gesundheit und Genesung durch heilende Steine. Am Ende des Buches befindet sich eine Antwortkarte dafür.

Und noch etwas sollte nicht unerwähnt bleiben, nämlich die Frage nach Glauben, Beweisbarkeit und nach wissenschaftlichen Hintergründen. Davon abgesehen, dass Heilsteine genauso heilen wie morgens die Sonne aufgeht, ob Sie daran glauben oder nicht, ist auch die Glaubensenergie eine durchaus positive Lebensenergie, die im wahrsten Sinne des Wortes Berge versetzen kann. Sie kann auch Krankheiten versetzen! Und wer beides für sich nutzt, die Heilkraft der Steine und die positive Glaubensenergie, wird seine gesundheitlichen Wünsche schneller erfüllen. Denn die Glaubensenergie ist sozusagen das Gleitmittel der heilenden Energien der Steine durch Körper und Seele. Übrigens glaubt die Pharmaindustrie mit ihren chemischen Produkten auch nur daran, dass Sie heilen können. Schriftlich wird sie Ihnen das nicht geben wollen, weil sie es nicht weiß. Welcher Glaube ist nun besser? Sicherlich immer der, der Ihnen hilft. Und wie sieht es mit dem Beweis aus? Wenn Sie sich hierbei nur an Wiederholbarkeit, Statistik und Quantifizierbarkeit orientieren wollen, dann sind die heilenden Energien der Steine mehrfach z.B. von Hildegard von Bingen, Dr. Schüssler (Schüssler Salze) und vielen anderen Naturärzten nachgewiesen worden.
Der wichtigste Beweis ist sicherlich die Überlieferung der Menschen über viele Tausend Jahre. Wenn Ihr Anspruch hiermit nicht erfüllt wird, dann wird es auch für uns schwierig, erklären zu können, warum Steine heilen. Für uns stellt sich die Frage jedoch nicht, weil für uns bereits das Wissen darüber ausreichend ist, dass bestimmte Steine sich seit Jahrtausenden nachweislich positiv auf den Heilungsverlauf bestimmter Krankheiten auswirken können. Warum sie das tun, ist im Prinzip doch eigentlich genauso egal, wie die Frage darüber, warum morgens die Sonne aufgeht.

Wo bleibt die Wissenschaft?
Sie können das Gewicht eines Schuhs wiegen und auch die Menge an Material, die Sie benötigen, um ihn zu produzieren. Wie schwer die Schuld wiegt, die man

jemandem in die Schuhe schiebt, oder um wie viel man leichter wird, wenn Ihnen ein Stein vom Herzen fällt, ist auf die rein wissenschaftliche Art nicht messbar. Oder wie wollen Sie Liebe, Angst, oder Sorgen messen? Aus wissenschaftlicher Sicht dürften diese Dinge überhaupt nicht existieren. Sie bestimmen jedoch unser Leben! Und wie steht es um die Überlieferungen der Menschen von Generation zu Generation über Jahrtausende hinweg bis heute? Glauben Sie, dass die Menschen auf dieser Welt das Wissen über die heilenden Wirkungen der Steine überliefert hätten, wenn es nicht vorhanden wäre? Nein! Der pharmazeutische Heilansatz, dem wir oft blindlings vertrauen, wird sicherlich in seiner Fülle keine 1000 Jahre Bestand haben. Auch die Medizin erkennt das Potential und besinnt sich zunehmend wieder zur Naturheilkunde, auch mit heilenden Steinen, zurück. Übrigens leben rund 90% aller Menschen auf unserer Erde in Gesellschaftsformen, in denen die Heilenergien von Steinen, Düften und Kräutern nie so stark ins Lächerliche, Abergläubische, Mystische oder Märchenhafte verbannt wurden wie bei uns! Sie haben dort zumindest den gleichen Rang wie chemische Arzneien. Bei vielen dieser Völker ist z.B. Krebs bis heute kaum bekannt und die Lebenserwartung liegt oft höher als bei uns.

Gesund durch Heilsteine?

Die heilenden Kräfte von Steinen sind seit Urzeiten bekannt und durch die Erfahrungen der Menschen nachgewiesen. Sie wurden von Generation zu Generation weiter gegeben. Heilsteine und Mineralien sind fester Bestandteil des Körpers, ohne die keine Gesundheit möglich ist. Deshalb enthalten auch moderne Arzneien oder Schüssler Salze, Mineralien aus Heilsteinen. Das gilt auch für die Naturheilkunde. Allerdings werden hierfür überwiegend unverfälschte Edelsteine und Kristalle ohne chemische Aufbereitung so angewendet, wie sie natürlich vorkommen, oder zu Essenzen, Heilsteinketten oder Heilsteinwassern verarbeitet. Besonders Edelsteinwasser und Essenzen haben sich wegen ihrer gleichbleibenden, gut vorhersagbaren Wirkungen als wahrer Quantensprung für die Gesundheit erwiesen. Sie sind zur innerlichen und äußeren Anwendung gleichermaßen gut geeignet und lösen körperliche Erkrankungen und negative Blockaden in den Chakras, im Gemüt, Geist und Seele besonders gut auf. Hierdurch kann fast allen Erkrankungen der ursächliche Nährboden entzogen werden, und zwar auf völlig natürliche Art und ohne Nebenwirkungen. Denn ohne Ursache gibt es auch keine Wirkungen bzw. Krankheiten.

Wie wirken Heilsteine und Essenzen?

Tragen Sie die gewünschten Steine möglichst nahe bei sich in der Hosentasche oder auf der Haut und nehmen Sie Essenzen zur inneren Anwendung ein. Die positiven Energien lösen ihrer therapeutischen Bestimmung entsprechend negative Blockaden und Krankheitsmuster auf und beseitigen auch die krankmachenden Ursachen. Gleichzeitig bringen sie aus dem Rhythmus geratene Körperzellen wieder in gesunden Einklang zurück. Denn Krankheit ist nichts anderes als aus dem Rhythmus geratene Harmonie (Gesundheit), was sich wiederum in unharmonischen Zellrhythmen durch Schmerzen und Krankheiten wiederspiegelt.

Wir alle wünschen Ihnen viel Erfolg mit den sagenhaften Kräften heilender Steine, Kristalle, Düfte und Kräuter.

Vorwort

In allen Kulturen war das Wissen über die heilenden Kräfte der Edelsteine genauso fester Bestandteil der Naturheilkunde wie die heilenden Wirkungen ätherischer Öle und Kräuter auch. Jahrtausende altes Wissen und unser Fachwissen aus über 25jähriger Erfahrung ermöglichen Ihnen dieses Nachschlagewerk, welches alle Ihre offenen Fragen für den Edelstein- und Heilstein-Gebrauch beantwortet und Ihnen Ihre Unsicherheit aus dem Umgang mit Heilsteinen nimmt.

Da Heilsteine nur ein Teil der Naturheilmittel sind, haben wir Ihnen in diesem Buch zusätzlich zu den 240 erhältlichen und gut erforschten Heilsteinen auch eine Übersicht der Eigenschaften von 115 ätherischen Ölen und Düften und der am meisten im Handel erhältlichen Kräuter ausgearbeitet. Sie haben so die Möglichkeit, noch umfangreicher in den vorbeugenden und heilenden Genuß der Heilsteine, auch in Verbindung mit Düften und Kräutern, zu gelangen.

Alle 240 Heilsteine sind farbig abgebildet. Hierbei handelt es sich um die 240 gut erforschten Heilsteine, die auch wirklich im Handel erhältlich sind. Die Heilwirkungen dieser Steine sind genau und detailliert beschrieben. In diesem Buch wird auf "Fachchinesisch" verzichtet. Der Krankheitsverlauf und die Eigenschaften, wie jeder Stein die Leiden in Körper, Geist und Seele lindert und heilt, sind genau aufgeführt.

Dabei haben wir Ihnen in diesem Buch nicht nur eine Aufzählung gemacht, welche Steine beispielsweise für Ihr Herz gut sein könnten, sondern wir haben Ihnen sehr differenziert und detailliert aufgeschrieben, wie der jeweilige Heilstein beispielsweise auf Ihr Herz wirkt. Denn wir glauben, daß es für Sie sehr wichtig ist, zu wissen, ob der Heilstein Ihrem Herzen über das Blut, die Muskulatur oder gar über die Nerven am meisten hilft. So haben Sie die beste Möglichkeit, den jeweils optimalen Stein zum Vorbeugen und Heilen auszuwählen. Natürlich können Sie auch mehrere Heilsteine miteinander kombinieren oder auch als Heilsteinwasser verwenden.

Die heilenden Kräfte der Edelsteine und Kristalle sind nachweislich genauso vorhanden, wie die Heilwirkungen von ätherischen Ölen und Kräutern auch. Krankheiten sind aus dem Gleichgewicht geratene Funktionen von Hormonen und Enzymen, Organen und Drüsen, oder Geist und Seele. Nicht der Glaube an die heilenden Kräfte der Steine, sondern der tatsächlich hohe Gehalt an Mineralien, Spurenelementen und die spürbar positiven Schwingungsenergien der Heilsteine bewirken mehr Ausgewogenheit und Harmonie in unserem Organismus. Man könnte auch sagen, mehr Heilung und Gesundheit.

Ob Sie es glauben, oder nicht!

Heilsteine und Kristalle bewirken durch ihre phantastischen Kräfte auch für Sie ein höheres Maß an Gesundheit, Zufriedenheit und Lebenserfüllung. Heilsteine, Mineralien und Spurenelemente sind fester Bestandteil des Körpers und der Natur, und ohne sie wäre ein biologisches Leben auf der Erde nicht möglich.

Am Anfang war der Stein

Es waren die Felsen und Gesteine, welche in Verbindung mit Mineralien und Kristallen die ersten "Lebewesen" auf unserer Erde waren. Denn Edelsteine und Kristalle sind ebenfalls Lebewesen, wie wir Menschen, die Tiere und die Pflanzen auch. Sie haben sich entwickelt und sind gewachsen, jedoch nur sehr langsam. Sie benötigten um "groß" zu werden Tausende von Jahre. Weil sie so langsam wachsen, werden sie von uns Menschen aufgrund unseres kurzen Zeitdenkens häufig für tot gehalten. Dies stimmt jedoch nicht. Kristalle sind Lebewesen und unterliegen genauso der natürlichen Gesetzmäßigkeit von Wachstum, Aufbau und Verfall, wie wir Menschen auch. Unsere Erde besteht zu einem Großteil aus Gesteinen. Die Edelsteine und Kristalle, die reinsten aller Steine, sind jedoch sehr selten in diesem riesigen Meer aus Fels und Stein zu finden. Seit Gedenken der Menschheit werden Steine und Edelsteine geschätzt und als Heilsteine und Glücksbringer verehrt. Die Edelsteine und Kristalle stehen bei den meisten Völkern den Kräften der Götter in nichts nach und werden auch heute noch als göttliche Energie auf Erden verehrt. Sie spenden den Menschen, Pflanzen und Tieren seit Beginn der Evolution Kraft, heilen Krankheiten und schützen vor bösen Mächten.

Schon in der Steinzeit wurden die heilenden Eigenschaften bestimmter Steine erkannt. So entwickelten z. B. die Chinesen durch Auflegen und Einnehmen von Heilsteinen schon 4.000 Jahre v. Chr. eine der ältesten und sichersten Heilmethoden. Auch die Ägypter, Griechen und Römer erkannten die schützenden und heilenden Wirkungen der Kristalle. Sie brachten diese direkt mit Liebe, Unsterblichkeit, Schutz, Gesundheit und Lebenserfüllung in Verbindung. Die Kraft der Steine ist bei allen Völkern fester Bestandteil des Glaubens und der Medizin. In der Bibel, in der Offenbarung, wird sogar Gott als reiner Edelstein, bestehend aus Jaspis, Carneol und Smaragd, beschrieben. In Israel wurden 12 Grundsteine zu einem Edelsteinorakel bestimmt, um deutlicher am Willen Gottes teilhaben zu können. Die zwölf Grundsteine wurden den zwölf Tierkreiszeichen zugeordnet und so entstanden später die Monatssteine und Glückssteine nach unserer Überlieferung. Gleichzeitig entwickelten andere Völker Orakel und so entstanden die von der Europäischen Überlieferung abweichenden Indianischen und Chinesischen Horoskope.

Aber auch Hildegard von Bingen und Konrad von Magdeburg haben sich schon im frühen Mittelalter mit den heilenden Kräften der Steine als Wissenschaft befaßt und diese überliefert. Das Wissen der Menschen über die natürlichen Heilkräfte war über Jahrtausende existenzsichernd und wurde in der Familie von Generation zu Generation weitergegeben. Vor rund 200 Jahren, mit Beginn der Industriellen Revolution und Technisierung unserer Gesellschaft, begann jedoch die Schlamperei mit dem überlieferten Wissen über die Heilkräfte der Natur. In einer hochtechnisierten Welt war es auf einmal modern, nur noch daran zu glauben, was wissenschaftlich erwiesen zu sein schien. Schnell gerieten die Jahrtausende alten Überlieferungen der natürlichen Heilmittel in Vergessenheit. Auch die Homöopathie, Akupunktur, Kräuterheilkunde und Aromatherapie, sowie andere Heilmethoden wurden von den modernen Medizinern und Wissenschaftlern belächelt und häufig als Unfug abgetan.

Mit zunehmender Belastung auf die Umwelt und unseren Körper, besinnen sich heute viele Menschen, darunter auch Wissenschaftler und Mediziner, wieder zurück zur chemiearmen Alternativmedizin und zu den natürlichen Heilmitteln. Hinzu kommt, daß gerade Edelsteine und Mineralien eine große Rolle in unserem Körper spielen. Sie wirken auf vielfache Weise für uns und neutralisieren krankmachende Unausgewogenheiten in unserem Organismus.

Dies nicht nur wenn wir krank sind, nein, Edelsteine haben die stärksten vorbeugenden Kräfte aller Heilmittel, und dies ohne Nebenwirkungen.

Wichtig:

Wir möchten Ihnen mit diesem Buch nicht nahelegen, bei Erkrankungen auf den ärztlichen Rat zu verzichten. Dieser ist trotz allem sehr wichtig, da nur Ihr Arzt 100%ig feststellen kann, worunter Sie leiden. Erst, wenn Ihr Arzt Sie aufgeklärt hat, und Sie genau Ihre Diagnose kennen, möchten wir Ihnen mit Hilfe dieses Buches die Heilmöglichkeiten mit den Edelsteinen erläutern, und Ihnen den direkten Weg zu den natürlichen Heilmitteln bereiten. Die Entscheidung liegt dann bei Ihnen, ob Sie zu chemischen Medikamenten mit all ihren Nebenwirkungen greifen, oder ob Sie sich auch natürlicher Heilmittel bedienen, ohne Nebenwirkungen. Der Erfolg kann also mit den Heilsteinen nur positiv sein. Dies soll jedoch nicht bedeuten, daß wir die moderne Medizin verachten. Im Gegenteil, diese gehört ebenso zu den unentbehrlichen Errungenschaften der Menschheit, wie die alternative Medizin auch. Wir wollen und können auf diese nicht gänzlich verzichten. Aber ein Großteil der chemischen Medizin wird einfach durch die regelmäßige Vorsorge und Anwendung von Heilsteinen überflüssig. Ein sehr positiver Erfolg wäre es für Sie, und gleichzeitig für unsere gesamte Umwelt doch schon, wenn Sie durch Heilsteine auf einen Teil der künstlichen Medikamente verzichten würden. Tausende von Versuchstieren könnten ihr Leben behalten, und nicht nur Ihr Organismus wird es Ihnen danken, sondern auch unsere Erde, welche all die natürlichen Heilmittel für uns bereit hält und im Gegenzug nicht mehr mit soviel umweltbelastender Chemie verseucht werden würde.

Grundwissen

Alle Umwelteinflüsse, ob seelisch oder physisch, dringen von außen, also über die Sinne, Aura, Haut und Chakras in uns ein und bewirken sofort oder später Veränderungen in unserem Organismus. Damit Sie die Zusammenhänge von Gesundheit und Wohlbefinden mit den Heilsteinen als Alternativmedizin besser verstehen, und für Sie das Heilen mit Edelsteinen nicht zur Glaubensfrage wird, haben wir Ihnen die Grundvoraussetzungen zum Verständnis für Ihre Edelsteintherapie in einem übersichtlichen Kapitel an Grundwissen zusammengefaßt.. Anschließend beschreiben wir Ihnen dann, wie die Steine heilen und beantworten alle Ihre Fragen bezüglich Steinwahl, Reinigung, Heilwirkungen auf Körper und Seele, Sternzeichen, Geologie und Astrologie.

Was sind Sinne und Chakras?

(siehe Abb. S. 12)

Unsere Sinne:

Sinne sind Fähigkeiten des Organismus, verschiedene Arten von Veränderungen wahrzunehmen. Über die Sinneszellen der Sinnesorgane werden Informationen aus der Umwelt und unserem Organismus ausgewertet und an Körper, Geist und Seele weitergeleitet. Die Sinne geben uns Auskunft über unser Umfeld, warnen vor Gefahren und regulieren unseren körperlichen und geistigen Zustand.

Wir unterscheiden drei Gruppen von Sinnen:

Gruppe 1: Objektive Sinne

Objektive Sinne sind Sehen, Riechen, Fühlen, Hören und Schmecken. Wir können diese Sinne direkt durch unsere Sinnesorgane steuern und auch beeinflussen. Bewußt können wir uns ein Urteil über die Informationen, welche wir durch diese Sinne aufnehmen, bilden, oder wir können beispielsweise sagen "das möchte ich nicht sehen" und schließen die Augen. Anders ist dies bei den subjektiven Sinnen.

Gruppe 2: Subjektive Sinne

Chakras - endokrines System - vegetatives Nervensystem

Dies sind Sinne, welche wir nicht beeinflussen können. Die Informationen, welche über die subjektiven Sinnesorgane ständig in uns eindringen, dringen direkt zu den Organen, Drüsen und zur Seele vor. Wir können diese nicht herausfiltern, wie dies z. B. mit dem Schließen der Augen möglich wäre. Die Sinnesorgane zum Aufnehmen dieser Informationen sind hochsensible Nervengewebe, welche wir als **CHAKRAS** bezeichnen.
Wir unterscheiden hierbei 7 Hauptchakras und die Nebenchakras. Diese sind direkt mit den **sieben Drüsen des endokrinen Systems** verbunden **(Nebenniere, Hypophyse (Hirnahnhangdrüse), Schilddrüse, Nebenschilddrüse, Thymusdrüse, Eierstöcke und Hoden, Inselorgan der Bauchspeicheldrüse).** Sie filtern die Informationen aus unserer Aura und leiten diese in Form von Schwingungen und Impulsen an die Drüsen, Nerven und Organzellen weiter. Alle Informationen, die in unsere Aura eindringen, werden also gesammelt und den Energiezentren **(Chakras)** zugeführt. Diese feinfaserigen Nervenzentren erkennen die empfangenen Informationen und zerlegen diese in Licht und Energie, um sie an das Innere unseres Körpers weiterzugeben.

Chakras sind also Sinnesorgane, wie unsere Augen und Ohren auch, und erkennen jedes für sich die für sie bestimmten Informationen von selbst. (Unsere Augen würden auch nicht riechen). Sie sind besonders sensible Körperstellen, worüber Umwelteinflüsse unterbewußt und ununterbrochen in unsere Seele und den Körper gelangen. Alle Chakras leiten die Eindrücke über **feinfaserige Energiekanäle** zum Hauptenergiekanal nahe der Wirbelsäule weiter. Dieser ist über sensible Nervenfasern, den Meridianen, mit den Organen verbunden. Ober die Energiefasern und die Nervenhauptkanäle werden die Informationen je nach Bestimmung an das **endokrine System** oder dem parallel zur Wirbelsäule verlaufenden **vegetativen Nervensystem** weitergeleitet.

Das **endokrine System ist das System der Drüsen** im Körper und kontrolliert die verschiedenen chemischen Funktionen der Zellen, Geweben und Organe. Es steuert deren Funktionen durch das Ausscheiden von Enzymen und Hormonen (chemische Verbindungen, welche eine Reaktion verursachen). Über das vegetative Nervensystem werden alle unterbewußten Lebensvorgänge gesteuert (Herzschlag, Atmung, Verdauung usw.). Hierüber erreichen die Informationen alle inneren Organe auf zwei verschiedenen Wegen. Einmal über den **Parasympatikus-Nerv**, welcher sich verzweigt durch Brust und Bauchhöhle zieht, und zum anderen über den **Sympatikus-Nerv,** welcher direkt an der Wirbelsäule entlang unseren Körper durchläuft.

Beide Systeme, also endokrines System und vegetatives Nervensystem, regeln die Lebensvorgänge durch Ausgleich von Hormonen und durch Impulse kleiner Energiestöße im Organismus. Durch Aktivierung des Nervensystems und der Drüsen des endokrinen Systems, welche durch Umwelteinflüsse um uns herum ausgelöst werden, wird also einiges im Körper bewirkt.

Jedes Chakra schwingt mit der Harmonie bestimmter Organe und liegt auf der Wellenlänge einer bestimmten Farbe. Die Kräfte der Sinne, ob nun objektiv oder subjektiv, bestimmen unsere Existenz, Wohlbefinden, Wachstum, Gesundheit und Persönlichkeit. Durch die Chakras werden Informationen in uns hineingeleitet und ausgesandt und bewirken Liebe und Gesundheit und alle anderen seelischen und physischen Lebensvorgänge -

- kurz, sie bewirken unser Leben.

Der Verlauf des Lymphsystems (gelb) und die Drüsen des endokrinen Systems

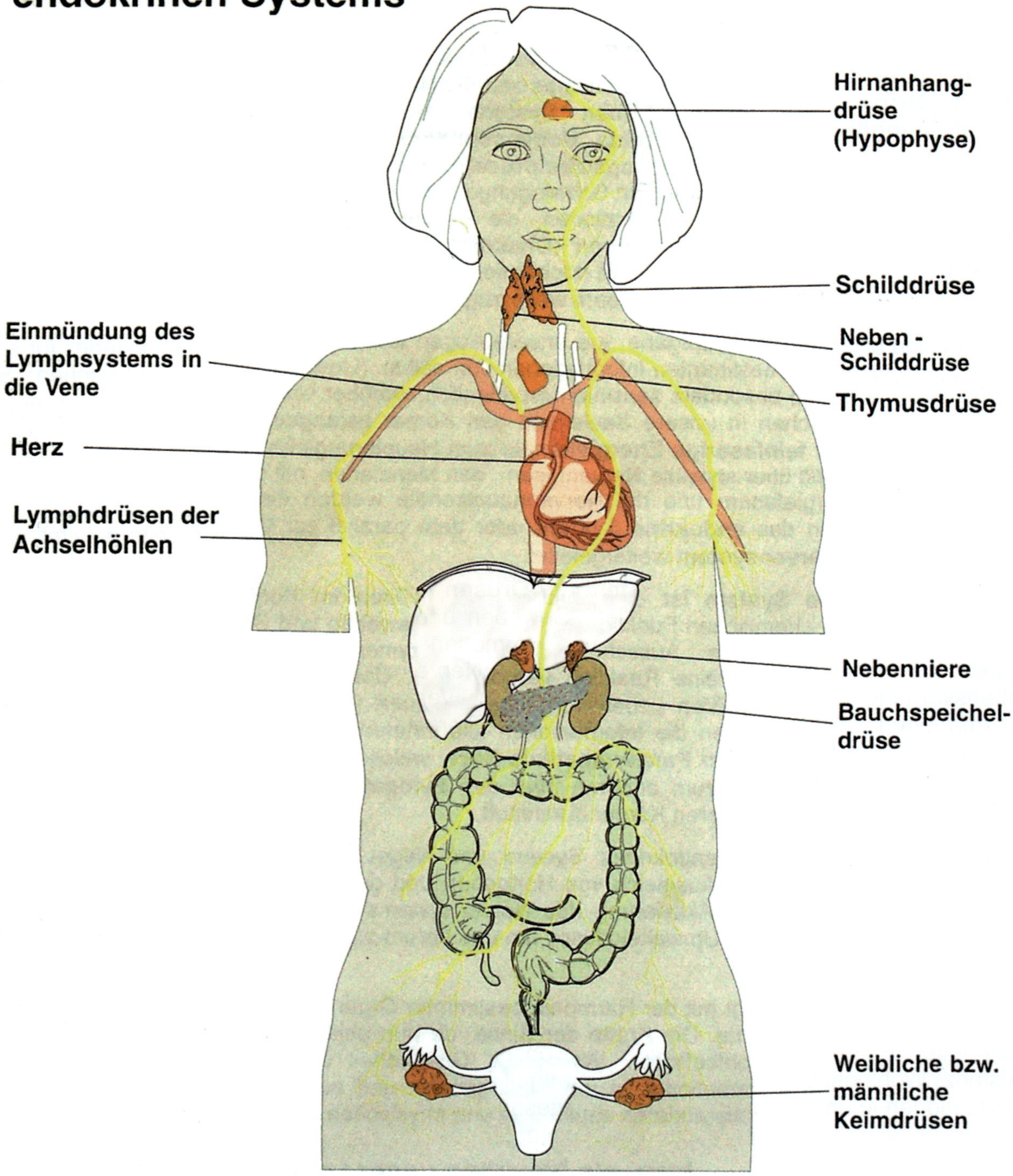

Gruppe 3: Intuition oder 7. Sinn

Als Intuition oder 7. Sinn bezeichnen wir die Fähigkeit, etwas gefühlsmäßig zu wissen, was uns logisch nicht erklärbar ist. Intuition läßt sich mit dem Instinkt vergleichen, den Tiere uns Menschen voraus haben. Wir haben diesen im Laufe unserer Entwicklung verloren und nur noch ein ganz geringer Teil dieser Fähigkeit, die Intuition, ist davon übrig geblieben. Sie ist eine gefühlsmäßige Eingebung aus der Gesamtheit unseres Organismus. Intuitives Wissen oder Handeln läßt sich nicht erklären, "man weiß es eben".

Obwohl wir häufig mit unserer inneren Stimme konfrontiert werden, welche sich durch ein kribbeln in der Magengrube bemerkbar macht, wird die Intuition unterschätzt. In ihr liegen die Fähigkeiten, gefühlsmäßige, richtige Entscheidungen zu treffen, welche für unser weiteres Leben sehr entscheidend sind. Die meisten Menschen kennen dieses Gefühl, welches vor Gefahren warnt. Ein Kribbeln im Magen, welches uns sagt: "Tu das nicht!" Obwohl wir intuitiv die wahren Eigenschaften einer Person oder Sache im Kern erkannt haben, handeln wir leider doch oft anders. Danach kommt es dann zu den typischen Aha-Erlebnissen, wie: "Ich hab's doch gleich gewußt" oder "ich hatte von Anfang an ein komisches Gefühl im Bauch." Oder wer kennt nicht das Erlebnis, daß, wenn Sie jemanden aus einem unübersichtlichen Blickwinkel heraus eine zeitlang ansehen, dieser sich dann plötzlich direkt zu Ihnen umdreht, als hätten Sie ihn gerufen.

Frauen verspüren die intuitiven Gefühle stärker als Männer und gehorchen auch mehr ihrer inneren Stimme. Sie haben Männern sogar die Fähigkeit voraus, ihre intuitiven Energien besser mit dem logischen Denkvermögen zu verbinden. Viele Kristalle und Heilsteine stärken die intuitiven Kräfte des Menschen.

Die Chakras

(Nervenzentren, Abb. S. 14)

Die Chakras:

Chakras sind die Sinnesorgane unserer Seele und des Körpers. Sie sammeln die Informationen aus den Körpern, welche unsere Aura bilden, und leiten diese in Form von Schwingungen und Impulsen an die Drüsen, Nerven und Organzellen weiter. Da unsere Haut und die Aura einen sensiblen Schutzwall um die Chakras bilden, empfiehlt es sich, die Chakras vorher zu aktivieren, damit die gewünschten Schwingungen der Heilsteine besonders tief eindringen können. Die Chakras werden meist mit lichtbringenden Energiesteinen, wie z. B. Bergkristall, geöffnet.

Wir unterscheiden die **sieben Hauptchakras** und die **Nebenchakras**. Für Ihr Verständnis haben wir die Eigenschaften der Chakras genau beschrieben und Ihnen auch gleichzeitig die Grundsteine für die Chakras aufgeführt. Dies heißt jedoch nicht, daß Sie nur diese Steine für die jeweiligen Chakras verwenden können, sondern bedeutet, daß diese Heilsteine durch ihre farbige Eigenschaft besonders gut in bestimmte Chakras eindringen. Natürlich können Sie auch mit allen anderen Heilsteinen, welche nicht in der Farbe des gewünschten Chakras schwingen, mittels Ihrer starken Schwingungsenergien auch in ein anderes Chakra eindringen. Das heißt, daß Sie jederzeit mit einem Rosenquarz auch über alle anderen Körperstellen und Chakras zu den gewünschten Organen gelangen. Daß wir empfehlen, den Rosenquarz auf das Herzchakra aufzulegen, bedeutet, daß er über dieses am besten eindringt, und soll nicht heißen, daß dieser über die anderen Chakras nicht eindringt.

Die sieben Hauptchakras:

Erstes Chakra:

Das erste Chakra wird auch Wurzelchakra oder Basiszentrum genannt. Es ist zuständig für Sexualität, Vertrauen, Standfestigkeit und kräftigt die Bedürfnisse für die Fortpflanzung und das Überleben. Von diesem Chakra aus werden die Beziehung zu Beruf, Hobby, Freundschaft und auch zu mehr Selbstverwirklichung und Durchsetzungsvermögen gesteuert.
Dieses Chakra liegt im Gesäßbereich und ist nach vorne und unten geöffnet. Es ist direkt mit der Nebennierenrinde und den Keimdrüsen (Eierstöcke und Hoden) verbunden. Über dieses Chakra werden die Ausbildung und Funktion der Geschlechtsorgane gesteuert und Regelstörungen, Fehlgeburten, vorzeitige Pubertät, Unterleibserkrankungen und Geschlechtskrankheiten geheilt. Über die Nebennierenrinde wird das Hormon Cortison gebildet und somit wird der Natrium- und Kaliumstoffwechsel sowie der Eiweißstoffwechsel und der Wasser-Kohlenhydrat-Haushalt gesteuert. Das Cortison ist Gegenspieler des Insulins und wirkt entzündungshemmend und antiallergisch. Überhöhter Blutdruck, zu hoher Blutzuckerspiegel und Fettleibigkeit bei schlankbleibenden Armen und Beinen (Cushingsches Syndrom) werden vorgebeugt und geheilt. Weitere Organe und Gliedmaßen, welche wir dem unmittelbaren Einfluß des Basiszentrums zuordnen, sind: Dickdarm, Mastdarm, der untere Teil vom Dünndarm, Enddarm, Prostata, Eierstöcke, Hoden, Harnleiter, Harnblase, Gebärmutter, das Becken, Steißbein, Blut und Zellaufbau. In der Schwangerschaft unterliegen Fruchthalter, Eiblase, Mutterkuchen, Nabelschnur und die Leibesfrucht ebenfalls diesem Chakra.
Das erste Chakra unterliegt der Farbe rot und ist den Planeten Mars, Saturn und Pluto zugeordnet. Als Grundsteine dringen durch dieses Chakra alle roten Heilsteine besonders gut ein.

Zweites Chakra:

Das zweite Chakra wird auch als Milz-, Sakral- oder Kreuzchakra bezeichnet und liegt unmittelbar unter dem Bauchnabel. Dieses Chakra beflügelt Erotik und warme menschliche Gefühle, aber auch Erfolg und Freude. Wir verspüren dieses Chakra an einem leichten Kribbeln im Bauch. Die Freude vor einem guten Essen, Ehrgeiz und Erfolg machen sich durch dieses Chakra bemerkbar. Es vermittelt schöpferische Eigenschaften und ist auch für das Erwachsenwerden mitverantwortlich.
Hauptsächlich ist dieses Chakra mit den Drüsen des Nebennierenmarks verbunden. Das Nebennierenmark ist für den Adrenalinhaushalt verantwortlich und reguliert beispielsweise den Blutdruck, Blutzucker und bewahrt die Leber vor Unterversorgung mit Hormonen und Mineralien. Menschen mit zu hohem oder zu niedrigem Blutdruck sollten daher zu Herz- und Kreislauf-Heilsteinen zusätzlich auch orangene Edelsteine verwenden, da diese besonders intensiv in das zweite Chakra eindringen. Das zweite Chakra schwingt sehr ähnlich in der Frequenz des ersten Chakras und ist mit diesem auch über einzelne Nervenfasern direkt verbunden. So ist beispielsweise erwiesen, daß über das zweite Chakra auch Nervenfasern und Informationen hin zur Nebenniere, Keimdrüse, Eierstöcke, Prostata und Hoden transportiert werden.
Das zweite Chakra ist dem Mond zugeordnet und seine Farbe ist orange. Als Grundsteine dringen in dieses Chakra alle orangefarbenen Heilsteine besonders gut ein.

Drittes Chakra:

Das dritte Chakra wird auch als Sonnengeflechts-Chakra oder Solarplexus-Chakra bezeichnet und liegt über dem Bauchnabel zwischen den Rippenden direkt über dem Solarplexus. Dieses Chakra ist für die Entfaltung unserer Persönlichkeit verantwortlich. Von hier aus werden die bewußten Ziele und Veränderungen durch Gefühle und Bedürfnisse hervorgerufen. Durch dieses Chakra erhalten wir mehr Kraft zur Verwirklichung unserer Lebenswünsche und Schutz vor falschen Freunden und falschen Versprechungen. Es sammelt für uns Lebenserfahrungen und bewahrt vor unüberlegten Handlungen.
Dieses Chakra ist nach vorne geöffnet und direkt mit den Inselzellen der Bauchspeicheldrüse verbunden. Durch diese wird der gesamte Zucker-Kohlenhydrat-Stoffwechsel in

unserem Körperhaushalt durch Ausscheiden der Hormone Insulin und Glukagon reguliert. Zuckerkrankheit, Unterfunktionen der Stoffwechselorgane, Niedergeschlagenheit, sowie Unwohlbefinden und Lustlosigkeit werden direkt durch das dritte Chakra gelindert und geheilt. Dieses Chakra ist zuständig für das gesamte Verdauungssystem, wie z. B. Magen, Milz, Leber, Galle und Bauchhöhle und endet direkt im vegetativen Nervensystem. Darüber hinaus kräftigt dieses Chakra die Knochen und die Muskulatur des unteren Rückens. Das dritte Chakra ist der Sonne zugeordnet und hat die Farbe goldgelb und gelb. Als Grundsteine dringen in dieses Chakra alle goldenen und gelben Heilsteine besonders gut ein.

Viertes Chakra:
Das vierte Chakra wird auch als Herzchakra bezeichnet und befindet sich auf der Mitte der Brust in der Höhe des Herzens. Dieses Chakra ist ebenfalls nach vorne geöffnet. Durch das Herzchakra werden unsere Bedürfnisse an Liebe, Geborgenheit und Zusammengehörigkeit gekräftigt. Es beflügelt uns zu mehr Poesie, Tugend, Treue und Lebensfreude, besonders in der Partnerschaft. Auch Liebe und Achtung zu Tieren und Pflanzen werden durch dieses Chakra gestärkt.
Das vierte Chakra ist mit der Thymusdrüse in der Brust hinter dem Brustbein und mit der Nebenschilddrüse verbunden. Durch dieses Chakra werden über diese Drüsen die Entwicklung des Immunsystems und die Regulierung des Kalzium- und Phosphorstoffwechsels für den Organismus gesteuert. Die Stabilität der Knochen, der Knochenhaushalt und das gesamte Muskelgewebe im Körper wird durch dieses Chakra geregelt. Unter besonderem Einfluß des vierten Chakras stehen natürlich auch das Herz, der untere Lungenbereich, Blut und das gesamte Blut-Kreislauf-System sowie Lungenfell, Herzbeutel, Herzkammern. Das vierte Chakra oder Herzchakra hat die Farbe grün und rosa und ist der Sonne und der Venus zugeordnet. Als Grundsteine dringen in dieses Chakra die grünen und rosanen Steine besonders gut ein.

Fünftes Chakra:
Das fünfte Chakra befindet sich am unteren Teil des Halses auf der Kehle in Höhe der Schilddrüse. Es wird auch als Hals-, Kehl- oder Kommunikations-Chakra bezeichnet. Dieses Chakra ist nach oben, unten und vorne geöffnet, und direkt mit dem Rückenmark und dem extrapyramidalen Nervensystem zwischen Kleinhirn und Wirbelsäule verbunden. Durch dieses Chakra werden unsere Gefühle und Gedanken besser zum Ausdruck gebracht. Es ist verantwortlich für die kreativen Gedanken unseres Geistes, welche in Form von Ausdruck und Sprache klar und deutlich vermittelt werden. Dieses Chakra ist unmittelbar mit der Schilddrüse verbunden. Durst, Appetit und ganz besonders die Leitfähigkeit der Nerven und Körperzellen wird durch dieses Chakra gesteuert. Dem fünften Chakra unterliegt der gesamte obere Lungenbereich, wie z. B. Bronchien, Luftröhre, Speiseröhre, Hals, Nackenmuskulatur, Halswirbelsäule, Kieferbereich und die Ohren. Das Hören und Schmecken und der gesamte Stimmapparat werden durch dieses Chakra gesteuert. Das Kehlchakra unterliegt den Planeten Merkur, Venus und Uranus. Als Grundsteine dringen in dieses Chakra alle hellblauen und grünlich-blauen Heilsteine besonders gut ein.

Sechstes Chakra:
Das sechste Chakra wird auch als Stirnchakra oder drittes Auge bezeichnet und befindet sich über der Nasenwurzel zwischen den Augenbrauen auf der Stirn. Dieses Chakra ist nach vorne geöffnet und unmittelbar mit den Hinterlappen der Hirnanhangdrüse (Hypophyse) und dem Kleinhirn verbunden. Das Gleichgewicht im Stoffwechsel der Organe und die Koordination der Feinmotorik für die Muskulatur werden durch dieses Chakra geregelt. Unser Gesicht, Augen und Nase, sowie die Sinne Hören, Riechen und Sehen werden ebenfalls durch dieses Chakra gesteuert. Darüber hinaus dringen Einflüsse durch das sechste Chakra besonders tief in das zentrale Nervensystem vor. Die Lachmuskulatur, sowie die Durchblutung des Gesichts und des Kopfes unterliegen ebenfalls diesem Chakra. Durch das Stirnchakra dringen die Kräfte dunkelblauer Steine besonders schwingungsvoll und tief ein. Neptun und Uranus sind die Planeten des sechsten Chakras.

Siebtes Chakra:

Das siebte Chakra befindet sich unmittelbar über unserem Scheitel und dringt von oben nach unten geöffnet in uns ein. Es ist mit der Hypophyse und den Vorderlappen der Hirnanhangdrüse verbunden. Dieses Chakra steuert über die Funktion der Hirnanhangdrüse die körperliche und geistige Entwicklung des Menschen und den Ernährungs- bzw. Temperaturhaushalt des Körpers. Durch dieses Chakra wird auch das gesunde Wachstum der Organe gesteuert. Es beugt Mißbildungen und Fehlverhalten vor und ist direkt mit dem Großhirn verbunden. Das Stirnchakra läßt sich am besten mit schwingungsvollen dunkelblauen und violetten Steinen öffnen. Dunkelvioletter Amethyst, violetter Fluorit, Sugilith und der dunkelblaue Azurit sind die kräftigsten Steine für das siebte Chakra. Aber auch weiße und goldene Steine, wie z. B. Bergkristall, Diamant und Gold dringen in dieses Chakra sehr tief ein. Das siebte Chakra ist dem Himmelszelt und der Milchstraße zugeordnet.

Die Nebenchakras:

Als Nebenchakras bezeichnen wir die sensiblen Nervengewebe in den Händen, Knien und den Füßen. Sie befinden sich in der Mitte der Handflächen, auf den Knien hindurch zur Kniekehle und auf dem Fußrücken bis durch zur mittleren Fußsohle. Durch diese Gliedmaßen verlaufen nahezu alle Meridiane und Nervenfasern unseres gesamten Organismus. So finden sich beispielsweise in den Handflächen die Nerven wieder, welche an anderen Stellen im Körper, den Kreislauf, die Verdauung, die Atmung und den Herzschlag bewirken. In den Knien kreuzen sich beispielsweise die Nervenbahnen der Verdauungsorgane und in den Fußsohlen finden wir nahezu alle Nervenfasern unseres Organismus wieder. Fußsohlenreflexmassage und die Akupunktur gehören daher, wie das Auflegen von Heilsteinen und Kristallen, immer mehr zu den unumstrittenen Heilmethoden.
Die Nebenchakras schwingen in allen Farben und können daher ebenfalls auch mit allen gewünschten Heilsteinen sehr gut aktiviert und stimuliert werden.

Aus wieviel Körpern besteht unser Körper und was ist Aura? (Abb. S. 18)

Unser Körper besteht aus dem **physischen** und **geistigen Körper**. Den physischen Körper können wir spüren und anfassen. Er umfaßt alle Materie unseres Organismus. Der geistige Körper wird auch als unsere Seele bezeichnet. Diese beiden Körper enden mit der Hautoberfläche. Die Haut ist das Verbindungs- und Kommunikations-Organ zu den äußeren Körpern. Ab der Hautoberfläche bis einige Zentimeter darüber liegt der **ätherische Körper**, welcher den sichtbar physischen Körper als Gegenstück umhüllt. Durch den ätherischen Körper übermitteln und empfangen wir Vitalenergie, Lebenskraft, Duft, und physische Empfindungen. Der ätherische Körper wird vom **Astralkörper** umgeben. Über diesen werden Gefühle, geistige und körperliche Bedürfnisse, Emotionen und Charaktereigenschaften ausgesandt oder empfangen. Darüber liegt in einem sehr schwingungsvollen Energiefeld der **Mentalkörper**. Dieser ist nun schon ein Großteil unserer persönlichen Aura und versendet oder empfängt Persönlichkeit, Ideen und individuelles Gedankengut. Dieser Mentalkörper wird beispielsweise von Menschen ausgenutzt, die sich im Gedankenlesen geübt haben. Allumfassend umgibt uns zu guter Letzt der **spirituelle Körper**, welcher auch als **Kausalkörper** bezeichnet wird. Er verbindet uns direkt mit dem Leben der Umwelt, der Natur und der göttlichen Schöpfung und wirkt auch, wie die Ozonschicht um unsere Erde, als Schutzschild gegen Strahlen, Krankheiten und schwarze Magie.
Die Ausstrahlung und Existenz aller Körper zusammen bezeichnen wir als **Aura.** Daß diese Körper vorhanden sind spüren wir, wenn wir beispielsweise in einem fremden Raum sind und die Anwesenheit eines anderen Menschen aufgrund der Ausstrahlung seiner Aura spüren, ohne dies vorher zu wissen oder zu sehen. Die Inder und die Chinesen beschrieben schon vor Tausenden von Jahren die verschiedenen Körperschichten um den eigentlichen physischen und geistigen Körper.

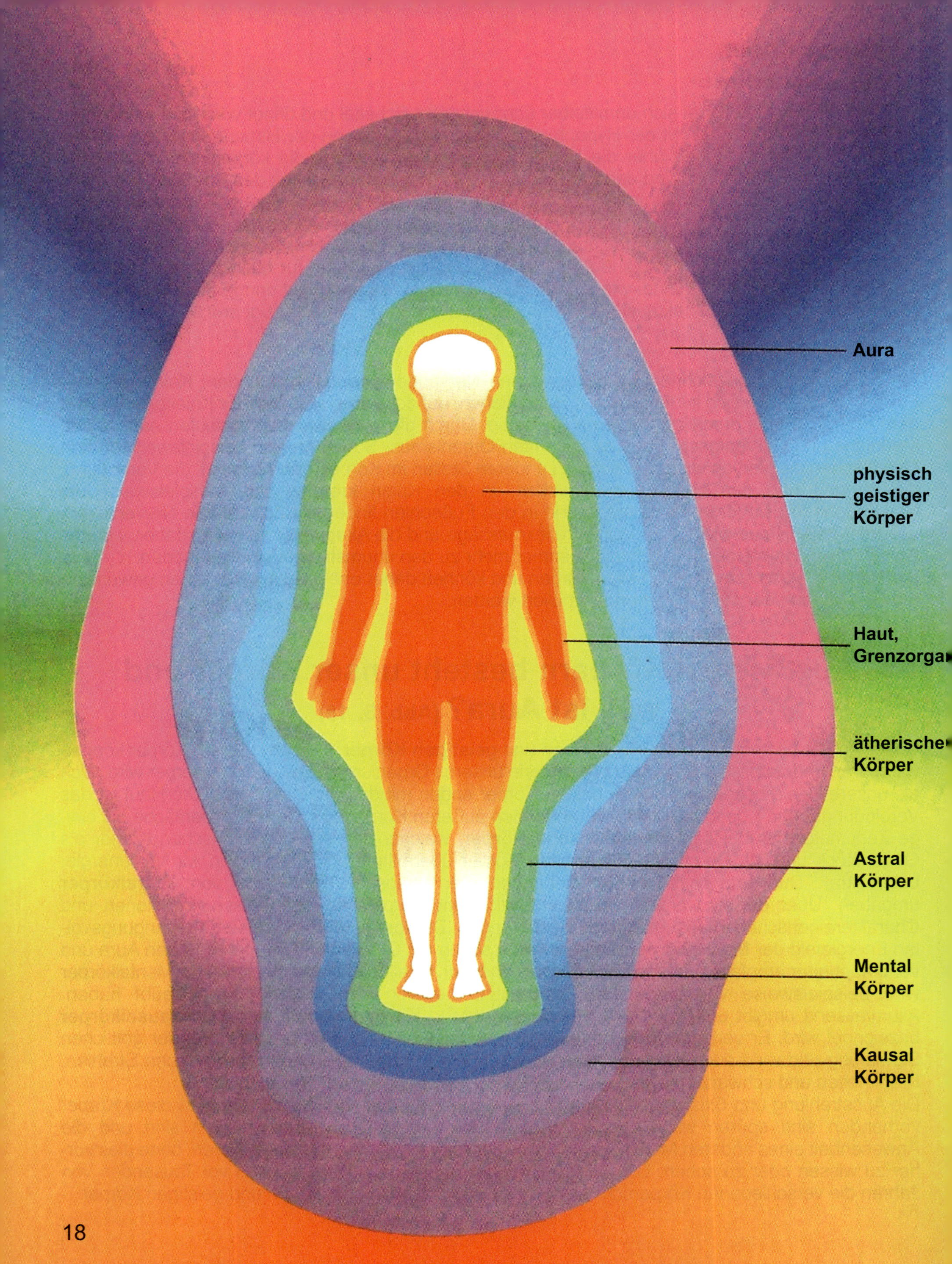
Aura
physisch geistiger Körper
Haut, Grenzorga
ätherische Körper
Astral Körper
Mental Körper
Kausal Körper

Die Haut

In diesem Zusammenhang mit den Körpern möchten wir auch die Haut erwähnen. Sie ist unser größtes Organ und auch Grenzorgan zwischen dem physischen-geistigen Körper hin zu den anderen Körpern unserer Aura. Die Oberfläche der Haut hat direkte Verbindungen zu den Zentren des Nervensystems und sie wird daher als Projektionskörper des Nervensystems bezeichnet. Die Hautoberfläche ist, ebenso wie das Rückenmark, mit einer Vielzahl von Segmenten und Nerven-Zonen versehen. Jedes Hautsegment befindet sich in nervlicher Verbindung mit bestimmten inneren Organen. Wir nennen diese Segmente auf der Haut, welche unmittelbar über Meridiane und Nervenfasern mit dem vegetativen Nervensystem und den Organen verbunden sind, auch Head'sche Zonen. Die Wissenschaft der Akupunktur, Akupressur, aber auch Kneipp'sche Heilverfahren und das Auflegen von Heilsteinen, beruhen auf dieser Erkenntnis.

Was bedeuten Farben und Licht und wie wirken diese?

Farben und Licht beeinflussen unseren Alltag so stark, daß wir sie als selbstverständlich hinnehmen und eigentlich vergessen haben, welch Energiereichtum und Kraft in ihnen stecken. Ohne Licht wäre kein Leben auf der Erde möglich. Alle Lebewesen haben sich den Lichtverhältnissen ihrer Umgebung angepaßt und leben nach Tag und Nacht. Lichtwellen sind, ebenso wie Mikrowellen, elektromagnetische Wellen mit hoher Energie. Sie breiten sich in unterschiedlichen Wellenlängen und Frequenzen aus und bewirken, dort wo sie auftreffen, mehr oder weniger starke Veränderungen. In einem Mikrowellen-Herd können Sie den Energiereichtum von Licht und unsichtbaren elektromagnetischen Frequenzen leicht beobachten. Im folgenden Beispiel möchten wir besonders auf die sanften Veränderungen der vielen Lichter und Farben in unserer Umgebung eingehen:

Kleinkinder, welche zu wenig Sonnenlicht bekommen, erkranken meist schon nach kurzer Zeit an Immunschwäche, eingeschränktem Wachstum und an einem gestörten Knochenbau. Aber nicht nur Kleinkinder, sondern alle Lebewesen, würden ohne Licht sterben.

Unser weißes Licht besteht, wenn man es zerlegt, aus den für unser menschliches Auge sichtbaren Farben: Rot, orange, gelb, grün, blau, violett, und weitere Farben im unsichtbaren infraroten oder ultravioletten Bereich. Diese Beobachtung kann man sehr leicht nachvollziehen, wenn man einen Regenbogen vor sich sieht. Bei diesem Naturphänomen wird weißes Sonnenlicht durch Regentropfen wie durch ein Prisma in seine Grundfarben zerlegt.

Darüberhinaus möchten wir daran erinnern, was für eine starke Kraft Licht auf uns ausübt, wenn wir beispielsweise morgens aufstehen und aus dem Fenster schauen. Ein trüber, grauer Morgen dringt sehr langwellig in uns ein. Wir bleiben müde, schlapp und würden uns am liebsten gleich wieder hinlegen. Das phantastische energiereiche Licht eines sonnigen Morgens inspiriert uns jedoch, weckt Lust und Tatendrang. Wir fühlen uns einfach gut. Auch das Licht, was durch die Heilsteine und Edelsteine ausgesendet wird, ist reinste Energie. Mit lichtsensiblen Filmen können die Energiefelder der Heilsteine fotografiert und nachgewiesen werden (Kilian-Fotografie).

Wie wirken die Farben der Heilsteine auf unseren Körper?

Licht ist also Energie und dringt in Wellen unterschiedlicher Frequenz in unseren Körper ein. Über die Sinne und Chakras wird das Licht aufgenommen und über sensible Nervenfasern und Energiekanäle an die Seele und die Organe weitergeleitet. Licht ist nicht nur die Grundlage allen Lebens, sondern es spielt auch in unserem Alltag mit die größte Rolle (Mode, Werbung, Verpackung, Autofarbe, etc.). Aus langjährigen Studien haben sich nicht nur die Licht- und Farbtherapie entwickelt, sondern unsere gesamte Umwelt wird von einem Meer aus Licht und Farben bestimmt. Einige klare Heilsteine, wie z. B. der Bergkristall oder Islandspat weisen neben ihren charakteristischen Farben auch häufig irisierende Lichtbrechungen auf, welche ein komplettes Spektrum (Regenbogen) erscheinen lassen. Diese Steine sind besonders energiereich in ihren seelischen Heilwirkungen.

Rotes Licht:
Dieses Licht bewirkt in uns mehr Aktivität, Temperament und Energie. Es sorgt für Bewegung und Lebensfreude. Rot ist die Farbe der Liebe, welche häufig auch durch rote Rosen signalisiert wird. Rot aktiviert und vitalisiert unseren Energiefluß, nämlich das Blut, und gibt Durchhaltevermögen, Zielstrebigkeit, Treue und Beständigkeit. Rot ist aber auch die Farbe der Begierde und Erotik.

Oranges Licht:
Oranges Licht vermittelt für uns Gemütlichkeit, Ruhe und Ausgeglichenheit. Dies spüren wir, wenn wir uns abends gemütlich vor eine Kerze setzen. Orange dringt sehr sanft in uns ein und verhilft uns zu mehr Entspannung und Befreiung von festgefahrenen Blockaden. Oranges Licht wirkt besonders sinnlich, appetitanregend und ausgleichend.

Gelbes Licht:
Gelbes Licht vermittelt für uns Lässigkeit, Lebensfreude und eine heitere Alltagsstimmung. Kontaktfreudigkeit und Entkrampfung in der Kontaktphase vieler Menschen werden durch gelbes Licht bewirkt. Ebenfalls bewirkt gelb das Aufeinanderzugehen und das Ablegen von Beziehungsängsten und Hemmungen.

Grünes Licht:
Grün ist die Farbe der Hoffnung und der Erneuerung. Grün verleiht dem Neubeginn Nachdruck und hilft auch, Veränderungen zu bewältigen. Der Frühling mit all seinem Grün erweckt alle Lebewesen aus dem Winterschlaf. Grün schenkt Genesung und inneren Frieden. Grün vermittelt Ruhe und symbolisiert Naturverbundenheit. Gute Wünsche in Sympathie und Mitgefühl werden häufig mit Blumen und Pflanzen zum Ausdruck gebracht.

Rosa Licht:
Rosa ist die Farbe der Sanftheit und erweckt in uns die sensiblen Empfindungen der Liebe und Zärtlichkeit. Rosa macht uns sensibler und empfänglicher für die Schönheit und

Harmonie um uns herum, und verhilft uns, aufgenommene Schönheit und Lebensglück in Form von mehr Charme zu versprühen.

Hellblaues Licht:

Hellblaue Farben verbinden uns mit grenzenloser Freiheit und Abenteuer. Hellblau öffnet unseren Horizont und verbindet unsere Seele mit der Unendlichkeit des Himmels. Tatendrang und Urlaubsstimmung werden durch hellblaue Farben in uns geweckt.

Dunkelblaues Licht:

Dunkelblau dringt sehr tief und schwingungsvoll in uns ein. Es erweckt in uns ein Gefühl von Beständigkeit, Ewigkeit und Respekt. Viele Uniformen sind daher auch heute noch dunkelblau. Mit dunkelblau bringen wir aber auch Unwissenheit, Abgrund und Angst in Verbindung. Das Dunkelblau eines Gewässers signalisiert uns Zurückhaltung und Gefahr.

Violettes Licht:

Violett weckt in uns Neugier und inspiriert unsere Seele zu Ausschweifungen in verborgene Dimensionen unseres Körpers und Geistes. Über violettes Licht werden die sensibelsten Sinne in uns geöffnet und wir erreichen durch diese Farbe einen höheren Grad an Befreiung und Gelöstheit. Violett weckt in uns die Bereitschaft zur Hingabe und festen Partnerschaft.

Farbloses Licht:

Farbloses Licht ist eine Konzentration aus allen Lichtfarben. Es entsteht dadurch, daß z. B. der Bergkristall weißes Licht in sich aufnimmt und in konzentrierter, reiner Energie wieder abgibt. Er filtert nicht einzelne Lichtfarben heraus, wie z. B. der Rubin, welcher nur noch das konzentrierte Rot an uns weiterleitet. Wir erhalten so durch den Bergkristall eine Konzentration allen Lichts in weißem Licht. Weiße Farben symbolisieren Wohlbefinden, Ehrlichkeit, Unvergänglichkeit, Reinheit und Vollkommen-heit. Der Diamant wird daher in seiner Reinheit häufig direkt mit diesen Tugenden in Verbindung gebracht.

Schwarzes Licht:

Schwarze Steine saugen, im Gegensatz zu Farbedelsteinen oder zum Bergkristall, alles Licht in sich auf. Sie geben kaum noch Licht ab, sondern speichern die Energie des Lichtes. Dies spüren wir durch die stärkere Erwärmung dunkler oder schwarzer Gegenstände. Schwarz verhilft uns zu Konzentration und, auch bei größerer Ablenkung, zu mehr Zielstrebigkeit und Genauigkeit. Schwarzes Licht belegt unsere gesamte Aura mit einem schützenden Schatten, welcher negative Eigenschaften für uns filtert. Gleichzeitig schützt das schwarze Licht vor Festgefahrenheit und Einseitigkeit und eröffnet uns mehrere Wege durch unser Leben.

Wie wirken die Schwingungsenergien der Edelsteine auf unseren Körper?

Von jeder Materie gehen Schwingungen aus. Positive, neutrale oder negative. Die Schwingungen von Betonwänden, Computern oder von aggressivem Neonlicht verursachen häufig Kopfschmerzen und Unbehagen. Die kraftvollen und positiven Schwingungen der Edelsteine jedoch dringen sehr heilend, harmonisierend, schützend und ausgleichend in unseren Organismus ein.

Krankheiten sind meistens nichts anderes, als aus dem Gleichgewicht geratene Funktionen von Organen und Enzymen. Dieses Ungleichgewicht wirkt sich in Form von Leiden, Gebrechen, Unwohlsein und anderen Erkrankungen auf den gesamten Organismus und die Seele aus. Die Kräfte der Edelsteine und Kristalle bewirken, daß Fehlschwankungen wieder in Einklang mit der Harmonie des Organismus gebracht werden, und somit Leiden und

Erkrankungen ausheilen. Das Auflegen von Edelsteinen ist, ähnlich wie die Akupunktur, eine der ältesten Heilmethoden der Menschheit, welche schon in der Steinzeit ihre Wurzeln findet. Zur Wissenschaft und Heilkunst wurden diese Behandlungsmethoden bereits durch die Chinesen gekürt. Diese erkannten das Auf und Ab der Seele in Verbindung mit dem Organismus und entwickelten hieraus die Lehren der Yin und Yang Eigenschaften für den Körper.

Das Auflegen von Heilsteinen und die Akupunktur basieren auf der Erkenntnis, daß jedes Organ in unserem Körper einen Gegengewichtspunkt auf der Haut hat. So werden über das vegetative Nervensystem Organe durch Reizungen der Hautoberfläche in ihrer Eigenschaft beeinflußt. Durch das Auflegen von Heilsteinen, auf bestimmte Haut- und Körperstellen, werden, durch die ausgleichenden Schwingungsenergien, aus dem Ungleichgewicht geratene Organe wieder ins Gleichgewicht gebracht. Die Auflagestelle sollte möglichst nah an dem zu behandelnden Organ, oder direkt auf das unmittelbar mit dem Organ verbundene Chakra gewählt werden. Die heilenden Kräfte der Edelsteine dringen durch die Haut und über die Chakras in das vegetative Nervensystem und das endokrine System ein. Über die Nervenfasern gelangen die kräftigen Schwingungen der Heilsteine zu den bestimmten Organen und steuern gleichzeitig über das endokrine System den Hormonhaushalt im Körper.

Daß durch Auflegen wahrgenommene Signale weitergeleitet werden, sehen wir an einem einfachen Beispiel: Duschen wir unsere Brusthaut mit kaltem Wasser, so wird unmittelbar der Herzschlag erhöht und wir beginnen tief Luft zu holen. Weder die Lunge noch das Herz .,wissen" in diesem Augenblick, daß wir uns kalt duschen. Die kleinen Reflexzonen auf der Brusthaut vermitteln die Information der kalten Dusche blitzschnell an diese Organe und bewirken beispielsweise einen kräftigeren Herzschlag. Alle Organe haben ihren Gegenpol für Gleichgewicht auf der Haut. So aktiviert z. B. ein Fingerstein die Nerven in den Fingerkuppen, welche wiederum den Kreislauf und die Sexualdrüsen aktivieren.

Diese Schwingungen sind nicht sichtbar, wie z. B. die Kräfte eines Magneten, aber sie sind sehr wohl fühlbar und spürbar. Lebewesen sind auch nicht magnetisch, sie ziehen sich aber trotzdem an oder stoßen sich ab. Bedenken wir dabei auch die gewaltigen Schwingungsenergien, welche Ebbe und Flut bewirken und die Erde, den Mond und das gesamte Universum auf energiereichen harmonievollen Bahnen verlaufen lassen. Sie erkennen also, wie stark diese Energien sind. Tiere spüren diese Kräfte noch instinktiver als Menschen, da sie noch wesentlich fester mit den natürlichen Gesetzesmäßigkeiten verwachsen sind. Wir Menschen müssen uns diese Fähigkeiten jedoch erst wieder beibringen und trainieren, genauso wie das Schwimmen auch. Hier macht Übung den Meister. Je ausdauernder und regelmäßiger Sie Ihren Organismus mit den heilenden Kräften der Steine konfrontieren, umso aufnahmefähiger wird dieser für die natürlichen Heilmittel.

Wie wirken Mineralien und Spurenelemente?

Edelsteine bestehen aus Mineralien und Spurenelementen. Diese sind zu einem Großteil auch im Organismus enthalten. Wir denken dabei z. B. an Kalzium, Natrium, Kalium, Eisen und andere Elemente, welche in den Edelsteinen enthalten sind, und gleichzeitig für den Organismus unentbehrliche Bausteine sind. Auf diesem Wege werden die Kräfte der Edelsteine auch von der Chemie und modernen Medizin genutzt. Diese wurden durch chemische Umwandlungen und aufwendige Verpackungen zu einem Verkaufshit des 19. Jahrhunderts. Warum sollen wir also zu Präparaten, Pillen und Salben greifen, welche die Wirkung von Heilsteinen haben, zusätzlich aber auch negative Nebenwirkungen auf den Organismus und die Natur- Bedienen wir uns doch einfach direkt der natürlichen Form der Heilsteine und Kristalle. In diesem Buch haben wir Ihnen ausführlich beschrieben, wie Sie die heilenden Kräfte der Mineralien und Edelsteine aufnehmen können, ohne Nebenwirkungen befürchten zu müssen.

Mineralstoffe und Spurenelemente sind lebenswichtige Funktionsträger im Organismus. Sie bewirken beispielsweise gesundes Wachstum, Blutdruck, Blutflüssigkeit und die hormonelle Konzentration der Körpersäfte. Mineralien und Spurenelemente erhalten für den Organismus das Säure-Basen-Gleichgewicht, die Funktion der Hormone und Enzyme, fördern Sauerstoffaufnahme, den Stoffwechsel und bewirken die hochsensible Steuerung der Nerven. Die Mineralstoffe tragen auch zum Aufbau der Knochen und Zähne bei. So bestehen diese beispielsweise fast zu 99% aus Kalzium und Magnesium. Unsere Organe, die Seele und das Leben bilden somit in Verbindung mit den Mineralien eine sehr sensible Partnerschaft.

Unter der geologischen Eigenschaft der Heilsteine haben wir Ihnen die mineralogische Zusammensetzung der Heilsteine beschrieben. Sie werden dabei sehr häufig auf Verbindungen von Kalzium, Kalium, Magnesium, Natrium, Sauerstoff, Phosphor, Chlor und Schwefel stoßen. Eisen, Jod, Natrium, Kupfer, Sauerstoff, Mangan, Schwefel, Magnesium und Kalzium gehören dabei zu den lebensnotwendigen Spurenstoffen, Fluor, Zink, Chlor und Selen zu den funktionsunterstützenden, und Aluminium, Brom, Kadmium, Chrom, Gold, Silizium, Titan, Vanadium, Phosphor, Kalium und Zinn zu den funkionsfördernden Spurenelementen. Das bekannteste aller Spurenelemente ist mit Sicherheit das Eisen. Es ist mitverantwortlich für die Blutbildung und 1/4 des im Körper enthaltenen Eisens sind Bestandteil des roten Blutfarbstoffes (Hämoglobin). Ebenfalls ist die Versorgung mit ausreichend Eisen für Schwangere, Stillende und heranwachsende Menschen sehr wichtig. Schwefel ist eines der weniger bekannten Spurenelemente. Nahezu reiner Schwefel befindet sich in den Haaren, der Haut, Galle, im Harn und im Speichel, sowie im Knorpel und in den Knochen. Darüberhinaus aktiviert Schwefel unser peripheres Kreislaufsystem und hat steuernde Eigenschaften auf die Atmung.

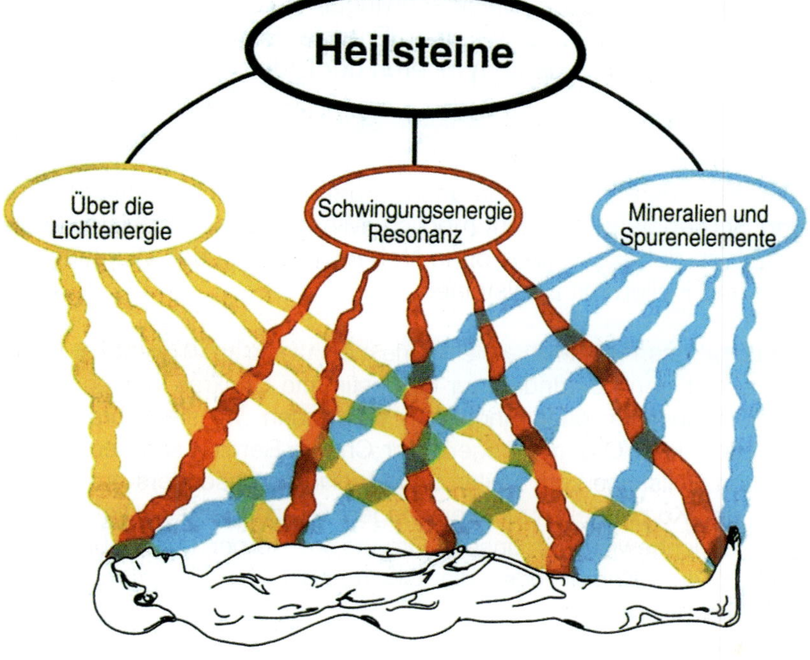

Wie wirken die Heilsteine auf unseren Körper?

Aufgrund des vorangegangenen Grundwissens möchten wir Ihnen nun die Zusammenhänge der Heilsteine in Verbindung mit der Gesundheit erläutern.
Umwelteinflüsse werden durch die objektiven Sinne wahrgenommen und gleichzeitig auch durch unsere Aura über die Chakras an die sieben Energiezentren weitergeleitet. Über feinfaserige Nervenkanäle und Meridiane werden diese dem endokrinen System und dem vegetativen Nervensystem zugeleitet. Nun bewirken die Informationen komplizierte Reaktionen an den Nervenenden und Drüsen. Diese Informationen werden in Form von Impulsen und Energiestößen über die Nervenfasern an die Organe weitergeleitet, und bewirken in deren Aufbau und Funktion, je nach Schwingung eine ausgleichende, bzw. heilende Veränderung. Ähnliches geschieht mit den Hormonen, welche vom endokrinen System gebildet werden, und nun ebenfalls eine heilende oder ausgleichende Reaktion an den Organen, dem Gehirn und der Seele hervorrufen. Erkrankungen sind eine Unausgewogenheit körperlicher Säfte, organischer Funktionen und seelischen Gleichgewichts. Heilsteine dringen also als Gegengewicht und Heilmittel in den Organismus ein und hinterlassen dabei keine Nebenwirkungen. Die aufgeführten Eigenschaften der Edelsteine sind wissenschaftlich nachvollziehbar und erwiesen. Es ist also keine Frage des Glaubens, sondern eher die Frage, ob Sie die altüberlieferten Erkenntnisse der Natur- und Edelstein-Heilkunde für sich verwenden möchten, oder nicht.

Denn Edelsteine haben die kräftigsten vorbeugenden und heilenden Eigenschaften aller Natur-Heilmittel. "Ob Sie es glauben, oder nicht."

Wichtig ist, zu erkennen, daß das Eindringen der Heilsteine in den Körper gleichzeitig mit dem Licht der Steine, über die Schwingungen der Heilsteine und durch die Mineralien geschieht. Diese haben also die Eigenschaften, auf mehreren Wegen gleichzeitig für uns zu wirken.

1. Das energiereiche Licht dringt in Form von Schwingungsenergie durch die Chakras an unsere Nervenenden vor (Farbtherapie).

2. Die Heilsteine haben eigene, hohe Schwingungsenergien, welche abermals unabhängig von der farbigen Zuordnung direkt durch die aufgelegten Hautstellen und die Chakras in den Körper eindringen. Von jeder Materie gehen Schwingungen aus. Positive, neutrale oder negative. Die kraftvollen und positiven Schwingungen der Edelsteine dringen sehr heilend, harmonisieren und schützend in den Organismus ein. Alle Materien, Lebewesen und Pflanzen bestehen aus klein sten schwingenden Energieteilen. Diese schwingen in Harmonie und die Atome sind Grundsubstanz allen Seins. Edelsteine sind reinste Energie. Sie sind praktisch eine reine, konzentrierte und unverfälschte Essenz aus dem Inneren der Erde.

3. Mineralien und Edelsteine sind aufgrund ihres hohen Gehaltes an Mineralien und Spurenelementen, sehr aktivierend, regulierend und sogar verjüngend für den Körper. Diese sind zu einem Großteil im Organismus enthalten und unser organisches und seelisches Leben wäre ohne die Mineralien und Spurenelemente nicht möglich. Mineralwässer, Edelstein-Pulver und Edelstein-Elixiere unterstützen dabei ebenfalls ohne Nebenwirkungen das Wohlbefinden und ergänzen das Vorbeugen und Heilen mit Edelsteinen.

Daher ist es möglich, ja sogar ratsam, mehrere Heilsteine gleichzeitig zu verwenden. Sie brauchen diese auch nicht unbedingt nach ihrer farbigen Zuordnung nur für bestimmte Chakras verwenden, sondern sollen diese an allen Körperstellen zum Auflegen oder Eindringen verwenden, wo sie gebraucht werden, oder wo sie besonders nah an den erkrankten Organen liegen. Der Chakra-Bereich sagt lediglich aus, daß über diese Energiefelder die einzelnen Heilsteine zum Heilen und Meditieren besonders gut eindringen und nicht, daß sie auf anderen Chakras und Körperstellen nicht eindringen. Sie dringen sehr tief in Körper, Geist und Seele ein, und stellen so das Gleichgewicht für unsere Organe im Körper her. Sehr ergänzend während des Auflegens der Steine auf den Körper oder die Chakras ist das Einnehmen von Heilstein-Elixieren, Mineralwässern und Edelstein-Pulvern.

Die Anwendung auf Dauer und über einen längeren Zeitraum hinweg verspricht sehr sicher den gewünschten Erfolg mit den Heilsteinen. Der Körper öffnet sich mehr und mehr und wird auch empfangsbereiter den natürlichen Heilmitteln gegenüber. Verwenden Sie daher Heilsteine nicht nur zum Heilen, sondern auch im täglichen Gebrauch als Schmuck und zum Vorbeugen.
Wir möchten Sie jedoch trotzdem nochmals darauf hinweisen, daß dieses Buch nicht den Gang zum Arzt ersetzen kann. Wir haben Ihnen aus unserer langjährigen Erfahrung erfolgreiche Behandlungsmethoden mit Heilsteinen aufgeführt, welche es Ihnen ermöglichen, sicher und bestimmt in den vorbeugenden und heilenden Genuß der Edelsteine zu gelangen. Die Diagnose, also woran Ihr Körper erkrankt ist, kann Ihnen jedoch nur Ihr Arzt aufgrund einer gründlichen Untersuchung mitteilen. Erst, wenn Sie genau wissen, worunter Sie leiden, möchten wir Ihnen mit diesem Buch den Weg zu einer der ältesten Heilmethoden der Menschheit genau, und so einfach wie möglich, bereiten.

Was ist Gesundheit?

Gesundheit ist ein harmonisches Zusammenspiel all unserer Organe, Drüsen, Nerven und Sinne. Ein ausgewogenes Gleichgewicht an Energie, Hormonen, Enzymen und Mineralstoffen bestimmen unser Wohlbefinden und sorgen für Gesundheit im Organismus. Gerät diese Harmonie aus dem Gleichgewicht, machen sich Unwohlsein und Krankheit bemerkbar. Hierfür möchten wir Ihnen anhand des Hormons Adrenalin nur ein kleines Beispiel aufführen, welches sich, wie so viele kleine Dinge, groß auswirkt:
Adrenalin wird durch unsere Drüsen sofort ausgeschüttet, wenn Gefahr droht. Das Adrenalin bewirkt neben dem Fluchtreflex eine Höchstleistung der Muskeln und Organe. Früher flüchteten die Menschen vor Feuer oder wilden Tieren und verbrauchten so das Adrenalin. In unserer heutigen Gesellschaft bedeutet Flucht jedoch nichts mehr und ist auch kaum noch notwendig. Das Adrenalin befindet sich deshalb unverbraucht für längere Zeit im Organismus 'und baut sich langsam durch überhöhten Herzschlag, Bluthochdruck, Schweißausbrüche, Streß, Schlaflosigkeit und erhöhte Allergiebereitschaft ab.
Wir haben uns zwar in den letzten 10.000 Jahren geistig auf unsere moderne Kultur eingestellt, körperlich hinken wir der geistigen Entwicklung jedoch hinterher. Eine Vielzahl von Leiden und Zivilisationskrankheiten sind die Folge. Nicht zuletzt Aids. Wir können diese Leiden nur mit alten Heilmitteln vorbeugen und heilen, da ein Großteil der modernen Medizin zwar kurz hilft, im großen und ganzen jedoch nicht auf die degenerativen Leiden unseres Körpers eingeht.

Dieses harmonische Zusammenspiel all unserer Drüsen, Organe und Hormone in Verbindung mit dem Organismus gleicht eigentlich einem Wunder an Vollkommenheit, wie viele Dinge aus der Natur. Die Chinesen erkannten dieses komplizierte Zusammenwirken von Nehmen und Geben oder Hoch und Tief schon vor Tausenden von Jahren und entwickelten daraus die ersten Heillehren. Was wir als Biorhytmus, Biokurve, gute oder schlechte Laune, als gesund oder krank, bezeichnen, bezeichneten die Chinesen als Überhang von Yin oder von Yang. Das Yin symbolisiert das Weibliche, während das Yang das Männliche bedeutet. Dies sind einfach Gegensätze, welche den Alltag und das Fortbestehen aller Lebewesen täglich aufs Neue bestimmen. Wir fühlen uns wohl und gesund, wenn unser Körper in Harmonie und Ausgeglichenheit schwingt. Die Chinesen würden sagen, wenn Yin und Yang in Einklang sind.

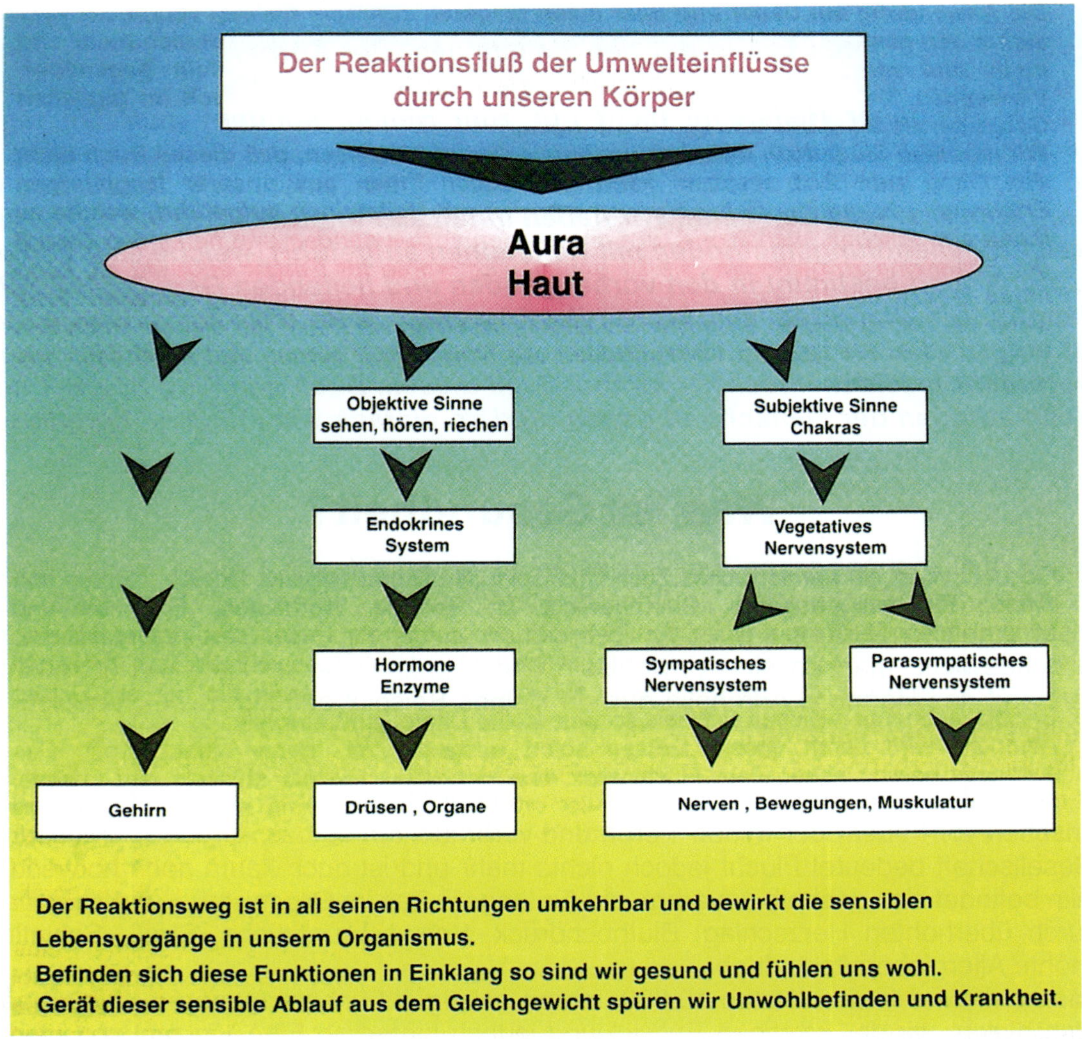

Die Pflege der Edelsteine und Heilsteine

Jeder Edelstein und Heilstein ist farbig im Buch abgebildet und genau in all seinen Wirkungen beschrieben. Auch die Pflege, sowie das Entladen und Aufladen der Heilsteine ist sehr umfangreich und detailliert für jeden Heilstein individuell aufgeführt. Sollten Sie Zweifel für das Entladen oder Reinigen haben, so empfehlen wir Ihnen immer das Entladen über Nacht in einer trockenen Schale mit Hämatit-Trommelsteinen. Das Aufladen erfolgt sehr gut an einer Bergkristall-Gruppe. Alle anderen Eigenschaften haben wir Ihnen unter der Rubrik:
"Wie erhalte ich und wie pflege ich den Heilstein" genau beschrieben.

Wir haben mit der Entlade-Methode in kleinen, trockenen Hämatit-Trommelsteinen oder unter fließendem, lauwarmem Wasser, die besten Erfahrungen für das Reinigen und Entladen von Heilsteinen gemacht. Viele Kollegen entladen Heilsteine bevorzugt über Nacht in einer Schale mit Meersalz. Wir raten Ihnen jedoch zur Wasser- oder Trommelstein-Methode, da sich besonders durch Hämatit-Trommelsteine die abgesaugten, negativen
Schwingungen sehr gut herausfiltern lassen. Gleichzeitig eignet sich die trockene Trommelstein-Methode auch vorzüglich für Ketten und Schmuck, da Wasser und Salze dem Faden schaden können. Sie sollten die Hämatit-Trommelsteine ein- bis zweimal im Jahr für einen Tag in Mineralwasser entladen und neutralisieren.

Wie wähle ich einen Stein und welcher Stein passt zu mir?

Edelsteine sind sehr energie- und schwingungsreich und in ihrem Aufbau, Härte, Beschaffenheit und Farbe verschieden. Es gibt daher mehrere Möglichkeiten, um den für sich selbst passenden Stein zu finden.

1 . **Die Auswahl nach Sympathie:** Möchten Sie in mehreren vorhandenen Heilsteinen einer Sorte den für Sie besten Stein auswählen, so ist es eine sehr gute Möglichkeit, nach dem Stein zu greifen, welcher Ihnen auf Anhieb sympathisch ist.

2. **Pendeln:** Pendeln von Edelsteinen und Kristallen ist eine sehr sichere Möglichkeit, es bedarf allerdings viel innerlicher Ruhe und Sensibilität. Pendel sollten aus Metallen oder Quarzverbindungen bestehen, und an einer mindestens 20cm langen Kette (Silberkette) hängen, damit diese wirklich frei und unbeeinflußt von unserer Hand ausschlagen können. Amethyst, Bergkristall, Hämatit, Pyrit und Chalcedon haben sich als sehr ausschlagkräftige Pendelsteine erwiesen. Sie halten das Pendel über den gewünschten Stein und fragen dieses, ob der Heilstein mit den Schwingungen Ihres Körpers übereinstimmt (also für Sie gut ist?). Schwingt Ihr Pendel im Uhrzeigersinn kreisend über dem für Sie zu erpendeln den Heilstein, so bedeutet dies: Positiv. Ein rein horizontales Ausschlagen bedeutet: Negativ.

3. **Fühlen von Wärme:** Edelsteine, welche für Sie positiv sind, erwärmen sich in Ihrer Hand sehr rasch. Kühl bleibende Edelsteine sollten nicht verwendet werden, da sie nicht in Ihrer persönlichen Schwingungsfrequenz liegen.

4. **Fühlen von Schwingungen:** Dies ist mit Sicherheit eine der häufigsten uns sichersten Auswahlmethoden des jeweilig persönlichen Heilsteins und Glückssteins. Sie nehmen Ihren ausgewählten Stein in die Hand und schließen diese zu einer Faust. Wenn Sie die sanften Impulse des Steines spüren, welche sich oft durch ein Pochen oder Kitzeln bemerkbar machen, haben Sie einen für sich positiven Heilstein gefunden.

Anmerkung: Viele Heilsteine verändern, umso länger sie getragen und gefühlt werden, ihre Farbe und Größe. Manche Heilsteine zerspringen sogar, oder blassen aus. Bitte bedenken Sie hierbei jedoch, daß Ihnen der Heilstein in diesem Augenblick der Veränderung wahrscheinlich eine Ihrer größten körperlichen oder geistigen Beschwerden genommen hat. Auch dann, wenn Ihnen der Ausbruch dieses Leidens noch gar nicht bekannt war. Derart geschwächte Heilsteine sollten über einen längeren Zeitraum aufgeladen werden. Gebrochene Heilsteine sollten fairerweise in der Natur vergraben werden, damit ihr trotzdem noch hoher Gehalt an Mineralien wieder der Erde zugeführt werden kann.

Was für eine Steinform wähle ich? Pyramide oder Handschmeichler?

Anhänger:

Anhänger haben ähnliche Wirkungen wie Trommelsteine und verteilen ihre Energie gleichmäßig und beständig um sich herum. Sie sind daher nicht nur dekorative Schmuckstücke, sondern auch sehr aktive Heilsteine, da sie den ganzen Tag über am Körper getragen werden können.

Cabochons:

Cabochons sind gleichmäßig oval geschliffene Edelsteine. Sie eignen sich sehr gut zum Auflegen auf die Körperstellen und ihre Kräfte dringen geradlinig in uns ein. Durch

Cabochons können bestimmte Organe sehr zielgenau erreicht werden. Der ovale Schliff dient der einfacheren Verarbeitung dieser Edelsteine in vorgefertigte Fassungen. In Silber oder Gold gefaßt verstärken viele Edelsteine ihre Wirkungen.

Chakra-Scheiben:

Chakra-Scheiben sind dünne, linsenförmig geschliffene Heilstein-Scheiben und eignen sich daher besonders gut zum Auflegen. Sie lassen sich sehr gut mit einem Pflaster auf den Chakras oder direkt auf der leidenden Körperstelle befestigen. Sie können auch täglich unauffällig am Körper getragen werden. Chakra-Scheiben leiten gebündelte Energie wie durch eine Linse in konzentrierter Form in die Chakras oder durch die Haut in unseren Körper. Sie sind in nahezu allen Heilsteinen erhältlich und sollten mindestens 25 und max. 50mm Durchmesser haben. Umso dünner die Scheiben sind, umso angenehmer sind diese zu tragen. Chakra-Scheiben sollten niemals flach, sondern immer linsenförmig geschliffen sein.

Daumen- und Fingersteine:

Daumen- und Fingersteine sind energiereiche Heilsteine, welche in Form und Schliff der Größe der Hände und Fingerkuppen angepaßt sind. Wie bereits erwähnt, sitzen in den Handflächen und Fingerkuppen eine Vielzahl von Ausgleichspunkten für unsere Organe. Mit Hilfe dieser Steine lassen sich diese Zonen besonders gut erreichen. Sie dringen sehr gut, auch durch die dickere Haut der Hände, zu den Nervenfasern unserer Organe vor.

Donuts:

Donuts sind die Amulettsteine und die Schutzsymbole der Chinesen. Sie haben die Eigenschaft, alles Gute an uns heran zu lassen und alles Böse vom Körper fernzuhalten. In China stehen vor öffentlichen Gebäuden und nahezu in jedem Haushalt Donuts als Schutz vor Krankheiten, bösen Mächten, Geistern, Schicksalsschlägen und Haß. Einige Überlieferungen belegen, daß Donuts vor kommenden Gefahren warnen, indem sie zerspringen. In den jeweiligen Chakra-Steinen oder Heilsteinen haben Donuts ähnliche Wirkungen wie, Pyramiden. Die Energie dringt sehr direkt und gleichmäßig in den Organismus ein.

Doppelender:

Doppelendige Kristalle haben sehr energiereiche Pole an ihren Spitzen. Sie können wie Batterien zwischen den Körperhälften verwendet werden. Sehr stark spürt man den Energiefluß der Doppelender, wenn man sie zwischen Daumen und Zeigefinger hält. Sie können mit Hilfe von Doppelendern nichts aus sich heraussaugen, da durch beide Spitzen dieser Kristalle Energie gegeben und nicht genommen wird. Es ist egal, ob natur oder poliert.

Edelstein-Ketten:

Chakra-Ketten:

Bei Chakra-Ketten handelt es sich um eine Kombination Ihrer persönlichen Heilsteine und Glückssteine Chakra-Ketten werden individuell zusammengestellt. Es gibt Grund-ChakraKetten im Handel, welche nicht nur hübsche Schmuckstücke sind, sondern Ihnen auch die Wirkungen der Heilsteine sehr nahe bringen. Sollten Sie sich dann für eine persönliche Chakra-Kette entscheiden, so lassen Sie sich Zeit, und sprechen mit Ihrem Heilpraktiker oder stellen sich die erforderlichen Steine mit Hilfe dieses Buches und einer ehrlichen Selbstdiagnose zusammen.

Chakra-Ketten wirken ganz besonders und persönlich auf die Schwingungen Ihres Körpers, der Organe und der Seele. Sie wirken ausgleichend, heilend und vorbeugend gegen Krankheiten und schleichende Leiden im Organismus. Chakra-Ketten sollten daher sehr genau für Ihren Träger zugearbeitet und kombiniert sein. Sie stärken die Aura und steigern Wohlbefinden und Ausstrahlung ihres Trägers. Chakra-Ketten harmonisieren die

Schwingungen aller Organe und geben dem Körper fehlende Impulse, welche seelische Überlastungen und organische Schäden ausgleichen.

Splitter-Ketten:
Splitter-Ketten sind hübsche Schmuckstücke, deren Energie sehr belebend in uns eindringt Sie können also auch mit einer kleinen Splitter-Kette viel der gewünschten und ausgesuchten Kraft der Steine in sich aufnehmen. Allerdings wirken Splitter-Ketten nicht so tiefgründig wie andere Edelstein-Ketten. Splitter-Ketten können auch sehr gut reinigend und entladend für die Aura wirken. Einkehrende Ruhe, Freude und neue Lebensenergie lassen sich nachweislich schon nach kurzem Tragen auf Splitter-Ketten zurückführen.

Disc- und Oliven-Ketten:
Die Kräfte dieser beiden Ketten sind denen der Chakra-Scheiben sehr ähnlich. Sie wirken äußerst energievoll, da sie ihre Energie wie eine Vielzahl von kleinen Chakra-Scheiben in den Körper versprühen.

Facettierte Ketten:
Facettierte Edelstein-Ketten belegen ein Höchstmaß an Energie. Sie sollten dabei darauf achten, daß die Steine einander berühren, und nicht mit Knoten voneinander getrennt sind. Facettierte Edelstein-Ketten haben nicht nur die Eigenschaft, die eigenen Kräfte zu aktivieren, den Körper zu reinigen und heilende Kräfte in den Organismus zu entsenden, sondern sie dringen gleichzeitig auch sehr positiv in die Aura unserer Mitmenschen ein und stellen dort mehr Harmonie her. Wiederkehrende Harmonie am Arbeitsplatz und mehr Verständnis in der Partnerschaft sind häufig auf facettierten Edelstein-Ketten zurückzuführen.

Kugel-Ketten:
Kugel-Ketten haben, aufgrund ihrer Vielzahl von Steinkugeln, die Eigenschaft, ein besonders schwingungsvolles Energiefeld zu erzeugen. Sie heben nicht nur die Stimmung, sondern dringen gleichbleibend, kräftig und stark heilend in den Organismus ein. Wir fühlen mehr Verständnis für unsere Mitmenschen, ohne dabei eigene Bedürfnisse zu übersehen. Darüberhinaus versprühen Kugelketten ein sehr hohes Maß an Intuition und aktivieren die gesamten Abwehrkräfte im Organismus. Sie sind treue Wegbegleiter, welche nicht nur vorbeugende und heilende Kräfte bewirken, sondern durch ein hohes Maß an Energie auch sehr verjüngende Eigenschaften.

Edelstein-Pulver
Edelstein-Pulver sind pulverisierte Konzentrationen von Heilsteinen, welche sich ganz besonders gut zur Herstellung von Elixieren, Salben und Mineralwässern verwenden lassen. Auch Mineralbäder können mit Hilfe von abgestimmten Edelstein-Pulvern als Badezusätze Wunder wirken.

Facettierte Edelsteine:
Facettierte Edelsteine sind meist konzentrierte, reine Edel- und Heilsteine. Durch Facettenschliff, Treppenschliff oder Brillantschliff bringen diese ihre ganze Schönheit zum Ausdruck. Facettierte Edelsteine sollten in Silber oder Gold gefaßt werden, da diese Metalle die starken Kräfte dieser Heilsteine in eine für unseren Körper aufnahmefähigere Energie transformieren. Da facettierte Edelsteine hochkarätige Konzentrationen bestimmter Edelsteine und Heilsteine sind, sollen diese nur in kleinen Steinen verwendet werden. Ihre Energien dringen immer kegelförmig in den Organismus ein.

Feenstein:
Feensteine sind sechseckig geschliffene Heilsteine und bewirken einen sehr kreisenden Energiefluß. Sie lassen sich sehr gut als Meditationssteine und als Öffnungssteine für die Chakras verwenden. Gleichzeitig haben Feensteine auch sehr transformierende und

harmonisierende Eigenschaften auf andere, kräftig schwingende Heilsteine. Diese werden in Verbindung mit Feensteinen sanfter in Ihrer Schwingungsfrequenz und können somit durch den Körper besser aufgenommen werden. Regenbogen-Fluorit wird irrtümlicherweise oft als Feenstein bezeichnet. Feensteine sind jedoch keine Steinart, sondern eine nach bestimmten geometrischen Abmessungen geschliffene Steinform.

Kristalldrusen:
Kristalldrusen bilden in sich einen geschlossenen Organismus. Ihre Kräfte schwingen in der Druse solange, bis sie eine Energie erreicht haben, die einem Jungbrunnen gleicht. Die Energie ist spürbar, indem Sie z. B. Ihre Hände in eine Amethyst-Druse legen. Sie spüren eine starke Erwärmung oder Abkühlung Ihrer Haut und besonders sensible Menschen bekommen sogar Gänsehaut. Die Kräfte von Drusen verteilen sich wie bei einem Scheinwerfer dort, wo sie "hinleuchten". Sie eignen sich daher sehr gut für die Unterstützung der Genesung und zum Vorbeugen einer Vielzahl von Krankheiten. Es ist bewiesen, daß nicht nur unser Organismus, unser Geist und die Seele, sondern auch die Heilsteine im energiereichen Licht von Drusen harmonievoller und wirkungsvoller schwingen. Hinter einer Druse herrscht Neutralität.

Kristallgruppe:
Kristallgruppen oder Rohsteine haben sehr energiereiche Eigenschaften auf den Körper. Sie dringen jedoch nicht so tief und energiereich in einzelne Organe ein, wie Kristallspitzen, beleben und klären aber durch Auflegen oder im Raum aufgestellt die gesamte Aura. Kristallgruppen filtern negative Einflüsse und beflügeln die körperlichen und seelischen Eigenschaften vieler Anwesenden auf einmal. Kristallgruppen werden daher als Grundsteine zum Heilen und für die Meditation verwendet.

Kristallspitzen:
Einzelkristalle und Kristallspitzen sind Konzentrationen reiner Edelsteins und besitzen höchste Energie. Wenn Sie Ihren Körper reinigen möchten, oder etwas negatives herausholen wollen, so saugen Sie an der aufgelegten Körperstelle, indem Sie mit der Spitze vom Körper wegweisen. Fehlt Ihnen jedoch etwas, und Sie möchten durch den Kristall Ausgleich und Ruhe in sich hineinbringen, so halten Sie die Spitze zum Körper. Kristallspitzen sind sehr energiereich und entfalten ihre Energie direkt an der Spitze und am unteren Teil. An den Seitenflächen schwingen Kristallspitzen neutral. Daher spielt es keine Rolle, ob die Kristallspitzen natürliche oder polierte Seitenflächen haben.

Bergkristalle kristallisieren männlich (rechtsgedreht) oder weiblich (links-gedreht) aus. Das heißt, sie weisen in ihren Spitzen verschiedenartige Kristallstrukturen auf. Aufgrund unserer jahrelangen Arbeiten haben wir festgestellt, daß der männliche Organismus wesentlich sensibler auf die weiblichen Kristalle, und der weibliche Organismus besser auf die männlichen Kristalle anspricht. **Laserkristalle und Piezoelektrische Kristalle** verstärken die natürlichen Energien der Kristallspitzen um ein Vielfaches.

Kugeln:
Kugeln transformieren die Kraft der Steine um ein Vielfaches. Sie strahlen nach allen Seiten mit gleicher Energie und eignen sich daher besonders gut zum Aufstellen in der Wohnung oder am Arbeitsplatz. Mit Hilfe von Kugeln kann die gesamte Aura positiv beeinflußt werden, da die Schwingungen von Kugeln in alle Sinne mit gleicher Energie eindringen. Kugeln sind äußerst energiereiche Körper und entstören und beeinflussen pro cm Durchmesser ca. 10 m^2 Umfeld.

Massagestab:
Massagestäbe sind lang gewachsene oder an den Seitenflächen polierte Kristallstäbe mit Spitze. Das besondere an Ihnen ist jedoch, daß sie unten mit einem Rundschliff beendet wurden. Durch diesen Schliff wird erreicht, daß sich die ganze Kraft des Kristalls im unteren Bereich konzentriert. Erst mit berühren der Haut wird ihre Energie entladen. Massagestäbe werden für die Massage der Haut genauso verwendet, wie für die Pflege darunterliegender Organe. Darüberhinaus haben Massagestäbe die Eigenschaft, daß ihre Energie sich nicht geradlinig bei berühren durch den Körper ausbreitet, sondern kegelförmig. Umso mehr Sie den Massagestab in die Haut oder das Gewebe drücken, umso breiter wird der Fächer der Körperstellen, die mit Energie erreicht werden.

Obelisken:
Obelisken haben die Eigenschaft, ihre Energie in alle Seiten zu versprühen. Der Hauptenergiestrom jedoch führt von der Spitze des Obelisken nach unten und tritt durch die Standfläche aus. Stellen Sie den Obelisken auf eine Achatscheibe, so wirken die Energien ähnlich wie bei einer Kugel. Sie treten gleichzeitig aus den Seitenflächen und der Spitze aus. Obelisken eignen sich sehr gut, um Verletzungen in der Aura zu heilen. Ihre Kräfte und Schwingungen wirken dabei auf relativ kurze Distanz sehr energiereich. Im Gegensatz zu Kugeln ist das Kraftfeld von Obelisken nur etwa halb so stark. Pro angefangener Zentimeter Höhe Obelisk rechnen wir mit ca. 5 m^2 Umfeld. Obelisken eignen sich sehr gut als Input-Steine, wenn Sie die flache Seite an Ihren Körper halten, und als Reinigungssteine, wenn Sie mit der spitzen Seite auf Ihren Körper zeigen.

Oktaeder:
Über Oktaeder können Energien von Steinen gestärkt oder gefiltert werden. Sie arbeiten wie Transformatoren. Haben sie beispielsweise einen sehr starken Bergkristall, so legen Sie ihn mit der Spitze gegen die Spitze eines Oktaeders, und die Kraft wird in verträglichere, harmonievollere Energie verwandelt. Hierbei ist darauf zu achten, daß eine flache Seite des Oktaeders auf Ihrem Körper aufliegt, und die gegenüberliegende Seite mit dem Stein berührt wird, welcher transformiert werden soll.

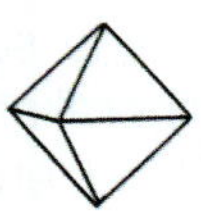

Oloid oder Lebensstein:
Oloiden oder Lebenssteine sind Kultsteine der Chinesen. Diese Steine haben eine Ähnlichkeit mit dem Herzmuskel und ihre Wesenszüge spiegeln Ewigkeit und Unvergänglichkeit wider. Oloiden dringen sehr charaktervoll und kräftig in unseren Organismus ein und aktivieren die Chakras. Oloiden als Anhänger getragen, reinigen die Aura und bewahren vor Kriminalität und schlechten Einflüssen.

Ornament-Steine:
Ornament-Steine sind große, bis mehrere Kilogramm schwere, pure Heilsteine aus einer Familie. Diese weisen keine Kristall-Strukturen auf, wie die Bergkristall-Gruppen, sind aufgrund ihrer Größe trotzdem energiereiche Kraftspender. Ornament-Steine sind als Naturstücke oder polierte Heilsteine erhältlich. Sie transformieren die Kräfte der Heilsteine in einen größeren Energiebereich. So werden z. B. Wohnungen und Büros stärker mit den gewünschten Kräften der Heilsteine durchflutet. Besonders schwere Erkrankungen und hohe Strahlenbelastungen können durch Ornamentsteine gelindert werden.

Platten:
Polierte Gesteinsplatten eignen sich sehr gut zum Filtern von negativen Energien in der Wohnung und zum Absorbieren von schädlichen Erd- und Wasserstrahlen. Schon nach kurzer Zeit spüren Sie nach dem Aufstellen von Edelstein-Scheiben eine Veränderung Ihrer Umgebung, welche sich auf die gesamte Familie und andere Anwesende sehr positiv auswirkt.

Pyramiden:
Pyramiden eignen sich ganz besonders zum Auflegen auf erkrankte Körperstellen. Sie bündeln die Energie und die gesamte Kraft des Steins und geben diese konzentriert und geradlinig nach unten ab. Sie erzeugen eine sehr kurzwellige Energie, die dem Einstich bei der Akupunktur nahe kommt. Pyramiden sollten daher verwendet werden, wenn Sie den genauen Herd Ihrer Erkrankung kennen und durch Auflegen auf die Haut bestimmte Organe treffen möchten.

Steinringe:
Steinringe haben auch, wie metallische Ringe, Jahrtausende alte Tradition. Bei den Römern galten besonders die Achat-Ringe als potenzfördernd. Steinringe dringen um die Finger herum sehr kreisend in uns ein und sind dabei während des Tragens den Chakras der Hände sehr nah. Die Edelstein-Therapie kann durch Steinringe sehr harmonievoll abgerundet werden.

Trommelsteine und Handschmeichler:
Trommelsteine und Handschmeichler eignen sich sehr gut zum Auflegen und für den täglichen Gebrauch als Heilstein und Glücksstein in der Tasche. Ihre Schwingungsenergien sind hoch und dringen kräftig und tief in uns ein. Sie versorgen uns während des Tragens ständig mit einem hohen Maß an Heilkraft, Schutz und Intuition.

Entstehung der Edelsteine und Kristalle

Edelsteine sind, wie alle Dinge auf dieser Welt, gewachsene Materie, welche genauso der Gesetzmäßigkeit von Aufbau und Verfall unterliegen wie wir Menschen, die Tiere und die Pflanzen auch. Allerdings brauchen Kristalle, um "groß" zu werden, viele Tausend Jahre. Die gesamte Natur ist an der Entstehung jedes einzelnen Lebewesens beteiligt, so auch bei den Edelsteinen und Mineralien. Druck, Temperatur, Grundwasser und Verschiebungen in der Erdoberfläche prägen jeden einzelnen Edelstein. Millionen von Jahren waren notwendig, um aus der Urmasse der Erdoberfläche eine so große Vielfalt an Mineralien und Kristallen zu schaffen. Erst nach dem sich ein Großteil der Mineralien und Spurenelemente auf der Erde entwickelt haben, wurde organisches Leben möglich. Pflanzen, Tiere, und später auch der Mensch, konnten sich aufgrund dieser einmaligen Voraussetzungen auf der Erde entwickeln. Die Mineralien und Kristalle benötigten nahezu die gesamte Entwicklungszeit unserer Erdgeschichte, um so vollkommen, vielfältig und farbenprächtig zu werden.

Eine Vielzahl von ihnen, wie z. B. die Olivine oder Quarze, kristallisierten während der Abkühlung von magmatischen Gesteinsschmelzen bei einer Temperatur zwischen 600 und 1.300 C aus. Nach weiterer Abkühlung begannen sich die Topase, Aquamarine und Turmaline aus dem vulkanischen Muttergestein herauszukristallisieren. Andere Edelsteine und Mineralien sind in hydrothermalen Gesteinsverbindungen durch Wasser, Kohlendioxid und Silizium entstanden und weitere bildeten sich erst durch Verwitterung und Verschiebungen in der Erdoberfläche. Durch chemische Verbindungen, Druck und Hitze entwickelte sich im Laufe von Jahrmillionen, ähnlich wie bei den Tieren und Pflanzen, eine phantastische Vielfalt an Formen und Farben.

So kamen beispielsweise Edelsteine und Kristalle auch in Gesteinsschichten, welche eigentlich gar nicht ihr "Zuhause" waren. Dies läßt sich sehr gut beim Versteinerten Holz beobachten. Siliziumhaltige Kieselsäuren drangen vor ca. 200 Mio. Jahren in das Gewebe und die Zellen abgestorbener Bäume ein und kristallisierten aus. Im Laufe der Jahrmillionen haben sie sich sogar gänzlich den Strukturen der Bäume angepaßt. So konnten riesige Bäume und sogar ganze Wälder zu Stein werden. Versteinertes Holz aus Arizona, USA, gehört nicht nur zu den begehrtesten Heilsteinen, sondern ist Zeuge aus einer Zeit, als die Dinosaurier noch die Erde beherrschten.
Jedoch ist festzustellen, daß reine Edelsteine in all ihren Formen und Farben sehr selten sind, und im Gegensatz zur Masse des auf der Erde vorhandenen Gesteins einen

verschwindend geringen Teil ausmachen. Mineralien und Edelsteine sind die Schätze unserer Erde. Sie dienen der Freude und dem Wohlbefinden der Menschen, Tiere und Pflanzen, und sollten auch als Essenz unserer Erde geachtet werden. Edelsteine, welche nicht geborgen werden, unterliegen, wie alle Lebewesen, dem körperlichen Verfall. Sie verwittern und zerfallen zu Staub.

Unterscheidungsmerkmale der Steine und deren Härte:

Die meisten Heilsteine lassen sich sehr gut durch Farben und Strukturen unterscheiden. Auch ob Steine durchsichtig oder opak sind, sind sichere Erkennungsmerkmale. Zusätzlich ist die Härte der verschiedenen Edelsteine ein sicheres Unterscheidungsmerkmal. Sie drückt nicht nur die Ritzfähigkeit eines Minerals aus, sondern ist auch eines der wichtigsten Bestimmungsmerkmale. Die Mohs'sche Härteskala ist in 1 bis 10 untergliedert und beinhaltet 10 Steine von sehr weich bis extrem hart. Alle weiteren Mineralien und Edelsteine lassen sich in diese Härteskala einordnen. Mit Hilfe dieser Skala und anhand der beschriebenen Härtegrade der einzelnen Heilsteine unter der Rubrik "Geologie" können Sie Zweifel hinsichtlich der Bestimmung Ihrer Heilsteine leichter beseitigen. Dies gilt auch für die Farben und die optischen Eigenschaften, welche genau beschrieben sind.

Härte 1	Talk	mit dem Fingernagel ritzbar
Härte 2	Gips	
Härte 3	Calcit	mit dem Messer ritzbar
Härte 4	Fluorit	
Härte 5	Apatit	
Härte 6	Feldspat	mit Glas ritzbar
Härte 7	Quarz	ritzen Glas
Härte 8	Topas	
Härte 9	Korund	
Härte 10	Diamant	ritzt alle anderen Edelsteine, härtester aller Edelsteine

Edelsteinwasser und Elixiere

Edelstein-Wassern und -Elixieren messen wir große Bedeutung bei, denn diese sind mindestens genauso heilkräftig wie das Tragen oder das Auflegen von Heilsteinen. Zusätzlich können mit Edelstein-Elixieren die inneren Organe besser erreicht werden. Wir haben Ihnen daher in den Heilwirkungen der Steine auch Möglichkeiten von Edelstein Elixieren aufgeführt. Trotzdem möchten wir diesbezüglich noch einmal etwas genauer auf das Herstellen von Edelstein-Wasser und Elixieren eingehen.

Regenwasser wird auf dem Weg durch tiefes Mineralgestein zu Mineralwasser. Leider werden heute bei den meisten handelsüblichen Mineralwassern einige Mineralstoffe herausgefiltert. So z. B. das wichtige Eisen. Wasser wird leider enteisent, damit die Flaschen keinen roten Boden mehr erhalten. Darüberhinaus ist unser Trinkwasser häufig sehr kalk- und nitrathaltig, oder einfach sauer. Auf die Dauer also eher eine Belastung für unseren Organismus. Wasser ist jedoch die wichtigste Lebensgrundlage aller Lebewesen. Unser Körper besteht zu über 70% aus Wasser und der tägliche Bedarf liegt bei 2 bis 3 Litern. Wir nehmen also kaum etwas in so großer Menge regelmäßig zu uns, wie Wasser. Daher denken wir, daß es sich lohnt darauf zu achten, mit was für Wasser wir unseren Organismus durchspülen. Mineralwasser mit einem ausgesuchten Mineralgehalt aktivieren alle Körperfunktionen, unterstützen die Verdauung und den Stoffwechsel und versorgen auch die Haut besser mit Mineralstoffen und Spurenelementen. Selbst angesetzte Mineralwasser und Elixiere dienen daher nicht nur einem besseren Wohlbefinden, sondern fungieren sogar als Jungbrunnen für den Körper. Gleichzeitig haben Mineralwasser auch eine entschlackende Wirkung für den gesamten Organismus.

Wie setze ich mir mein Mineralwasser (Edelstein-Wasser) an?

Edelstein-Wasser sind mineralienreiche Wasser, welche zum Vorbeugen gegen Mangelerscheinungen und Erkrankungen täglich verwendet werden können.
Sie suchen sich Steine aus, wie z. B. Calcit, Hämatit, Magnesit und andere, besonders mineralienhaltige Steine, deren Wirkung Sie gerne täglich vorbeugend verspüren möchten. Edelstein-Pulver verstärken die heilenden Wirkungen in Mineralwasser um ein Vielfaches, da diese wesentlich mehr Mineralien an das Wasser abgeben. Am besten eignet sich zum Ansetzen von eigenen Mineralwassern Regenwasser. Wenn Sie dieses nicht erhalten können, empfehlen wir Ihnen handelsübliches Mineralwasser aus staatlichen Quellen. Bitte verwenden Sie niemals destilliertes Wasser, da dieses ein totes Wasser ist. Auch abgestandenes Leitungswasser kann von Ihnen selbst mineralogisch aufbereitet werden. Da die gewünschten Heilsteine über viele Tage, Wochen, ja sogar Monate ihre Kräfte in das Wasser abgeben, empfiehlt es sich, ein größeres Gefäß zu verwenden. Sie sollten die hinzugegebenen Heilsteine dann jedoch mindestens einen Tag unberührt ziehen lassen. Wenn Sie die Gelegenheit haben, dieses Wasser an die Sonne zu stellen, so tun Sie die, da die Sonne die energiereichen Mineralstoffe und Spurenelemente der Heilsteine besonders aktiviert. Nach einem Tag können Sie von dem Wasser trinken oder es auch zum Aufbereiten von Tee und Speisen verwenden. Sie können regelmäßig neues Wasser hinzufüllen und bei Belieben auch andere Heilsteine dazugeben. Auch wenn die Steine sehr lange liegen, brauchen Sie keine Nebenwirkungen zu befürchten. Tiere und Pflanzen erfreuen sich gleichermaßen über ihr selbst gemachtes Mineral-Wasser. Besonders bei Pflanzen ist das Resultat einer besseren Mineralversorgung sehr schnell sichtbar. Diese werden zusehends widerstandsfähiger, kräftiger in ihrer Blüte und resistenter gegenüber Ungeziefer. Die Wirkungen lassen sich auch hier mit Edelstein-Pulvern um ein Vielfaches steigern. In Verbindung mit heilenden Ölen eignen sich diese Mineralwasser auch gut zum Inhalieren.

Edelstein-Pulver lassen sich äußerlich wie Puder gegen eine Vielzahl von Hautkrankheiten verwenden. Sie lindern nicht nur Verbrennungen, Wundlaufen und eitrige Geschwüre, sondern auch Akne und Ekzeme im fortgeschrittenen Stadium. Mit ein bißchen Mineralwasser angerührt, lassen sie sich zu wohltuenden Gesichtsmasken auftragen, welche sich in Verbindung mit Ölen und Kräutern zu wohltuenden Packungen anreichern lassen. Mineralienreiche Edel- und Heilsteine sind, wie bereits erwähnt, im Handel erhältlich. Reine Edelstein-Pulver sind konzentrierte Essenzen von Heilsteinen und Kristallen und sehr kompliziert in ihrer Gewinnung. Sie liegen daher höher im Preis. Dafür sind sie in ihrer Wirkung auf Mineral-Elixiere, Gesichtsmasken, Mineralbäder oder als Ergänzung zu Teegetränken um ein Vielfaches konzentrierter und ergiebiger.

Edelsteinelixiere

Elixiere werden durch die heilenden Eigenschaften bestimmter Steine gebildet und dienen der direkten Linderung und Heilung von bereits ausgebrochenen Erkrankungen.
Edelsteinelixiere werden aus Edelstein-Wasser und einzelnen, besonders gewünschten, Heilsteinen und Pulvern **bestimmter** Edelsteine individuell zusammengestellt. Auch Kräuter und Öle spielen in Edelstein-Elixieren eine große Rolle. Diese Elixiere sollten morgens und abends, vor den Mahlzeiten, schluckweise eingenommen werden (ca. 0,3l). Sie haben nicht nur stark heilende, sondern auch vorbeugende Eigenschaften. Bei Kindern empfehlen wir die Hälfte. Elixiere erfreuen sich seit Hunderten von Jahren großer Beliebtheit und haben bis heute in ihren Eigenschaften an Heilwirkungen nichts verloren.

Elixiere haben sehr entgiftende, reinigende und entschlackende Eigenschaften auf den Organismus, die Gefäße und das Blut. Sie reinigen Magen und Darm und heilen dadurch auch chronische Verdauungserkrankungen oder Schmerzen. Darüberhinaus haben Mineral-Elixiere sehr schnell wirkende Eigenschaften gegen Durchfall, Nahrungsmittelvergiftungen und Infektionserkrankungen. Auch Insektenstiche lassen sich mit Mineral-Elixieren sehr schnell lindern und in Verbindung mit Heilsteinen werden unschöne Entzündungen auf der Hautoberfläche vorgebeugt. Als Wickel und Umschläge lassen sich durch Elixiere auch Quetschungen, Verrenkungen und Krampfadern lindern und heilen.

Aufgrund der genauen Beschreibungen der Heilwirkungen in diesem Buch ist es für Sie sehr einfach, unzählige weitere Möglichkeiten von Edelstein-Wasser und Elixieren zu kombinieren. Probieren Sie es aus, Ihr Körper wird es Ihnen danken. Auch die Zusammenfassung aller Heilwirkungen in diesem Buch eröffnet Ihnen eine Vielzahl von Kombinationsmöglichkeiten. Wir möchten Sie jedoch bitten, sich nicht nur an dieser Aufstellung zu orientieren, sondern sich die Heilwirkungen zu jedem einzelnen Heilstein genau durchzulesen.

Hier einige Beispiele für Edelstein-Elixiere zum Einnehmen:

Entschlackung:	Bergkristall, Biotit, Rheinkiesel, Hämatit, roter Jaspis, Onyx, Rauchquarz, Saphir
Gegen Durchfall:	Beryll, gelber Jaspis, Lepidolith, Sarder, Vanadinit, Wulfenit
Abnehmen:	Howlith, Jaspis rot, Magnesit, Schlangenjaspis

Heilbäder und Mineralbäder

Mineralien und Heilsteine geben einen Teil ihrer Mineralstoffe und Spurenelemente an das Badewasser ab und lassen sich daher sehr gut als Badezusatz verwenden. Warme Bäder entspannen die Haut und öffnen zugleich die Poren besonders weit, so daß die Mineralstoffe und Spurenelemente besonders gut in die Haut, zu den inneren Organen und zum endokrinen System vordringen können. Es lassen sich mit Heilsteinen eine Vielzahl von wohltuenden Mineralbädern kombinieren. Ätherische Öle runden diese Spezialbäder in ihren Wirkungen ab. (Beachten Sie hierfür bitte Düfte und Kräuter).
Als selbstgemischtes Mineralbad empfehlen wir Ihnen ein warmes Bad (ca. 34 bis 37 Grad, max. 20 Minuten). Dieses hat in Verbindung mit den Heilsteinen zusätzliche beruhigende und stoffwechselfördernde Eigenschaften. Durch Öle (z. B. Fichtennadel) oder Steinsalz werden die Wirkungen des warmen Vollbades noch besser abgerundet. Nach dem Bad sollten Sie sich mit lauwarmem Wasser abduschen. Menschen mit schweren Herz- und Kreislauferkrankungen sollten warme Vollbäder meiden. Wählen Sie sorgfältig Ihre Heilsteine aus und legen Sie diese schon ca. 20 bis 30 Minuten vorher in das einlaufende Badewasser. Dies erhöht die Wirkung der Steine zusätzlich, auch wenn Sie das Wasser wieder aufwärmen müssen. Sie werden schon nach wenigen Bädern feststellen, wie sich Ihre Haut glättet, Ekzeme und Ausschläge zurück gehen und auch Ihr Haar geschmeidiger wird. Die Wirkungen lassen sich auch hier mit Edelstein-Pulvern vervielfachen.

Schwefelbäder:

Schwefelbäder sind aus alten Überlieferungen bekannt und erfreuen sich auch heute großer Beliebtheit. Sie sollten in Form eines warmen Vollbades genommen werden (ca. 37 Grad, max. 20 Minuten). Anschließend sollten Sie sich mit lauwarmem Wasser ein bis zwei Minuten abduschen. Schwefel ist ein Spurenelement und wird direkt durch die Haut aufgenommen. Schwefelbäder wirken sehr lindernd und heilend bei chronischen Gelenkserkrankungen, Gelenkrheumatismus, Gicht und Hauterkrankungen, wie z. B.

Schuppenflechte, Akne, Ausschläge und Haarausfall. Mit anderen Heilsteinen können die Wirkungen von Schwefelbädern um ein Vielfaches abgerundet werden.

Salzbäder:

Diese eignen sich sehr gut als Grundbäder für Stoffwechselerkrankungen, Erkältungen und dermatologische Entzündungen. Sie können diese beliebig durch Heilsteine in ihren Wirkungen abrunden. Ca. 0,5 bis 1 Kg gemahlenes Steinsalz dem warmen Bad zugeben.

Anwendung der Heilsteine bei Tieren

Alle Heilsteine können genauso vorbeugend und heilend bedenkenlos für alle Tiere verwendet werden. Diese spüren die heilenden Kräfte der Steine meistens sogar noch viel intensiver als wir Menschen, da sie in ihren Eigenschaften noch wesentlich naturverbundener sind. Unwohlbefinden und Krankheit lassen sich daher durch Heilsteine bei allen Tieren wesentlich schneller heilen. Die Heilsteine können für die Tiere unter denselben heilenden Eigenschaften verwendet werden, wie bei den Menschen.

Heilstein-Energiefelder oder Mandala

Mit Edelsteinen und Heilsteinen lassen sich reine Energiefelder einer Steinsorte (Mono-Kreis-Mandala) und gemischte Energiefelder (Mandala) legen. Hierbei werden verschiedene Heilsteine so angeordnet, daß sie harmonische Kraftfelder und Energiefelder bilden. So z. B. zum Entspannen im Raum, zum Heilen oder auch für die Meditation. Die gewünschten Heilsteine werden um den Körper herum angelegt. Ähnlich wie unter einer Pyramide bildet sich im inneren dieser Anordnung ein Energie- und Kraftfeld. Wichtig ist, hierbei zu beachten, daß alle Heilsteine die Sie in kristalliner Form verwenden, auf den Körper zuzeigen sollten, wenn Sie Energie und Kraft empfangen möchten und umgekehrt, wenn Sie von diesen Reinigung und Entspannung erfahren wollen. Diese Energiefelder lassen sich auch sehr gut unter der Matratze oder unter dem Kopfkissen anlegen. Aber auch auf erkrankten Körperstellen lassen sich diese Energiefelder gut legen. Nicht die Größe des Energiefel-des ist entscheidend für die Wirkung, sondern die ausgesuchte Kombination seiner Steine. Sie sollten darauf achten, daß bei kleinen und eng gelegten Energiefeldern die Steine einander nicht berühren. Sie steigern die Kraft der Energiefelder um ein Vielfaches, wenn Sie die ausgewählten Heilsteine um sich herum den Regenbogenfarben (Chakra-Farben) folgend anordnen. Legen Sie dabei erst die roten Steine zueinander, dann die orangenen dann die gelben usw. bis Sie um sich herum den Kreis geschlossen haben. Es ist nicht einfach, auf Anhieb das für sich selbst richtige Energiefeld zu schaffen. Es bedarf Zeit und Geduld, da viele Steinsorten, um auf den individuellen Wirkungsgrad für den eigenen Körper zu kommen, ausprobiert werden müssen. Solche individuellen Energiefelder sind über Jahre hinweg treue Begleiter für den Organismus, schenken Wohlbefinden und Gesundheit. Organische und psychische Probleme größten Ausmaßes können in solchen Energiefeldern gelindert und geheilt werden. Eine phantastische Möglichkeit für ein solches Energiefeld wäre z. B. auch Ihre Wohnung oder einfach nur der Raum, in dem Sie sich am meisten aufhalten. Legen Sie rings herum auf die Schränke, Möbelstücke und Fensterbänke Heilsteine an. An größeren freien Wänden können Sie beispielsweise, um den Kreis zu schließen, dekorative Achatscheiben aufhängen. Sie werden in schon recht kurzer Zeit eine Steigerung an Zufriedenheit und Ruhe feststellen. Ihr Körper wird widerstandsfähiger und Ihr Biorhytmus ausgeglichener. Auch Ihre Haut und Ihre gesamte Aura profitieren stark von diesen Energiefeldern. Familiäre Probleme und Spannungen können hierdurch sogar in Sympathie, Verständnis und mehr Liebe umgewandelt werden.

Qi-Gong oder China-Kugeln

China-Kugeln sind seit vielen Tausend Jahren in China bekannt und stammen ursprünglich aus der chinesischen Baoding-Region. Sie sind hohl und mit einer tönernen Platte versehen. Durch die zarten Klänge der Kugeln wird im äußeren Kugelbereich ein schwingendes Resonanzfeld aufgebaut, welches sich über die Haut direkt zu den Nervenenden überträgt. Darüberhinaus sind die Kugeln magnetisiert, was zusätzlich ein harmonievolles Kraftfeld für unseren Körper bewirkt.
Ähnlich wie bei der Akupunktur und aus der Erkenntnis über die Head'schen Zonen auf der Hautoberfläche wissen wir, daß nahezu alle Organe mit einem festen Gegengewichtspol auf der Haut verbunden sind. Dies haben die Chinesen schon vor vielen Tausend Jahren erkannt und die traditionelle Heiltheorie des "Ying-Lou" beruht zusätzlich auf der Erkenntnis, daß Nerven und Meridiane unseren gesamten Körper wie ein Netz umspannen und durchkreuzen. Die Chinesen erkannten dabei, daß ein Großteil der Nerven durch die Hände und Finger verläuft, und gleichzeitig mit anderen Organen, wie Herz, Lunge, Darm und Nieren verbunden sind. Durch das Bewegen der Kugeln in den Händen geraten diese in Schwingung und Resonanz. Hierbei werden nun die vielen Nervenenden auf der Hautoberfläche (Akupunkturpunkte) stimuliert und massiert, ohne daß dabei die Energie- und Blutströme behindert werden. Im Gegenteil, die Lebenskanäle werden durch diese feine Massage erweitert und das Blut kann ausreichender zirkulieren. Die Resonanz aus den Schwingungskörpern der Qi-Gong Kugeln überträgt sich über die Nervenfasern und die Knochen auf unseren gesamten Organismus. Die Muskeln werden entkrampft, die Organe mit genügend Blut versorgt und der Geist wird ausgeglichener.
Auch bei chronischen Erkrankungen kann durch diese Heilkugeln wieder mehr Einklang des Organismus (Heilung) bewirkt werden. Ganz besonders rheumatische Erkrankungen, Nerven und Knochenerkrankungen, und Lähmungserscheinungen, und andere Störungen im vegetativen Nervensystem können durch China-Kugeln gelindert und geheilt werden. Nervöse und gereizte Menschen erfahren durch diese Kugeln schon nach kurzer Zeit mehr Ruhe und Entspannung. In China sind diese Kugeln seit Jahrhunderten eine der günstigsten Formen der Gesundheitsvorsorge. Im Sportbereich lassen sich diese Kugeln ebenfalls gut verwenden. Sie stärken die Feinmotorik der Hände und Finger und kräftigen den Unterarm. Gleichzeitig erhöhen sie die Konzentrationsfähigkeit vor Wettkämpfen und Prüfungen. Sie vermitteln mehr Ruhe und bewahren vor Prüfungsangst. Dies trifft auch für Menschen zu, welche aus beruflichen Gründen einer eintönigen Arbeitsweise unterliegen, so Z. B. nur sitzend. Es ist nachweislich spürbar, wie durch China-Kugeln die Konzentrationsfähigkeit schon nach einigen Minuten wieder aufgebaut und gleichzeitig eine wohltuende Entspannung für die Gliedmaßen und den Körper erreicht wird.

Anwendung:

Beide Kugeln sollten in die Hand gelegt werden. Mit Hilfe aller fünf Finger läßt man die Kugeln in der Hand umeinander kreisen. So werden die Kugeln in Schwingung versetzt und die feinen magnetische Wellen verteilen sich über die Nervenfasern und Head'schen Zonen, wie bei der Akupunktur, sehr entspannend über den gesamten Organismus. Die Drehrichtung sollte dabei nach ca. zwei Minuten geändert werden und nach fünf Minuten empfehlen wir einen Handwechsel.
Am Anfang stoßen und reiben die Kugeln aneinander, was die Resonanz auch ein wenig beeinträchtigt. Aber mit zunehmender Übung kann man die Kugeln reibungslos rotieren lassen, ohne daß sie einander berühren. So entfalten die Qi-Gong-Kugeln ihr Höchstmaß an Energie für unseren Organismus.

Alphabetische Übersicht der Heilsteine und Kristalle

Im folgenden Kapitel finden Sie eine umfangreiche Übersicht von rund 240 Heilsteinen und über 2.000 Indikationen. Die farbige Abbildung der Mineralien kann nur eine Richtlinie sein, denn Sie werden in der Natur nie wieder genau denselben Stein finden. Bitte bedenken Sie dies bei der Wahl Ihrer Steine, da es sich um Naturprodukte handelt, welche in Form und Farbe voneinander abweichen.

Achat

Achat rot, blau, grün - Streifenachat - Aprikosenachat - Turitellaachat - Friedensachat - Blut- und Fleischachat - Buntachat

Chemische Zusammensetzung: SiO_2

Geologie:

Achate gehören in die Familie der chalcedonen Quarze und haben die Härte 7. Sie entstanden in vulkanischen Gebieten. Während des Abkühlens von Lavaströmen bildeten sich Gasblasen und Hohlräume, die durch Kieselsäure und wässerige Lösungen aufgefüllt wurden. Die hochkonzentrierten, mineralienreichen Lösungen erhärteten, kristallisierten aus und verleihen dem Achat auch seine charakteristischen Zeichnungen. Durch Beimengungen von Eisen, Mangan, Chrom und anderen Metallen erhalten die Achate ihr vielfältiges Farbenspektrum. Die Fundorte liegen in ehemaligen vulkanischen Gebieten, wie z. B. bei Idar-Oberstein, im Schwarzwald und in Sachsen, BRD sowie Mexiko, Brasilien, USA und Australien.

Geschichtliche Überlieferung:

Achate gehörten in ihren vielen phantastischen Formen und Farben seit Gedenken der Menschheit zu den begehrtesten Schmuck- und Heilsteinen. Durch den Fluß Achates auf Sizilien (heute Dirillo), welcher angeblich die ersten Achatfunde hervorbrachte, erhielten die Achate ihren Namen. Achate gehören mit zu den ältesten Edel- und Heilsteinen und verdanken ihre Beliebtheit der großen Farbenvielfalt. Schon in der Antike wurden Achate zu Gefäßen und Amuletten verarbeitet. Die hohe Vollkommenheit der Achatschneidekunst im alten Griechenland brachte schöne Gemmen und andere Schmuck- und Ziergegenstände hervor, welche auch heute noch in den Museen in Athen und Paris zu bewundern sind. Besonders für Gemmen war der Achat aufgrund seiner farbigen Schichten ein begehrter Schmuckstein. Nach den Griechen übernahmen die Römer die Achatschneidekunst. Diese lernten von asiatischen und afrikanischen Völkern an Technik und Geschick dazu und schnitten die traditionellen Skarabäen und die glückbringenden Achat-Ringe, welche den höher gestellten Römern Macht und Reichtum bescheren sollten. Nach dem Verfall des Römischen Reiches wurde die hochentwickelte Steinschneidekunst in Byzanz und Konstantinopel zur neuen Blüte gebracht. Dort wurde auch das Farbverstärken der Achate durch Brennen erfunden und als Geheimnis von Generation zu Generation weitergegeben. Viel später gelang die Schleifkunst nach Idar-Oberstein. Mit den Neufunden der brasilianischen Achat-Lagerstätten im 18. Jahrhundert kam die kleine Schleiferstadt zu Wohlstand und Ansehen. Seit vielen tausend Jahren gilt der Achat in all seinen Farben als Schmuckstein und Heilstein und erfreut sich auch heute noch größter Beliebtheit.

Heilwirkungen auf den Körper:

Aprikosenachat:

Der Aprikosenachat schützt während der Schwangerschaft die Mutter und das Kind vor Beschwerden und in Verbindung mit roten, runden Achatscheiben, welche eine Öffnung mit Kristallen haben, auch vor schleichenden Erberkrankungen. Der Aprikosenachat bewahrt das werdende Kind vor Fehlwuchs, Behinderungen, Mongolismus, Wolfsrachen, Hasenscharte, Frühgeburt und Autismus und bewahrt die Mutter vor fieberhaften Erkrankungen während der Schwangerschaft und vor Fruchtverlust. Während der Geburt regelt der Aprikosenachat die Wehen und lindert den Geburtsschmerz. Besonders Frauen, welche das erste Kind bekommen, sollten unbedingt einen Aprikosenachat bei sich tragen. Er bewahrt auch vor allergischen Hautreizungen und Milchschorf. Der Aprikosenachat hilft aber auch sehr gut gegen häufiges Erbrechen des Babys aufgrund seiner sanften Wirkungen auf die Magen- und Darmmuskulatur. Desweiteren beschützt der Aprikosenachat alle Organe, welche mit der

Fortpflanzung zu tun haben. Menschen, welche häufig Strahlungen (Röntgenstrahlen, UV-Strahlen, Computerstrahlen) ausgesetzt sind, sollten zum Schutz einen Aprikosenachat bei sich tragen.

Streifenachat:

v. l.: Streifenachat rot, blau, grün

Streifenachate haben sehr heilende Wirkungen gegen rheumatische Erkrankungen. Diese befallen besonders die Knie, Hüfte, Sprunggelenke, Schultern, Ellenbogen, Hände, Finger, Zehen und Wirbelsäule. Hierbei unterscheiden wir zweierlei Arten von Rheuma. Zum ersten das Altersrheuma, welches durch jahrelange, harte Arbeit, vitaminarme Ernährung, ungenügende Kleidung oder unzureichende Arbeitsbedingungen hervorgerufen wird. Zum zweiten das Vireninfektionsrheuma. Diese Art von Rheuma wird durch Bakterien und Viren hervorgerufen, welche durch Entzündungen das Anschwellen der Innenhaut an Knochen und Gelenken verursachen. Das besonders tückische am Infektionsrheuma ist, daß schon Kinder und Jugendliche von diesem Rheuma befallen werden (Kinderrheuma). Diese rheumatischen Erkrankungen können sich über einen längeren Zeitraum hinweg über alle Gelenke ausbreiten und sogar innerhalb weniger Monate zu schmerzhaften Schäden von Knorpel und Gelenken führen. Mit Streifenachaten, besonders in Verbindung mit Aprikosenachat lassen sich diese Arten von virusbedingten rheumatischen Erkrankungen (Kinderrheuma) sehr gut vorbeugen, lindern und sogar heilen. Achat-Wasser, Achat-Bäder und ganz besonders das Auflegen von Streifenachaten in Verbindung mit roten Achat-Scheiben wirken den Leiden der rheumatischen Erkrankungen stark entgegen. Diese tückischen Leiden kündigen sich bei Kindern schon von eins bis sechs durch auffällige, meist unbewußte Fehlhaltungen an, um die schmerzempfindlichen Stellen zu umgehen. Eine frühzeitige Therapie ist bei diesen rheumatischen Infektionen sehr wichtig, weil diese Erkrankungen sogar zu rheumatischem Fieber, geschwollenen Lymphknoten, Leber-, Milz und Herzbeutelentzündungen führen können. Auch Wachstumsstörungen bleiben nicht aus. Unerklärlicher Weise führen diese Erkrankungen besonders bei Mädchen häufig zu starken Augenleiden und sogar zu Erblindung.

Achat rot:

v. l.: Achat grün, rot, blau

Der rote Achat hilft bei Hautkrankheiten, bewahrt die Haut vor Ekzemen und beugt sogar Hirnhautentzündung vor. Bei Augenkrankheiten wie z. B. Sehschwäche oder Überanstrengung empfiehlt es sich, evtl. durch Sonnenlicht aufgewärmte, rote Achatscheiben auf die Augen zu legen. Darüber hinaus sind rote Achate sehr antiseptisch (keimtötend) und heilen die inneren Verdauungsorgane von infektösen Entzündungen. Der rote Achat kräftigt die Nieren und heilt Nierenentzündungen und Nierenkoliken. Im Nierenbeckenbereich und am Harnleiter lindert der rote Achat entzündliche Prozesse, Grießbildung und Nierensteine. Rote Achate in Verbindung mit Nierentee durchspülen die Nieren und halten die Harnwege frei und geschmeidig. Der rote Achat ist ein besonderer Hüter des ungeborenen Lebens und bewahrt vor Krankheiten und Allergien der Mutter und des Kindes.

Grüner und blauer Achat:

Grüne und blaue Achate werden in der Natur gefunden! Die meisten im Handel erhältlichen grünen und blauen Achate sind jedoch gebrannte Achate. Hierbei werden die heilenden Eigenschaften der Achate jedoch nicht beeinträchtigt, da durch das Brennen der Steine lediglich die grünen oder blauen Eigenschaften hervorgehoben werden.

Der grüne Achat:

eignet sich zum Auflegen bei Meniskusschäden und Kniegelenksentzündungen. Er wirkt sehr entkrampfend beim Beugen und Strecken des Beines und lindert auch Gelenksergüsse und drückende Schmerzen am Kniegelenk. Bei sportlicher, allgemeiner Überlastung oder durch Unfälle hervorgerufene Knorpelverletzungen, Verstauchungen und Verrenkungen, auch in Verbindung mit Blutergüssen, lassen sich durch grünen Achat sehr gut lindern und heilen. Die stärksten Eigenschaften des grünen Achates liegen nach unserer Erfahrung in der Aktivierung der Darmtätigkeit. Grün-Achat-Wasser oder Tee heilt Darmerkrankungen und Stuhlunregelmäßigkeiten. Sie helfen auch bei Verstopfung, Darmträgheit und Darmverschluß. Aber auch Hämorrhoiden, Ruhr, Furunkel in der Analgegend, Fisteln, Polypen, Prostataerkrankungen und Entzündungen am Enddarm lassen sich mit grünem Achat lindern und heilen.

Der blaue Achat:

läßt sich sehr gut zum Heilen bei Hautabschürfungen, Brandwunden und anderen Hautverletzungen verwenden. Er lindert durch Auflegen die Schmerzen und bewahrt vor Blutvergiftung. Der blaue Achat reinigt und schützt die Wunde und aktiviert den Heilungsprozeß. Bei eitrigen Wunden und bei Insektenstichen (Mücken, Bremsen, Bienen, Wespen) haben sich blaue Achat-Scheiben als sehr kraftvolle Heiler erwiesen. Darüberhinaus heilt der blaue Achat, am Hals getragen, anhaltende Rückenschmerzen, welche häufig durch Knochen- und Gelenktuberkulose hervorgerufen werden. Der blaue Achat bekämpft die Tuberkulosebakterien im Blut und verhindert das Eindringen neuer Bakterien. Darüberhinaus hilft der blaue Achat sehr lindernd gegen Erkrankungen des Mittelohrs und bei Gehörgangsverletzungen. Er verhindert Gleichgewichtsstörungen, welche mit dem Mittelohr zusammenhängen. Er heilt durch Auflegen Ohrenschmerzen und Ohrensausen. Auch Gehörgangsfurunkel und Schwerhörigkeit können bei längerer Therapie durch blaue Achat-Kugel-Ketten am Hals und mit blauen Achatscheiben unter dem Kopfkissen gelindert und geheilt werden. Blaue Achate lindern und heilen auch Gleichgewichtsstörungen, welche durch Verletzungen und Entzündungen des Mittelohrs hervorgerufen werden.

Heilwirkungen auf die Psyche:

Der Achat bewahrt seinen Träger vor Depressionen, und negativen Einflüssen. Speziell blaue und grüne Achate bewahren ihren Träger vor allem Bösen. Aprikosen- und Streifenachate, aber auch mehrfarbige grüne, blaue, rote und rosane Achate symbolisieren Glück und Reichtum und beschützen das Eigentum vor Dieben. Viele Überlieferungen bestätigen sogar, daß Männer durch das Tragen von Achaten mehr Aufmerksamkeit bei Frauen erwecken. Achate stärken die Willenskraft ihres Trägers und sensibilisieren rauhere Menschen in den Umgangsformen mit ihren Mitmenschen. In der Wohnung aufgestellt ist der Achat ein dekoratives Schmuckstück, welcher gleichzeitig alles Böse fernhält. Achat-Ringe in all ihren Farben sind hübsche Schmuckstücke und gleichzeitig starke Schutz- und Glückssteine.

Chakra:

Streifenachat und **Aprikosenachat** dringen sehr sanft über das Milzchakra in unseren Kreislauf ein. Beide Achate haben während der Therapie und für die Meditation sehr warme und entspannende Wirkungen. Der **blaue Achat** dringt am energievollsten über den Hals in unseren Organismus vor. Von dort aus versendet er seine Kraft über die Wirbelsäule an die Nerven, die Knochen und das Blut. **Rote Achate** dringen am besten über das Sexualchakra in uns ein und bewirken einen sehr erwärmenden Energiefluß für unseren Organismus.

Blaue und rote Achate, Aprikosenachate und Streifenachate dringen sehr kurzweilig und schwingungsvoll in uns ein und sind in ihrer Resonanz unserer Körperfrequenz sehr ähnlich. Auch für ungeübte Anwender sind die Kräfte dieser Achate schnell spürbar. Der **grüne Achat** dringt direkt über das Herzchakra in unseren Organismus und die Seele ein. Er ist in der Meditation kein absoluter Herzstein, wird aber in Verbindung mit roten Steinen zum Transformator des Herzens. Er öffnet das sensible Herzchakra besonders weit und tief.

Sternzeichen: Stier 21. April bis 20. Mai

Wie erhalte ich einen Achat, und wie pflege ich diesen?

Achate sind aufgrund ihrer schleifbaren Härte und Dank ihrer Farbenvielfalt erhältlich als Rohstein, Scheiben, Handschmeichler, Buchstützen, Geoden, Glücksdrusen, Ketten, Kugeln, Pyramiden, Obelisken, Donuts und vielen phantasievollen Teilchen für Halsreifen und Lederband. Durch Brennen und Färben werden blaue, grüne und rote Achate in ihren Farbnuancen verstärkt. Dies hat jedoch auf die heilenden Kräfte dieser Steine keinen Einfluß, sondern dient nur der optischen Verschönerung, da die mineralogische Zusammensetzung und der Mineralgehalt dieser Steine nicht verändert wird. Achate sollten einmal im Monat unter fließendem, lauwarmen Wasser gereinigt und entladen werden. Ketten empfehlen wir, einmal im Monat, über nacht in einer trockenen Schale mit Hämatit-Trommelsteinen zu entladen. Alle Achate laden sich an der Sonne oder über nacht in einer Bergkristall-Gruppe sehr positiv auf.

Turitellaachat:

Turitellaachat wird auch Schneckenachat genannt. Dieser weist sich durch seine charakteristischen Zeichnungen aus, welche beim Hinsehen den Eindruck einer Vielzahl von versteinerten Schnecken erwecken. Dieser Achat wird in China, Mexiko, Australien und Brasilien gefunden.

v. l.: Turitellaachat und Friedensachat

Heilwirkungen auf den Körper:

Der Turitellaachat aktiviert den Magen und kräftigt das Verdauungssystem. Er reinigt durch Turitellaachatwasser die Darmzotten und aktiviert darüberhinaus die Verdauung. Ablagerungen und Verengungen der Darmzotten führen zu Unwohlsein, Verdauungsstörungen und tragen zum schnelleren altern bei. Wir empfehlen Ihnen daher, dieses Achatwasser regelmäßig ein bis zweimal im Monat je einen halben Liter auf nüchternen Magen zu trinken und erst nach ca. einer halben Stunde zu essen. Turitellaachat kräftigt auch den Magen und den Zwölffingerdarm. Durch seine harmonisierenden und aktivierenden Schwingungen auf die Bauchspeicheldrüse bewahrt er ganz besonders diese vor Erkrankungen und Entzündungen. Heftige Bauchschmerzen, Verdauungsstörungen, Magen- und Darmkatarrh können sehr gut durch den Turitellaachat gelindert und geheilt werden. Dadurch, daß der Turitellaachat die Produktion der Bauchspeicheldrüse abstimmt, werden Magenübersäuerungen, Aufstoßen und Verdauungsprobleme gelindert und geheilt.

Heilwirkungen auf die Psyche:

Turitellaachate halten länger jung und bewahren vor einem verbissenen Aussehen. Sie helfen sehr stark bei seelischen Schmerzen, welche uns in unserer Kindheit oder der Jugend zugefügt wurden und welche trotz der langen Zeit noch nicht geheilt sind. Turitellaachate erleuchten aber auch ihren Träger bis in die eigene Kindheit zurück und machen daher erwachsene Menschen Kindern gegenüber einsichtiger und verständnisvoller. Der Turitellaachat weckt auch ein bißchen das Kind in jedem erwachsenen Menschen.

Chakra:

Turitellaachate sollten während der Meditation in Verbindung mit Bergkristall, Kunzit oder Rosenquarz verwendet werden. Durch diese Steine werden die sanften Schwingungen des Turitellaachat aktiviert und hervorgehoben. Ober den Turitellaachat erreichen wir während der Meditation einen Rückblick und ein intensiveres "Revuepassieren" unseres Lebens. Dieser Achat ist so kräftig, daß er uns sogar klar bis in unser sechstes und siebtes Lebensjahr an, zurückschauen lassen kann. Wir können dadurch nicht nur Stauungen und Blockaden erkennen, die uns von jung her quälen oder belasten, sondern es fällt uns wesentlich leichter, mit den Gedanken unserer Kinder vertrauter zu werden und auch gemachte Fehler nicht zu wiederholen.

Friedensachat (Weißer Achat):

Farbe: Grauweiß bis weiß, teilweise durchscheinend

Geologie:

Weiße Achate sind farblose Achate und gehören in die Familie der Quarze mit der Härte 7. Sie sind relativ reine Siliziumverbindungen ohne metallische Einlagerungen.

Heilwirkungen auf den Körper:

Der weiße Achat (Friedensachat) hat eine stark intuitive Wirkung auf seinen Träger. Darüberhinaus ist di eser ein starker Schutz- und Heilstein gegen bösartige Melanome (schwarzer Hautkrebs). Aufgrund des erhöhten UV-Gehaltes im Sonnenlicht, durch das Ozonloch, hat sich diese tückische Krebsart in den letzten Jahren nahezu verzehnfacht. Die lichtempfindliche Kinderhaut, und Menschen mit zahlreichen Pigment- und Leberflecken sind besonders Hautkrebs gefährdet. Friedensachate bewirken für die Haut eine Herabsetzung der Lichtempfindlichkeit und machen diese gleichzeitig gegen Krebsgeschwulste und deren todbringenden Tochtergeschwulste (Metastasen) widerstandsfähiger. Friedensachate heilen Hautkrebserkrankungen im Frühstadium. Dieser sollte daher im Sommer und im Urlaub von allen Menschen, besonders Kindern, als Schutzstein getragen werden. Zusätzlich reguliert der Friedensachat Hormonstörungen, welche besonders bei Frauen zu übermäßigem Haarwuchs führen.

Heilwirkungen auf die Psyche:

Der Friedensachat verschafft Ausgleich und mehr innere Ruhe. Er lindert Aggressionsverhalten gegenüber der Familie und den Mitmenschen. Er verbindet unsere Gefühle besser mit den Gefühlen anderer Menschen und lindert die Angst vor dem Alleinsein. Er bestärkt Frauen in ihrer weiblichen Ausstrahlung.

Chakra:

Der Friedensachat dringt sehr gut über alle Chakras in uns ein und vermittelt uns ein wohliges Zusammengehörigkeitsgefühl zwischen Geist und Körper. Besonders Frauen und Mädchen, welche an starken Hormonschwankungen leiden oder ihre Begehrtheit und Weiblichkeit anzweifeln, werden durch Friedensachate besänftigt und in Charme und Ausstrahlung bestärkt.

Wie erhalte ich einen Friedensachat oder Turitellaachat und wie pflege ich diesen?

Friedensachate und Turitellaachate sind als Trommelsteine, Handschmeichler, Anhänger, Ketten, Donuts und vielen phantasievollen Teilchen für Halsreifen und Lederband erhältlich. Bei Turitellaachaten empfehlen wir Ihnen zu jenen, welche aus China kommen. Diese sind besonders heilkräftig. Auch diese Achate sollten einmal die Woche unter fließendem, lauwarmem Wasser entladen und gereinigt werden. Ketten sollten in einer trockenen Schale mit Hämatit-Trommelsteinen einmal im Monat über Nacht entladen und gereinigt werden. Das Aufladen an der Sonne tut beiden Achaten für ca. 1/2 Stunde, auch an der Mittagssonne, sehr gut.

Blutachat und Fleischachat:

Farbe: Blutrot, lilarot bis rosarote, fleischfarbene Achate.

v. l.: Blutachat und Fleischachat

Geologie:

Blut- und Fleischachate gehören in die Familie der Achate und somit zu den chalcedonen Quarzen mit der Härte 7. Eisen, Hämatit und Limonit verleihen diesen Achaten ihre charakteristischen Fleischfarben. Sie werden nur an wenigen Fundstellen bei Idar-Oberstein, BRD, in Australien, Kanada und Mexiko gefunden.

Geschichtliche Überlieferung:

Schon von den Germanischen Völkern wurden die Blutachate, welche in Deutschland, nahe Idar-Oberstein, gefunden wurden, als Heilsteine und Schutzsteine verehrt. Die Wickinger brachten die Blutachate nach Island, wo sie den Göttern geopfert wurden. Als die Römer die Achat-Fundstellen am Fuße des Hundsrück entdeckten, beuteten sie diese zu einem Großteil aus und brachten die Blutachate nach Rom. Die Römer hatten sehr gute Erfahrungen in der Steinschneidekunst und verarbeiteten die Blutachate von Idar-Oberstein zu ihren schützenden und heilenden Achat-Ringen. Die Griechen und die Römer glaubten, daß der rote Achat besonders potenzfördernd sei und Männern Frauen gegenüber eine erotischere und unwiderstehlichere Ausstrahlung verleihe. Blutachate, rote Achate oder rosa Achate erfreuen sich als Ringe oder Ketten auch heute noch größter Beliebtheit.

Heilwirkungen auf den Körper:

Blutachate und Fleischachate haben sehr antiallergische Heilwirkungen auf den Organismus und die Haut. Sie neutralisieren die Reizstoffe, welche im Körper durch Berühren, Einatmen oder Essen unkontrollierte Abwehrreaktionen (Allergien) hervorrufen. Allergien haben in den letzten Jahren drastisch zugenommen, da unser Organismus mit der Flut an chemischen Stoffen nicht mehr fertig zu werden scheint. Übertriebene Hygiene einerseits, und eine stetig wachsende Flut von Chemikalien andererseits, schütteln das Abwehrsystem und täuschen das Immunsystem. Besondere Risikoberufe sind Friseure, Floristen, Maler, Lackierer, Mechaniker und Krankenpfleger. Blut- und Fleischachate senken die Allergiebereitschaft des Organismus. Sie lindern und heilen reaktionelle Leiden, welche sich durch Hautausschläge, Akne, Nesselsucht, tränende Augen und Heuschnupfen bemerkbar machen. Auch starke allergische Reizungen der Schleimhäute und Atembeschwerden können durch diese Achate gelindert und geheilt werden. Gleichzeitig empfehlen wir, diese Achate auch als Vorsorgesteine zu verwenden, denn für Betroffene verändern Allergien oft schlagartig das gesamte Leben.

Heilwirkungen auf die Psyche:

Blut- und Fleischachate verleihen ihrem Träger mehr Toleranz und lindern krankhafte Rechthaberei. Sie fördern zu sich selbst und zu ihren Mitmenschen mehr Achtung und bewahren trotzdem eine liebevolle, ironische Distanz, welche es ermöglicht, auch einmal über sich selbst lachen zu können. Dies entspannt und erleichtert die Kommunikation mit den Mitmenschen, denn lachen ist die beste Medizin.

Chakra:

Blut- und Fleischachate dringen über das Sexualchakra sehr energievoll in uns ein. Sie verleihen mehr Freude und Offenheit uns selbst und anderen gegenüber. Während der Meditation erfahren wir ein wohliges Gefühl, welches die Glückshormone in unserem Kopf aktiviert. Wir lernen, über uns selbst zu lachen, und haben auch wieder mehr Freude an den einfachen Dingen im Leben.

Wie erhalte ich einen Blut- oder Fleischachat und wie pflege ich diesen?

Blut- oder Fleischachate sind relativ seltene Vertreter aus der Familie der Achate. Sie sind erhältlich als Anhänger, Handschmeichler, polierte Scheiben und selten als Schmuck oder Kette. Diese Achate sollten einmal im Monat unter fließendem, lauwarmem Wasser gereinigt und entladen werden und anschließend über Nacht in einer Bergkristall-Gruppe aufgeladen werden. Im Gegensatz zu anderen roten Achaten oder zum Carneol unterscheidet sich der Blutachat durch seine satte, kaum durchsichtige, blutrote Färbung.

Buntachat:

Buntachate zeichnen sich durch ihre vielen Farben aus, welche durch vielfache Konzentrationen von Mineralien und Spurenelementen entstehen.

Heilwirkungen auf den Körper:

Buntachate haben sehr sensible Eigenschaften auf das Lymphsystem und die Lymphflüssigkeit. Das Lymphsystem ist ein eigenes System in unserem Kreislauf und mündet direkt vor dem Herzen in die Vene. Es ist das System der Drüsen, Hormone und Enzyme und direkt mit dem Blutkreislauf-System verbunden. Das Lymphsystem steuert die Lebensvorgänge in unserem Organismus. Buntachate harmonisieren die hellgelbe, milchartige Lymphflüssigkeit und steuern über die Drüsen die Hormone und Enzyme. Buntachate kräftigen auch die weißen Blutkörperchen in der Lymphflüssigkeit (Lymphozyten) und erreichen dadurch eine Stärkung der körpereigenen Abwehrkräfte. Das Lymphsystem steht auch über Haargefäße direkt mit den Organen der Verdauung in Verbindung. Die Lymphflüssigkeit transportiert Giftstoffe, schwer verdauliche Fette und Cholesterine ab und scheidet auch Krankheitserreger aus. Darüberhinaus bewirken die Buntachate über die Enzyme einen besseren Heilungsvorgang im Organismus. Sie lindern den oft mit dem Heilungsprozeß verbundenen Juckreiz und bewirken so ein besseres Heilen, da die Wunde nicht ständig aufgekratzt wird. Dies gilt auch für juckende Hautekzeme, Ausschläge und unangenehmen, quälenden Juckreiz im Intimbereich.

Heilwirkungen auf die Psyche:

Buntachate lindern durch Streß verursachte, innere Zerrissenheit und Bewußtseinsspaltungen (Schizophrenie). Durch regelmäßiges Verwenden von Buntachaten können auch schwere seelische und geistige Erkrankungen gelindert und geheilt werden. Buntachate besänftigen die Seele und das Gemüt und bewirken wieder einen einheitlicheren, ungespaltenen Gedankenfluß.

Chakra:

Buntachate dringen sehr harmonievoll in alle Chakras ein. Je nach farbigem Überhang können sie bestimmten Chakras besonders gut zugeführt werden. Sie verbinden während der Meditation Körper, Geist und Seele und lindern Bewußtseinsspaltungen.

Wie erhalte ich einen Buntachat und wie pflege ich diesen?

Buntachate sind als Trommelsteine, Handschmeichler, Anhänger, Kugeln, Ketten, Pyramiden, Obelisken und vielen phantasievollen Formen für Halsreifen und Lederband erhältlich. Sie sollten einmal im Monat unter fließendem, lauwarmem Wasser gereinigt und entladen werden, Ketten sollten einmal im Monat über Nacht in einer trockenen Schale mit Hämatit-Trommelsteinen entladen werden. Nach dem Entladen sollten diese Achate für mehrere Stunden in einer Bergkristall-Gruppe aufgeladen werden.

Alexandrit

Farbe: Grün/Rot

Chemische Zusammensetzung: $A_{12}Be0_4$

Geologie:
Der Alexandrit ist eine durch Chrom grün gefärbte Aluminium-Beryllium-Sauerstoff-Verbindung. Er hat die Härte 8,5 und ist eine Varietät aus der Chrysoberyll-Gruppe. Dieser Edelstein besitzt die einzigartige Eigenschaft, daß er bei Tageslicht grün erscheint, während er bei Kunstlicht rot leuchtet.
Der Alexandrit erhielt seinen Namen nach dem Zaren Alexander II und gehört zu den seltensten Edelsteinen, welcher nur in kleinen Gebieten Brasiliens, Sri Lankas und der GUS-Staaten gefunden wird.

Heilwirkungen auf den Körper:
Der Alexandrit ist ein kräftiger Stein, welcher speziell auf das Nervensystem hervorragende Wirkungen hat. Er steuert über das zentrale Nervensystem den harmonischen Ablauf des Zusammenwirkens der Organe, besonders jedoch von Milz, Magen und Bauchspeicheldrüse. Durch diese Eigenschaften bewahrt er seinen Träger nicht nur vor Übersäuerung des Magens und des Blutes, sondern heilt auch Magengeschwüre. Alexandrit soll als Vorsorgestein und Heilstein gegen Leukämie getragen werden.

Heilwirkungen auf die Psyche:
Da der Alexandrit ein Stein ist, welcher eine besonders intensive Kraft auf das Nervensystem ausübt, beschenkt er seinen Träger mit mehr Frohsinn, Freude und innerer Ausgeglichenheit. In der Partnerschaft beschert er eine harmonische Beziehung, verleiht seinem Träger mehr Weitsicht, Einsicht und Gefühlsreinheit.

Chakra:
Der Alexandrit eignet sich besonders als Grundstein und Öffnungsstein des Milzchakras, wobei er während der Meditation hilft, besser die innere Mitte zu finden.

Wie erhalte ich einen Alexandrit und wie pflege ich diesen?
Der Alexandrit gehört, wie bereits erwähnt, zu den seltensten Edelsteinen, und liegt daher auch im obersten Preisbereich. Durch seine seltenen Vorkommen ist es schwierig, überhaupt einen auf dem Markt zu erstehen, und wenn ja, dann sind diese nur sehr selten größer als der Nagel unseres kleinen Fingers. Es gibt ihn als Rohkristall, Anhänger, Cabochon oder facettierten Edelstein. Der Alexandrit kann unter fließendem, lauwarmem Wasser entladen werden. Nach dem Entladen sollte der Alexandrit für kurze Zeit an der Sonne aufgeladen werden.

Amazonit (Kalifeldspat)

Farbe: Hellblau, grünlich blau bis türkisblau
Chemische Zusammensetzung: $KAlSi_3O_8$

Geologie:
Der Amazonit ist ein Kalimineral aus der Feldspatgruppe. Er wird daher auch als Kalifeldspat bezeichnet. Der Amazonit erhält durch Kupfereinschlüsse seine typisch bläulich-grüne Farbe. Seine Härte beträgt 6 bis 6,5. Die bekanntesten Fundstellen des Amazonit liegen in Colorado, USA, Madagaskar und in Brasilien.

Geschichtliche Überlieferung:
Der Amazonit gehört zu den heiligen Steinen der Indianer Nord-, Mittel- und Südamerikas. Diese verehren diesen Stein auch heute noch als Amazonenstein. Der Amazonit wird daher bei nahezu allen indianischen Völkern als starker Schmuck- und Heilstein geschätzt.

Heilwirkungen auf den Körper:
Der Amazonit wirkt besonders gegen Schmerzen im Solarplexusbereich und beschützt das Herz vor Beschwerden. Desweiteren gilt der Amazonit als Leiter, welcher auf das Nervensystem beruhigend wirkt und somit Krämpfe und Verspannungen, vor allem im Rücken- und Nackenbereich, auflöst. Entspannend wirkt der Amazonit auch auf die Muskulatur an Armen, Schultern und Nacken (durch Auflegen flacher Scheiben). Die besonderen Eigenschaften des Amazonit liegen jedoch in der Schmerzlinderung bei starken, chronischen, oder migränehaften Kopfschmerzen im gesamten Schädelbereich. Diese heftigen Kopfschmerzen werden durch das Auflegen von Amazonit-Scheiben und noch besser durch das Tragen von Amazonit-Ketten rasch gelindert und geheilt. Zur Nervosität neigende Menschen bzw. nervös aufgewühlte Menschen, sollten ebenfalls Amazonit am Körper tragen, da dieser die Nervenfasern dehnbarer und geschmeidiger macht und somit die häufigen Ursachen der Übersensibilität, welche häufig durch Rauchen, Alkohol, Überarbeitung, zu hohe Verantwortung oder geistige Überanstrengung hervorgerufen werden, ausgleicht, und wie eine Waage wieder ins Gleichgewicht bringt.

Heilwirkungen auf die Psyche:
Amazonit verleiht seinem Träger mehr Vitalität und Lebenskraft. Gleichzeitig verschafft er (unter dem Kopfkissen liegend) tieferen und entspannenden Schlaf. Der überwiegend grüne Amazonit verschafft seinem Träger einen ruhigen und weitsichtigen Alltag.

Chakra:
Der Amazonit dringt über das Hals- und Herzchakra in uns ein. Er aktiviert die kreativen und künstlerischen Eigenschaften in uns, und vermag es auch, diese besser zu äußern. Darüberhinaus schenkt er seinem Träger mehr Toleranz und Geduld, und befreit von Geiz, Egoismus und Gier.

Sternzeichen: Wassermann 21. Januar bis 19. Februar

Wie erhalte ich einen Amazonit und wie pflege ich diesen?
Der Amazonit ist ein Stein, welcher seit Tausenden von Jahren als Schmuck- und Heilstein geschätzt wird. Er ist erhältlich als Rohstein, Kristall, Handschmeichler, Kette, Kugel, Pyramide, Donuts und in vielen phantasievollen Formen für Halsreifen und Lederband. Einmal in der Woche sollte der Amazonit unter fließendem lauwarmem Wasser gereinigt und entladen werden. Ketten sollten über Nacht in einer trockenen Schale mit Hämatit-Trommelsteinen entladen werden und anschließend für ca. 1 Stunde an der Sonne aufgeladen werden.

Amethyst - Phantomamethyst

v. l.: Amethyst, Phantomamethyst

Farbe: Violett

Chemische Zusammensetzung: SiO_2

Geologie:
Der Amethyst gehört in die Familie der Quarze und hat die Härte 7. Während der Entstehung vor Millionen von Jahren kamen zum flüssigen Silizium

(SiO_2), dem Grundbaustein aller Quarze, Spuren von Titan, Mangan und Eisen hinzu, welche dem Amethyst seine einzigartige Farbe verleihen. Die bekanntesten Fundstellen liegen in Brasilien, Uruguay, Mexiko und Westaustralien.

Zu beachten:

Amethyste kristallisieren männlich (rechts gedreht) oder weiblich (links gedreht) aus. Das heißt, sie weisen in ihren Spitzen verschiedenartige Kristallstrukturen auf. Aufgrund unserer jahrelangen Arbeiten haben wir festgestellt, daß der männliche Organismus wesentlich sensibler auf die weiblichen Kristalle, und der weibliche Organismus besser auf die männlichen Kristalle anspricht. Bitte bedenken Sie dies bei der Auswahl Ihrer Amethyste. Wenn sie jedoch charakteristische männliche oder weibliche Eigenschaften stärken möchten, dann empfehlen wir Ihnen zu den Amethysten Ihres Geschlechts.

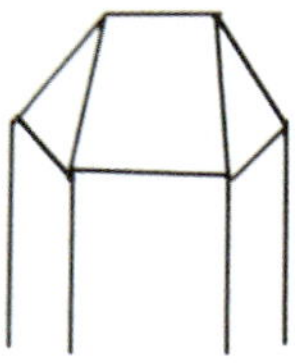

weiblicher Kristall

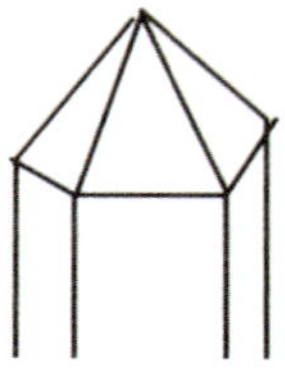

männlicher Kristall

Geschichtliche Überlieferung:

Der Amethyst wird nahezu von allen Völkern verehrt. Sein Name stammt aus dem Griechischen "Amethystos", was soviel bedeutet wie "nicht betrunken". Die Griechen glaubten, daß der Amethyst seinem Träger mehr Standfestigkeit beschere, welche vor Zauberei, Heimweh, bösen Gedanken und vor Trunkenheit bewahre. Desweiteren beschütze er seinen Träger vor dem Eindringen böser Kräfte in die Seele. Er verwandele schlechte Gedanken in Optimismus und befreie vor falschen Freunden, welche einfach fern bleiben. Der Amethyst sollte immer offen sichtbar getragen werden. Nachdem die Fundstellen in Deutschland, um Idar-Oberstein herum, vor ca. 100 Jahren ausgebeutet wurden, wanderten Idar-Obersteiner Pioniere nach Südamerika aus, wo sie glücklicherweise neue Fundgebiete des begehrten Amethyst erschließen konnten.

Heilwirkungen auf den Körper:

Der Amethyst wirkt beruhigend auf Herz und Nerven und verbessert die Konzentrationsfähigkeit. Er hilft gegen Migräne und streßbedingte Verspannungen. Unter dem Kopfkissen liegend sorgt der Amethyst für ruhigen Schlaf und bewahrt vor Alpträumen. Er stimuliert Menschen die an Phantasielosigkeit leiden und bewahrt vor allem Kinder vor den Folgen von Streßerscheinungen wie z. B. Wutausbrüche, Hysterie, Stottern, Epilepsie, Neurosen und den häufig damit verbundenen Hautausschlägen. Er aktiviert das Hautbindegewebe und verhilft der Haut, Feuchtigkeit besser zu speichern. Die Haut wird dadurch resistenter gegen Erkrankungen und bleibt bis in das hohe Alter länger geschmeidig und weich. Amethyst-Wasser pflegt nicht nur die Haut, sondern reinigt die Drüsen und Poren von Mitessern und Verstopfungen. Der Amethyst harmonisiert das Haarwachstum der Haarzellen und lindert Damenbart und Haarausfall. Warme Amethyst-Bäder aktivieren die Hautatmung und bewirken über die Schweißdrüsen eine bessere Reinigung des Körpers. Bei juckenden Hautreizungen, Rötungen und nässenden Ekzemen empfehlen wir, die betroffenen Hautzonen mit einem Amethyst-Massagestab in Verbindung mit Amethyst-Kamillentee abzutupfen. Gleichzeitig sollten Sie regelmäßig Amethyst-Scheiben oder Ketten auf der Haut tragen. Dies gilt auch nach einem Sonnenbrand, sowie bei Akne und Pickelerkrankungen. Konzentriertes AmethystCalcit-Wasser (ca. 5 walnußgroße, klare Amethyste zusammen in 0,51 Wasser über Nacht mit Orangencalcit oder Doppelspat ziehen lassen) hilft durch Betupfen oder Gurgeln gut gegen häufigen (chronischen) Bläschenausschlag an Lippen, Mundwinkeln, Nasenflügeln, Geschlechtsorganen und der Haut (Herpes Simplex und Herpes Labialis). Amethyst Massagestäbe in Verbindung mit Amethyst-Wasser können auch gegen Schuppenflechte und Hautpilzflechten aller Art verwendet werden. Blutergüsse, blaue Flecken,

Schwellungen, Insektenstiche und andere Verletzungen der Haut lassen sich ebenfalls mit Amethyst sehr schnell lindern und heilen. Bei brennender Haut, besonders nach der Rasur oder nach Wundlaufen, läßt sich Amethyst-Wasser wie ein schonendes Rasierwasser verwenden.
Menschen mit Bluterkrankungen, Blutarmut und zu hohem oder zu niedrigem Blutdruck sollten stets einen Phantom-Amethyst bei sich tragen. Dieser hat sehr beruhigende Wirkungen auf die Herzmuskulatur. Der Blutdruck wird stabilisiert und der Organismus wird vor extremen systolischen und diastolischen Werten bewahrt. Einen Amethyst als Druse oder als Kugel in der Wohnung aufgestellt ist nicht nur ein phantastisches Schmuckstück, sondern hält auch negative Erdstrahlen fern. Amethyst-Wasser, morgens auf nüchternen Magen getrunken, regt den Stoffwechsel an, bewahrt vor Geschwüren im Magen, reguliert die Hormonproduktion in der Bauchspeicheldrüse und den Blutzucker. Amethyst hilft sehr gut gegen Diabetes.

Heilwirkungen auf die Psyche:
Der Amethyst bestärkt den Glauben und läßt seinen Träger gerechter urteilen und handeln. Er regt die Phantasie an und kräftigt wahre Freundschaften, während er falsche Freunde vertreibt. Amethyst bewahrt vor Lernschwierigkeiten und Prüfungsangst. Amethystdrusen bescheren durch ihre Ausstrahlung mehr Harmonie, Familienzusammengehörigkeit, Wärme und Geborgenheit.

Sternzeichen: Fische, 20. Februar bis 20. März

Zepteramethyst:
Zepteramethyste sind Amethyste, die auf bereits vorhandene Kristalle aufgewachsen sind. Sie unterscheiden sich von den Phantomamethysten dadurch, daß sie äußerlich über die Kristalle gewachsen sind und ein gemeinsames Wachstum aufweisen. Durch Zepteramethyste lassen sich die Heilwirkungen noch konzentrierter auf erkrankte Körperstellen transformieren.

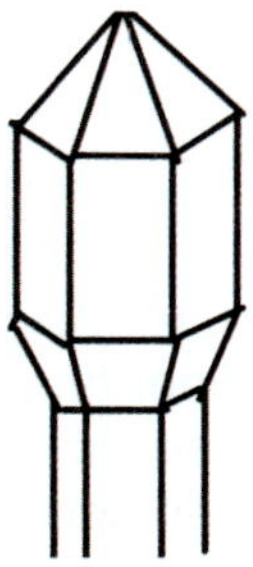

männliche Zepter

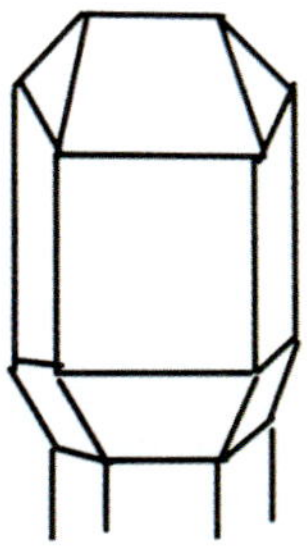

weibliche Zepter

Enhydro-Amethyst:
Diese Amethyste erhalten ihre Eigenschaft durch eingeschlossenes, jahrmillionen altes Urwasser. Das Urwasser in diesen Amethysten ist äußerst energievoll und rein. Sie verstärken besonders die meditativen Eigenschaften des Amethyst. Enhydro-Kristalle öffnen die Chakras noch sensibler und stimulieren gleichzeitig schon während des Öffnens die Nervenzentren besonders energievoll.

Chakra:
Während der Meditation schenkt der Amethyst mehr Hingabe und Vertrauen zum Leben und dringt am intensivsten durch das Scheitelchakra ein. Er vermittelt angenehme Impulse hinsichtlich Lebensfreude und Partnerschaft. Amethyst vermittelt seinem Träger die Fähigkeit, Probleme weitsichtiger zu erkennen und zu lösen. Gleichzeitig vermittelt er während der Meditation einen Höchstgrad an Frieden, Freude, Wärme, Ruhe und Harmonie. Amethyst-Ketten verleihen bei regelmäßigem Tragen mehr Temperament und eine unwiderstehliche Ausstrahlung. Der Amethyst inspiriert die Intuition.

Wie erhalte ich einen Amethyst und wie pflege ich diesen?
Amethyste sind aufgrund ihrer Beliebtheit und Dank ihrer schönen Farbe erhältlich als Rohstein, Kristall, Handschmeichler, Buchstützen, Geoden, Ketten, Kugeln, Pyramiden, Obelisken, Donuts und vielen phantasievollen Teilchen für Halsreifen und Lederband, sowie

als hochwertige facettierte Edelsteine. Der Amethyst sollte einmal im Monat unter fließendem lauwarmen Wasser entladen und gereinigt werden. Ketten empfehlen wir, einmal im Monat, über Nacht in einer trokkenen Schale mit Hämatit-Trommelsteinen zu entladen. Der Amethyst sollte niemals an der Sonne aufgeladen werden, sondern in einer Gruppe oder Druse aus Amethyst-Kristallen.

Ametrin

Farbe: Golden-violett durchscheinend.

Chemische Zusammensetzung: SiO_2

Geologie:

Der Ametrin gehört in die Familie der Quarze und hat die Härte 7. Bei der Entstehung kamen vor Millionen von Jahren zu dem flüssigen Silizium (SiO_2), dem Grundbaustein aller Quarze, Spuren von Aluminium und Eisen hinzu. Einer Laune der Natur ist es zu verdanken, daß hierbei zwei Edelsteine zu einem phantastischen Stein vereint wurden (Amethyst und Citrin). Die seltenen Fundgebiete liegen in Brasilien und Bolivien.

Geschichtliche Überlieferung:

Der Ametrin war nur bei den nomadischen Völkern Südamerikas bekannt, wo ihm jedoch keine allzu große Bedeutung beigemessen wurde, da sich der Ametrin im Herzen sehr unschöner und rauher Amethyst-Quarz-Kristalle befindet.

Heilwirkung auf den Körper:

Da der Ametrin zwei kräftige Steine in sich birgt, ist es nicht möglich, entweder die volle Kraft des Amethyst oder die des Citrin gleichzeitig zu verwenden. Der Ametrin regt die Tätigkeit des Gehirns an und harmonisiert die Gehirnströme zwischen den Gehirnhälften, insbesondere Stammhirn, Mittelhirn und Kleinhirn. Deswegen hilft der Ametrin speziell gegen Kopfschmerzen, Hirnschwund, Verkalkung und Senilität. Er lindert Augenleiden, Schwerhörigkeit und bewahrt vor Hirnhautentzündung. Sehfehler können durch den Ametrin behoben werden. Menschen, welche an unkontrolliertem Zittern, Schweißausbrüchen oder häufigem Erröten leiden, sollten unbedingt einen Ametrin am Hals, nahe der Schilddrüse tragen.

Heilwirkung auf die Psyche:

Da der Ametrin halb Amethyst und halb Citrin ist, hat dieser eine besonders sanfte Wirkung auf unsere Seele. Er dient als treuer Begleiter im Alltag und beschenkt uns mit mehr Harmonie. Wie im Ametrin selbst zwei verschiedene Seelen wohnen, "bändigt dieser auch unsere vielen Seelen". Er harmonisiert unsere Bedürfnisse und Wünsche, und lenkt diese in ein harmonischeres Gleichgewicht.

Chakra:

Der Ametrin dringt sehr harmonievoll über das Scheitelchakra und das Wurzelchakra in uns ein. Er sollte jedoch für die Meditation nur in Maßen von geübten Menschen mit viel Meditationserfahrung verwendet werden, da er die Konzentration und Intuition enorm anregt, und die innerliche Ruhe bei ungeübter und zu intensiver Anwendung verwerfen kann.

Wie erhalte ich einen Ametrin und wie pflege ich diesen?

Da es nur wenige Fundstellen des begehrten Ametrin gibt, zählt dieser zu den seltenen und wertvollen Edelsteinen. Er ist erhältlich als Rohkristall, Handschmeichler, Kugel, Kette, Anhänger und als facettierter Edelstein. Der Ametrin sollte einmal in der Woche unter fließendem lauwarmem Wasser gereinigt und entladen werden. Nach dem Entladen sollte der Ametrin in einer Amethyst-Kristall-Gruppe oder Druse aufgeladen werden. Ametrin und Silber oder Gold bilden eine sehr sensible Partnerschaft. Damit der Ametrin seine reinen Kräfte ungehemmt entfalten kann, empfehlen wir Ihnen, diesen immer in Verbindung mit Silber oder Gold zu tragen.

Andalusit oder Chiastolith
(Kreuzstein)

Farbe: Braun gelbliche Kristalle, mit kreuzartigem Querschnitt.

Chemische Zusammensetzung: $A_{12}Si0_5$

Geologie:
Beim Chiastolith handelt es sich um eine Aluminium-Silizium Verbindung mit der Härte 6 bis 7,5. Glimmerige Einschlüsse und kohlige Substanzen geben dem Chiastolith - Kreuzstein seine charakteristischen Eigenschaften. Er ist nicht mit dem Staurolith-Kreuzstein zu verwechseln oder verwandt. Die Fundgebiete liegen in Kalifornien USA, Spanien, Brasilien, Sri Lanka, Frankreich und Schweden.

Geschichtliche Überlieferung:
Der Andalusit wurde schon vor Christi in Andalusien, Spanien, gefunden. Von diesem Fundort stammt vermutlich auch der Name dieses Heilsteins. Nach anderen griechischen Überlieferungen wurde der Andalusit nach Chiastolith umbenannt, da er, wenn er geschliffen und poliert ist, im Querschnitt eine Ähnlichkeit mit dem griechischen Buchstaben Chi erkennen läßt. Er wurde schon zur damaligen Zeit zu Schmuck und Heilzwecken verarbeitet. Besonders der gelbliche Andalusit, nämlich der Chiastolith - Kreuzstein, wurde über die Jahrtausende hinweg als wertvoller und kräftiger Heilstein verehrt.

Heilwirkungen auf den Körper:
Der Chiastolith - Kreuzstein ist ein sehr kräftiger Heilstein für das Bewegungszentrum im Gehirn und dem damit verbundenen Bindegewebe an Muskeln und Nerven. So steuert er z. B. über das Kleinhirn die Feinmotorik der Bewegungen, welche uns erst z. B. das Schreiben ermöglichen. Er richtet uns aber auch den Gleichgewichtssinn und das Erkennen von oben und unten aus. Durch den Chiastolith werden auch Einschlafen, Tiefschlaf und das Erwachen harmonisiert und besser gesteuert. Er lindert Lähmungen an den Nerven, Muskeln und den Gelenken. So heilt er z. B. auch polyneuritische Lähmungserscheinungen am Körper und besonders im Gesicht. Er bewahrt vor arthritischen Erkrankungen und Entzündungen der Gelenke und des Rückenmarks. Der Chiastolith heilt auch Multiple Sklerose Erkrankungen, welche Lähmungserscheinungen der Augen, Sprache oder der Bewegungen hervorrufen. Er heilt die Haut und das Bindegewebe von eitrigen, infektiven Erkrankungen und bewahrt darüberhinaus die Knochen und die Gelenke vor Erweichungen und Rachitis (Knochenschwund). Er lindert auch schmerzhafte Gewebserkrankungen, welche zu Zerstörungen und Verformungen der Gelenke und zu Gicht führen können.

Heilwirkungen auf die Psyche:
Der Chiastolith - Kreuzstein verhilft seinem Träger zu einem selbständigeren Leben und kräftigt zur richtigen Zeit den Abnabelungsprozeß gegenüber den Eltern und den Geschwistern. Chiastolith ist dabei aber auch ein Stein, welcher die Familienbande nicht zerreißt, sondern in Harmonie ordnet und trotzdem weiterhin einen harmonievollen Umgang mit allen Familienangehörigen erhält.

Chakra:
Der Chiastolith - Kreuzstein läßt sich bei der Meditation besonders gut für das Milzchakra und für den Solarplexus verwenden. Er dringt mit seinen zarten Schwingungen tief in uns

ein und aktiviert die Selbstverwirklichungswünsche im Geist. Chiastolith ist hierbei ein aufdeckender Stein, welcher nicht nur Probleme und Blockaden erkennen läßt, sondern welcher auch Lösungen für diese Probleme inspiriert. Chiastolith verstärkt seine Kräfte ganz besonders in Verbindung mit einem Natur-Citrin oder mit einem Herkimer Diamanten.

Wie erhalte ich einen Chiastolith und wie pflege ich diesen?

Der Chiastolith ist als Kristall, Trommelstein, Handschmeichler, Anhänger und als Cabochon erhältlich. Er sollte ein bis zweimal im Monat unter fließendem, lauwarmen Wasser gereinigt werden. Stellen Sie Verfärbungen in der Farbintensität dieses Steines fest, so sollten Sie ihn unbedingt in einer Schale mit Wasser und Hämatit-Trommelsteinen über Nacht entladen, da er im Augenblick für Sie ganz besondere Dienste erweist. Das Aufladen an der Sonne oder in einer Bergkristall-Gruppe sollte regelmäßig nach dem Entladen für ein bis zwei Stunden geschehen.

Andenopal

v. l.: Andenopal blau, weiß, rosa

Farbe: Rosa, blau, grün, braun und weiß

Chemische Zusammensetzung: $SiO_2 + H_2O$

Geologie:

Der Andenopal gehört in die Familie der opalen Quarze und hat die Härte 6 - 7. Entstanden sind diese Opale, welche nur entfernte Verwandte der Edelopale und Feueropale sind, durch Spaltenfüllung flüssiger, mineralienreicher Lösungen vor Millionen von Jahren. Wie der Name schon sagt wird dieser Opal nur in den Anden von Peru gefunden.

Geschichtliche Überlieferung:

Die Indianervölker in Südamerika, insbesondere die Inkas und die Azteken, sahen in diesem Stein ein Auge ihrer Götter, welches diese beim Verlassen der Erde zurückgelassen haben. Immer wenn Krieg unter den Stämmen herrschte wurde von den gewaltigen Anden dieser Hoffnungsstein freigegeben. Er sollte alle seine Finder daran erinnern, daß die Menschen, die Tiere und die Natur in Harmonie zusammengehören. In Peru wird dieser Stein auch heute noch als Schutz- und Heilstein verehrt und häufig zu Schmuck verarbeitet.

Heilwirkungen auf den Körper:

Der rosane Andenopal steuert die Enzyme im Organismus und eignet sich daher als Kombinationsstein zu allen anderen Heilsteinen, Düften und Kräutern. Enzyme sind kleinste chemische Bausteine, die in Harmonie durch unseren Körper schwingen und alle Stoffwechselvorgänge, die vegetativen Funktionen der Organe und sogar das Altern, steuern. Aber auch Dinge, die uns ganz simpel erscheinen, wie z. B. das Wachsen der Haare und die Haarfarbe, werden durch Enzyme gesteuert. Geraten Enzyme aus dem Gleichgewicht, so treten Krankheiten, seelische Leiden und eine erhöhte Allergiebereitschaft des Organismus auf. Der rosane Andenopal steuert durch seine feinen Schwingungen die Enzyme in ihrer Eigenschaft und Konzentration. Als Kette oder Anhänger am Hals getragen dringt er besonders gut in das endokrine System ein. Aber auch als Tee oder als Zusatz in der Duftlampe läßt sich der rosane Andenopal sehr wohltuend verwenden. So hat er auch sehr vorbeugende Wirkungen gegen Virusinfektionen, Milben und Würmer.

Der grünlich blaue Andenopal entfaltet seine besonderen Wirkungen auf die Atmungsorgane und die in der Lunge befindlichen Lungenbläschen. Er lindert allergische Reaktionen der Lungen und Bronchien, welche zu Atemschwierigkeiten führen. Der grünlich blaue Andenopal lindert insgesamt die allergische Reaktionsbereitschaft des Gewebes. Dies gilt besonders für Reaktionen, welche durch Umweltgifte, Staub, Tierhaare oder Ozon in der Lunge zu atembeschwerlichen oder allergischen Reaktionen führen. Als Opal-Wasser über die Haut getupft lindert er Hautausschläge und Hautreizungen. Am Hals getragen lindert und heilt der blaue Andenopal allergische Überempfindlichkeiten gegen Blütenpollen und Heuschnupfen. Darüberhinaus lindert und heilt dieser Andenopal Kehlkopferkrankungen, Stimmritzenkrämpfe, starke Heiserkeit (Sängerknötchen) und Stimmverlust. Er kräftigt das Herz-Lungen-Kreislauf-System und beschleunigt das Abatmen von Verunreinigungen aus der Lunge.

Der braune sowie der weiße Andenopal haben keine besondere Wirkung auf den Körper, da diese sich nahezu neutral verhalten. Sie eignen sich jedoch zum Ausgleich besonders starker Heilsteine in der Therapie. Vor allem dem weißen Andenopal wird eine stark entladende Wirkung zugesprochen. Opal-Wasser (mindestens zwei walnußgroße Andenopale) morgens auf nüchternen Magen hat eine stark entschlackende Wirkung auf den Organismus.

Heilwirkungen auf die Psyche:

Vor allem der rosane Andenopal vertreibt Depressionen, und verhilft seinem Träger die wahre und unverfälschte Liebe zu erkennen. In Verbindung mit Rubin entfaltet dieser Stein eine ungebrochene Kraft auf die positiven Gefühle unseres Herzens. Er schenkt absolute Treue. Der blaugrüne Andenopal hat sehr beruhigende Eigenschaften und bewahrt seinen Träger vor streßbedingten Ängsten. Besonders bei Prüfungen halten uns die Andenopale die geistigen Wege frei, lösen Denkblockaden und stärken Gedächtnis und Erinnerungsvermögen.

Chakra:

Der rosane Andenopal eignet sich für die Meditation sehr gut zum Auflegen auf das Sexualchakra. Es wird ihm eine sehr potenzfördernde Wirkung nachgesagt. Der blaugrüne Opal dringt am stärksten über das Herzchakra und das Kehlchakra in uns ein. Es ist zu empfehlen, diese drei Steine gleichzeitig zu verwenden, da diese gemeinsam noch mehr Übereinkunft in Liebe und Sexualität bescheren.

Wie erhalte ich einen Andenopal und wie pflege ich diesen?

Der Andenopal ist als Rohstein, Handschmeichler, Donuts, Kugel, Pyramide, Kette und als Anhängerchen erhältlich und liegt, wie alle Opale, in der gehobenen Preisklasse. Es empfiehlt sich, diesen einmal im Monat unter fließendem, lauwarmem Wasser zu reinigen und zu entladen. Anschließend sollten Sie den Andenopal über Nacht für mehrere Stunden in einer Bergkristall-Gruppe aufladen. Wenn Sie auch den weißen Andenopal haben, so brauchen Sie die anderen Opale nicht entladen, da er den farbigen Opalen die negativen Strahlen entzieht. Laden Sie dafür den weißen Andenopal regelmäßig zweimal im Monat über Nacht an einer Bergkristall-Gruppe auf.

Apachengold (Pyritachat) und Markasit

v. l.: Apachengold und Markasit

Farbe:

Graugold, golden mit verschiedenen helleren oder dunklen Einschlüssen

Chemische Zusammensetzung: FeS_2

Geologie:

Apachengold, welcher auch als Pyritachat bezeichnet wird, ist eine Eisen-Schwefel-Verbindung, welche selten in Kristallen vorkommt. Die Härte beträgt 6 bis 6,5. Im Gegensatz zum Apachengold ist der Markasit (Speerkies) ebenfalls eine Eisen-Schwefel-Verbindung. Zusätzlich enthält Markasit jedoch auch Kobalt, Zink, Silber und Gold und kommt daher in vielfältigen, schönen Kristallen und Kristallgruppen vor. Der Markasit unterscheidet sich vom Pyrit durch seine unregelmäßige Kristallform und ist weniger gelb. Natürlich gewachsene Markasitkugeln bestehen aus reinem Markasit. Während Apachengold nur in Arizona und New Mexiko, USA gefunden wird, wird Markasit in der BRD, Ungarn, Schweden, USA, Kanada, Mexiko und Australien gefunden.

Geschichtliche Überlieferung:
Apachengold wurde von den Indianern Amerikas häufig mit Gold verwechselt. Später stellte sich heraus, daß es sich bei diesem Mineral um goldähnlichen Pyritachat handelt. Apachengold wurde von den Apachen in den USA als Glücksstein und Kultstein verwendet, welcher nicht nur einen positiven Einfluß auf den Verlauf des Wetters nehmen sollte, sondern welcher auch vor Krankheiten und einem unnatürlichen Tode bewahre. Es mache seinen Träger kräftig gegen die Feinde und schenke Liebe, Geborgenheit und mehr Eheglück. Apachengold galt bei den Indianern auch als segenbringender Stein für kinderreiche Familien. Während die Indianer sich vom goldenen Anblick des Pyritachates und Markasits bezaubern ließen, wußten die Griechen und die Römer längst, daß es sich bei Pyritachat und Markasit um kein echtes Gold handelt. Markasit wurde daher bei den Griechen und Römern als Katzengold bezeichnet. Pyritachat erhielt seinen Namen aus dem griechischen "Pyr", was Feuer bedeutet. Dieser und auch der Markasit erzeugen, wenn man sie aufeinanderklopft, heiße abspringende Funken.

Heilwirkungen auf den Körper:
Apachengold und Markasit haben sehr heilende und anregende Eigenschaften auf die Verdauung. Sie helfen gegen Verdauungsstörungen und Appetitlosigkeit. Besonders im Magen und im Zwölffingerdarrn sorgen sie für mehr Ruhe und Harmonie. Der Markasit aktiviert und reguliert darüberhinaus die Bauchspeicheldrüse, welche mit der Produktion von Verdauungsflüssigkeit dafür sorgt, daß die Nahrung besser in Zuckerstoffe, Fette und Eiweiß aufgeteilt wird. Markasit aktiviert auch die in der Leber gebildete Gallenflüssigkeit, welche ebenfalls zum besseren Stoffwechsel beiträgt. Apachengold und Markasit aktivieren die Nerven für die Sinne. Sie steuern und heilen Sprache, Sehen, Gehör, Geschmack und Geruch, und verhelfen zu einer besseren Atmung durch die Lunge und die Haut. Beide Steine harmonisieren und regulieren das dem Blut ähnlichen Nervenwasser (Gehirnwasser) und regeln somit besser die Nährstoff-, Sauerstoff- und Eiweißversorgung für die Nerven. Apachengold läßt sich auch sehr gut gegen Katarrhe, Hals- und Mandelentzündungen verwenden. Durch Auflegen auf den Hals befreit es die Atemwege und heilt Bronchitis. Markasit heilt als Markasitwasser zum Gurgeln auch Zahnfleischentzündungen, Mundschleimhautentzündungen, allergische Blasenbildung an den Lippen und auf der Zunge. Bei Hühneraugen, Warzen und schmerzhaften Hornhauterkrankungen läßt sich Markasit ebenfalls sehr heilend verwenden.

Heilwirkungen auf die Psyche:
Apachengold (Pyritachat) und Markasit lassen sich sehr inspirierend für unsere Seele verwenden. Sie schenken mehr Ruhe und Ausgeglichenheit und kräftigen bei vielbeschäftigten Menschen das Organisationstalent. Sie erreichen bei ihrem Träger mehr Freizeit ohne dadurch einen stressigeren Arbeitstag zu verursachen. Ganz besonders Markasit verleiht die Eigenschaft, Prioritäten im Alltag schneller zu erkennen, und Entscheidungen sicherer zu treffen. Am Arbeitsplatz schafft Markasit ein ganz besonders harmonisches Arbeitsklima und bewahrt vor bösen Spielchen der Kollegen, welche schon an Gemeinheit grenzen und eigentlich kein Spiel mehr sind. Er schützt vor neidischen Menschen und kriminellen Einflüssen.

Chakra:
Apachengold und Markasit lassen sich sehr gut für die Meditation durch Auflegen auf das Sonnengeflecht verwenden. Durch ihre metallischen Eigenschaften haben sie auch für andere Heilsteine stark leitende Wirkungen. Apachengold und Markasit dringen sehr schwingungsreich in die Seele ein und bewirken schon nach kurzer Zeit ein ordnen der Gedanken. Mit Hilfe dieser Steine können auch Gedanken und Blockaden übersprungen

werden. Wir erreichen damit ein schnelleres, geistigeres Vorankommen im Leben. Stolpersteine in unserer Seele werden übersprungen oder herausgeworfen.

Wie erhalte ich Apachengold oder Markasit und wie pflege ich diesen?

Apachengold ist als Trommelstein, Handschmeichler und Ornamentstein erhältlich. Besonders Ornamentsteine aus den Indianerreservaten Arizonas sind besonders eindrucksvoll und heilintensiv. Markasit ist als Kugel, Kristall und häufig als Kristallverwachsung erhältlich. Beide Steine sollten nicht unter Wasser entladen werden, da sie wie viele andere Metalle auf Wasser nicht besonders gut zu sprechen sind. Entladen Sie beide Steine daher einmal im Monat über Nacht in einer Schale mit Hämatit-Trommelsteinen. Gleichzeitig während des Entladens laden sich diese Steine wieder auf, wenn Sie zusätzlich zu den Hämatit-Trommelsteinen einige klare Bergkristall-Spitzen geben. Nicht an der Sonne aufladen.

Apachentränen

v. l.: Apachenträne poliert und natur

Farbe: Schwarz durchscheinend

Chemische Zusammensetzung:

Obsidiane sind magmatische, siliziumreiche Ergußgesteine, welche durch Beimengungen von Eisen, Mangan und Titan ihre verschiedenen charakteristischen Farben erhalten

Geologie:

Apachentränen sind kieselsäurereiche und sehr mineralintensive vulkanische Gesteins-Glase. Sie gehören in die Familie der Obsidiane und haben die Härte 7. Entstanden sind die Apachentränen durch plötzliche Abkühlung von Lavatropfen durch Wasser oder Eis. Die Apachentränen sind meist runde bis tropfenförmige Obsidiane, welche, gegen das Licht gehalten, dunkel durchscheinen. Die Fundgebiete der Apachentränen befinden sich in wenigen Reservaten im Westen der Vereinigten Staaten, Arizona und Utah.

Geschichtliche Überlieferung:

Eine indianische Sage, welche von nahezu allen indianischen Völkern des Westens der USA überliefert wird, beschreibt die Entstehung der Apachentränen so: "Als der weiße Mann vor langer Zeit in die neue Welt kam um neues Weideland zu erschließen, unterlagen die heimischen Indianerstämme schnell dem bisher nicht bekannten Schießpulver und dem Alkohol. Als die "neuen" Amerikaner immer mehr gen Westen zogen, kreisten sie die Indianer in Arizona mehr und mehr ein und zwangen diese, nun auch ihr letztes Land abzugeben. Als die Indianer keine andere Chance mehr sahen, wurden sie so traurig, daß sie allesamt zu weinen begannen. Ihre Tränen fielen auf ihr geliebtes Vaterland, wo diese als Erinnerung an die Apachen zu schwarzen Tränen erstarrten." Die Apachentränen sind bei allen indianischen Völkern auch heute noch Symbol von Freiheit, Kraft und Gesundheit.

Heilwirkungen auf den Körper:

Apachentränen lindern und heilen innerliche Störungen und Apathie. Sie harmonisieren durch Streß hervorgerufene Verdauungs-, Magen- und Darmstörungen und heilen sogar Magengeschwüre. Apachentränen kräftigen die Magenschleimhäute und gewährleisten dadurch eine bessere Verdauung von Eiweiß, Vitaminen und Kohlehydraten. Darüberhinaus helfen Apachentränen auch sehr gut bei Magenreizungen durch zu füllige, fettreiche oder falsche Ernährung (verdorbener Magen). Sie lindern und heilen Magenschleimhautentzündungen und chronische Magenkatarrhe. Apachentränen regeln den Säuregehalt der

Verdauungssäfte und bewahren gleichzeitig vor Übersäuerung des Magens, Darmes und des Blutes. Sie lindern und heilen Magenkrämpfe und unangenehmen Magengeruch. Mangelerscheinungen, welche durch Unterfunktion des Magens hervorgerufen werden, wie z. B. heftige Durchfälle, Nährstoffmangel, Darmträgheit oder Bierbauch können ebenfalls sehr gut durch Apachentränen gelindert und geheilt werden. Die Apachentränen werden bei den Indianern auch heute noch als antiseptisches Heilmittel zum Schutz vor Bakterien, Entzündungen und Infektionen aller Art getragen. Als Anhängerchen an einer Silberkette schützen sie das Herz vor Flattern und Herzinfarkt. Apachentränen regen die körpereigene Produktion von Vitamin B und E an. Sie wirken daher nicht nur maßgeblich an der gesunden Beschaffenheit des Blutes mit, sondern regulieren auch die Funktion der Haut. Darüberhinaus sind Apachentränen starke Schutz und Heilsteine gegen Sonnenbrand und Metastasen (Hautkrebs).

Heilwirkungen auf die Psyche:

Apachentränen verleihen ihrem Träger die Fähigkeit kommende Gefahren zu erkennen, künftige Situationen zu erahnen, ja sogar in die Zukunft zu sehen. Sie stärken die Intuition und verwandeln Depressionen und Zukunftsängste in Optimismus und mehr Lebensfreude. Darüberhinaus verleihen sie ihrem Eigentümer die Fähigkeit, aus dem Unterbewußtsein heraus mehr wahre Liebe zu geben, nicht zu lügen und eine objektivere Kontrolle über Gefühle und Leidenschaften zu erlangen. Je größer die Apachentränen sind, desto wirkungsvoller sind ihre Kräfte. Walnuß- und größere Tränen sind zwar wertvoll und selten, dafür aber äußerst energiereich in ihren vorbeugenden und heilenden Kräften.

Chakra:

Apachentränen verhalten sich durch ihre Farbe chakra-neutral, und lassen sich daher je nach Bedarf und Gefühl für alle Chakras gleich gut verwenden. Bei Konzentrationsübungen empfiehlt es sich, die Apachenträne auf das Stirnchakra (3. Auge) aufzulegen.

Wie erhalte ich eine Apachenträne und wie pflege ich diese?

Apachentränen sind als "rohe Tränen", Handschmeichler und als Anhängerchen erhältlich. Wenn Sie Apachentränen als Anhängerchen oder zu Schmuck verarbeitet am Körper tragen möchten, sollten Sie darauf achten, daß diese in reinem Silber gefaßt sind, da Silber die sanften Kräfte dieser phantastischen Steine zusätzlich stärkt. Apachentränen sind jedoch nur im gut sortierten Fachhandel erhältlich, da diese begehrten Glücks- und Heilsteine aus den Reservaten Arizonas sehr selten sind. Es empfiehlt sich, Apachentränen einmal im Monat über Nacht in einer Schale mit lauwarmem Wasser zu entladen. Besonders intensiv ist ihre Wirkung, wenn diese regelmäßig in einer Bergkristall-Gruppe aufgeladen werden.

Apatit

v. l.: Apatit Brasilien und Madagaskar

Farbe: Blau-violett, weiß, gelb, grün

Chemische Zusammensetzung: $Ca_5(PO_4)_3(F.Cl.OH)$

Geologie:

Der Apatit ist eine Konzentration von vielen verschiedenen Mineralien und Spurenelementen. Viele hiervon sind auch in unserem Körper enthalten, wie z. B. das Fluor, Magnesium, Kalzium und das Eisen. Aufgrund seiner mittleren Härte (5) läßt sich der Apatit leicht durch eine Ritzprobe an einer Glasscheibe von anderen, wesentlich härteren Edelsteinen wie Aquamarin, Beryll oder Peridot unterscheiden. Die bekanntesten Fundstellen liegen in Brasilien und in

Madagaskar, wo der purpurblaue Apatit gefunden wird. Weitere Fundstellen liegen in den USA, Kanada und Mexiko. Von hier stammen meist braune, grüne, weiße oder gar gelbe Apatite.

Heilwirkungen auf den Körper:

Dadurch, daß der Apatit aus Mineralien besteht, die ohnehin in unserem Körper vorhanden sind, bietet es sich an, Apatit oft und häufig zu verwenden. Die besonderen Eigenschaften des Apatits liegen aufgrund seines hohen Mineralgehaltes in den Wirkungen auf die Funktionen im Dünndarm. Er aktiviert die Durchblutung der Darmzotten und gewährleistet dadurch eine bessere Nahrungsaufnahme in das Blut. Der Apatit bewirkt, daß die Nährstoffe über die Darmwand ausreichender dem Organismus zugeleitet werden und steuert die chemischen Funktionen, welche für die Verdauung verantwortlich sind. Diese Fermente oder Enzyme (chemische Wirkstoffe, welche eine Reaktion verursachen) spalten die Nahrung auf und bewirken, daß Eiweiß, Zucker und Fette besser verdaut werden. Übergewichtige und zu Fettpolstern neigende Menschen sollten regelmäßig Apatit-Wasser trinken, oder besser, einen Apatit bei sich tragen, da er die Fettverdauung im Dünndarm begünstigt und somit weniger überschüssige Fettreserven angesammelt werden. Wir empfehlen, vor jeder Mahlzeit ca. 0,3 L Apatit-Wasser zu trinken, da dieses ganz besonders auf die Verdauung der Fette wirkt, welche erst im Dünndarm aufgespalten werden. Dadurch, daß die Fette durch den Apatit besser verdaut werden, werden sie auch unserem Organismus in einer mundgerechteren Form zugeführt. Überschüssige Fette werden verbrannt und ausgeschieden, und nicht als Fettpolster bevorratet. Im Gegenteil, Fettpolster werden abgebaut. Apatit-Wasser (drei nußgroße Apatit über Nacht in Mineralwasser ziehen lassen) morgens auf nüchternen Magen lindert Streß und Nervenanspannungen und stärkt das Immunsystem. Grippe-Zeit ist gleich Apatit-Zeit. Er lindert und heilt grippale Infekte, Erkältungen, Schnupfen, Husten und Heiserkeit. Gleichzeitig kräftigt der Apatit das gesamte Muskelsystem, das Muskelgewebe und harmonisiert das Zusammenwirken der Muskulatur. Kinder bewahrt er im Alter von zwei bis neun Jahren vor nervösen Fehlentwicklungen und Stottern. Als Kugel vermag Apatit negative Erdstrahlen zu neutralisieren (pro 1 cm Kugel 10 m^2 Strahlenfreiheit).

Heilwirkungen auf die Psyche:

Durch die direkte Aufnahme vieler Mineralien des Apatits durch die Haut stellt sich schon nach kurzer Zeit ein Gefühl von mehr Ausgeglichenheit und Zufriedenheit ein. Hieraus resultiert auch ein stärkeres Selbstbewußtsein, mehr Zielstrebigkeit und das Ablegen von Hemmungen, sowie eine klare Aussprache.

Chakra:

Der purpurblaue Apatit wird auf dem Kehlchakra mit Tendenz zum Herzchakra aufgelegt. Der Apatit dringt dabei sehr schwingungsvoll ein und taucht unsere Seele in ein höheres Maß von Wärme und Ausgeglichenheit. Wir erfahren während der Meditation mehr Verständnis für die Bedürfnisse unserer Mitmenschen und finden mit Hilfe des Apatits auch leichter aus eigenen Problemen heraus.

Wie erhalte ich einen Apatit und wie pflege ich diesen?

Der Apatit ist als Rohstein, Handschmeichler, Anhänger, Kristall und Kugel erhältlich. Sie sollten ihn einmal im Monat unter fließendem, lauwarmen Wasser entladen. Für Apatit-Wasser empfehlen wir Ihnen, den Apatit tagsüber oder über Nacht in einem Glas mit Mineralwasser ziehen zu lassen. Der Apatit kann gerne in die Sonne gelegt werden, lädt sich jedoch in einer Bergkristall-Gruppe wesentlich besser auf.

Apophyllit

Farbe: Weiß, rosa, hellgrün, smaragdgrün

Chemische Zusammensetzung: $KCa_4Si_8O_{20}(F.OH)8H_2O$

Geologie:
Beim Apophyllit handelt es sich um eine Kalium-Kalzium-Fluorit-Silizium-Verbindung mit der Härte 4,5 bis 5. Der Name "Apophyllein" stammt aus dem griechischen, was soviel bedeutet wie "Abblättern", denn wenn man den Apophyllit stark erhitzt, erhält man den Eindruck, daß er sich regelrecht aufblättert. Apophyllit stammt aus Indien, Island, Norwegen und Brasilien.

Heilwirkungen auf den Körper:
Apophyllit ist ein ganz besonderer Heilstein gegen Lähmungen der Muskel- und Bewegungsnerven. Er lindert und bewahrt vor Gesichtslähmungen und Lähmungen der Augenmuskulatur und heilt auch starke Schmerzattacken, welche im Ober- oder Unterkiefer durch kauen oder sprechen hervorgerufen werden, wie z. B. die Trigeminusneuralgie. Apophyllit ist auch sehr gut gegen Polyneuritis und andere Glieder- und Lähmungserkankungen, welche sogar zu Muskelschwund führen können. Apophyllit heilt und rehabilitiert auch Nervenleiden, welche Lähmungen der Ellenbogen, Hände und Waden hervorrufen. Auch als Therapiestein von Multipler Sklerose, Rückenmarksgeschwulsten (Tumore) und zur Heilung von Rückenmarksschädigungen läßt sich der Apophyllit sehr gut verwenden. Darüberhinaus lindert er endogene Psychosen. Hierunter fallen Z. B. manisch depressives Irresein und stark depressive Lebensphasen mit Selbstmordwunsch. Paranoiaerkrankungen, wie z. B. Wahnideen und Epilepsien, welche in Form von Krämpfen an Nerven und Muskulatur starke Schmerzen und Schäden am Körper verursachen können, werden durch Apophyllit ebenso charakteristisch gelindert und geheilt wie auch Gehirnverkalkungen und Altersschwachsinn. Der Apophyllit ist auch ein sanfter Herzstein. Er aktiviert das Herz und bewirkt, daß dieses immer mit ausreichend Sauerstoff versorgt wird. Apophyllit reinigt dabei gleichzeitig die Adern und Gewebe von Ablagerungen. Sauerstoffmangel, Nährstoffmangel und Mangel an Ausscheidung von Verbrennungsrückständen aus dem Organismus, welche zur Verkalkung führen, sind die häufigsten Grundursachen für viele nervliche und geistige Leiden.

Heilwirkungen auf die Psyche:
Der Apophyllit bringt mehr Licht ins Unterbewußtsein und deckt in der Seele Stauungen auf, die wir eigentlich noch gar nicht als Blockade erkannt haben, oder ins Unterbewußtsein verdrängen. Er verleiht mehr Zuversicht und Mut für neue Lebenssituationen. Der Apophyllit bewirkt, daß aus dem Lot geratene Gedanken und Wünsche wieder eingerenkt werden und sein Träger wieder zurück auf einen zufriedeneren und glücklicheren Lebensweg findet. Apophyllit verschafft Verständnis und Selbstbewußtsein, aber auch mehr Einsicht gegenüber den eigenen Lebenserfahrungen. Apophyllit macht umgänglicher, stimmt fröhlicher und läßt seinen Träger auch schwierige Lebenssituationen besser bestehen.

Chakra:
Der Apophyllit dringt über das Herzchakra mit sehr sanften Schwingungen in uns ein. Er löst Verkrampfungen im Nervensystem und ist ein entspannender Therapiestein für die Seele.

Wie erhalte ich einen Apophyllit und wie pflege ich diesen?
Apophyllit ist als Kristall oder Kristallgruppe erhältlich. Besonders schöne Apophyllite stammen aus Indien. Unter den Apophylliten weist sich der grüne Apophyllit als kräftigster Schutz- und Heilstein aus. Dieser sollte einmal im Monat unter fließendem, lauwarmem Wasser entladen und gereinigt werden. Nach dem Reinigen sollte der Apophyllit gemeinsam mit grünem Turmalin oder Aventurin für einige Stunden in einem Glas mit Wasser, oder an einer Bergkristall-Gruppe aufgeladen werden.

Aquamarin

Farbe: Hellblau durchscheinend

Chemische Zusammensetzung: $Be_3Al_2Si_6O_{18}$

Geologie:

Der Aquamarin gehört in die Familie der Berylle und ist eine Beryllium-Aluminium-Silizium-Verbindung mit der Härte 7,5 bis 8. Durch verschieden starke Konzentrationen von Chrom, Magnesium und Eisen gibt es Aquamarine von hell- bis dunkelblau. Die wichtigsten Fundorte liegen heute in Brasilien, Nigeria, Madagaskar, Pakistan und Afghanistan.

Geschichtliche Überlieferung:

Der Aquamarin wurde von alters her als Heilstein, Schmuckstein und Amulett begehrt. Er erhielt seinen Namen aus dem lateinischen Aqua (Wasser) Mare (Meer), was soviel wie "Meerwasser" bedeutet. Die alten Griechen verehrten diesen Stein als Symbol der Reinheit, Liebe und zum Schutze des ehelichen Glücks. Sie bezeichneten ihn als den Schatzstein der Meerjungfrauen. Die Araber verehrten diesen Stein als den Stein der Freude welcher seinem Träger zu einem harmonischeren Gleichgewicht verhelfe.

Heilwirkungen auf den Körper:

Der Aquamarin heilt speziell Erkrankungen der Atemwege, wie z. B. Asthma, Bronchitis, Lungenerkrankungen, sowie Hals- und Gliederschmerzen. Erkältungen, Katarrhe, fiebrig-grippale Infekte und Stimmband- bzw. Kehlkopfentzündungen werden durch den Aquamarin gelindert und geheilt. Auch im fortgeschrittenen Stadium können diese durch heißes Aquamarin-Wasser mit Kamille und etwas Zitrone schnell gelindert werden. Bei Hautallergien empfiehlt es sich, mit lauwarmem Aquamarin-Wasser die Haut zu bestreichen (hierfür sollten möglichst dunkelblaue Aquamarine verwendet werden, welche über Nacht im Wasser liegend ihre Wirkung entfaltet haben). Verwendet man hierzu zusätzlich einen Amethyst-Massagestab, so wird die reinigende Wirkung des Aquamarins gegen Pickel und Allergien vervielfacht. Unter dem Kopfkissen beruhigt der Aquamarin die Nerven und beugt Erkrankungen der Lymphdrüsen, Thymusdrüse, Schilddrüse, Bluterkrankungen und Stoffwechselstörungen vor. Darüberhinaus bewahrt der Aquamarin vor Senilität, Knochensprödigkeit, Arterienverkalkung, Vergeßlichkeit und bewirkt daß das Altern in harmonischen Schritten geschieht. Der Aquamarin ist ein Hüter des endokrinen Systems
und steuert daher die Produktion der Hormone und Enzyme in den Drüsen. Er reguliert indirekt aber beständig das Zusammenwirken aller Körpersäfte mit den Organen und der Seele. Durch Nervenerkrankungen hervorgerufene Krämpfe, Zittern und altersbedingte spastische Lähmungserscheinungen können durch Aquamarin-Ketten besonders gut vorgebeugt, gelindert und geheilt werden.

Heilwirkungen auf die Psyche:

Der Aquamarin lindert Depressionen. Er kräftigt das Selbstbewußtsein und lindert mangelnden Selbstausdruck. In der Ehe und der Partnerschaft ist der Aquamarin ein Stein, welcher Liebe und Treue vertieft, und diese auch in schweren Zeiten bestärkt.

Sternzeichen:

Wassermann, 21. Januar bis 19. Februar und Waage, 24. September bis 23. Oktober

Chakra:

Der Aquamarin gilt als Stein der Klarheit, welcher uns ein liebevoller Begleiter in der Meditation ist. Je nach Farbe eignet er sich besonders für das Hals- und Kehlchakra mit Tendenz zum Stirnchakra. Aquamarine dringen sehr regenerierend und verjüngend in Aura und Seele ein, und erfüllen das Leben mit mehr Glück und Begeisterung.

Wie erhalte ich einen Aquamarin und wie pflege ich diesen?

Aquamarine sind seit Jahrtausenden mit die begehrtesten Schmucksteine. Sie sind erhältlich als Rohstein, Kristall, Handschmeichler, Anhänger, Ketten und Kugeln. Facettierte Aquamarine in Silber oder Gold gefaßt, oder facettierte Aquamarin-Ketten haben neben ihrer schmückenden Wirkung auch außerordentliche Heilwirkungen. Je nach Bedarf empfiehlt es sich, den Aquamarin öfter unter fließendem, lauwarmem Wasser zu entladen. Nach häufigem Gebrauch möchte der Aquamarin gerne unter der Sonne aufgeladen werden. Ketten sollten in einer trockenen Schale mit Hämatit- und Aquamarin Trommelsteinen über nacht gereinigt und entladen werden. Die Aquamarin-Trommelsteine dienen der gleichzeitigen Regeneration des Aquamarins.

Aragonit

Farbe: Weiß, gelblich weiß, rot, rotbraun und braun

Chemische Zusammensetzung: $CaCO_3$

Geologie:

Der Aragonit ist ein Kalzium-Carbonat mit der Härte 3,5 bis 4. Die Fundgebiete sind weltweit verbreitet und finden sich in nahezu allen kalziumhaltigen Gesteinsschichten unserer Erde. Die schönsten Aragonite werden in Sizilien, Spanien, Mexiko, Pakistan und USA gefunden. Kleinere Lagerstätten mit schönen Kristallen finden sich in Italien, Marokko und auch in Deutschland. In Karlsbad (Tschechische Republik), wie der Aragonit als Karlsbader Sprudelstein geschätzt.

Geschichtliche Überlieferung:

Der Aragonit war schon den Griechen und den alten Römern als Heilstein, Schmuckstein und Marmorstein bekannt. Er erhielt seinen Namen nach der spanischen Stadt Mokina de Aragon. Später wurde die Stadt Aragona auf Sizilien von den Griechen aufgrund ihrer großen Aragonit-Lagerstätten auf diesen Namen getauft. Der Aragonit ist darüberhinaus allen Völkern als Sprudel oder Kesselstein bekannt, welcher sich an vielen thermischen Quellen als glänzender marmorartiger Stein ablagert. Die Indianer, wie auch die Griechen und die Römer schätzten den Aragonit auch wegen seiner leichten Bearbeitungs- und Poliereigenschaften als Rohstein für Kunsthandwerk und Schnitzereien. Goethe bezeichnete den Karlsbader Sprudelstein als einen der schönsten Steine und verlieh diesem sogar die Eigenschaften als Edelstein. Heute wird der Aragonit zu unzählig vielen Kunst- Dekorations- und Gebrauchsgegenständen verarbeitet. Diese vielen gelben, grünen, rosanen und braunen Gesteine, welche fälschlicherweise auch als Onyx bezeichnet werden, sind Aragonit.

Heilwirkungen auf den Körper:

Durch den hohen Kalziumgehalt hat der Aragonit nahezu vorbildliche Eigenschaften für die Haut, das Gewebe und die Knochen. Der Aragonit bewahrt vor mangelnder Knochenbildung und falschem Knochenwachstum sowie vor Sprödigkeit der Knochen. Er heilt Knochenhauterkrankungen, Knochenschwund, Gelenkrheuma und Verhärtungen in der Muskulatur. Aragonit verhindert Kalkmangel und beugt Störungen in der Elastizität der Organe, Muskulatur und Adern durch Gewebsverhärtungen vor. Darüberhinaus bewahrt der Aragonit vor Mängeln, welche zu Fehlern in der Zahnschmelzbildung führen. Zahnerkrankungen, Karies und Überempfindlichkeit der Zähne werden mit Hilfe des Aragonit geheilt. Der Aragonit heilt auch schmerzhafte Entzündungen der Gelenke, besonders in den Füßen und Händen. In Verbindung mit Aragonitwasser vermag er Gicht und andere Knochenkrankheiten und Bindegewebsentzündungen sehr gut zu heilen. Mit Calcit oder als Schwefel-Aragonit aus Sizilien werden die heilenden Kräfte des Aragonit um ein Vielfaches gestärkt. Diese übertragen sich dann auch in einem höheren Maß auf die Haut. Schwefel-Aragonit hilft als Schwefel-Aragonit-Wasser gegen eitrige Geschwüre, Bartflechte, Schuppenflechte und Eiterflechte. Leberflecken können mit Hilfe dieses Wassers geschwächt werden und Sommersprossen, Hühneraugen und pickeliger Ausschlag oder Hautekzeme werden durch den Schwefel-Aragonit besser geheilt.

Heilwirkungen auf die Psyche:

Da Aragonit bisher primär als Heilstein bekannt ist, lassen sich über die psychischen Wirkungen kaum feststehende Aussagen machen. Aus eigener Erfahrung wissen wir jedoch, daß der Aragonit in seinen psychischen Eigenschaften denen des Orangencalcit sehr nahe kommt. Er wirkt sehr ausgleichend im Lebenswandel und hat eine beruhigende Wirkung auf das Gemüt. Aragonit regt die Empfindsamkeit und das Verantwortungsbewußtsein gegenüber der Natur an und bewahrt unter dem Kopfkissen vor Alpträumen und Mondsüchtigkeit. Er nimmt seinem Träger Nervosität im Umgang mit anderen Menschen und schützt vor häufiger Tagesmüdigkeit.

Chakra:

Der Aragonit verschafft beim Auflegen auf das Milzchakra und ganz besonders auf Knie, Gelenke, Wirbelsäule und Handrücken sehr schnell eine wohltuende, pulsierende Wirkung, welche sich in Form von mehr Geborgenheit und Wärme über den gesamten Körper verbreitet. Für die Lithotherapie möchten wir Ihnen jedoch zusätzlich zum Aragonit einen starken Orangencalcit empfehlen.

Wie erhalte ich einen Aragonit und wie pflege ich diesen?

Aragonit ist als Rohstein, Kristall, Mineralstufe und als tropfsteinähnliche Kristallstufe erhältlich. Sechsseitige rötliche Einzelkristalle aus Spanien und Marokko sind sehr kräftige Heilsteine und entfalten ihre Kräfte im Gegensatz zum Schwefel-Aragonit besonders stark auf den Knochenbau und das Zellgewebe. Darüberhinaus erhalten Sie den Aragonit als braunen, weißen oder grünen Aragonit unter dem häufig im Handel gebräuchlichen Synonym "Onyx". Er ist als Donuts, Kette, Obelisk, Pyramide, Kugel, Ei, Trommelstein, Handschmeichler, Anhänger und sogar Tischplatte erhältlich. Tischplatten und große Kugeln sind nicht nur phantastische Schmuckstücke in der Wohnung, sondern sie geben die allgemeinen Kräfte des Aragonits besonders stark wieder. Aragonit sollte nur unter fließendem, lauwarmem Wasser ein bis zweimal im Monat gereinigt und entladen werden. Ketten empfehlen wir, einmal im Monat über Nacht, in einer trockenen Schale mit Hämatit-Trommelsteinen zu entladen. Der Aragonit soll über längere Zeit nach dem Entladen an einer Bergkristall-Gruppe aufgeladen werden.

Australischer Amulettstein Turalingam´s

Farbe:

Achatfarbene, nach bestimmtem Muster verlaufende Linien in beigem, rundem Gestein

Chemische Zusammensetzung: SiO_2

Geologie: Amulettsteine werden nur in Central-Australien auf der Oberfläche einer der ältesten Gesteinsschicht unserer Erdegefunden. Um den Ayers Rock herum finden sich diese hübschen Steinkugeln im Sand und vor allem in den Feuerstellen der Ureinwohner. Die Wissenschaft weiß bis heute nicht, wie diese Steine dorthin kamen, und wie sie entstanden sind, da es sich bei diesen Steinen um ein gänzlich anderes Gestein handelt als das übliche Ur-Gestein, in Central-Australien. Die Amulettsteine werden um den Ayers Rock (größter Fels der Erde, 348 m hoch, 9km ø, 22 km Umfang), in Australien gefunden.

Geschichtliche Überlieferung:
Durch die Besiedelung Australiens von den Engländern, und zur Ausweisung als Strafkolonie, wurde Australien vor ca. 200 Jahren vom weißen Mann bevölkert. Die Ureinwohner (Aborigines) lebten dort noch wie in der Steinzeit. Sie kannten weder das Rad noch das Schießpulver und natürlich noch viel weniger den Alkohol. Als Naturvolk verehrten sie jedoch ihre Götter und ganz besonders den 348 Meter hohen Riesenfelsen Ayers Rock. Da jeder einen Teil dieses segenbringenden Riesensteines bei sich haben wollte, glaubten die Ureinwohner, daß diese Amulettsteine ihren Träger beschützen und alles Böse fernhalten. Wenn abends die Sonne unrtergeht, beginnt der Ayers Rock zu leuchten wie eine glühende Kohle. Die Ureinwohner Australiens verehrten den Riesenfels als Uluru, was soviel bedeutet wie »Heiliger Stein der Mutter Erde«. Nachts, wenn es ganz dunkel ist und auch kein Mondlicht mehr die Nacht erhellt, werden die Amulettsteine »geboren«. Die australischen Eingeborenen bezeichnen daher die Amulettsteine als die »Kinder des Uluru«, welche in Harmonie die Verbindung aller Lebewesen mit der Natur und der Erde bereithalten sollen. Diese Dreifaltikgkeit wird auch durch die magischen Linien, welche die Amulettsteine umgeben, zum Ausdruck gebracht. Amulettsteine werden in der Familie vererbt und bei Bedarf gestreichelt. Über Generationen hinweg bekamen diese Steine ihren Glanz, und gaben ihre Kraftlinien frei. Diese sich immer in Dreifaltigkeit keuzenden Linien um den Stein herum bescheren ihrem Träger Harmonie mit der Erde, den Lebewesen und der Natur. Amulettsteine schützen vor Gefahren und schenken wahre Treue und Zuneigung in der Liebe.

Heilwirkungen auf den Körper:
Sie reinigen das Blut und regulieren die Produktion von Hormonen in den Drüsen. Turalingam`s verleihen dem Körper während des Tragens mehr Widerstandskraft und Vitalität. Als Essenz bewahren sie die Haut vor Sprödigkeit und Austrocknung. Runzeln, Falten und allergiesche Überreaktionen der Haut lassen sich häufig auf Unterversorgung des darunter liegenden Gewebes zurückführen. Die verschiedenen Hautschichten können durch Turalingam`s gestärkt werden. Hierdurch können auch vorzeitige Alterserscheinungen gelindert werden. Der australische Turalingam stärkt die Hautmuskulatur und bewahrt ganz besonders das Bindehautgewebe und die Hautoberfläche vor Erkrankungen, Ausschlägen und Ekzemen. Er sollte daher als Essenz bei allen Hauttherapien und Allergien mitverwendet werden. Unter dem Kopfkissen oder am Hals getragen beruhigt er das zentrale- und vegetative Nervensystem. Neben Hauterkrankungen kann er auch nervöse Leiden der Magenschleimhaut, Migräne, Stoffwechselstörungen und wetterbedingte Gliederschmerzen lindern. Neuen Erkenntnissen zufolge wird die Essenz auch zum Lindern weltweit rasant zunehmender Umwelterkrankungen eingesetzt. Hierbei handelt es sich um vielfache Chemikalienunverträglichkeit des Körpers (MCS), wobei sich die inneren Organe mittels schwerer Allergien, Kopfschmerzen, Schwindel, Atemnot, Magenschmerzen, Hautreizungen, Depressionen oder Krämpfen gegen die Überflutung chemischer Substanzen in Lebensmitteln, Möbeln, Teppichen, Putzmitteln, Farben und Lacken zur Wehr setzen. Die Essenz stärkt das Immunsystem und bewirkt, daß Ihr Körper gegen moderne Umweltgifte widerstandsfähiger wird. Auch Haustiere hat sich Turalingam-Essenz bestens bewährt.

Heilwirkungen auf die Psyche:
Amulettsteine bewahren ihren Träger vor Depressionen, Zorn und Wutausbrüchen. Sie schenken inneres Gleichgewicht, Freude und Harmonie, und wandeln negative Eigenschaften in positive Schwingungen um. Amulettsteine sind sehr intensiv inspirierende Heil- und Therapiesteine. Darüber hinaus sind sie sehr persönliche und lebendige Kraftsteine. Sie werden zu treuen Freunden, und möchten auch gerne wie Freunde behandelt werden. Lieben Sie Ihren Amulettstein, streicheln diesen und baden ihn zwischendurch in lauwarmem Wasser, so wird er Ihnen ein treuer Freund für Ihr ganzes Leben. Er liebt das Aufwärmen an der Sonne. Während der Meditation erreichen wir mit diesem Stein ein besonders tiefes Eindringen in unsere Chakras. Als Harmoniestein kann das Amulettstein mit allen anderen Heilsteinen verwendet werden.

Wie erhalte ich einen Turalingam und wie pflege ich diesen?
Durch die Seltenheit und den Wunsch vieler Menschen diesen Stein zu erwerben, ist es äußerst schwierig einen zu erhalten. Die Preise liegen daher im gehobenen Bereich. Wir empfehlen ihnen daher auf die Essenz zurück zu greifen. Bei regelmäßigem Gebrauch sollte der Turalingam einmal im Monat unter fließendem lauwarmem Wasser gereinigt und entladen werden. Für ein Bad in der Sonne zeigt sich der Turalingam immer sehr dankbar. Nur mit Originalzertifikat können Sie sicher sein einen Turalingam von Methusalem zu erwerben.

Aventurin und Aventurin-Sonnenstein

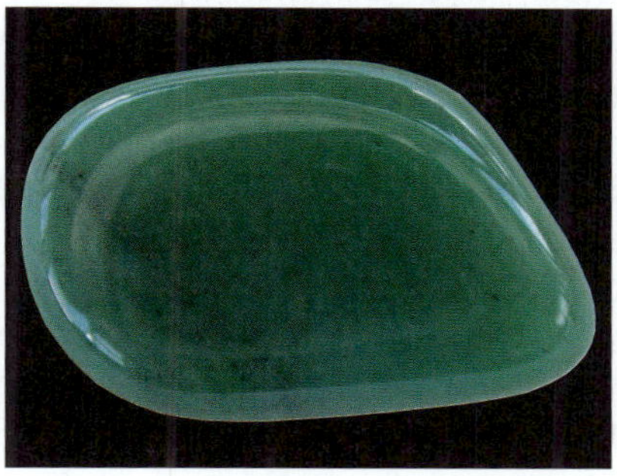

Aventurin

Farbe:
Grün durchschimmernd, meist mit glitzernden Einlagerungen.

Chemische Zusammensetzung: SiO_2

Geologie:
Der Aventurin gehört in die Familie der Quarze und hat die Härte 7. Durch Einschlüsse von Chromglimmer erhält der Aventurin seine durchscheinend grüne Farbe. Die Hauptvorkommen liegen in Brasilien und Südafrika.

Geschichtliche Überlieferung:
Nach den alten Griechen verleiht der Aventurin seinem Träger Mut und frischen Optimismus, Ehrgeiz und Zielstrebigkeit. Er hilft falsche Freunde zu erkennen und wahre Freunde in treuer Freundschaft bewahren.

Heilwirkungen auf den Körper:
Der Aventurin ist ein Stein, welcher auf ganz besondere Art für die Haut wirkt. Durch Tragen auf der Haut heilt er Hautallergien, Akne und Pickel. Ebenfalls lindert er Haarausfall, Haarspliss, Schuppen und Schuppenflechte und kräftigt sprödes Haar. Im fortgeschrittenen Stadium empfiehlt es sich, dunklen Aventurin über Nacht in Wasser zu legen, und mit diesem Aventurin-Wasser dann die erkrankte Haut zu reinigen. (Die Wirkung vervielfacht sich, wenn Sie hierfür einen Amethyst-Massagestab verwenden). Dieses Aventurin-Wasser empfiehlt sich auch für die Beruhigung der Augen bei Überanstrengung. Als Badezusatz und durch Auflegen lindert und heilt der Aventurin auch Rückenschmerzen.

Heilwirkungen auf die Psyche:
Der Aventurin lindert psychosomatische Störungen und Ängste. (Besonders solche, welche aus den ersten sieben Lebensjahren stammen). Durch seine beruhigende Wirkung schenkt er mehr Humor und Heiterkeit und wandelt negative Kraft in eine positivere Lebenseinstellung um.

Sternzeichen: Krebs 22. Juni bis 22. Juli

Chakra:
Der Aventurin dringt am besten durch das Herzchakra in uns ein und befreit von Ängsten und psychosomatischen Störungen, welche seit Beginn unserer frühesten Kindheit unsere Seele verbauen. Die besonderen Eigenschaften des Aventurins liegen am Erkennen der tief in uns liegenden Blockaden.

Aventurin-Sonnenstein

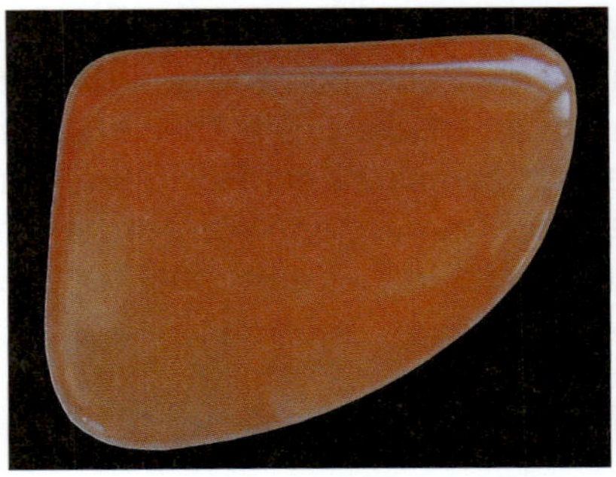

Farbe:
Orange-braun, oft mit metallisch schimmernden Einschlüssen.

Chemische Zusammensetzung: SiO_2

Geologie:
Der Aventurin-Sonnenstein erhält durch feinste eingelagerte Hämatit- und Glimmerblättchen seine charakteristische orange-gelbe Farbe. Er gehört in die Familie der Quarze und hat die Härte 7. Die Fundgebiete des Aventurin-Sonnensteins liegen in Indien, Australien und Kanada.

Geschichtliche Überlieferung:
Die Inder und Chinesen sagen diesem feurigen Energiestein auch heute noch potenzfördernde Kräfte nach. Weil dieser Heilstein, als er nach Europa kam, nur den wohlhabenden Menschen der oberen Gesellschaftsschichten vorbehalten war, versuchten Glasmacher aus Murano, bei Venedig, den Stein künstlich herzustellen. Sie erfanden dabei ein Glas, welches durch winzige Kupferschuppen eine erstaunliche Ähnlichkeit mit dem Aventurin-Sonnenstein hatte. Die Glasbläser nannten dieses Glas "Avanturin". Später wurde dieser Name auch für den Aventurin-Sonnenstein gebräuchlich.

Heilwirkungen auf den Körper:
Der Aventurin-Sonnenstein heilt Magenpförtnerkrämpfe und Zwölffingerdarmsgeschwüre, welche oft über Jahre hinweg verschleppt werden, und sich durch starke, stechende Bauchschmerzen, besonders nachts, bemerkbar machen. Aventurin-Sonnenstein und Aventurin-Sonnenstein-Tee lindert und heilt Entzündungen an der Darmmuskulatur und den Darmwänden. Besonders Appetitlosigkeit und Völlegefühl, welche durch Zwölffingerdarmsgeschwüre hervorgerufen werden, werden durch diesen Heilstein gelindert und geheilt. Zwölffingerdarmsgeschwüre treten wesentlich häufiger als Magengeschwüre auf, und werden oft über Jahre verschleppt. Der Aventurin-Sonnenstein wirkt hier nicht nur lindernd und heilend, sondern auch vorbeugend und verdauensfördernd. Darüberhinaus lindert er auch chronische Dickdarmentzündungen und die damit verbundenen stechenden Bauchschmerzen oder Durchfälle. Verdauungsstörungen, Blähungen und häufige Verstopfungen werden ebenfalls durch den Aventurin-Sonnenstein gelindert und geheilt.

Heilwirkungen auf die Psyche:
Der Aventurin-Sonnenstein verleiht mehr Gelassenheit und Ausgeglichenheit. Er besänftigt das Gemüt und vertreibt Jähzorn und Wut.

Chakra:
Der Aventurin-Sonnenstein dringt über das Milzchakra sehr schwingungsvoll in uns ein und verschafft uns während der Meditation ein höheres Maß an Zufriedenheit und Ruhe. Er hat sehr lichtbringende, kreisende Schwingungen und läßt sich daher sehr gut als Öffnungsstein und Kombinationsstein für alle anderen Heilsteine verwenden.

Wie erhalte ich Aventurin oder Aventurin-Sonnenstein und wie pflege ich diesen?
Aventurin, bzw. Aventurin-Sonnenstein ist erhältlich als Rohstein, Handschmeichler, Anhänger, Kette, Kugel, Pyramide, Donuts und vielen phantasievollen Formen für Halsreifen und Lederband. Je nach Bedarf genügt es, wenn Sie den Aventurin ein bis zweimal im Monat unter fließendem, lauwarmem Wasser entladen. Unter der Sonne läßt sich der Aventurin leicht wieder aufladen. Bitte tun Sie dies jedoch bei sehr dunklen Aventurinen in Maßen, da ihre Schwingungen unter Einfluß der Sonne sehr verstärkt werden. Aventurin-Ketten sollten einmal im Monat über Nacht in einer trockenen Schale mit Hämatit und Bergkristall-Trommelsteinen entladen werden.

Azurit

Farbe: Dunkelblau

Chemische Zusammensetzung: $Cu_3(CO_3)_2(OH)_2$

Geologie:

Der Azurit ist ein Kupfermineral mit der Härte 3,5 bis 4, welches durch Eindringen von sauerstoffhaltigem Grundwasser in kupferreiche Gesteinsschichten entstanden ist. Die Fundgebiete liegen in Tsumeb, Marokko (Afrika) und in Arizona, USA. Aber auch in Neu-Bulach, im Schwarzwald, läßt sich Azurit finden.

Geschichtliche Überlieferung:

Der Azurit ist seit Beginn des Bergbaus bekannt. Schon von den alten Griechen, und den Römern wurde zu Pulver zermahlener Azurit nicht nur zur Medizin, sondern auch als Farbe verwendet. Wir kennen diese Farbe auch heute noch als Azurblau.

Heilwirkungen auf den Körper:

Der Azurit hat einen sehr positiven Einfluß auf das zentrale Nervensystem. Er schont die Nerven und bewahrt vor inneren Blockaden, Stauungen und mangelnder Konzentration. Azurit vermag Heilungen nach Verletzungen oder Operationen zu beschleunigen. Bei besonders komplizierten Wunden und Brüchen können Sie diese Kraft durch Beilegung von Malachit konzentrieren. Dies sind zwar zwei verschiedene Steine, halten aber wie "Brüder" zusammen, und bringen in uns auch zusammen, was zusammen gehört. Desweiteren festigt der Azurit Knochen und Gelenke und überwacht vor allem bei Heranwachsenden den gesunden Knochenwuchs und den Kreislauf. Bei Kindern und Jugendlichen steuert der Azurit das gesunde Wachstum und bewirkt daß der Körper an allen Stellen mit ausreichenden Nährstoffen versorgt wird. Er reguliert die Wachstumshormone und sorgt dafür, daß sich die Zellen gesund und geregelt teilen. Azurit beugt daher auch krankhaften Verwachsungen und Fehlentwicklungen am Knochenbau und der Wirbelsäule vor.

Heilwirkungen auf die Psyche:

Der Azurit ist ein Stein der Stirn. Er vermag es, seinem Träger die Konzentration zu stärken, und Schritt für Schritt genaue Prioritäten für kommende Aufgaben zu setzen. Als Stein der Selbsterkenntnis vermag es der Azurit, alte Gefühlsbande zu lockern, und konzentrierter in die Zukunft zu sehen. In Kombination mit Bergkristall und Rosenquarz ist er ein absoluter Banner von Computerstrahlen. Menschen, die am Computer oder sonstigen Bildschirmen arbeiten, sollten daher immer einen Azurit mit Bergkristall und Rosenquarz am Arbeitsplatz liegen haben. Für Jugendliche in der Pubertät ist der Azurit ein besonders stabilisierender Stein, welcher auch mehr Reife für den neuen Lebensabschnitt beschert. Er bewahrt Jugendliche in den verschiedenen Lebensphasen vor Kriminalität und Brutalität, und vor dem ständigen Gefühl, nicht verstanden zu werden.

Chakra:

Durch seine nahezu beispiellose kräftige blaue Farbe verwenden wir den Azurit zur Auflegung auf unseren Kopf (Stirnchakra) und natürlich auch zur Öffnung des dritten Auges. Azurit ist ein Meditations-Stein, welcher in eine höhere geistige Ebene mit mehr Entspannung transformiert. Er reinigt und befreit die Seele, und schenkt unendliche Freude und Glück.

Wie erhalte ich einen Azurit und wie pflege ich diesen?

Der Azurit ist erhältlich als Rohstein, Handschmeichler, Kristall, Cabochon, Kugel und sehr selten als Anhängerchen. Er bedarf wirklicher Pflege, und sollte am besten einmal im Monat, über Nacht, in einer Schale mit kleinen Hämatit-Trommelsteinen entladen werden. Da dunkelblaue Azurite wahre Energiebündel sind, brauchen sie nicht an der Sonne aufgeladen zu werden. Helle Azurite sollen jedoch an der Sonne, oder über Nacht an einer Bergkristall-Gruppe, aufgeladen werden, da ihre Energie etwas schwächer ist.

Azurit-Malachit

Farbe: Dunkelblau mit grünen Einschlüssen

Chemische Zusammensetzung: $Cu(OHCO_3)_2 + CU_2(OH)_2C0_3$

Geologie:

Ebenfalls wie Azurit und Malachit ist der Azurit-Malachit ein Kupfermineral mit der Härte 3,5 bis 4. Sehr hoher Druck und starke Hitze haben bewirkt, daß diese Edelsteine, welche ohnehin nah beieinander gefunden werden, zu einem herrlichem Stein verwachsen konnten. Während der blaue Azurit und der grüne Malachit an mehreren Stellen weltweit gefunden werden, wird der Azurit-Malachit nur in einem sehr kleinen Gebiet in Arizona, USA, gefunden.

Geschichtliche Überlieferung:

Nach den Indianern ist der Azurit-Malachit der Schutzstein unserer Erde und der Hüter der Natur, aller Tiere und des Menschen. Das Grüne in ihm, der Malachit, steht für das Leben auf dem Lande, während der blaue Teil der Hüter aller Lebewesen im Wasser ist. Die Indianer glauben auch heute noch, daß nur Azurit-Malachit die göttliche Verbindung zwischen Himmel und Erde schaffe, und das Wasser aufgrund dieser starken magischen Kraft immer wieder auf die Erde zurückregne.

Heilwirkungen auf den Körper:

Neben der regenerierenden Wirkung auf die Wirbel ist der Azurit-Malachit hauptsächlich ein Hüter der Leber, Galle und der inneren Drüsen. Er lindert Erkrankungen der Magenschleimhäute, und heilt Magengeschwüre, Nieren und Gallensteineleiden sowie Lebererkrankungen. Desweiteren wirkt sich der Azurit-Malachit sehr positiv auf das Nervensystem und die Muskulatur aus. Am Körper getragen umschließt dieser seinen Träger mit einer zweiten Haut, welche alles Böse vom ihm fernhält, genauso wie er die Erde vor kosmischen Strahlen und Weltraumkälte schützt. Es empfiehlt sich immer, einen Azurit-Malachit bei sich zu tragen, da dieser Strahlenschäden und sogar krebsartige Tumore vorbeugen und heilen kann.

Heilwirkungen auf die Psyche:

Azurit-Malachit bewahrt seinen Träger vor seelischen Schwankungen, Gleichgewichtsstörungen und Charakterschwäche. Er schenkt natürlich schöne Ausstrahlung, Gesundheit und Wohlbefinden.

Sternzeichen: Steinbock, 22. Dezember bis 20. Januar

Chakra:

Azurit-Malachit eignet sich für die Meditation zum Auflegen auf das Stirnchakra und das Herzchakra. Dadurch daß er zwei Edelsteine in sich birgt, ist er ein Meditationsstein, welcher sich wegen seiner sanften Wellen besonders für die leichte Therapie dieser Chakras eignet. Alternativ empfiehlt es sich, diesen Stein zu verwenden, wenn man spürt, daß der reine Azurit bzw. Malachit zu stark auf den Körper wirken, oder wir noch nicht stark genug für diese Steine sind.

Wie erhalte ich einen Azurit-Malachit und wie pflege ich diesen?

Dieser Stein ist erhältlich als Rohstein, Handschmeichler, Cabochon, Kugel, Anhängerchen, Kette, Donuts und einer Vielzahl an phantasievollen Formen für Halsreifen und Lederband. Der Preis für diesen Edelstein liegt jedoch in der gehobeneren Klasse. Sie sollten diesen Stein nur in einer trockenen Schale mit Hämatit-Trommelsteinen über Nacht entladen, dies jedoch erst dann, wenn sie spüren, daß er sich beim Tragen am Körper nur noch schwach erwärmt oder gar verfärbt. Der Azurit-Malachit sollte nicht an der Sonne, sondern einmal im Monat über Nacht an einer Bergkristall-Gruppe aufgeladen werden.

Baryt oder Schwerspat

Farbe:
Weiß, rosa, grau, grünlich, gelb, blau, teilweise auch durchscheinend.

Chemische Zusammensetzung: $BaSO_4$

Geologie:
Beim Baryt handelt es sich um ein Baryumsulfat mit der Härte 3 bis 3,5. Die hohe Dichte und sein hohes spezifisches Gewicht geben dem Schwerspat seinen Namen. Er wird in der BRD, Schweden, Italien, Mexiko, Australien, USA und Brasilien gefunden.

Geschichtliche Überlieferung:
Der Name Baryt stammt aus dem griechischen Barys, was soviel wie "schwer" bedeutet. Erst im 19. Jahrhundert wurden die verborgenen Kräfte des Baryt als Schutzstein und Heilstein erkannt. So ist der Baryt heute in der Industrie ein Schutzstein zum Abschirmen von Strahlen aller Art. Abschirmplatten und Schutzanzüge werden häufig mit Gewebe aus Baryt hergestellt. Der Baryt schluckt radioaktive Strahlen, Röntgenstrahlen und UV-Strahlen.

Heilwirkungen auf den Körper:
Durch seine strahlenschluckenden Eigenschaften ist der Baryt ein Schutzstein vor Strahlen aller Art. Er schluckt nicht nur radioaktive Strahlen, Röntgenstrahlen und UV-Strahlen, sondern hat sich auch sehr gut gegen Erdstrahlen, Wasserstrahlen und ganz besonders Computerstrahlen bewährt. Der Baryt schirmt diese Strahlen nicht nur ab, sondern ist auch ein sehr guter Heilstein von Strahlenschäden auf der Haut und im Gehirn. So ist er beispielsweise durch Auflegen ein sehr kräftiger Heilstein bei Sonnenbrand und anderen Verbrennungen. Aber auch Entzündungen, Flechten und Wundrosen auf der Haut können gut durch Baryt gelindert und geheilt werden. Als Barytwasser oder durch Auflegen heilt er auch Pickel und Akne im Gesicht, sowie schuppige, eitrige oder stark juckende Entzündungen und Flecken auf der Haut. Hierunter fallen z. B. das Heilen von Schuppenflechte, Hautpilzflechten und Eiterflechten. Der Baryt verhindert auch, daß die Hauterkrankungen in tieferliegende Regionen der Haut eindringen, um Abszesse und schmerzhafte Knoten zu bilden. Er bewahrt vor Pilzerkrankungen der Nägel und der Zehen, wie z. B. Fußpilz. Darüberhinaus ist der Baryt auch ein Heilstein, welcher vor seelischen Schäden und Krisen bewahrt. Er hilft z. B. gegen starkes Ohrensausen und Neurosen, wie z. B. zwanghaftem Erröten, riechenden Schweißausbrüchen, starkem Herzklopfen oder Impotenz. Zwangsneurosen, wie beispielsweise Platzangst, chronischer Reinigungsfimmel und Zwangsvorstellungen, wie Neurasthenie und Hysterie können ebenfalls durch den Baryt sehr gut gelindert werden.

Heilwirkungen auf die Psyche:
Der Baryt bewahrt vor Erkrankungen und Fehlverhalten, welche durch die Strahlung unserer Umwelt verursacht werden. Dieses sind häufig schleichende Krankheiten, deren Ursachen meist schon viele Jahre zurückliegen und daher kaum erkannt werden. Menschen, welche ihren Arbeitsplatz in modernen Bürohäusern haben, sind häufig nicht nur starken Computerstrahlen und elektromagnetischen Strahlen (Elektro-Smog) ausgesetzt, sondern oftmals auch einer relativ hohen Konzentration an radioaktiven Strahlungen der Betonwände. Baryt wirkt durch seine schluckenden und strahlenabsorbierenden Eigenschaften wie ein Schutzschirrn für seinen Träger. Langprismatische Barytkristalle sind besonders kräftige strahlenschluckende Heilsteine. Durch Baryt werden ganz besonders Kinder vor Strahlenschäden in jungen Jahren bewahrt.

Chakra:
Baryt ist ein Stein, welcher für alle Chakras gleichzeitig verwendet werden kann, da er die gesamte Aura entstrahlt. Er ist indirekt dadurch ein ganz hervorragender Meditationsstein,

weil er andere Chakrasteine besonders ungehindert in unsere Aura vordringen läßt. Er bewahrt vor Strahlen, negativen Einflüssen anderer Mitmenschen und vor schwarzer Magie. Baryt ist ein Schutzstein, über dessen Kraft man sich erst mit zunehmender Meditationserfahrung bewußt wird.

Wie erhalte ich einen Baryt und wie pflege ich diesen?
Baryt ist als Rohstein, Kristall und selten in verarbeitetem Zustand erhältlich. Sie erkennen den Baryt sofort an seinem hohen Gewicht gegenüber anderen vergleichbar großen Edelsteinen. Baryt sollte durch seine schluckenden Eigenschaften mindestens einmal in der Woche unter fließendem, lauwarmem Wasser entladen und gereinigt werden. Baryt braucht nicht aufgeladen zu werden, da er durch das Entladen gleichzeitig seine Kräfte regeneriert.

Baumachat

Farbe: Weißer Achat mit moosartigen grünen Einschlüssen

Chemische Zusammensetzung: $Si0_2$

Geologie:
Der Baumachat gehört in die Familie der Quarze und hat die Härte ist 7. Mangan- und Eisenablagerungen verleihen diesem Stein seine charakteristischen Eigenschaften. Die wichtigsten Fundgebiete liegen in Indien und Australien.

Geschichtliche Überlieferung:
Der Baumachat ist ein relativ seltener Achat, welcher eigentlich nur bei indischen Völkern Verwendung fand. Dort wird dieser Stein auch heute noch als Talisman getragen. Besonders in Rosenkränzen, kombiniert mit Bergkristall, wurde der Baumachat als meditationsfördernd geschätzt. Ein solch kombinierter Rosenkranz sollte die Wirksamkeit der Gebete und die Intuition verstärken.

Heilwirkungen auf den Körper:
Der Baumachat beruhigt aufgrund seiner weichen Schwingungen das gesamte Nervensystem. Er reguliert den Wasserhaushalt und unterstützt die Funktion von Nieren und Blase. Da der Baumachat ein unterstützender Stein ist, sollte dieser immer in Verbindung mit kräftigeren Steinen verwendet werden. Baumachat-Wasser mit Chrysopras und Rubin-Zoisit morgens auf nüchternen Magen getrunken, schützt Herz und Blut vor Erkrankungen und Vergiftungen.

Heilwirkungen auf die Psyche:
In Verbindung mit Chrysopras beschenkt uns der Baumachat mit mehr Wärme und Ruhe. Er weckt in uns die Erkenntnis, daß auch wir Menschen nur ein Teil der Erde und der Natur sind. Baumachat macht ganz besonders dem Handeln und Denken Kindern gegenüber sensibler.

Sternzeichen: Steinbock, 22. Dezember bis 20. Januar

Chakra:
Der Baumachat dringt am besten über das Herzchakra in uns ein. Seine Kraft jedoch entfaltet er erst so richtig in Verbindung mit Chrysopras oder Rubin-Zoisit. Vor Anwendung sollten Sie einen Chrysopras für ca. fünf Minuten durch Ihr Herzchakra eindringen lassen. Dieser öffnet dieses besonders tief, so daß dann auch die sanften Schwingungen des Baumachats besser eindringen können.

Wie erhalte ich einen Baumachat und wie pflege ich diesen?

Der Baumachat ist als Rohstein, Handschmeichler, Kugel, Kette, Anhänger und selten als Donuts erhältlich. Je nach Bedarf sollte dieser regelmäßig unter fließendem lauwarmem Wasser gereinigt und entladen werden. Das Aufladen an der Sonne tut dem Stein sehr gut. Sie sollten ihm jedoch mindestens eine Stunde Ruhe gönnen, bis Sie ihn nach dem Aufladen verwenden. Ketten sollten über Nacht in einer trockenen Schale mit Hämatit-Trommelsteinen entladen werden.

Baumquarz

Farbe: Braun-rötlich-orange mit weißgrauer Rinde

Chemische Zusammensetzung: SiO_2

Geologie:

Beim Baumquarz handelt es sich um ein versteinertes Holz. Hierbei trat vor Millionen von Jahren mineralienreiche Kieselsäure in das Zellgewebe abgestorbener Bäume ein. Im Laufe von 180 bis 220 Millionen Jahren erhärtete diese mineralienreiche Lösung und vermochte es, daß die Bäume und das Holz versteinerten. Die Härte ist wie bei allen Quarzen ca. 7 und die Hauptfundgebiete des Baumquarz liegen in Madagaskar. Er unterscheidet sich von anderen versteinerten Hölzern dadurch, daß es sich beim Baumquarz um versteinerte Äste mit Rinde handelt.

Heilwirkungen auf den Körper:

Beim Baumquarz sind nur wenige Heilwirkungen bekannt. Durch seine reinigende Wirkung bewahrt er vor Arterienverkalkung, Gefäßverengung und den damit verbundenen Krankheiten wie z. B. Herzinfarkt. Als Baumquarz-Wasser morgens auf nüchternen Magen hält dies vor allem den Kreislauf sowie das Nervensystem stabil und versorgt uns mit mehr Energie für den ganzen Tag. Übergewichtige Menschen werden durch den Baumquarz oder durch Baumquarz-Tee in ihrem Hungertrieb gebremst, so daß der Magen wieder einmal die nötige Zeit zur Beruhigung findet. Baumquarz steuert die Funktion der Drüsen und reguliert die verdauenden Substanzen in den Schleimhäuten und Magensäften.

Heilwirkungen auf die Psyche:

Der Baumquarz schenkt seinem Träger mehr Lebenskraft, und vermag es, daß sich bei Menschen mit Übergewicht beim Essen ein vorzeitiges Sättigungsgefühl einstellt. Er regeneriert die Seele und verleiht mehr Selbstbewußtsein und Willenskraft.

Chakra:

Für die Meditation sollte Baumquarz in Verbindung mit dem starkem orangerotem versteinertem Holz auf dem Wurzelchakra mit Tendenz zum Milzchakra verwendet werden. Die gemeinsame Schwingung beider Steine dringt ganz besonders energiereich und inspirierend in uns ein.

Wie erhalte ich einen Baumquarz und wie pflege ich diesen?

Baumquarz ist als Rohstein, Handschmeichler und Anhängerchen erhältlich. Sie sollten jedoch darauf achten, daß es sich hierbei um wirklichen Baumquarz aus Madagaskar handelt. Sie erkennen diesen am Aussehen wie kleine dünne Ästchen. Entladen Sie diesen Stein je nach Bedarf unter fließendem lauwarmem Wasser. Das Aufladen an einer Bergkristall-Gruppe ist sehr zu empfehlen.

Bergkristall

Piezoelektrische Kristalle - Laserkristalle - Zepterkristalle - Enhydro-Kristalle

Farbe: Durchsichtig klar bis weiß

Chemische Zusammensetzung: SiO_2

Geologie:

Quarze finden sich an vielen Stellen unserer Erde. Als jedoch schöne Kristalle werden sie wesentlich seltener gefunden. Die Hauptfundgebiete liegen in den Alpen, Brasilien und in Arkansas, USA. Bergkristalle sind eine Essenz unserer Erde und bestehen aus reinem Siliziumoxid und Sauerstoff. Sie haben die Härte 7. Die Kristalle sind in Hohlräumen gewachsen und im Laufe von Jahrmillionen auskristallisiert. Quarze sind die zweithäufigste Mineralanreicherung in unserer Erdkruste. Reine Kristalle sind jedoch sehr selten und wertvoll.

Geschichtliche Überlieferung:

Der Bergkristall ist mit Sicherheit einer der bekanntesten und sagenumwobensten Edelsteine, welcher seine Überlieferung bei nahezu allen Völkern findet. Die Griechen bezeichneten ihn als Krystallos, was soviel bedeutet wie "das Eis". Bis in das 17. Jahrhundert hinein glaubten die Völker, daß es sich beim Bergkristall um versteinertes Eis handle. Die Römer glaubten, im Bergkristall sei der Sitz der Götter, welcher ihnen Weisheit, Mut und Treue in der Liebe verleihe. Die Indianer legten ihren Neugeborenen zum Schutze vor allem Bösen einen Kristall in die Wiege. Und die Buddhisten erhoffen sich bei der Meditation mit einem Bergkristall die vollkommene Erleuchtung.

Zu beachten:

Bergkristalle kristallisieren männlich (rechts gedreht) oder weiblich (links gedreht) aus. Das heißt, sie weisen in ihren Spitzen verschiedenartige Kristallstrukturen auf. Aufgrund unserer jahrelangen Arbeiten haben wir festgestellt, daß der männliche Organismus wesentlich sensibler auf die weiblichen Kristalle, und der weibliche Organismus besser auf die männlichen Kristalle anspricht. Bitte bedenken Sie dies bei der Auswahl Ihrer Bergkristalle. Wenn sie jedoch charakteristische männliche oder weibliche Eigenschaften stärken möchten, dann empfehlen wir Ihnen zu den Kristallen Ihres Geschlechts.

Heilwirkungen auf den Körper:

Dem Bergkristall werden neben seinen intuitiven und geistigen Kräften auf uns Menschen auch sehr stark heilende Eigenschaften in vielfacher Hinsicht nachgewiesen. Der Bergkristall eignet sich als Harmoniestein für alle Heilsteine und dringt aufgrund seiner kräftigen und zugleich sanften Schwingungen zu einer Vielzahl von Organen vor. Seine besonderen Heilwirkungen liegen jedoch in seinen vorbeugenden, reinigenden und heilenden Eigenschaften auf die Adern, Blutgefäße und Herzkranzgefäße. Durch jahrelangen Konsum von Alkohol, Nikotin, fettem Essen oder auch durch Bewegungsmangel und Streß haben sich in den Adern, Blut- und Herzkranzgefäßen Ablagerungen (Plaques) gebildet, welche im Laufe der Zeit zu starken Beeinträchtigungen der Durchblutung führen (Artereosklerose). Die Adern werden immer enger und das Blut kann den Organismus nicht mehr mit ausreichend Sauerstoff und Nährstoffen versorgen.

Bluthochdruck ist die Folge. Ab jetzt beginnt ein Teufelskreislauf. Das Herz muß, um den Körper ausreichend mit Sauerstoff versorgen zu können, mehr pumpen. Hierzu benötigt es allerdings selbst mehr Sauerstoff. Meist sind die Herzkranzgefäße jedoch ebenfalls verstopft, so daß auch das Herz nicht mehr mit ausreichend Sauerstoff und Nährstoffen versorgt werden kann. Es kommt zu den schmerzhaften Angina-Pectoris-Anfällen im Brustkorb über dem Brustbein. Der Herzinfarkt ist nicht mehr weit?! Spätestens jetzt sollten Sie einige Ihrer Lebensgewohnheiten ändern und als Vorsorge-, Heil- und Reinigungsstein einen Bergkristall bei sich tragen. Dieser ist ganz maßgeblich an der Reinigung der Adern und Herzkranzgefäße beteiligt. Bergkristall fördert die Durchblutung, löst Ablagerungen und führt diese gleichzeitig den Reinigungsorganen Leber und Nieren zu. Über diese Organe werden die Ablagerungen aus dem Körper herausgespült. Fettarme Ernährung und viel Bergkristall-Wasser unterstützen die reinigenden und heilenden Kräfte des Kristalls.
In Verbindung mit Magnesit und rotem Jaspis lindert Bergkristall zusätzlich Magen-, Darm und Verdauungsprobleme und regt den Fettstoffwechsel an (diese drei Steine in Pflaumengröße über Nacht in 0,5l Mineralwasser ziehen lassen und vor jeder größeren Mahlzeit trinken). Darüberhinaus wird ein zusätzlich höheres Maß an Entschlackung für den gesamten Organismus erzielt und beim Essen stellt sich ein schnelleres Sättigungsgefühl ein. Diese Kombination eignet sich daher ganz besonders zum Abnehmen von Übergewicht. Durch die damit ebenfalls verbundene heilende Wirkung auf die Drüsen beugt der Bergkristall äußeren und inneren Geschwüren vor. Er hat zusätzlich sehr steuernde Funktionen auf die Blutbildung und auf die ausgeglichene Produktion von weißen und roten Blutkörperchen. Er lindert und heilt Leukämie. Der Bergkristall stabilisiert Blutdruck und Kreislauf und beruhigt das gesamte Nervensystem.
Darüberhinaus lindert der Bergkristall Kopfschmerzen, Rückenschmerzen, Gliederschmerzen und Bandscheibenprobleme. An der Sonne aufgeladene, warme Bergkristalle lindern Augenleiden, Kurzsichtigkeit, starkes Augentränen und Augenstar. In Verbindung mit Amethyst ist der Bergkristall seit Jahrhunderten ein gutes Heilmittel gegen viele Arten von Hautkrankheiten und Ausschlägen (Verwenden Sie hierbei jedoch einen Bergkristall Massagestab und Amethyst-Wasser, siehe Amethyst). Der Bergkristall sorgt für gleichmäßigen Muskelaufbau und lindert Unterleibsbeschwerden, Menstruationsbeschwerden und starke Schmerzen bei der Monatsblutung. Bergkristall hat vorbeugende und heilende Wirkungen gegen krebsartige Wucherungen. Er schützt hierbei besonders die primären und sekundären Geschlechtsorgane wie z. B. Brust oder Prostata.

Heilwirkungen auf die Psyche:

Durch seine entstrahlende Wirkung bindet der Bergkristall (besonders als Kugel) Erdstrahlen und Wasserstrahlen in sich und verwandelt diese in positive Energie. Er löst Energieblockaden, reinigt Geist und Seele und verstärkt die kristallinen Eigenschaften im Körper. Als größere Kristallgruppe (ab ca. 20cm Durchmesser) ist er nicht nur ein phantastisches Schmuckstück in der Wohnung, sondern hat sogar soviel Kraft, daß er die negativen UV-Strahlen und die kosmische Kälte von uns fernhält. Den Mitmenschen gegenüber verleiht der Bergkristall die Kraft, reell und gerechter zu entscheiden. Er bewirkt mehr Empfängnis und Sensibilität in der Partnerschaft. Eine polierte Bergkristall-Spitze in Verbindung mit Rosenquarz und Azurit hat sich als optimaler Schutz vor Computerstrahlen bewiesen.

Sternzeichen: Löwe, 23. Juli bis 23. August

Chakra:

Der Bergkristall ist ein Lichtbringer und bringt durch seine harmonievollen Schwingungen all unsere Chakras in positive Resonanz. Durch seine harmonisierende Entstrahlung klärt uns der Bergkristall die gesamte Aura. Deshalb ist es ratsam, den Bergkristall beinahe zu allen Steinen zusätzlich zu verwenden, da er uns alle Chakras und vor allem auch das Dritte Auge für die Entspannung besonders weit öffnet. Durch die gleichzeitige Verwendung von Bergkristall bei der Meditation wird verhindert, daß besonders starke Steine mit zu starker Kraft in unser Inneres eindringen. Der Bergkristall arbeitet hier wie ein Filter, welcher es vermag, die Strahlen stärkerer Steine dosierter in uns hineinzulassen.

Zepterkristalle:

Zepterquarze sind Bergkristalle, die auf bereits vorhandene Kristalle aufgewachsen sind. Sie unterscheiden sich von den Phantomquarzen dadurch, daß sie äußerlich über die Kristalle gewachsen sind und ein gemeinsames Wachstum aufweisen. Ihre Heilwirkungen liegen zwischen dem Bergkristall und dem Herkimer Diamanten. Sie verstärken die Heilwirkungen des Bergkristalls und lassen sich auch sehr gut als Badezusatz verwenden.

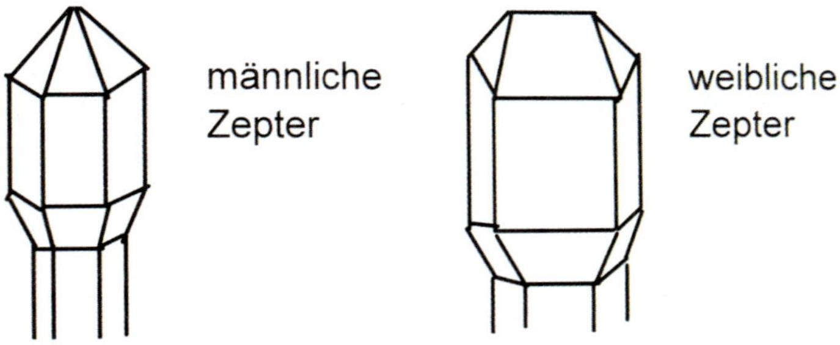

Enhydro-Kristalle:

Diese Kristalle erhalten ihre Eigenschaft durch eingeschlossenes, Millionen Jahre altes Urwasser. Das Urwasser in diesen Kristallen ist äußerst energievoll und rein. Es verstärkt besonders die meditativen Eigenschaften der Bergkristalle. Enhydro-Kristalle öffnen die Chakras noch sensibler und stimulieren die Nervenzentren besonders energievoll.

Wie erhalte ich einen Bergkristall und wie pflege ich diesen?

Bergkristall ist in vielen Formen erhältlich. Aber bedenken Sie, je größer und klarer der Stein ist, desto kräftiger ist seine Saugkraft gegenüber negativen Strahlen und seine Wiedergabekraft an positiven Strahlen. Nur in klaren Kristallen entstehen die wunderbaren Schwingungen des Kristalls. Besonders klare Schweizer Bergkristalle transformieren die heilenden Kräfte des Kristalls um ein Vielfaches. Schweizer Bergkristalle sind nicht nur teurer, sondern auch wesentlich heilkräftiger. Sie erhalten Bergkristall als Rohstein, Kristall, Kristallstufe, Handschmeichler, Kette, Kugel, Pyramide, Obelisk, Massagestab, Anhängerchen, Splitterkette, Donuts und vielen phantasievollen Teilchen für den Halsreifen und Lederband: Der Bergkristall sollte einmal im Monat unter fließendem, lauwarmem Wasser entladen werden. Das Aufladen an der Sonne oder über Nacht in einer Kristall-Gruppe tut dem Bergkristall sehr gut. Wir, und viele Leute, die regelmäßig mit dem Bergkristall arbeiten, haben beobachtet, daß beim Aufladen teilweise auch trübe Stellen oder Beschädigungen aus dem Kristall herauswachsen. Bergkristall-Ketten sollten über Nacht in einer trockenen Schale mit Hämatit-Trommelsteinen gereinigt und entladen werden.

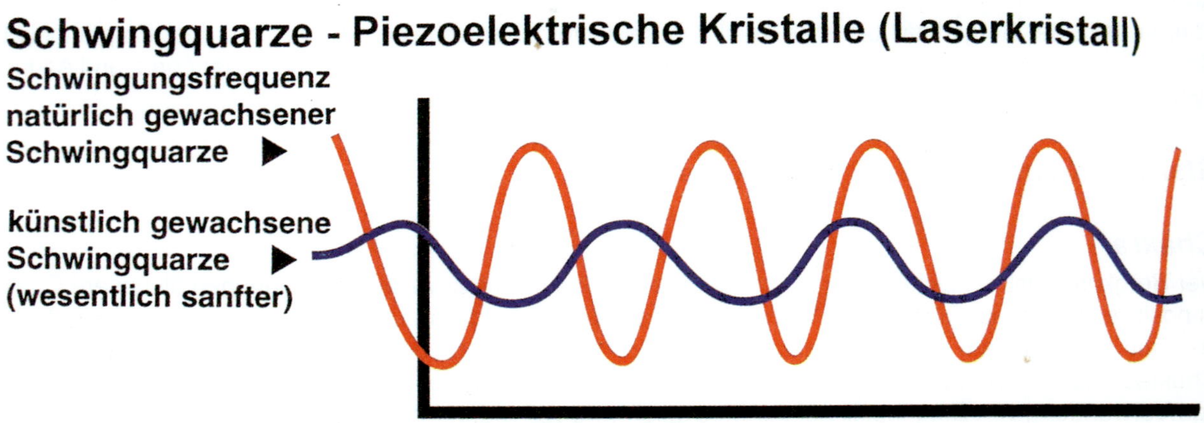

Geologie:

Schwingquarze oder Piezoelektrische Kristalle sind besonders klare und reine Bergkristalle. Sie haben die Härte 7 und bestehen aus reinem Silicium-Oxid. Die besonderen Eigenschaften dieser Kristalle liegen jedoch darin, daß sie sich durch Druck oder Zug elektrisch positiv und negativ aufladen. Der Energiefluß ist spürbar, meßbar und berechenbar. Im modernen Feuerzeug reicht der durch diesen Energiefluß entstehende Funke sogar aus, um das Gas zu entzünden. Die Fundgebiete verbreiten sich auf allen Gebiete, wo Bergkristalle gefunden werden. Österreich, Schweiz, USA, Brasilien.

Geschichtliche Überlieferung:

Nachdem der Piezoelektrische Effekt 1880 von den französischen Physikern Paul und Pierre-Jacques Curie entdeckt wurde, begann sich die Welt in der Elektronik schlagartig zu verändern. Die Wissenschaftler erkannten, daß sich klare Bergkristalle zu elektrischen Energiestäben entwickeln, wenn man auf sie Zug oder Druck ausübt. Sie laden sich also positiv und negativ auf. Hierbei entsteht der piezoelektrische Effekt, welcher beispielsweise zur Konstanthaltung der Frequenz bei Quarzuhren, Ultraschall oder in der Elektronik und Funktechnik notwendig ist. Aus der Mikroelektronik sind die Schwingquarze nicht mehr wegzudenken.
Nun ist es jedoch so, daß die reinen Bergkristalle zu Beginn der 30er Jahre weltweit gesucht und nahezu ausgebeutet wurden. Die Industrie erkannte schnell, daß die stetig steigende Nachfrage an Piezoelektrischen Kristallen nicht mehr auf natürlichem Wege gedeckt werden konnte. Erste Versuche mit künstlich gewachsenen Kristallen wurden unternommen. Ab Mitte der 60er Jahre gelang es, künstliche Kristalle wachsen zu lassen, welche die Anforderungen an Qualität und Reinheit natürlich gewachsener Kristalle erfüllten. Im Heilsteinbereich vollzog sich um 50 Jahre versetzt nun ein ähnlicher Wandel. Dadurch, daß natürlich gewachsene Bergkristallenergie- und heilstäbe klarer Qualität (Laserkristalle und Schwingquarze) nun auch für den Heilsteinbereich immer seltener wurden, wurden in den USA seit Beginn der 90er Jahre von Heilpraktikern verstärkt künstlich gewachsene Kristalle im Heilsteinbereich verwendet. Man kam zu der Erkenntnis, daß diese Piezoelektrischen Schwingquarze den Heilwirkungen der natürlichen gewachsenen Bergkristalle in nichts nachstanden. Im Gegenteil, es sind über 15 cm lange kristallin gewachsene Schwingquarze auf dem Markt, welche größte Reinheit und dadurch einen wesentlich stärkeren Energiefluß aufweisen als unreine, natürliche Kristalle. Trotz des stärkeren Energieflusses ist zu bemerken, daß die künstlichen Piezoelektrischen Kristalle durch ihre geordnete Kristall-Struktur ein wesentlich sanfteres Eindringen der Energie in den Körper ermöglichen. Die Wellen dieser Kristalle dringen langwelliger und sanfter, dafür aber tiefer in den Organismus ein. Künstlich gewachsene Piezoelektrische Kristalle (Healing-Sticks) entfalten eine phantastische therapierende und heilende Energie, jedoch erst ab einer Länge von 15 cm. Darunter empfehlen wir den Gebrauch natürlich gewachsener Kristalle. Die Heilwirkungen sind identisch mit denen des Bergkristalls. Diese lassen sich jedoch durch Laserkristalle oder Healing-Sticks wesentlich genauer auf die erkrankte Körperstelle zentrieren. Auch in Verbindung mit allen anderen Heilsteinen empfehlen wir zusätzlich Piezoelektrische Schwingquarze zum Öffnen der Chakras, um die heilenden Kräfte der Farbsteine in ihren Schwingungen aufnahmefähiger für unseren Organismus zu machen.

Heilwirkungen auf die Psyche:

Piezoelektrische Schwingquarze, Laser oder Healing-Sticks transformieren eine sehr hohe und feine Kraft des Bergkristalls in unsere Seele. Geladene Kristalle können sogar wie ein Staubsauger auf uns wirken, der alles verkrampfende und belastende aus Seele, Geist und Organismus herausbefördert.

Chakra:

Für die Meditation sind Healing-Sticks oder Piezoelektrische Kristalle sehr gut zum Eindringen für all unsere Chakras geeignet. Sie öffnen unsere Chakras sehr tief und vermitteln ein Höchstmaß an Ruhe und Entspannung. Zusätzlich werden wir sensibler gegenüber anderen, schwächeren Heilsteinen. Piezoelektrische Healing-Sticks sind Energiebringer und versprühen Lebensfreude, Temperament und Wohlbefinden.

Achtung:

Künstliche oder echte Healing-Sticks sind kleine Laser, welche ein starkes Kraftfeld für uns und um uns herum erzeugen. Sie werden durch streicheln oder Druck elektrisch geladen.

Achten Sie darauf, daß Sie diese Kristalle immer in eine Richtung streicheln, damit eine geordnete Ladung, wie bei bei einem Magneten, erzielt wird.

Natürlich gewachsene Piezoelektrische Kristalle:

Diese sollten immer von der Bruchstelle in Richtung Spitze gestreichelt werden. An der Bruchstelle baut sich nun das negative Pol auf und an der Spitze das positive Pol. Dies gilt auch für geschliffene und polierte Kristallspitzen!

Künstlich gewachsene Kristalle:

Diese haben zwei Spitzen und perfekte Kristallflächen, wobei Wachstumszonen deutlich zu sehen sind. Innen sind diese Kristalle 100%ig klar. Das heißt, daß keinerlei Einschlüsse dem Energiefluß dieser Kristalle ablenken. Da man beim Erwerb dieser Kristalle ja nicht weiß, von wo nach wo der Energiefluß verlaufen ist, sollten Sie darauf achten, daß an einer Seite der Spitze Ihres Healing-Sticks eine Markierung vermerkt ist, welche signalisiert, daß es sich hier um den Positiv-Pol handelt. Diese Kristalle sind künstlich gewachsen und sind auch an den beiden Knackstellen der Spitzen als solche zu erkennen, sie sind jedoch wie gesagt ab 15 cm Länge reine Energie- und Heilstäbe, welche sich zunehmender Beliebtheit erfreuen. Ihre Zusammensetzung ist gleich der des reinsten Bergkristalls.

Besonderheiten von echten und künstlich gewachsenen Piezoelektischen Kristallen:

Durch die positive und negative Ladung von Piezoelektrischen Kristallen haben Sie die Möglichkeit über den Pol, den Sie auf sich zuhalten, Energie zu empfangen oder abzugeben. Halten Sie beispielsweise den Negativpol gegen Ihre Stirn, so saugt Ihnen der Kristall alle Blockaden und Stauungen ab. Sie spüren förmlich, wie Sie beginnen, reiner und leichter zu werden. Sollte Ihnen dabei schwindelig oder schwarz vor Augen werden, so sollten Sie die Therapie sofort abbrechen, da Ihr Kreislauf oder Ihre Seele auf diesen Reinigungsprozeß wie ein Vakuum reagiert, welches erst wieder durch Energie aufgefüllt werden muß. Dies können Sie nun mit dem positiven Ende eines gereinigten Kristalls bewirken. Wir empfehlen Ihnen jedoch, daß Sie sich nach der Entladung Ruhe gönnen und warten, bis die entstandenen Reinigungslücken wieder durch neue, unverbrauchte, körpereigene Energien aufgefüllt sind. Meist kommen hierbei zusätzliche Blockaden aus tiefergelegenen seelischen Bereichen in das Bewußtsein, welche dann ebenfalls abgesaugt oder ausgeleuchtet werden können. Unzählige Möglichkeiten der Selbsttherapie für Geist und Seele lassen sich mit Hilfe dieser Piezoelektrischen Kristalle ergründen und probieren. Besonders die künstlich gewachsenen Kristalle sind dabei sehr handlich und vor allem "berechenbar'. Ihre Wirkung ist immer gleich, da sie keine Einschlüsse in sich bergen, die den Energiefluß verändern. Dies kann beim natürlichen Kristall natürlich niemand so genau bestimmen.

oben: künstl. gewachsener Schwingquarz, unten: natürlicher Schwingqu.

Wie erhalte ich einen Piezoelektrischen Kristall und wie pflege ich diesen?

Wie bereits erwähnt, sind Piezoelektrische Kristalle Bergkristalle reinster Qualität. Je länger der Kristall, umso energiereicher ist seine Wirkung. Piezoelektrische Schwingquarze können natürlich gewachsene Kristalle sein (teuer und selten) oder künstlich gewachsene Kristalle. Diese bestehen ebenfalls aus reinem Quarz und haben meist qualitativ noch höhere Eigenschaften. Sie wachsen in relativ kurzer Zeit, wofür natürlich gewachsene Bergkristalle

Jahrmillionen brauchten. Wir empfehlen Ihnen zu künstlich gewachsenen Healing-Sticks erst ab einer Länge ab 15 cm, da die Energien ab dieser Länge in Reinheit und Sanftheit denen der natürlich gewachsenen Kristalle gegenüber stärker sind. Achten Sie beim Erwerb von künstlichen Healing-Sticks auf die Markierung des Positiv-Pols. Nach längerem Gebrauch werden Piezoelektrische Kristalle sogar sehr persönlich, das heißt, sie beginnen in unserer Körperfrequenz zu schwingen und dabei unseren Kreislauf zu unterstützen. Wir empfehlen Ihnen, Piezoelektrische Kristalle ein bis zweimal im Monat unter fließendem lauwarmem Wasser zu entladen.

Bernstein

Farbe:
Hellgelb bis dunkelgelb, orange, braunorange; undurchsichtig und durchsichtig.

Chemische Zusammensetzung: $C_{10}H_{16}O+H_2S$

Geologie:
Der Bernstein ist ein fossiles Harz von Nadelbäumen, welches im Laufe von 50 Millionen Jahren versteinerte. Einschlüsse von Insekten und Blättern verleihen dem Bernstein sein charakteristisches Aussehen. Die Härte des Bernsteins liegt bei ca. 2,5. Die berühmtesten Lagerstätten des baltischen Bernsteins liegen in Litauen, Ostpreußen, Polen und in Deutschland bei Bitterfeld. Weitere Fundgebiete liegen in der Domenikanischen Republik.

Geschichtliche Überlieferung:
Der Gebrauch des Bernsteins läßt sich bis weit in die Geschichte der Menschheit zurück belegen. Die Griechen nannten diesen Stein den Elektronenstein, da er sich durch Reiben mit einem Tuch elektrostatisch auflädt, und somit magnetisch wird. Bei den arabischen Völkern sollte der Bernstein als Amulett getragen die bösen Geister vertreiben und mehr Gespür für wahre Freunde schenken. Der Name Bernstein stammt aus dem Niederdeutschen, bernen, was soviel wie "brennen" bedeutet, denn Bernstein läßt sich mit einem Streichholz entzünden.

Heilwirkungen auf den Körper:
Aufgrund von Erfahrungen, welche die Menschen in nahezu 3000 Jahren sammeln konnten, zählt der Bernstein mit zu den begehrtesten Heilsteinen. Auf der Haut getragen lindert er nahezu allen Arten von Hautkrankheiten und Allergien. Hierunter fallen vor allem Ekzeme, Pickel, Pusteln, Warzen sowie übermäßige Schuppenbildung und Flechten. Desweiteren lindert er Heuschnupfen, Pollenallergien und Entzündungen im Mund- und Rachenraum (Bernstein wie ein Bonbon lutschen). Nahe am Hals getragen lindert Bernstein bei Kindern die Schmerzen beim Zahnen (Kinder-Bernstein-Kette). Zudem lindert der Bernstein Muskel und Knochenerkrankungen, wie z. B. Arthritis, Rheuma, Gicht, Arthrose, starke Rückenschmerzen und heilt Entzündungen der Gelenke, Sehnen und der Nerven. (Hierbei empfiehlt es sich, ca. eine Handvoll Bernsteine in ein Glas zu geben, und dieses mit klarem Wasser aufzufüllen. Dieses Elixier über Nacht ziehen lassen, dann morgens auf nüchternen Magen trinken). Als Kette oder Anhänger getragen bewahrt er vor starken Grippeanfällen. Der Bernstein aktiviert den Stoffwechsel und harmonisiert das Zusammenwirken von Leber, Dünndarm, Galle und Magen. Magenpförtnerkrämpfe und stechende Bauchschmerzen, welche durch Entzündungen im Zwölffingerdarm verursacht werden, können ebenfalls durch Bernstein-Wasser oder -Tee schnell gelindert und geheilt werden. Darüberhinaus aktiviert der Bernstein die Funktion der Schilddrüse.

Diese Erfahrungen mit dem Bernstein lassen sich genauso auch auf Tiere übertragen. Diese werden Ihnen dankbar sein, wenn Sie ihnen bei Pilzbefall, Hautkrankheiten, Zecken und Knochenerkrankungen eine Bernstein-Kette schenken.

Heilwirkungen auf die Psyche:
Der Bernstein wurde von jeher als inspirierender Sonnenstein gesehen, welcher in uns besondere Lebensfreude weckt. Er bringt Licht und Wärme in das Gemüt und schenkt eine frischere und fröhlichere Ausstrahlung. Bernstein kräftigt die Entscheidungsfähigkeit und hilft bei Ratlosigkeit, Depressionen und sogar bei Selbstmordgefahr.

Sternzeichen: Zwillinge, 21. Mai bis 21. Juni

Chakra:
Der Bernstein dient besonders der Öffnung des Solarplexus bzw. des Sonnengeflechts mit Tendenz zur Milz und zum Wurzelchakra. Bei der Therapie empfiehlt es sich, den Weg in das Innere mit einem klaren Bergkristall freizumachen. Wir spüren dann besonders das sanfte und warme Eindringen des Bernsteins, welches sich unter Hinzunahme eines Orangencalcits schnell zu einer deutlich spürbaren inneren Wärme und Geborgenheit ausbreitet.

Wie erhalte ich einen Bernstein und wie pflege ich diesen?
Bernstein ist als Rohstein, Handschmeichler, Kugelkette, Splitterkette, Baby-Kette, Kugel, Donuts und als Anhängerchen auf dem Markt. Der Bernstein sollte oft unter fließendem, lauwarmem Wasser entladen werden. Wenn sich dieser beim Gebrauch nur langsam erwärmt, sollten Sie den Bernstein mit Hilfe eines Hämatits und eines Bergkristalls in einer trockenen Schale über Nacht entladen. An der Sonne sollte der Bernstein nur in den Morgenstunden oder am Nachmittag aufgeladen werden, da es in der starken Mittagssonne zu Überladungen des Bernsteins kommen kann. Dieser bildet dann gerne Risse und kann sogar zerplatzen. Der Bernstein ist sehr weich und säureempfindlich. Bernstein-Ketten sollten über Nacht in einer trockenen Schale mit Hämatit-Trommelsteinen entladen und gereinigt werden. Diese laden sich an einer Bergkristall-Gruppe wieder sehr schnell und positiv auf.

Beryll

Farbe: Weiß, meist durchscheinend

Chemische Zusammensetzung: $Al_2Be_3[Si_6O_{18}]$

Geologie:
Als Beryll oder Goshenit wird der farblose Vertreter aus der Beryll-Gruppe bezeichnet. Der Beryll ist eine Beryllium Aluminium-Silizium-Verbindung und hat die Härte 7,5 bis 8. Neben dem farblosen Beryll unterscheiden wir zwischen rosa Beryll= Morganit, goldener Beryll = Goldberyll, hellgrüner bis gelblicher Beryll = Heliodor, grüner Beryll = Smaragd, blauer Beryll = Aquamarin. (Bitte schlagen Sie unter Aquamarin, Heliodor, Morganit und Smaragd nach). Die wichtigsten Fundgebiete des weißen Berylls liegen in Brasilien, Afghanistan und Madagaskar.

Geschichtliche Überlieferung:
Von den schönen farbigen Beryllen abgesehen wurde der weiße Beryll besonders von den Juden als magischer Stein verehrt, welcher den Glauben zu Gott festigen sollte. Die Griechen versuchten, den Beryll eher praktisch zu verwenden. Sie erkannten, daß dieser durch seine Lichtbrechung den Blick umleitete und verwendeten daher für diesen Stein das Wort Beryllos, welches zu unserem heutigen Wort "Brille" führte. Desweiteren gebrauchten ihn die Griechen als treuen Glücksbringer, welcher es vermochte, die innige Liebe in der Ehe aufrecht zu erhalten und seinem Träger zudem hohes Ansehen zu verschaffen.

Heilwirkungen auf den Körper:
Der weiße Beryll ist ein sehr sanfter Heiler. Er wirkt bei Durchfall, Magen- und Darmentzündungen, sowie bei Hämorrhoiden. Besonders als Beryll-Wasser abends vor dem Essen vermag er es, im Urlaub vor Reisekrankheiten wie z. B. Durchfall zu bewahren. Damit der Beryll seine wirkliche Kraft entfalten kann, empfiehlt es sich, ihn mit farbigen Beryllen, wie z. B. Aquamarin oder Smaragd zu kombinieren. In Verbindung mit Smaragd hilft der Beryll bei Erkrankungen des Herzens und der Herzkranzgefäße. Zusammen mit Morganit bewahrt der Beryll vor spröder und schuppiger Haut und heilt brüchige Fingernägel. Beryll-Aquamarin-Wasser beruhigt die Nerven und bewahrt besonders Kleinkinder vor Daumenlutschen und Nägelkauen.

Heilwirkungen auf die Psyche:
Es empfiehlt sich, den weißen Beryll als Schutzstein auf allen Reisen bei sich zu tragen. Er beruhigt, hilft gegen Heimweh und Reisefieber.

Chakra:
Ähnlich wie der Bergkristall dient der Beryll zur Öffnung der Chakras. In Verbindung mit farbigen Beryllen werden die Kräfte des weißen Beryll spürbar verstärkt. Er dringt kräftig und tief in die Aura ein und stärkt die Kraft unserer unbewußten Ausstrahlung. Charme, Sex-Appeal und Fröhlichkeit werden durch den weißen Beryll besonders zum Ausdruck gebracht. Er erwärmt uns während des Eindringens in die Chakras und hebt in Verbindung mit Morganit auch die Schwingungen der erotischen Gefühle.

Wie erhalte ich einen Beryll und wie pflege ich diesen?
Der weiße Beryll ist aufgrund seiner größeren Seltenheit nicht allzu häufig im Handel erhältlich. Sie bekommen ihn als Rohstein, Trommelstein, Kristall, Kette und Kugel. Je nach Bedarf sollte dieser unter fließendem lauwarmem Wasser unter Reiben entladen werden. Aufladen an der Sonne erst dann, wenn Sie spüren, daß sich der Beryll durch Tragen oder Auflegen am Körper nur noch langsam erwärmt. Ketten sollten über Nacht in einer trockenen Schale mit Hämatit-Trommelsteinen entladen werden.

Biotit und Biotitlinse

Biotit:

Farbe: Silbrig-grau

Chemische Zusammensetzung: $K,Mg,Fe_3(OH)_2(A1FeSi_3O_{10})$

Geologie:
Biotit gehört in die Gruppe der Glimmer und hat die Härte 2 bis 2,5. Er ist eine Kalium-Magnesium-Eisen-Verbindung. Die Fundgebiete liegen in Brasilien, Norwegen, UdSSR, USA, Südafrika und Australien.

Geschichtliche Überlieferung:
Durch seine isolierende Hitzebeständigkeit wird Glimmer seit der Industrialisierung als Isolator für besondere elektrische Anlagen verwendet.

Heilwirkungen auf den Körper:
Biotit hilft bei Verkrampfungen und Verstopfungen und regt den Stoffwechsel an. Biotit-Wasser (ein ca. 10 cm großes Biotit-Stück für ca. 6 Stunden in 1 l Mineralwasser ziehen lassen) vor dem Essen regelt die Verdauung und erleichtert den Stuhlgang. Durch die enorme Saugkraft des Glimmers wird der Körper gleichzeitig besser entschlackt. Der Organismus wird von Verdauungsrückständen gereinigt und kann Nahrung und Sauerstoff

ausgiebiger an die Organe, das Gehirn und die Haut weiterleiten. Ein allgemein höheres Wohlbefinden ist ein Resultat, welches sich schon nach kurzer Therapiezeit mit Biotit einstellt. In Verbindung mit Biotit-Wasser werden Gifte über den Stoffwechsel besser herausgespült. Zusätzlich lindert der Biotit Arterienverkalkung und Gelenkserkrankungen wie Rheuma und Gicht.

Heilwirkungen auf die Psyche:
Der Biotit löst bei seinem Träger streßbedingte Blockaden im vegetativen Nervensystem. Streßsympthome wie Schlafstörungen, Schlaflosigkeit, Depressionen und Melancholie werden durch Biotit-Scheiben gelindert und geheilt. Unter dem Kopfkissen begleiten uns große, möglichst durchsichtige Biotit-Scheiben in einen tiefen und erholsamen Schlaf.

Chakra:
Biotit-Scheiben können als Öffner aller Chakras verwendet werden. Ganz besonders eignen sie sich zur Entspannung auf dem Dritten Auge und zum Auflegen auf das Nabelchakra. Besonders große, durchscheinende Biotit-Tafeln schenken uns die Kraft, uns bis in die Unendlichkeit zu öffnen und an den Ursprung unseres Lebens zu führen. Hierdurch schaffen wir es, seelische Probleme und Verwerfungen, welche sich in unserer Kindheit in uns eingeprägt haben, zu entkrampfen und sogar zu lösen. Biotit-Scheiben sind im Gegensatz zu Biotit-Linsen in sich funktionierende reine Kraftpaketchen.

Biotit - Linse:
Biotit-Linsen sind Anreicherungen von Biotit um einen quarzigen Feldspatkern. Ihre Kristallstruktur ist sehr unrein, opak und verworfen. Biotit-Linsen werden zwar aufgrund ihres Fundgebietes im Norden Portugals als gebärende Steine bezeichnet, dies bezieht sich jedoch mit Sicherheit nur auf die Art und Weise, wie diese Steine aus der Erde fallen. Nach unserer Erfahrung handelt es sich bei Biotit-Linsen um Pseudo-Heilsteine, welche nach außen hin den samtigen Eindruck eines Biotit-Heilsteines bewirken. Im Inneren dieser Linsen verbirgt sich jedoch ein unreiner, verquarzter Feldspatkern, welcher in Verbindung mit dem Biotitrand sehr unregelmäßige und unberechenbare Kräfte versendet. Wir empfehlen Ihnen daher für Ihre Edelsteintherapie zu reinem Biotit. Dieser ist klar und unmißverständlich rein in seinen Heilwirkungen.

Wie erhalte ich einen Biotit und wie pflege ich diesen?
Biotit ist im gutsortierten Fachhandel erhältlich. Biotit-Scheiben sind, im Gegensatz zu Biotit-Linsen, zwar nicht so handlich, dafür aber reiner in ihren Wirkungen. Je nach Bedarf sollten Sie den Biotit regelmäßig entladen. Wenn sie feststellen, daß Ihr Biotit sich an seinen Seiten beginnt aufzuspalten, ist es höchste Zeit, um ihn unter fließendem, lauwarmem Wasser zu entladen. Biotit erhält seine Kräfte am besten zurück, wenn Sie ihn für mehrere Stunden in die Sonne legen.

Blauquarz, auch Saphirquarz oder blauer Aventurin

Farbe: Hell- bis dunkelblau, durchscheinend.

Chemische Zusammensetzung: SiO_2

Geologie:
Der Blauquarz gehört in die Familie der Quarze mit der Härte 7. Eingelagerte Hornblendefasern (Krokydolith) und feinste

Rutilnadeln verschaffen diesem Quarz seine charakteristische blaue Farbe. Die bekanntesten Fundorte liegen in Brasilien und Südafrika.

Heilwirkungen auf den Körper:

Der Blauquarz hilft bei Kopfschmerzen und Migräne. Durch häufiges Tragen kräftigt er das Immunsystem und hilft bei Erkältungskrankheiten, Grippe und Halsschmerzen. Über das parasympatische Nervensystem schenkt er mehr Ruhe und Vitalität. Gleichzeitig kräftigt er die peripheren Nerven des Organismus (Bewegungsnerven) und bewahrt vor krampfhaften Schmerzen, Empfindungsstörungen, Muskelschwund und Lähmungen (Neuralgien und Neuritis). Hierunter fallen auch Linderungen durch den Blauquarz bei Lähmungen des Ellennervs und Speichennervs, sowie des Wadenbein- und Schienbeinnervs. Bei Trigeminus-Neuralgien (heftige Schmerzen im Ober- und Unterkiefer) haben sich Blauquarz-Ketten als beständige Heiler erwiesen. Dies trifft auch für Lähmungen an mehreren Gliedmaßen und des Gesichtes zu (Polyneuritis). Man sagt ihm Hilfe bei Krebserkrankungen im Vorstadium nach, diese sollten jedoch unbedingt in Verbindung mit einem klaren Bergkristall, Azurit oder Sugelith verstärkt werden. Blauquarz-Kugeln haben eine verdrängende Wirkung auf Strahlen, wie z. B. Erdstrahlen und Röntgenstrahlen. Blauquarz-Wasser, (ca. 0,5 Liter, Stein für sechs Stunden in ein Glas) auf nüchternen Magen getrunken lindert und heilt Sonnenbrand.

Heilwirkungen auf die Psyche:

Der Blauquarz inspiriert seinen Träger zu mehr Durchhaltevermögen und Ehrgeiz und verleiht mehr Vitalität. Er bewahrt vor plötzlichen Depressionen, Tatenlosigkeit und Überspannung aufgrund großer nervlicher Belastungen (Manager-Syndrom).

Chakra:

Der Blauquarz dringt besonders gut durch das Stirnchakra und Kehlchakra in uns ein. Seine Kräfte werden jedoch weitaus wirksamer, wenn man vor der Anwendung die Auflagestelle oder das Chakra mit einem klaren Bergkristall entspannt und öffnet. In Verbindung mit Azurit, Sugilith oder Bergkristall schützt er vor krebsbildenen Zellen.

Wie erhalte ich einen Blauquarz und wie pflege ich diesen?

Der Blauquarz ist als Rohstein, Trommelstein, Handschmeichler, Anhänger, Kette, Kugel, Pyramide, Obelisk, Donuts und in vielen verschiedenen Formen für den Halsreifen oder das Lederband erhältlich. Je nach Bedarf sollte er unter fließendem, lauwarmem Wasser entladen werden. Sie können den Blauquarz gerne längere Zeit an der Sonne oder einer Bergkristall-Gruppe aufladen. Ketten sollten über Nacht in einer trockenen Schale mit Hämatit-Trommelsteinen gereinigt und entladen werden. Laden Sie Blauquarz-Ketten über Nacht in einer Bergkristall-Gruppe auf.

Lebende Steine

Boji

Das Geheimnis der Boji-Steine

In den Vereinigten Staaten erfreuen sich Boji-Steine schon seit Jahren größter Beliebtheit und wir verspüren auch in Europa den Drang der Menschen nach den sagenumwobenen Boji-Steinen. Für alle Leute, welche den Boji-Stein bereits pflegen und hüten, ist es für diese wunderbar zu sehen und zu fühlen, wie gelöst und befreit man in ihrer Umgebung wird. Viele Menschen, welche sich den Boji--Stein besonders

v. l.: Boji männlich und weiblich

liebevoll widmen, erfahren neben den ausgleichenden und heilenden Eigenschaften dieser Steine durch streicheln sogar ein regelrechtes Tanzen der Steine in ihren Händen. Während des Tanzes vertreiben die Boji-Steine alles Böse und verleihen ihrem Träger ein Höchstmaß an Zufriedenheit und Glück. Menschen, welche geübt und befreit im Umgang mit Heilsteinen und Edelsteinen sind, können mit Hilfe der Boji-Steine ihre positiven Kräfte auch auf ihre Mitmenschen und Freunde übertragen. Diesen gelingt es dann besonders erfolgreich, auch sehr persönliche Heilsteine oder Boji-Stein-Paare für ihre Mitmenschen auszusuchen. Viele schildern die Energien der Boji-Steine wie folgt: "Man braucht sich nur etwas konzentrieren, und schon beginnt sich unser Kreislauf und unsere Energie auf die Frequenz der Heilsteine und des Boji-Steins einzuschwingen. Alles erscheint auf einmal logisch und kristallklar." Unsere Chakras öffnen sich und wir werden besonders sensibel und aufnahmefähig für die Kraft der Boji-Steine und Kristalle. Die Boji-Steine unterscheiden sich, im Gegensatz zu anderen Heilsteinen und Kristallen, daher, daß sie nicht nur Energie- oder Kraftsteine sind, sondern daß sie leben. Wie bei allen Lebewesen gibt es also auch bei den Bojis männliche und weibliche Steine. Die männlichen Steine sind rauher in ihrer Oberfläche, während die weiblichen Steine eine sehr sanfte und samtartige Oberflächenstruktur aufweisen. Männliche Steine sollten immer auf der schwächeren Körperstelle oder auf der erkrankten Körperstelle aufgelegt werden. Auf der gegenüberliegenden Seite verwenden wir dann das Weibchen. Bei den Boji-Steinen gibt es auch Zwitter-Steine. Es können auch zwei Männchen oder zwei Weibchen miteinander kombiniert werden. Diese Kombination drückt sich bei Bedarf der Bojis in starker Sympathie von uns für gewisse Pärchen aus. Sobald der Energiekreis durch den zweiten Stein geschlossen wird, verspüren wir einen starken Energiefluß durch unseren Körper. Boji-Steine sind zwar nicht magnetisch in dem Sinne, wie wir in unserer übertriebenen logischen Welt Magnetismus kennen, sie sind aber trotzdem polar, das heißt, sie haben positive und negative Energiezonen. Menschen und Tiere sind auch nicht magnetisch, sie ziehen sich aber trotzdem an oder stoßen sich ab. Und genauso verläuft das auch mit den Boji-Steinen. Da Boji-Steine Lebewesen sind, sollten sie diese auch wie Lebewesen behandeln. Bojis sollten nie unbeachtet in einer dunklen Ecke oder gar in einer abgeschlossenen Schatulle aufbewahrt werden. Wie jeder von uns benötigen auch sie Liebe, Zuwendung und vor allem Streicheleinheiten. Bojis, welche dies nicht erhalten, zerfallen schon nach kurzer Zeit zu Staub. Sie beginnen sich aufzulösen und verlieren ihre Energie. Boji-Steine lieben es, in Gesellschaft anderer Edelsteine und Kristalle und mögen die wärmende Morgensonne. So oft wie möglich sollten sie ihre Boji-Steine auch auf einen Spaziergang an die frische Luft mitnehmen. Legen sie ihre Boji-Steine so oft wie möglich an das phantastische Licht des Abendrotes oder des Vollmondes. Häufig wird beobachtet, daß sich die Positionen der Boji-Steine nach einer Vollmondnacht verändert haben. Boji-Steine, welche nicht liebevoll behandelt werden, sind auch schon oft über die feinen Lichtstrahlen des Mondes auf nimmerwiedersehen verschwunden.

Durch streicheln werden die sensiblen Energiezentren der Boji-Steine aktiviert. Sie sind daher besondere Freunde der Menschen und erwachen durch das Streicheln zum Leben. Erst wenn wir das Herz der Boji-Steine spürbar fühlen, können wir sicher sein, daß der Fortbestand dieser Kraftsteine gesichert ist. Von nun ab sollten wir uns regelmäßig um unseren Boji-Stein kümmern, denn die Bojis bewirken als Dank für uns Menschen nun ganz besondere Kräfte. Sie erzeugen, wenn wir sie erst einmal als Paare zusammengeführt haben, ein phantastisches Energiefeld für unsere Aura und unseren gesamten Organismus. Ihre Kraft wirkt dabei nicht nur reinigend für unseren Körper und die Seele, sondern sie dringt sehr ausgleichend in uns ein. Dadurch, daß Boji-Steine lebendige Steine sind, brauchen wir uns für die Kraft dieser Steine nicht besonders vorzubereiten. Die Boji-Steine wirken auf uns, ob wir dies wollen oder nicht. Sie führen in uns zueinander, was zusammengehört und durchfluten unseren Organismus mit reinster Energie. Menschen, welche längere Zeit mit den Boji-Steinen arbeiten oder diese gar regelmäßig bei sich tragen, erfahren im Laufe der Zeit eine Verjüngung des Zellgewebes, der Haut und der Organe. Das Wissen und der Geist jedoch werden reifer. Viele Menschen, häufig auch ältere Menschen, berichten uns sehr häufig von den verjüngenden Eigenschaften der Boji-Steine. Diese Steine dringen nicht, wie andere Energiesteine und Heilsteine, in die Auren bestimmter Organe ein, sondern sie verursachen allgemein einen Energiefluß für unseren Körper in höchstem Ausmaß. Während einige Menschen mit Begeisterung über ihre

"Freunde" berichten, sind andere Menschen diesbezüglich sehr verschwiegen und hüten die Kräfte, welche sie durch die Boji-Steine erfahren, wie ein Geheimnis. Wir wissen jedoch, daß viele große Menschen, welche durch Erfindungen und Fürsorge viel gutes für die Menschheit erbracht haben, durch ein Pärchen Boji-Steine in ihren großen Taten und Barmherzigkeit gestärkt und aktiviert wurden. Die Kräfte der Boji-Steine wurden von den Indianern sehr schnell erkannt und bei nahezu allen Indianerstämmen Nordamerikas geschätzt. Diese bezeichneten diesen Stein als Moquis, was soviel bedeutet wie "treuer Liebling". Das Geheimnis der Fundstellen der Boji-Steine oder auch Moquis wurden von den Indianern wie ein Schatz gehütet. Viel später, gegen Ende des 20. Jahrhunderts, um 1970 begannen die Boji-Steine auch auf alle anderen Lebewesen ihrer Umgebung ihre Kräfte zu entfalten. Sie lenkten ihre Energien auf alle Lebewesen ihrer Umgebung und hofften, daß diese sie durch streicheln und Zuneigung aus ihrem Dauerschlaf befreien.

Woher kommt der Name Boji-Stein?

Karin war ein junges Mädchen und lebt auch heute noch im Herzen Amerikas. Eines Tages kam ihr Großvater zu ihr und brachte ihr ein merkwürdiges Pärchen Steine zum spielen. Es waren zwei schwarze Steine, welche der Großvater auf der Ranch gefunden hatte. Als Karin diese Steine sah und in ihren Händen hielt, verspürte sie einen wärmenden und beruhigenden Energiefluß durch ihren Körper. Sie spürte sofort die Lebendigkeit dieser Steine. Umso mehr sie sich um ihre neuen Freunde kümmerte, umso mehr Energie verspürte sie. Anfangs wollte Karin dies niemand glauben, aber durch ausprobieren wurden auch kritischste Freunde und Nachbarn von Karin's Entdeckung überzeugt. Karin hatte, als sie klein war, eine Krähe, welche ihren Flügel gebrochen hatte. In ihrer Fürsorge pflegte Karin den erkrankten Vogel und sie wurden sehr schnell Freunde. Karin taufte ihren kleinen Kameraden Boji. Als Karin ihrer Krähe dann das Steinpärchen zeigte, und sie dieses in das kleine Nest der Krähe legte, hörte sie auf einmal einen lauten Schrei ihres Vogels und sah, wie ihr kleiner Freund davonflog. Die Krähe war sehr dankbar, daß die beiden Boji-Steine ihren gebrochenen Flügel geheilt haben und Karin erkannte die wahre Energie, dieser Steine. Weil die Steine nicht nur aussahen wie das schwarz-graue Gefieder ihrer Krähe, sondern dieser auch ganz besonders geholfen hatten, nannte sie diese Steine Boji's Steine. Daraus wurde der Name Boji-Steine. Karin wuchs heran und begann das Areal der Ranch ihrer Eltern zu erkunden. Sie traf dabei auf einen Hügel, der wie eine Pyramide aussah und fand um diesen herum eine Vielzahl von schwarzen Steinen auf der Erde, welche wie in kleinen Nestern angelegt zu sein schienen. Inmitten der Nester erkannte sie einen rauheren, manchmal sogar stacheligen Stein. Sie fand heraus, daß es sich hierbei um einen männlichen Stein handelt, welcher die weiblichen, glatteren Steine wie in einem Harem um sich herum versammelt. Diese männlichen Steine sind auch häufig, wie so oft in der Natur, größer und etwas schwerer. Darüberhinaus ist es nichts ungewöhnliches, daß männliche Lebewesen in der Natur mehrere Weibchen haben. Heute wissen wir, daß unter dieser Pyramide das Epizentrum Nordamerikas liegt, und hier einer der kürzesten Wege zum Mittelpunkt der Erde besteht.

In den energiereichen Schwingungen und Kräften sind die Boji-Steine mit den Kräften außerirdischer Steine zu vergleichen. Nur Meteoriten, Tektite und Moldavite weisen ähnlich hohe Schwingungen auf. Mit diesen Steinen lassen sich Boji-Steine auch besonders gut kombinieren. Wohl daher, weil Meteorite, Tektite und Moldavite einst das Herz vergangener Planeten waren, welche auf die Erde niederfielen, um auf ihr Erholung und Ruhe zu finden. Wie diese sind auch die Boji-Steine ein Teil des Herzens von unserer Erde, welche seit der Entstehung der Erde vorhanden sind und nie wieder nachwachsen. Wie alle Lebewesen nicht ohne Herz leben könnten, so könnte die Erde nicht ohne ihre Boji-Steine überleben. Auf mysteriöse und geheimnisvolle Art dringt die Kraft und die Energie der Boji-Steine auch in uns Menschen ein, da uns mit der Mutter Erde eine Vielzahl von gemeinsamen Schwingungen verbindet. Die Boji-Steine wirken hierbei jedoch nicht nur als Energie-Transmiter, sondern auch als Informationsstein und Katalysator. Sie verbinden die Gegensätze in Harmonie miteinander, so z. B. Himmel mit der Erde oder das Land mit dem Wasser. Würden mehr Menschen auf die Kraft der Boji-Steine vertrauen oder Boji-Steine bei sich tragen, so hätte das Böse keine Chance mehr. Habgier, Aggressivität, Geltungssucht, Größenwahn und andere schlechte menschliche Eigenschaften könnten

durch diese Energiesteine besser in Einklang gebracht werden. Hunger, Kriege und Völkermord würden längst der Vergangenheit angehören.
Mit anderen Heilsteinen und Edelsteinen vertragen sich Boji-Steine ebenfalls sehr gut. Sie beschleunigen und verstärken sogar ihre kräftigenden und heilenden Eigenschaften. In Verbindung mit anderen Heilsteinen sind nicht nur die pulsierenden Schwingungen der Boji-Steine spürbarer, woran wir erkennen können, daß Boji-Steine auch Freude empfinden, sondern wir fühlen auch sehr schnell, wie andere Heilsteine stärker schwingen. Es wurde sogar beobachtet, daß Kristalle, wenn sie über längere Zeit mit Boji-Steinen zusammen sind, Risse verlieren, wachsen und wieder eine gesündere und kräftigere Farbe erhalten. In Zeiten, welche besonders schwierig für das Leben und die Lebewesen auf der Erde sind, oder die Erde in stärkerem Maße belasten und ins Ungleichgewicht bringen, ist das Hervortreten der Boji-Steine durch die Erdoberfläche besonders häufig zu beobachten. Hieran können wir auch die Liebe der Boji-Steine zum Leben aller Tiere und Pflanzen und besonders zu uns Menschen erkennen. Leute, welche sich den Boji-Steinen in Verbindung mit Kristallen oder Tektiten besonders intensiv widmen, können auch Nachrichten dieser Energiesteine empfangen. Wir sind überzeugt davon, daß Boji-Steine die Zukunft von uns Menschen und der Erde kennen. Eigenartigerweise suchen die Boji-Steine viel mehr Kontakt zu uns Menschen, wenn harte Zeiten bevorstehen. Überlieferungen belegen, daß die Griechen ein kleines Inselvolk kannten, welches mit kleinen schwarzen Steinen sprach. Wir vermuten, daß es sich bei diesem kleinen Staat um die Bürger von Atlantis handelt, welche die Botschaft der lebenden Energiesteine Boji und Moqui nicht erkannt haben und daher in ihrem Übermut untergegangen sind. Nur ein kleiner blauer Stein, der Larimar, blieb zur Erinnerung als Atlantisstein von diesem Land übrig. Ähnliche Beobachtungen können wir im Nachhinein auch über die Indianer anstellen. Diese fanden vermehrt Boji-Steine und liebten diese. Trotzdem konnten sie durch die Verdrängung des weißen Mannes in Amerika nicht überleben. Nun gesellen sich die Boji-Steine vermehrt zu uns. In Amerika ist der Boji-Stein als Energiestein längst ein gefragter und treuer Freund. Wir möchten unsere Ausführungen bezüglich dem Überleben der Menschen nicht weiter folgen, sondern nur an die Vernunft der Menschheit appelieren, die Natur, die Erde und alle Lebewesen, auch die Boji-Steine und Kristalle mehr zu respektieren. Durch die Boji-Steine als Übermittler erfahren wir nicht nur mehr Energie, Wohlbefinden und Gesundheit, sondern diese fordern von uns Menschen als Gegenleistung mehr Achtung im Umgang mit der Natur. Wir vermuten, daß die Boji-Steine nun auch an anderen Stellen der Erde zum Vorschein kommen werden, um verstärkt Verbindung mit den Menschen aufzunehmen. In China werden seit kurzem goldfarbene Energiesteine gefunden. In Utah und in Arizona, USA, werden etwas rauhere Energiesteine gefunden, welche von den Indianern als Moqui-Marbles bezeichnet werden. Die Moqui-Marbles sind auch heute noch bei den Indianern im Westen von Amerika die heiligen Energiesteine. Auch das Gebiet, worauf sie gefunden werden, ist den Indianern heilig.

Boji-Steine bestehen aus einer geheimnisvollen Legierung von Metallen, so z. B. aus Mangan, Titan, Silber und Paladium. Die Härte der Boji-Steine beträgt erstaunlicherweise 7,4. Erstaunlicherweise deshalb, weil die oben aufgeführten Metalle meist nur eine Härte zwischen 4 und 6 haben. Die Härte 7,4 ist allerdings notwendig, um durch das Gestein der Erdkruste zu stoßen. Dieses hat eine Härte, welche um 7 herum liegt.

Wie pflegen wir den Boji-Stein und wie dringt er am besten in uns ein?

Der Boji-Stein ist ein subjektiver Energiestein. Er wird durch Streicheln oder durch direktes tragen am Körper zum Leben erweckt. Körperwärme, Zuneigung, Zärtlichkeit und Licht aktivieren die Energiezentren der Bojis und stellen ein größeres Gleichgewicht zwischen den Yin und Yang Eigenschaften (polare Eigenschaften) des Steines her. Erst wenn das Gleichgewicht Ihrer Boji-Steine hergestellt ist, wird der Energiefluß in einem magischen Kreislauf auch durch uns hindurch geschlossen. Anfangs spüren wir pulsierende Energiestöße durch unseren Körper. Wenn das Boji-Stein-Paar jedoch voll aktiviert ist, spüren wir einen warmen und sehr fließenden Energiefluß. Boji-Steine werden dabei in den Händen gehalten. Männliche Steine, oder bei nur weiblichen oder nur männlichen Paaren, sollte der schwerere immer auf die schwächere oder kranke Körperhälfte gelegt werden. Wird dann der andere Partner hinzugenommen, so verspüren wir die reine Energie. Sie schiebt sich durch unseren gesamten Körper und dringt bis an die Nervenenden und an die

Zellen vor. So erhält jede einzelne Zelle genügend Energie, um sich zu verjüngen. Boji-Steine erzeugen darüberhinaus eine physische und spirituelle Einigkeit für unseren Körper, Geist und Seele. Das Boji-Paar löst Stauungen und Blockaden und versorgt uns mit mehr Licht und Lebensfreude. Sie erzeugen durch ihr Energiefeld nicht nur ein tieferes Gefühl der Zusammengehörigkeit unter den Menschen, sondern sie dringen ebenfalls in Tiere und Pflanzen sehr energiereich ein. Sollte also Ihr Blumenstock den Kopf etwas hängen lassen, oder sich Ihr Kätzchen nicht so wohl fühlen, so zögern Sie nicht, ihnen ebenfalls als Energiesteine die Kraft Ihrer Boji-Steine zu geben.

Bewahren sie ihre Boji-Steine vor reinem Eisen. Dieses verwirft die zarten Schwingungen dieser Steine. Menschen, welche beispielsweise metallische Ersatzgliedmaßen oder Prothesen am Körper tragen, sollten zusätzlich zum Boji-Stein einen Moldavit, Tektit oder piezoelektrischen Schwingquarz bei sich tragen. Almanganfüllungen und Plomben beeinflussen die Energie der Boji-Steine nicht. Boji-Steine können mit der Zahnbürste gereinigt werden und brauchen nicht entladen zu werden, wenn sie paarweise verwendet werden. Einzeln sollten Boji-Steine jedoch mit Hilfe eines Partners, also eines anderen Boji-Steins, möglichst anderen Geschlechts, zum Entladen verwendet werden. Meistens finden Boji-Steine hierbei in eine unvergängliche Partnerschaft. Aufladen der Boji-Steine durch Licht und Streicheln ist jederzeit sehr wichtig. Tragen Sie nur einen Boji-Stein bei sich, so empfiehlt es sich, diesen unbedingt über Nacht zum Ruhen zu seinem Partner zu legen.

Achtung:

Nur mit Zertifikat können Sie sicher sein, einen Original-Boji-Stein zu erhalten, welcher aktiv ist, rein und unverfälscht. Es handelt sich um lebende Energiesteine. Wir raten zur Vorsicht ohne dieses Zertifikat! Geben Sie sich nicht mit Kopien zufrieden, sondern bestehen Sie auf einen Original-Echtheits-Stempel und lassen Sie sich diesen mit der Unterschrift und dem Namen des Verkäufers bestätigen.

Botswana-Achat

v. li.: Botswana-Achat rosa und grau

Farbe: Rosa, grau bis weiß, zart gebändert

Chemische Zusammensetzung: SiO_2

Geologie:

Der Botswana-Achat gehört in die Familie der Quarze und hat die Härte 7. Wie der Name schon sagt, wird dieser begehrte Achat ausschließlich in Botswana, Afrika gefunden.

Geschichtliche Überlieferung:

Den Naturstämmen in Botswana ist dieser Stein schon von der Steinzeit her bekannt. In den Familien wurde dieser Stein wie ein Schatz gehütet, welcher alle bösen Geister, Feinde und Krankheiten fernhalten sollte. Eheschließungen hingen oft von der Anzahl der gebotenen Achatkugeln ab. Besonders die nomadischen Völker opferten abends zum Schutze vor den Geistern und den Raubtieren der Nacht diese Achatkugeln dem Feuer.

Heilwirkungen auf den Körper:

Der Botswana-Achat ist ein Heilstein für die Haut um unseren Körper und um die Gefäße der Organe. So regeneriert er die Haut, bewahrt vor Ausschlägen und Ekzemen und hilft gegen Haarausfall und Kopfhauterkrankungen. In Verbindung mit Rhodochrosit beugt er bei Kindern Hirnhautentzündung vor (beide Steine unter das Kopfkissen legen). Als Botswanaachat-Wasser (Steine ca. sechs Stunden in 0,5 Liter Wasser ziehen lassen) lindert und heilt er Hauterkrankungen der inneren Organe wie z. B. der Lunge, Drüsen,

Speiseröhre und Kehlkopf. Dieses Elixier hilft speziell auch gegen Erkrankungen, die durch Abgase, Umweltgifte und zu starkem Zigarettengenuß hervorgerufen werden. Wenn Sie sich entschlossen haben, das Rauchen aufzuhören, sollten Sie unbedingt einen Botswana-Achat bei sich tragen, denn dieser bestärkt Ihren Entschluß. Bei sehr starkem Verlangen nach einer Zigarette nehmen Sie einen kleinen Botswana-Achat wie ein Bonbon in den Mund und lutschen darauf, währenddessen sollten Sie in der Hand, mit der Sie sich Ihre Zigaretten normalerweise angezündet haben, einen großen Botswana-Achat Handschmeichler halten. Ketten, nahe am Hals getragen, vermitteln die heilenden Wirkungen des Botswana-Achates um ein Vielfaches mehr.

Heilwirkungen auf die Psyche:
Der Botswana-Achat ist ein fröhlich stimmender Stein, welcher uns Depressionen nimmt, und diese in mehr Lust, Optimismus und Lebensfreude verwandelt. Als Anhängerchen offen getragen vertreibt er unwahre und falsche Freunde.

Sternzeichen: Stier, 21. April bis 20. Mai

Chakra:
Der Botswana-Achat entfaltet seine Wirkungen am besten durch das Wurzelchakra. In Verbindung mit Lapislazuli ist er ein wunderbarer Stein für das Kehlchakra mit Tendenz zum Dritten Auge und zur Stirn. Er dringt hierbei sehr sensibel in die Seele ein und bewirkt für die Meditation ein höheres Maß an Entspannung und Ruhe.

Wie erhalte ich einen Botswana-Achat und wie pflege ich diesen?
Den Botswana-Achat gibt es als Rohstein, Handschmeichler, Anhänger, Kette, Cabochon und in einer Vielzahl von hübschen Schmuckstücken. Sie sollten den Botswana-Achat mindestens einmal im Monat unter fließendem, lauwarmem Wasser reinigen und entladen. Wenn Sie diesen Achat verwenden, um sich das Rauchen abzugewöhnen, so sollten Sie ihn über Nacht in einer trockenen Schale mit Hämatit-Trommelsteinen, oder noch besser, an einer Hämatit-Kugel reinigen und entladen. Ketten sollten ebenfalls über Nacht in einer trockenen Schale mit Hämatit-Trommelsteinen entladen werden Das Aufladen an der Sonne ist jederzeit wünschenswert. Sie laden den Botswana-Achat jedoch wesentlich kräftiger über Nacht in einer Bergkristall-Gruppe auf.

Brasilianit

Farbe: Gelblich grün bis hellgrün.

Chemische Zusammensetzung: $NaAl_2[(OH)_2P0_4]_2$

Geologie:
Der Brasilianit ist eine Natrium-Aluminium-Polonium-Verbindung mit der Härte 5,5 bis 6. Er wurde erst 1945 als eigenständiger Edelstein erkannt und nach seinem einzigen Fundort, in Brasilien, benannt. Vorher wurde dieser Stein als Grünquarzoder blasser Chrysopras gehandelt. Der Fundort liegt in Minas Gerais, Brasilien.

Geschichtliche Überlieferung:
Der Brasilianit wird von den Naturvölkern Südamerikas auch heute noch als Heilstein und Amulettstein verehrt.

Heilwirkungen auf den Körper:
Der Brasilianit lindert und heilt Erkrankungen im Gehirn, Rückenmark und Nervensystem, welche durch entzündliche Infektionen starke Beeinträchtigungen des Nervengewebes bewirken (Multiple Sklerose). Diese Erkrankung ist nicht ansteckend, sondern wird durch

bisher kaum bekannte Viren oder allergische Abwehrreaktionen hervorgerufen. Teillähmungen, Verdauungsstörungen und vor allem durch Entzündungen des Gehirns und Rückenmarks hervorgerufene Lähmungen sind die Folge. Der Brasilianit lindert und heilt die entzündlichen Herde und bewahrt, da diese Erkrankung ruckartig verläuft, vor starken Krankheitsschüben. Der Brasilianit lindert darüberhinaus auch körperliche und geistige Leiden, welche durch Umweltgifte hervorgerufen werden. Hierunter fallen Pestizide, Holzschutzmittel, Farben und Lacke, Lösungsmittel und chemische Lebensmittelzusätze, welche sich im Laufe der Zeit in unserer Lunge und den Organen ablagern oder direkt durch die Haut und das Essen den Körper belasten. Diese führen vor allem im Nervengewebe und im Gehirn zu Vergiftungen. Der Brasilianit lindert und heilt Geschwulste und Rückenmarkstumore, welche ebenfalls starke Empfindungsstörungen und Lähmungen verursachen können.

Heilwirkungen auf die Psyche:
Der Brasilianit hat sehr regulierende und befreiende Eigenschaften auf unsere Seele und kräftigt Nervenbahnen und Nerven. Wir erreichen ein höheres Maß an vegetativer Verständigung unter unseren Organen und gleichzeitig auch mehr Lebensfreude und Selbstausdruck unseren Mitmenschen gegenüber.

Chakra:
Der Brasilianit dringt sehr sanft über das Herzchakra am besten in den Organismus ein und hat während der Meditation sehr funktionsfördernde Eigenschaften auf andere Heilsteine. Er kräftigt Geist und Seele.

Wie erhalte ich einen Brasilianit und wie pflege ich diesen?
Der Brasilianit ist ein relativ seltener Heilstein, welcher nur an einem kleinen Ort im Herzen vom Brasilien gefunden wird. Er ist erhältlich als Rohstein, Handschmeichler, Anhänger und sehr selten zu Schmuck verarbeitet. Der Brasilianit sollte einmal im Monat unter fließendem, lauwarmem Wasser gereinigt und entladen werden. Das anschließende Aufladen an der Sonne oder in einer Bergkristall-Gruppe ist für den Brasilianit sehr wichtig.

Breckzienjaspis

Farbe: Rot mit schwarzen Einschlüssen, undurchsichtig

Chemische Zusammensetzung: SiO_2

Geologie:
Der Breckzienjaspis besteht aus überwiegend rotem Jaspis und hat häufig dunkle Einschlüsse, welche aus Mangan- Eisen- und Hämatit-Anreicherungen bestehen. Der Breckzienjaspis erhält seinen Namen durch die breckzienartige Zusammensetzung zwischen den schwarzen und den roten Feldern. Seine Härte ist 7 und er gehört in die Familie der Quarze. Seine Fundgebiete liegen weltweit verbreitet. Die jedoch ergiebigsten Fundstellen wirklich attraktiver Steine liegen in Südafrika, China und Mexiko.

Geschichtliche Überlieferung:
Während der Breckzienjaspis in Europa und der alten Welt weniger bekannt war, hatte dieser für die Indianer eine ganz besondere Bedeutung. Sie verehrten den Breckzienjaspis als Fruchtbarkeitsstein, welcher seinen Träger zur wahren Liebe führe. In der Ehe schenkt der Breckzienjaspis ewige Liebe und Treue. "Wie glühende Kohlen die Wärme speichern, so speichere der Breckzienjaspis die Leidenschaft, Temperament und das sprühende Feuer in der Seele. Er beschütze die Familie vor bösen Geistern und bewahre das Anwesen vor Katastrophen, wie z. B. Blitzschlag und Hochwasser."

Heilwirkungen auf den Körper:

Der Breckzienjaspis ist bei weitem kein so intensiver und ausgeprägter Heilstein wie der reine rote Jaspis hat aber ebenfalls stark blutstillende Wirkungen. Die Eigenschaften der Erdung und Entstrahlung sind jedoch beim Breckzienjaspis stärker ausgebildet. Sollten Sie Schlafstörungen haben, welche eventuell auf Erdstrahlen oder Wasserstrahlen zurückzuführen sind, so empfehlen wir Ihnen, eine Breckzienjaspis-Scheibe unter Ihr Kopfkissen zu legen. Diese kann zwar Ihren Körper nicht gänzlich vor den Strahlen schützen, aber Sie können an der zunehmend dunkleren Verfärbung erkennen, ob es sich um solche Strahlen handelt. Wenn sich der Breckzienjaspis verdunkelt, so sollten Sie unbedingt die Strahlen mit einer Hämatitkugel absaugen. Oft genügt auch schon, daß Sie Ihr Bett um einige Zentimeter verschieben. Als Kette am Hals getragen bewahrt der Breckzienjaspis vor Unterfunktionen der Schilddrüse, welches zur Folge hat, daß durch mangelhafte Produktion von Stoffwechselhormonen der gesamte Stoffwechselvorgang im Organismus stark verzögert wird. Kinder können dadurch sogar an Wachstumsstillstand erkranken. Aufgedunsene und rauhe Haut, brüchige Fingernägel, Haarspliss, Stumpfsinnigkeit und Potenzverlust sind häufige Symptome dieser Schilddrüsen Hormonmangel-Erkrankung.

Heilwirkungen auf die Psyche:

Der Breckzienjaspis hilft, körpereigene, positive Energien zu sammeln, und negative Energien besser abzubauen. Durch diesen Ausgleich in der Seele verhilft uns der Breckzienjaspis vor allem als Kette in einen harmonievolleren, beschwingteren und glücklicheren Alltag. Wir fühlen uns nicht gleich durch irgendwelche Aussagen unserer Mitmenschen konfrontiert, sondern erkennen, daß diese sich vielleicht auch einmal aufgrund ihrer streßbedingten Situation im Ton vergriffen haben, ohne uns jedoch verletzen zu wollen.

Sternzeichen: Widder 21. März bis 20. April

Chakra:

Der Breckzienjaspis entfaltet eine starke, klärende Kraft für die Meditation und dringt am besten durch das Sonnengeflecht in die Seele ein. Hierbei verhilft er uns, neue Lebensenergie zu aktivieren, und krankmachende Energien abbauen.

Wie erhalte ich einen Breckzienjaspis und wie pflege ich diesen?

Breckzienjaspise sind aufgrund ihrer optischen Schönheit in sehr vielen Formen im Handel erhältlich. Sie bekommen ihn als Trommelstein, Handschmeichler, Anhänger, Donuts, Kugel, Pyramide, Obelisk, Kette und vielen phantasievollen Formen für Halsreifen und Lederband. Beim Breckzienjaspis genügt es, wenn Sie diesen einmal im Monat unter fließendem lauwarmem Wasser entladen. Bei Schilddrüsenerkrankungen sollte dieser wöchentlich entladen werden. Ketten sollten über Nacht in einer trockenen Schale mit Hämatit-Trommelsteinen entladen werden. Das Aufladen an der Sonne oder an einer Bergkristall-Gruppe tut dem Breckzienjaspis auch über längere Zeit sehr gut.

Bronzit

Farbe: Bronzefarbig mit silbrigen Einschlüssen.

Chemische Zusammensetzung: $(Mg,Fe)_2Si_2O_6$

Geologie:

Der Bronzit ist eine komplizierte Magnesium-Eisen- Verbindung mit der Härte 5 bis 6. Erstaunlicherweise wurde der Bronzit auch in Meteoriten gefunden, was bedeutet, daß andere Welten in unserem Sonnensystem existieren, die eine ähnliche

Zusammensetzung wie unsere Erde haben. Der Bronzit kommt aus Indien, China, Westaustralien, Südafrika und besonders rein, aus Brasilien.

Geschichtliche Überlieferung:

Der Bronzit erhielt durch sein bronzefarbenes Aussehen den Namen Bronzit. Durch den metallischen Glanz wurde er schon von den Griechen und Römern als Schmuck- und Heilstein begehrt. Als Amulett und zu Pulver verarbeitet wurde er vor allem im alten Rom zum Schutz und als Heilmittel gegen Geisteskrankheiten und geistige Verwirrungen verwendet.

Heilwirkungen auf den Körper:

Der Bronzit bewahrt vor Zysten in den Organen und vor allem im Gehirn. Diese heimtückischen Geschwulste siedeln sich schmerzlos an den Organen und im Gehirn an und verursachen besonders im Gehirn schwerste Schäden durch Lähmungen, Bewußtlosigkeit und Geisteskrankheit. Durch Auflegen oder als Bronzitwasser lindert dieser frühzeitige Alterserscheinungen und Austrocknen der Haut. Er reguliert den Vitamin-Mineral Bedarf der Haut, macht sie widerstandsfähiger und hilft auch sehr gut bei Ausschlägen, Allergien, Pickel, Flechten und anderen Hauterkrankungen. Darüberhinaus hilft Bronzit oder Bronzitwasser bei Muskelverhärtungen und Muskelkrämpfen, besonders in den Schultern und am Ischiasnerv. Er ist daher sehr gut bei Hexenschuß. Bronzit hilft auch sehr gut gegen Atemnot und Atemleiden, welche durch Umweltgifte und Abgase im Lungengewebe und den Bronchien hervorgerufen werden. Er verbessert die Sauerstoffaufnahme über die Lunge an die Organe und reguliert gleichzeitig den Abtransport von verbrauchter Luft. Bronzit gewährleistet dadurch, daß die Organe, und ganz besonders das Gehirn, mit genügend Sauerstoff versorgt werden.

Heilwirkungen auf die Psyche:

Der Bronzit beruhigt das Gemüt und schützt vor negativen und geistlosen Energien. Er verschafft Konzentration. Ganz besonders heilt er seinem Träger Traumen, welche durch Verletzungen oder Gewalt bleibende Wunden in der Seele zu werden drohen. Der Bronzit filtert also äußere Einflüsse und bewahrt die Seele vor Schmerzen und Depressionen.

Chakra:

Der Bronzit eignet sich für die Meditation sehr gut zum Auflegen auf die Energiezentren, der Stirn und des Solarplexus. Er harmonisiert die körperlichen Energieströme und wirkt wie ein Schutzschild für die Seele, indem er krankmachende und seelisch stark belastende Einflüsse abschirmt. Bereits entstandene Wunden in der Seele können mit Hilfe des Bronzit nahezu narbenfrei geheilt werden. Oftmals wird über die Meditation mit dem Bronzit eine neue Lebensebene erreicht.

Woher bekomme ich einen Bronzit und wie pflege ich diesen?

Bronzit ist als Rohstein, Trommelstein und Handschmeichler erhältlich. Die reinen Bronzite aus Brasilien sind besonders heilkräftig. Bronzit sollte einmal im Monat unter fließendem lauwarmem Wasser gereinigt und entladen werden. Für das Aufladen empfehlen wir, diesen Stein über Nacht in eine Bergkristall-Gruppe zu legen.

Buntkupfer

Farbe: Viele bunte metallisch schillernde Farben

Chemische Zusammensetzung: $CuFeS_2$

Geologie:

Buntkupfer ist primär eine Kupfer-Eisen-Schwefel- Verbindung, insgesamt aber eine Verbindung nahezu aller Metalle. Jedes

Metall ist für eine Farbe verantwortlich und so kommen die phantastischen Farben des Buntkupfers zustande. Es hat die Härte 3 bis 4 und wird in vielen metallischen Lagerstätten der Erde gefunden. Das schönste stammt jedoch aus Arizona, USA und aus Mexiko.

Heilwirkungen auf den Körper:

Buntkupfer bewahrt vor Gehirnblutungen und Schlaganfällen, welche durch Blut- oder Fettgerinnsel hervorgerufen werden. Es bewahrt und heilt Hirngeschwulste und Hirnabszesse. Auch bei Erkrankungen des Gehirns, welche zu Beeinträchtigung und Krämpfen der Organe und Sinne führen können, kann Buntkupfer als Heilstein und Therapiestein verwendet werden. Es aktiviert die Sexualhormone von Mann und Frau und hebt den Kinderwunsch. Buntkupfer sichert die Befruchtung und ist ein sehr starker Heil- und Schutzstein für die schwangere Frau. Er bewahrt nicht nur vor Fruchtverlust, Bauchhöhlenschwanger-schaft und Fehlgeburt, sondern er nimmt auch ganz aktiv die Geburtsschmerzen während der Entbindung. Buntkupfer heilt Eileiter- und Gebärmutterentzündungen, Geschwulsterkrankungen und lindert Krampfadern, starke Wasseransammlungen in Beinen und Geweben und Übergewicht. Nach der Entbindung verhilft Buntkupfer wieder zu einer gesunden Rückentwicklung des Gewebes. Darüberhinaus harmonisiert Buntkupfer die normale Monatsblutung. Es lindert auch übermäßigen, unangenehmen Ausfluß der Frau. Buntkupfer hat auch starke schützende Eigenschaften für das kommende Leben. Es bewahrt vor zelebraler Kinderlähmung, welche sich in spastischen Lähmungserscheinungen für das Kind auswirkt.

Heilwirkung auf die Psyche:

Buntkupfer bringt mehr Freude, Kindeswunsch und Familienglück. Mit Buntkupfer werden Eltern und Kinder in der Familie zu mehr Offenheit und Kommunikation angeregt. Buntkupfer entspannt ganz besonders die Frau während der Schwangerschaft und gibt ihr Kraft, den starken hormonellen und körperlichen Veränderungen standzuhalten.

Chakra:

Buntkupfer eignet sich ganz besonders während der Schwangerschaft als Meditationsstein zum Auflegen auf den Bauch. Es dringt nicht nur in Herz und Seele der Mutter ein, sondern dringt über das Wurzelchakra auch sehr kräftigend in den Organismus des Kindes vor. Mit Hilfe von Buntkupfer können erste Kommunikationen zwischen Mutter und Kind vertieft werden und es entwickelt sich eine besonders tiefliegende Mutter-Kind-Beziehung. Buntkupfer schützt das Kind im Mutterleib vor seelischem Streß und ist auch ein sehr guter Schutzstein vor irgendwelchen Erbkrankheiten. Parallel wird auch der Geist und die Seele der Mutter während der Schwangerschaft durch Buntkupfer geschützt und vor Verletzungen bewahrt. Ganz besonders kräftig werden die Eigenschaften des Buntkupfers zum Heilen oder Meditieren verstärkt, wenn Sie ein Stück auf den Bauch und gleichzeitig auf ihre Stirn legen.

Wie erhalte ich Buntkupfer und wie pflege ich dieses?

Buntkupfer ist meist nur als buntes, metallisches Naturstücke erhältlich. Je bunter die Farben, desto kräftiger die Wirkungen. Buntkupfer sollte einmal im Monat, während der Schwangerschaft wöchentlich in einer Schale mit Hämatit-Trommelsteinen über Nacht entladen und gereinigt werden. Sie brauchen Buntkupfer nicht aufzuladen, da der Energiefluß des Buntkupfers durch die Entladung negativer Energien wieder aufgerichtet wird.

Calcit (Kalkspat)

Orangencalcit - Blauer Calcit - Grüner Calcit - Citrinocalcit - Manganocalcit

Farbe: Gelblich orange, blau, grün, rosa oder braun, häufig durchscheinend

Chemische Zusammensetzung: $CaCO_3$

Geologie:
Der Calcit hat die Härte 3 und fasziniert uns durch seine phantastischen Farben. In der Medizin ist der Calcit aufgrund seines hohen Calciumgehalts einer der wichtigsten Grundbausteine für eine Vielzahl von Medikamenten. Hinzu kommt, daß der Calcit mit zu den häufigsten Mineralien unserer Erdkruste zählt. Die Schweizer Kalkalpen, der Fränkischer Jura und vor allem die Schwäbische Alb sind gewaltige Ansammlungen von Kalk oder Calcit, genauso wie die Marmorlagerstätten in Italien, die Sinterterassen in der Türkei und die Kreidefelsen vor England und der Insel Rügen. Diese Aufzählung ließe sich unzählig fortführen. Die Fundgebiete des edlen Orangencalcits, Citrinocalcits, des blauen und grünen Calcits sind jedoch sehr beschränkt auf ein kleines Gebiet in Mexiko. Der rosane Manganocalcit wird in Peru gefunden.

Orangencalcit

Farbe: Dunkelorange bis gelborange, transparent

Geschichtliche Überlieferung:
Die indianischen Völker im alten Mexiko bezeichneten den Orangencalcit als brennenden Stein. Sie glaubten, daß dieser tagsüber soviel Sonnenkraft in sich speichere, daß er auch nachts nicht aufhöre zu leuchten. "Die Indianer glaubten, daß durch den Besitz eines solchen Calcits die bösen Geister nicht an sie heran kämen, da diese in der Nacht ihr Unwesen treiben, und der sonnenfarbene Orangencalcit aufgrund seiner Leuchtkraft es niemals Nacht werden lassen würde."

Heilwirkungen auf den Körper:
Wie der Name Calcit schon sagt, besteht dieser Stein aus nahezu reinem Calcium. Dieses wiederum ist mit eines der wichtigsten Grundbausteine der Knochen. Calcit festigt diese, stärkt die Bandscheiben und bewahrt vor Knochenkrankheiten und Knochenschwund. Menschen mit spröden Knochen sollten genauso einen Orangencalcit bei sich tragen wie Menschen nach einer Knochenoperation. Der Calcit festigt die Knochen und durch Calcit-Wasser werden die knochenbildenden Kalksalze gebildet, die das Knochengerüst, Knochenmark und die Gelenke vor Abnutzung bewahren. Darüberhinaus heilt und schützt der Orangencalcit vor Muskelerkrankungen, Muskelrissen und krampfartigem Muskelkater.
0-Beine, X-Beine, Wirbelsäulenschäden, Hühner- oder Trichterbrust und andere Skelettabweichungen können mit Hilfe des Orangencalcits als Tee, oder durch regelmäßiges Tragen von Ketten gelindert und geheilt werden. Unter dem Kopfkissen oder als Kette verhilft der Orangencalcit auch Kindern zu einem gesunden Knochenbau und einem aufrechten Gang. Als Calcitwasser regelmäßig getrunken hilft dieses bei Karies, Haarspliss und brüchigen Fingernägeln. Orangencalcit hilft auch sehr intensiv gegen Völlegefühl, Übelkeit und Brechreiz. Desweiteren hilft er bei Magengeschwüren, Nieren- und Milzerkrankungen und hat eine entkrampfende Wirkung auf den Beckenbereich. Bei Kniebeschwerden oder Meniskus empfiehlt es sich, die Knie mit Orangencalcit-Wasser einzustreichen oder eine Orangencalcit-Scheibe aufzulegen. (Diese kann einfach mit einem Pflaster befestigt werden, damit sie bei Tag und Nacht getragen werden kann.)

Heilwirkungen auf die Psyche:
Aufgrund seiner kräftigen Farbe dringt der Orangencalcit als warnender Energiestein in uns ein. Durch seine beruhigende Wirkung unter dem Kopfkissen in der Nacht lindert er Alpträume und Mondsüchtigkeit. Tagsüber jedoch läßt uns der Orangencalcit hell und schnell reagieren, intuitiv Situationen erkennen und Intrigen abwehren.

Sternzeichen: Zwilling 21. Mai bis 21. Juni

Chakra:
Der Orangencalcit ist ein besonders kräftiger Stein für das Milzchakra mit Tendenz zum Solarplexus. Kräftig orangene durchscheinende Stücke sollten stets alleine verwendet werden, da diese sehr energiereich sind. Nach dem Auflegen auf das Chakra sowie auch auf Handrücken und Knie verschaffen diese uns schnell eine wohltuende pulsierende Wirkung.

Wie erhalte ich einen Orangencalcit und wie pflege ich diesen?
Der Calcit ist eines der häufigsten Mineralien, jedoch in den kräftig-orangenen Farben relativ selten. Sie erhalten diese meist als Rohsteine, Trommelsteine, Anhänger, Handschmeichler, oder vorher in Essigsäure gewaschene Handsteine. Diese verlieren nach der Behandlung ihre scharfen Kanten und bekommen dadurch einen wunderbaren Glanz. Wir möchten jedoch darauf hinweisen, daß die Säurebehandlung nur der optischen Verschönerung dient. Auf das Innere des Steines wie auch auf seine Wirkungen nimmt diese Behandlung absolut keinen Einfluß. Desweiteren erhalten Sie diesen Stein als Kette, Donuts und vielen phantasievollen Teilchen für Halsreifen und Lederband. Der Orangencalcit sollte regelmäßig einmal im Monat unter fließendem, lauwarmem Wasser entladen werden und danach an einer Bergkristall-Gruppe aufgeladen werden. Ketten sollten über Nacht in einer trockenen Schale mit Hämatit- und Bergkristall-Trommelsteinen entladen werden. Gleichzeitig lädt sich hierbei der Orangencalcit am Bergkristall wieder neu auf.

Blauer Calcit

Farbe: Hellblau bis himmelblau, transparent

Geschichtliche Überlieferung:
In Mexiko glauben die Indianer, daß der blaue Calcit an besonders heißen Tagen vom Himmel auf die Erde fällt. "Diese Himmelsstücke sollen die Erde kühlen und vor Sonnenbrand bewahren. Unter dem Kopfkissen liegend bewahrt der blaue Calcit vor den bösen Geistern insbesondere aber hält er Feinde in der Nacht fern, bewahrt vor Brand und Blitzschlag und beschert die Familie immer mit segenbringenden Schatten, Trinkwasser und Fruchtbarkeit."

Heilwirkungen auf den Körper:
Der blaue Calcit hilft nahezu genauso wie der Orangencalcit. Dadurch, daß auch er aus reinem Kalzium besteht, hat er ebenfalls die Wirkungen, wie der grüne und Orangencalcit, auf unsere Haut, den Knochenbau, die Zähne und die Wirbelsäule. Die Heilwirkungen des blauen Calcits konzentrieren sich auf den Kopf, Hals- und Rachenbereich. Er stoppt heftigen Schluckauf und hilft bei Zahnschmerzen und Schilddrüsenerkrankungen. Bei Unfällen können sich diese Leute glücklich schätzen, welche einen blauen Calcit bei sich haben, denn er bewahrt vor Schäden und Erkrankungen der Halswirbelsäule. Als Calcit-Wasser regelmäßig morgens auf nüchternen Magen beugt dieses Kehlkopfkrebs, Speiseröhrenkrebs und kropfartige Schilddrüsenerkrankungen vor. Er heilt aber auch Knochenerweichungen und Knochengeschwulste. Durch Auflegen wird Wirbelsäulenrheumatismus oft besser geheilt als durch Moorbäder, Schlammbäder, Massagen und Kurzwellenbehandlungen. Durch Überlastung hervorgerufene Wirbelgleiten,

Bandscheibenschäden und die schmerzhafte Schipperkrankheit werden ebenfalls durch den blauen Calcit gelindert und sogar geheilt.

Heilwirkungen auf die Psyche:

Der blaue Calcit vermag es ganz besonders unser Selbstbewußtsein gegenüber dem was wir wirklich gelernt haben zu stärken, und einmal gelerntes auch nach langer Zeit in unserem Geiste wiederzufinden. Durch seine lebensbejahende Wirkung trennt er uns von starrem konservativem Gedankengut und läßt uns sicher in die Zukunft blicken.

Chakra:

Der blaue Calcit sollte für das Kehlchakra verwendet werden. Hier dringt er besonders tief ein. Seine Tendenzen gehen auch zum dritten Auge und reichen bis nahezu an die Stirn. Für das Stirnchakra jedoch ist der blaue Calcit relativ schwach und sollte hier eventuell in Verbindung mit Azurit verwendet werden.

Wie erhalte ich einen blauen Calcit und wie pflege ich diesen?

Durch seine Seltenheit ist der blaue Calcit schwer erhältlich. Sie erhalten diesen als Rohstein, Einzelkristall und selten als Handschmeichler. Auch diese sind oft Essigsäurebehandelt. Lesen Sie hierzu bitte unbedingt was darüber unter dem Orangencalcit aufgeführt wird. Die Entladung sollte regelmäßig nach Gebrauch, unter fließendem lauwarmem Wasser, geschehen. Er lädt sich über Nacht an einer Bergkristall-Gruppe sehr gut auf.

Grüner Calcit

Farbe: Hellgrün bis apfelgrün, meist transparent

Geschichtliche Überlieferung:

Der grüne Calcit hat einen festen Platz im Leben der Indianer Mexikos. Sie glauben, daß der grüne Calcit ein Kind des gelben und blauen Calcit sei. Als ihre Götter auf die Erde hinabsahen, erblickten sie viel Wasser. Beide Elemente, Erde und Wasser, sollten sich einig werden und das heilige Land für die Indianer schaffen. Dort wo der grüne Calcit geboren wurde, sollte der Nabel der Welt sein. Die Indianer verehrten den grünen Calcit und glaubten, er sei ein konzentriertes Stück von Natur, Hoffnung und Leben.

Heilwirkungen auf den Körper:

Der grüne Calcit besteht aus dem für unseren Körper so wichtigen Kalzium. Daher sind seine Heilwirkungen für die Haut und auf den Knochenbau ähnlich dem des Orangen-, bzw. des blauen Calcits. Der grüne Calcit entfaltet eine besondere Kraft auf den Bereich des Herzens. Dieses schützt der grüne Calcit vor Herzkranzgefäß- und Herzkammererkrankungen und den Folgen von zu niedrigem Blutdruck. Panzerherzerkrankungen, welche durch vernarbte Herzbeutelentzündungen hervorgerufen werden, oder Herzrhytmusstörungen und Herzinfarkt können durch den grünen Calcit direkt am Herzmuskel-Gewebe vorgebeugt und geheilt werden. Besonders Frauen bewahrt der grüne Calcit vor Brusterkrankungen, Knotenbildung und als Calcit-Wasser beugt er sogar Brustkrebs vor. Geben Sie zu dem Wasser des grünen Calcit noch zusätzlich Chrysopras und Smaragd hinzu und kochen dieses kurz auf, so erhalten Sie einen Tee, welcher sogar Lungenkrebs und Brustkrebs im fortgeschrittenen Stadium heilen kann. Als Handschmeichler oder Taschenstein bewahrt der grüne Calcit vor starken Schweißausbrüchen, Überfunktion der Schweiß- und Talgdrüsen, sowie vor Angstschweiß. Gesichtslähmungen und eine runzelnde Haut können ebenfalls durch das Auflegen eines grünen Calcits geheilt werden.

Heilwirkungen auf die Psyche:
Der grüne Calcit ist durch seine warme grüne Transparenz ein Hoffnungsstein, welcher uns Herzlichkeit, Nächstenliebe und Frohsinn verleiht.

Chakra:
Grüner Calcit eignet sich besonders für das Herzchakra. Er dringt darauf nach kurzer Zeit sehr tief ein. Aufgrund der entspannenden Wirkung auf das Herz spüren wir, wie sich der Kreislauf beruhigt und sich in kurzer Zeit eine starke Entspannung einstellt. Über das Blut, welches durch das Herz fließt, wird diese Ruhe und Wärme schnell im ganzen Körper verteilt. Durch diese Entspannung ist es möglich, uns an unterbewußte Dinge zu erinnern, welche uns seelischen Schaden zugefügt haben. Wir erkennen diese und können diese klären. Bei geübten Anwendern reicht dieses Erinnerungsvermögen oftmals sogar bis weit vor die Geburt zurück.

Wie erhalte ich einen grünen Calcit und wie pflege ich diesen?
Der grüne Calcit ist nur im gutsortierten Fachhandel als Handschmeichler oder Rohstein erhältlich. Er ist meistens ebenfalls säurebehandelt. Bitte lesen Sie hierzu unbedingt das beim Orangencalcit Geschriebene. Sie sollten den grünen Calcit ebenfalls nach jeder Anwendung unter fließendem lauwarmem Wasser reinigen. Das Aufladen an einer Bergkristall-Gruppe oder über Nacht in einer trockenen Schale mit Bergkristall Trommelsteinen ist für den grünen Calcit sehr wichtig.

Citrinocalcit

Farbe: Rotbraun bis braun, transparent

Heilwirkungen auf den Körper:
Der Citrinocalcit besteht neben Kalzium und Eisen aus einer vielfachen Konzentration von Mineralien und Spurenelementen. Dem hohen Eisengehalt dieser Calcitvarietät ist es zu verdanken, daß sich seine Heilwirkungen zu den anderen Calcitvarietäten stark unterscheiden. Dieser Calcit eignet sich sehr gut zum Aufbereiten von Mineralwässern, Bädern und Elixieren. Auch in der Duftlampe oder als Ergänzung zuTeegetränken hat sich der Citrinocalcit als wohltuender Heilstein erwiesen. Die besonderen Eigenschaften dieses Calcits liegen in seinem unterstützenden Wesen für den Stoffwechsel. Der Stoffwechsel ist die Grundlage aller Lebensvorgänge und beinhaltet eine Vielzahl von chemischen Veränderungen im Organismus, welche den Gasaustausch, Verdauung und Stuhlgang steuern. Der Citrinocalcit entfaltet seine unterstützenden Kräfte noch besser in Verbindung mit anderen Calcitvarietäten und Heilsteinen. In Verbindung mit anderen Heilsteinen verhält er sich so energiereich, wie Traubenzucker in unserer Nahrung. Er ist zwar ein relativ schwacher Heilstein, hat aber für die Drüsen und für den Energiefluß der körperlichen und geistigen Tätigkeiten unentbehrliche harmonisierende und aktivierende Wirkungen.

Heilwirkungen auf die Psyche:
Der Citrinocalcit hat neben seinen ausgleichenden und aktivierenden Heilwirkungen auf den Stoffwechsel auch kräftigende Eigenschaften für die Seele. Er aktiviert das logische Denkvermögen.

Chakra:
Der Citrinocalcit dringt sehr sanft über das Sonnengeflecht in unseren Organismus ein. Er ist ein lichtbringender Meditationsstein, welcher uns nach der Meditation mit einem höheren Maß an Zufriedenheit und Ausgeglichenheit belegt.

Wie erhalte ich einen Citrinocalcit und wie pflege ich diesen?
Der Citrinocalcit ist ebenfalls, wie die anderen Calcitvarietäten, als Rohstein oder Handschmeichler im gutsortierten Fachhandel erhältlich. Auch dieser Calcit ist oft säurebehandelt. Bitte lesen Sie hierfür unbedingt das beim Orangencalcit Geschriebene. Sie sollten den Citrinocalcit regelmäßig einmal im Monat unter fließendem, lauwarmem Wasser reinigen und über Nacht an einer Bergkristall-Gruppe aufladen.

Manganocalcit

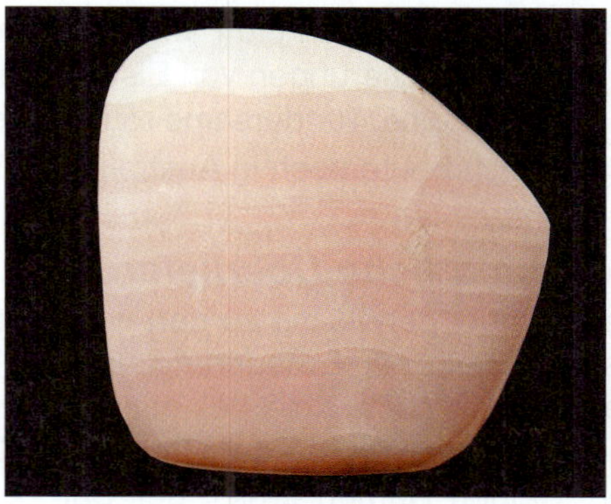

Farbe: Weiß, lachsfarben bis rosa

Geologie:
Der Manganocalcit erhält durch Mangananreicherungen seine charakteristischen Eigenschaften. Er stammt aus Peru.

Heilwirkungen auf den Körper:
Ähnlich wie der Citrinocalcit ist auch diese Calcitvarietät eine mineralstoffreiche Kalzium-Mangan-Verbindung. Dieser Calcitentfaltet seine heilenden Wirkungen ebenfalls auf einen Teil der Verdauung und des Stoffwechsels. Dem hohen Mangangehalt dieses Calcits ist es zu verdanken, daß dieser ganz hervorragende Eigenschaften für die Erhaltung des Säure-Basen-Gleichgewichts für den Organismus bewirkt. Dies ist nicht nur für die Abwehrsituation und für den gesamten Stoffwechsel eine wichtige Grundvoraussetzung, sondern Mangan reguliert auch den Enzymgehalt und die Flüssigkeit der Körpersäfte und des Blutes. Das Wohlbefinden, das Altern und unsere Gesundheit hängen zu einem großen Maße von der ausgeglichenen Zusammensetzung der Körperflüssigkeiten ab. Darüberhinaus ist der Manganocalcit am chemischen Stoffwechsel der Drüsen maßgeblich beteiligt.

Heilwirkungen auf die Psyche:
Der Manganocalcit hat eine sehr ausgleichende Eigenschaft auf das Gemüt. Durch seine steuernden Funktionen auf die Körpersäfte verleiht er auch der Seele und dem gesamten Wohlbefinden mehr Ausdruck. Mehr Freude, Zufriedenheit und ein höheres Maß an Lebenserfüllung stellen sich schon nach kurzer Zeit ein.

Chakra:
Der Manganocalcit dringt am besten über das Herzchakra in uns ein und verteilt seine sanften Energien blitzschnell über den gesamten Körper. Trotz seiner sanften Schwingungen verursacht er manchmal sogar Gänsehaut während des Auflegens auf die Chakras. Der Manganocalcit ist ein lichtbringender Öffnungsstein, welcher während der Meditation in Verbindung mit anderen Farbsteinen verwendet werden sollte, da er auch sehr stark transportierende Eigenschaften hat.

Wie erhalte ich einen Manganocalcit und wie pflege ich diesen?
Der Manganocalcit ist als Handschmeichler, Anhänger und selten als Schmuck oder Kette erhältlich. Er sollte einmal im Monat unter fließendem lauwarmem Wasser gereinigt und entladen werden. Das anschließende Aufladen an einer Amethyst- oder Bergkristall-Gruppe für mehrere Stunden ist sehr wichtig.

Carneol

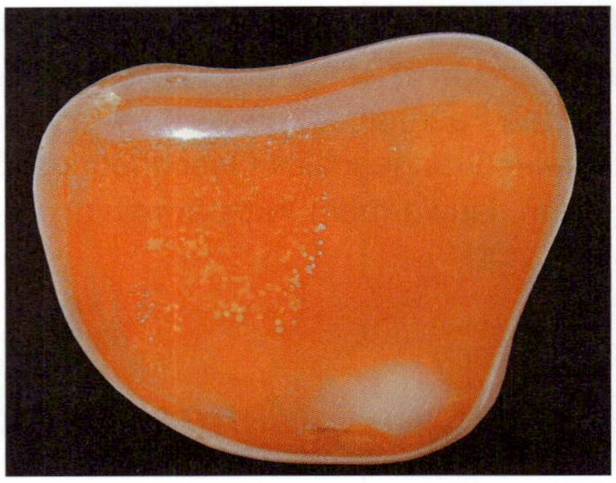

Farbe: Orangerot bis dunkelrot durchscheinend, teilweise gestreift.

Chemische Zusammensetzung: SiO_2

Geologie:
Der Carneol gehört in die Familie der Quarze und hat die Härte 7. Durch Anreicherungen von Eisen erhält der Carneol, wie auch unser Blut, seine wundersame rote Farbe. Die Hauptfundgebiete liegen auch heute noch in Australien, Südafrika, Brasilien, Uruguay und Indien.

Geschichtliche Überlieferung:
Der Carneol gehört mit zu den wertvollsten Schmucksteinen der Antike. Die Ägypter trugen diesen Stein als den Stein der Erneuerung und der Treue stets bei sich. Die Pharaonen dieser Zeit bemaßen dem Carneol göttlichste Kraft bei, mit welcher sie sich gerne schmückten. Neben wunderbaren Ziergegen-ständen und Ketten wurde der Carneol als Grabbeigabe für ein sorgenfreies Leben nach dem Tode beigegeben. Seinen Namen erhielt der Carneol durch das lateinische Wort Corneolus, da er aussieht, wie die Kirsche. Er erinnert in seiner Farbe an den Sonnenuntergang und beinhaltet deshalb seit den Griechen das Symbol der wiederkehrenden Sonne.

Heilwirkungen auf den Körper:
Der Carneol hilft besonders gegen Bluterkrankungen und Blutstauungen. Er senkt den Blutzuckerspiegel, regeneriert die Blutkörperchen und hilft schnell bei Nasenbluten, blutenden Wunden und Blutvergiftung. Der Carneol bewirkt eine bessere Durchblutung der Organe und stärkt über die Blutkörperchen die Sauerstoffversorgung und das Abwehrsystem. Menschen mit häufig kalten Füßen sollten eine Carneol-Kette über der Brust tragen, da diese den Kreislauf aktiviert und somit eine bessere Blutversorgung bis in die äußeren Gliedmaßen bewirkt. Ebenfalls als Kette oder als Carneol-Tee wird über den Blutkreislauf auch die Haut ausreichender mit Sauerstoff und Nährstoffen versorgt. Pickel, Flechten und faltige Alterserscheinungen der Haut können so mit Carneol gelindert und geheilt werden. Durch seine heilenden Eigenschaften auf das Blut entlastet der Carneol dadurch, daß er das Blut geschmeidiger durch die Adern gleiten läßt, auch das Herz. Die Herzmuskulatur muß nicht so viel Druck ausüben, um den gesamten Kreislauf mit ausreichend Blut zu versorgen. Das Herz wird mehr geschont und der Blutdruck wird trotzdem konstant gehalten. Zu niedriger wie auch zu hoher Blutdruck werden durch den Carneol reguliert. Der Carneol reinigt das Blut, indem er die Milz kräftigt und unterstützt. Die Milz steht mit dem Blut und dessen Funktion in einem engen Zusammenhang. Sie bildet die Lymbozyten (Teilchen der weißen Blutkörperchen) und reinigt das Blut von Giftstoffen. Darüberhinaus ist die Milz das größte Organ des Lymphsystems, welches an der Anikörperbildung beteiligt ist. Der Carneol steuert diesbezüglich in der Milz auch die Produktion hormonartiger Wirkstoffe, welche im Knochenmark für die gesunde Blutbildung verantwortlich sind. Durch die entgiftende Wirkung behebt der Carneol Beschwerden im Unterleib wie z. B. Verdauungsprobleme, Darmerkrankungen, Nieren-, Leber- und Gallenleiden. Carneol-Wasser hilft bei Parodontose und Zahnfleischbluten und bewahrt vor Mundfäulnis. Es stärkt die Augen und verleiht der Haut bei regelmäßigem Einnehmen (zwei bis drei kirschgroße Carneole über Nacht in 0,3l Wasser ziehen lassen und morgens auf nüchternen Magen trinken) jugendlicheres Aussehen. Als Badezusatz werden die regenerierenden und stimulierenden Kräfte des Carneols sehr wirkungsvoll empfunden. Unter dem Kopfkissen wirkt der Carneol gegen Schlaflosigkeit und Niedergeschlagenheit.

Heilwirkungen auf die Psyche:
Der Carneol ist ein Stein der Erneuerung, welcher uns mehr Vitalität und Lebensfreude beschert.

Sternzeichen:
Widder, 21. März bis 20. April, Stier 21. April bis 20. Mai und Skorpion, 24. Oktober bis 22. November

Chakra:
Durch Auflegen auf das Wurzel- oder Sakralchakra bewirkt der Carneol eine besondere Wärme im Unterleib. Diese Schwingungen übertragen sich besonders heilend auf Unterleibsbeschwerden und sind vorsorglich in der Schwangerschaft. Der Carneol dringt kräftigend in die Bedürfnisse des Herzens ein und hilft uns zur richtigen Entscheidung in Liebe und Partnerschaft.

Wie erhalte ich einen Carneol und wie pflege ich diesen?
Der Carneol ist erhältlich als Rohstein, Trommelstein, Handschmeichler, Kette, Anhänger, Kugel, Pyramide, Obelisk, Donuts, Geode und in vielen phantasievollen Teilchen für Halsreifen und Lederband. Der Carneol sollte mindestens einmal im Monat unter fließendem, lauwarmem Wasser gereinigt und entladen werden. Ketten sollten über Nacht in einer trockenen Schale mit Hämatit-Trommelsteinen entladen werden. Arbeiten Sie mit dem Carneol besonders intensiv, so empfiehlt es sich, für die Entladung eine Hämatitkugel heranzuziehen. Das Aufladen an der Sonne oder in einer Bergkristall-Gruppe ist empfehlenswert, und da der Carneol nicht überladen werden kann, können Sie diesen auch für längere Zeit an der Sonne aufladen.

Chalcedon

Farbe: Hellblau bis blau, oft streifig

Chemische Zusammensetzung: SiO_2

Geologie:
Der Chalcedon gehört in die Familie der Quarze und hat die Härte 7. Weltweit existiert nur eine Fundstelle des besonders schönen blauen Chalcedons. Diese liegt in Namibia (Afrika) und ist dort aufgrund jahrzehntelangem Abbaus nahezu ausgebeutet. Weitere, jedoch sehr unbedeutende Fundstellen, liegen in den USA, Brasilien und der Türkei.

Geschichtliche Überlieferung:
Schon im Altertum wurde der Chalcedon erwähnt, und aus seinen mehrfarbigen Lagen wurden die so begehrten Gemmen geschnitzt. Die Tibetaner verglichen den Stein mit der Schönheit einer Lotosblüte welche vor Schwäche, Unzufriedenheit und Schwermut bewahre. Chalcedon erhielt vermutlich durch die Griechen seinen Namen nach der Stadt "Chalkedon" am Bosporus. Hier liegen die ältesten erwähnten Fundstellen dieses Edelsteins.

Heilwirkungen auf den Körper:
Der Chalcedon hilft gegen Fieber und eitrigen Wunden, löst Krampfadern und steuert durch seine Wirkung auf das Knochenmark die Bildung roter Blutkörperchen. Er lindert Leukämie. Besonders jedoch hilft der Chalcedon bei Rachen-, Hals- und Kehlkopferkrankungen. Er lindert Schmerzen nach Mandeloperationen und verhilft zu einer klaren, weichen und warmen Stimme. Am Hals getragen bewahrt er Kinder vor Sprachfehlern und Stottern. Sänger und Redner bewahrt der Chalcedon, am Hals getragen, vor Sängerknötchen, Stimmbandüberreizungen und Stimmlosigkeit. Salziges Chalcedon-Wasser oder Tee (Chalcedon ca. 1 Stunde in Wasser ziehen lassen, dann kochen und zwei Messerspitzen Steinsalz auf 0,3l Tee hinzugeben) heilt sehr intensiv Heiserkeit, Kratzen im Hals,

Kehlkopfschwellungen, starken trockenen Husten und Bronchialerkrankungen. Es empfiehlt sich, dieses Elixier vor dem Schlafengehen zu trinken und zusätzlich eine Chalcedon-Kette am Hals zu tragen. Diese kräftigt die Wirkungen des Chalcedon-Tees und schenkt einen tiefen Schlaf. Bei starken Kehlkopf- und Bronchialkatarrhen sollte diese Behandlung mehrmals täglich angewandt werden. In Verbindung mit Bergkristall ist der Chalcedon ein treuer Begleiter in den Wechseljahren. Chalcedon und Bergkristall gemeinsam in 0,3 Liter Wasser gelegt, morgens auf nüchternen Magen, ergeben ein Elixier, welches vor Unterleibserkrankungen, Arterienverkalkung und Lungenerkrankungen bewahrt. Gleichzeitig verleiht dieses eine weichere und gesündere Haut. Die Eigenschaften des Chalcedons für die Haut werden durch dünne Chalcedon-Scheiben, unter der Uhr getragen, und durch Chalcedon-Ketten zusätzlich verstärkt.

Heilwirkungen auf die Psyche:
Unter dem Kopfkissen bewahrt uns der Chalcedon vor Alpträumen und Schlafstörungen. Besonders Kindern verhilft dieser zur Entwicklung ihrer eigenen Sprache und bewahrt diese vor Stottern. Menschen, welche häufig öffentlich reden (Vorträge, Besprechungen, Diskussionen), sollten immer einen Chalcedon bei sich tragen, da dieser ihnen Hemmungen und Lampenfieber nimmt und gleichzeitig ihre Gedanken besser auf die Rede vorbereitet. Er schenkt mehr Selbstvertrauen und sorgt auch für eine klare, verständnisvolle Aussprache. Darüberhinaus stärkt er seinem Träger das Durchsetzungsvermögen und vertreibt Melancholie.

Sternzeichen: Schütze 23. November bis 21. Dezember

Chakra:
Der Chalcedon entfaltet seine Kraft besonders durch das Kehlchakra mit Tendenz zur Stirn. In Verbindung mit einem klaren Bergkristall ist er ein sehr warmer, wohltuender und tief eindringender Heilstein. Sie spüren seine Kraft oftmals schon in der Hand. Wenden Sie Chalcedon niemals zusammen mit Azurit an, da es sich hierbei um zwei wirklich starke Steine handelt, welche gemeinsam sehr besitzergreifende Eigenschaften haben.

Wie erhalte ich einen Chalcedon und wie pflege ich diesen?
Der Chalcedon ist als Rohstein, Trommelstein, Handschmeichler, Anhänger, Kugelkette, Splitterkette, Donuts und vielen phantasievollen Teilchen für Halsreifen und Lederband erhältlich. Der Preis liegt trotz des seltenen Vorkommens noch im mittleren Bereich. Sie sollten jedoch, wenn Sie ein Chalcedon anlacht, niemals zögern, da diese Steine in absehbarer Zeit nicht mehr gefunden werden. Reinigen Sie den Chalcedon einmal im Monat unter fließendem, lauwarmem Wasser. Ketten sollten über Nacht in einer trockenen Schale mit Hämatit-Trommelsteinen gereinigt und entladen werden. Wir empfehlen Ihnen das Aufladen von Chalcedon über Nacht in einer Amethyst-Gruppe oder Druse.

Charoit

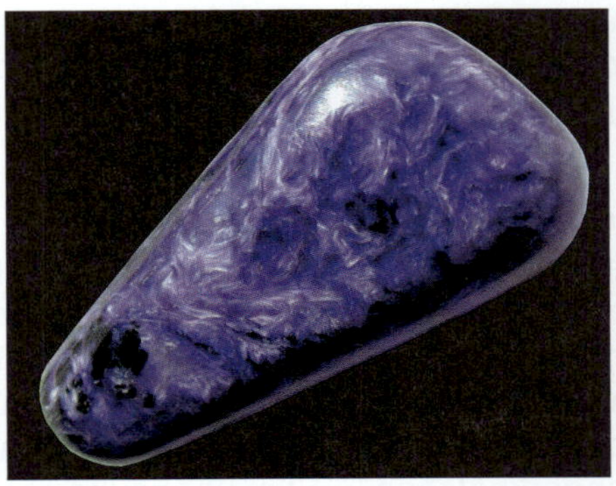

Farbe:
Violett bis lila, mit hell-streifigen Strukturen, nicht durchsichtig.

Geologie:
Der Charoit hat die Härte 6 und ist eine Konzentration aus vielen verschiedenen Mineralien und Metallen. Er läßt sich daher nicht in eine Familie einordnen. Die Verwechslung mit dem Sugelith ist sehr häufig und manchmal sind diese beiden Steine nur sehr schwer auseinanderzuhalten. Charakteristische weiße Einschlüsse sind die einzigen Erkennungsmerkmale im Unterschied zum Sugelith. Die Fundgebiete des Charoit liegen ausschließlich in Ostsibirien.

Geschichtliche Überlieferung:

Der Charoit ist uns erst seit der Öffnung der Sowjetischen Republiken bekannt. Bei den Mongolen und den sibirischen Völkern wird dieser Stein aufgrund seiner guten schleifbaren Eigenschaften zu dekorativen Ziergegenständen verarbeitet. Als Taschenstein sollte der Charoit besonders vor Infektionen und Seuchen bewahren. An langen kalten Wintertagen wird der Charoit im Tee mitgekocht. Dieses Elixier wird zu besonderen Festtagen innert der Familie gereicht und soll die Familienbande stärken und vor allem Bösen bewahren.

Heilwirkungen auf den Körper:

Nach schon relativ kurzer Zeit wissen wir, daß der Charoit ein Stein voller Urkraft ist. Er stabilisiert das Immunsystem, kräftigt das Abwehrsystem und übt eine beruhigende Wirkung auf das Nervensystem aus. Als Charoit-Tee beugt er wuchernden Zellen vor, welche er im Frühstadium auch zu heilen vermag. Durch die Strahlen absorbierenden Eigenschaften bewahrt der Charoit vor dem Eindringen von UV-Strahlen und Erdstrahlen. Diese werden mit Hilfe einer Charoit-Kugel besonders weiträumig gefiltert. Ärzte und Schwestern, welche häufig mit Röntgen zu tun haben, sollten zur Abwehr dieser Strahlen unbedingt einen Charoit bei sich tragen.

Heilwirkungen auf die Psyche:

Der Charoit ist ein geheimnisvoller Stein, bei welchem wir größtenteils noch auf unsere eigenen Erfahrungen angewiesen sind. Er verhilft jedoch sicher zu einer freieren und unabhängigeren Lebensgestaltung und befreit von übertriebenen Ängsten. Der Abnabelungsprozeß zwischen Eltern und Kindern wird durch den Charoit harmonievoller und nicht so schmerzlich empfunden.

Chakra:

Der Charoit ist aufgrund seiner relativ gemischten Eigenschaften kein besonderer Meditationsstein. In Verbindung mit Sugelith und Amethyst jedoch vermag er, besonders tief in das Stirnchakra einzudringen. Er klärt uns dort schnell vor blockierenden Gedanken, und läßt uns schnell freie und klare Entschlüsse fassen. Je nach Kombination mit Amethyst und Sugelith verspüren wir ein intuitives Kribbeln im Kopf, was uns die Augen für so manches aus unserer Umgebung öffnet. Dieses Kribbeln sollte, wenn es zu stark wird, einfach durch Entfernen der Transformationssteine Sugelith und Amethyst, reguliert werden.

Wie erhalte ich einen Charoit und wie pflege ich diesen?

Der Charoit ist noch relativ selten im Handel erhältlich. Sie erhalten diesen jedoch als Rohstein, Trommelstein, Handschmeichler, Kette, Kugel, Donuts und anderen Schmuckgegenständen. Es empfiehlt sich, den Charoit nach Gebrauch unter fließendem lauwarmem Wasser zu entladen. Das Aufladen an der Sonne ist für diesen Stein sehr wichtig, da er aus größter Kälte stammt und immer schon an der Sonne neue Kraft getankt hat.

Chrysoberyll und Chrysoberyll-Katzenauge

Farbe: Golden bis gelb-grünlich durchscheinend.

Chemische Zusammensetzung: Al_2BeO_4

Geologie:

Der Chrysoberyll wird fälschlicherweise als Beryll bezeichnet, gehört jedoch nicht in diese Familie. Er ist mit dem Beryll zwar sehr stark verwandt, bildet jedoch in seinen mineralogischen

Eigenschaften ein eigenständiges Mineral. Seine Härte beträgt 8,5 und die wichtigsten Fundgebiete sind Sri Lanka, Brasilien und Madagaskar.

Heilwirkungen auf den Körper:

Der Chrysoberyll wird zum Heilen von Augenkrankheiten verwendet. Er stoppt fortschreitende Kurzsichtigkeit. Bei Überanstrengung und Entzündung der Augen empfiehlt es sich, diese mit Chrysoberyllwasser auszuspülen. Chrysoberyll-Wasser des Chrysoberylls ist auch sehr heilend bei Asthmabeschwerden, Rachen- und Mandelentzündungen sowie Schluckauf. In Verbindung mit Citrin oder Bernstein vermag er es, Arterienverkalkungen zu lösen und verhärtete Zellwände zu entkalken. Der Chrysoberyll gehört zu den stärksten Reinigungssteinen für den Organismus. Darüberhinaus lindert er Unterleibsbeschwerden, Darmerkrankungen und Magengeschwüre.

Heilwirkungen auf die Psyche:

Der Chrysoberyll verleiht seinem Träger die Fähigkeit, klarer und weitsehender zu denken indem er störende, negativ geladene Gedanken in positive Energie verwandelt. Er verleiht mehr Zuversicht und Optimismus.

Chakra:

Der Chrysoberyll entfaltet seine Kraft besonders auf dem Herzchakra mit Tendenz zum Sonnengeflecht. Er eignet sich besonders für die gemeinsame Meditation mit dem Partner als Beziehungsstein, um die verschiedenen geistigen Ebenen beider Partner besser in Einklang zu bringen. Wir empfehlen Ihnen als Pufferstein den Chrysoberyll auch dann, wenn Sie zum Heilen und für die Meditation mehrere verschiedene Heilsteine verwenden.

Chrysoberyll-Katzenauge

Chrysoberyll-Katzenaugen gehören zu den seltensten Edelsteinen. Durch Einschlüsse wird beim Hinschauen auf diesen Stein eine silbrige Lichtlinie sichtbar, welche an die Augen von Katzen erinnert. Die wichtigsten Fundgebiete liegen in Brasilien, Sri Lanka und Madagaskar.

Heilwirkungen auf den Körper:

Chrysoberyll-Katzenaugen verstärken zusätzlich die heilenden und reinigenden Kräfte des Chrysoberylls. Sie haben durch Auflegen noch intensivere Heilwirkungen auf die Augen, schärfen nicht nur die Sehkraft, sondern bewahren auch das Sehzentrum im Gehirn vor Erkrankungen. Schielen, Bindehautentzündun-gen, Hornhautentzündungen der Augen, grauer und grüner Star, Netzhautablösungen und Erblindungen können durch Katzenaugen gelindert und geheilt werden. Besonders ältere Leute werden mit Hilfe des Chrysoberyll-Katzenauges vor Sehnerverkrankungen, Kurzsichtigkeit und sogenannter Alterssichtigkeit bewahrt.

Heilwirkungen auf die Psyche:

Chrysoberyll-Katzenaugen erzeugen bei uns die Eigenschaft der Selbsterkenntnis. Wir erkennen, daß nicht immer nur andere an irgendwelchen Situationen die Schuldigen sind, sondern daß unser ganzes Leben eine Situation ist, in der wir für uns die Hauptrolle spielen. Wir lernen durch Chrysoberyll-Katzenaugen uns an der eigenen Nase zu packen, bevor wir mit dem Finger auf andere Menschen zeigen. Der Stein macht aber auch toleranter gegenüber anderen Meinungen und Lebenseinstellungen und verhilft dadurch zu mehr Harmonie in Familie, Freundeskreis und Kollegium.

Wie erhalte ich einen Chrysoberyll und wie pflege ich diesen?

Der Chrysoberyll ist ein wertvoller Edel- und Heilstein. Er ist erhältlich als Rohkristall, Anhängerchen und sehr selten als kleiner Trommelstein. Der Preis liegt im gehobenen Bereich. Speziell nach der Behandlung gegen Unterleibsbeschwerden und Arterienverkalkung sollten Sie den Chrysoberyll sofort unter fließendem, lauwarmem Wasser entladen. Bei anderen Symptomen empfiehlt es sich, diesen zwei bis dreimal im

Monat zu entladen. Das Aufladen für eine halbe Stunde an der Sonne tut dem Chrysoberyll sehr gut. Dies sollte jedoch nicht an der heißen Mittagssonne geschehen.
Katzenaugen sind seit altersher Schutzsteine vor dem bösen Blick und schwarzer Magie. Sie sollten daher beim Kauf darauf achten, daß das Auge klar und deutlich zu erkennen ist und auch über den Stein wandert. Chrysoberyll-Katzenaugen sind seltene und hochgeschätzte Edelsteine und daher wahrscheinlich nur mit viel Glück erhältlich. Sie erhalten dies als Cabochon oder Phantasieschliff, da nur so das Auge sichtbar wird. Sie sollten Katzenaugen genauso pfleglich behandeln, wie den Chrysoberyll.

Chrysokoll

Farbe: Türkisblau bis grün, undurchsichtig

Chemische Zusammensetzung: $Cu_2H_2Si_2O_5(OH)_4$

Geologie:

Der Chrysokoll ist ein Kupfermineral, und wird auch häufig als Kieselkupfer oder Kieselmalachit bezeichnet. Die Härte beträgt je nach Vorkommen 2 bis 4. Die wichtigsten Fundstellen liegen in Arizona, Peru, Südafrika, Israel und den GUS-Staaten.

Geschichtliche Überlieferung:

Die Ägypter verehrten den Chrysokoll als den weicheren Bruder des Türkis. Sie empfanden den Chrysokoll als weisen Stein, welcher es vermochte, seinem Träger eine liebevollere Beziehung zwischen Geist und Körper herzustellen. Von vielen Völkern der Antike wurde der Chrysokoll als Hoffnungsstein verehrt, welcher seinen Träger vor seelischen Verletzungen bewahre.

Heilwirkungen auf den Körper:

Der Chrysokoll lindert Rheuma, Rückenschmerzen und bewahrt vor allem Kinder während des Wachstums vor Wirbelsäulenverkrümmungen und falschem Knochenbau (als Kinder-Chrysokoll-Kette oder Anhängerchen auf der Haut tragen). Er bewirkt die gesunde Entwicklung der Kiefer und der Backenknochen und bestärkt besonders die Entwicklung von Kindern in ihren körperlichen und geistigen Fähigkeiten. Fördert bei regelmäßiger Anwendung die Funktion von Galle, Nieren und Blase und harmonisiert die Funktion von Magen und Darm. Dieses Wasser erweist sich auch als besonderes Heilmittel auf Schnittwunden und Schürfwunden, wobei es auch unschöne Narbenbildung verhindert. Bei Brandwunden empfiehlt es sich, kühle, flache Schmeichelsteine auf die Wunden aufzulegen. Diese heilen dann zusehends. In der Schwangerschaft ist er als Kette oder größerer Schmeichelstein ein besonderer Schützer der Mutter. Er bewahrt vor Fehlgeburten, Rückenschmerzen, Krampfadern, Übergewicht und bewirkt ein gesundes Heranwachsen des Babys im Mutterleib. Der Chrysokoll bewahrt die Mutter, besonders als Kette vor Übelkeit, häufigem morgendlichem Erbrechen und Schwangerschafts-Wassersucht. Er schützt das Baby vor Schäden durch Rauchen, Alkohol oder Streß. Darüberhinaus werden Fehlentwicklungen an den Gliedmaßen und den Organen des Babys vorgebeugt. Desweiteren lindert der Chrysokoll Krankheiten an den Schilddrüsen, sowie im Hals- und Rachenbereich. Er hat eine erfrischende Wirkung auf Herz und Kreislauf und harmonisiert den Hormonhaushalt.

Heilwirkungen auf die Psyche:

Durch seine beruhigende Wirkung löst der Chrysokoll bei seinem Träger Überspannungen, Streß und beruhigt die Nerven. Er beschert uns eine liebevolle Beziehung zu uns selbst und in der Partnerschaft. Der Chrysokoll bewahrt vor Zorn und Haß und verwandelt diese in Ruhe, Toleranz und Liebe. Er vermittelt Geduld und besonders Jugendlichen mehr Reife in ihren Entscheidungen. So bewahrt der Chrysokoll Heranwachsende vor Kriminalität und jugendlichem Leichtsinn.

Sternzeichen: Krebs 22. Juni bis 22. Juli

Chakra:
Der Chrysokoll ist ein Kernstein für das Kehlchakra. Jedoch mit starker Tendenz zur Stirn und natürlich auch zum Herzen. In Verbindung mit Malachit dringt er besonders tief in das Herzchakra ein und verhilft uns zur besseren Klärung und mehr Entspannung unterbewußter Verkrampfungen.

Wie erhalte ich einen Chrysokoll und wie pflege ich diesen?
Der Chrysokoll ist erhältlich als Rohstein, Trommelstein, Handschmeichler, Kette, Pyramide, Kugel, Donuts und vielen phantasievollen Teilchen für Halsreifen und Lederband. Da dieser Edelstein nur noch relativ selten gefunden wird, liegt der Preis im gehobenen Bereich. Entladen Sie den Chrysokoll am besten einmal monatlich unter fließendem, lauwarmem Wasser. Vermeiden Sie häufigen Kontakt mit Parfüm und Seife. Das Aufladen an der Sonne ist nicht nötig, da der Chrysokoll sich am Sonnenlicht nicht auflädt, sondern nur stark erwärmt. Möchten Sie Ihren Chrysokoll jedoch trotzdem aufladen, so empfiehlt es sich, diesen einmal im Monat über Nacht in einem Kreis aus Türkis, Malachit und Azurit so zu legen, daß alle Steine sich berühren. Chrysokoll-Ketten sollten möglichst ungeknotet sein, und einmal im Monat über Nacht in einer Schale mit Hämatit-Trommelsteinen entladen werden.

Chrysopras

Farbe: Grün bis apfelgrün, durchscheinend

Chemische Zusammensetzung: SiO_2

Geologie:
Der Chrysopras hat die Härte 7 und gehört in die Quarzgruppe. Wasserhaltiges Nickeloxid verleiht dem Chysopras seine phantastisch grüne Farbe. Er zählt zu den begehrtesten Edelsteinen aus der Quarzgruppe. Nachdem die Fundgebiete in Oberschlesien zu Beginn dieses Jahrhunderts nahezu ausgebeutet wurden, wurden neue Fundgebiete in Australien erschlossen.
Der australische Chrysopras zählt mit zu den wertvollsten Edelsteinen, und geht nun leider auch dort zur Neige. Brasilianische Fundstellen sind erschlossen. Der brasilianische Chrysopras steht jedoch dem Schlesischen und ganz besonders dem australischen Chrysopras an Heilwirkungen, Qualität und Farbe weit nach.

Geschichtliche Überlieferung:
Schon bei den alten Griechen wurde der Chrysopras als Goldhauch verehrt und stand im Wert dem des Goldes nicht nach. Die Griechen glaubten, daß der Chrysopras seinen Träger vor Depressionen und schlechter Laune bewahre. Besonders jedoch halte er die Liebe unter Eheleuten für ewig frisch, und verleihe der Familie höchstes Ansehen. In Ägypten wurde der Chrysopras als Schutzstein und Heilstein gegen schwarze Magie und die Pest getragen. Besonders ergiebige Fundstellen in Schlesien ermöglichten dem Chrysopras den Gang um die Welt. Im Mittelalter galt der Chrysopras, einst Lieblingsstein Friedrichs des Großen, als wertvollster Edelstein.

Heilwirkungen auf den Körper:

Mit seiner beruhigend grünen Farbe ist der Chrysopras ein Stein des Herzens. Dieses schlägt bei normaler Beanspruchung über 100.000 Mal pro Tag und pumpt dabei rund 7.500 Liter Blut durch unser Gefäßsystem. Streß und Rauchen führen zu Ablagerungen und Stauungen in den Adern und belasten den Organismus daher viel mehr, als die Menschen früher. Dadurch, daß sich die Adern verengen, muß das Herz jedoch noch mehr pumpen, also den Blutdruck erhöhen, um alle Gefäße mit genügend Sauerstoff und Nährstoffen versorgen zu können. Der Chrysopras reinigt von diesen Ablagerungen und Verstopfungen in den Herzkranzgefäßen und schützt vor Sauerstoffmangel in der Herzmuskulatur. Durchblutungsstörungen der Herzmuskulatur, zu hoher Blutdruck und Arterienverkalkung stehen heute bei vielen Menschen über 40 bei den gesundheitlichen Problemen an erster Stelle. Angina Pectoris und der eng damit verbundene Herzinfarkt sind leider die häufigste Todesursache in unserer Gesellschaft. Der Chrysopras kräftigt hierbei nicht nur die Herzmuskulatur, sondern befreit auch die Herzkranzgefäße von Verengungen und Verstopfungen. Er ist dadurch ein wertvoller Vorsorgestein gegen Angina Pectoris, Herzinfarkt und blutdruckbedingten Schlaganfall. Der Chrysopras befreit auch bereits kritisch erkrankte und verstopfte Adern und Gefäße. Darüberhinaus hilft der Chrysopras dem Herzen auch nach Bypass-Operationen indem er die Operation am Herzen körperlich und geistig besser überwinden läßt, und gleichzeitig vor erneuter Artereosklerose bewahrt. Übergewichtige Menschen und starke Raucher sollten als Heil- und Schutzstein unbedingt einen Chrysopras oder eine Chrysopras-Kette nahe am Herzen tragen, wenn sie Arterienverkalkung, Bluthochdruck und plötzliche Herzprobleme vorbeugen möchten. In Verbindung mit Bergkristall werden die herzschonenden Eigenschaften des Chrysopras zusätzlich verstärkt. Schreckhafte Menschen sollten stets einen Chrysopras bei sich tragen, da er diese vor plötzlichem Herztod bewahrt. Desweiteren hilft der Chrysopras, besonders als Chrysopras-Wasser bei Erkrankungen der Hoden, Prostata, Eileiter und Eierstöcke. Er stabilisiert den Kreislauf und die Nerven und bewirkt eine Steigerung von Potenz und Fruchtbarkeit.

Heilwirkungen auf die Psyche:

Durch seine beruhigende Wirkung auf den Kreislauf schenkt der Chrysopras mehr Ruhe und Gleichgewicht. Unter Liebenden vermittelt er fortlaufende Treue. Der Chrysopras dient als Stein der Hoffnung und der Erneuerung. Neue Lebensaufgaben werden durch Chrysopras besser und weitsichtiger gemeistert.

Sternzeichen: Krebs 22. Juni bis 22. Juli

Chakra:

Der Chrysopras ist ein Stein des Herzens und somit ein starker Stein für das Herzchakra. Er dringt sehr beruhigend und entspannend in und belegt uns mit einem höheren Maß an Ausgeglichenheit und Zufriedenheit. Der Chrysopras schenkt uns innerste Ruhe, zufriedene Wärme und mehr Geborgenheit. Wenn Sie mit einem Chrysopras, in Verbindung mit Bergkristall, meditativ arbeiten, sollten Sie darauf achten, daß Sie Zeit haben, denn ehe Sie es sich versehen, fallen Sie in tiefen, ruhigen Schlaf.

Wie erhalte ich einen Chrysopras und wie pflege ich diesen?

Der Chrysopras ist erhältlich als Rohstein, Trommelstein, Handschmeichler, Anhänger, Kette, Donuts, Kugel und vielen phantasievollen Formen für Halsreifen und Lederband. Dadurch, daß die Fundstellen bereits nahezu erschöpft sind, liegt der Preis für diesen Edelstein im wirklich gehobenen Bereich. Es empfiehlt sich, den Chrysopras schon unmittelbar vor dem Gebrauch unter fließendem, lauwarmem Wasser zu entladen. Als Handschmeichler oder Taschenstein sollte er wöchentlich entladen werden. Der Chrysopras ist ein kleines Kraftpaket, welches sich unter der Sonne nicht so einfach aufladen läßt. Möchten Sie Ihrem Chrysopras jedoch zu neuer Kraft verhelfen, so empfiehlt es sich, diesen in einer klaren Bergkristall-Gruppe über Nacht ruhen zu lassen. Ketten sollten über Nacht in einer trockenen Schale mit Bergkristall-Trommelsteinen entladen und gereinigt werden.

Chytha

Farbe: Grün, olivgrün bis gelb mit dunklen Einschlüssen

Chemische Zusammensetzung: $NaAl(Si_2O_6) + MgOH_4$

Geologie:
Der Chytha ist eine Jadeart mit der Härte 6,5 bis 7. Die einzigen bekannten Fundgebiete liegen in China.

Geschichtliche Überlieferung:
Der Chytha ist ein Stein, welcher in China seit Generationen wie die Jade geschätzt wird. Allerdings wird dieser dort nicht äußerlich angewandt, sondern soll den inneren Werten dienen. In Weihrauch oder als Beimengung zu Tee und in der Duftlampe vermag der Chytha, eine besonders beruhigende Atmosphäre zu bescheren.

Heilwirkungen auf den Körper:
Dadurch, daß Chytha von den Chinesen kommend erst in den letzten Jahren bei uns bekannt geworden ist, fehlt uns noch die nötige Praxis um all die Wirkungen des Chytha zu beschreiben. Jüngste Erfahrungen zeigen jedoch, daß Chytha heilende Wirkungen auf die Milz, Nieren und Gallenblase ausübt. Als Chytha-Tee hat er eine besonders vorbeugende Wirkung gegen Nieren und Gallensteine, und eine anregende Wirkung auf den Stoffwechsel.

Heilwirkungen auf die Psyche:
Der Chytha hat auf seinen Träger eine beruhigende Wirkung, welche sich in positiverem Denken und fröhlicher Lebensart auswirkt. Möchten Sie jedoch starke Depressionen und Minderwertigkeitskomplexe lindern, so empfiehlt es sich, die wesentlich stärkere grüne Jade zu verwenden.

Chakra:
Der Chytha sollte für das Solarplexuschakra verwendet werden. Die Tendenz hin zum Herzchakra ist äußerst schwach, und bedarf der Verbindung eines starken Herzsteins, wie z. B. des Chrysopras. Der Chytha dringt sanft und leicht erwärmend durch die Chakras in die Seele ein.

Wie erhalte ich einen Chytha und wie pflege ich diesen?
Dadurch, daß der Chytha für uns ein relativ neuer Stein ist, ist er im Augenblick als Trommelstein, Handschmeichler und Anhänger erhältlich. Selten als Schmuck. Der Preis liegt auf dem Niveau der chinesischen Jade. Erwärmt sich der Chytha nur noch langsam an Ihrer Haut, so sollte er unbedingt unter fließendem lauwarmem Wasser gereinigt und entladen werden. Da der Chytha in die Jadefamilie gehört empfiehlt es sich, diesen regelmäßig in der Sonne aufzuladen.

Citrin / Zitrin

v. li.: Natur-Citrin, gebrannter Citrin

Farbe: Hellgelb bis rötlich braun und goldbraun, durchsichtig

Chemische Zusammensetzung: SiO_2

Geologie:
Der Citrin gehört in die Familie der Quarze und hat die Härte 7. Einschlüsse von Mangan und Titan, hohe

Temperaturen und viel Druck verleihen dem Citrin im Gegensatz zum Bergkristall oder Amethyst seine gelbliche Farbe. Neben dem Naturcitrin sind auch gebrannte Amethyste und Rauchquarze auf dem Markt, welche ihre Färbung nicht durch die Hitze in tiefergelegeneren Erdschichten erhalten haben, sondern durch Menschenhand gebrannt wurden. Durch hohe Temperaturen verfärben sich einige Amethyste gelb. Die künstlich gebrannten Amethyste werden im Handel oft auch als Goldtopas oder Madeiratopas bezeichnet. Diese haben jedoch mit dem Topas überhaupt nichts gemeinsam. Der Wert der Citrine untereinander bezüglich der Heilwirkungen hängt nur von der Intensität ihrer Farbe, Größe, Schwingungen und Reinheit ab. Je reiner, größer und farbintensiver die Steine, desto wertvoller ihre Eigenschaften. Für die Heilkräfte der Citrine ist es also unerheblich, ob diese durch hohe Temperaturen in der Natur oder durch Menschenhand gebildet wurden. Die wichtigsten Fundstellen liegen in Brasilien, Madagaskar und den neuen GUS-Staaten.

Geschichtliche Überlieferung:

Der Name Citrin kommt aus dem Griechischen, was soviel bedeutet wie Zitronenstein. Die römischen Legionäre trugen diesen Stein auf der Brust, um vor dem Bösen Blick und neidischen Intrigen beschützt zu werden. Bis in das Mittelalter hinein wurde der Citrin als Sonnenstein verehrt, welcher ewiges Leben schenken sollte.

Heilwirkungen auf den Körper:

Durch seine entgiftende Wirkung stärkt der Citrin das Immunsystem und den Stoffwechsel. All unsere Nahrung wird über die Verdauung dem Stoffwechsel zugeführt und hierbei in Traubenzucker und andere lebensnotwendige Energiebausteine umgewandelt. Hormone, wie z. B. das Insulin, welches in der Bauchspeicheldrüse produziert wird, ermöglichen dem Organismus das Aufnehmen von Traubenzucker in die Körperzellen. Der Citrin steuert dabei nicht nur die Insulinproduktion, sondern kräftigt auch die Inselzellen der Bauchspeicheldrüse. Er hilft daher ganz besonders zuckerkranken Menschen zu einer Linderung und sogar Heilung ihrer Hormon- bzw. Stoffwechselstörung. Als Citrin-Kette hilft dieser besonders gut gegen Diabetes und andere Drüsenerkrankungen und gibt mehr Vitalität. Neben seinen regulierenden Wirkungen auf den Stoffwechsel und die Verdauung hat der Citrin auch regenerierende und stärkende Eigenschaften auf die Leber. Diese ist nicht nur das größte Stoffwechselorgan, sondern spielt abermals in der Einteilung und Bevorratung von Traubenzucker eine große Rolle. Der Citrin schützt auch Neugeborene und Kinder vor Schädigungen durch die Zuckerkrankheit. Darüberhinaus hat der Citrin auch verdauungsfördernde Eigenschaften. Er kräftigt Nieren und Darm und bewahrt vor Blinddarmentzündungen. In Verbindung mit Bernstein vermag es der Citrin sogar Unterleibsbeschwerden, Magenentzündungen, Geschwüre und Krebs im Frühstadium zu heilen. Insgesamt sollten Sie darauf achten, daß Sie bei ernsthafteren Erkrankungen und Diabetes immer zu einem Naturcitrin greifen. Citrin-Amethyst-Wasser ist ein hervorragendes Haarwuchsmittel und hilft gleichzeitig gegen Schuppen und Schuppenflechte.

Heilwirkungen auf die Psyche:

Der Citrin ist seinem Träger ein klärender Stein. Er stärkt sensible Menschen in ihrer Ausdruckskraft, und bewahrt durch Erleuchtung neuer Wege vor Trübsal und Selbstmord. Zielstrebigen und entschlossenen Menschen jedoch hilft er, die Karriereleiter zu finden und Prüfungen mit Erfolg zu bestehen.

Sternzeichen: Zwillinge 21. Mai bis 21. Juni, Jungfrau

Chakra:

Der Citrin dringt vor allem besonders gut in das Solarplexus-Chakra ein und hat eine starke Tendenz über das Milzchakra hin zum Wurzelchakra. Der Naturcitrin zählt zu den kräftigen Steinen und sollte daher nicht mit Bergkristall kombiniert werden, da die Kraft, die hierbei entsteht, der Sonnenkraft sehr nahe kommt und zu Verbrennungen führen kann. Besonders Naturcitrin bewirkt, Enttäuschungen leichter zu überstehen und öffnet Herz und Seele neuem gegenüber.

Wie erhalte ich einen Citrin und wie pflege ich diesen?

Der Citrin ist erhältlich als Rohstein, Kristall, Trommelstein, Handschmeichler, Anhänger, Kugel, Pyramide, Obelisk, Kette und selten als Donuts. Während die gebrannten Citrine im mittleren Preisbereich liegen, liegt der Naturcitrin auf wertvollster Ebene. Abschließend soll festgestellt werden, daß die Wirkungen beider Citrine auf unseren Körper gleich sind. Jedoch benötigen wir ca. 10 Handschmeichler von gebranntem Citrin, wenn wir die Tiefenkraft eines einzigen Naturcitrins erreichen möchten. Das Entladen des gebrannten Citrines soll einmal im Monat erfolgen. Den Naturcitrin jedoch sollten Sie unmittelbar nach Gebrauch unter lauwarmem Wasser entladen. Beide Citrine mögen es, wenn sie über Nacht in einer Amethyst-Druse aufgeladen werden. Ketten sollten über Nacht in einer trockenen Schale mit Hämatit und Amethyst-Trommelsteinen gereinigt und regeneriert werden.

Coelestin oder Aqua-Aura

Farbe: Weiß, weißblau bis durchscheinend blau

Chemische Zusammensetzung: $SrSO_4$

Geologie:

Das Coelestin ist ein eigenständiges Mineral. Irrtümlicherweise wird dieses oft auch in die Familie der Quarze eingegliedert. Dies ist jedoch falsch, was sich vor allem aus seiner chemischen Zusammensetzung und der Härte von nur 3 bis 3,5 belegen läßt. Quarze haben mindestens eine Härte um 7 und bestehen aus SiO_2. Die Fundgebiete des Coelestin sind selten und liegen auf Sizilien, Marokko und Madagaskar. Schöne blaue Coelestine werden, nur noch vereinzelt, in Madagaskar gefunden. Diese Fundgebiete sind jedoch nahezu ausgebeutet.

Geschichtliche Überlieferung:

Im alten Griechenland wurde der klare Coelestinkristall als Leiterstein getragen und erhielt den Namen "Coelestis", was soviel wie "himmelblau" bedeutet. Dieser entfalte seine Wirkung jedoch nur, wenn der Träger ihn von einem ihm nahestehenden Menschen geschenkt bekommen habe. Ein so erhaltener Coelestin vermag es, all das Böse aus dem Körper herauszuspülen um wieder mehr Liebe zu verspüren. Die Römer bezeichneten diesen Stein als Aqua-Aura. Sie erkannten neben den starken Heilwirkungen auf Wunden und Verletzungen auch die beruhigenden und stärkenden Eigenschaften auf die Seele. Da der blaue Coelestin nahezu ausgebeutet ist, wurde in den USA Bergkristall mit Gold bedampft und ebenfalls als Aqua-Aura bezeichnet. Dies hat eine ähnliche Wirkung und Ausstrahlung wie der echte blaue Coelestin. Ersatzweise läßt sich der künstlich hergestellte Aqua-Aura zum Heilen verwenden, ist aber im Gegensatz zum echten blauen Coelestin in seinen Wirkungen nicht annähernd so kräftig.

Heilwirkungen auf den Körper:

Durch seine leitende Eigenschaft vermag es der Coelestin, getrennte Zellen im Körper wieder zusammenzuführen. Dies trifft besonders nach Operationen und Schnittwunden zu, welche durch Auflegen von Coelestin besser und nahezu narbenfrei verheilen. Bei inneren Verletzungen empfiehlt es sich, Coelestin-Essenz schlückchenweise zu trinken. Auch beim Inhalieren empfiehlt es sich, Coelestin beizugeben. Die besonderen Eigenschaften des Coelestins liegen neben der Wundpflege natürlich auch in der Harmonisierung von Rhytmusveränderungen der Regelblutung. Der Coelestin lindert hierbei die Störungen, welche durch Unregelmäßigkeiten in der Regel verursacht werden. Auch Frauen, welche an einer schmerzhaften Regel und an seelisch bedingten sexuellen Störungen leiden, können durch den Coelestin in einem höheren Maß zu mehr Ruhe und

Ausgeglichenheit finden. Schon nach kurzer Zeit harmonisiert sich die Regel und die Schmerzen werden gelindert.

Heilwirkungen auf die Psyche:

Durch seine leitende Kraft verbindet der Coelestin in uns Geist, Leib und Seele. Wir erleben uns in harmonischem Einklang, welcher sich in Freude und mehr Zufriedenheit äußert. Coelestin-Drusen sind nicht nur wertvolle Schmuckstücke für zu Hause, sondern schenken eine bisher nicht gekannte Wärme, Liebe und Treue sowie eine harmonievollere Beziehung unter den Familienmitgliedern. Besonders jungen Mädchen und Frauen nimmt der Coelestin seelisch bedingte Ängste und lindert nervöse Störungen.

Chakra:

Der Coelestin eignet sich für das Kehlchakra mit Tendenz zur Stirn. Ein klarer Coelestin-Kristall auf das drittes Auge aufgelegt läßt uns regelrecht abfahren. Der Coelestin ist ein kräftiger Stein, welcher sehr schnell besonders tief in uns eindringt und uns in phantastischen Einklang bringt. Sie sollten den Coelestin nie in Verbindung mit Bergkristall oder gar Azurit-Malachit verwenden. Dies könnte zu starken Verwerfungen führen. Halten Sie bei der Therapie vom Coelestin mindestens eine Handbreit Abstand zu anderen Steinen.

Wie erhalte ich einen Coelestin und wie pflege ich diesen?

Der blaue Coelestin ist nur noch sehr selten im Fachhandel erhältlich. Sollten Sie einen sehen, oder gar die Gelegenheit haben, eine Coelestin-Druse kaufen zu können, so zögern Sie nicht, denn dies wird mit Sicherheit Ihre erste und letzte Möglichkeit sein. Der Coelestin ist nur als Rohstein, Kristall oder Druse erhältlich. Der Preis liegt, aufgrund der starken Nachfrage und des geringen Angebots, im gehobenen Bereich. Coelestin sollte aufgrund seiner wirklich starken Kraft grundsätzlich vor Gebrauch in einer Schale mit Hämatit-Trommelsteinen entladen werden. Die Spitzen sollten hierbei immer nach oben, nie nach unten zeigen, weil dies eine völlige Entladung der Hämatitsteine bedeuten würde. Hierbei würde ein Pseudocoelestin entstehen, der dadurch, daß er anderen Steinen die Kraft ausgesaugt hat, ganz andere Wirkungen aufweist. Coelestinkristalle sind sehr kräftige Steine und das Aufladen an der Sonne ist jederzeit möglich, spielt aber eine sehr untergeordnete Rolle, da wir in unserem Leben nie die Zeit haben, die Kraft des blauen Coelestins ganz zu beanspruchen.

Cyanit (Kyanit oder Disten)

Farbe: Hellblau, blau, weißblau oder weiß

Chemische Zusammensetzung: Al_2SiO_5

Geologie:

Cyanit oder Disten ist eine Aluminium-Silizium-Verbindung mit der Härte 4 bis 7. Die Besonderheiten liegen darin, daß dieser Stein in verschiedenen Richtungen unterschiedliche Härten aufweist. Dieses erkannten auch die Griechen, welche dem Cyanit den Namen Dis-Stenos gaben, was soviel bedeutet wie "zweifache Stärke". Cyanit wird in Italien, Österreich, Schweiz, Brasilien, Ostafrika, Finnland und USA gefunden.

Geschichtliche Überlieferung:

Cyanit stammt aus dem Griechischen Kynos, was soviel bedeutet wie "dunkelblau". Der Cyanit wurde daher seit den Griechen als Schutzstein aller Seefahrer vor den Gefahren des Wassers geehrt." Poseidon und Neptun, die Götter der Gewässer kamen durch den Cyanit persönlich auf die Erde und verhelfen den Menschen zu Beständigkeit und Frohsinn."

Heilwirkungen auf den Körper:
Cyanit oder Disten ist ein ganz charakteristischer Heilstein für den Kehlkopf, die Stimme und die Sprache. Ganz besonders junge Menschen beflügelt er zu einem klaren Erlernen der Muttersprache und von Fremdsprachen und lindert Stottern und Lispeln. Darüberhinaus hilft Cyanit auch Menschen, welche aufgrund von Hirnschäden zu Sprachstörungen (Aphasie) neigen. Der Cyanit kräftigt das Sprachzentrum und hilft somit erkrankten Menschen, sich leichter mit Worten verständlich zu machen. Gleichzeitig lindert der Cyanit auch Störungen am Gehör, den Augen und am Geruchssinn, welche ebenfalls ihre Ursachen im Gehirn finden. Als Cyanitwasser oder direkt auf den Kehlkopf aufgelegt, heilt Cyanit Kehlkopfkrebs und Kehlkopfkatarrh, welche zu Stimmlosigkeit führen können. Desweiteren schützt der Cyanit die Stimmbänder, die Luftröhre und die Speiseröhre, welche sich im Kehlkopf befindet. Er heilt Halsschmerzen, Angina und Scharlach und bewahrt vor Kropf. Cyanite oder Disten sind ganz besondere Schutzsteine, welche vor Gehirnschädigungen durch Infektionen oder Sauerstoffmangel schützen. Er schützt auch vor Mongolismus. Für an Mongolismus leidende Menschen ist der Cyanit ein wichtiger Heilstein und Harmoniestein.

Heilwirkungen auf die Psyche:
Der Cyanit ist ein sehr positiv aufbauender Stein. Er verleiht seinem Träger ruhige Nerven, eine klare Aussprache und mehr Gedankenkonzentration. Besonders Menschen, welche viel reden müssen, wie z..B. Lehrer, Verkäufer, Schauspieler, Berater und Sänger, sollten als Schutzstein für ihre Stimme unbedingt einen Cyanit, evtl. in Verbindung mit Chalcedon, am Hals tragen.

Chakra:
Der Cyanit dringt sehr schwingungsvoll in das Kehlchakra ein und ist ein sanfter aber beständiger Lichtbringer für Geist und Seele. Er harmonisiert ganz besonders die übersensiblen Nerven und Gedanken in uns und kräftigt das Zentrum, welches unsere Wünsche und Bedürfnisse mit der Realität verbindet. Traumhafte Abschweifungen sind mit Hilfe des Cyanit in weiteste Regionen unseres Seins und der Zukunft möglich. Gleichzeitig verhilft uns der Cyanit während der Meditation wieder zurück zu einer klaren und direkten "Landung" in unsere jetzige Umgebung und der Gegenwart. Cyanit dient daher bei allen meditalen Abschweifungen als sicherer Rückkopplungsstein und bewahrt vor geistigem Abheben. Cyanit beugt einem Herauslösen der Seele aus dem Körper vor (Robotermensch und Gefühlskälte).

Wie erhalte ich einen Cyanit und wie pflege ich diesen?
Cyanit ist meistens als langprismatischer Einzelkristall erhältlich. Je blauer, desto kräftiger seine Eigenschaften. Besonders lang ausgeprägte Kristalle dringen am intensivsten in Körper und Geist ein. Sie erhalten Cyanit als Rohkristall und sehr selten als Trommelstein oder Anhänger. Kristallverwachsungen in Muttergestein sind sehr starke Heilsteine. Cyanit sollte unmittelbar nach dem Tragen oder Auflegen unter fließendem, lauwarmem Wasser gereinigt und entladen werden. Laden Sie Cyanit nach dem Entladen für einige Stunden an einer klaren Bergkristall-Gruppe auf.

Dendritenquarz

Farbe: Milchig mit moosähnlichen Einschlüssen.

Chemische Zusammensetzung: SiO_2

Geologie:
Der Dendritenquarz ist ein Quarz, welcher seine charakteristischen Eigenschaften durch Eisen und Manganeinschlüsse erhält. Die Härte beträgt 7 und die Fundgebiete liegen in Brasilien, Australien, USA, China und Indien.

Heilwirkungen auf den Körper:
Der Dendritenquarz entfaltet seine stärksten Kräfte auf den Magen- und Darmbereich. So lindert er nicht nur Magenentzündungen, häufiges Völlegefühl und Sodbrennen, sondern er stärkt auch das Muskel- und Bindegewebe, sowie das Fettgewebe zwischen Magen, Darm und Lymphsystem. Er heilt besonders Darmverschlingungen und Darmverengungen, welche sogar zu Darmverschluß führen können. Durch Auflegen und in Verbindung mit Dendritenquarzwasser behebt dieser Stein sogar Darmblutungen, Analfissuren und Hämorrhoiden. Starke Unterleibsschmerzen und Stuhlgangprobleme werden durch den Dendritenquarz spürbar gelindert und geheilt.

Heilwirkungen auf die Psyche:
Der Dendritenquarz bewirkt bei seinem Träger mehr Erkenntnis gegenüber Recht und Unrecht. Darüberhinaus aktiviert der Dendritenquarz das Immunsystem und verleiht durch einen ausgeglicheneren Stoffwechsel mehr Harmonie, Ausgewogenheit und Lebensfreude. Menschen und besonders Kinder, welche häufig unter Alpträumen leiden, können diese mit Hilfe des Dendritenquarz lindern.

Chakra:
Der Dendritenquarz dringt ganz besonders über das Sonnengeflecht und das Milzchakra in uns ein. Er schenkt mehr Ausgeglichenheit und Lebensfreude und aktiviert die in uns verborgenen Selbstheilungs-kräfte. Der Dendritenquarz und verhilft uns somit zur Unabhängigkeit von Tabletten, Abführmitteln, Schlafmitteln und sogar Drogen.

Wie erhalte ich einen Dendritenquarz und wie pflege ich diesen?
Dendritenquarze sind als Kristallspitzen, Trommelsteine, Handschmeichler, Anhänger, Kugeln und besonders als Cabochons erhältlich. Achten Sie beim Kauf jedoch darauf, daß relativ viele und schöne moosartige Einschlüsse im Dendritenquarz enthalten sind. Diese sind nicht nur optisch schöne Schmuckstücke, sondern auch kräftige Heilsteine. In Silber gefaßt wird die Kraft des Dendritenquarzes noch zusätzlich verstärkt. Er sollte, wenn Sie Verfärbungen feststellen, sofort unter fließendem, lauwarmem Wasser gereinigt und entladen werden. Ansonsten genügt das Entladen unter fließendem Wasser einmal im Monat. Der Dendritenquarz tankt ganz besonders intensiv Kraft in der Sonne. Sie können ihn daher auch für längere Zeit mehrmals im Monat zum Aufladen an die heiße Mittagssonne legen.

Diamant

Diamant-Kristall aus Zaire

Farbe: Weiß, gelblich, bräunlich transparent

Chemische Zusammensetzung: C

Geologie:
Einer Laune der Natur ist es zu verdanken, daß unter bestimmten Voraussetzungen aus demselben Stoff, aus dem auch Kohle und Erdöl bestehen, unter immenser Hitze und hohem Druck die edelsten aller Steine wurden. Der Diamant ist mit der Härte 10 nicht nur der härteste aller Edelsteine, sondern aufgrund der Seltenheit und seiner phantastischen Lichtbrechung auch der wertvollste. Derzeit kennen wir einige Fundstellen, welche es auf mehrere hundert Kilogramm im Jahr bringen. Doch nur ein verschwindend geringer Teil dieser Funde (ca. 3%) kann in der Schmuckproduktion zu Brillanten verschliffen werden. Der Rest wandert in die Industrie. Die wohl berühmtesten Fundstellen liegen in Kimberley, Afrika, in den GUS-Staaten sowie geringere Vorkommen in Brasilien und Australien.

Geschichtliche Überlieferung:

Der Diamant ist der härteste aller Edelsteine und wurde daher schon von den Griechen und den Ägyptern als der König aller Edelsteine geehrt. Der Diamant erhielt seinen Namen aus dem Griechischen, was soviel bedeutet wie "der Unbezwingbare". Durch seine unvergängliche Härte glaubten diese, er sei ein Stück der Ewigkeit. "Er verleihe seinem Träger göttlichen Glanz auf Erden, höchste Reinheit und Erleuchtung". Nicht einmal der Teufel könne diesen Kräften widerstehen. Dieser Edelstein hat bis heute nichts von seinem Wert eingebüßt. Durch Erfindung des Brilliantschliffs 1456 gelang es den Edelsteinschleifern, diesen Stein zur funkelnden Vollendung zu bearbeiten. Bis heute gilt der Diamant als unvergänglicher Beweis für Liebe und Treue. In der Medizin reichen die Erfahrungen mit dem Diamanten bis auf 2000 Jahre vor Christi zurück.

Heilwirkungen auf den Körper:

In seinen Wirkungen liegt der Diamant ähnlich wie der Bergkristall, nur greift er um ein vielfaches stärker in unsere Gesundheit ein. Blockaden und Verunreinigungen werden mit Hilfe eines Diamanten regelrecht aus uns herausgespült. Verstopfungen der Ausscheidungsorgane, Herzkranzgefäße und Erkrankungen an Nieren und Blase werden vorgebeugt, und sogar bis in das fortgeschrittene Stadium hinein geheilt. Als Diamant-Wasser, morgens auf nüchternen Magen, löst er Nieren- und Gallensteine auf, heilt Krankheiten im Magen- und Darmbereich und hilft zusätzlich bei Knochen- und Drüsenerkrankungen. Kopfschmerzen, Rücken- und Gliederschmerzen sowie Bandscheibenprobleme, Gicht und Leukämie werden vom knallharten Einsatz des Diamanten schnell geheilt. Dies gilt auch für klimatisch bedingte, wetterabhängige Gliederschmerzen. Schon Papst Clemens VII hatte mit Diamant-Wasser sein Magenleiden geheilt. Desweiteren bewahrt der Diamant vor Drüsenerkrankungen, stimuliert die Thymusdrüse und vertreibt Epilepsie. Ein Rohdiamant, in Silber oder Gold gefaßt, beschert eine phantastisch entspannende Wirkung auf das Nervensystem. Er entkrampft das gesamte Muskelsystem und bewahrt vor Gleichgewichtsstörungen. Ganz besonders wirkt der Diamant auf das Gehirn. Er stärkt dieses und bewahrt es vor allem vor Senilität, geistigem Verfall, Hirnhautentzündung und Verkalkung. Gehirnblutungen und Schlaganfall werden durch den Diamanten vorgebeugt. Darüberhinaus ist der Diamant ein Rehabilitationssiein nach Schlaganfällen. Er löst Lähmungen und sorgt dafür, daß die Schäden durch geplatzte Äderchen im Kopf und anderen Organen narbenlos verheilen und geschädigte Gliedmaßen schon nach kürzester Zeit besser rehabilitiert werden.

Heilwirkungen auf die Psyche:

Der Diamant ist der Hüter des Geistes und verhilft somit, immer klar und vor allem selbständig zu denken. Besonders als ungeschliffener Rohdiamant beschert er mehr Gesundheit und langes Leben. In der Partnerschaft macht der Diamant beide Partner reifer für die Beziehung, indem er mehr Einsicht, Verständnis und Toleranz beschert, welche sich in ewiger Liebe und in wirklicher Treue widerspiegelt. Jedoch sollte darauf geachtet werden, daß beide Partner einen Diamanten besitzen. Gefühle der krankhaften Eifersucht kennt der Diamant nicht, da in einer harmonievollen und gefestigten Beziehung kein begründeter Platz dafür vorhanden ist. Der Diamant hat allerdings seine zwei Seiten. Die zweite Seite ist die der Härte. Es geschieht häufig, daß alleinige Träger von Diamanten egozentrisch und zu selbstsicher werden, und sich sogar für unbesiegbar halten. Dieses kann sogar in einem vereinsamten Single-Dasein enden. Um dieser zweiten Seite vorzubeugen, sollten Sie mir Ihrem Partner gleichzeitig einen Diamanten tragen oder sich den Diamanten in Gold fassen lassen. Diese Goldfassung neutralisiert die harten Eigenschaften des Diamanten und wirkt wie ein Blitzableiter. Diamanten unterstützen die Willenskraft während einer Fastenkur, Rauchentwöhnung oder Entziehungskur.

Sternzeichen: Löwe 23. Juli bis 23. August

Chakra:

Der Diamant dient uns als Lichtbringer, welcher durch seine harmonievollen Schwingungen all unsere Chakras in positiven Einklang bringt. Durch Auflegen auf das dritte Auge merken wir sehr schnell die pure Kraft dieses Edelsteins. Es empfiehlt sich, den Diamanten meditativ nur zu verwenden, wenn man zu zweit ist, oder wenn man sehr geübt in der Meditation ist, denn dem ungeübten Mediteur kann es leicht passieren, daß dieser in einen Rausch der Ewigkeit verfällt. Wir empfehlen Ihnen für die Lithotherapie erst einmal den 100%igen Umgang mit dem klaren Bergkristall zu finden. Denn der Diamant ist 130.000 mal härter und stärker als der klarste aller Bergkristalle.

Wie erhalte ich einen Diamanten und wie pflege ich diesen?

Diamanten oder Brillanten werden in unzählig vielen Schmuckstücken angeboten. Für die Therapie jedoch empfehlen wir Ihnen den rohen Diamantkristall. Dieses Energiebündel hat eine Kraft, welche ihresgleichen sucht. Auch im Rohzustand liegt der Diamant auf höchster Preisebene. Es bedarf für diesen Stein weder ein Aufladen noch ein Entladen, da wir in unserem kurzen Leben nie die Zeit hätten, diesen Edelstein auch nur annähernd zu schwächen. Denn solange der Diamant ein Kristall ist, besteht er aus reinster Energie.

Diopsid

Schwarzer Diopsid - Grüner Diopsid - Sterndiopsid

v. li.: Diopsid schwarz, Stern, grün

Farbe: Grün, grüngrau, bläulich, schwarz

Chemische Zusammensetzung: $CaMg(SiO_3)_2$

Geologie:

Der Diopsid ist ein Kalzium-Magnesium-Silikat aus der Familie der Pyroxene, Er hat die Härte 5 bis 6. Diopsid wird in alpinen Klüften, wie z. B. in Österreich und in der Schweiz gefunden. Aber auch Fundstellen in Indien, Australien und Sri Lanka sind bekannt. Schwarze Diopside und Sterndiopside, welche durch einen Stern ihre charakteristischen Eigenschaften erhalten, werden meistens in Indien, Madagaskar und Sri Lanka gefunden. Grüne Diopside stammen meist aus Österreich und Brasilien.

Geschichtliche Überlieferung:

Der Diopsid findet seine Eigenschaften als Schmuckstein schon in der Antike. Besonders der durch seinen schönen Stern glänzende Sterndiopsid beflügelte die Phantasien der Völker. So glaubten die Griechen, daß Sterndiopside kleine leuchtende Sterne waren, welche während des Herabfallens auf die Erde zu Stein wurden. Als Erinnerung an den Himmel und an das Firmament haben diese ihren Sternenglanz behalten. Auch heute erfreut sich der Diopsid als Schmuckstein und Heilstein größter Beliebtheit.

Heilwirkungen auf den Körper:

Der grünliche Diopsid heilt Nierenerkrankungen. Er lindert Nephritis (Nierenentzündungen) und durch Bakterien verursachte Harnvergiftungen und ist ebenfalls ein sehr guter Heiler gegen TBC-Bakterien, welche die Nieren mit Tuberkulose entzünden. Darüberhinaus lindert der Diopsid, besonders als Diopsidwasser, eitrige Nierenabszesse und Entzündungen des Nierengewebes. Der Diopsid heilt auch Blasenentzündungen und Nierenbeckenerkrankungen, welche sich durch unangenehmes Brennen beim Ausscheiden von Urin durch die Harnwege bemerkbar machen.

Schwarzer Diopsid und Sterndiopsid:

Dieser Diopsid hat ganz besondere Eigenschaften auf das Blut und die Blutkörperchen. So lindert und heilt er z. B. im Knochenmark entstandene lymphatische Leukämie, indem er die Anzahl der weißen Blutkörperchen im Blut reguliert. Er steuert und harmonisiert darüberhinaus auch die Gerinnungsfaktoren im Blut, welche auch für die Blutflüssigkeit verantwortlich sind. Menschen mit häufigen blauen Flecken oder gar zum Bluter neigende Menschen sollten immer eine Diopsidkette bei sich tragen und die Kraft des Diopsid mit Diopsidwasser verstärken. Durch das regelmäßige Einnehmen von Diopsidwasser wird auch der Vitamin C Haushalt im Körper harmonisiert und Mangelerscheinungen, die sich z. B. durch Zahnfleischbluten, schwammiges Zahnfleisch, Parodontose oder gar Skorbut bemerkbar machen, können mit schwarzem Diopsid und Sterndiopsid geheilt werden. Besonders Kindern verhilft dieser dadurch zu einem gesunden und kräftigen Gebiß.

Heilwirkungen auf die Psyche:
Die Eigenschaften auf die Psyche sind bei allen Diopsidarten gleich und werden nur durch die Kraft des Sterndiopsid um ein vielfaches verstärkt. Der Diopsid stärkt seinen Träger in der Lebenseinstellung und harmonisiert vor allem Probleme, welche bis in die frühe Kindheit zurückreichen. Er verleiht seinem Träger ein höheres Maß an Ausgeglichenheit und verhilft zu einer treueren und ehrlicheren Beziehung in Partnerschaft und Freundschaft.

Chakra:
Diopside steigern die Intuition des Geistes und dringen durch die Stirn und das Herzchakra besonders gut in uns ein. Sterndiopside verstärken die intuitive Kraft und sind Lichtbringer. Sie verschaffen uns mehr inneres Gleichgewicht und befreien uns von Hemmnissen und Belastungen, welche ihre Wurzeln in unserer frühesten Kindheit finden. Mißhandlungen und falsches Verständnis elterlicherseits in den jüngsten Lebensjahren haben oftmals tiefe, schmerzhafte, seelische Wunden und Narben hinterlassen, welche unterbewußt sogar unser Leben bestimmen. Während der Meditation erreichen wir mit dem Diopsid eine Öffnung bis in unsere früheste Kindheit und erhalten durch diesen Stein die Kraft, Blockaden zu erkennen und dadurch zu heilen, daß wir uns im Bewußtsein von diesen Hemmnissen lösen. Diese Erkenntnis braucht jedoch Zeit, aber sie ist für unser zufriedenes Fortbestehen im Leben sehr wichtig.

Wie erhalte ich einen Diopsid und wie pflege ich diesen?
Diopside sind als Kristalle, Kristallstücke, Anhänger und selten als Trommelsteine erhältlich. Der schwarze Diopsid und der Sterndiopsid sind als Cabochons und selten als Kette erhältlich. Diopsidketten und Sterndiopside sind Steine mit großer Energie, welche auch ernsthafteste Krankheiten, wie z. B. Krebs, Leukämie und Tuberkulose bis in das fortgeschrittene Stadium hinein heilen können. Es empfiehlt sich, den Diopsid einmal im Monat unter fließendem, lauwarmem Wasser zu reinigen und zu entladen. Diopsidketten sollten in einer Schale mit Hämatit-Trommelsteinen entladen werden. Diopside sind energiereiche Steine, welche nach dem Entladen für einige Stunden, auch an der heißesten Mittagssonne, aufgeladen werden sollten.

Dioptas

Farbe: Dunkelgrün

Chemische Zusammensetzung: $CU_3Si_6O_{18}6H_20$

Geologie:
Beim Dioptas handelt es sich um ein Kupfermineral, welches in Oxidationszonen von Kupferlagerstätten entstanden ist. Dioptas ist eine Kupfer-Silizium-Verbindung mit der Härte 5. Die bekanntesten Fundgebiete des Dioptas liegen in Tsumeb, Südwestafrika, Zaire, GUS-Staaten und Arizona, USA.

Geschichtliche Überlieferung:

Der Name Dioptas stammt aus dem Griechischen Diopteia, was soviel bedeutet wie "durchsichtig". Mit diesem Namen wollten die Griechen wahrscheinlich auf die Transparenz des Dioptas hinweisen. Lange Zeit wurde der Dioptas mit Smaragd verwechselt. Erst 1797 erkannte man, daß es sich beim Dioptas um ein Kupfermineral handelt und nicht um Smaragd. Wegen seiner phantastischen Farbe gilt der Dioptas seit der Antike als Schmuckstein und kräftiger Heilstein.

Heilwirkungen auf den Körper:

Der Dioptas heilt Geschlechtskrankheiten der primären und sekundären Geschlechtsorgane. Er hebt die Potenz und steigert die Sexualkraft. Gleichzeitig bewahrt der Dioptas vor sexueller Frühreife und verhilft ganz besonders heranwachsenden Menschen in der Pubertät, leichter mit der Reife des Körper umzugehen.

Darüberhinaus bewahrt der Dioptas ganz besonders Kinder vor Schädigungen der Atmungsorgane und vor Blutvergiftungen, welche durch eine schadstoffbelastete Umwelt ausgelöst werden. Dioptas bewahrt die Gesundheit der Atemwege und heilt auch allergische und chronische Infektionen in Hals, Nase und Lunge. Durch Auflegen oder als Dioptas-Essenz heilt dieser Augenleiden, Regenbogenhaut-Entzündungen und Netzhautablösungen. Er lindert und heilt grünen und grauen Star und beugt ganz massiv der Erblindung vor. Darüberhinaus heilt der Dioptas auch Hornhautgeschwüre und Bindehautentzündungen. Er stärkt die Sehnerven und ist auch sehr heilsam bei Gerstenkorn- und Hagelkornerkrankungen an den Augen.

Heilwirkungen auf die Psyche:

Der Dioptas verbindet uns auf magische Weise mit den Kräften der Natur und des Lebens. Er kräftigt in uns die Empfindsamkeit gegenüber der Empfindlichkeit anderer Menschen und läßt in uns mehr Liebe, Hingabe, Treue und Frieden einfließen. Durch den Dioptas werden uns neue Lebenswege aus einem grauen, eingefahrenen Alltag heraus sichtbar gemacht. Junge Menschen, welche sich im pubertären Reifestadium befinden, erhalten mit Hilfe des Dioptas einen ausgeglicheneren Umgang mit ihrem "neuen Körper" und mit der Vielzahl an Hormonschwankungen. Der Dioptas trägt daher wesentlich zur Persönlichkeitsentfaltung und zur Meinungsbildung von Heranwachsenden bei.

Chakra:

Der Dioptas ist ein sanfter Stein, welcher am besten in Verbindung mit rosa Kunzit in uns eindringt. Hier jedoch entfalten diese beiden Steine besonders auf dem Herzchakra ein übersprudelndes Maß an Liebe, Wärme und Verständnis. In Verbindung mit rosa Kunzit hat der Dioptas auch sehr stark übertragende Kräfte auf die Mitmenschen. Wir können hierbei z. B. während der Meditation auch Menschen öffnen und erwärmen, welche vielleicht durch Anreden nicht zu erwärmen wären. Auch eingesessene Liebe kann mit Hilfe der Dioptas - rosa Kunzit Kombination für beide Partner neu aufgefrischt werden.

Wie erhalte ich einen Dioptas und wie pflege ich diesen?

Dioptas gehört zu den seltensten und begehrtesten Mineralien. Er ist daher nur im wirklich gut sortierten Fachhandel erhältlich und sein Preis liegt im gehobenen Bereich. Sie sollten den Dioptas nicht in Wasser, sondern einmal im Monat über Nacht in einer Schale mit Hämatit-Trommelsteinen reinigen und entladen. Das Aufladen des Dioptas erfolgt am besten, wenn Sie ihn einmal im Monat mit rosa Kunzit und klaren Bergkristallen über Nacht ruhen lassen.

Dolomit und Zuckerdolomit

v. li.: Zuckerdolomit, gelber Dolomit

Farbe:

Weiß, braun, gelblich bis durchsichtig. Zuckerdolomit ist weißer Dolomit mit goldenen Pyriteinschlüssen.

Chemische Zusammensetzung: $CaMg(CO_3)_2$

Geologie:

Dolomit, auch Bitterspat genannt, ist ein Kalzium-Magnesium-Karbonat mit der Härte 3,5 bis 4. Dolomit wird zur Gewinnung von wertvollen Magnesiumsalzen für Industrie und Medizin abgebaut. Die Fundgebiete sind sehr häufig und werden daher in nahezu allen Ländern angetroffen Die bekanntesten liegen in der Schweiz, Österreich, Jugoslawien und BRD. Der Zuckerdolomit kommt aus dem Binntal, Schweiz. Die eindrucksvollsten Dolomitformationen sind mit Sicherheit die Dolomiten, welche an den südlichen Alpen ein ganzes Bergmassiv bilden.

Geschichtliche Überlieferung:

Dolomit wurde von den Medizinern und Alchimisten im Mittelalter zu Puder gerieben und schon vor vielen hundert Jahren als wertvolle Medizin gegen Hautausschläge und Knochenerkrankungen verwendet. Erst 1792 erhielt der Dolomit seinen Namen. Von nun ab wurde dieser Stein nicht nur für die Medizin und als Heilstein, sondern auch als Düngemittel für Pflanzen und zur Auskleidung hochtemperierten Brennöfen verwendet.

Heilwirkungen auf den Körper:

Der Dolomit ist seit altersher ein beliebter Heilstein gegen Haut- und Knochenerkrankungen. Über die Haut gestrichen oder als Dolomitwasser bewahrt er die Haut vor Erkrankungen, Infektionen und Pilzen, wie z. B. Fußpilz. Menschen, die gegen Blütenpollen und Obst oder Nüsse allergisch sind, können diese Allergien ebenfalls mit Dolomit lindern. Besonders Zuckerdolomit hält die Haut rein und bewahrt vor allem auch die innere Haut vor Erkrankungen und Sprödigkeit. Der Zuckerdolomit hat sogar die Eigenschaft, daß er durch die Schweißdrüsen die Haut reinigt und gleichzeitig über diese in den Körper eindringt. Der hohe Kalziumgehalt des Zuckerdolomit in Verbindung mit wertvollen Mineralien, wie z. B. Eisen und Schwefel hat eine sehr stark heilende und schützende Wirkung auf das Knochenmark und den Knochenbau. Der Zuckerdolomit bewahrt vor allem Kinder im heranwachsenden Alter vor Knochenerweichungen und Knochenmißbildungen. Unschöne Narbenverhärtungen werden mit Hilfe des Dolomits verhindert. Über die Haut dringt der Dolomit auch in das Blut und die inneren Organe ein. So bewahrt er die Drüsen, besonders die Bauchspeicheldrüse, Schilddrüse, Eierstöcke und die Hoden vor Erkrankungen und harmonisiert deren Produktion an lebensnotwendigen Flüssigkeiten und Hormonen. Durch die stark entgiftenden Eigenschaften des Dolomit, besonders des Zuckerdolomit, werden nicht nur Arterienverkalkung und Cholesterinvergiftungen im Blut gelindert und geheilt, sondern das Herz wird vor Verhärtungen und Verkrampfungen beschützt.

Heilwirkungen auf die Psyche:

Der Dolomit ist ein relativ sanfter Heiler, welcher über die Haut und die Sinne aufgenommen wird. Durch seine reinigenden Funktionen klärt er die Seele und verleiht mehr Lebenskraft, Freude und gleichzeitig aber auch mehr Sensibilität. Aggressive Menschen werden ganz besonders durch den weißen Dolomit von Überreaktionen, Wutausbrüchen und starken Stimmungsschwankungen befreit, und Menschen, welche eher zu einer passiven Lebenseinstellung neigen, werden durch den braunen Dolomit beflügelt, ihre Wünsche und Bedürfnisse freier auszuleben. Neurotische Menschen können mit Hilfe des Zucker-Dolomit wieder auf einen lebensnaheren Level gebracht werden. Jungen Menschen und Teenagern gibt der Zucker-Dolomit die Kraft, stärker und entschlossener Drogen und Kriminalität zu widerstehen.

Chakra:

In der Lithotherapie entfaltet der Dolomit seine Kräfte für die Seele besonders auf der Stirn, dem Bauchnabel, zwischen den Brüsten und den Gelenken. Er dringt sanft, aber beständig in uns ein. Dolomit wirkt sehr ausgleichend für unsere seelischen Wünsche und Bedürfnisse und bewahrt vor Minderwertigkeitsgefühlen, die sich oft in einem Lebenswandel widerspiegeln, den man sich eigentlich gar nicht leisten kann.

Wie erhalte ich einen Dolomit und wie pflege ich diesen?

Dolomit ist als Rohstein, Kristall, Trommelstein, Handschmeichler, Anhänger, Ei und Kugel erhältlich. Selten jedoch als Donuts oder Kette. Der Zuckerdolomit eignet sich ganz besonders als Heilstein, da er einen sehr porösen Aufbau hat. Achten Sie beim Kauf darauf, daß dieser Stein mit besonders vielen metallischen Einschlüssen versehen ist, da diese die Kraft des Zuckerdolomit um ein vielfaches steigern. Durch Zerreiben läßt er sich ganz hervorragend zu Dolomitwasser oder als "Salbe" für die Haut verwenden. Dolomit kann zwar unter fließendem, lauwarmem Wasser entladen werden, gibt hierbei jedoch kaum negative Energie ab. Der Dolomit wird am Besten einmal im Monat über Nacht in einer Schale mit Hämatit-Trommelsteinen entladen. Das Aufladen sollte sich nach dem Entladen nur auf ca. 1 Stunde in einer Bergkristall-Gruppe beschränken.

Doppelspat oder auch Islandspat

v. li.: Doppelspat gelb, weiß, rosa

Farbe:

Durchsichtig gelblich, rosa oder weiß, mit Lichtbrechungseffekt

Chemische Zusammensetzung: $CaCO_3$

Geologie:

Beim Doppelspat handelt es sich um eine Calcitvarietät, welche sich durch rhomboederische Kristallformen ausweist. Die Besonderheiten liegen jedoch darin, daß diese Kristallstücke einen Doppellichtbrechungseffekt haben, welche unser Auge täuschen und einen Schriftzug doppelt lesbar machen. Beim Doppelspat handelt es sich um nahezu reines Kalziumkarbonat, wie es auch in unserem Körper, z. B. in den Knochen und den Zähnen enthalten ist. Der bekannteste und schönste Doppelspat stammt aus Island. Weitere Fundgebiete liegen in Mexiko und USA.

Geschichtliche Überlieferung:

Der Doppelspat galt als Seherstein, welcher ganz besonders von den Wickingern als Glücksstein, Freundschaftsstein und Friedensstein verehrt wurde. Von den Wickingern wurde der Doppelspat erstmals von Island auf das europäische Festland gebracht.

Heilwirkungen auf den Körper:

Durch den hohen Kalziumgehalt gehen vom Doppelspat starke Kräfte auf die Knochen, Haut, Haare, Nägel und die Zähne aus. So heilt er durch mundspülen Erkrankungen des Zahnmarks, welche eine überempfindliche Heiß- und Kaltreaktion an den Zähnen verursachen. Er heilt aber auch schmerzhafte Wurzelentzündungen und lindert Zahnausfall und Karies. Er kräftigt die Hautmuskulatur und heilt Hautentzündungen, wie z. B. die Nesselsucht. Doppelspat lindert und heilt auch Pilzerkrankungen und Flechten, welche über die Haut die Nägel schädigen, Haare erkranken, oder sogar zu Haarausfall führen. Ganz besonders der rosane Doppelspat, in Verbindung mit Doppelspat-Wasser kräftigt das Körpergewebe, die Knochen und die Sehnen und lindert Arthritis und Gicht. Bei regelmäßigem Einnehmen von Doppelspat-Wasser oder durch Auflegen von weißem und rosa Doppelspat können Arthritis und Gicht sogar bis in das fortgeschrittene Stadium geheilt werden. Gelber Doppelspat hat in Verbindung mit weißem Doppelspat sehr lindernde und heilende Eigenschaften auf Schmerzen in der Wirbelsäule. Hierunter fallen neben Knochenschmerzen im Lendenbereich und Hexenschuß auch Bandscheibenerkrankungen und Haltungsschäden. Bei Jugendlichen lindert und heilt die Kombination gelber-weißer Doppelspat auch in Verbindung mit Doppelspat-Wasser oder Tee die Scheuermann'sche Krankheit. Diese wirkt sich durch häufige Rückenschmerzen und Buckelrücken aus.

Heilwirkungen auf die Psyche:
Der Doppelspat bewahrt seinen Träger nicht nur vor körperlichen Stauungen, sondern auch vor geistiger Verkalkung und Senilität. Er fördert die Herzensreinheit und harmonisiert das Gefühlsleben seines Trägers. Als Schutzstein bewahrt der Doppelspat vor gespielter Liebe und falschen Freunden. Auch hier harmonisieren der weiße und der rosane Doppelspat besonders gut miteinander.

Chakra:
Der Doppelspat dringt am besten durch Auflegen auf der Stirn oder dem Solarplexus in uns ein. Er läßt uns während der Meditation den Reichtum all unserer Gefühle erschließen und läßt neue Kraft daraus schöpfen. Er verhilft uns zu mehr Verständnis der eigenen Bedürfnisse und auch zu mehr Verständnis der Bedürfnisse unserer Mitmenschen. Durch den Doppelspat gelingt es uns, Botschaften unserer Mitmenschen, und auch eigene Träume, besser zu verstehen.

Wie erhalte ich einen Doppelspat und wie pflege ich diesen?
Doppelspat ist meist als rhomboedischer Einzelkristall im Handel erhältlich. Nur mit dem charakteristischen Doppel-Lichtbrechungseffekt handelt es sich um Doppelspat. Sie sollten diesen kräftigen Stein einmal im Monat oder unmittelbar nach Gebrauch unter fließendem, lauwarmem Wasser reinigen und entladen. Doppelspat sollte zum Aufladen in einer Schale mit Wasser für einige Stunden an die Sonne gestellt werden.

Dumortierit

Farbe:
Verschiedenartige Blauschattierungen bis hin zum Dunkelblau und Violettblau.

Chemische Zusammensetzung: $Al_7(BO_3)(SiO_4)_3O_3$

Geologie:
Der Dumortierit ist ein mineralienreiches Aluminiumsilikat mit der Härte 7. Die farbgebenden Substanzen sind Mangan, Eisen und Zink. Neben vielen kleinen Fundstellen in Kanada, USA, Namibia und Madagaskar liegen die wohl wichtigsten Fundgebiete in Südafrika.

Geschichtliche Überlieferung:
Die afrikanischen Ureinwohner schätzten den Dumortierit sehr, da sie glaubten, daß es sich bei diesem Stein um versteinertes Wasser handle. Denn da, wo der Dumortierit an der Oberfläche zu finden war, war auch Wasser nicht weit. Bis heute ist jedoch nicht bekannt, welche Eigenschaften den Dumortierit mit seinem häufigen Finden in Grundwasser-reichen Gebieten verbindet. Der Dumortierit erhielt vermutlich seinen Namen nach dem französischen Paläonthologen E. Dumortier.

Heilwirkungen auf den Körper:
Der Dumortierit hat fiebersenkende Eigenschaften und bewahrt vor allem Kinder vor fiebrigen Infektionen und vor Fieberkrämpfen. Als Dumortieritwasser oder direkt auf der Haut getragen lindert und heilt der Dumortierit Kopfschmerzen und Verstauchungen. Er lindert sogar Neuralgien, welche durch nervliche Entzündungen hervorgerufen werden und starke Schmerzen verursachen. Dumortierit lindert auch Nervenentzündungen einzelner Nervenfasern, welche das Ausfallen ganzer Organe zur Folge haben können (Neuritis). Darüberhinaus wirkt der Dumortierit auch entwässernd auf Wasseransammlungen im Körper wie z. B. Krampfadern und anderen wasserreichen Ödemen. Er behebt diese Leiden durch die Harmonisierung der Drüsen, insbesondere aber der Schilddrüse, welche durch Unterfunktion die häufigste Ursache für solche krankhaften Wasseranreicherungen im Gewebe ist.

Heilwirkungen auf die Psyche:
Der Dumortierit verbindet seinen Träger mit der Umwelt. Er schenkt ganz besonders Kindern gesteigerte Immunität und verhilft allgemein seinem Träger zu mehr Konzentration im Alltag. Nach Feierabend verhilft der Dumortierit zu einem besseren Ausgleich und mehr Ruhe. Durch diesen Stein werden häufig auftretende Belastungen des Alltags-Manager-Syndrom) zurückgehalten und eine größere und tiefere Phase der Entspannung tritt ein.

Chakra:
Der Dumortierit eignet sich ganz besonders zum Auflegen und Meditieren auf dem Halschakra mit Tendenz zur Stirn. Er vermittelt mehr Konzentrationsfähigkeit gegenüber den wichtigen und täglichen Aufgaben im Leben. Er gibt mehr Verantwortungsbewußtsein und schenkt mehr Harmonie in der Familie. Darüberhinaus schafft es der Dumortierit wie kaum ein anderer Stein, daß für seinen Träger die Ruhephasen und Erholungsstunden entspannender werden. Während des Schlafs und besonders während der Meditation erreichen wir durch den Dumortierit einen Nirwana ähnlichen Zustand aus totaler Entspannung und mehr Ausgeglichenheit.

Wie erhalte ich einen Dumortierit und wie pflege ich diesen?
Dumortierit ist als Trommelstein, Handschmeichler, Chakrastein, Anhänger, Kugel, Ei, Kette, Donuts und vielen phantasievollen Formen für Halsreifen und Lederband erhältlich. Besonders ungeknotete Ketten mit großen Kugeln und einem silbernen Verschluß vervielfachen die Kraft dieses herrlichen Edelsteines. Wir empfehlen Ihnen, den Dumortierit wöchentlich unter fließendem, lauwarmem Wasser unter Reiben zu reinigen. Danach sollten Sie ihn für ein bis zwei Stunden in eine Amethyst-Druse oder Bergkristall-Gruppe aufladen. Ketten sollten über Nacht in einer trockenen Schale mit Hämatit-Trommelsteinen gereinigt und entladen werden.

Falkenauge

Farbe: Bläulich silbernes Schimmern

Chemische Zusammensetzung: SiO_2

Geologie:
Das Falkenauge gehört in die Familie der Quarze und hat die Härte 7. Die Farbe und der schimmernde Glanz kommen durch glimmerartige Krokydolith-Ablagerungen und Hornblende Fasern im Quarz zustande. Die wichtigsten Vorkommen liegen in Südafrika und Westaustralien.

Geschichtliche Überlieferung:
Nach der arabischen Überlieferung macht das Falkenauge seinen Träger lustig und schärft den Verstand. Es erhält die Einigkeit unter den Ehegatten und verleiht mehr Jugendfrische und Gesundheit.

Heilwirkungen auf den Körper:
Von alten Völkern her wurde das Falkenauge als das Auge des Falken bezeichnet. Dieses hat die Eigenschaft, vor Kurzsichtigkeit, Augenverletzungen und Hornhautentzündungen der Augen zu bewahren. Bei Überanstrengung der Augen oder bei Entzündungen empfehlen wir, durch warmes Wasser erwärmte Falkenauge-Scheiben aufzulegen. Als Kugelkette bewahrt das Falkenauge vor dem Eindringen von Computerstrahlen, lindert starke Kopfschmerzen und Migräne. Chronische Krankheiten sowie Atembeschwerden und asthmatische Erkrankungen können mit Falkenauge aufgespürt und, gelindert und geheilt werden.

Heilwirkungen auf die Psyche:
Durch seine befreiende Wirkung von fremden Strahlen stabilisiert das Falkenauge die persönliche Lebenseinstellung und erreicht somit, daß unsere Ziele besser erreicht werden. Wir erkennen aber auch unsere eigenen Schwächen, und lernen mit diesen besser umzugehen. Falkenauge verleiht mehr Einigkeit in der Ehe und verhilft zu mehr Jugendfrische und Gesundheit. Darüberhinaus bewahrt Falkenauge vor sexuellen Belästigungen am Arbeitsplatz. Es sollte daher immer sichtbar getragen werden. Große Falkenauge-Cabochons in Silber gefaßt vertreiben böse und neidische Menschen und bewahren uns noch stärker vor intimen und intrigenhaften Belästigungen auf den Körper und die Seele.

Sternzeichen: Wassermann 21. Januar bis 19. Februar

Chakra:
Das Falkenauge hat einen starken Einfluß auf unser Stirnchakra mit Tendenz zur Kehle. Besonders tiefe Wirkungen lassen sich in der Kombination mit Bergkristall erzielen. Falkenauge kann mit Tigerauge in seinen feinfaserigen und sensiblen Schwingungen verstärkt werden. Diese Kombination dringt wesentlich schwingungsvoller in den Organismus ein und vermag es sogar, chronische Angstzustände und seelische Krämpfe besser zu lösen.

Wie erhalte ich ein Falkenauge und wie pflege ich dieses?
Falkenauge ist erhältlich als Trommelstein, Handschmeichler, Kugelkette, Anhänger und selten als Donuts. Es ist unter fließendem lauwarmem Wasser nur sehr schwer zu entladen. Wir empfehlen Ihnen daher das Entladen über Nacht in einer trockenen Schale mit Hämatit-Trommelsteinen. Auch Ketten sollten auf diesem Wege gereinigt und entladen werden. Falkenauge lädt sich in einer Kombination aus Bergkristall und Tigerauge sehr gut, einmal im Monat über Nacht, auf.

Feuerachat

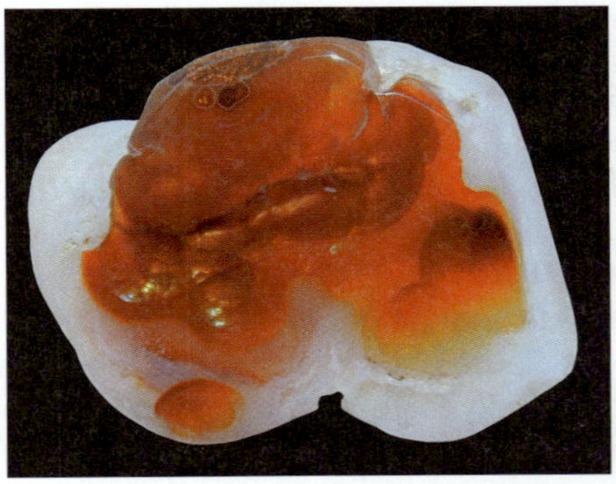

Farbe: Braunrot bis dunkelrot, häufig opalisierend schillernd.

Chemische Zusammensetzung: SiO_2

Geologie:
Der Feuerachat gehört in die Familie der Quarze und erhält durch eine Vielzahl von Mineralien, Metallen und

Spurenelementen sein phantastisches Farbenspiel. Die Fundgebiete liegen nur noch an ganz wenigen Stellen in USA und Mexiko.

Geschichtliche Überlieferung:

Von der Indianischen Überlieferung her wissen wir, daß der Feuerachat seit vielen Generationen ein geschätzter Schmuck- und Heilstein ist. Die Indianer glaubten, daß der Feuerachat seinem Träger alles Böse vom Körper fernhält. Durch das im Stein gebändigte Feuer vermag er vor Bränden und Blitzschlag zu schützen. In der Liebe inspiriert er mehr Leidenschaft und Temperament. Er gilt bei den Indianern auch heute noch als einer der heiligen Grundsteine.

Heilwirkungen auf den Körper:

Der Feuerachat hat eine starke Wirkung auf die inneren Zellen des Körpers. Er steuert die Zellteilung, den Zellaufbau und verhindert ungeregeltes Zellwachstum, welches zu Krebs und Knoten führen kann. Krämpfe und Verengungen der Gefäße im Unterleib werden ebenso verhindert wie Krampfadern. Wie bei den Indianern wird der Feuerachat auch heute noch gerne als Sexualstein verwendet, welcher durch die Wiederherstellung des inneren Gleichgewichts Impotenz und Frigidität verhindert. Bei Erkrankungen der Sexualorgane wie z. B. der Hoden, Eierstöcke und Gebärmutter heilt der Feuerachat bis in das fortgeschrittene Stadium. Menschen mit starken Hormonschwankungen sollten zum Ausgleich immer einen Feuerachat bei sich tragen. Durch Feuerachat-Wasser lassen sich auch Erkrankungen der äußeren Geschlechtsorgane gut behandeln. Kleinkinder in den ersten acht Lebenswochen beschützt der Feuerachat vor Atemstillstand und plötzlichem Kindstod. Er bewirkt eine gesunde Entwicklung der körperlichen und geistigen Fähigkeiten des Babys. Durch Feuer-Achat-Wasser läßt sich die Haut des Babys sehr gut von Verunreinigungen und Keimen reinigen und heilt Milchschorf und schuppige Hauterkrankungen. Kleinkinder sollten daher immer einen Feuerachat unter dem Kopfkissen oder am Lederband im Kinderwagen bei sich haben.

Heilwirkungen auf die Psyche:

Der Feuerachat hat auf den Körper sowie auf die Seele eine ausgleichende Wirkung. Diese bewahrt uns vor starken Stimmungsschwankungen, Wutanfällen und Jähzorn. Durch falsche Erziehung und durch seelische Belastungen hervorgerufene Impotenz kann mit Hilfe des Feuerachats gelindert und sogar geheilt werden. Dies trifft auch für sexuell gehemmte und verklemmte Menschen zu. Der Feuerachat befreit von Vorurteilen und von übertriebenen Angstzuständen. Wir lernen uns selbst besser kennen und stellen fest, daß auch wir nicht frei von Fehlern sind.

Chakra:

Der Feuerachat ist ein Stein, welcher seine Kraft vom Basischakra aus in unser Sexualchakra hineinbefördert. Sie fühlen schon nach kurzer Anwendung einen pulsierenden Blutdruck und teilweise auch Erektion. Legen Sie gleichzeitig einen Feuerachat auf das Dritte Auge, so werden in Ihnen sexuelle Erinnerungen wach, die positiv oder auch negativ für Sie waren, und bis tief in Ihre Kindheit zurückreichen. Sexuelle Hemmnisse lassen sich erkennen und behandeln. Legen Sie den Feuerachat zusammen mit einem Feueropal auf das durch einen Bergkristall geöffnete Wurzelchakra, so werden bei regelmäßiger Therapie starke Hormonschwankungen harmonisiert und ausgeglichen.

Wie erhalte ich einen Feuerachat und wie pflege ich diesen?

Der Feuerachat gehört mit zu den wertvollsten Edelsteinen. Sie erhalten diesen daher sehr selten und nur im besonders gut sortierten Fachhandel als Trommelstein, Handschmeichler, Anhänger und Cabochon. Bitte vor jedem Gebrauch unbedingt unter fließendem lauwarmem Wasser entladen. Da der Feuerachat ein sehr kräftiger Stein ist, bedarf es bei Ermüdungserscheinungen des Steins einer langen Aufladezeit an der Sonne oder über Nacht in einer Bergkristall-Gruppe.

Feueropal

Farbe:
Orange bis rot durchscheinend, besonders edle Stücke mit schillerndem Farbenspiel.

Chemische Zusammensetzung: $SiO_2 + H_2O$

Geologie:
Feueropale gehören in die Familie der Opale und sind indirekt mit den Quarzen sehr stark verwandt. Die Opale unterscheiden sich jedoch von den reinen Quarzen durch ihren höheren Wassergehalt (teilweise. bis zu 30%). Die Härte des Feueropals liegt bei ca. 6,5. Im Gegensatz zu den australischen Milch- und Edelopalen werden die Feueropale ausschließlich in Mexiko gefunden.

Geschichtliche Überlieferung:
Bei den Indianern wird der Feueropal genauso geschätzt wie der Feuerachat. Beide Steine sehen sich sehr ähnlich und sind nur am helleren Rot des Feueropals zu unterscheiden. Der Feueropal wird auch heute noch bei den Indianern als Symbol innigster Liebe verehrt. Durch das Tragen auf dem Körper als Anhängerchen verleiht dieser die Kraft, kommenden Gefahren auszuweichen, und vor allem falsche und neidische Freunde zu erkennen.

Heilwirkungen auf den Körper:
Feueropale sind nicht nur begehrte Schmucksteine, sondern auch kräftige Heilsteine. Aus uralten indianischen Überlieferungen wissen wir, daß Feueropale speziell zum Heilen von Erkrankungen des Herzens und des Kreislaufs verwendet werden. Der Feueropal stabilisiert den Kreislauf und bewahrt das gesamte Blutgefäßsystem vor Erschlaffung und Minderdurchblutung. Schwächeanfälle, Kreislaufschwäche und Schwindelanfälle, die z. B. oft schon durch treppensteigen ausgelöst werden, können durch den Feueropal sehr gut gelindert und geheilt werden. Er reguliert die Anpassungsfähigkeit des Kreislaufs und erreicht somit, daß der Körper schneller und reflektorischer auf Veränderungen eingehen kann. Der Feueropal lindert und heilt auch die Folgen, welche durch Herzinnenhautentzündungen oder Herzklappenfehler hervorgerufen werden. Darüberhinaus hat er sehr entzündungshemmende Eigenschaften gegen Viren und Eiterbakterien und senkt auch die allergische Reaktionsbereitschaft des Organismus.

Heilwirkungen auf die Psyche:
Der Feueropal vermittelt in unserem Körper eine andauernde Kraft an Vitalität und bewahrt vor starken Stimmungsschwankungen, wie z. B. Wutanfällen und Jähzorn. Schenken Sie einen Feueropal einem wirklich begehrenswerten Menschen, bei dem Sie denken, daß es sich lohnt, so wird sich dieser Ihnen gegenüber in kürzester Zeit besonders zuwenden. Wird der Feueropal während der Beziehung oder in der Ehe trüb, so sollten Sie unbedingt etwas ändern. Schieben Sie ein offenes Gespräch mit Ihrem Partner nicht auf die lange Bank. Risse in diesem Stein sagen Ihnen eine Veränderung voraus, welche Sie respektieren sollten. Ein Feueropal läßt sich nicht täuschen, sondern stellt mehr Ausgeglichenheit zwischen Geben und Nehmen her.

Chakra:
Der Feueropal entfaltet seine beste Wirkung auf dem Wurzelchakra mit Tendenz zum Milzchakra bis hin zum Sonnengeflecht. Setzen Sie sich auf diesen Stein und legen in Ihre Hände gleichzeitig einen Blutstein, so fühlen Sie schon nach kurzer Zeit, wie sich Ihr Kreislauf steigert. Sie erfahren, wie sich Ihr Körper erwärmt, ganz besonders auch an den Fingerspitzen und in den Zehen. Giftstoffe werden erfaßt und regelrecht herausgeschwemmt. Seelische Blockaden werden durchbrochen und es öffnet sich Ihnen eine Welt, die Sie vorher nicht kannten. Sie erhalten die Fähigkeit, über Dinge zu reden, welche vorher für Sie tabu waren und merken, daß Sie vor allem im sexuellen Bereich

offener werden, Hemmungen erkennen, und spüren, daß auch diese Bedürfnisse von Ihrem Kopf erfunden und gesteuert werden. Sollte Ihnen bei dieser Sexualmeditation schwindlig werden, so lassen Sie die Blutsteine aus Ihren Händen gleiten, damit sich Ihr Kreislauf wieder beruhigt. Bleiben Sie mindestens jedoch noch für 15 Minuten liegen. Wiederholen Sie diese Therapie erst dann, wenn Sie das bisher Erkannte wirklich verarbeitet haben.

Wie erhalte ich einen Feueropal und wie pflege ich diesen?

Feueropale sind sehr selten und wertvoll. Sie erhalten diese als Rohstein, Trommelstein, und zu Schmuck verarbeitet. Wir empfehlen Ihnen, einen Feueropal in einem Glas mit Wasser aufzubewahren, damit sich dieser ständig reinigen und aufladen kann. Feueropale sind sehr sensible Steine, welche bei zu starken Anforderungen trüb werden oder gar zerspringen. Gönnen Sie diesem Stein Ruhe und genug Zeit, um sich wieder zu erholen. Niemals sollten Sie den Feueropal an der Sonne aufladen, da diese ihm die Persönlichkeit entzieht.

Flintstein (Feuerstein) und Rheinkiesel

v. li.: Flintstein und Rheinkiesel

Farbe:

Grau, schwarz, schwarzweiß, beige, oftmals mit eigenartigen Mustern, welche an Runenzeichen erinnern.

Chemische Zusammensetzung: SiO_2

Geologie:

Flintsteine und Rheinkiesel sind farbige oder auch, schwarze, graue und weiße jaspisartige Quarzverbindungen. Sie haben die Härte 7 und zeichnen sich durch eine sehr hohe Stabilität aus. Aufgrund ihrer hohen Festigkeit und gut schleifbaren Eigenschaften wurden Flintsteine und Feuersteine schon zu Beginn der Menschheit als Heilsteine, Amulette und Werkzeuge geschätzt. Die ersten Pfeilspitzen und andere Gebrauchsgegenstände der Ur- und Höhlenmenschen wurden aus Flintsteinen und Feuersteinen gefertigt. Die Fundgebiete des Flintstein bzw. Feuerstein liegen in Australien, England, Schottland, USA, Ägypten, Brasilien und Mexiko. Auch an der Ostsee und an der Biskaya werden phantastische Flintsteine in den verschiedensten Farben an den Strand gespült. Die Rheinkiesel werden in sehr alten Ablagerungen der letzten Eiszeit an Mosel und Rhein gefunden.

Geschichtliche Überlieferung:

Flintsteine und **Feuersteine** wurden aufgrund ihrer Härte und ihres scharfen muscheligen Bruchs schon in der Steinzeit zu Waffen, Pfeilspitzen und Werkzeugen verarbeitet. Charakteristisch für diese Steine ist, daß sie beim Aufeinanderklopfen Funken versprühen und einen Brandgeruch erzeugen. Besonders schöne Feuerstein-Pfeilspitzen sind heute beispielsweise noch von den Indianern aus Mexiko und USA erhältlich. In der Geschichte wurde der Flintstein durch die Erfindung der Metallschmiedekunst als Waffe und Werkzeug abgelöst.

Rheinkiesel sind besondere Vertreter aus der Familie der Flint- und Feuersteine. Sie sind häufig dunkler und haben charakteristische Muster, welche an die Runenzeichen der Germanischen Völker erinnern. Runen sind Schriftzeichen, die bereits vor Christi verwendet wurden. Sie wurden von nahezu allen germanischen Völkern für Talismane und zur Kommunikation mit den Göttern gebraucht. Runen dienten als überirdische Kraftspender, welche vor Gefahren, Geistern und Krankheiten bewahren. Eines der bekanntesten

Runen-Amulette ist die Sig-Rune, welche ihren Träger und all seine Angehörigen vor Unheil und bösen Feinden schützt. Auf der Rückseite dieser Rune wird gerne die Hagal-Rune verwendet, welche durch den Sechsstern alle Macht gegenüber Krankheit, Zauberei und feindlichen Einflüssen bestärkt. Siehe Abb. 1

Abb. 1

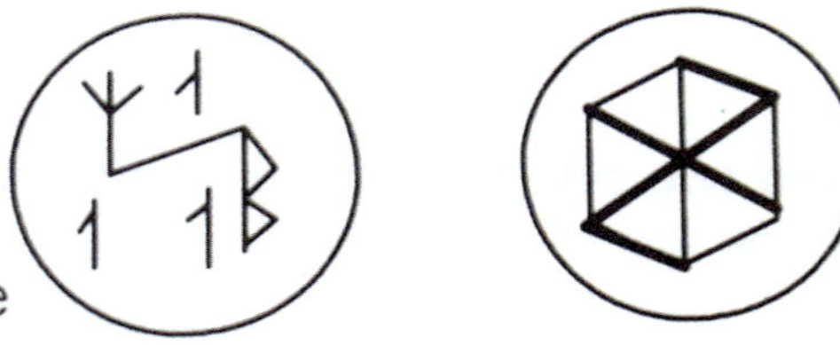

Ein sehr kräftiges Schutz und Erfolgsamulett der Germanen und besonders der Wickinger war das Runen-Hexagramm. Diese Rune galt als Schutz- und Erfolgsamulett zur Stärkung von Ehrgeiz und Willenskraft. Sie sollte darüberhinaus mehr Liebe und Treue in der Partnerschaft geben. Siehe Abb. 2. Als Rückseite wird ebenfalls gerne die Hagal-Rune (Abb.1) verwendet.

Abb. 2

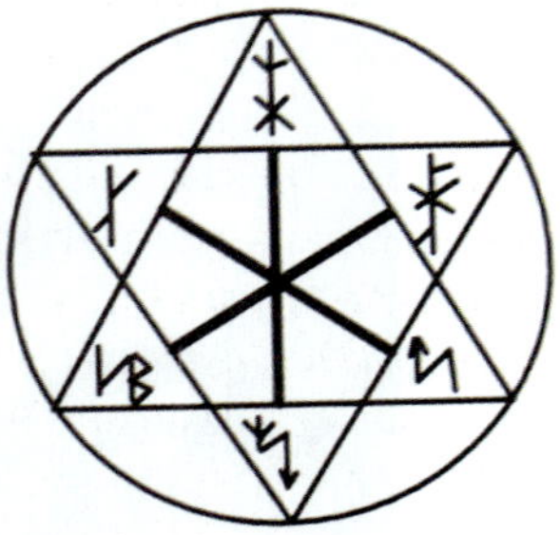

Es gibt viele Runen als Schutzzeichen zur Abwehr böser Geister und Krankheiten. Das Runen-Alphabet besteht aus 24 Zeichen, welche untereinander, ebenfalls wie unser Alphabet, beliebig zu sinnvollen Zeichen kombiniert werden können. Ursprung für die ersten Runenzeichen waren wahrscheinlich die rätselhaften Zeichen und Muster, wie sie auch heute noch auf besonders schönen Rheinkieseln zu sehen sind.
Rheinkiesel galten bei allen germanischen Völkern als Kultsteine, Schutzsteine und Heilsteine. Die Wickinger brachten die Rheinkiesel nach Island und die Vandalen sogar nach Rom. Rheinkiesel wurden auch in den Ausgrabungen um Stonehenge, in Schottland, gefunden, welches die Sonnenwende signalisieren sollte. So glaubten die damaligen Völker schon vor 4.000 bis 5.000 Jahren, daß die Rheinkiesel besonders anziehende Kräfte auf die Sonne haben. Sie wurden von allen germanischen Völkern um Mosel und Rhein bis England, Schottland und Island als Schutzsteine und Verbindungssteine zu den Göttern verehrt.

Heilwirkungen auf den Körper:

Die heilenden Kräfte des Flintsteins und der Rheinkiesel konzentrieren sich besonders stark auf die Nieren, die Nerven und auf die Hormone im Körper. Sie entgiften über die Nieren das Blut und stärken das Nervensystem. Ganz besonders der Flintstein bewahrt und heilt die Nieren vor Erkrankungen und Entzündungen. Vom Flintstein wie auch vom Rheinkiesel werden hormonbedingte Drüsenerkrankungen und psychosomatische Erkrankungen wie z. B. Vielesserei, Fettsucht, Bulimie oder Magersucht geheilt. Ganz besonders, wenn vor dem Essen ein Glas Flintstein- oder Rheinkieselwasser auf nüchternen Magen getrunken wird (ca. 1/2 Liter), wird dem unkontrollierten Vielessen durch Stärkung des Sättigungsgefühls ein Riegel vorgeschoben. Darüberhinaus werden durch diese Steine die Hormondrüsen, insbesondere die weiblichen und männlichen Keimdrüsen harmonisiert und gleichzeitig Blutdruck, Wasserhaushalt und Sexualtrieb reguliert. Nervenerkrankungen der Gesichtsnerven und Gesichtslähmungen, sowie Lähmungen der Glieder können durch den Flintstein gelindert und geheilt werden. Durch den Rheinkiesel wird der Alterungsvorgang im Körper gebremst. Dieser hängt zu einem Großteil mit Wasserverlust und Verschlackung der Gefäße zusammen und wird mit Hilfe des Rheinkiesels dadurch verlangsamt, weil dieser entschlackend und feuchtigkeitsregulierend für den Organismus ist. Auch für die Haut hat Rheinkieselwasser sehr belebende und sogar verjüngende Eigenschaften. Alterspsychosen, welche durch Verkalkungen und Verschleiß der Gelenke, Wirbelsäule und der Nerven verursacht werden, wie z. B. Altersrundrücken (Buckel), Zittern, Benommenheit, Sehschwäche und Schwerfälligkeit der Bewegungen (Osteoporose), können ebenfalls sehr gut durch das Auflegen von Rheinkiesel und durch regelmäßiges Trinken von Rheinkiesel-Wasser verlangsamt werden.

Heilwirkungen auf die Psyche:

Flintstein (Feuerstein) und Rheinkiesel haben eine sehr entkrampfende Wirkung auf das Verhalten und geben mehr Selbstsicherheit. Sie machen uns Mut, auch einmal aus der Reihe zu tanzen. Besonders ältere Menschen werden durch Feuersteine und Rheinkiesel inspiriert, sich wieder modischer zu kleiden oder einfach gemeinsam mit dem Partner oder mit Freunden zum Shopping, ins Kino, zum Fußballplatz oder zum Tanzen zu gehen. Ganz besonders der Rheinkiesel entkrampft und befreit vor Klischees und zu engen gesellschaftlichen Normen. Niemand kann verbieten, daß man Dinge, die keinen anderen verletzen, einfach nicht tut, nur weil "man" das nicht tut. Besonders durch den Rheinkiesel erfahren wir, wer "man" eigentlich ist. Wir sind aber nicht Mann oder Frau, sondern wir sind wir selbst und möchten unser eigenes Leben leben, nicht wie "man" es sieht, sondern wie wir uns das Leben wünschen. Beide Steine kräftigen die Partnerschaft und lösen gegenseitige Probleme. Unter dem Kopfkissen lindern Feuersteine und Rheinkiesel auch vor nächtlichen Ängsten und Alpträumen.

Chakra:

Rheinkiesel und Feuersteine dringen für die Meditation am besten durch das Wurzelchakra, den Solarplexus oder über das Dritte Auge in uns ein. Sie verschaffen uns während der Meditation mehr Klarheit über unsere Bedürfnisse und harmonisieren die Freundschaft und die Partnerschaft. Blockaden, welche häufig längst überarbeitete gesellschaftliche Normen sind, werden mit Hilfe dieser Steine erkannt und herausgespült. Beide Steine kräftigen die Aura und eignen sich auch sehr gut als Harmoniesteine in Verbindung mit anderen Heilsteinen.

Wie erhalte ich eine Feuerstein oder Rheinkiesel und wie pflege ich diesen?

Flintstein (Feberstein) und Rheinkiesel sind als Rohsteine aber auch als Trommelsteine, Handschmeichler, Anhänger und selten als Donuts oder Ketten erhältlich. Sie sind kräftige Steine und sollten während der Anwendung mindestens einmal im Monat unter fließendem, lauwarmem Wasser gereinigt und entladen werden. Beide Steine sollten nach dem Entladen für zwei bis drei Stunden an der heißen Mittagssonne oder in einer Bergkristall-Gruppe aufgeladen werden.

Fluorit (Flußspat)

Gelber Fluorit - Regenbogenfluorit - Violetter Fluorit (Blue John) - Grüner Fluorit - Fluorit mit Pyrit

v. li.: Fluorit grün, Regenbogenfluorit

Chemische Zusammensetzung: CaF_2

Geologie:

Der Fluorit, welcher auch Flußspat genannt wird, hat die Härte 4. Er ist nicht nur ein begehrter Heilstein, sondern aufgrund seiner Vielfalt von Kristallformen und Farben auch ein beliebter Sammlerstein. Fluorit wird in der Natur in schönen würfeligen und oktaedrischen Kristallen gefunden. Aufgrund seiner guten Spaltbarkeit können Oktaeder auch aus Würfeln herausgespalten werden. In der Glas- und in der Metallverarbeitung wurde der Fluorit schon im Mittelalter als

Flußmittel zur Verhüttung verwendet und wird in Deutschland auch heute noch im Schwarzwald abgebaut. Fundgebiete in der Oberpfalz und anderen deutschen Orten sind jedoch bereits ausgebeutet. Die besonderen Fundstellen des Fluorits liegen in Spanien, England, Mexiko, den USA und vor allem in China.

Geschichtliche Überlieferung:

"Als im Alten Testament nach der Sintflut Noah seine Tauben ausschickte, um zu erkunden, ob es auf der Erde wieder Land geworden ist, berichteten diese, daß alle Regenbogen beginnen, bis zur Erde hinabzuscheinen, um dieser ihre phantastischen Farben zurückzugeben. So erhielten nicht nur die Pflanzen ihr sattes Grün und die Meere ihr tiefes Blau, sondern alle Lebewesen die für sie bestimmte Schönheit. Nachdem auch alle Edelsteine ihre Farbe erhalten haften, blieb der Fluorit übrig. In diesen zogen sich alle Regenbogen zurück, um auch auf der Erde bleiben zu können." Seitdem hat nach dieser alten Überlieferung der Fluorit seine phantastischen Regenbogenfarben. Vor allem in China wurde der Stein als Glücksbringer getragen, welcher vor schwarzer Magie, Farbblindheit und Selbstmordgedanken beschütze. Da er von allen Steinen etwas in sich birgt, ist er ein Stein der Intuition, der Liebe, des Glücks und der Zuversicht.

Heilwirkungen auf den Körper:

Der Regenbogenfluorit entschlackt und reinigt den gesamten Körper und bewahrt, besonders die Adern und Gefäße, vor Ablagerungen und Verkalkungen. Dieser kann mittels großer Regenbogenfluorit-Kugeln (6 bis 10cm) sogar Krebs und andere wuchernde Geschwüre bis ins fortgeschrittene Stadium lindern und heilen. Als Fluorit-Wasser täglich getrunken, schützt dieses vor Karies, Zahnfleischentzündungen, Mundfäulnis und festigt gleichzeitig die Zähne. Durch den hohen Mineralgehalt des Regenbogenfluorits hat dieser, ganz besonders bei Heranwachsenden, einen sehr starken Einfluß auf den Knochenbau. Kleinkinder unterstützt er in der Nahrungsaufnahme und bewirkt eine bessere Umwandlung der Nahrung in Mineralien, Vitamine und Lebensbausteine. Er unterstützt die Entwick-lung der Drüsen, Verdauungsorgane und Schleimhäute. Regenbogenfluorit bewahrt vor Knochenerkrankungen, Fehlbildungen im Skelett der Wirbelsäule und lindert Arthritis, Arthrose und Osteoporose. In der Schwangerschaft empfehlen wir der werdenden Mutter, von Anfang an häufig eine Regenbogenfluorit-Kette nahe am Hals zu tragen, und einmal pro Woche Fluorit-Wasser oder Tee zu trinken, da dieses vor Mißbildung und Mongolismus des Kindes beschützt.

v. li.: Fluorit-Oktaeder, blau und gelb

Der violette Fluorit ist ein wirksames Heilmittel für den Kopf und das Gehirn. Er lindert Geisteskrankheiten und Verwirrungen, steigert die Konzentration und die Aufnahmebereitschaft des Gehirns. Er bringt den Geist mit dem Körper in einen harmonievolleren Einklang.

Gegen starke Kopfschmerzen und Migräne empfehlen wir violette Fluorit-Oktaeder, da diese die anfallhaften halb- oder ganzseitigen Kopfschmerzen rasch lindern und heilen. Dies gilt auch für die häufig mit Migräne verbundenen Brech- und Schwindelanfälle.

Grünlicher Fluorit regeneriert das Lungengewebe und heilt asthmatische Erkrankungen. Hier besänftigt er die überempfindlichen, zu allergischen Abwehrreaktionen neigende Enzyme des Lungengewebes. Menschen, welche direkt oder durch die Familie mit Heuschnupfen, Migräne, Ekzeme, Nesselfieber und Gicht in Verbindung kommen, sollten unbedingt als Schutz- und Heilstein gegen Allergien einen grünen Fluorit bei sich tragen. Auch dann, wenn Sie noch keine Anzeichen von asthmatischen Erkrankungen spüren.

Blauer Fluorit lindert und heilt Erkältungskrankheiten, Infektionen, Grippe und andere Erkrankungen im Hals-Nasen-Bereich. Er lindert und heilt auch fieberhafte Infektionskrankheiten und Fieberkrämpfe, welche besonders häufig bei Kindern auftreten. Der blaue Fluorit lindert und heilt plötzliche Kreislaufschwäche, welche sich z. B. beim Treppensteigen bemerkbar macht.

Gelber Fluorit: Besonders bei Milzstörungen und Nierenerkrankungen läßt sich gelber Fluorit sehr lindernd und heilend verwenden. Der gelbe Fluorit aktiviert die Milz in ihren blutreinigenden und Antikörper bildenden Eigenschaften und verschafft so für den gesamten Organismus mehr Vitalität und Wohlbefinden. Darüberhinaus lindert und heilt der gelbe Fluorit Nierenentzündungen (Nephritis), Nieren- und Blasengeschwulste und Vergiftungserscheinungen der Nieren durch Umweltgifte und Medizin. Harnvergiftungen, nierenbedingter Bluthochdruck und Wasserödeme werden ebenfalls durch den gelben Fluorit sehr gut gelindert und geheilt. Dies gilt auch für krampfartige Rücken- und Blasenschmerzen (Nierenkolik). Hierbei läßt sich Fluorit-Wasser in Verbindung mit Tee sehr wirksam verwenden. Darüberhinaus hat dieses Fluorit-Wasser zusätzlich stark regenerierende und heilende Eigenschaften auf die Leber. Dies gilt besonders für Menschen, welche gewohnheitsmäßig oder abhängig Alkohol trinken. Der gelbe Fluorit lindert und heilt Schrumpfleber (Leberzirrhose) und erneuert das geschädigte Lebergewebe.

Fluorit mit Pyrit: Fluorit, ganz besonders Regenbogenfluorit, mit Pyritrand ist ein kräftiger Heilstein, welche nicht nur in China gefunden wird, sondern dort auch seit Tausenden von Jahren aufgrund seiner charakteristischen Heilkräfte geschätzt wird. Dieser Fluorit bewahrt nicht nur vor Alterssenilität, sondern spielt für die Sexualität im Alter eine große Rolle. Er steuert die Hormone für das Sexualleben und aktiviert die Geschlechtskraft bis in das hohe Alter. Die Wechseljahre und das Aufhören der Regel signalisieren lediglich, daß die Frau keine Kinder mehr bekommen kann. Der Fluorit mit Pyrit wirkt hierbei ähnlich wie eine Frischzellentherapie und hält die Produktion der Sexualhormone bis in das hohe Alter hinein aufrecht. Diese Hormone bewirken nicht nur sexuelle Erregbarkeit, sondern halten den gesamten Organismus und auch die Haut über längere Zeit hinweg sportlich und aktiv. In China und in anderen asiatischen Ländern sind diese Wirkungen des Regenbogenfluorits mit Pyrit bekannt und sehr begehrt.

Heilwirkungen auf die Psyche:

Da der bunte Regenbogenfluorit Eigenschaften nahezu aller Heilsteine in sich birgt, bringt er uns von jedem Stein etwas. Dies jedoch nicht so konzentriert, wie z. B. das tiefe Blau des Azurits oder das starke Rot des Rubins, aber er setzt uns ganz auf seine Weise in herrlichen Einklang mit uns selbst. Wir verspüren durch das Tragen eines Fluorits mehr gegenseitige innige Liebe in der Partnerschaft und Freundschaft. Durch seine stark inspirierende Wirkung auf das Gehirn und die Gedanken fördert er Aufnahmefähigkeit, Intuition und Konzentration. Bei Prüfungen nimmt Fluorit die Pfüfungsangst.

Sternzeichen: Fische 20. Februar bis 20. März

Chakra:

Je nach Farben empfehlen wir Ihnen die Zuordnung zu den einzelnen Chakras. Als Regenbogenfluorit bringt er uns unendliche Wärme und Entspannung. Auf dem Dritten Auge und auf dem Sonnengeflecht verspüren wir schon nach kurzer Zeit das tiefe Eindringen dieses kräftigen Steins. Er entstrahlt uns und macht in uns nahezu alle Wege frei. Er läßt sich daher sehr gut mit anderen Steinen kombinieren. Legen Sie sich auf den Rücken, und umfassen Regenbogenfluorit-Kugeln oder Handschmeichler fest mit Ihren Händen, so spüren Sie, wie Fluorit Ihnen den Kreislauf anregt und Ihren Körper erwärmt. Der Fluorit eignet sich insgesamt sehr gut zum Auflegen und zum Schließen eines Mono-Kreis-Mandalas. Dieses empfehlen wir Ihnen nur dann, wenn Sie viel Erfahrung in der Lithotherapie haben. Hierbei wird ein Regenbogenfluorit auf das Dritte Auge, den Solarplexus und die Handinnenflächen gelegt. Gleichzeitig legen Sie einen gelben Fluorit auf Ihren Nabel, einen violetten Fluorit auf Ihre Stirn und einen zweifarbigen Fluorit (halb grün, halb blau) auf Ihre Brust. Sie spüren nach kurzer Zeit eine ungeahnte Wärme und Ruhe, werden federleicht und dringen in nicht gekannte Tiefen Ihrer Seele vor. Ihnen wird ein Schutzwall beschert, welcher keine böse Macht in Sie eindringen läßt. Krebs und Aids verlieren genauso ihre Chance wie negative Wünsche Ihrer Mitmenschen.

Wie erhalte ich einen Fluorit und wie pflege ich diesen?

Der Fluorit ist als Rohstein, Trommelstein, Handschmeichler, Kugel, Pyramide, Massagestab, Feenstein, Oktaeder, Obelisk sowie als Kette, Donuts und vielen phantasievollen Formen für Halsreifen und Lederband erhältlich. Oktaeder verstärken die Kräfte des Fluorits um ein Vielfaches. Der Fluorit sollte regelmäßig einmal pro Woche unter fließendem lauwarmem Wasser entladen und gereinigt werden. Das Aufladen an der Sonne oder in einer Bergkristall-Gruppe tut dem Fluorit sehr gut. Ketten sollten über Nacht in einer trockenen Schale mit Hämatit-, Fluorit- und Bergkristall-Trommelsteinen gereinigt und entladen werden und ebenfalls über Nacht an einer Bergkristall-Gruppe aufgeladen werden.

Fossilien

Trillobiten, Ammoniten, Ortoceras

v. li.: Trillobit, Ammonit, Ortoceras

Geologie:
Bei Trillobiten, Ammoniten und Ortoceras handelt es sich um Versteinerungen. Diese Fossilien sind Zeugen aus längst vergangenen Tagen unserer Erde. Viele von Ihnen lebten vor ca. 200 Mio. Jahren, also zu der Zeit , als noch die Saurier auf der Erde lebten. Versteinerungen werden auf der ganzen Welt gefunden. In Deutschland z. B. auf der Schwäbischen Alb oder im Fränkischen Jura. Sehr schön erhaltene und dekorative Fossilien stammen aber auch aus USA, Frankreich und Marokko.

Die Heilwirkungen der Fossilien wurden jedoch erst in jüngster Zeit erforscht. Sie sind daher nicht nur phantastische Schmuckstücke und Zeugen aus längst vergangenen Zeiten, sondern sie überraschen zunehmend auch durch ihre starken Heilkräfte, welche sich im Laufe von Millionen von Jahren konzentriert haben. Diese sind zwar nicht so stark wie die von Edelsteinen oder Kristallen, weisen aber trotzdem fühlbare Heilwirkungen auf. Zudem dringen sie wesentlich sensibler in den Organismus ein als viele andere Heilsteine.

Heilwirkungen auf den Körper:
Fossilien, insbesondere Ammoniten, beheben Geburtsfolgen und Störungen in der Neugeborenenzeit. Sie bewahren Kleinkinder in der frühesten Entwicklungsphase vor Blutungen im Gehirn und vor Schiefhals. Fossilien bewahren den Säugling nicht nur vor Haltungsschäden am Knochenbau und vor Fehlentwicklungen der Wirbelsäule, sondern lindern durch ihre Heilkräfte auch andere Kinderkrankheiten. Die sensible Aura der Babys ist den sanften Kräften der Fossilien gegenüber besonders empfänglich. Wundsein des Säuglings läßt sich beispielsweise mit Ortoceras durch Auflegen oder durch Abtupfen mit Ortoceras-Wasser rasch heilen. Kinder, welche häufig erbrechen, sollten ebenfalls mit Fossilien beruhigt werden. Hier wirken Trillobiten besonders intensiv. Sie entkrampfen den Magenpförtner des Säuglings und helfen, daß sich der Magen des Babys schneller an die verschiedenen Mahlzeiten gewöhnt. Diese Trillobiten helfen aber auch sehr intensiv bei Durchfallerkrankung des Kindes. Ammoniten hingegen bewahren die zarte Seele der Kinder vor Verletzungen. Sie beugen nervlichen und seelischen Störungen vor. In der Nacht lindern und heilen sie Schlafstörungen, Nachtängste und Bettnässen. Besonders bei Einzelkindern leisten Ammoniten in Verbindung mit Ortoceras treueste Dienste. Sie stabilisieren den Kreislauf und verhindern somit plötzlichen Kindstod durch Atemstillstand. Polierte Ammoniten und Ortoceras eignen sich besonders gut für die Vorsorge, auch im Kinderbett, da sie keine scharfen Kanten haben und daher keine Verletzungsgefahr für das Kind darstellen. Die beste Größe liegt bei ca. 8 bis 12 cm. Hierbei müssen die Eltern auch keine Angst vor Verschlucken der Fossilien durch die Kinder haben. In Verbindung mit Hämatit sorgen Fossilien auch für eine ausreichendere Eisenversorgung der Mutter während der Schwangerschaft und der Stillperiode. Dies gilt auch bei erhöhtem Eisenbedarf während der Wachstumsphase und in der Pubertät. Bei verstärkter Regelblutung, starken Blutverlusten oder bei einseitiger Ernährung sollten regelmäßig Ammoniten und Ortoceras

in Verbindung mit Hämatit in 1/2 L Wasser ca. eine Stunde lang ziehen und dann vor dem Schlafengehen oder nach dem Aufstehen getrunken werden. Die Fossilien sind zwar nicht oder kaum eisenhaltig, sie inspirieren aber unsere Körperzellen Eisen und Mineralstoffe besser aufzunehmen.

Heilwirkungen auf die Psyche:
Fossilien um den Hals getragen bewirken ganz besonders bei Heranwachsenden die Entwicklung eines gesunden Verstandes, mehr Selbstbewußtsein und einen ausgeprägten Gerechtigkeitssinn.

Chakra:
Ammoniten haben für die einzelne Meditation eine eher untergeordnete Rolle. Obwohl viele Menschen diese zum Blick in die Vergangenheit und in frühere Leben verwenden, glauben wir, daß sich Ammoniten in Verbindung mit anderen Heil- und Meditationssteinen aufgrund ihrer uralten Gesteinsstrukturen sehr gut als Ausgleichssteine und Harmoniesteine verwenden lassen. Besonders im Heilsteinbereich und Meditationsbereich für Kinder leisten Fossilien durch ihre sensibilisierenden Eigenschaften große Dienste. Sie transformieren die Kräfte starker Heilsteine in ein für Kinder wesentlich aufnahmefähigeres Maß an Energie. Sie reinigen die Umgebung von Druck, Angst und Eifersucht und bescheren mehr Zufriedenheit.

Wie erhalte ich Fossilien und wie pflege ich diese?
Fossilien sind naturbelassen oder poliert erhältlich. Ammoniten-Ketten, Kugeln und Anhänger sind zwar selten, erweisen sich für die Edelstein-Therapie jedoch als sehr hilfreich. Polierte Fossilien sind als Heilsteine besonders zu empfehlen. Für die Raum-Therapie eignen sich Ammoniten-Tafeln, große versteinerte Schnecken und andere optisch phantastisch schöne Versteinerungen. Diese sollten einmal im halben Jahr unter fließendem lauwarmem Wasser gereinigt und entladen werden. Als Bade- oder Teezusatz oder in der Duftlampe sind Fossilien sehr wirksam.

Gagat - Jett

Farbe: Schwarz undurchsichtig

Chemische Zusammensetzung: C

Geologie:
Beim Gagat, welcher auch als Jett bezeichnet wird, handelt es sich um Kohle, welche im Laufe von Jahrmillionen, ähnlich wie der Bernstein, versteinerte. Die Fundgebiete liegen in den USA, Brasilien, Domenikanische Republik und den GUS-Staaten.

Geschichtliche Überlieferung:
Gagat ist seit Jahrhunderten einer der wichtigsten Schutzsteine der Indianer in Nordamerika. Diese legten den Gagat den verstorbenen Familienmitgliedern ins Zelt, um die Seele des Verstorbenen während der Trauerfeier gleichmäßig an die Hinterbliebenen zu verteilen. So konnte der Verstorbene mit Hilfe des Gagats in allen Seelen seiner geliebten Angehörigen weiterleben. Auch heute noch wird der Gagat bei den Indianern als Schutzstein vor bösen Kräften, Schlangenbissen, Zauberei und Feinden verehrt.

Heilwirkungen auf den Körper:
Der Gagat hat sehr starke Heilwirkungen auf die Atemwege. So heilt er ganz besonders Bronchialkatarrh und Bronchialasthma, welche auf Erkältungen und Infektionen der oberen Luftwege zurückzuführen sind. Er bewahrt aber auch die Gelenke und Knochen vor

Abnutzungserscheinungen und Entzündungen (Arthrose). Hierunter fallen insbesondere rheumatische Erkrankungen, wie z. B. Gelenkrheuma und rheumatische Fieber. Ganz besonders heilt der Gagat Verknöcherungen und Verkalkungen der Schleimbeutel und Bindegewebe der Gelenke und beugt somit auch Hüftgelenkentzündungen und Schultersteife vor. Der Gagat hat auch sehr starke Heilwirkungen bei Zahn- und Kieferschmerzen und heilt häufig damit verbundene Kopfschmerzen.

Heilwirkungen auf die Psyche:

Der Gagat ist ein Stein, welcher seinem Träger einen Neuanfang erleichtert. Menschen mit größter Trauer, deren Seele durch den Verlust eines geliebten Menschen oder Tieres sehr angeschlagen ist, erhalten mit Hilfe des Gagat wieder mehr Lebensmut. Der Gagat nimmt seinem Träger Depressionen und beschützt vor Unfällen, neidischen Intrigen, falschen Freunden und vor schwarzer Magie.

Chakra:

Der Gagat dringt während der Meditation auf unserer Stirn besonders tief in uns ein. Er heilt die Schmerzen der Trauer und bewahrt besonders sensible Menschen vor unüberlegten Handlungen und Selbstmord. Er vermittelt ein kräftiges Licht und bringt Wärme, welche in der Seele die Lust zu einem neuen Leben und weiteren Lebensabschnitt erweckt. Mit Hilfe des Gagat werden auch tiefste Wunden der Trauer und Mißachtung geheilt und überwunden.

Wie erhalte ich einen Gagat und wie pflege ich diesen?

Wie die meisten schwarzen Steine hat auch der Gagat die Eigenschaften gute und böse Kräfte zu speichern. Sie sollten daher Gagat nie ohne vorherige ausreichende Reinigung unter fließendem lauwarmem Wasser verwenden. Wie viele andere schwarze Steine wird der Gagat ein ganz persönlicher Stein von Ihnen, welcher die Höhen und die Tiefen Ihrer Seele widerspiegelt und ausgleicht. Der Gagat sollte regelmäßig unter fließendem, lauwarmem Wasser entladen werden. Spüren Sie starke Veränderungen an Ihnen, welche durch den Gagat hervorgerufen werden, so sollten Sie ihn unbedingt in einer Schale mit Hämatit-Trommelsteinen über Nacht entladen. Da der Gagat Licht in pure Energie verwandelt, empfehlen wir Ihnen, den Gagat nicht an der kräftigen Sonne aufzuladen, sondern diesen über Nacht in einer Bergkristall-Gruppe zu regenerieren. Die Kräfte sind dann nicht so rauh. Sie erhalten den Gagat als Trommelstein, Handschmeichler, Rohstein, Anhänger und sehr selten als Kugel oder Kette. Schnitzereien aus Gagat werden häufig von den Indianern Nordamerikas zum Kauf angeboten. Da es sich bei diesen Schnitzereien um einen hochverehrten Gagat-Stein der Indianer handelt, können Sie davon ausgehen, daß all diese Kunstgegenstände in Liebe angefertigt wurden. Sie können diese also bedenkenlos erwerben. Vorsichtshalber sollten Sie Ihren erworbenen Gagat trotzdem für ca. eine Woche in einer Schale mit Hämatit- und Bergkristall-Trommelsteinen entladen und neutralisieren, Beginnen Sie langsam mit der Meditation mit Ihrem neuen "Freund".

Gipskristalle (Alabaster oder Selenit), Sandrosen und Marienglas

v. li.: Sandrose, Marienglas, Gipskristall

Farbe:

Durchsichtig weiß, gelblich, rötlich, grau bis schwarz. Sandrosen sind rotbraune, blättrige Gebilde und Marienglas ist, wie Fensterglas, klar und durchsichtig.

Chemische Zusammensetzung: $CaSO_4 + 2H_20$

Geologie:

Gips ist ein wasserhaltiges Kalziumsulfat, welches auch Alabaster oder Selenit genannt wird. Die Härte beträgt 1,5 bis 2 und Gips ist daher in all seinen Variationen immer mit dem Fingernagel ritzbar. Auch Sandrosen oder Marienglas sind Gipsvariationen. Sandrosen, auch Wüstenrosen genannt, werden in nahezu allen Wüstenregionen der Erde gefunden. Die schönsten stammen aus Marokko, Tunesien und Mexiko. Gips kristallisiert häufig in Schiffchenform aus und ist oft durchsichtig. Manchmal verwachsen diese zu igelartigen Kristallformationen. Diese werden z. B. in Deutschland bei Wiesloch und bei Donauwörth oder in Italien, USA, Australien und den GUS-Staaten gefunden. Das durchsichtige Marienglas stammt aus Sizilien, der Toskana und Mexiko.

Geschichtliche Überlieferung:

Schon 500 Jahre v. Chr. erkannten die Griechen und Römer die Eigenschaften des Gips und fertigten erste Gipsabdrücke an. Alabaster, eine Gipsvariante, erhielt seinen Namen durch den Fundort nahe der ägyptischen Stadt Alabastron ca. 300 Jahre v. Chr. Gips hat die Eigenschaft, daß er durch brennen Wasser verliert. Er kann dieses jedoch wieder aufnehmen und wird danach wieder fest wie Stein. Daher wurde der Gips von den Griechen über die Römer bis hin zu uns ein Stein, welcher aus dem Baugewerbe nicht mehr wegzudenken ist. Auch Hildegard v. Bingen erkannte die heilenden Kräfte des Gips. Ober die Jahrhunderte bis in die heutige Zeit wird Gips als wichtiger Heilstein in der Naturmedizin und als Grundstein in der Schulmedizin verwendet.

Heilwirkungen auf den Körper:

Gipskristalle in Form von Selenit oder Sandrosen sind ganz besondere Heilsteine, welche ihre heilenden Kräfte auf die Geschlechtsorgane, wie z. B. Prostata, Hoden und Eierstöcke übertragen. Besonderen Schutz gibt der Selenit in dieser Form auch Frauen in der Schwangerschaft. Er bewahrt vor Geburtskrämpfen und Schwangerschaftsnieren, sowie vor starken Wasseransammlungen (Ödemen) im Gewebe, dem Gehirn, den Beinen, Händen und im Gesicht. Er wirkt mineralbedarfdeckend und stärkt die Plazenta der werdenden Mutter so, daß keine Infektionen über den Mutterkuchen auf das Kind übertragen werden können. Darüberhinaus bewahren Gipskristalle oder Sandrosen auch vor erheblichen hormonellen Schwankungen und lindern gesteigerte Erregbarkeit der Magennerven und des Brechzentrums. Häufige Übelkeit und das Erbrechen in der Schwangerschaft werden durch den Selenit stark gelindert. Marienglas bewahrt darüberhinaus das Kind im Mutterleib und auch nach der Geburt vor Erkrankungen der Haut und Knochen und schützt vor Knochenerweichungen und mangelndem Knochenaufbau. Marienglas lindert Übergewicht, welches durch Verdauungsstörungen den Magen, Drüsen und das Herz-Kreislauf-System überlastet. Fettsucht, welche aufgrund mangelnder Fettverdauung durch Venenentzündungen und Thrombose hervorgerufen wird, wird ebenfalls sehr gut durch das Marienglas geheilt. Große Gipskristalle oder große Sandrosen sind nicht nur phantastische Schmuckstücke in der Wohnung, sondern sie haben oft soviel Kraft, daß sie, in der Wohnung aufgestellt, sogar Krebs im Vorstadium bis hin ins fortgeschrittene Stadium heilen können. Die Kräfte des Gips beschränken sich allerdings auf Krebserkrankungen der primären und sekundären Geschlechtsorgane des Mannes und der Frau.

Heilwirkungen auf die Psyche:

Sandrosen, noch stärker aber Gipskristalle oder sogar Marienglas, haben sehr stark klärende Wirkungen auf das vegetative Nervensystem, also auf das Gehirn und den Verstand. Besonders Marienglas und Sandrosen beflügeln die Gedanken und inspirieren dadurch die Hormonproduktion in den Organen. Wir erhalten hierdurch nicht nur ein jüngeres und gesünderes Aussehen, sondern wir spüren auch mehr Vitalität und Kreativität.

Chakra:

Die weißlichen bis rotbraunen Sandrosen eignen sich während der Meditation ganz besonders als Lichtbringer auf dem Wurzel- Sexual- bis hin zum Milzchakra. Sie dringen kräftig und tief in uns ein uns lösen in uns Blockaden, welche ganz besonders an die Fortpflanzung und Sexualität gekoppelt sind. Auch Menschen, welche durch sexuelle Belästigungen starke Leiden in sich tragen, können mit Hilfe von Sandrosen gelöster werden und finden den besseren Weg in ein neues Leben. Marienglas verstärkt diese Eigenschaften und läßt sogar einen Rückblick in die Seele bis hin zur Geburt zu. Mit Marienglas können wir daher unsere Seele gründlicher von Blockaden reinigen, die sich dann leichter aus dem Bewußtsein transferieren lassen. Marienglas hat darüberhinaus bei der Meditation Eigenschaften, die denen des Bergkristall sehr ähnlich sind. Stark schwingende und kräftige Heilsteine lassen sich harmonisieren, wenn Sie diese auf einer Marienglas-Scheibe über die gewünschte Körperstelle legen. Marienglas eignet sich als Kombinationsstein zu allen Heilsteinen.

Wie erhalte ich Selenit, Marienglas oder Sandrosen und wie pflege ich diese?

Gips ist ein relativ häufiges Mineral, welches jedoch in schönen Kristallen seiten ist. Als Alabaster bezeichnen wir den einfachen rohen Gips ohne kristalline Eigenschaften. Da die heilenden Wirkungen in den kristallinen Varianten jedoch wesentlich stärker sind, empfehlen wir Ihnen, den Alabaster nur als entstrahlenden Stein für die Aura und die Wohnung. Sandrosen sind aus der Wüste Sahara und aus Mexiko erhältlich. Gipskristalle werden meist als Einzelkristalle oder als Verwachsung mehrerer Kristalle angeboten. Marienglas ist als tafelige, durchsichtige Kristall-Stücke erhältlich. Wir empfehlen Ihnen, alle Gipsvariationen einmal im Monat unter fließendem, lauwarmem Wasser zu reinigen und zu entladen. Achten Sie hierbei jedoch darauf, daß Gipskristalle immer mit dem Fingernagel ritzbar und daher leicht verletzlich sind. Gips hat die Eigenschaft, daß es sich unter dem Wasser nicht nur reinigt und entlädt, sondern gleichzeitig auch neue Energie in sich aufnimmt. Sie sollten Gips nicht an der Sonne, sondern, einmal im Monat, in einer Schale mit Wasser aufladen. Sehr gut eignen sich Bergkristall-Trommelsteine oder klare Bergkristall-Spitzen als energiespendende Zugabe zum Gips in die Schale.

Glimmer

Lepidolith, Muskovit und Fuchsit

v. li.: Fuchsit, Lepidolith, Muskovit

Farben:

Blaßrosa - violett (Lepidolith), glänzend schwarz-grau (Muskovit), grün (Fuchsit)

Chemische Zusammensetzung:

Lepidolith:	$K(Li,Al)_3(Si,Al)_4O_{10}(OH,F)_2$
Muskovit:	$KAl_2[(OH,F)_2/AlSi_3O_{10}]$
Fuchsit:	$KAl_2Cr[(OH,F)_2/AlSi_3O_{10}]$

Geologie:

Lepidolith, Fuchsit und Muskovit gehören auch, wie der Biotit (siehe Biotit), in die Familie der Glimmer. Es handelt sich hierbei um komplizierte metallische Kalium-Aluminium Verbindungen. Die Härte beträgt 2 bis 2,5 und typisch für die Glimmereigenschaft ist der zartschichtige Aufbau dieser Steine. Sie bestehen aus einer Vielzahl von hauchdünnen Täfelchen, die oftmals sogar gut spaltbar sind. Die Fundgebiete dieser Glimmervariationen liegen in Brasilien, USA, Schweden, Norwegen, Australien, GUS-Staaten und Südafrika.

Heilwirkungen auf den Körper:

Lepidolith-Glimmer

Der Lepidolith hat sehr starke heilende und aktivierende Eigenschaften auf die Nieren und die Leber. Er kräftigt diese Organe in ihren reinigenden Funktionen für Blut und Kreislauf und aktiviert darüberhinaus ganz besonders die Leber in ihrer Tätigkeit für den Stoffwechsel und die Blutbildung. Er bewahrt die Leber vor Schrumpfung und heilt Leberentzündungen, welche durch Staub, Bakterien oder unreines Trinkwasser hervorgerufen werden. Lepidolith ist daher auch ein Stein, welcher bei Reisen in ferne Länder ein treuer Schutzstein ist. Er schützt vor Infektionen und heilt Magen- und Darmgrippen und starke Durchfälle. Die Nieren werden durch den Lepidolith gekräftigt und er bewirkt darüberhinaus eine besonders blutreinigende und Wasser-Salz-Haushalt regulierende Kraft für den Organismus. Durch den Lepidolith wird den Nieren das Auswaschen von Nierensteinen erleichtert. Der Lepidolith kräftigt aber auch die Muskulatur des Rückens und der Haut und heilt Erkrankungen im Bindegewebe. Lepidolith in großen Tafeln unter dem Bett oder unter dem Kopfkissen halten nicht nur Wasserstrahlen ab, sondern helfen auch bei Schlafstörungen. Lepidolithwasser einmal im Monat eingenommen, reguliert die Hormonproduktion der Schilddrüse und Nebenschilddrüse.

Muskovit-Glimmer

Muskovit-Glimmer hat sehr stark heilende Eigenschaften auf die Bauchspeicheldrüse und die Galle. So heilt er beispielsweise Gallenblasenentzündungen und Gallensteinkoliken, welche sehr schmerzhaft sind und häufig zu Magen- und Darmgeschwüren oder Katarrhen führen. In Verbindung mit der Bauchspeicheldrüse harmonisiert der Muskovit auch die Gallenflüssigkeit und verhilft zu einer effektiveren Verdauung. Wasseransammlungen und ganz besonders Fettpolster werden dadurch durch den Muskovit abgebaut. Dieser kräftigt auch die Inselzellen der Bauchspeicheldrüse in ihren insulinproduzierenden Eigenschaften. Muskovit-Glimmer steuert somit den Zuckerstoffwechsel und lindert Ödeme und Diabetes. Er ist ein sehr kräftiger Schutzstein vor Infektionen und hohem Fieber. So heilt er beispielsweise Grippe, Kopfgrippe und Keuchhusten. Er beugt Hirnhautentzündungen vor und heilt Erkrankungen, welche durch Infektionen die Hirnhaut schädigen (Genickstarre oder Meningitis). Infektionen und Viruserkrankungen, welche zu hohem Fieber, aber auch zu Nervenentzündungen und Muskellähmungen führen, werden durch den Muskovit gelindert und geheilt.

Fuchsit-Glimmer

Der Fuchsit erhält durch Chrom seine charakteristische grüne Farbe. Fuchsit hat sehr starke Heilwirkungen für das Blut. So sorgt er beispielsweise im Organismus für eine geregelte Blutbildung und für gesundes Blut. Fuchsit ist daher ein ganz wichtiger Stein für das wichtigstes Plasma im Körper, Durch gesundes Blut wird besser gewährleistet, daß der Körper mit ausreichend Sauerstoff und Nährstoffen versorgt wird, daß Vitamine, Nährstoffe und Abfallstoffe zu den vorgesehenen Organen transportiert werden und daß sich Wunden schließen (Blutgerinnung). Der Fuchsit heilt und schützt aber auch die blutbildenden Organe, wie z. B. die Leber und das Knochenmark. Er harmonisiert die Zusammensetzung des Blutes an Plasma, Hämoglobin, weißen und roten Blutkörperchen und Blutplättchen. Fuchsit verhindert daher Blutkrankheiten und heilt Anämie, Leukämie, Knochenmarkserkrankungen und Leberschäden.

Heilwirkungen auf die Psyche:

In den psychischen Eigenschaften weisen die drei Glimmerarten große Gemeinsamkeiten auf. Sie stärken ihrem Träger die Sinne und verhelfen zu einer klaren Lebensführung. Überaktive Menschen werden durch Glimmer ruhiger und ausgeglichener, während ruhigere Menschen durch Glimmer in eine höhere Ebene von Temperament und Lebensenergie transformiert werden. Menschen, welche an Depressionen, Ängsten und Melancholien leiden oder empfindlich gegen Strahlen sind, sollten unbedingt eine größere Glimmertafel unter ihrem Kopfkissen haben. Lepidolith lindert auch altersbedingte Abnutzungserscheinungen in Geist und Seele, wie z. B. Vergeßlichkeit und Senilität.

Chakra:

Lepidolith eignet sich bei der Meditation am besten zum Auflegen auf die Stirn, Muskovit auf den Hals und Fuchsit auf das Herzchakra. Diese Glimmer haben die Eigenschaft, daß sie in uns kreisend und stark wärmeerzeugend eindringen. Sie ordnen die Gefühle und die Sinne und bringen die Gedanken auf eine höhere Ebene der Inspiration. Mit Hilfe von diesen Glimmern können klare Lebenslinien in der Vergangenheit unseres Lebens eingesehen und mit den Wegen der Zukunft koordiniert werden. Bevor wir jedoch die Weichen stellen, haben wir durch diese Glimmer die Möglichkeit, zu überprüfen welcher Weg für uns der richtige ist.

Wie erhalte ich Lepidolith, Muskovit oder Fuchsit und wie pflege ich diesen?

Alle drei Glimmer sind als tafelige Kristallstücke erhältlich. Lepidolith ist auch als Trommelstein oder Handschmeichler erhältlich. Fuchsit ist mehr in grünen Steinstücken als in Scheiben zu bekommen. All diese Glimmervarianten sollten einmal im Monat in einer Schale mit Hämatit-Trommelsteinen über Nacht gereinigt und entladen werden. Spüren Sie farbige Veränderungen oder Sprödigkeiten am Glimmer, so sollten Sie ihn unbedingt unter fließendem, lauwarmem Wasser unter reiben Entladen, da dieser im Augenblick ganz besondere Dienste für Sie verrichtet. Das Aufladen an der Sonne ist nur für kurze Zeit zu empfehlen, da Glimmer aus der Energie der Sonne fast keine Energie speichern kann. Um ihn aufzuladen empfehlen wir Ihnen, diesen für eine Stunde oder mehr an eine Bergkristall-Gruppe zu geben.

Glücksgeoden und Wasserachate

Farbe: Braun, weiß, häufig mit Wasserfüllung

Chemische Zusammensetzung: SiO_2

Geologie:

Bei Glücksgeoden handelt es sich um kleine Achatdrusen, welche häufig mit einer Vielzahl von schönen Kristallen verwachsen sind. Selten sind diese Achate mit Jahrmillionen altem Urwasser gefüllt (Wasserachate). Glücksgeoden und Wasserachate gehören in die Familie der Quarze und haben die Härte 7. Charakteristisch für diese Steine sind farbenprächtiges Aussehen und vielfältig verwachsene Achat- und Kristallstrukturen. Glücksgeoden und Wasserachate werden in Brasilien, Mexiko und in Australien gefunden. Die schönsten stammen jedoch aus Brasilien.

Geschichtliche Überlieferung:

Als europäische Schleifer vor ca. 200 Jahren nach Brasilien zogen um das Land zu erkunden, waren die Glücksgeoden und die Wasserachate treue Wegweiser der Pioniere zu den schönsten Amethyst- und Achatfundstellen der Erde. Weil diese Achate den Pionieren den richtigen Weg zeigten und auch nicht immer hohl waren, sondern es schon etwas Glück erforderte um schöne bunte Achatgeoden mit Kristallen zu finden, wurden diese kleinen Achate Glücksgeoden genannt. Ähnliche Überlieferungen gibt es jedoch von den indianischen Völkern Südamerikas. Sie verehrten diese hohlen Edelsteine als Heilsteine, Schutzsteine und Glückssteine. Im Feuer glühten diese nicht nur wie Kohlen, sondern sie sollten auch die bösen Geister vertreiben. Glücksgeoden sind daher seit vielen hundert Jahren Glücksbringer und Amulette, welche vor Gefahren, gespielter Liebe und falscher Freundschaft bewahren sollen. Sie haben die Eigenschaft, Ihrem Träger alles böse vom Körper fernzuhalten.

Heilwirkungen auf den Körper:

Glücksgeoden und Wasserachate helfen ganz besonders bei Hauterkrankungen, wie z. B. Kupferfinnen und Rotfinnen. Durch regelmäßiges Auflegen lindern und heilen sie die häßlichen bläulich roten Blasen auf der Haut und im Gesicht. Sie bewahren auch ganz besonders vor der häufig mit den Finnenerkrankungen verbundenen Knollennase und Gesichtsvernarbung. Darüberhinaus bewahren Glücksgeoden vor dem übermäßigen Befall von Sommersprossen und regulieren, am Hals getragen, die Fehler im Hautpigmentsystem. Durch Auflegen werden durch Glücksgeoden auch verhornte Wucherungen, wie z. B. Warzen, Schwielen und Hühneraugen geheilt. Glücksgeoden in Verbindung mit Wasserachat heilen sogar starken Juckreiz, Blutkrusten und Eiterbläschen auf der Haut, welche durch krätzeartige Erkrankungen hervorgerufen werden. Glücksgeoden heilen Haarerkrankungen und bewahren vor Haarausfall. Sie helfen auch sehr gut gegen Pilzflechten der Nägel. Darüberhinaus helfen Glücksgeoden und Wasserachate auch bei migränehaften Kopfschmerzen und starken Rückenschmerzen. Sie bewahren vor Lähmungserscheinungen der Rückenmuskulatur und an den Gelenken. Unter dem Kopfkissen lindern Glücksgeoden psychosomatische Störungen und Epilepsien. Glücksgeodenwasser, besser das Ur-Wasser der Wasserachate, eignet sich ganz besonders für die Schönheit und Erholung der Haut.

Heilwirkungen auf die Psyche:

Glücksgeoden und Wasserachate halten ihrem Träger alles böse vom Körper fern und bewahren vor falschen Freunden. Sie lassen ihren Träger zufriedener mit dem eigenen Aussehen sein und heben durch ihre regenerierenden Kräfte auch die Schönheit und die Ausstrahlung des Körpers. Glücksgeoden und Wasserachate lindern seelische Leiden, welche keinen körperlichen Ursprung haben, und heilen auch Erkrankungen, besonders der Haut, welche mit ärztlichen Mitteln kaum zu heilen sind. Sie vermitteln mehr Selbstvertrauen und Lebenslust.

Chakra:

Glücksgeoden sind sehr sanfte Heil- und Meditationssteine. Wir empfehlen Ihnen bei der Meditation z. B. mit Bergkristall, Sugilith, Smaragd und Rubin als Harmonie- und Ausgleichsstein eine Glücksgeode mit zu verwenden, da diese die starken Schwingungen kräftiger Heilsteine harmonisiert und somit ein noch besseres Eindringen in die Seele ermöglicht. Darüberhinaus bilden Glücksgeoden und Wasserachate einen Schutzwall um die Aura und verhindern somit, daß negative Einflüsse ungefiltert in uns eindringen können. Falsche Freunde und gespielte Liebe können mit Hilfe von Glücksgeoden und Wasserachaten deutlicher erkannt werden.

Wie erhalte ich Glücksgeoden und Wasserachate und wie pflege ich diese?

Glücksgeoden sind erhältlich als geschlossene, walnußartige Kristalldrusen und auch als halbierte Drusen und Drusenpaare, sowie als Anhänger und Meditationsscheiben. Glücksgeodenpaare sind besonders heilintensiv. Wasserachate sind erhältlich als kleinere oder größere Achate, welche meistens auf einer Seite poliert sind, so daß man im Stein das Ur-Wasser sehen kann. Kleine Wasserachate werden häufig auch getrommelt und als Handschmeichler angeboten. Glücksgeoden und Wasserachate sollten einmal im Monat unter fließendem, lauwarmem Wasser entladen und gereinigt werden. Wasserachate mögen es zusätzlich, wenn sie zwischendurch in ein Glas mit Wasser gelegt werden. Beide Achatarten können gleichzeitig in einem Glas mit Wasser gereinigt und in Verbindung mit klaren Bergkristallen an der Sonne aufgeladen werden.

Gold

Farbe: Goldgelb

Chemische Zusammensetzung: Au

Geologie:

Gold ist ein Element (Au) und hat die Härte 2,5 bis 3. Je nach Legierung, d. h. nach Anteil anderer Metalle wie Kupfer, Silber, Messing, Platin entstehen Rot-, Gelb- oder Weißgold. Der Anteil der Legierung bestimmt auch den Feingehalt des Goldes. Man unterscheidet 333, 585, 750 und 999 Gold. Die bekanntesten Goldvorkommen heute liegen in Südafrika, den GUS-Staaten, in Australien und USA. Besonders in Australien, Kalifornien und in Alaska werden die so seltenen aber sehr begehrten Goldnuggets gefunden.

Geschichtliche Überlieferung:

Es gibt kaum einen anderen Edelstein oder ein Metall, welches so sagenumwoben oder umkämpft war, wie das Gold. Gold ist seit Gedenken der Menschheit nicht nur wichtigstes Schmuckmetall, sondern gilt schon seit Tausenden von Jahren als Wertmesser für Reichtum und Gesundheit. Gold ist fest mit dem Schicksal und der Kultur unzähliger Völker verbunden. Kein anderes Metall symbolisiert die Macht so wie das Gold. Viele Völker bringen das Gold direkt mit den Göttern und der wärmenden reinen Kraft der Sonne in Verbindung. Nicht nur die Inkas und Azteken, sondern auch die Ägypter und die Römer verehrten das Gold als das göttlichste aller Metalle. Tut Ench Amuns Sarg bestand aus 100 Kg reinstem Gold. Gold läßt sich sehr gut verarbeiten und bis zu einer Schicht von 0,0001 mm Stärke auswalzen (Blattgold). Aus einem Gramm Gold kann man einen Draht mit einer Länge von über 150 Meter ziehen und Gold ist, bis auf eine Ausnahme, säurebeständig und oxidiert nicht. Seit Gedenken der Menschheit dient Gold zum Heilen und als Schmuck und hat seinen Wert im Laufe der vielen Tausend Jahre nie eingebüßt. Insgesamt wurden bis heute ca. 80.000 Tonnen Gold gefunden, wovon etwa noch 75.000 Tonnen erhalten sind. Die Weltproduktion in einem Jahr beträgt ca. 700 Tonnen. Das meiste Gold wird auch heute noch zu Schmuck verarbeitet. Ein relativ geringer Teil wird in der Elektrotechnik, im Maschinenbau und in der Raumfahrt, verwendet.

Heilwirkungen auf den Körper:

Gold ist als funktionsförderndes Spurenelement im Organismus enthalten. Es hat sehr sanfte Heilwirkungen und ist daher sehr unterstützend in Verbindung mit anderen Edelsteinen und Heilsteinen. Am Körper getragen begleitet es den Organismus in der Lebenswandlung und bewahrt vor frühzeitigen Alterserscheinungen. Gold verzögert den organischen Verfall, besonders bei älteren Leuten ab 50 und hält den gesunden Stoffwechsel bis ins hohe Alter aufrecht und aktiv. Mangelnder Stoffwechsel und Ablagerungen von Kalk, Cholesterin und Stickstoff im Gewebe beschleunigen den Alterungsprozeß und nehmen den Knochen und Gefäßen die nötige Elastizität. Verkalkung der Herzkranzgefäße gehört auch heute noch zu den häufigsten Todesursachen. Gold, noch besser in Verbindung mit Smaragd, Chrysopras, Bergkristall und Diamant, bewahrt vor altersbedingten Stoffwechselstörungen des Organismus und heilt Gicht (Arthritis) und abnutzungsbedingte rheumatische Erkrankungen, wie z. B. Gelenkrheumatismus (Arthrose). Gold führt zu einem gesunden Essverhalten und reduziert dadurch auch indirekt das Körpergewicht. Appetitlosigkeit, Magersucht oder Freßsucht können daher mit Gold sehr schnell und gut geheilt werden. Gold ist darüberhinaus auch ein "Heilstein", welcher das Nervensystem geschmeidiger macht, so daß der Informationsfluß ungehindert vom Gehirn zu den Organen und Gliedmaßen vordringen kann. Gold lindert auch Alterssenilität, Schwerhörigkeit, Kurzsichtigkeit und unkontrolliertes Muskelzittern. Als Spurenelement ist Gold im Organismus zur Regulierung der Hormonproduktion der Drüsen unentbehrlich.

Heilwirkungen auf die Psyche:

Gold kräftigt das Selbstbewußtsein seines Trägers und symbolisiert Reichtum und Wohlergehen. Fleiß, Treue und Liebe sind Eigenschaften, die direkt durch Gold erreicht werden. Aber Achtung: Verarbeitetes Gold sollte immer in Verbindung mit Edelsteinen getragen werden, da reines Gold den Charakter eines Menschen nicht nur verderben, sondern auch vernichten kann. Menschen, welche an Überheblichkeit und Machtbesessenheit leiden, können durch reines Gold sogar Grob und sehr besitzergreifend werden.

Goldnuggets:

Goldnuggets werden aus dem Grund von Flüssen oder anderen sekundären Lagerstätten "gewaschen". Sie stellen die reinste und wertvollste Beschaffenheit des Goldes dar. Natürliche Goldnuggets sind in sich vollendete Energiebündel höchster Reinheit und Kraft. Im Gegensatz zu künstlich geformtem oder legiertem Gold können diese jederzeit pur, also nicht in Verbindung mit anderen Edelsteinen direkt am Körper getragen werden, da von natürlichen Goldnuggets eine sehr beruhigende Wirkung auf den Träger ausgeht.

Chakra:

Gold dringt aufgrund seiner sanften Schwingungen sehr tief in alle Chakras ein. Am besten dringt es jedoch in unsere Seele oder Organe vor, wenn es nahe am Hals über der Brust getragen wird. Gold verteilt sich hauchdünn in allen Organen und auch in der Seele. Es bringt Licht und öffnet mehr neue Wege.

Wie erhalte ich Gold und wie pflege ich dieses?

Gold ist, je nach Legierung und Feingehalt, in verschiedenen Preisklassen am Markt erhältlich. Besonders kraftvolle und persönliche Heilsteine, welche in Gold gefaßt sind, werden zu besonders heilenden und segenbringenden Amuletten. Goldnuggets sind darüberhinaus aufgrund ihrer Seltenheit sehr schwierig zu erhalten und liegen im Preisbereich noch höher als das eigentliche Gold. Gold sollte einmal im Monat unter fließendem, lauwarmem Wasser gereinigt und entladen werden. An der Sonne aufgeladen wird Gold zu einem sehr schwingungsvollen Energiebündel.

Goldfluß

v. li.: Goldfluß braun und lila

Farbe:

Rotbraun oder blaulila mit einer Vielzahl von glitzernden Einschlüssen.

Chemische Zusammensetzung:

Geheimnis italienischer Mönche.

Geologie:

Obwohl vielmals behauptet wird, daß es sich bei dem Goldfluß um einen echt gewachsenen Stein handelt, möchten wir darauf hinweisen, daß die einzelnen Bestandteile des Goldfluß natürliche Mineralien sind, insgesamt wird dieser Stein jedoch von Mönchen in Italien durch Schmelzen hergestellt. Da es sich um ein Geheimnis der Mönche handelt, ist bis heute nicht bekannt, wie dieser Stein gemacht wird. Die Härte des Goldfluß beträgt 7 und Zusammensetzung und Dichte gleichen derer natürlich gewachsener Edelsteine. Es liegen zwar Behauptungen vor, daß dieser Stein echt gewachsen ist, und es werden auch häufig Fundgebiete genannt, wir jedoch konnten bisher niemals auch nur anscheinend jemanden finden, welcher ein Stück dieses Goldflusses in der Natur gefunden hat!

Geschichtliche Überlieferung:

Italienische Mönche und Alchimisten setzten sich Mitte des 16. Jahrhunderts zusammen und wollten für die Kirche und zu Ehren Jesus Christus eine Verbindung schaffen, welche die Erde direkt mit dem göttlichen Himmel verbinde. Nach einem Zufall gelang es einem der Mönche, diesen Stein zu schaffen, welcher bei hohen Temperaturen wie Gold zu glitzern und zu fließen begann. Die Mönche nannten ihn daher Goldfluß oder Sonnenstein und gelobten, das Geheimnis für diesen wunderbaren Stein stets zu bewahren. Dieser ist jedoch in keiner Weise mit dem Sonnenstein oder Aventurin-Sonnenstein verwandt. Durch das Mittelalter hindurch bis in das 20. Jahrhundert hinein erfreut sich der Goldfluß zunehmender Beliebtheit als Schmuck- und Amulettstein. Heute wissen wir, daß dieser Stein trotzdem, obwohl er nicht in der Natur gewachsen ist, starke Heilkräfte besitzt.

Heilwirkungen auf den Körper:.

Der Goldfluß hat ganz besonders starke Eigenschaften auf psychische Belastungen, welche sich in Form von psychosomatischen Erkrankungen auf den Körper auswirken. Hierunter fallen psychosomatische Störungen, welche aufgrund besonderer Schönheitsideale und Wunschvorstellungen unserer Zeit Geist und Körper negativ beeinflussen. Diesbezüglich hilft der Goldfluß ganz besonders bei chronischer Vielesserei, Bulimie, Fettsucht und

Magersucht. Er stärkt den Organismus und das gesamte Abwehrsystem vor Infektionskrankheiten. Goldfluß heilt Mandelentzündungen (Angina) und die Bang'sche Krankheit (Malta-Fieber). Bei dieser Erkrankung lindert und heilt der Goldfluß die plötzlich, häufig über Wochen andauernden Fieber- und Schweißausbrüche. Diese Erkrankung wird meist durch mangelnde Sterilität und Hygiene über Bakterien durch Milchprodukte, Sahne oder Milchspeiseeis ausgelöst. Bei der Bang'schen Krankheit treten neben den fieberhaften Schweißausbrüchen auch noch eine Vielzahl von Nebenwirkungen auf, wie z. B. Durchfall, Panik und Schlaflosigkeit. Die stärkste Nebenwirkung ist mit Sicherheit, daß der wohlersehnte Urlaub leider im Bett verbracht werden muß, da diese Krankheit zu 90% in warmen Urlaubsländern vorkommt. Der Goldfluß lindert und heilt, auf der Haut getragen, bakterielle Infektionen und Salmonellen-Vergiftungen. Ganz besonders schwangere Frauen werden durch diesen Stein vor Fehlgeburten und vor Schrumpfleber geheilt und beschützt.

Heilwirkungen auf die Psyche:

Der Goldfluß verhilft, besonders als Kette bis zum Herzen getragen, zu einer positiveren Lebenseinstellung und verleiht unserem Geist die Kraft, uns so zu akzeptieren, wie wir sind. Wir lernen durch den Goldfluß, daß nicht nur schöne und schlanke Menschen die Erfüllung im Leben finden, sondern daß jeder Mensch für sich und von seinem Typ her etwas ganz besonderes ist. Goldfluß befreit gerade etwas dickere Menschen von Selbstmitleid und öffnet ihnen Augen und Sinne gegenüber den Menschen, welche sich besonders um sie bemühen. Charakter, Herzenswärme, Charme und Freude am Leben werden von den meisten Menschen viel mehr geliebt als aggressive, gereizte und häufig gefühlskalte Menschen, welche aufgrund von Selbstaufgabe den modischen Schönheitsidealen entsprechen.

Chakra:

Der rotbraune Goldfluß kann für das Sexualchakra und der lilablaue Goldfluß für das Stirnchakra verwendet werden. Beide Steine vermitteln in uns einen höheren Grad von Selbstwertgefühl und bringen bei der Meditation die Erkenntnis, daß wir sind, wie wir sind. Wir erreichen ein Licht, welches auch die positiven und persönlichen Eigenschaften in uns aufzeigt, die häufig durch Minderwertigkeitsgefühle und Unterdrückung versteckt werden.

Wie erhalte ich einen Goldfluß und wie pflege ich diesen?

Goldfluß ist in rotbraun und in lilablau erhältlich. Beide Sorten haben identische Heilwirkungen und gleiche psychische Eigenschaften. Sie sind als Trommelsteine, Handschmeichler, Anhänger, Kugeln, Ketten, Donuts und teilweise auch in phantasievollen Formen für Halsreifen und Lederband erhältlich. Handschmeichler und Anhänger sollten einmal im Monat unter fließendem, lauwarmem Wasser gereinigt und entladen werden. Da der Goldfluß auch als Sonnenstein bezeichnet wird, empfehlen wir, ihn nach dem Entladen für ca. zwei Stunden an die Sonne zum Aufladen zu legen. Ketten sollten einmal im Monat über Nacht in einer trockenen Schale mit Hämatit-Trommelsteinen entladen werden.

Granat

Farbe: Rot, dunkelrot und rotbraun.

Chemische Zusammensetzung: $Fe_3Al_2(SiO_4)_3$

Geologie:

Der Granat ist ein Magnesium-Aluminium-Mineral mit der Härte 7 bis 7,5. Er kann in den vielfältigsten Farben auftreten. Der bekannteste unter ihnen ist der rote Granat, auch Pyrop genannt. Die Fundgebiete liegen weltweit verbreitet. Besonders schöne Granaten werden in Böhmen, Madagaskar, Kanada, Indien Südafrika, Brasilien und Österreich gefunden.

Geschichtliche Überlieferung:

Der Granat gehört seit Gedenken der Menschheit zu den Steinen, welche mit ihren Wirkungen und ihrer Schönheit bei nahezu allen Völkern einen besonderen Stellenwert einnehmen. Er gehört in die Gruppe jener 29 Steine, welche seit dem Altertum als die Grundsteine des Lebens geehrt werden. Die Arche Noah, so wird überliefert, wurde mit dem Licht eines großen Granaten erleuchtet. Den Indern war der Granat Inbegriff des befreienden Urfeuers der Verwandlung. Der Name Granat stammt aus dem lateinischen Wort Granatus, was soviel bedeutet wie Korn, wohl deshalb, weil er in sekundären Lagerstätten oftmals in Körnerform gefunden wird. Andere Überlieferungen beschreiben den Granat aufgrund seiner Farbe als "Carfunculus", was soviel bedeutet wie "glühender Stein". Seit Gedenken der Menschheit dient der Granat nicht nur als Schmuckstein, sondern auch als einer der wichtigsten Heilsteine. Ab dem Mittelalter wird der Granat sogar der Familie der Karfunkelsteine zugeordnet, welcher seinem Träger das Selbstvertrauen stärkt und vor allem das Feuer der Freundschaft erhält.

Heilwirkungen auf den Körper:

Der Granat kräftigt das Herz, steuert Herzrhytmus und Herzschlag und schützt das Herz vor Koronaerkrankungen. Er regelt den Blutdruck und stärkt den gesamten Blutkreislauf. Granat regt die Produktion von weißen Blutkörperchen an und bewahrt vor Blutarmut. Als Granat-Wasser, morgens auf nüchternen Magen, beugt er besonders kräftig Leukämie vor. Rote Granate haben eine besonders aktivierende Wirkung auf die inneren und äußeren Geschlechtsorgane. Durch den Granat kann der Sexualtrieb bis in das hohe Alter hinein aktiv gehalten und gesteigert werden. Potenzmüdigkeit wird ebenso behoben wie Lustlosigkeit und Niedergeschlagenheit. Sexualerkrankungen wie Syphilis oder Tripper werden ferngehalten. Desweiteren hat der Granat auch sehr stärkende Wirkungen auf die Haut, den Knochenbau und das Skelett. Unter dem Kopfkissen hilft der Granat heranwachsenden Kindern bei der Bildung starker und gesunder Knochen. Nach dem Erkennen von Haltungsschäden und Verkrümmungen der Wirbelsäule sollte unbedingt zusätzlich zur Gymnastik eine feine Granat-Kugel-Kette am Hals getragen werden, da diese den Knochenbau besonders kontrolliert. Ober seine aktivierende und heilende Kraft auf den Blutkreislauf verhilft uns der Granat sogar Erkrankungen wie z. B. Arthritis und Rheuma zu heilen. Innere Entzündungen und Furunkeln werden genauso geheilt wie z. B. Gehirnerkrankungen und Gedächtnisschwäche. Durch die besondere Kraft des Granats auf das Blut stärkt dieser so indirekt neben dem Herzen auch die Niere, Leber, Milz und Bauchspeicheldrüse.

Heilwirkungen auf die Psyche:

Der Granat hat sich seit jeher als Hüter wahrer Freundschaften erwiesen. Falsche Freunde werden vertrieben und ähnlich wie der Karfunkelstein erweist uns der Granat treue Dienste in der Ehe. Es wird sogar oft beobachtet, daß Granaten sich in angespannten Phasen der Partnerschaft dunkel, bis sogar schwarz verfärben. Erkennen Sie diese Gelegenheit und sprechen Sie mit Ihrem Partner über die aufgestauten Probleme und Sie erkennen, wie sich der Granat wieder in sein so typisches Rot der Liebe verfärbt. Durch seine starke Kraft verhilft der Granat ebenfalls zu mehr Willenskraft und Selbstvertrauen und beschert den gewünschten Erfolg.

Sternzeichen: Skorpion 24. Oktober bis 22. November

Chakra:

Der Granat findet zweifelsohne seine stärkste Kraft in der Meditation beim Auflegen auf das Sexualchakra und das Basiszentrum. Von hier aus können Sie besonders stark Einfluß auf die Knochen und die Wirbelsäule sowie auf die inneren Organe nehmen. Vor allem aber behebt das tiefrote Feuer des Granats sehr schnell tiefliegende seelische Erkrankungen in Ihrem Sexualleben. Eine besondere Harmonie bei der Meditation erreichen Sie, wenn Sie einen roten Granat auf das Basiszentrum legen, und gleichzeitig einen grünen Granat (Grossular) auf den Solarplexus. Sie spüren, wie Sie in sich verschmelzen und besonders tief in sich Dinge erkennen, welche für Ihr bisheriges Leben unterbewußt sehr bestimmend waren. Nehmen Sie hierbei noch zusätzlich zwei Bergkristall-Laser in Ihre Hände, wobei die

Spitzen vom Körper wegweisen sollten, so spüren Sie, wie aus Ihrer Seele Rückstände und Belastungen regelrecht herausgespült werden. Die letztlich genannte Meditation ist eine sehr starke Therapie, welche maximal ein- bis zweimal im Monat angewendet werden sollte. Beachten Sie unbedingt, daß die Bergkristall-Laser hierbei nie auf Lebewesen oder gar Ihre anderen Heilsteine gerichtet sein dürfen, da diese sich mit all den verbrauchten und negativen Energien, welche Ihnen durch die Laser abgesaugt wurden, aufladen würden.

Wie erhalte ich einen Granat und wie pflege ich diesen?
Granat ist in vielfältigen Qualitäten und Formen auf dem Markt erhältlich. Wir empfehlen Ihnen jedoch für den Einstieg relativ undurchsichtige, braunrote Granate aus Brasilien oder Österreich. Diese haben genau dieselben Heilkräfte wie die durchscheinenden, sind aber wesentlich sanfter. Sie erhalten Granat als Kristall, Trommelstein, Anhänger und zu Schmuck verarbeitet. Ungeknotete Granat-Ketten, dicht am Hals getragen, mit kleinen, einander berührenden Kugeln, verstärken die Heilwirkungen des Granats um ein Vielfaches. Sie sollten den Granat regelmäßig unter fließendem lauwarmem Wasser entladen. Stellen Sie Verfärbungen des Steines fest, so entladen Sie diesen erst dann wieder, wenn Sie den Grund der Verfärbung herausgefunden haben. Dann sollten Sie ihn allerdings für mindestens 24 Stunden entladen. Granatketten sollten über Nacht in einer trockenen Schale mit Hämatit-Trommelsteinen entladen werden. Da Granate sehr kräftige Steine sind, bedürfen diese nur ein kurzes Aufladen an der Sonne oder in einer Bergkristall-Gruppe.

Grossular und Hessonit

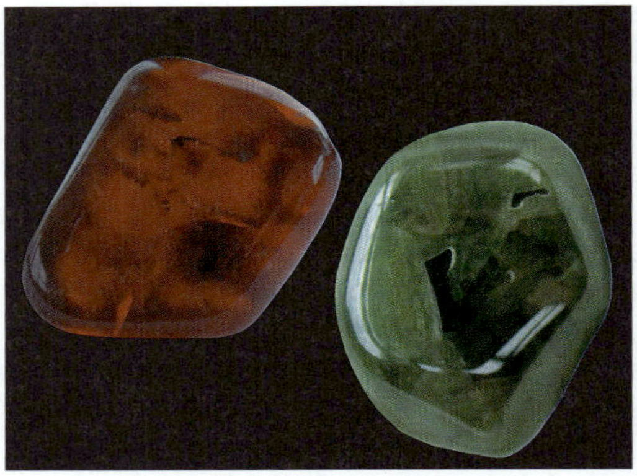
v. li.: Hessonit und Grossular

Farbe: Grün, grünbraun, braunorange

Chemische Zusammensetzung:
Grossular: $Ca_3Al_2(SiO_4)_2$
Hessonit: $Ca_3FeAl_2(SiO_4)_2$

Geologie:
Grossular und Hessonit gehören zur Familie der Granate. Sie sind eine Kalzium-Aluminium-Verbindung mit der Härte 6,5 bis 7. Der Grossular ist die grün bis grünbraune Varietät des Granats. Der Hessonit zeichnet sich durch seine durchsichtige braunorangene Farbe aus. Die Fundgebiete des Grossulars liegen in Norwegen, Schweden, Italien, GUS-Staaten, Kanada, Pakistan, USA und Tansania. Die größten und schönsten Grossulare stammen zweifelsohne aus Queensland, Australien. Der Hessonit wird überwiegend in Sri Lanka und Madagaskar gefunden.

Geschichtliche Überlieferung:
Bei den Griechen und den Römern hatten diese Steine einen starken Einfluß auf die Götter. Der Name Grossular stammt aus dem Lateinischen Grossularia, was soviel wie "Stachelbeere" bedeutet. Klare und schöne grüne Grossulare, sowie orangene Hessonite, waren in der Antike hochgeschätzte Edelsteine, die oftmals mit Smaragd und Beryll verwechselt wurden. Der Grossular und der Hessonit sind nicht nur seit Menschengedenken begehrte Schmucksteine, sondern bestätigen ihre Kraft auch durch die überlieferten Heilwirkungen.

Heilwirkungen auf den Körper:
Grossular:
Der Grossular stärkt ganz besonders den Knochenbau und die Knochenbildung. Er bewahrt vor Knochenkrankheiten wie z. B. Knochenerweichung und Knochenschwund (Osteoporose). Hierbei bestärkt der Grossular die eiweißhaltigen Knochengrundsubstanzen, welche wiederum für die Kalkaufnahme der Knochen verantwortlich sind. Die Knochen werden hierdurch widerstandsfähiger und weniger brüchig. Besonders bei Kindern und

Jugendlichen lindert und heilt der Grossular Knocheneiterungen und Knochenerweichungen, welche auch englische Krankheit oder Rachitis genannt werden. Der Grossular harmonisiert den Kalk-Phosphor-Haushalt der Knochen und schützt diese so vor Erweichungen und Verbiegungen. Darüberhinaus hat der Grossular als Grossularwasser durch seinen hohen Kalzium-Gehalt auch eine heilende und vorbeugende Wirkung auf die Knochen, weil er diese besser mit Mineralien, Spurenelementen und Vitaminen versorgt und somit eine gesündere Elastizität des Knochengewebes bewirkt. Desweiteren hat der Grossular auch sehr heilende und kräftigende Eigenschaften auf die Leber. Er lindert Hepatitis und Überproduktionen der Galle von Gallensaft. Dies wiederum bewirkt Gelbsucht und eine farbig veränderte und gereizte Haut. Durch Auflegen von Grossular läßt sich also nicht nur die Ursache in der Leber heilen, sondern auch die Haut wird durch den Grossular wieder gekräftigt.

Hessonit:

Der Hessonit heilt Lähmungen der Bewegungsnerven wie z. B. der Wadenbeine, Ellenbogen und Schultern. Er lindert auch Totallähmungen der Glieder und des Gesichts (Polyneuritis). Darüberhinaus bewahrt der Hessonit vor Trübungen der Sehnerven, Stottern und unkontrollierten Bewegungen, welche auf Lähmungen im Gehirn und im Rückenmark zurückzuführen sind. Er lindert und heilt nicht nur diese Lähmungen, sondern hilft auch bei Multipler Sklerose. Hessonit-Tee abends vor dem Schlafengehen ist ein besonders wirksames Elixier.

Heilwirkungen auf die Psyche:

In den psychischen Eigenschaften liegen die des Grossulars gleich mit denen des Hessonits. Beide bewahren, am Hals getragen, nicht nur vor Depressionen und Angsterscheinungen, sondern nehmen auch ganz besonders Kindern Streß, Schulstreß und Prüfungsangst. Beide Steine verleihen ihrem Träger eine positivere Lebenseinstellung und mehr Willenskraft. Psychosomatische Erkrankungen, welche gereizt, aggressiv und besonders schmerzanfällig machen, werden durch den Grossular und den Hessonit wie durch ein Balsam für die Nerven gelindert. Zur Schizophrenie neigende Menschen erkennen ihre Leiden meist nicht selbst. Angehörige sollten ihnen daher unbedingt zur Linderung und Heilung dieser psychosomatischen Erkrankung einen Grossular oder Hessonit schenken. Diese lindern schon nach kurzer Zeit die ungezügelten Bewegungen und lassen bei den Betroffenen die eingebildeten Stimmen verklingen. Im weiteren Verlauf bewirken diese, daß die gespaltene Persönlichkeit der betroffenen Menschen wieder geordnet wird und sich diese wieder besser im alltäglichen Leben zurechtfinden. Beide Steine verleihen mehr Optimismus und ein höheres Selbstwertgefühl, aber auch einen sensibleren Umgang den Mitmenschen gegenüber.

Chakra:

Grossular und Hessonit eignen sich bei der Meditation ganz besonders für das Herzchakra. Die Eigenschaften können mit Hilfe von kräftigen rosa Steinen, wie z. B. Turmalin, Rosenquarz oder Kunzit um ein Vielfaches verstärkt werden. Während der Meditation erreichen wir durch Grossular und Hessonit die Fähigkeit, an die Nervenenden zu gelangen, welche uns unverfälscht über die Wünsche und den unmittelbaren Gesundheitszustand der Organe und der Seele Auskunft erteilen. Wir erhalten durch diese Steine eine höhere Werteinschätzung der komplizierten Lebensabläufe in uns und der Natur. Es wird oft berichtet, daß Menschen, welche mit Grossular und Hessonit meditieren, sich durch eigene Willenskraft sehr schnell von Psychosen und Abhängigkeiten gegenüber Drogen, Alkohol und dem Rauchen gelöst haben.

Wie erhalte ich einen Grossular oder Hessonit und wie pflege ich diesen?

Grossular und Hessonit sind als Kristalle, Trommelsteine, Handschmeichler, Anhänger und Cabochons erhältlich. Sie sind jedoch relativ seltene Vertreter der Granatgruppe. Große grüne Grossularscheiben verkörpern die kräftigsten Eigenschaften des Grossulars. Diese Steine sollten regelmäßig, mindestens jedoch einmal im Monat in einer Schale mit Hämatit-Trommelsteinen über Nacht entladen und gereinigt werden. Nach dem Entladen sollten diese für einige Stunden in einer Bergkristall-Gruppe oder an der direkten Sonne aufgeladen werden.

Grünquarz oder Prasolith

Farbe: Grün durchscheinend

Chemische Zusammensetzung: SiO_2

Geologie:
Der Grünquarz (Prasolith) ist ein grüner Quarz mit der Härte 7. Er ist nicht mit dem Aventurin zu verwechseln, welcher seine grüne Farbe durch Glimmereinlagerungen erhält, sondern ist ein wirklich grüner Quarz. Die einzige Fundstelle der Welt liegt in der Montesumamine, Minas Gerais Brasilien. Schwächere Grünquarze aus dieser Mine werden häufig durch Brennen über 500 Grad in ihrer Farbe verstärkt. Dies ändert jedoch an den gesundheitlichen Kräften dieses Steins nichts, da nicht mehr unterschieden werden kann, ob dieser Stein durch heiße Erdschichten oder durch menschliches Brennen seine charakteristische grüne Farbe erhalten hat. Wichtig ist zu wissen, daß die grünmachenden Substanzen im Quarz bereits vorhanden sind und durch das Brennen nur stärker hervorgerufen werden. Erstaunlich ist, daß nur dieser chrom- und mineralienreiche Quarz einer einzigen Mine in Brasilien diese grüne Farbe hat.

Heilwirkungen auf den Körper:
Der Prasolith aktiviert in den Drüsen die lebenswichtigen Hormone und Enzyme für die inneren Organe und steuert vegetativ ohne unser Zutun deren Funktion im Körper. Der Grünquarz tritt für diese Organe jedoch mehr als Schutzstein auf und bewahrt diese vor Erkrankungen und Überbelastungen. Starke Heilwirkungen hat der Prasolith auch gegen Allergien. In Verbindung mit Chrysopras oder als Prasolith-Wasser heilt er Akne, Pickel, Pusteln und eitrige Entzündungen der Haut.

Heilwirkungen auf die Psyche:
Der Prasolith ist ein sehr sanfter Schmusestein, welcher in uns mehr Ruhe und Geborgenheit hervorruft Menschen, welche in der Partnerschaft und in der Liebe aufgrund von Mißverständnissen oder Monotonie zu einem platonischen Leben neigen, werden durch den Prasolith wieder kräftiger miteinander verbunden. Gegenseitige Gefühle und Empfindungen werden wieder bewußter erlebt und körperliche Kontakte werden dankbar angenommen. Prasolith bringt neuen Pfiff in die Ehe.

Chakra:
Der Prasolith oder Grünquarz dringt sanft aber schwingungsvoll über das Herzchakra in die Seele ein. Er bringt Wärme und Geborgenheit und aktiviert in der Seele besonders diese Schwingungen, welche zu Harmonie und Treue in der Beziehung führen. Aber auch die Bereitschaft für eine Beziehung mit all ihren Konsequenzen wird durch den Prasolith in der Seele erzeugt. Dieses geschieht jedoch nicht durch überreden oder gegen den Willen der Persönlichkeit, sondern so, daß Ballast und seelische Blockaden, welche uns an der Verwirklichung in der Beziehung hindern, heraustransportiert werden. Vertrauen und Treue sind die höchsten Gefühle, welche durch den Prasolith vermittelt werden.

Wie erhalte ich einen Grünquarz und wie pflege ich diesen?
Dadurch, daß Grünquarz oder Prasolith nur an einem einzigen Punkt dieser Erde zu finden ist, ist er relativ schwer erhältlich. Je nachdem, wieviel im Augenblick gefunden wird, steigt und fällt auch sein Preis. Er ist erhältlich als Trommelstein, Handschmeichler und selten als Kette oder Donuts. Walnußgroße facettierte Prasolithe sind phantastisch schöne Edelsteine und liegen trotz der Seltenheit dieses Steins im erschwinglichen Preisbereich. Prasolith oder Grünquarz sollte ein bis zweimal im Monat unter fließendem, lauwarmem Wasser entladen und gereinigt werden. Nach dem Entladen sollte dieser Stein über Nacht in einer Bergkristall-Gruppe aufgeladen werden.

Hämatit und Hämatit-Rosen

Farbe: Grau metallisch glänzend, undurchsichtig

Chemische Zusammensetzung: Fe_2O_3

Geologie:

Der Hämatit ist ein nicht magnetisches Eisenoxid mit der Härte 5 bis 6 und ist eines der wichtigsten Eisenerze. Die Fundstellen in der BRD, Insel Elba Italien, USA, Kanada, GUS, Australien und Schweden. Die wichtigsten Fundstellen für den Hämatit im Heilsteinbereich liegen in Brasilien. Von hier stammen die besonders großen und reinen Blutsteine. Hämatit kristallisiert in rosettenartigen Kristallen aus. Dies kommt beim Hämatit jedoch sehr selten vor. Hämatit-Rosen werden in der Schweiz, in Brasilien und in Arizona, USA gefunden.

Geschichtliche Überlieferung:

Die alten Ägypter verehrten den Hämatit als entstrahlenden Stein, welcher Frieden schenke und seine Wirkungen im Verborgenen entfaltet. Deshalb wurde der Hämatit auch als Grabbeigabe unter das Kopfkissen der Toten gelegt, um ihnen den Gang in die Ewigkeit zu erleichtern. Selbst Tut-Ench-Amun wurde auf seinem Weg in die Unendlichkeit mit Skarabäen aus Hämatit begleitet. Schon im alten Griechenland wurde der Hämatit als göttliches Blut verehrt, welches die Erde am Leben erhalten sollte. Seitdem fließt der Hämatit in den Adern der Erde und ist nahezu an allen Verletzungen ihrer "Haut" zu finden. Seit der Antike wird dieser Stein als Blutstein gesucht und als besonderer Heilstein verehrt. Als Talisman bewahrt der Hämatit vor dem bösen Blick und warnt in den Träumen vor kommenden Gefahren. Als Blutstein wird der Hämatit auch deshalb bezeichnet, weil die Edelsteinschleifer während der Verarbeitung von Hämatit blutrote Finger bekommen.

Heilwirkungen auf den Körper:

Als irdisches Blut hat der Hämatit auch wundersame Wirkungen auf das Blut unseres Körpers. Er bewahrt dieses vor nahezu allen Erkrankungen, Blutarmut und Leukämie. Der Blutdruck wird ebenso reguliert wie der Zellaufbau der Organe. Auch bei Krampfadern, Blutstauungen, Gefäßverengungen und Zirkulationsbeschwerden leistet Hämatit unschätzbare Dienste. Blutungen und blutende Wunden finden eine schnelle narbenfreie Heilung und Blutergüsse werden durch das Auflegen von Hämatit schneller abklingen. Der Hämatit, besonders Hämatit-Rosen, helfen auch sehr gut gegen Leiden von durch hormonelle Schwankungen verursachten Menstruationsstörungen und lindert die häufig damit verbundenen Schmerzen. Hämatit-Rosen in Silber oder Gold gefaßt und nahe am Hals getragen, lindern hormonell und seelisch bedingte Rhytmusveränderungen und schmerzhafte Regelstörungen. Hämatit-Wasser regelmäßig morgens auf nüchternen Magen hat nicht nur eine sehr anregende Wirkung auf den gesamten Kreislauf und das Lymphsystem, sondern ist ein Eisenspender, welcher das Eisen dem Körper in einer besonders gut verdaulichen Form zuleitet. Vitalität, Frische und jugendlicheres Aussehen sind nur einige Symptome, die Sie mit Hämatit, Hämatit-Rosen oder Hämatit-Wasser erreichen können. Ganz besonders hat der Hämatit zusätzlich mit seiner reinigenden Wirkung auch eine sehr stark entstrahlende Wirkung. Diese Entstrahlung begrenzt sich nicht nur auf den Organismus (Entgiftung, Entschlackung), sondern entstrahlt auch unsere Aura und unser gesamtes Umfeld. Erd- und Wasserstrahlen werden mit Hämatitkugeln "weggeschluckt'. Diese Kugeln sollten jedoch nie größer als 10 cm im Durchmesser sein. Unter dem Kopfkissen verhilft Ihnen der Hämatit zu tieferem und erholsameren Schlaf. Menschen, die zur Mondsucht neigen, sollten immer, auch über Nacht, eine Hämatit-Kette tragen.

Heilwirkungen auf die Psyche:

Der Hämatit beschenkt uns mit mehr Spontaneität und Lebensfreude. Wir lernen, wieder selbständiger zu sein und das Leben verstärkt selbst in die Hand zu nehmen. Neidische, falsche Freunde und Kollegen werden von uns erkannt und ihre Kraft wird an unserer Willenskraft gebrochen. Der Hämatit baut um uns herum ein Schutzfeld auf, welches es uns ermöglicht, mutiger, unbeschwerter und zielbewußter zu leben. Seelische Verkrampfungen, welche sich auch auf die Funktion der Organe auswirken, werden mit Hilfe von Hämatit, besonders von Hämatit-Rosen, gelindert.

Sternzeichen: Skorpion 24. Oktober bis 22. November

Chakra:

Der Hämatit, auch Blutstein genannt, ist zwar vom optischen her ein gräulicher Stein, innerlich in seinem Aufbau jedoch rot wie Blut. Durch seine entstrahlende Wirkung findet der Hämatit nicht nur Verwendung beim Reinigen vieler Edelsteine, sondern löst vor allem in und um uns magnetische Blockaden. Dies können Erdstrahlen sein, aber auch negative Einflüsse auf unseren Körper, die durch bestimmte Planetenkonstellationen, oder durch schwarze Magie hervorgerufen werden. Durch Auflegen auf das Basiszentrum entstrahlt uns der Hämatit, was wir mit einer besonderen Ruhe und Wärme wahrnehmen. Unser Körper hat nun die Möglichkeit, die Kräfte vieler anderer Edelsteine intensiver aufzunehmen. Hämatit eignet sich auch sehr gut als Schutzwall während der Meditation um uns herum.

Wie erhalte ich einen Hämatit und wie pflege ich diesen?

Der Hämatit ist aufgrund seiner häufigen Vorkommen in einem vielfältigen Angebot erhältlich. Sie bekommen diesen als Rohstein, Trommelstein, Handschmeichler, Anhänger, Kette, Kugel, Pyramide, Obelisk, Donuts und in unzählig vielen Formen für Halsreifen und Lederband. Eisen und somit auch Hämatit haben einen natürlichen Feind: Das Wasser. Sie sollten daher den Hämatit nur mit Wasser in Verbindung bringen, wenn Sie dies anschließend trinken möchten. Wir empfehlen Ihnen die Entladung des Hämatits, wie z. B. Ihrer Kette, einer Kugel oder eines bestimmten Handschmeichlers in einem Kristallbad. Sie verwenden hierfür eine Glasschale aufgefüllt mit fingernagelgroßen Bergkristall Trommelsteinchen. Diese entziehen dem Hämatit die schlechten Strahlen, welche sich in den Hunderten von Bergkristall-Trommelsteinchen totlaufen. Gleichzeitig erhält der Hämatit durch die Bergkristalle wieder neue Energie.

Heliodor

(grünlich-gelber bis orange-gelber Beryll)

Farbe: Hellgrün, gelblich-grün durchscheinend.

Chemische Zusammensetzung: $Be_3AL_2Si_6O_{18}$

Geologie:

Der Heliodor gehört in die Familie der Berylle und hat die Härte 7,5 bis 8. Er ist eine Beryllium-Aluminium-Silizium-Verbindung und erhält durch geringe Mengen von Eisen und Chrom seine grünliche Farbe. Die bekanntesten Fundgebiete des Heliodor liegen in Brasilien, USA, Sri Lanka und Südafrika.

Geschichtliche Überlieferung:

Der Name Heliodor stammt aus dem Griechischen "Helios Doron", was soviel bedeutet wie "Sonnengeschenk". Die Griechen glaubten, daß im Heliodor das Licht und die Kraft der Sonne wohne. Der Tag und die Nacht auf der Erde werden durch den Heliodor gesteuert. Auch die Römer verwendeten den Heliodor als Amulett und ganz besonders als Heilstein. Heliodore, so glaubten sie, seien die Nerven der Erde und harmonisieren auch ihrem Träger die sensibelsten und feinfühligsten Gedanken in Geist und Körper. Heliodore wurden schon vor Christi als verjüngende Heilsteine und Schutzsteine geehrt.

Heilwirkungen auf den Körper:

Der Heliodor hat sehr feine Heilwirkungen auf das Herz und den Herz-Lungen-Kreislauf. Er aktiviert und harmonisiert die Schrittmacherzellen und heilt daher auch Herzrhytmusstörungen und Herzerkrankungen, welche durch die Feinmotorik des Herzens verursacht werden. Der Heliodor aktiviert die Blutzirkulation im kleinen Blutkreislauf zwischen Herz und Lunge. Er stärkt die roten Blutkörperchen und sorgt somit dafür, daß das Blut mehr Sauerstoff transportieren kann, und gleichzeitig mehr Stickstoff ausgeatmet wird. Heliodor eignet sich daher auch sehr gut für Sportler, welche häufig an starkem Muskelkater oder Seitenstechen leiden. Diese beiden sauerstoffbedingten Eigenschaften können durch Heliodorwasser oder durch einen Heliodoranhänger behoben werden. Ganz besonders aber entfaltet der Heliodor seine heilenden Kräfte auf das Sonnengeflecht. Er schützt das größte Nervengeflecht, den Solarplexus, vor Schäden und reguliert die feinen sinnvollen Bewegungsabläufe durch das vegetative Nervensystem. Überfunktionen oder Unterfunktionen von Drüsen und Organen, deren Ursprung nicht bekannt ist, können durch Auflegen von Heliodors auf das Sonnengeflecht geheilt werden.

Heilwirkungen auf die Psyche:

Der Heliodor vermittelt seinem Träger mehr Ausgeglichenheit und Lebensmut. Schon in der Antike wurde der Heliodor als Verjüngungsstein geehrt. Dies wohl daher, weil er die Energiezentren und die feinen Energiefasern im Körper aktiviert und gleichzeitig Drüsen und Hormonproduktion harmonisiert. Dies verleiht dem Körper ein jüngeres und gesünderes Aussehen.

Chakra:

Der Heliodor eignet sich für die Meditation sehr gut zum Auflegen auf das Sonnengeflecht (Solarplexus) und das Herzchakra. Er kräftigt im Körper und der Seele die Energiebahnen und dringt sehr tief in die Gedanken ein. Er reinigt die Energiefelder im Körper und verbindet stärker das Bewußtsein mit dem Unterbewußtsein. Während der Meditation erreichen wir durch den Heliodor eine bessere Klärung der Wünsche und Bedürfnisse der Seele.

Wie erhalte ich einen Heliodor und wie pflege ich diesen?

Heliodore sind, wie auch die anderen Vertreter aus der Beryllgruppe wertvolle und stark gefragte Edelsteine. Sie sind daher nur schwer auf dem Markt zu finden und liegen in der gehobenen Preisklasse. Heliodor ist als Rohstein, Naturkristall, Trommelstein und Handschmeichler erhältlich. Selten aber auch in Beryllketten. Beryllketten sind sehr kräftige Heilketten und umfassen häufig alle Steine der Beryllgruppe. Ihre Wirkungen sind besonders gut, wenn sie ungeknotet und mit Silberverschluß nahe am Hals getragen werden. Heliodore sollten einmal im Monat unter fließendem, lauwarmen Wasser gereinigt und entladen werden. Ketten empfehlen wir, über Nacht, in einer trockenen Schale mit Hämatit-Trommelsteinen zu entladen. Heliodor sollte nach dem Entladen in einer Kristall-Gruppe oder Amethyst-Druse aufgeladen werden.

Heliotrop

Hildegardjaspis oder Blutjaspis

v. li.: Heliotrop und Hildegardjaspis

Farbe:

Lauchgrüner Stein mit rosa, orangeroten oder roten Feldern und Tupfern.

Chemische Zusammensetzung: SiO_2

Geologie:

Der Heliotrop gehört in die Familie der Jaspise und zeichnet sich durch grünen Jaspis mit roten Punkten aus. Seine lauchgrüne Farbe wird durch kleinste, massenhaft eingelagerte Chloridplättchen hervorgerufen. Die roten Flecken werden durch Eisenoxid verursacht. Eisen, Mangan und Titan verleihen diesem Jaspis seine charakteristischen Eigenschaften. Der Heliotrop ist ein äußerst zäher Stein mit der Härte 7. Die schönsten Heliotrope werden in Indien und China gefunden. Aber auch in Brasilien und Australien sind Fundstellen bekannt.

Geschichtliche Überlieferung:

Die alten Griechen verehrten den Heliotrop als lichtbringenden Erdenstein, welcher mit seiner grünen Farbe das Leben auf der Erde symbolisiert, während die roten Punkte das Blut der Erde verkörpern. Durch Tragen eines Heliotrops glaubten sie, daß dieser eine harmonievollere Beziehung zu den Göttern der Erde und des Wassers herstelle und ein langes Leben schenke. In Indien und in Ägypten gilt dieser Stein auch heute noch als kräftiger Heilstein, welcher nicht nur Krankheiten sondern auch Feinde abwehrt. Von christlichen Völkern, wie auch von Hildegard v. Bingen, wird überliefert, daß es sich bei den roten Tropfen um das Blut Jesu handle, welches zur Erinnerung an ihn in den Adern der Erde, aller Lebewesen und in uns Menschen ewig weiterfließen solle.

Heilwirkungen auf den Körper:

Die im Heliotrop "versteinerten Bluttropfen" der Erde haben auch auf unser Blut und unseren Blutkreislauf starke Wirkungen. Durch seine stark reinigende Wirkung auf unser Blut wird natürlich auch eine Reinigung aller durchbluteten Organe, besonders aber der Milz, Nieren und der Leber erreicht. Der Heliotrop bewahrt auch das Herz vor Herzschmerzen und Herzrhytmusstörungen, und heilt chronische und akute Herzschwäche. So werden durch die Herzschwäche verursachte Blutstauungen vor dem Herzen, Atemnot und Ödeme durch den heilenden Heliotrop gelindert. Das Herz und der gesamte Blutkreislauf werden stabilisiert und gekräftigt. Der Heliotrop befreit auch die Lungen und die Gefäße von Ablagerungen und Vergiftungen. Als Kette, Heliotrop-Wasser oder Tee heilt er Sehnenscheidenentzün-dungen, Ischiasschmerzen, Seitenstechen, Gicht, Wadenkrämpfen, rheumatischen Schmerzen und vor allem Krampfadern. Diese Wirkung können Sie zusätzlich verstärken, wenn Sie mit dem Heliotrop über die erkrankten Stellen massieren. Heliotrop hat auch eine starke heilende Wirkung auf das Muskelsystem, welches er von Nervenentzündungen und Gliederschmerzen befreit. Vor allem Frauen in der Schwangerschaft bewahrt der Heliotrop vor Eisenmangel, Bauchschmerzen und Unterleibserkrankungen. Er beschützt das Neugeborene vor negativen Einflüssen. Heliotrop kräftigt dem Baby den gesamten Körper und erleichtert der Mutter und dem Kind die Geburt. In der Winterzeit, wenn Kälte und Viren umherziehen, empfiehlt es sich, eine Heliotrop-Kette am Hals zu tragen. Dieser erwärmt den Kreislauf und schützt vor Infektionen. Auf die Ohren oder Nase aufgelegt heilt er Ohrensausen, Gehörgangsentzün-dungen, Ohrenschmerzen und sogar Gehörsturz. Grippeerkrankungen, Schnupfen und Nasenschleim-hautentzündungen lassen sich durch Heliotrop ebenfalls gut heilen.

Heilwirkungen auf die Psyche:

Unter dem Kopfkissen bewahrt uns der Heliotrop vor Alpträumen. Er belegt seinen Träger mit schützenden Energien und macht den Kopf frei für geistige Konzentration. Durch seine stark reinigende Wirkung auf den Körper stellt sich gleichzeitig auch mehr Zufriedenheit, Vitalität und Lebenslust in uns ein. Wir erhalten ein ausgeglicheneres und jugendlicheres Aussehen. Beruf und Arbeit machen wieder mehr Freude und Entscheidungen in wichtigen Lebensfragen werden durch den Heliotrop erleichtert. Seelische Störungen und Abgespanntheit, ja sogar Aggressivität und Konzentrationslosigkeit können Folgen von Tiefschlafmangel, Alpträumen oder Einschlafschwierigkeiten sein. Diese werden durch den Heliotrop als Kette, Lebensstein oder Daumenstein sehr rasch gelindert.

Chakra:

Wir empfehlen Ihnen bei der Lithotherapie, den Heliotrop auf Ihr Herzchakra aufzulegen, weil er durch dieses Chakra den stärksten Einfluß nimmt. Aber auch auf dem Sonnengeflecht und anderen Chakras hat sich der Heliotrop als leuchtender Stein erwiesen. Dies bemerkten z. B. auch schon die Griechen, welche ihm den Namen Helios gaben, was soviel bedeutet wie "Sonne". Jedoch treten die Kräfte des Heliotrop nicht geradlinig in uns ein, sondern immer spiralförmig. Sie sollten sich also für die Meditation mit dem Heliotrop viel Zeit lassen. Kombinieren Sie den Heliotrop mit rotem Jaspis, so werden seine Wirkungen zusätzlich verstärkt. Wir empfehlen Ihnen, vor der Heliotroptherapie, die gewünschten Chakras immer mit einem klaren Bergkristall-Massagestab zu öffnen.

Wie erhalte ich einen Heliotrop und wie pflege ich diesen?

Sie erhalten den Heliotrop als Trommelstein, Handschmeichler, Anhänger, Kugel, Pyramide, Kette, Donuts und vielen phantasievollen Formen für den Halsreifen und das Lederband. Als Rohstein möchten wir Ihnen den Heliotrop nicht empfehlen, da er messerscharfe Kanten hat. Sie sollten diesen Stein regelmäßig nach Gebrauch unter fließendem lauwarmem Wasser entladen. Ketten sollten einmal im Monat über Nacht in einer trockenen Schale mit Hämatit-Trommelsteinen entladen werden. Das Aufladen an der Sonne tut dem Heliotrop sehr gut, wir empfehlen Ihnen jedoch, den Heliotrop in einer Gruppe von Bergkristall aufzuladen, da der Heliotrop diese Kraft viel intensiver speichern kann.

Herkimer Diamant

Farbe:

Grauweiß bis durchscheinend klare Doppelenderkristalle

Chemische Zusammensetzung: SiO_2

Geologie:

Herkimer Diamanten sind Quarzkristalle und weisen sich durch eine charakteristische, doppelendige diamantähnliche Kristallstruktur aus. Dieser Kristallbildung verdanken die Herkimer-Quarze auch, daß Sie als "Diamanten" bezeichnet werden. Gefunden werden Sie im Herkimer County im Staate New York, USA. Ihre Härte beträgt 7.

Geschichtliche Überlieferung:

Diese begehrten doppelendigen Quarzkristalle werden auch heute noch in den USA ohne Sprengen und Maschinenkraft geschürft. Seit Generationen sind diese begehrten Quarze Objekte, welche in keiner wirklich guten Sammlung fehlen dürfen. Schnell erkannten die Menschen jedoch, daß die Herkimer Diamanten neben ihrer begehrenswerten Schönheit und Vollendung auch besonders starke Heilkräfte in sich bergen.

Heilwirkungen auf den Körper:

Herkimer Diamanten liegen auf einer Ebene zwischen dem Bergkristall und dem Diamanten. Sie sind sehr kräftige Steine, welche beinahe alle Heilkräfte beider Steine in sich bergen. Besonders in den Heilungsprozeß greifen Herkimer Diamanten beschleunigend ein. Sie ermöglichen ein nahezu narbenloses Zusammenwachsen nach Operationen und beugen Entzündungen und Infektionen vor. Knochenbrüche, Quetschungen und Zerrungen werden mit Hilfe des Herkimer Diamanten so behandelt, als ob sie nie da waren. Sehr starke Erfahrungen wurden mit dem Herkimer Diamanten auch bezüglich krebsartigen Erkrankungen wie z. B. Tumoren und Wucherungen gemacht. Legen Sie einen Herkimer Diamanten in ein Schnapsglas mit Wasser und lassen dies eine Nacht stehen. Am nächsten Tag trinken Sie das Elixier auf nüchternen Magen. Stellt sich bei Ihnen Sodbrennen oder gar ein Gefühl der Übelkeit ein, so sollten Sie sich unbedingt sofort auf Symptome wie z. B. Krebs oder Aids untersuchen lassen. Sind Sie gesund, so wird das Wasser durch Ihren Kreislauf wandern und all Ihre Organe mit einem Hauch von mehr Widerstandsfähigkeit und Jugend belegen. Es bleibt so lange in Ihrem Körper, bis es seine heilenden Kräfte an Sie weitergegeben hat. Wiederholen Sie diese Therapie einmal im Monat und Sie werden spürbar feststellen, wie Ihr ganzer Körper an Vitalität gewinnt, Ihre Haut ein frischeres Aussehen erhält und Sie sich wohler fühlen.

Heilwirkungen auf die Psyche:

Der Herkimer Diamant ist ein Stein, welcher seine Arbeit für uns im Verborgenen verrichtet. Er ist wie ein kleiner Freund, welcher unter guter Behandlung zu spüren gibt, daß auch wir geliebt werden und auch im Alter nicht zum "alten Eisen" gehören. Er schenkt uns die Fähigkeit, in die Zukunft zu blicken, Entscheidungen klar und wahr zu treffen und uns selbst zu verwirklichen. Jedoch verbirgt der Herkimer Kristall zwei Richtungen in sich. Mit derselben Kraft, mit der wir in die Zukunft schauen, können wir auch in die Vergangenheit blicken Dort liegen oft die Hürden, welche wir erkennen müssen, um weiter voranzukommen. Der Herkimer Diamant verhilft uns ebenfalls, unsere Vergangenheit zu bewältigen, und daraus zu lernen. Jedoch schließt er uns mit unserer Vergangenheit nicht ab, sondern er baut uns eine Brücke in unsere Gegenwart.

Sternzeichen: Löwe 23. Juli bis 23. August

Chakra:

Der Herkimer Diamant dient ebenfalls wie der Bergkristall und der Diamant als Lichtbringer. Diese haben die Eigenschaft, daß Sie die Chakras besonders tief und weit öffnen und diese unter Zugabe von reiner Energie für die Aufnahme farbiger Steine freimachen. Herkimer Diamanten lassen sich daher für jedes Chakra verwenden. Große Herkimer neigen in ihren Eigenschaften nahe zum Diamanten. Sie haben sogar soviel Energie, daß Sie den ungeübten Anwender in der Meditation in einen Rausch von Ewigkeit verfallen lassen, welcher seinen Ausklang oftmals in tiefem Schlaf findet. Wir empfehlen Ihnen daher, Kristalle zu verwenden, welche nicht größer als vier Zentimeter sind. In Verbindung mit Farbsteinen wird durch die Herkimer Diamanten eine besondere Harmonie erreicht. Kräfte aus dem Unterbewußtsein werden in unser bewußtes Denken hineingehoben. Nun haben wir die Möglichkeit, diese Dinge, die uns unterbewußt bewegen, objektiv zu entscheiden und für uns zu beantworten. Der Herkimer Kristall sollte hierbei immer horizontal ausgerichtet auf uns liegen. In Verbindung mit einem grünen Farbstein (besonders Chrysopras) ermöglicht dieser uns, zu erkennen, ob der ersehnte Partner zu uns paßt, oder ob die Partnerschaft nur noch aus Gewohnheit besteht. In Verbindung mit einem Amethyst auf unserer Stirn können wir klar erkennen, ob kommende Verträge wirklich fair sind, und ob wir den Gegenstand, worauf der Vertrag bezogen ist, wirklich benötigen. Diese Eigenschaften des Herkimer Diamanten könne in Verbindung mit Farbsteinen auf nahezu all unseren Chakras erfahren werden.

Wie erhalte ich einen Herkimer Diamant und wie pflege ich diesen?

Herkimer Diamanten werden sehr selten gefunden und sind aufgrund ihrer starken Nachfrage wertvolle Edelsteine und Heilsteine. Sie erhalten diese als doppelendige Kristalle. Herkimer Diamanten sollten regelmäßig einmal im Monat unter fließendem lauwarmem Wasser entladen und gereinigt werden. Das Aufladen in einer Bergkristall-Gruppe oder an der direkten Sonne ist über längere Zeit hinweg zu empfehlen.

Hiddenit

Farbe: Weiß bis zart grünlich durchscheinend

Chemische Zusammensetzung: $LiAl(Si_2O_6)$

Geologie:

Der Hiddenit ist, wie der Kunzit, ein Spodumenmineral und gehört in die Familie der Pyroxene. Er besteht aus einer Lizium-Aluminium-Verbindung und hat die Härte 6. Die bekanntesten und wichtigsten Fundgebiete liegen in Afghanistan, Brasilien, USA und Madagaskar.

Geschichtliche Überlieferung:
Der Hiddenit gehört in die Familie der Pyroxene und sein Name stammt aus dem Griechischen, was soviel bedeutet wie "feuerabweisend". Wie der Kunzit wurde auch der Hiddenit aufgrund seiner hohen Hitzebeständigkeit und Stabilität als Stein verehrt, welcher den Himmel mit der Erde verbindet. Er wurde daher von den alten Griechen als Blitzableiter gegenüber Gefahren, schwarzen Mächten und starken Krankheiten eingesetzt. Der Hiddenit wurde 1879 erstmals von dem Geologen Hidden in USA entdeckt und erhielt nach diesem auch seinen Namen.

Heilwirkungen auf den Körper:
Der Hiddenit hat sehr starke Kräfte auf das Muskelsystem und die Muskelfasern. So befreit er z. B. von krampfhaften und rheumatischen Schmerzen im Nacken, Schultern und an den Gelenken. Er heilt auch Epilepsien und Krämpfe, welche durch Verhärtungen in der Muskulatur hervorgerufen werden. Hiddenit heilt aber auch die Herzmuskulatur von Erkrankungen und Durchblutungsstörungen. Er schützt das Herz vor Corona Sklerose und Verkalkung der Herzkranzgefäße. Darüberhinaus hat der Hiddenit auch stark heilende Wirkungen auf das Knochenmark und verhindert Entzündungen und Ablagerungen in den Gelenken. Er heilt daher nicht nur arthritische Erkrankungen, sondern schützt auch vor Gicht. Der Hiddenit stärkt den Organismus und kräftigt ganz besonders die Nerven, welche das Hören, Sehen, Fühlen und Riechen an das Gehirn weiterleiten. Als Hiddenitwasser heilt dieser Stein auch brennende Füße und Hände, welche durch Veränderungen oder Entzündungen am Ischiasnerv hervorgerufen werden.

Heilwirkungen auf die Psyche:
Der Hiddenit schenkt seinem Träger mehr Lebensfreude und Ausgeglichenheit und stärkt auch das Zusammengehörigkeitsgefühl in der Familie. Er hebt sexuelle Leidenschaften und aktiviert auch ältere Menschen, wieder öfters einmal aus dem gewohnten Alltagstrott auszubrechen. Hiddenit bewahrt seinen Träger vor Depressionen und vor Wahnerkrankungen, wie z. B. Schizophrenie. Hiddenit ist ein Schutzstein für die Freundschaft und die Liebe.

Chakra:
Der Hiddenit beflügelt ganz besonders auf dem Herzchakra die Phantasie und regt dabei den Kreislauf an. Er aktiviert die verbindenden Kräfte zu Liebe und Freundschaft und gibt die Einsicht zu der Akzeptanz, daß auch andere Menschen auf ihre Art Liebe und Freundschaft erleben. Menschen, welche nach Geld und materiellen Gütern suchen, werden durch die Meditation mit Hiddenit in ihren Gefühlsempfindungen bezüglich Liebe und Freundschaft bestärkt und erkennen, daß Gesundheit und Liebe die teuersten Güter in ihrem Leben sind und nicht Macht und Reichtum.

Wie erhalte ich einen Hiddenit und wie pflege ich diesen?
Hiddenit ist ein relativ seltener Edelstein, und daher nur als Anhänger oder Einzelkristall, und selten als Trommelstein oder Handschmeichler erhältlich. Die zartgrünen, flachen Hiddenitkristalle aus Brasilien sind besonders kräftig in ihren Heilwirkungen. Hiddenite sind kräftige Heilsteine und sollten daher, wenn sie täglich getragen werden, mindestens einmal in der Woche unter fließendem, lauwarmem Wasser entladen und gereinigt werden. Wir empfehlen Ihnen, den Hiddenit einmal im Monat in einem Glas mit Wasser und klaren Bergkristall-Spitzen zusammen über Nacht aufzuladen.

Howlith

v. li.: Howlth natur, Howlith gefärbt

Farbe:

Undurchsichtig weiß mit grauen Adern, oder blau gefärbt.

Chemische Zusammensetzung: $MgCaCO_3$

Geologie:

Der Howlith ist ein Kalzium-Magnesium-Mineral mit der Härte 3 bis 4. Die wichtigsten Fundgebiete liegen in Südafrika, China und Mexiko.

Heilwirkungen auf den Körper:

Der Howlith hat eine entwässernde Wirkung auf den Körper. Er regt den Stoffwechsel an und scheidet Verbrennungsrückstände aus. Als Howlith-Wasser oder Tee werden unzählige Giftstoffe aus den Organen besser herausgespült. Diese Kraft läßt sich mit Hilfe von Magnesit oder als Howlith-Kette um ein Vielfaches verstärken. Desweiteren regelt der Howlith den Säurehaushalt für die Verdauung. Häufiges Sodbrennen und saures Aufstoßen werden ebenso gelindert wie durch Magenübersäuerung verursachte Schleimhautentzündungen. Durch seinen hohen Kalziumgehalt hat der Howlith ebenfalls eine heilende Wirkung auf die Knochen, Gelenke, Nägel und die Zähne. Brüchige Fingernägel, Geiernägel und Nagelbetterkrankungen lassen sich durch den Howlith sehr gut heilen. Diese Wirkungen können mit Hilfe eines Orangencalcit zusätzlich verstärkt werden. Wie der Magnesit eignet sich der Howlith wegen seiner entschlackenden und entwässernden Eigenschaften auch zum Abnehmen. Unter dem Kopfkissen bewahrt der Howlith vor Alpträumen und schenkt einen tiefen und ruhigen Schlaf.

Heilwirkungen auf die Psyche:

Der Howlith ist ein erdender Stein, welcher uns vor unüberlegten Gefühlsschwankungen bewahrt. So besänftigt er Menschen, welche zu Wutausbrüchen und Jähzorn neigen. Durch seine neutralisierenden und ableitenden Eigenschaften auf negative Energien vermag er es, uns Blockaden zu lösen, welche in uns Hemmungen und Komplexe hervorrufen. Es fällt uns leichter, in neue Lebenssituationen hineinzusteigen, und vor allem unseren Mitmenschen mit mehr Aufgeschlossenheit und Charme entgegenzutreten.

Sternzeichen: Waage 24. September bis 23. Oktober

Chakra:

Der Howlith sollte für die Meditation in Verbindung mit Orangencalcit oder Kupfer verwendet werden. In Verbindung mit diesen kräftigen Farbsteinen auf die Chakras aufgelegt leitet er quasi wie ein Blitzableiter Blockaden ab, damit die warmen Strahlen der farbigen Steine ungehindert eindringen können. Wir entwickeln während der Meditation eine Willensstärke, welche uns vor allem beim Abnehmen und der Rauchentwöhnung sehr behilflich ist.

Wie erhalte ich einen Howlith und wie pflege ich diesen?

Der Howlith ist erhältlich als Trommelstein, Handschmeichler, Donuts, Kugel, Pyramide, Kette und vielen phantasievollen Formen für Halsreifen und Lederband. Dank seiner großen Funde liegt er im günstigen Preisbereich. Der Howlith nimmt durch Färben sehr leicht die Farben von Lapislazuli oder Türkis an. Dieses Färben nimmt dem Howlith jedoch in keinster Weise seine Kraft, da er seine ableitende Eigenschaft auf Krankheiten und Blockaden auch nach dem Färben beibehält. Nach Gebrauch sollten Sie den Howlith regelmäßig unter fließendem lauwarmem Wasser entladen. Ketten sollten über Nacht in einer trockenen Schale mit Hämatit-Trommelsteinen entladen werden und nicht an der Sonne aufgeladen werden, sondern anschließend in einer Bergkristall-Gruppe.

Hyazinth / Zirkon

v. li.: Hyazinth und Hyazinth-Kristall

Farbe:
Weiß durchsichtig, gelbrot, rotbraun, orangebraun

Chemische Zusammensetzung: $ZrSiO_4$

Geologie:
Beim Zirkon handelt es sich um ein Zirkoniumsilikat mit der Härte 6 bis 7. Der Hyazinth spielt hierbei jedoch die größte Rolle und ist die gelbrote, rotbraune bis orangebraune Varietät des Zirkons. Zirkone wie z. B. der Hyazinth entstanden meistens in magmatischen und eruptiven Gesteinen. Kleine farbenprächtige Zirkonkristalle stammen aus USA, Kanada, Sri Lanka und Indien. Der Hyazinth jedoch stammt mit seiner typischen oktaedrischen Kristallform aus Brasilien und Australien.

Geschichtliche Überlieferung:
In der Antike galt der Hyazinth als einer der Grundsteine des neuen Jerusalems. Über viele Jahrhunderte hinweg wurde der Zirkon sogar mit dem Wert und der Härte des Diamanten verglichen. Im weiteren geschichtlichen Verlauf, vor allem jedoch bei den Griechen und Römern, wurde der Zirkon als der Bruder des Diamanten verehrt, welcher nach dem Diamanten die höchste Lichtbrechung aufweist. Er wurde auch als der Diamant des Volkes bezeichnet, weil der Zirkon in seinem Wert wesentlich günstiger und erschwinglicher war. Während der weiße Zirkon über die Jahrhunderte hinweg starke Eigenschaften als Schmuckstein erhalten hatte, werden vor allem dem rotbraunen Zirkon, welcher als Hyazinth bezeichnet wird, sehr starke Heilwirkungen nachgesagt. Auch Hildegard v. Bingen hatte die heilenden Eigenschaften des Hyazinths erkannt und niedergeschrieben.

Heilwirkungen auf den Körper:
Die Heilwirkungen des Zirkons werden ganz besonders durch die orangebraune Variante, den Hyazinth, verkörpert. Dieser ist der kräftigste Heilstein aus der Familie der Zirkone. Er heilt Lungen- und Bronchialerkrankungen, wie z. B. Bronchialkatarrh und Bronchialasthma und lindert krampfartige Verengungen der Atemorgane, welche zu Atemnot und Pfeifen führen können. Darüberhinaus heilt der Hyazinth Lungenembolie, welche durch Blutgerinnsel in der Lungenschlagader hervorgerufen werden. Hierbei dient der Hyazinth ganz besonders jenen Menschen als Vorsorge- und Heilstein, welche aufgrund von langen Operationen unter medikamentösem Einfluß stehen und somit einer gesteigerten Emboliegefahr unterliegen. Der Hyazinth wirkt antiseptisch und fiebersenkend und heilt Lungenentzündungen, Allergien und fiebrige Hautausschläge. Über die Stoffwechselorgane heilt der Hyazinth Darmstörungen, wie z. B. Darmkatarrh, krampfartige Unterleibsschmerzen und Entzündungen an den Darmschleimhäuten. Er regt den Stoffwechsel an, aktiviert die Bauchspeicheldrüse, Milz und Leber und harmonisiert die Hormonproduktion in den Drüsen. Der Hyazinth reguliert den Wasserhaushalt in den Organen und lindert Hautleiden, die durch Krampfadern und Wasserblasen verursacht werden. Er beugt darüberhinaus auch Wasseransammlungen im Gewebe vor, welche zu Bluthochdruck, Herzerkrankungen oder Wasserlunge führen können. Als Hyazinthwasser bewahrt dieses die Gelenke vor schmerzhaften Zerstörungen und Verformungen, wie z. B. vor Gicht.

Heilwirkungen auf die Psyche:
Der Hyazinth ermöglicht seinem Träger das Abschütteln von Vorurteilen und befreit von festgefahrenen Lebenssituationen. Er ermöglicht das Eintauchen in eine neue Welt mit neuen Menschen, Freundschaften und einer neuen Partnerschaft. Er vertreibt Melancholie, Minderwertigkeitsgefühle und gibt mehr Selbstvertrauen.

Chakra:
Der Hyazinth findet für die Meditation auf dem Sexualchakra oder Milzchakra den besten Eingang in die Seele. Er harmonisiert und mobilisiert die inneren Werte und verschafft uns somit einen tieferen Einblick in unsere körperliche und geistige Welt. Mit Hilfe des Hyazinths lernen wir die komplizierten Lebensabläufe in uns besser verstehen, und erkennen, daß eigentlich die Welt der Lebewesen und der Natur ein Wunder ist.

Wie erhalte ich einen Hyazinth und wie pflege ich diesen?
Der Hyazinth ist relativ schwer und kaum größer als der Daumennagel erhältlich. Größere Stücke sind sehr selten, wertvoll und äußerst energiereich. Hyazinth ist als doppelpyramidiger Kristall und als Anhänger erhältlich. In Silber gefaßte Hyazinthkristalle verstärken ihre heilenden Kräfte auf unseren Körper um ein Vielfaches. Diese Anhänger sind sogar Schutzsteine für das Immunsystem. Wir empfehlen Ihnen, den Hyazinth einmal im Monat unter fließendem, lauwarmem Wasser zu reinigen und zu entladen. Hyazinthe sind sehr kräftige Steine, welche sich an der Sonne nur mit Wärme aufladen. Wiederbelebende und aufladende Energie jedoch erhält der Hyazinth am besten über Nacht in einer Gruppe klarer Bergkristalle.

Iolith

oder Wassersaphir, Cordierit, Dichroit

v. li.: Iolith mit typischem Farbenspiel

Farbe: Grau, blau, violett

Chemische Zusammensetzung: $Mg_2Al_3(AlSi_5O_{18})$

Geologie:
Beim Iolith handelt es sich um eine Aluminium Magnesium-Verbindung mit der Härte 7. Er wird häufig wegen seiner schönen blauen Farbe auch als Wassersaphir bezeichnet, hat jedoch mit dem Saphir nichts gemeinsam. Typisch für diesen Stein ist seine lichtbrechende Eigenschaft. So wechselt er je nach Beobachtungsrichtung in den Stein die Farben. Er wirkt einmal grau, saphirblau oder blauviolett durchscheinend. Zusätzlich wird der Stein, je nachdem, wie man ihn dreht, auf einmal sogar undurchsichtig. Die Besonderheit liegt darin, daß sich dieses farbenwechseln in einem und demselben Kristall abspielt. Der Iolith wird in Indien, China, Madagaskar, Sri Lanka und in Brasilien gefunden.

Geschichtliche Überlieferung:
In der Antike, bis hin zu den Griechen und den Römern, wurde der Wassersaphir als richtiger Saphir geschätzt. Er fand daher Verwendung in zahlreichen Schmuckstücken der damaligen Zeit. Erst im Mittelalter konnte festgestellt werden, daß der Wassersaphir nichts mit dem aus der Korundgruppe stammenden blauen Saphir gemeinsam hat. Aufgrund seiner Seltenheit wurde der Iolith jedoch weiterhin als begehrter Schmuckstein und Heilstein geschätzt. Er erhielt einen seiner Namen nach dem französischen Mineralogen Cordier.

Heilwirkungen auf den Körper:
Der Wassersaphir hat sehr regenerierende und heilende Wirkungen auf den Magen und den Darmtrakt. So unterstützt er beispielsweise die Verdauung und lindert Verdauungsstörungen, wie z. B. Blähungen, Völlegefühl, häufiges Erbrechen und Sodbrennen. Er schützt und heilt auch die Schleimhäute der Darmmuskulatur. Iolith lindert und heilt Darmkatarrh, Darmverengungen und sogar Darmverschluß. Er ist auch ein sehr guter Schutz- und Heilstein vor Magen- und Darmkrebs. Darüberhinaus stabilisiert der

Wassersaphir den Kreislauf und senkt den Blutdruck. Das Herz wird dadurch entlastet und den Nieren bleibt mehr Zeit, um den Wasserhaushalt im Blut zu regulieren und das Blut zu reinigen. Der Iolith verhindert Wasseransammlungen im Gewebe, der Haut und im Gehirn und bewahrt so vor Krampfadern und Ödemen Über den Stoffwechsel aktiviert der Wassersaphir die Funktion der Drüsen und gewährleistet, daß der Körper besser mit Mineralien und Nährstoffen versorgt wird.

Heilwirkungen auf die Psyche:

Der Wassersaphir dringt sehr stark in unser intuitives Gedankengut und in die sinnessteuernden Zentren im Kopf ein. Er überwacht daher den Allgemeinzustand im Körper und hilft überaktiven und temperamentvolleren Menschen, zu einem ruhigeren und harmonievolleren Leben. Ängstliche Menschen befreit der Wassersaphir von Depressionen und von häufig schon bei kleinsten Anforderung auftretenden Streßerscheinungen.

Chakra:

Bei der Meditation empfehlen wir, den Wassersaphir für das Kehlchakra, Stirnchakra und das Dritte Auge zu verwenden. Er verbindet harmonievoll den Geist mit der Seele und sendet seine heilenden Schwingungen in den vegetativen Bereich des Denkens und der Sprache. Er schenkt inneres Gleichgewicht und läßt uns somit Belastungen und Ängste erkennen, welche in naher Zukunft in Form von Vermutungen oder Drohungen auf uns zukommen. Grundlegende Entscheidungen über Partnerschaft, Berufswechsel und Zukunft werden mit Hilfe des Wassersaphirs ganz deutlich im Geiste für uns beantwortet.

Wie erhalte ich einen Wassersaphir und wie pflege ich diesen?

Iolith oder Wassersaphir ist als Rohstein, Trommelstein, Handschmeichler, Anhänger und Kette erhältlich. Wassersaphirketten mit kleinen Kugeln, welche ungeknotet aneinandergereiht sind und mit einem Silberverschluß versehen wurden, steigern die heilenden Wirkungen um ein Vielfaches. Der Wassersaphir sollte bei regelmäßigem Gebrauch einmal in der Woche unter fließendem lauwarmem Wasser entladen und gereinigt werden. Ketten empfehlen wir, in einer trockenen Schale mit kleinen Hämatit-Trommelsteinen über Nacht zu reinigen. Das Aufladen sollte nicht länger als ein bis zwei Stunden an einer Bergkristall-Gruppe oder einer Amethyst-Druse geschehen. Wassersaphir-Ketten haben die Eigenschaften, daß sie sich zusätzlich während des Tragens an der Sonne und am Licht aufladen.

Jade oder Jadeit

Grüne Jade, Violette Jade, Schwarze Jade, Gelbe Jade

v. li.: Jade grün und violett

Farbe:

Hellgrün bis dunkelgrün, meist durchsichtig. Es ist aber auch violette, gelbe und schwarze Jade auf dem Markt.

Chemische Zusammensetzung: $NaAl[Si_2O_6]$

Geologie:

Die Jade, oder auch Jadeit genannt, ist eine Natrium-Aluminium-Verbindung, welche nicht in Kristallen auftritt. Die Härte ist 6,5 bis 7 (Sie unterscheidet sich daher auch vom weniger harten, aber täuschend ähnlichen Nephrit, welcher aber ein Kalzium-Magnesium-Silicat ist). Aufgrund ihrer phantastisch grünen Farbe gehört die Jade zu den meist geschätzten Steinen der Menschheitsgeschichte. Durch Einschlüsse von Chrom entstand die grüne Jade, während Manganeinschlüsse das phantastische Violett der sehr seltenen violetten Jade hervorrufen. Die wohl wichtigsten

Vorkommen liegen mit Sicherheit in Burma und in China. Besonders dunkelgrüne Jade wird in Kanada gefunden. Desweiteren liegen kleinere Fundstellen in Mexiko, Ägypten und Schlesien.

Geschichtliche Überlieferung:

Die Überlieferungen der Jade reichen bis in das 5. Jahrtausend vor Christi zurück, wo sie schon als "der beste aller Edelsteine" erwähnt wurde. Die Chinesen sahen in der Jade das Sinnbild der fünf Haupttugenden: Weisheit, Gerechtigkeit, Barmherzigkeit, Bescheidenheit und Mut. Sie hebt ihrem Träger das Bewußtsein und beschert ein langes, gesundes Leben. Im alten Ägypten wurde der Stein als der Stein der Liebe, des inneren Friedens, der Harmonie und der Ausgeglichenheit verehrt. Jade dient auch heute noch als Traumstein, welcher seinem Träger die Fähigkeit verleiht, Träume zu deuten. In nahezu allen arabischen Ländern wird Jade, zum Skarabäus geschliffen, als Schutzstein geehrt, welcher alles Böse vom Körper fernhält. Die Majas im alten Mexiko verehrten den Stein als Liebesstein, welcher Freundschaft in innige Liebe umzuwandeln vermag.

Heilwirkungen auf den Körper:

Die grüne Jade, oder Jadeit, wird oft zu den schwächeren Steinen gezählt. Dies ist jedoch nicht wahr, denn die eher sanften Schwingungen der Jade dringen aufgrund ihrer hohen Frequenz besonders tief in den Organismus ein. So kann sie z. B. Erkrankungen der inneren Organe, wie der Milz, Leber und des Darmtraktes heilen. Besonders die Nieren bewahrt die Jade vor Leiden, Koliken und Nierensteinen. Als Kette oder Tee vermag diese sogar Verunreinigungen und Ablagerungen aus Leber und Nieren zu entschlacken. Durch Herausschwemmen dieser Giftstoffe gewinnen Sie an Lebenslust und mehr Vitalität und werden widerstandsfähiger gegen Infektionen und Gelbsucht. Durch das tiefe Eindringen der Jade stärkt diese uns das gesamte Immunsystem und regelt den körperlichen und den geistigen Stoffwechsel. Sie lindert hohen Blutdruck und ist auch ein Stein der Schwangerschaft, welcher vor schmerzhaften Wehen und Fehlgeburten bewahrt. Sie wird auch häufig als Fruchtbarkeitsstein eingesetzt, welcher bei Kinderwunsch das Zusammenkommen der Eizellen beschleunigt. Unter dem Kopfkissen lindert die Jade streßbedingte Einschlafschwierigkeiten und beugt, ganz besonders bei Kindern, Erkrankungen an Schilddrüse und Kehlkopf vor. Jade kräftigt den Knochenbau und die Muskulatur. Als Donuts oder Kette, auf der Haut getragen, lindert sie Verletzungen der Haut, Verbrennungen und Sonnenbrand. Große Jade-Donuts haben sogar die Eigenschaft, daß sie uns vor starkem Sonnenbrand bewahren. Durch Jade-Wasser oder Tee werden Lebensmittel-, Pilz- und Salmonellenvergiftungen gelindert und schnell geheilt. Dies gilt auch für Magenverstimmungen und bei Übelkeit mit Brechreiz. Nach dem Erbrechen sollte unbedingt ein Glas Jade-Wasser mit Salz getrunken werden, da dieses die Magensäfte und Verdauungsnerven wieder beruhigt und harmonisiert.

Heilwirkungen auf die Psyche:

Durch die anregende Wirkung auf den geistigen Stoffwechsel vermag die Jade in uns Vorurteile abzubauen. Tugenden, wie z. B. Gerechtigkeit und Barmherzigkeit, werden gestärkt. Die Jade schenkt uns mehr Freude, Lebenslust und Empfängnis, welche sich durch einen großen Freundeskreis auswirkt. Als Stein der Liebe, des inneren Friedens, der Harmonie und der Ausgeglichenheit beschert uns die Jade mehr Zufriedenheit im Leben. In beruflichen Absichten jedoch vermag es die Jade, in uns den Mut und die Persönlichkeit zu stärken. Wir verlieren Angst, Lampenfieber und erhalten mehr Geschick in Verhandlungen mit Vorgesetzten und Geschäftspartnern.

Sternzeichen: Waage 24. September bis 23. Oktober

Chakra:

Wie bereits erwähnt, weist sich die Jade durch sanfte Schwingungen mit hoher Frequenz aus. Sie reinigt nahezu all unsere Energiezentren. Dies hat zur Folge, daß wir die Jade für alle unsere Chakras als erwärmenden und heilenden Stein einsetzen können. Legen Sie ihn auf Ihr Sexualchakra, und Sie werden fühlen, wie Unlust und Unfruchtbarkeit aus Ihrem Leben weichen. Verbinden Sie die Jade im Zusammenhang mit der Fruchtbarkeit mit einem

Rubin-Zoisit, so können Sie sicher sein, daß Sie mit der Erfüllung des Wunsches nach einem Kind nicht mehr lange warten müssen. Verdauungsbeschwerden und Erkrankungen im Magen-Darm-Trakt werden am Besten durch das Auflegen von Jade auf den Solarplexus behoben. Diese Wirkung können Sie mit einem Citrin verstärken, welches zur Folge hat, daß Ihnen sogar tiefliegendere und fortgeschrittenere Geschwüre, Koliken und Entzündungen geheilt werden. Menschen und insbesondere Kinder, welche sehr anfällig auf Infektionskrankheiten, Grippe, Kopfschmerzen und Migräne sind, sollten die Jade über dem Herzchakra am Hals als Anhänger oder Kette tragen.

Violette Jade:

Diese ist sehr selten erhältlich, hat jedoch Heilwirkungen, welche wir nicht unerwähnt lassen möchten. Allerdings fehlen der violetten Jade die so sanften und harmonievollen Schwingungen, wie sie bei der grünen Jade zu finden sind. Die violette Jade geht sehr kräftig zur Sache und sollte daher nur bei wirklich starken Erkrankungen im fortgeschrittenen Stadium, oder in Verbindung mit grüner Jade, eingesetzt werden. Wir empfehlen Ihnen, die violette Jade erst dann zu verwenden, wenn Sie fühlen, daß die grüne Jade für Ihre Erkrankung zu schwach ist. Mit Auflegen z. B. auf Ihre Stirn können sogar starke Migräneanfälle in kurzer Zeit geheilt werden. Unter dem Kopfkissen oder unter der Matratze hat die violette Jade sogar soviel Kraft, daß Sie bei andauernder Unfruchtbarkeit Sie und Ihren Sexualpartner aktivieren kann. Sie brauchen also nicht länger auf eigene Kinder zu verzichten. Aber seien Sie zurückhaltend, denn durch die Kraft der violetten Jade vermag diese oft, Zwillinge oder gar Drillinge zu bescheren. Während der Schwangerschaftsphase sollten Sie zur violetten Jade unbedingt auch grüne Jade als Harmoniestein verwenden. Fortgeschrittene Krebserkrankungen und Geschwüre können durch das Auflegen von violetter Jade geheilt werden. Nieren- und Gallensteine werden durch die kräftigen Schwingungen der violetten Jade aufgelöst. In der Meditation empfehlen wir Ihnen, die violette Jade nur zu verwenden, wenn Sie wirklich geübt sind. Legen Sie diese auf die Stirn auf, und Sie spüren eine Erwärmung Ihres Körpers durch die Verschmelzung des Geistes mit Ihrem Körper und der Seele. Nach ca. 20 Minuten werden Sie von einer, des Tiefschlafes ähnlichen, Entspannung erfaßt. Eine sanftere Form der starken Wirkungen der violetten Jade erhalten Sie auch hier, wenn Sie diese mit grüner Jade oder mit anderen sanften, durchsichtigen Farbsteinen kombinieren.

Schwarze Jade:

v. li.: Jade gelb und schwarz

Im Gegensatz zu den anderen Jadearten ist die schwarze Jade ein Stein, von welchem Sie absolut die Finger lassen sollten. Schon in der Offenbarung wird erwähnt, daß sich Luzifer in einem Stein verstecke, welcher den Menschen größte Vertrautheit, Liebe und Glück bedeute. Der Teufel wählte die Jade aus, welche es aber Dank Ihrer Kraft verhinderte, daß der Teufel durch sie unentdeckt bleiben konnte. So hatte er zwar den Stein, nicht aber deren Seele. Der Kraft der grünen Jade ist es zu verdanken, daß wir Teufelsstein, nämlich die schwarze Jade, von allen anderen Jadearten unterscheiden können. Denn die grüne Jade konnte zwar nicht verhindern, daß das Böse in sie eindringt, sie konnte sich jedoch schwarz färben, so daß dadurch alle Lebewesen von ihr gewarnt wurden. Die schwarze Jade wurde daher von allen Völkern gemieden und nahezu kaum erwähnt. In Teufelskreisen und schwarzer Magie wird die schwarze Jade auch heute noch als direkter Leiter in die Unterwelt verehrt. Sie dient sogar als Sender, welcher es vermag, böse Wünsche neidischer und teuflischer Menschen immer an ihr Ziel zu bringen. Wir empfehlen Ihnen daher immer, ein grünes Jadeamulett bei sich zu tragen, da die bösen Kräfte der schwarzen Jade hieran zerbrechen.

Gelbe Jade:

Die gelbe Jade ist für uns eine relativ junge Jadeart, welche erst in den letzten Jahren aus China zu uns nach Europa kam. In China wird die gelbe Jade schon seit tausenden von

Jahren geschätzt. Sie wird dort, verdeckt getragen, als Schmuckstein und wertvoller Heilstein geschätzt.

Heilwirkungen auf den Körper:

Gelbe Jade wird seit altersher gegen krampfhafte Erweiterungen der Venen heilend verwendet. Die Chinesen mischten diese in den Tee und das Bad, um so noch besser Bindegewebsschwächen und krankhafte Erweiterungen der Venen lindern und heilen zu können. Entzündliche, chronische und erblich bedingte Venen- und Nervenerkrankungen werden durch die gelbe Jade besonders gelindert und geheilt. Krampfadern, Blutadergeflechte, Wasseransammlungen, Venenentzündungen und Venenthrombose werden durch Ketten und durch Gelbe-Jade-Tee gelindert und geheilt. Auch in der Schwangerschaft erweist sich gelbe Jade als vorbeugender Heilstein gegen schwangerschaftsbedingte Wasseransammlungen und Krampfadern. Durch regelmäßiges trinken von Gelbe-Jade-Tee oder durch Ketten, nahe am Hals getragen, werden auch krampfaderähnliche Erweiterungen der Venen am After und schmerzhafte Hämorrhoidial-Knoten gelindert und geheilt. Gelbe Jade eignet sich auch sehr gut zum lindern und heilen von chronischer Verstopfung.

Heilwirkungen auf die Psyche:

Gelbe Jade hat sehr beruhigende Eigenschaften auf Menschen, welche durch starke Gefühlsausbrüche und Hitzewallungen häufig aufbrausend und überbetont auf ihre Mitmenschen reagieren. Sie beruhigt und schenkt mehr Ruhe und Gelassenheit.

Chakra:

Die gelbe Jade dringt am besten über das Sonnengeflecht und die Nebenchakras in uns ein und harmonisiert unser inneres Gleichgewicht. Aufgrund ihrer beruhigenden Eigenschaften gilt die gelbe Jade als einer der wichtigsten Entspannungssteine.

Wie erhalte ich Jade und wie pflege ich diese?

Die Jade ist als Trommelstein, Handschmeichler, Kugel, Pyramide, Kette, Anhänger, Donuts und vielen phantasievollen Formen für Halsreifen und Lederband erhältlich. Jedoch auch als Kunstgegenstände, wie z. B. Figuren, Vasen oder Teeservice ist die Jade ein vielgeschätzter Edelstein. Jade-Figuren aus China sind nicht nur wertvolle Kunstgegenstände, sondern oftmals aufgrund ihres hohen Alters und ihrer großen Reinheit auch sehr heilwirksam. Bei der Pflege sollten Sie die Jade selbst entscheiden lassen. Merken Sie, daß diese etwas trüb an ihrer Oberfläche wird, oder sich nur noch langsam beim Auflegen auf Ihren Körper erwärmt, so sollten Sie diese unter fließendem lauwarmem Wasser reinigen. Aufladen sollten Sie die Jade regelmäßig nach dem Entladen. Wir empfehlen Ihnen, diese über Nacht in einem Glas mit Amethyst-Trommelsteinen oder in einer Amethyst-Druse aufzuladen. An der Sonne sollten Sie die Jade nicht aufladen, da die kräftigen Strahlen der Sonne die harmonievollen Schwingungen der Jade verwerfen können.

Jaspis gelb oder beige

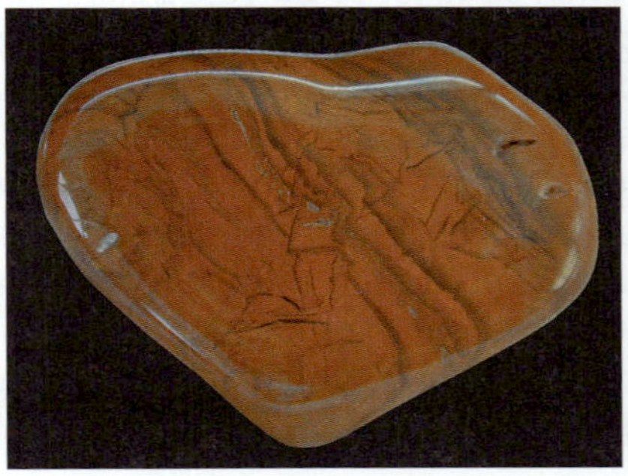

Farbe: Beige bis gelblich beige, undurchsichtig.

Chemische Zusammensetzung: SiO_2

Geologie:

Der gelbe Jaspis gehört in die Familie der Quarze und hat die Härte 7. Einlagerungen von Mangan verleihen ihm seine charakteristische Farbe. Selten jedoch werden wirklich gelbe Jaspise gefunden. Die meisten gelben Jaspise haben eher ein bräunliches gelb, beige oder sind ockerfarben. Die bekanntesten Fundgebiete dieses Jaspises liegen in Indien und Mexiko.

Geschichtliche Überlieferung:

Der gelbe Jaspis wurde schon bei den Indern und den Indianern als Heilstein geachtet. Beide Völker schrieben ihm starke Heilwirkungen auf Nieren, Leber und Galle zu. Die Wirkungen des gelben Jaspis wurden von den Schamanen mit Hilfe von Türkis verstärkt. Erstaunlicherweise finden wir diese Medizin in den Überlieferungen der Indianer genauso wie in den Überlieferungen der Heilkunst aus dem Morgenland.

Heilwirkungen auf den Körper:

Der gelbe Jaspis hilft ganz besonders gegen Erkrankungen der Bauchspeicheldrüse, Leber und Galle. Durch seine entgiftende Wirkung befreit er diese Organe von Verdauungsrückständen und harmonisiert die Produktion von Magen- und Gallensaft. Durch die starken Heilwirkungen auf diese Organe werden Verdauungsprobleme, wie z. B. Verstopfungen, häufiger Durchfall, Darmerkrankungen und Hämorrhoiden geheilt. Als Jaspis-Wasser oder Tee beugt der gelbe Jaspis auch Geschwüre im Magen- und Darmbereich vor. Er regt die Thymusdrüse an und bewahrt vor Überfunktion der Schilddrüse (Hyperthyreose). Bei dieser Drüsenstörung wird durch die Mehrbildung des Hormons Thyroxin der gesamte Stoffwechsel aller Organe regelrecht angefeuert. Trotz Essen und Appetit kann der überhöhte Kalorienbedarf durch den Organismus nicht mehr gedeckt werden. Mangelerscheinungen, Abmagerung und körperliche Niedergeschlagenheit sind ebenso die Folge dieser Funktionsstörungen wie Nervosität, Schlaflosigkeit, Menstruationsstörungen, Haarausfall und sogar Kropfbildung. Besonders Frauen zwischen dem 30. und 40. Lebensjahr werden von diesen Drüsenerkrankungen getroffen, und sollten daher regelmäßig einen beigen Jaspis bei sich tragen, oder Jaspis-Wasser zur Vorsorge und zum Heilen trinken.

Heilwirkungen auf die Psyche:

Der gelbe Jaspis verleiht uns die Gabe, verständnisvoller mit unseren Partnern und Mitmenschen umzugehen. Wir erkennen, daß auch wir nicht fehlerfrei sind, und lernen, auch anderen Menschen Schwächen zugestehen. Er bewahrt vor übertriebener Schreckhaftigkeit und stärkt das Erinnerungsvermögen.

Chakra:

Der gelbe Jaspis ist ein wärmebringender Stein, welcher die Selbstheilungskräfte aktiviert. Besonders auf dem Sonnengeflecht ermöglichen wir dem gelben Jaspis ein besonders tiefes Eindringen. Bei der Meditation mit dem gelben Jaspis sollten wir uns jedoch Zeit lassen, da seine sanften Schwingungen kreisend in uns eindringen. Die Kräfte lassen sich jedoch mit Hilfe eines Naturcitrins erhöhen. Je nach Größe des Naturcitrins erreichen wir eine gefühlsmäßige Erkenntnis, ob sich Krankheiten in uns verstecken. Diese Wahrnehmung kann bei geübten Mediteuren sogar bis zur Erkenntnis der betroffenen Stelle gesteigert werden.

Wie erhalte ich einen gelben Jaspis und wie pflege ich diesen?

Der gelbe Jaspis ist erhältlich als Trommelstein, Handschmeichler, Anhänger, Kette, Kugel und sehr selten als Donuts. Sie sollten den gelben Jaspis regelmäßig nach Gebrauch unter fließendem, lauwarmem Wasser entladen. Das Aufladen an der Sonne ist jederzeit möglich. Mehr Energie führen Sie jedoch dem gelben Jaspis zu, wenn Sie ihn in einer kleinen Schale mit Trommelsteinen aus rotem Jaspis über Nacht aufladen. Ketten sollten über Nacht in einer trockenen Schale mit Hämatit-Trommelsteinen entladen werden.

Jaspis rot

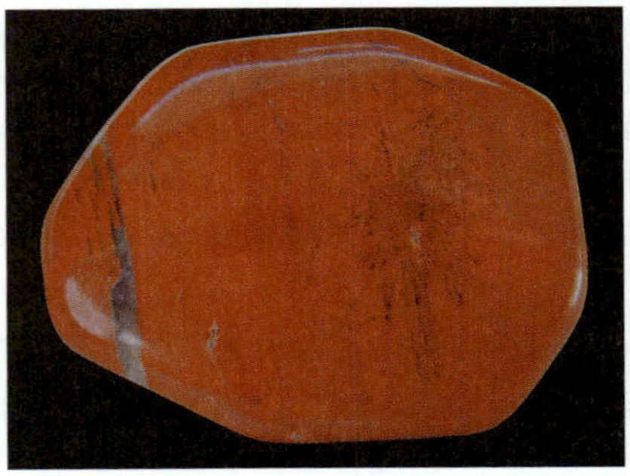

Farbe: Ziegelrot, undurchsichtig

Chemische Zusammensetzung: SiO_2

Geologie:
Der rote Jaspis gehört in die Familie der Quarze und hat die Härte 7. Anteile von Eisen und Mangan verleihen diesem Jaspis seine kräftig rote Farbe. Die Fundgebiete des roten Jaspis sind viel verbreitet und liegen z. B. in der BRD im Schwarzwald und bei Idar-Oberstein sowie in den USA, Indien, Ägypten, Afrika, Australien und Brasilien.

Geschichtliche Überlieferung:
Der rote Jaspis gehörte zu den kostbarsten Edelsteinen der Antike. In der Bibel, in der Offenbarung wird erwähnt, daß Gott zu einem großen Teil aus feuerrotem Jaspis bestehe. Daher hat der Jaspis auch bei den Juden eine sehr starke Bedeutung. Diese glaubten, daß der Jaspis der allererste Grundstein des neuen Jerusalem sei. Die alten Griechen glaubten, daß der Jaspis seinem Träger eine innerliche Harmonie und eine glückliche Ehe beschere. Frauen wurden durch das Tragen eines Jaspis auf der Brust von typischen Frauenleiden befreit, und der Weg für eine harmonievolle Schwangerschaft geebnet. Die Römer trugen den Jaspis als Schutzstein, welcher Regen herbeiführe und Dämonen, wilde Tiere und böse Geister vertreibe. Auch heute erfreut sich der rote Jaspis als Schmuckstein und Heilstein großer Beliebtheit.

Heilwirkungen auf den Körper:
Der rote Jaspis ist ein sehr kräftiger Stein, welcher in keiner "Hausapotheke" fehlen sollte. Durch seine blutstillenden Eigenschaften sollten Sie ihn immer bei sich tragen, da er starke Blutungen stillt und Wunden schließt. Bei Nasenbluten empfehlen wir Ihnen, den roten Jaspis an die Stirn zu halten. Beugen Sie sich dabei nach vorne, damit das Blut, das hinaus muß, auch hinaus kann. Der Jaspis stoppt für Sie das Bluten, wenn es an der Zeit ist und bewahrt die Wunde vor Infektionen. Als Kugelkette, nahe am Hals getragen, harmonisiert der rote Jaspis das gesamte Nervensystem und kräftigt das Immunsystem. Geschwüre, und vor allem Erkrankungen an Leber, Magen, Bauchspeicheldrüse und Milz, werden gelindert und geheilt. Jaspis-Wasser oder Tee vor dem Essen heilt ganz entschieden Magenerkrankungen, Völlegefühl, Brechreiz, Blähungen und Verdauungsprobleme. In Verbindung mit Magnesit und Bergkristall erhalten Sie sogar ein Elixier, welches Sie zum Abnehmen animiert und somit vor Übergewicht und Bulimie bewahrt. Diese Kur sollten Sie über längere Zeit durchführen und das Jaspis-Kristall-Magnesit-Wasser, ca. 1/2 L, regelmäßig vor jedem Essen trinken. Nach einigen Tagen werden Sie feststellen, daß Sie weniger essen und somit abnehmen. Die hieraus resultierende Entschlackung und Entwässerung des Körpers beugt auch Blasenbeschwerden und Darmerkrankungen vor. In der Schwangerschaft leistet der rote Jaspis besondere Dienste. Er lindert Übelkeit und beugt häufigem Erbrechen vor. Er beschert der werdenden Mutter eine harmonievolle Schwangerschaft und innige Liebe zum heranwachsenden Baby. Roter Jaspis bewahrt vor Mißbildungen und geistiger Behinderung. In den letzten Schwangerschaftswochen bewahrt der rote Jaspis vor starken Kreuzschmerzen, Wasseransammlungen in den Beinen, Krampfadern und ermöglicht eine unkomplizierte Geburt. Überschüssige Pfunde nach der Geburt lassen sich leicht mit der Diätkombination Magnesit -Bergkristall -Jaspis abnehmen. Desweiteren fördert er bei Frauen einen geregelten Menstruationsablauf und aktiviert die Fortpflanzungsorgane beider Geschlechter.

Heilwirkungen auf die Psyche:
Der rote Jaspis hat stark harmonisierende Wirkungen auf die negativen Schwingungen im Körper. Er wirkt wie ein Blitzableiter und macht uns frei von Blockaden und Einflüssen anderer Menschen. Wir erreichen einen höheren Grad an innerer Harmonie, welche sich direkt auch in mehr Zufriedenheit und Verständnis in der Ehe, Freundschaft und im Beruf auswirkt.

Sternzeichen: Widder 21. März bis 20. April

Chakra:
Der rote Jaspis entfaltet seine Kräfte am intensivsten auf unserem Wurzel- oder Sexualchakra. Wir erreichen bei der Meditation so ein besonders tiefes Eindringen und spüren, wie die Kräfte des Jaspis über unseren Blutkreislauf in unseren gesamten Körper gelangen. Wir erreichen eine Entspannungsphase und spüren, wie sich unsere Seele regelrecht von Blockaden, Verkrampfungen und alten, verbrauchten Werten entlädt. Neue Lebensenergie wird in uns aufgebaut während Suchtverhalten, Zorn und Wut nahezu gänzlich abgebaut werden.

Wie erhalte ich einen roten Jaspis und wie pflege ich diesen?
Sie erhalten den roten Jaspis als Rohstein, Trommelstein, Handschmeichler, Anhänger, Kette, Kugel, Pyramide, Donuts und in vielen phantasievollen Teilchen für den Halsreifen und das Lederband. Je nach Gebrauch sollten Sie den roten Jaspis regelmäßig unter fließendem lauwarmem Wasser reinigen und entladen. Haben Sie diesem Stein sehr viel abverlangt, so sollten Sie ihn in einer kleinen Schüssel mit Hämatit-Trommelsteinen über Nacht entladen. Der rote Jaspis ist ein Energiestein, welcher nicht durch die Kraft der Sonne aufgeladen werden kann. Laden Sie diesen über Nacht in einer Bergkristall-Gruppe oder zusammen mit Bergkristall in der Erde eines Blumentopfes auf. Nehmen Sie nach dieser Aufladung den roten Jaspis heraus und laden den Bergkristall unbedingt für mindestens einen Tag an der Sonne auf, da dieser durch den Energieentzug des roten Jaspis mit Sicherheit sehr geschwächt ist. Ketten sollten über Nacht in einer Schale mit Bergkristall-Hämatit-Trommelsteinen entladen werden und einmal im Monat an einer Bergkristall-Gruppe aufgeladen werden.

Katzenauge (rotes Tigerauge)

Farbe: Rotbraun schimmernd

Chemische Zusammensetzung: SiO_2

Geologie:
Das Katzenauge ist eine Varietät des Tigerauges und gehört in die Familie der Quarze. Hornblendeeinlagerungen verschaffen diesem Stein seinen typischen roten, seidig schimmernden Glanz. Die rote Färbung des Katzenauges wird häufig auch durch brennen verstärkt. Katzenauge hat die Härte 7 und ist ein eisenhaltiges Siliziumoxid. Die Fundgebiete des roten Tigerauges liegen in Westaustralien, Brasilien, USA und Südafrika.

Heilwirkungen auf den Körper:
Rotes Tigerauge hat sehr starke Eigenschaften auf die Sehnen, Nerven und Muskulatur im Organismus, welche mit der Bewegung zu tun haben. Es stärkt nicht nur das Kleinhirn, welches für die Feinmotorik der Bewegungen verantwortlich ist, sondern kräftigt ganz besonders die Knochen und Gelenke, welche direkt dem Bewegungsapparat angeschlossen sind (Füße, Knie, Zehen, Hüftgelenk). So löst es beispielsweise Verspannungen und Verkrampfungen und ist sehr heilend bei Verstauchungen und Sehnenscheidenentzündungen. Es lindert Nervenentzündungen und Neuralgien und heilt Neuritis, welche häufig sogar den Ausfall ganzer Körpferfunktionen zur Folge haben kann. Besonders bei Kindern lindert und heilt das Katzenauge Erkrankungen des Nervensystems, welche zu Hirngeschwulsten und sogar zu Kinderlähmung, Benommenheit und spastischen Krampfanfällen führen können. Darüberhinaus kräftigt und reinigt Katzenauge die Atemwege bis tief in die Bronchien. Es hilft sehr gut bei Atemwegserkrankungen, wie

Asthma und Lungenentzündungen (Tuberkulose). Das Katzenauge bewahrt die Bronchien vor krampfartigen Verengungen und heilt Bronchialasthma und Bronchialkatarrh.

Heilwirkungen auf die Psyche:
Katzenaugen sind sehr entspannende Steine, welche gleichzeitig Gedächtnis und Konzentration aktivieren und daher nicht nur für Kinder und Schüler treue Begleiter bei Prüfungen und Vorstellungsgesprächen sind. Katzenaugen wecken ihrem Träger Wachsamkeit und eine gute Verhandlungsführung. In der Freundschaft vermitteln sie mehr Geborgenheit und Wärme.

Sternzeichen: Skorpion 24. Oktober bis 22. November

Chakra:
Das Katzenauge läßt sich für die Meditation am besten für das Sexualchakra verwenden. Es dringt sehr sanft in uns ein und vermittelt ein höheres Maß an Wärme und Selbstvertrauen. Mit Hilfe des roten Tigerauges können Gedankenströme, welche eigentlich längst "out" zu sein scheinen, wieder aktiviert und besser in das Bewußtsein transferiert werden. Dies ist dann wichtig, wenn wir wieder zu uns selbst finden möchten und im Wirrwarr der vielen Wege im Leben wieder zum eigenen Weg zurückfinden wollen.

Wie erhalte ich ein Katzenauge und wie pflege ich dieses?
Katzenauge ist erhältlich als Trommelstein, Handschmeichler, Anhänger, Kette, Donuts und selten auch als Teilchen für Halsreifen und Lederband. Viele Katzenaugen auf dem Markt sind durch brennen in ihrer Farbe verstärkt worden. Dieser Eingriff verändert jedoch die heilenden Eigenschaften nicht. Katzenauge sollte bei regelmäßigem Tragen mindestens zwei- bis dreimal im Monat unter fließendem lauwarmem Wasser gereinigt und entladen werden. Ketten sollten regelmäßig einmal die Woche über Nacht in einer trockenen Schale mit Hämatit- und Bergkristall-Trommelsteinen entladen werden. Katzenauge läßt sich am besten in Verbindung mit Tigerauge nach dem Reinigen für zwei bis drei Stunden in einer Bergkristall-Gruppe aufladen.

Koralle

Rote Koralle und Schaumkoralle - Rosa Koralle (Lachskoralle) - Weiße Koralle - Schwarze Koralle

v. li.: rosa K., Schaumk., rote K., weiße Koralle

Farbe: Rot, lachsrot, rosa, weiß und schwarz

Chemische Zusammensetzung:
Organische Substanzen + $CaCO_3$

Geologie:
Bei Korallen handelt es sich um Skelette organischer Meereslebewesen. Riesige Polypenkolonien siedelten sich in allen warmen Meeren an und sonderten Kalk ab. Im Laufe vieler Tausend Jahre sind hierdurch phantastische Riffe entstanden. Diese Riffe gehören mit ihrer bunten Artenvielfalt zu den schönsten Naturwundern unserer Erde. Das größte Korallenriff mit über 2000 km Länge an der östlichen Küste Australiens ist heute ein Nationalpark. Die Härte der Koralle beträgt ca. 3 bis 4 und sie besteht aus nahezu reinem Kalzium. Korallenriffe finden sich in allen warmen Meeren unserer Erde. Die jedoch so begehrte rote Koralle finden wir im östlichen Mittelmeer, den Kanarischen Inseln, um Japan und um Australien.

Geschichtliche Überlieferung:
Seit Gedenken der Menschheit wird die Koralle in vielen Überlieferungen erwähnt und als magischer Schutzstein verehrt. Im alten Ägypten wurden Korallen den Gräbern beigelegt,

weil man glaubte, daß sie dem Toten während des Übergangs in die Ewigkeit die bösen Geister fernhalte. Ihrem Träger auf Erden, so glaubte man, diene die Koralle als göttlicher Blutspritzer, welcher eine unmittelbare Verbindung zu Glück und Reichtum herstelle. Die Koralle ist jedoch nicht nur ein magischer Stein, sondern wird von nahezu allen Völkern als sehr kräftiger Heilstein verehrt.

Heilwirkungen auf den Körper:

Rote Koralle und Schaumkoralle:

Die rote Koralle wird seit alters her als Rötelstein bezeichnet, da sie vor den so schrecklichen Gefahren der Rötelerkrankung bewahre. Frauen in der Schwangerschaft erhalten durch die rote Koralle einen besonderen Schutz. Als Kette ist sie nicht nur ein phantastisches Schmuckstück, sondern bewahrt vor Röteln, Infektions- und Bluterkrankungen. Rote Koralle schützt auch ganz besonders das ungeborene Leben in den Entwicklungsphasen vor Mißbildungen und erleichtert die Geburt. Die Schwingungen der Liebe werden mit der roten Koralle transformiert und vom Kind wie von der Mutter besonders tief empfunden. Heranwachsenden Kindern wird von alters her eine Korallenkette zum Tragen gegeben, welche ein gesundes Wachstum bewirkt, geistige Zurückgebliebenheit vorbeugt und vor allem Schutz vor täglichen Gefahren wie z. B. Unfällen, Belästigungen, falschen Freunden und schwarzer Magie verleiht. Die rote Koralle hilft besonders gut auf die blutbildenden Fermente in Magen und Leber und beugt daher ernährungsbedingten Mangelerscheinungen vor, welche zu Bluterkrankungen, Blutarmut, Kreislaufbeschwer-den, Durchblutungsstörungen und Bluthochdruck führen können. Durch die heilende Wirkung auf das Knochenmark bewahrt rote Koralle auch vor aplastischer Anämie. Die rote Koralle hat ebenfalls eine stärkende Wirkung auf das Herz und den kleinen Blutkreislauf. Sie hilft bei Menstruationsbeschwerden der Frau und beugt Unfruchtbarkeit und sexueller Unlust in der Partnerschaft vor. Da die natürliche rote Koralle sehr wertvoll ist, empfehlen wir als Alternative zum Heilen und als Schmuck auch die rote Schaumkoralle. Diese ist wesentlich größer und etwas poröser in ihrer Struktur. Die rote Schaumkoralle hat ähnliche Heilwirkungen wie die rote Koralle und wird in ihren Heilkräften von der roten Koralle nur an Kraft und Tiefenenergie übertroffen.

Rosa Koralle befreit den Körper von Giftstoffen, welche sich durch zunehmende Umweltbelastung in den Organen ansammeln. Hierdurch werden Geschwüre, Augenleiden, Knochen- und Gliederschmerzen gelindert und geheilt. Mütter schützen durch das Tragen einer rosa Korallenkette ihr Baby vor Erbkrankheiten, negativen Erbanlagen und vor genetischen Fehlinformationen, welche zu geistigen oder körperlichen Behinderungen führen können. Desweiteren lindert und heilt die rosa Koralle Depressionen und verhilft somit zu einer zufriedeneren Lebensauffassung. Strenge und Grobheiten in der Familie und anderen Menschen gegenüber werden durch die rosa Koralle schnell und stark besänftigt.

Weiße Koralle:

Die weiße Koralle steuert den Kalk- und Phosphorstoffwechsel im Organismus und bewahrt somit vor Knochenerkrankungen, Erweichungen und Verkümmerungen am Knochenbau. Besonders Säuglinge und Kleinkinder sollten mit einer weißen Koralle beschenkt werden, da sie an ihnen die so gefürchteten Rachitiserkrankungen besonders gut vorbeugt. Die weiße Koralle lindert Karies und Parodontoseerkrankungen, und erleichtert Kleinkindern in Verbindung mit Bernstein das Zahnen.

Schwarze Koralle:

Schwarze Korallen sind trotz ihrer schwarzen Farbe Lichtbringer. Sie dringen sehr tief in uns ein und stöbern wuchernde Geschwüre, Abszesse, Katarrhe und sogar krebsartige Geschwulste in uns auf. Wir empfehlen Ihnen, die schwarze Koralle grundsätzlich als Schutzstein in Ihrem Repertoire zu führen, da diese Sie wirklich vor sehr ernsten Krankheiten bewahrt, welche ab einem gewissen Stadium kaum noch heilbar sind. Empfinden Sie plötzlich starke Abneigung gegen die schwarze Koralle, so sollten Sie sich unbedingt von einem Arzt gründlich untersuchen lassen,

Heilwirkungen auf die Psyche:

Die Koralle, am stärksten jedoch die rote, Schaum- und rosa Koralle, haben seit Jahrtausenden besondere Wirkungen auf unser seelisches Leben. Wir möchten Ihnen hier jedoch nur einige aufzählen, da Sie während der Behandlung noch sehr viele Lichtblicke und Erlebnisse haben werden, welche Sie leicht auf die rote Koralle, dem Blut der Götter auf Erden, zurückführen können. Sie stärkt in uns Liebesgefühl, das Bedürfnis nach Partnerschaft und Freundschaft. Als Schutzstein bewahrt uns die Koralle vor dem Einfluß böser und neidischer Menschen und versammelt in uns Energie, Freude und Lebenskraft. Menschen, die empfindlich gegen schwarze Kräfte, bösen Blick und Zauberei sind, sollten immer einen blutroten oder schwarzen Korallenast als Schutzstein gegen alles Böse am Hals tragen.

Sternzeichen:

Rote Koralle:	Skorpion 24. Oktober bis 22. November
Schwarze Koralle:	Steinbock 22. Dezember bis 20. Januar
Rosa Koralle:	Stier 21. April bis 20. Mai

Chakra:

Die **rote Koralle** und **Schaumkoralle** entfaltet ihre besonderen Energien auf unserem Wurzel oder Sexualchakra. Sie durchflutet uns mit mehr Lebensenergie und bricht geistige Blockaden, welche die Gefühle und Bedürfnisse unseres Körpers einschränken. Aufgestauter Druck in unseren Gefäßen wird mit Hilfe von roter Koralle und Schaumkoralle entlastet. Unser gesamter Kreislauf wird entspannt und wir erhalten ein herrliches Gefühl der Ruhe, Zufriedenheit und Geborgenheit. Spüren Sie, daß die rote Koralle oder Schaumkoralle verblaßt, so sollten Sie ihr unbedingt eine Ruhepause einräumen. Auf unser Herz wirkt die rote Koralle und die Schaumkoralle, genau wie die **rosa Koralle**, sehr harmonisierend und liebesfördernd. Wir werden sensibel für die schönen Dinge im Leben, wie z. B. Natur, Liebe und Freude. Kombinieren Sie die rosa mit der roten Koralle bei der Meditation, so erhalten Sie die Möglichkeit, daß Sie unterbewußte, seelische Wunden besser erkennen und auch heilen können. Durch die Liebe, welche wir in uns verspüren und geben, erhalten wir auch die wahre Liebe anderer Menschen.
Die schwarze Koralle dringt vom Solarplexus aus in unseren Organismus als Hüter ein. Aufgrund ihrer tiefdringenden und sensiblen Kräfte bleiben ihr unsere seelischen Wunden genausowenig verborgen, wie unsere organischen. Die schwarze Koralle ist uns ein unermüdlicher Warner vor Gefahren und Erkrankungen. Korallen sind insgesamt sehr sensible Wesen, welche sehr gepflegt werden möchten. Stellen Sie Verfärbungen oder gar Abneigung gegen Korallen fest, so sollten Sie sich unbedingt aufgrund ernsthafterer Beschwerden untersuchen lassen.

Wie erhalte ich eine Koralle und wie pflege ich diese?

Wir empfehlen Ihnen, Korallen nur bei Ihrem wirklich vertrauten Händler zu kaufen. Nur er garantiert Ihnen die Echtheit und Unverfälschtheit der Koralle. Besonders rote, rosa und schwarze Korallenketten, welche häufig verlockend günstig auf dem Markt angeboten werden, sind meist gefärbte oder gar künstliche, farbbehandelte Korallen. Bitte haben Sie Verständnis dafür, daß die wirklich echten Korallen ihren Wert im gehobenen Preisbereich finden. Verlockend günstige Korallenangebote in fernen Urlaubsländern erweisen sich später meist als künstliche, gefärbte Korallen oder gar gepreßte Fischgräten. Diese sind sogar äußerst negativ in ihren Kräften, und verursachen, häufig noch am Urlaubsort, starke Magenschmerzen und machen launisch und aggressiv. Bedenken Sie, daß die Korallen seit Gedenken der Menschheit mit zu den begehrtesten Heilsteinen zählten, und daß aufgrund der starken Nachfrage ganz besonders die rosa, rote und schwarze Koralle auf unserer Erde nur sehr selten gefunden werden. Die rote Schaumkoralle wird um China und Japan herum gefunden und ist trotz ihrer Größe eine sehr günstige Alternative zur roten Koralle. Sie erhalten Korallen als Naturkoralle, polierte Korallenäste, Anhänger, Splitterketten und Kugelketten. Korallen sollten einmal im Monat in klarem Salzwasser gespült werden. Erkennen Sie Verfärbungen, so lassen Sie Ihre Korallen über Nacht in einer Schale mit Meersalzwasser ruhen. Aus dieser Meersalzlösung schöpft die Koralle wieder neue Kraft. Korallen-Ketten sollten ebenfalls einmal im Monat über Nacht in einer trockenen Schale mit Meersalz gereinigt werden. Korallen regenerieren sich gleichzeitig am Salz und brauchen daher nicht mehr zusätzlich aufgeladen werden.

Kunzit

v. oben: rosa und violetter Kunzit

Farbe: Weiß, rosarot, violett durchsichtig

Chemische Zusammensetzung: $LiAlSi_2O_6$

Geologie:

Der Kunzit gehört in die Familie der Spodumen, welche wiederum den Pyroxenen zugeordnet sind. Er besteht aus einer Lizium-Aluminium-Verbindung mit der Härte 6 bis 7. Die bekanntesten Fundstellen des Kunzit liegen in Brasilien, Madagaskar und Afghanistan.

Geschichtliche Überlieferung:

Der Name Pyroxen stammt aus dem Griechischen, was soviel bedeutet wie "feuerabweisend". Die alten Griechen erkannten, daß der Kunzit ein Kristall ist, welcher aufgrund seiner hohen Hitzebeständigkeit und Stabilität ein Edelstein ist, welcher den Himmel mit der Erde verbinde. Im alten Griechenland wurden Kunzitkristalle nicht nur als Blitzableiter göttlicher Energien eingesetzt, sondern die Griechen glaubten, daß durch den Kunzit alle Mächte des Himmels und der Erde vereint wurden. Besonders der rosane Kunzit sollte seinem Träger eine sprudelnde Quelle wahrer Liebe sein. Dieser wurde 1903 erstmals entdeckt und nach dem New Yorker Juwelier Kunz bezeichnet.

Heilwirkungen auf den Körper:

Der **violette Kunzit** harmonisiert die Funktion der Schilddrüse und regelt den Hormonhaushalt. Durch seine sehr starken Eigenschaften als Heilstein und Vorsorgestein für das Blut sorgt der Kunzit dafür, daß dieses immer mit dem nötigen Druck alle Organe erreicht. Der Kunzit steuert als Kunzitwasser oder Tee die Produktion von weißen und roten Blutkörperchen und sorgt dafür, daß das Blut immer genügend Sauerstoff aufnehmen kann. Der gesamte Körper wird durch frisches und sauerstoffreiches Blut besser versorgt, Stauungen und Vergiftungen werden gelöst und herausgespült. Wir erreichen dadurch mehr Wohlbefinden, welches uns nicht nur von Verkrampfungen und Verspannungen zu lösen vermag, sondern auch das Herz und die Nieren von zu hohem Blutdruck entlastet.

Der **rosa Kunzit** ist ein Hüter des Herzens. Er bewahrt dieses vor Verkrampfungen, Gefäßverengungen und Herzinfarkt. Desweiteren hilft der rosa Kunzit bei Schmerzen die aufgrund von Verspannungen in der Muskulatur entstehen, oder gar durch Gicht und Arthritis hervorgerufen werden. Heranwachsenden Kindern hilft der rosa Kunzit als Anhänger bei der Entwicklung des logischen Denkvermögens und der Intelligenz. Unter dem Kopfkissen nimmt er unseren jungen Erdenbürgern Hemmungen und Ängste im Umgang mit Erwachsenen. Als Anhänger warnt er auch Ihre Kinder vor bösen Menschen. Der rosa und der violette Kunzit wird auch gegen Suchterkrankungen wie z. B. Drogenabhängigkeit und Alkoholismus sehr vorbeugend und heilend verwendet.

Heilwirkungen auf die Psyche:

Der Kunzit aktiviert die geistigen Funktionen und erleuchtet die Sinne. Depressionen, schizophrene Leiden sowie Minderwertigkeitsgefühle und Hemmungen im Umgang mit unseren Mitmenschen werden mit Hilfe von Kunzit in mehr Selbstbewußtsein, Lebenskraft und Meinungsstärke verwandelt. Schülern und Studenten nimmt Kunzit die streßbedingte Prüfungsangst. Wir befreien uns mit Hilfe des Kunzit von Sorgen und Ängsten und erhalten innere Ruhe, Liebe und mehr Lebensqualität.

Chakra:

Der rosa Kunzit entfaltet seine stärkste Kraft auf dem Herzchakra. Durch ihn verspüren wir, wieviel Liebe in uns ist und fühlen, wie sich diese sehr wohltuend auf all unsere Körper verteilt. Legen wir gleichzeitig einen violetten Kunzit auf unsere Stirn, so erfahren wir ein spirituelles Bewußtsein, welches unseren Verstand mit all der Liebe unseres Herzens verbindet. Unschlüssigkeiten in der Partnerschaft lassen sich klar erkennen, und diesbezüglich entscheiden. In Verbindung mit grünem Kunzit (Hiddenit) werden unsere seelischen Wunden besser geheilt und die Seele vor dem Ausbluten bewahrt.

Wie erhalte ich einen Kunzit und wie pflege ich diesen?

Sie erhalten den Kunzit als Kristall, Energiestab, Trommelstein, Handschmeichler und als Anhänger. Besonders lange und schlanke "Energie-Kristalle" sind in Ihren Heilwirkungen sehr stark. Für Elixiere und Tee empfehlen wir den rosa und den grünen Kunzit (Hiddenit) über Nacht in einem Glas mit Mineralwasser ruhen zu lassen. Anhänger sollten unbedingt in Silber gefaßt sein, da Silber die Kräfte des Kunzit verstärkt. Da Kunzit ein sehr kräftiger Heilstein ist, empfiehlt es sich, diesen regelmäßig vor Gebrauch unter fließendem, lauwarmem Wasser zu entladen. Nach Gebrauch oder bei Farbveränderungen, empfehlen wir Ihnen, den Kunzit über Nacht in einer Schale mit nußgroßen Hämatit-Trommelsteine zu entladen. Aufladen können Sie den Kunzit am besten, wenn Sie ihn während einer Nacht zusammen mit klaren Bergkristall-Spitzen in einer Schale mit Mineralwasser ruhen lassen.

Kupfer

Farbe: Kupferrot, orangerot

Chemische Zusammensetzung: CU

Geologie:

Kupfer ist ein Element mit der Härte 2 bis 3. Es ist eines der wichtigsten Metalle und aus unserer heutigen Industriegesellschaft nicht mehr wegzudenken. Kupfer wird in den USA, Kanada, Australien, Skandinavien, GUS-Staaten und Afrika gefunden. Die bekannteste Kupferlagerstätte mit den schönsten Kupfernuggets liegt in Michigan, USA.

Geschichtliche Überlieferung:

Kupfer gehört seit vielen Hundert Jahren zu den wichtigsten Metallen in der Geschichte der Menschen. Waffen, Gefäße und sogar Geld wurden aus Kupfer hergestellt. Bronze ist eine Messing-Kupfer-Legierung und heute läßt sich Kupfer aus unserem technisierten Elektrozeitalter nicht mehr wegdenken. Nahezu alle elektronischen Leitungen sind aus Kupfer. Seit dem Mittelalter sind aber auch die entstrahlenden und heilenden Eigenschaften des Kupfers bekannt.

Heilwirkungen auf den Körper:

Kupfer hat sehr kräftige Heileigenschaften auf das Blut und den Blutkreislauf. Es bewahrt nicht nur das Blut vor Erkrankungen, sondern steuert auch die Hormone und Vitamine, welche über die Blutkörperchen im Blut transportiert werden. Es kräftigt das Immunsystem und hilft sehr gut gegen Fieber, fiebrige Infekte und Schüttelfrost. Darüberhinaus ist Kupfer auch ein kräftiges Metall, welches die Frau in ihrer Monatsblutung unterstützt. Es lindert Bauch- und Unterleibsschmerzen vor der Regel und regeneriert während der Regel den Stoffwechselhaushalt der Drüsen. Darüberhinaus hat Kupfer auch sehr stark entkrampfende Wirkungen auf die Nerven und die Muskelfasern. Es harmonisiert die Nervenzentren im Gehirn und schützt die Nervenbahnen, welche sich über das Rückenmark im Körper verzweigen. So hilft es beispielsweise sehr gut bei rheumatischen Muskel- und Gelenkserkrankungen, beugt starke Gelenksabnutzung und Gelenksverkalkungen vor. Häufige Krämpfe in Waden, Beinen und im Gesicht können ebenfalls mit Hilfe des Kupfers gelindert und geheilt werden, wie auch Verrenkungen und durch Druckbelastungen hervorgerufene Schmerzen des Ischiasnervs. Hier hilft Kupfer besonders gut durch Auflegen oder unter dem Kopfkissen. Es lindert aber auch psychosomatisch-geistige Störungen und Epilepsien, welche häufig zu Potenzschwäche, unbegründeten

Angstzuständen oder starken nächtlichen Schweißausbrüchen führen. Durch das Kupfer werden Leber, Rückenmark, Nieren und die Lunge vor Erkrankungen, Pilzbefall, Gelbsucht oder Katarrhe bewahrt. Blutarmut und bösartige Anämie können ebenfalls mit Hilfe von Kupfer gelindert werden. Kupfer ist ein sehr kräftiges Metall gegen Erdstrahlen und Wasserstrahlen. Menschen, welche unter häufiger Schlaflosigkeit, Schlafstörungen und Wetterfühligkeit leiden, sollten unbedingt ein Stück Natur-Kupfer am Hals oder unter der Matratze haben.

Heilwirkungen auf die Psyche:

Kupfer kräftigt seinem Träger das Selbstbewußtsein, vermittelt Mut und fördert die Entscheidungskraft. Mit Hilfe von Kupfer können besonders schwere Entscheidungen im Leben besser erkannt und getätigt werden. Kupfer hat die Eigenschaft, daß es nicht nur seinem Träger, sondern auch seinem Gegenüber die Wahrheit entlockt. Menschen, welche sich hintergangen fühlen oder unsicher sind, sollten unbedingt ein Kupfernugget bei sich tragen. Größere Kupfernuggets in der Wohnung aufgestellt können die gesamte Familien-Aura harmonisieren und beflügeln alle Mitglieder zu mehr Offenheit, Wahrheit und Reinheit. Die Harmonie in der Familie wird durch Kupfer besonders stark gefestigt.

Chakra:

Kupfer hat die Eigenschaften, daß es alle Chakras reinigt und harmonisiert. Es dringt jedoch für die Meditation am besten über das Wurzelchakra oder das Herzchakra in uns ein. Dabei kräftigt es unsere Gedanken und Gefühle und verhilft, diese auch in der Öffentlichkeit zu vertreten. Menschen, die eher im Hintergrund stehen, können mit Hilfe des Kupfers mehr Selbstbewußtsein und mehr Selbstverwirklichung erhalten. Kupfer dringt sehr beständig in die Seele ein und löst Knoten und Blockaden, welche wir zwar als unsere Probleme erkennen, uns bisher aber nicht getraut haben, uns von diesen zu befreien.

Wie erhalte ich Kupfer und wie pflege ich dieses?

Kupfer ist als Riesen-Nugget, Nugget, Handschmeichler, Anhänger, Armreifen und selten als Schmuck erhältlich. Bitte achten Sie beim Kauf darauf, daß Sie wirklich reines und unverfälschtes Natur-Kupfer erhalten, da aufgeschmolzenes Kupfer bei weitem nicht so sanfte und reine Wirkungen hat. Es empfiehlt sich, Kupfer über Nacht in einer Schale mit Hämatit-Trommelsteinen zu reinigen und zu entladen, da es auf Wasser, wie viele andere Metalle, nicht so gut zu sprechen ist. Kupfer empfängt höchste Energie, wenn Sie es an der Sonne aufladen.

Labradorit / Spektrolit

Farbe: Bunt schillernd in dunklem Gestein

Chemische Zusammensetzung: $(NaCa)Al_{1\text{-}2}Si_{3\text{-}2}O_8$

Geologie:

Der Labradorit, oder auch Spektrolit genannt, gehört in die Feldspatgruppe, und somit in die Familie der Plagioklase. Diese erhielten ihre Namen aus dem Griechischen Plagios, was soviel wie "schief" bedeutet. Schief deshalb, weil die kristallinen Strukturen im Labradorit/Spektrolit nicht senkrecht, sondern schief zueinander verlaufen. Hierdurch entsteht das schillernde Farbenspiel dieser Steine.
Der Labradorit erhielt diesen Namen, weil er erstmals Ende des 18. Jahrhunderts im Kanadischen Bundesstaat Labrador gefunden wurde. Weitere Fundstellen wurden später in Ojamo, Finnland erschlossen. Der von Finnland stammende Labradorit wird als Spektrolit bezeichnet. Die heute wichtigsten Fundstellen liegen in Kanada, Finnland und Madagaskar. Von Madagaskar stammen die schönsten und reinsten Labradorite. Die Härte des Labradorit liegt bei 6 bis 7.

Geschichtliche Überlieferung:

Der Labradorit wurde Ende des 18. Jahrhunderts erstmals entdeckt und konnte erst aufgrund seiner vielfachen mineralogischen Zusammensetzung 1823 als Natrium-Kalzium Aluminium-Silikat bestimmt werden. Aufgrund seines phantastischen Farbenspiels wurde der Labradorit schnell populär. Er wurde vor allem in den Prunkbauten aufsteigender Staaten gerne als wertvoller Spiegelstein eingebaut. Desweiteren wurden seine Qualitäten für die Schmuckverarbeitung sehr schnell erkannt. Wie der schillernde Opal erfreut sich auch der Labradorit heute noch größter Beliebtheit als Schmuck und Heilstein.

Heilwirkungen auf den Körper:

Labradorit / Spektrolit stärkt das Immunsystem und aktiviert die Thymusdrüse. Die dabei entstehenden Enzyme aktivieren wiederum den Kreislauf, das Muskelsystem und ganz besonders die Fähigkeit, Krankheiten durch körpereigene Abwehrkräfte besser zu heilen. Durch den hohen Kalzium-Gehalt des Labradorits können auch Knochenerkrankungen schneller gelindert und geheilt werden. Als Labradoritkette beugt er ganz besonders Wirbelsäulenverkrümmungen und Knochenschmerzen vor. Besonders Menschen mit starker Wetterfühligkeit sollten einen Labradorit bei sich tragen. In Extremsituationen, wie z. B. starken Temperaturschwankungen oder großer Hitze, wirkt die Labradorit-Kugelkette sehr schützend und ausgleichend, ja sogar lebensrettend. Als Labradoritwasser oder -tee lindert er auch Kreislaufschwächen, niedrigen Blutdruck, Gicht und Rheumaerkrankungen. Aufgelegt auf die leidenden Körperstellen leistet der Labradorit besonders bei Gicht und Rheuma besondere Dienste. Als Labradoritkugel entstört er sogar Ihren gesamten Wohnraum von negativen Energien. Diese Entstörung spüren Sie sehr schnell in einem streßfreieren und sensibleren Umgang unter allen Mitglieder Ihrer Familie. Menschen, die zu Brutalität, starken Emotionsausbrüchen und zur Mißhandlung neigen, werden besänftigt. Besonders bei drohender Gefahr der Kindesmißhandlung lassen sich Labradoritkugeln sehr vorbeugend einsetzen. Achten Sie bei solch einer Kugel jedoch darauf, daß diese nie auf einem Metallsockel steht und besonders viele Farben in sich birgt. Wir rechnen für die Größe der Kugel pro angefangene $10m^2$ Wohnfläche ca. 1 cm ∅. Z. B.: Ihre Wohnung hat $60m^2$, so sollte die Kugel mindestens ca. 6 cm ∅ haben.

Heilwirkungen auf die Psyche:

Labradorit hat sehr starke beruhigende und ausgleichende Eigenschaften auf die Seele. Er lindert Wutausbrüche und verwandelt diese in offene und aufrichtige Partnerschaft. Menschen, welche sehr egoistisch und egozentrisch sind, werden mit Hilfe des Labradorit daran erinnert, daß sie nicht allein auf der Welt sind. Nur so werden die Türen und Tore für eine harmonievolle Beziehung geöffnet. Menschen, welche zu Strenge und Mißhandlungen neigen, werden mit Hilfe von Labradorit daran erinnert, wie ihre eigene Kindheit verlaufen ist.

Sternzeichen: Wassermann, 21. Januar bis 19. Februar

Chakra:

Der Labradorit ist ein Stein, der durch seine vielen Farben kein besonderes Chakra bevorzugt. Er überläßt es uns, über welches Chakra er in uns eindringen darf. Labradorit / Spektrolit möchte gerne pur und nicht in Verbindung mit anderen Steinen verwendet werden. So dringen seine sensiblen Wellen in die Chakras besonders tief ein. Labradorit eignet sich auch sehr gut zur Solo-Meditation (nur mit Labradorit). Sie erreichen hierbei ein sehr tiefes Eindringen des Labradorits bis in die entlegensten Winkel Ihrer Seele. Dort abgelagerte Blockaden, welche Sie längst vergessen haben und sogar bis in die Phasen Ihrer Geburt zurückreichen können, werden von Ihnen erkannt und können, wenn sie belastend für Sie sind, besser hinausgetragen werden. Die Mono-Anwendung des Labradorits sendet uns darüberhinaus kräftige Heilschwingungen in den "Wohnbereich" unserer Seele.

Wie erhalte ich einen Labradorit und wie pflege ich diesen?

Da Labradorit / Spektrolit mittlerweile ein sehr beliebter Schmuck- und Heilstein ist, sind die natürlichen Lagerstätten nahezu ausgebeutet. Er liegt im gehobenen Preisbereich und ist nur im guten Fachhandel erhältlich. Sie erhalten den Labradorit als Rohstein, Trommelstein, Handschmeichler, Kugel, Kette, Donuts und vielen phantasievollen Formen für Halsreifen und Lederband. Entladen Sie den Labradorit nach Gebrauch unter fließendem, lauwarmem Wasser. Stellen Sie fest, daß seine Oberfläche trüb wird, so empfehlen wir Ihnen, den Labradorit für einen oder zwei Tage in einer Schale mit Mineralwasser an der Sonne ruhen zu lassen. Hierdurch reinigt sich der Labradorit von negativen Kräften und lädt sich gleichzeitig an den Mineralien und Sonnenstrahlen wieder auf. Labradorit-Ketten sollten in einer trockenen Schale mit Hämatit-Trommelsteinen über Nacht entladen und anschließend an der Sonne oder in einer Bergkristall-Gruppe aufgeladen werden.

Landschaftsjaspis oder Bilderjaspis

Farbe: Hellbraun, mit landschaftsähnlichen Einschlüssen

Chemische Zusammensetzung: SiO_2

Geologie:
Der Landschaftsjaspis gehört in die Familie der Quarze mit der Härte 7. Dieser Jaspis weist sich durch landschaftsartige Mangan-Einschlüsse aus, welche ihm in verschiedenen Konzentrationen seine charakteristischen Eigenschaften verleihen. Die wichtigsten Fundgebiete wirklich schöner Landschaftsjaspise liegen in Südafrika und in Arizona, USA.

Geschichtliche Überlieferung:
Der Landschaftsjaspis wird erst seit jüngster Zeit geschätzt. Primär liegen die Qualitäten dieses Steins in der Verarbeitung zu Zier- und Kunstgegenständen. Besonders in Arizona wurden sehr große Jaspisscheiben gefunden, welche gesägt und umrahmt den Eindruck entstehen lassen, als ob man in eine bergige Landschaft blicke.

Heilwirkungen auf den Körper:
Wie die meisten Jaspisarten hat auch der Landschaftsjaspis starke Heilwirkungen auf de inneren Organe wie der Leber, Milz, Nieren und Galle. Diese Wirkungen reichen bis in den Verdauungstrakt hinein, wo er Blähungen, Völlegefühl, Magendruck und durch Aufstoßen verursachtes Sodbrennen lindert. Als Kette auf der Haut getragen, reinigt er die Haut und bewahrt vor Ausschlägen und umweltbedingten Hautallergien. Die Kräfte des Landschaftsjaspis lassen sich mit Hilfe vom roten Jaspis um ein vielfaches verstärken. Als kombinierte Kugelketten kräftigt der Jaspis das Immunsystem. Viren, Keime und Strahlenbelastungen werden ferngehalten. Bei diesen Kugelketten empfehlen wir Ihnen eine Kombination aus rotem Jaspis, Breckzienjaspis, Leopardenjaspis und Landschaftsjaspis. Erd- und Wasserstrahlen können durch Landschafts-Jaspis-Scheiben unter der Matratze gefiltert werden. Durch Landschafts-Jaspis-Tee oder Bäder werden schmerzhafte Nagelbettentzündungen geheilt, und die Haut wird besser entschlackt und gereinigt. Schöne Hände und gesunde Nägel sind schon nach kurzer Zeit ein spürbares Resultat von Landschaftsjaspis.

Heilwirkungen auf die Psyche:
Der Landschaftsjaspis wirkt sehr inspirierend und beschert seinem Träger mehr Lebensfreude und Wohlbefinden. Viele Menschen glauben sogar, daß die Landschaften in diesem Jaspis uns die Zukunft vorhersagen. Er bewahrt vor Überheblichkeit, Mißtrauen und vor krankhafter Eifersucht.

Chakra:

Der Landschaftsjaspis entfaltet seine Kräfte am besten auf dem Sonnengeflecht. In dieses Chakra dringt er besonders tief ein und verstärkt den Gedankengang zwischen unseren Körpern. Nach dieser Harmonisierung empfehlen wir Ihnen, die Meditation mit rotem Jaspis und anderen Farbsteinen.

Wie erhalte ich einen Landschaftsjaspis und wie pflege ich diesen?

Sie erhalten den Landschaftsjaspis als Rohstein, Trommelstein, Handschmeichler, Kugel, Pyramide, Kette, Donuts und vielen phantasievollen Formen für Halsreifen und Lederband. Regelmäßig nach Gebrauch sollte er unter fließendem, lauwarmem Wasser gereinigt und entladen werden. Ketten sollten einmal im Monat über Nacht in einer trockenen Schale mit Hämatit-Trommelsteinen entladen werden. Der Landschaftsjaspis lädt sich sehr stark unter den kräftigen Strahlen der Sonne oder über Nacht in einer Bergkristall-Gruppe auf.

Lapislazuli (Lasuirit)

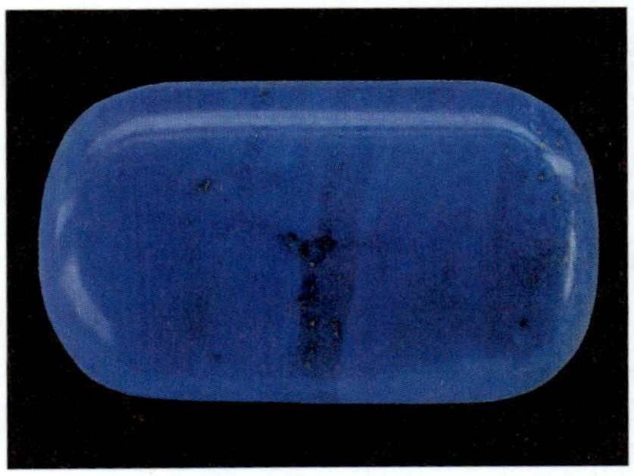

Farbe:

Hellblau bis dunkelblau, undurchsichtig, häufig mit goldenen Pyrit-Einschlüssen.

Chemische Zusammensetzung: $(Na.CA)_8(Al.Si)_{12}O_{24}(S,SO_4)$

Geologie:

Der Lapislazuli ist ein schwefelhaltiges Natrium-Aluminium Silikat. Kristalle sind äußerst selten. Der Lapislazuli wird häufig in Verbindung mit Calcit oder Pyrit gefunden. Die Härte des Lapislazuli liegt zwischen 5 und 6. Kleinere Fundstellen liegen in Chile und in den GUS Staaten. 95% allen Lapislazulis stammt jedoch aus Afghanistan. Dieser Lapislazuli ist auch von seiner Farbe her der kräftigste.

Geschichtliche Überlieferung:

Die Überlieferungen des Lapislazuli reichen bis weit in die Geschichte der Menschheit zurück. Der Lapislazuli erhielt seinen Namen durch das arabische Wort Azul (Himmel) und das lateinische Wort Lapis (Stein). Ausgrabungen in der wohl ältesten Stadt der Menschheitsgeschichte, in Ur, belegen, daß Lapislazuli schon ca. 5000 Jahre vor Christi zu Ketten und Schmuck verarbeitet wurde. Durch Einschlüsse von Pyritkörnchen gleicht der Lapislazuli dem funkelnden Sternenhimmel in der Nacht. Die Menschen glaubten, daß all die göttliche Kraft, Geborgenheit und das unendliche Leben sich im Lapislazuli konzentriere. Dies machte den Lapislazuli zum Schutzstein der Griechen, der Römer und der Indianer. Sie glaubten, daß der Lapislazuli ein Himmelsstein sei, welcher den Menschen Frieden, Weisheit und Liebe bringe. Napoleon schrieb, daß er es einem Lapislazuli-Skarabäus zu verdanken habe, daß er auf all seinen Feldzügen unverletzt blieb. Lapislazuli wurde bei allen Kulturen gleichzeitig als Freundschaftsstein verehrt. Dieser fördere die zwischenmenschliche Beziehung, hebe das Selbstvertrauen und pflege wahre Freundschaft.

Heilwirkungen auf den Körper:

Der Lapislazuli dringt mit sehr starken Schwingungen in den Organismus ein. Er wirkt krampflösend und beruhigend und lindert Kopfschmerzen, Neuralgien und Gliederschmerzen. Auf der Haut getragen beugt er Hautkrankheiten, Ausschlägen und Ekzemen vor. Er lindert sehr schnell Sonnenbrand und Insektenstiche. Bei Insektenstichen empfehlen wir, die Stiche direkt mit etwas Lapislazuli und Lapislazuliwasser unter schwachem Berühren zu umstreichen. Als Lapislazuli-Kette oder -Tee lindert er Schwellungen und Entzündungen, welche unter der Haut liegen. Er senkt den Blutdruck und bewahrt das Blut vor Erkrankungen. Lapislazuli lindert und heilt durch Verkalkungen hervorgerufene Leiden, wie Angina Pectoris, Herzinfarkt und Schlaganfall. Durch seine reinigenden und entkrampfenden Wirkungen, vor allem als Kette am Hals getragen, heilt der Lapislazuli Regelbeschwerden, Erkrankungen der Lunge, des Hals-Nasen-Rachenraumes, Speiseröhre, Kehlkopf und der Mandeln. Drüsen, wie z. B. die Thymusdrüse, Schilddrüse und Lymphdrüse werden gekräftigt und der Lapislazuli sorgt dafür, daß diese ihre Sekrete und Hormone ungehindert in den Kreislauf des Körpers beitragen können. Der dunkelblaue Lapislazuli mit Pyrit lindert und heilt Erkrankungen des Gehirns und des Rückenmarks, welche zur Störung der Sinnesempfindung oder zur Beeinträchtigung der Sinnesorgane, wie z. B. Multipler Sklerose, führen können. Aufgrund dieser Eigenschaften ist der Lapislazuli auch ein sehr starker Vorsorgestein gegen entstehende Krebserkrankungen. Lapislazuliketten bewahren zudem vor Strahlenschäden durch Computerstrahlen und der neuerdings höheren UV-Strahlenbelastung durch das Ozonloch.

Heilwirkungen auf die Psyche:

Lapislazuli dringt sehr schwingungsvoll und tief in uns ein. Er fördert die Bedürfnisse nach Liebe, Partnerschaft und Freundschaft. Lapislazuli befreit die in uns verborgenen positiven Kräfte durch Abbauen von Blockaden, Ängsten und Vorurteilen. Wir erhalten dadurch mehr Selbstvertrauen und erkennen, daß Partnerschaft und Freundschaft zu unseren wertvollsten Gütern gehören, welche wir genauso pflegen sollten, wie die Gesundheit. Geistig wirkt der Lapislazuli sehr intuitiv belebend und konzentrationsfördernd. Er macht neuem gegenüber optimistisch und positiv und bewahrt hierbei trotzdem ein gesundes Maß an Mißtrauen. Besonders technisch begabten Menschen, wie z. B. Ingenieure und Architekten verleiht der Lapislazuli mehr Einfallsreichtum und räumliches Denkvermögen.

Sternzeichen: Schütze 23. November bis 21. Dezember

Chakra:

Der Lapislazuli entfaltet seine intensivsten Kräfte auf dem Kehlchakra und Stirnchakra. Verwachsen mit Pyrit dringt er sehr tief über unser Drittes Auge ein. Der Lapislazuli ist ein Stein, welcher nicht nur in der Heilung sehr kräftig ist, sondern auch für die Meditation sehr starke Eigenschaften hat. Besonders dunkelblaue Steine erwärmen uns sehr rasch und führen uns während der Meditation in eine größer Tiefe des Geistes, welche mit kaum einem anderen Stein erreicht wird. Lapislazuli leuchtet uns aus und wir erkennen nicht nur eigene Fehler und die Fehler, die von anderen, z. B. in unserer Kindheit an uns verübt wurden, sondern wir erhalten die pure Kraft, uns auch von diesen zu befreien. Ist der Lapislazuli sehr dunkelblau mit goldenen Einschlüssen, so tut sich in der Meditation für uns das Allumfassende auf. Sehr geübten Mediteuren öffnen sich nicht nur die Tore bis hin zur Entstehung und des Seins, sondern sie gehen sogar so weit zurück, als Kosmos, Himmel und Erde noch eins waren. Lapislazuli verhilft im Leben zum eigenen Weg. Diese lichtbringende Eigenschaft läßt sich auch bei anderen Menschen erfahren. Möchten Sie in einen Menschen hineinschauen um zu erkennen, wie dieser wirklich ist, so beschenken Sie ihn mit Lapislazuli. Verwenden Sie hierfür eine dunkelblaue Lapislazulikette mit goldenen Punkten, dann brauchen Sie nicht lange zu warten, bis der Beschenkte Ihnen von sich und seinem Leben erzählt. Voraussetzung ist allerdings, daß auch Sie einen Lapislazuli gleicher Qualität als Empfängerstein bei sich tragen.

Wie erhalte ich einen Lapislazuli und wie pflege ich diesen?

Der Lapislazuli ist in vielen Formen und Blautönen auf dem Markt erhältlich. Je kräftiger seine Farbe, desto stärker seine Heilwirkungen. Wirklich kräftig blaue und stark heilende Lapislazuli sind sehr wertvoll und teuer. Wir empfehlen Ihnen jedoch, von Anfang an die Wahl zu einem besseren Stein, da hellblaue Lapislazuli in ihrer Kraft um ein vielfaches schwächer sind. Sie erhalten Lapislazuli als Rohstein, Kristall, Trommelstein, Handschmeichler, Kugel, Kette, Donuts, Pyramide und vielen phantasievollen Formen für Halsreifen und Lederband. Der Lapislazuli sollte regelmäßig einmal im Monat über Nacht in eine Schale mit Hämatit-Trommelsteinen entladen werden. Sie können den Lapislazuli an der Sonne aufladen. Viel kräftiger laden Sie den Lapislazuli auf, wenn Sie ihn über Nacht in eine gewachsene Bergkristall-Gruppe legen. Ketten sollten einmal im Monat über Nacht in einer trockenen Schale mit Hämatit-Trommelsteinen entladen und gereinigt werden und anschließend ebenfalls an einer Bergkristall-Gruppe aufgeladen werden.

Larimar oder Atlantis-Stein

Farbe: Hellblau, weißblau, selten mit etwas grün

Chemische Zusammensetzung: $Ca_2NaSi_3O_8(OH)$

Geologie:

Der Larimar ist ein Kalzium-Natrium-Silikat mit der Härte 6 und wird nur in der Domenikanischen Republik gefunden.

Geschichtliche Überlieferung:

Larimar diente vor allem den indianischen Völkern Amerikas und den Urvölkern der Domenikanischen Republik als Glücksstein und Heilstein. Larimar, so glaubten sie, halte nachts böse Geister fern und bewahre die Familie vor todbringenden Krankheiten und Naturkatastrophen. Übelieferungen belegen, daß die Griechen ein kleines Inselvolk kannten, welches mit kleinen, blauen Steinen sprach. Vermutlich handelte es sich bei diesem Volk um die Einwohner des Inselstaates Atlantis, welcher aus unerklärlichen Gründen untergegangen ist. Nur ein kleiner blauer Stein, der Larimar oder Atlantis-Stein, blieb zur Erinnerung als Erbe von diesem Land übrig.

Heilwirkungen auf den Körper:

Der Larimar hat sehr charakteristische Heilwirkungen auf den gesamten Knochenbau. Er bewahrt ganz besonders Kinder im heranwachsenden Alter vor Knochenerweichungen und Knochenmißbildungen. Darüberhinaus lindert und heilt Larimar durch seine mineralien- und kalziumregulierenden Eigenschaften Knochensprödigkeit bzw. Knochen- und Gelenksentzündungen. Er hilft auch sehr gut gegen Ablagerun-gen und Verkalkungen, welche zu Steifheit der Gelenke, Muskeln und Sehnen führen können. In Verbindung mit den Knochen hat der Larimar auch eine heilende Funktion auf die Gliedmaßen, wie z. B. Hände, Beine, Füße und Schultern. Er schützt die Muskulatur vor Verhärtungen und Verkrampfungen und lindert Ischiasbeschwerden und Hexenschuß. Darüberhinaus lindert der Larimar Allergien und Überempfindlichkeitsreaktionen des Organismus gegenüber Staubmilben, Viren und Bakterien. Akuter Gelenkrheumatismus und Gliederschmerzen, welche nicht durch Abnutzung und falsche Ernährung hervorgerufen werden, sondern durch Entzündungen der Knorpel und Gelenke, werden durch Larimar schnell gelindert und geheilt.

Heilwirkungen auf die Psyche:

Der Larimar dient als Schutzstein gegenüber negativen Einflüssen, welche durch falsche Freunde oder durch Untreue auf uns zukommen. Darüberhinaus ist der Larimar ein phantastischer Stein zur Inspiration von mehr Selbstverwirklichung.

Chakra:

Larimar entfaltet seine stärksten Kräfte durch das Auflegen auf das Kehlchakra. Er transferiert unsere Gedanken durch die Seele in eine höhere Bewußtseinsebene, welche uns vor allem die Kraft zu mehr Selbstverwirklichung und mehr Selbstsicherheit gibt. Larimar ist in seinen meditativen Kräften ein Stein, welcher seine Energie in Verbindung mit anderen hellblauen Steinen (Chalcedon, blauer Topas, Türkis) besonders stark entfaltet.

Wie erhalte ich einen Larimar und wie pflege ich diesen?

Larimar ist ein sehr seltener Edelstein und in seinen Fundgebieten nahezu ausgebeutet, Er wird als Trommelstein, Handschmeichler, Anhänger, Cabochon und sehr selten als Kette angeboten. Larimar sollte regelmäßig unter fließendem lauwarmem Wasser entladen und gereinigt werden. Stellen Sie farbige Verfärbungen auf Ihrem Larimar fest, so sollten Sie ihn unbedingt wöchentlich reinigen, da er im Augenblick ganz besondere Dienste für Sie erarbeitet. Larimar lädt sich sehr positiv an der Sonne auf, sollte aber nicht länger als ein bis zwei Stunden an der Morgen- oder Abendsonne liegen.

Lavendelquarz

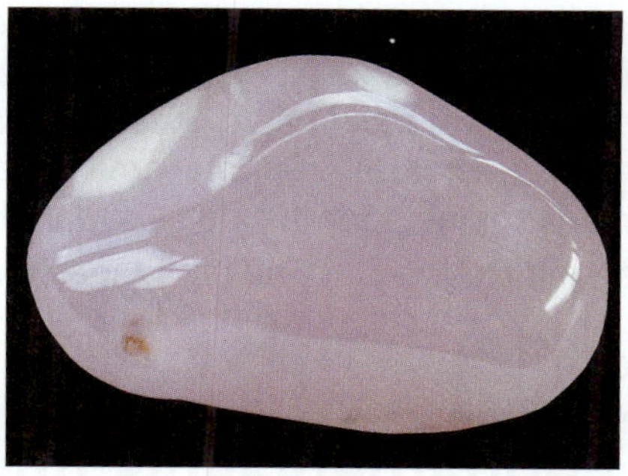

Farbe: Lavendelfarben durchscheinend

Chemische Zusammensetzung: SiO_2

Geologie:

Der Lavendelquarz gehört in die Familie der Quarze und hat die Härte 7. Von seiner Farbe her bildet er eine Mischung aus Rosenquarz und Amethyst, und ist mit diesen auch nahe verwandt. Der Lavendelquarz ist jedoch ein eigenständiger Quarz. Die Fundgebiete des Lavendelquarz beschränken sich nur noch auf ganz wenige Stellen in China und Madagaskar.

Geschichtliche Überlieferung:

Der Lavendelquarz wird primär in Madagaskar gefunden. Von dort stammen auch wunderbare Amethyste und der schönste Rosenquarz. Da der Lavendelquarz weder Amethyst, noch Rosenquarz ist, wurde diesem Stein über lange Zeit hinweg wenig Beachtung geschenkt. Erst in jüngster Zeit erkannten wir die kräftigen Heilwirkungen des Lavendelquarz.

Heilwirkungen auf den Körper:

Der Lavendelquarz dringt intensiv und direkt in den physischen Kreislauf des Körpers ein und wirkt auch entsprechend auf die Seele. Er löst Blockaden, Verkrampfungen und Streßerscheinungen und behebt Kopf- und Gliederschmerzen, welche durch Streß und Überarbeitung hervorgerufen werden. Dadurch, daß durch den Lavendelquarz das psychische Nervensystem von Ablagerungen und Verkalkungen befreit wird, überträgt sich dies auch direkt auf die Gesundheit und das Wohlbefinden des gesamten Körpers. Besonders als Lavendelquarz-Kette erfahren wir täglich die reinigenden und befreienden Wirkungen dieses Steines. Lavendelquarz-Wasser oder Tee harmonisiert den Stoffwechsel der Drüsen und kräftigt das Lymphsystem. Durch den Ausgleich hormonbedingter Mangelerscheinungen beugt der Lavendelquarz Mißbildungen an Fingern, Gelenken, Zehen und Wirbelsäule vor. In Verbindung mit anderen Heilsteinen können diese Wirkungen noch verstärkt werden.

Heilwirkungen auf die Psyche:

Der Lavendelquarz befreit seinen Träger vor Verkrampfungen, Stauungen und Belastungen, welche im seelischen Bereich des Körpers angesiedelt sind. Wir erreichen so besser, daß Disharmonien ausgeglichen werden und erhalten mehr Lebensfreude. Durch Kräftigung des Zeitgefühls erhalten wir durch den Lavendelquarz mehr persönliche Freizeit.

Chakra:

Während der Meditation kann der Lavendelquarz für alle Chakras verwendet werden, da er ohnehin den Weg über die Seele sucht, bevor er in den Körper eindringt. Der Lavendelquarz hat sehr zarte Schwingungen, welche wellenförmig in uns eindringen. Wir sollten daher bei der Meditation darauf achten, daß wir diesem Stein genügend Zeit geben. Der Lavendelquarz ist stärker zu erfahren, wenn Sie die Chakras, welche Sie für diesen Stein vorgesehen haben, vorher mit klaren Bergkristallen öffnen. Durch diese Vorbereitung kann dieser Stein besonders tief eindringen. In Verbindung mit Farbsteinen unterstützt er deren Kräfte sogar so stark, daß der Lavendelquarz auch als Frage und Antwortstein verwendet werden kann. Spüren Sie bei der Meditation starke Vibrationen oder Erwärmungen des Lavendelquarz, so sollten Sie diesem unbedingt eine Ruhepause gönnen. Sie wissen jedoch, daß Sie an einer für Sie wichtigen Stelle Ihres Körpers oder der Seele angelangt sind.

Wie erhalte ich einen Lavendelquarz und wie pflege ich diesen?

Sie erhalten den Lavendelquarz als Rohstein, Trommelstein, Handschmeichler, Anhänger und Kette. Selten als Donuts. Kaufen Sie den Lavendelquarz jedoch nur bei einem Ihnen vertrauten Händler, da dieser Stein wirklich sehr schwer zu bekommen ist und häufig leichtfertig mit hellem Amethyst verwechselt wird. Da der Lavendelquarz ein sehr energiespendender Stein ist, empfehlen wir Ihnen, diesen regelmäßig unter fließendem, lauwarmem Wasser zu entladen. Ketten sollten über Nacht in einer trockenen Schale mit Hämatit-Trommelsteinen entladen werden. Die bisher beste Aufladungsmethode für den Lavendelquarz ist das Ruhen über Nacht, in einer trockenen Schale, zusammen mit Rosenquarz aus Madagaskar und einem Amethyst.

Leopardenjaspis und Poppy-Jaspis

Leopardenjaspis

Farbe: Rötlich beige, dem Leopardenfell ähnlich gemustert.

Chemische Zusammensetzung: SiO_2

Geologie:

Der Leopardenjaspis gehört in die Familie der Quarze mit der Härte 7. Besonders charakteristisch für den Leopardenjaspis ist die Zeichnung, welche an das Fell eines Leoparden erinnert. Dieses Muster entstand durch Ansammlungen von Metallen und anderen Mineralien, welche in diesem Jaspis auskristallisiert sind. Die wichtigsten Fundgebiete liegen auch heute noch in Australien, Südafrika und Mexiko.

Geschichtliche Überlieferung:

Der Leopardenjaspis findet seine Überlieferung besonders in den Kulturen der Indianer Nord Mittel- und Südamerikas. Aus Mexiko stammend, glaubten die Indianer, daß ihre Welt aus Leopardensteinen aufgebaut sei. Denn Mexiko war für die damaligen indianischen Völker der Mittelpunkt ihrer Welt. Neben unzähligen Kult- und Ziergegenständen wurden auch Handschmeichler in den historischen Dörfern der Indianer gefunden. Die Indianer glaubten, daß der Leopardenjaspis eine harmonischere Beziehung zur Tierwelt herstelle und vor allem auch vor wilden Tieren schütze.

Heilwirkungen auf den Körper:

Der Leopardenjaspis hat eine stark entwässernde und reinigende Wirkung auf die Leber, Nieren, Galle und Blase. Besonders die rötlichere Variante des Leopardenjaspis lindert und heilt Beschwerden und Schmerzen, welche durch Gallen- Nieren- und Blasensteine hervorgerufen werden. Steine werden durch Leopardenjaspis-Wasser nach und nach aufgelöst und aus dem Organismus herausgespült. Dieses Wasser in Verbindung mit rotem Jaspis ist auch sehr heilsam gegen starke Magen- und Unterleibsschmerzen. Als Kette dicht am Hals getragen, beugt der Leopardenjaspis Schluckauf, Übelkeit und Überfunktion der Schilddrüse vor. Leopardenjaspis-Tee oder Wasser lindert Muskelrheuma welches sich durch schmerzhafte Verhärtungen des Muskelgewebes auswirkt. Besonders die Nacken-, Schulter-, Rücken- und Gesäßmuskulatur wird durch Auflegen oder durch LeopardenJaspis-Ketten entspannt. Darüberhinaus heilt er auch Muskelsteifheit, Muskelkrampf und sogar Muskelschwund.

Heilwirkungen auf die Psyche:

Der Leopardenjaspis sollte unbedingt als Amulettstein von Leuten getragen werden, die in irgendeiner Weise mit der Jagd zu tun haben., Er bewahrt vor unkontrollierten Schüssen und läßt in diesen Menschen auch die Frage aufkommen, ob das wirklich notwendig ist, was sie tun. Der Leopardenjaspis lindert den Drang zur Tierquälerei und zum unnützen Jagdinstinkt. Er verhilft psychisch kranken Menschen zu mehr Achtung von Natur und vor dem Leben.

Aufgrund der heutigen modernen Waffentechnologie ist der Leopardenjaspis mit Sicherheit kein Schutzstein der Jäger mehr, sondern dient als Schutzstein der Opfer. Wenn Sie feststellen, daß jemand leidenschaftlich gerne jagt und tötet, so schenken Sie diesem Menschen ein Amulett aus Leopardenjaspis, damit ihm die Freude am töten gebrochen wird. Unzählige wilde Tiere würden nicht mehr der Mordlust psychisch kranker Menschen zum Opfer fallen und könnten überleben. Darüberhinaus lindert der Leoparden-Jaspis krankhafte Eifersucht und Beziehungsangst.

Chakra:

Der Leopardenjaspis kann bei der Meditation zum Auflegen auf das Sonnengeflecht und das Milzchakra verwendet werden. Wir empfehlen Ihnen jedoch, bei der Meditation unbedingt einen kräftigen roten Jaspis hinzuzuziehen, da durch diesen die Eigenkräfte des Leopardenjaspis verstärkt werden. So erreichen Sie schon nach kurzer Zeit eine Verfeinerung Ihrer Gefühle den Mitmenschen, Tieren und Pflanzen gegenüber. Blockierende Ängste, drückende Emotionen, Depressionen und Schuldgefühle werden durch den Leopardenjaspis genommen.

Wie erhalte ich einen Leopardenjaspis und wie pflege ich diesen?

Leopardenjaspis ist erhältlich als Trommelstein, Handschmeichler, Anhänger, Kette, Kugel, Pyramide, Donuts und vielen anderen phantasievollen Formen für Halsreifen und Lederband. Wir empfehlen Ihnen, den Leopardenjaspis unbedingt nach Gebrauch unter fließendem, lauwarmem Wasser zu reinigen. Ketten sollten in einer trockenen Schale mit Hämatit-Trommelsteinen über Nacht entladen werden. Das Aufladen an der Sonne oder in einer Bergkristall-Gruppe tut dem Leopardenjaspis, auch über längere Zeit, sehr gut.

Poppy-Jaspis

Dieser ist dem Leoparden-Jaspis sehr ähnlich, jedoch beiger in der Farbe.

Der Poppyjaspis ist eine Variante des Leopardenjaspis und hebt sich durch seine beigeren Muster von diesem ab. Er hat meist einzelne, augenähnliche Strukturen. Die Farben des Poppyjaspis gehen ins gelbliche, bräunliche bis hin zum beige. Der Poppyjaspis wird in Mexiko, USA und vor allem Indien gefunden.

Heilwirkungen auf den Körper:

Der Poppyjaspis hat sehr kräftige Heilwirkungen auf den Nierenbereich und die mit den Nieren verbundenen Ausscheidungsorganen (Nierenblase und Gallenblase). Er hilft sehr gut gegen Gallenerkrankungen und Gallenblasenentzündungen und bei Nieren- und Gallensteinkoliken. Poppyjaspis-Wasser unterstützt das Hinausschwemmen von Nieren-, Blasen- und Gallensteinen. Darüberhinaus löst der Poppyjaspis auch Muskelverrenkungen, Muskelzerrungen und Muskelverspannungen am Hals, den Schultern und an der oberen Wirbelsäule im Nackenbereich. Er bewahrt vor zu starken Abnutzungen der Bandscheiben und hilft auch bei Gelenk- und Gliederschmerzen. Poppyjaspis als Kette hat eine sehr anregende Kraft auf die Energiezentren im Gehirn und Solarplexus und regt die Verdauung an.

Heilwirkungen auf die Psyche:

Der Poppyjaspis vermittelt mehr Wahrheit und Klarheit für unser Leben. Lebenswege, Ziele und Selbstverwirklichung können mit Hilfe des Poppyjaspis besser erreicht werden. Der Poppyjaspis öffnet uns auch die Augen gegenüber Freunden und in der Partnerschaft und vermittelt mehr Glück und Zuversicht.

Chakra:
Der Poppyjaspis dringt während der Meditation über unser Sexualchakra am tiefsten in uns ein. Legen Sie ihn gleichzeitig auf mehrere Chakras auf, wie z. B. Hände und Stirn, so wirkt der Poppyjaspis sehr entkrampfend und entspannend für die Seele. Er senkt während der Meditation spürbar den Blutdruck und erzeugt wohltuende Wärme.

Wie erhalte ich einen Poppyjaspis und wie pflege ich diesen?
Poppyjaspis ist als Trommelstein, Handschmeichler, Anhänger, Kugel, Kette, Donuts und phantasievollen Formen für Halsreifen und Lederband erhältlich. Poppyjaspis soll einmal im Monat unter fließendem, lauwarmem Wasser entladen werden. Ketten sollten über Nacht in einer trockenen Schale mit Hämatit-Trommelsteinen entladen und gereinigt werden. Nach Möglichkeit sollte dieser Stein nach dem Entladen und Reinigen für ein bis zwei Stunden an die Sonne zum Aufladen gelegt werden.

Magnesit

Farbe: Weiß, gelblich weiß, wolkig

Chemische Zusammensetzung: $MgCO_3$

Geologie:
Magnesit ist ein Magnesiumkarbonat mit der Härte 4 bis 4,5 und wird auch Bitterspat genannt. Hierbei handelt es sich um nahezu reines Magnesium. Dies findet seine Verwendung in hoch hitzebeständigen Materialien für die Weltraumfahrt und natürlich in der Arzneimittelherstellung. Die Fundorte des Magnesit liegen auf der Insel Elba, China und ganz besonders in Südafrika.

Geschichtliche Überlieferung:
Schon bei den alten Griechen wurde der Magnesit als beliebter Schutz- und Heilstein getragen. Er erhielt seinen Namen durch die Landschaft Magnesia in Griechenland. Der Magnesit wurde ursprünglich im Herzen Afrikas gefunden, wo er nicht nur von den afrikanischen Völkern als Fruchtbarkeitsstein verehrt wurde, sondern auch von den Ägyptern als glücksbringender Talisman. Durch sein reines Weiß symbolisiert der Magnesit Unschuld, Freiheit und Fruchtbarkeit. Seinen Träger bewahrt der Magnesit vor falschen Freunden, Intrigen und gespielter Liebe.

Heilwirkungen auf den Körper:
Durch den hohen Magnesiumgehalt ist dieser Stein ein wichtiger Aufbaustein für den gesamten Knochenbau und das Sonnengeflecht. Er stärkt den Kreislauf, senkt Cholesterinwerte und verhindert Ablagerungen in den Adern. Der Magnesit entfaltet eine besonders regulierende Kraft auf den Magen und den Verdauungstrakt. Er reinigt das Blut von Verdauungsrückständen und Giften und hat darüberhinaus stark entwässernde Wirkungen. In Verbindung mit Bergkristall und rotem Jaspis hilft der Magnesit sehr stark beim Abnehmen. Menschen mit Übergewicht sollten daher regelmäßig Bergkristall-Jaspis Magnesit-Wasser, ca. 1/2 L, vor den Hauptmahlzeiten trinken. Trinken Sie Magnesitwasser morgens auf nüchternen Magen, so spüren Sie, wie die Nieren, Leber und Blase entwässert und entgiftet werden. Koliken und Nieren bzw. Gallensteine werden besser herausgespült. Hierdurch werden Ihnen allgemeine Schwäche, Lustlosigkeit und auch Schmerzen und Verstopfungen im Magen, Darm und Unterleibsbereich genommen. Frauen in der Schwangerschaft sollten unbedingt einen Magnesit bei sich tragen, oder regelmäßig Magnesitwasser trinken. Dieses bewahrt vor Krampfadern und verhilft dem

heranwachsenden Baby zu einem gesunden Wachstum. Der Mutter kräftigt der Magnesit die Geschlechtsorgane und vor allem die Gebärmutter. Er wirkt krampflösend und bereitet eine leichte Geburt. Nach der Geburt verhilft der Magnesit wieder zu einer schmerzlosen und geordneten Regel. Als Anhänger auf der Haut getragen beugt der Magnesit übermäßige Schweißbildung und Körpergeruch vor. Bei Männern bewahrt der Magnesit ebenfalls vor Erkrankungen der Geschlechtsorgane und der Prostata.

Heilwirkungen auf die Psyche:

Dadurch, daß der Magnesit den Körper besser entgiftet, verlieren wir natürlich auch Depressionen, Überempfindlichkeit und emotional aufgestaute Verspannungen, welche ihren Ursprung nicht im körperlichen sondern eigentlich im psychischen Bereich haben. Wir lernen, ausgeglichener und zufriedener zu leben, und erreichen dadurch mehr spirituelles Wachstum.

Sternzeichen: Waage 24. September bis 23. Oktober

Chakra:

Der Magnesit entfaltet während der Meditation eine starke Kraft durch die Nebenchakras der Knie und Hände. Von hier aus dringt er besonders tief in den Knochenbau ein. Durch seine heilenden und befreienden Wirkungen auf das vegetative Nervensystem wird auch unserem Geist eine harmonievollere Arbeit mit dem Körper ermöglicht. Legen wir zusätzlich einen Magnesit auf das Sonnengeflecht, so verspüren wir, wie unsere Selbstheilungskräfte aktiviert werden. In Verbindung mit Bergkristall erfahren wir sogar eine gesteigerte subjektive Wahrnehmung der Genesung unseres Körpers.

Wie erhalte ich einen Magnesit und wie pflege ich diesen?

Der Magnesit ist als naturbelassener, weißer Magnesit und als gefärbter blauer Magnesit (Türkenit) erhältlich. Im Gegensatz zum gefärbten Howlith weist der gefärbte Magnesit jedoch wesentlich schwächere und unreinere Heilwirkungen auf. Wir empfehlen Ihnen daher als Heilstein einen reinen, ungefärbten Magnesit. Sie erhalten den Magnesit als wolkige Knolle, Trommelstein, Handschmeichler, Kugelkette und selten als Donuts. Wir empfehlen Ihnen, den Magnesit regelmäßig nach dem Gebrauch unter fließendem, lauwarmem Wasser zu entladen. Achten Sie beim Magnesit auf Verfärbungen. Diese signalisieren Ihnen ernstere Krankheiten oder sogar eine kommende Trennung voraus. Sie sollten einen Magnesit nie verleihen, da er ein sehr persönlicher Stein ist. Ketten sollten über Nacht in einer trockenen Schale mit Hämatit-Trommelsteinen gereinigt und entladen werden. Sie laden den Magnesit am besten über Nacht in einer Schale mit klaren Bergkristallen auf.

Magnetit

Farbe: Schwarz metallisch glänzend, undurchsichtig

Chemische Zusammensetzung: $Fe_{2+}Fe_{2}^{3}{}_{+}O_{4}$

Geologie:

Der Magnetit ist ein mehrfach konzentriertes Eisenoxid, mit der Härte 5 bis 6. Dieser ist im Gegensatz zum Hämatit magnetisch und bildet in seiner reinsten Form die seltenen, oktaederförmigen Kristalle. Als Roherz wird der Magnetit weltweit abgebaut und bildet die wichtigsten Eisenerzlagerstätten der Erde. Fundgebiete ließen sich unzählig fortführen. Die größten liegen in Kiruna, Schweden. Diese sind 15 km lang, 1000 m dick und nahezu aus reinem Magnetit. Die so begehrten, reinen Magnetitkristalle jedoch werden nur sehr selten in Schweden, Brasilien und Norwegen gefunden. Kleine Fundstellen liegen auch im Binntal in der Schweiz und auf der Insel Elba.

Geschichtliche Überlieferung:

Die Menschen erkannten schon vor vielen Tausend Jahren die Eigenschaften der schmelzenden Steine. Der Magnetit gab ihnen zusätzliche Rätsel auf, welche die damaligen Gelehrten dazu veranlaßte, den Stein in eine männlich und weiblich Seite einzuteilen. Die alten Griechen bezeichneten diesen Stein als Magnetis. Im Laufe der Geschichte wurde erkannt, daß dieser Stein Plus- und Minuspol in sich birgt. Zur Zeit der Industrialisierung wurden gebräuchlichere Namen wie z. B. Magnet, oder Magneteisenstein verwendet. Eisen ist auch heute noch einer unserer wichtigsten Rohstoffe. Die Heilwirkungen des Magnetit wurden schon von Hildegard v. Bingen im frühen Mittelalter erkannt, und werden auch heute noch in der Naturheilkunde und Medizin geschätzt.

Heilwirkungen auf den Körper:

Der Magnetit hat durch seine magnetischen Eigenschaften eine harmonisierende Wirkung auf den Teil des Gehirns, welchen wir als Hypotalamus bezeichnen. Magnetit steuert nicht nur in ausgewogenem Maße die Grundfunktionen Hunger, Durst und Körpertemperatur, sondern bewahrt durch Regulierung des Wasserhaushalts, in Verbindung mit Mineralstoffen und Salzen, auch vor Knochenbrüchen, Gelenker-krankungen und Verzerrungen. Auch Ischiasbeschwerden, Muskelverkrampfungen an Waden, Schenkeln und im Nackenbereiche werden durch die allgemein krampflösenden Eigenschaften des Magnetits geheilt. Durch die direkte Wirkung auf die Hirnanhangdrüse steuert der Magnetit auch die Drüsenfunktionen, welche mit dem Stoffwechsel zu tun haben. Hierunter fallen die Bauchspeicheldrüse, Milz und die Organe des Lymphsystems. Das Blut wird gereinigt und in der Regulierung des Blutzuckers gestärkt, Bluterkrankungen und Diabetes können so durch den Magnetit gelindert und sogar geheilt werden. Dadurch, daß der Magnetit diese Funktionen des Organismus nicht direkt an den Organen steuert, sondern diese über das Gehirn beeinflußt, erreichen wir allgemein eine bessere Stabilisierung des Kreislaufs. Durch die Kraft des Magnetit auf die Milz und das Lymphsystem werden auch Entzündungen und Vergiftungen besser zum Reinigen und Ausscheiden an die Leber, Nieren, Galle und Blase weitergeleitet. Tumore, Koliken und Entzündungen, welche sich im Körper anzusiedeln versuchen, werden mit Hilfe des Magnetit sehr früh entkräftet. Der Magnetit stärkt die Haut gegen Krankheitserreger und bewahrt vor Sonnenbrand. Da die Haut aus mehreren Schichten besteht, verhilft der Magnetit durch Auflegen und massieren, besonders der äußeren Haut, gespannter und frischer zu bleiben. Der Magnetit bewahrt vor Schweißausbrüchen, starkem Schweißgeruch und verhilft leicht fröstelnden Menschen, ihre Haut zu verdichten, damit ihr Körper nicht mehr soviel Wärme verliert.

Heilwirkungen auf die Psyche:

Der Magnetit ist ein Wärme bringender Stein, welcher die Zellerneuerung und die Reinigung des Organismus beschleunigt. Magnetit, am Hals getragen, befreit uns von Blockaden, welche wir uns eigentlich durch Entscheidungen in unserem Gehirn selbst herbeigeführt haben. Der Magnetit ermöglicht es uns, daß wir uns besser von geistigem Abfall trennen, und somit leichter, glücklicher und unbeschwerter leben. Wir erfahren die Gegenwart und halten nicht immer an irgendwelchen Normen und Erinnerungen der Vergangenheit fest.

Chakra:

Der Magnetit ist ein Stein, welcher uns insgesamt entstrahlt und über dem 7. Chakra für uns eine besonders entspannende Aura bewirkt. Bei der Meditation sollten Sie den Magnetit mit klaren regenbogenfarbenen Steinen verwenden. Diese Kombination kann Ihre Wahrnehmung auf eine höhere intuitivere Ebene transformieren. Sehr schnell fühlen wir, wie in uns Verhärtungen und alte Werte zerfallen und der Weg für neue Liebe, neue Freunde und vielleicht auch ein neues Leben frei wird.

Wie erhalte ich einen Magnetit und wie pflege ich diesen?

Der Magnetit ist als Rohstein, oktaedrischer Kristall und als Anhängerchen erhältlich. Ketten sind jedoch selten und sehr begehrt. Sie erkennen den Magnetit immer an den magnetischen Eigenschaften. Besonders oktaedrische Magnetit-Kristalle sind sehr starke Energiesteine. Wie Sie sicher wissen, hat Eisen einen Feind: Das Wasser. Sie sollten daher einen Magnetit nie in Wasser reinigen, sondern über Nacht in einer Schale mit Hämatit-Trommelsteinen. Diese Reinigung neutralisiert den Magnetit. Aufladen, besser gesagt ausrichten, können Sie den Magnetit am besten mit Hilfe eines Magneten.

Malachit

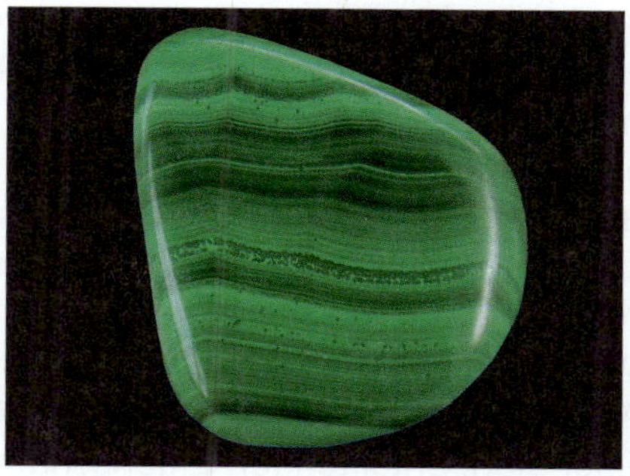

Farbe: Dunkelgrün

Chemische Zusammensetzung: $CU_2CO_3(OH)_2$

Geologie:

Der Malachit ist ein dunkelgrünes Kupferkarbonat mit der Härte 3,5 bis 4. Malachit ist das Leitmineral aller kupferführenden Lagerstätten. Immer, wenn Kupfer im Boden ist, so finden wir auch Malachit. Dieser Edelstein fasziniert durch seine satte, dunkelgrüne Farbe. Je nach Menge von sauerstoffhaltigem Grundwasser, welches zu dem Kupfer gelangte, wurden sehr dünne Steinbeläge bis hin zu meterdicken Hohlräumen in der Erde mit Malachit gebildet. Hierunter fallen z. B. auch die Fundstellen des ehemaligen Kupfer- und Silberbergwerkes in Neubulach am Fuße des Schwarzwalds, wo auch heute noch an jeder Baustelle große Mengen malachitgrüne Steine gefunden werden. Die besten Fundstellen liegen in Zaire, Arizona, Australien und den neu erschlossenen Fundgebieten am Ural. Die meisten Trommelsteine, Schmuck und Handarbeiten aus Malachit stammen aus Zaire.

Geschichtliche Überlieferung:

Die Überlieferungen des Malachit reichen bis in das 3. Jahrtausend vor Christi zurück. Die Ägypter verehrten den Malachit als den Stein der Hoffnung und der Zuversicht, welcher seinem Träger Glück und Harmonie in der Partnerschaft beschere. Schon in vorchristlicher Zeit wurde aus dem Malachit die so satte grüne Farbe für Fresken und Malerei gewonnen. Aber auch Lidschatten und Heilmittel wurden von den Ägyptern, Griechen und Römern aus Malachit hergestellt. Durch seine satte grüne Farbe mit den leicht welligen Streifen sicherte sich der Malachit über die Jahrhunderte hinweg einen hohen Stellenwert als Medizin- und Schmuckstein. Dieser erfreut sich auch heute noch großer Beliebtheit.

Heilwirkungen auf den Körper:

Der Malachit ist ein sehr kräftiger Stein, welcher alleine oder auch in Verbindung mit anderen Steinen besondere Heilkräfte entwickelt. Als Malachit-Essenz entschlackt und entgiftet er die Adern, Gefäße und Organe von angestauten Rückständen und negativen Energien. Hierdurch wird der Blutfluß, Gasaustausch, Stoffwechsel und Kreislauf harmonisiert. Der Malachit wirkt schon nach kurzer Zeit sehr kräftig durch das Auflegen auf bedürftige Körperstellen. So aufgelegt auf die Knochen oder die Wirbelsäule lindert er Rheuma, Bandscheiben- und Gelenkentzündungen. Er dringt aber auch in das Nervensystem ein und bewahrt vor Gewebsverhärtungen im Gehirn und im Rückenmark (Multiple Sklerose). Besonders bei älteren Menschen lindert und heilt er die Parkinsonsche Krankheit, welche sich durch Zittern und Lähmungen der Gesichtsnerven auswirkt. Durch Auflegen auf die Lunge hilft der Malachit bei chronischen Erkrankungen der Atemwege, Asthma und Lungenentzündung. Er verhindert das krampfhafte Verengen unserer Bronchien und das dadurch erschwerte Atmen (Asthma). Weiter hat der Malachit sehr entkrampfende Wirkungen auf das Zwerchfell und die Gesamtheit aller Atmungsorgane. Hierdurch wird eine bessere Aufnahme von Sauerstoff erreicht, und gleichzeitig durch besseres Abatmen von Kohlendioxid das Blut gereinigt. Folgekrankheiten wie Leukämie, Geschwüre, Infektionen, Entzündungen und Erkrankungen der Drüsen, welche ebenfalls mit dem Stoffwechsel, der Verdauung und der Nahrungsaufnahme zu tun haben, werden gelindert und geheilt. Durch die Kraft, die der Malachit, besonders als Kette, auf das Herz ausübt, wird nicht nur das Herz als solches vor Krämpfen, Entzündungen und Überlastungen bewahrt, sondern dieses wiederum bewahrt uns vor Mangeldurchblutung, zu hohem Blutdruck und Erkrankungen der Lungenarterie. Ebenfalls hat Malachit auch sehr stabilisierende und reinigende Wirkungen auf das Herz-Kreislauf-System. Dieses System, welchem das Herz, die Arterien, Venen und Kapillargefäße sowie die Organe des Lymphsystems angehören, wird durch den Malachit besonders aktiviert, so daß Nährstoffe und Sauerstoff besser an alle Körperzellen transportiert werden können. Gleichzeitig sorgt der Malachit dafür, daß hierbei entstandene Verbrennungs- und Schlackerückstände nicht im Körper verbleiben, sondern reinigend über den Stoffwechsel ausgeschieden werden. Der Körper wird hierdurch insgesamt stabiler, immuner und reicher an eigenen Abwehrstoffen. Infektionskrankheiten, wie z. B. Grippe, Fieber, Angina, Koliken oder auch Entzündungen an den Augen, in den Gehörgängen und am Gehirn werden mit dem Malachit sehr schnell geheilt. Durch seine direkte Funktion auf die Hirnanhangdrüse (Hypophyse) steuert der Malachit auch die Funktion der Schilddrüse, Wachstum und ganz besonders den Trieb zur Fruchtbarkeit und Schwangerschaft. Bei Nervenzerrungen, Hexenschuß, Ischiasbeschwerden, Verstauchungen und Prellungen am Muskelgewebe, wirkt der Malachit durch Auflegen sehr schnell lindernd. Unter dem Kopfkissen bewahrt der Malachit ganz besonders Kinder im heranwachsenden Alter vor Nerven- und Kreislauferkrankungen, Infektionen und Mißbildungen der Organe und Knochen. Malachit wird aufgrund seiner stark entgiftenden Eigenschaften auch als Krebsvorsorgestein geschätzt.

Heilwirkungen auf die Psyche:

Durch seine reinigenden Wirkungen auf den gesamten Organismus bleibt auch eine reinigende Kraft auf die Seele nicht aus. Der Malachit läßt uns krankmachende und belastende Lebens- und Ernährungsweisen erkennen und verhilft uns, diese abzustellen. Mehr Ausgeglichenheit, Lebensfreude, Verständnis und Liebe sind nur einige Eigenschaften, welche wir mit dem Malachit erreichen. Nach regelmäßigem Tragen bestätigen viele Menschen, daß sie dank des Malachit in eine Lebensphase eingetreten sind, welche die vorherigen an Selbstverwirklichung, Erfolg und Zufriedenheit um einiges übertrifft.

Sternzeichen: Steinbock 22. Dezember bis 20. Januar

Chakra:

Der Malachit entfaltet seine lichtbringenden Kräfte auf allen Chakras des Körpers. Über das Herzchakra jedoch entfacht er einen Energiefluß, welcher mit Lebendigkeit, Transformation und Liebe besonders tief in unsere Seele vordringt. In Verbindung mit Azurit, dem Bruderstein des Malachit lassen sich besonders tiefliegende Blockaden in der Seele erkennen und beheben. Der Malachit weckt mehr Hoffnung, Treue und Liebe in uns und natürlich auch mehr Verbundenheit zur Natur.

Wie erhalte ich einen Malachit und wie pflege ich diesen?

Sie erhalten den Malachit als Rohstein, Trommelstein, Handschmeichler, Kugel, Pyramide, Obelisk, Anhänger, Kette, Donuts und vielen phantasievollen Formen für Halsreifen und Lederband. Der Malachit ist ein Stein, welcher Ihnen aufgrund seiner Verfärbung oder Trübung anzeigt, wieviel schlechte Kraft er Ihnen entzogen hat. Sie sollten den Malachit daher regelmäßig reinigen und ihn dabei nicht der direkten Sonne aussetzen. Seifen, Säuren und Hitze zerstören den Malachit. Wir empfehlen Ihnen, den Malachit und Malachit-Ketten in ein Taschentuch einzurollen und über Nacht in einer trockenen Schale mit Hämatit-Trommelsteinen zu Entladen. Der Malachit lädt sich am besten an einem naturbelassenen Rohstück oder einer Bergkristall-Gruppe auf.

Meteorit

Meteoriten sind Körper, welche aus fremden Welten zu uns auf die Erde gekommen sind. Einige davon haben Millionen von Lichtjahren zurückgelegt und sind auf ihrem langen Weg durch Raum und Zeit an Gestirnen und Galaxien vorbeigekommen, welche für uns auf der Erde vielleicht nur rechnerisch erreichbar sind. Manche von ihnen haben Hunderte von Kilometern Durchmesser und andere wiederum sind winzig klein. Vermutlich ist der Niedergang eines Riesenmeteoriten vor rund 200 Mio. Jahren für das Aussterben der Dinosaurier auf der Erde verantwortlich. Der Großteil aller Meteoriten verglüht aufgrund der hohen Geschwindigkeit während des Eindringens in unsere irdische Atmosphäre. Bedenken

Sie also die ursprünglich gewaltige Größe eines Meteoriten, welcher bis auf die Erdoberfläche vorgedrungen ist.
Wir unterscheiden die außerirdischen Meteoriten in Meteorit, Tektit und Moldavit. Der Meteorit ist hierbei der klassische Eisenmeteorit, während Tektit und Moldavit zu den Glasmeteoriten zählen.

Chemische Zusammensetzung:

Eisenmeteorite bestehen aus komplizierten Eisen-Magnesium-Nickel-Silizium Verbindungen.
Glasmeteorite bestehen zu einem Großteil aus metallischen Silizium-Verbindungen.

Geologie:

Meteorite bestehen aus verschiedenen metallischen Verbindungen, wie z. B. Eisen, Mangan und Titan. Sie sind Boten anderer Welten und waren teilweise Millionen von Jahren in der Unendlichkeit des Weltraums unterwegs. Kommen Sie in die Nähe von Planeten, so werden sie angezogen. Sie beginnen, auf diese zuzurasen. Dank der Lufthülle unserer Erde verglühen diese jedoch in den oberen Luftschichten. Einigen großen Meteoriten gelingt jedoch der Einschlag auf unsere Erde. Hierbei entstanden z. B. der Meteoritenkrater um Nördlingen, dem Nördlinger Ries (bei Stuttgart, ca. 25 km) und weitere bekannte und heute noch sichtbare Einschläge in Namibia, Arizona und Australien. Es wird sogar vermutet, daß sich aufgrund dieser Einschläge das Klima auf unserer Erde großräumig verändert hat. Dies würde z. B. auch das Aussterben der Dinosaurier begründen.

Geschichtliche Überlieferung:

Meteoriten sind Symbole fremder Welten, welche an der Evolution unserer Erde und aller Lebewesen genauso beteiligt sind, wie die Sonne und der Mond. Bedenken Sie, daß diese Teilchen vielleicht 100 Millionen Jahre in Zeit und Raum unterwegs waren, bis sie durch Zufall auf unserer Erde landeten. Meteoriten wurden von allen Völkern der Geschichte als die Boten der Götter angesehen. Nahezu jedes Volk weiß etwas über die Wesen anderer Weiten zu berichten. So wurde z. B. die Nacht zu Bethlehem, als Jesus geboren wurde, dank eines leuchtenden Kometen zum hellen Tag erleuchtet. Die Majas, Inkas und Azteken liebten Meteoriten und verehrten diese als ein Stück "Herz" unserer Erde. Respekt und Hoffnung, sowie Liebe und Angst diesen "Wesen" gegenüber zieht sich wie ein roter Faden durch die Menschheitsgeschichte. Und daß diese Meteoriten keineswegs "ausgestorben" sind, beweist uns die besorgniserregende Näherung des Halleyischen Kometen, welcher mit seiner gigantischen Größe mit Sicherheit bis auf die Erde durchgeschlagen wäre. Er hätte, wie andere Kometen zuvor, das Leben auf der Erde verändert, vielleicht sogar ausgelöscht.

Meteoriten, Tektite und Moldavite haben neben ihren eigenen chakteristischen Heilwirkungen folgendes gemeinsam:
Sie regulieren die Flüssigkeiten im Körper, steuern die Menge der Hormone und schenken uns daher ein besonderes Maß an Ausgeglichenheit und Gesundheit. Moldavit, Tektit und Meteorit erhalten für unseren Organismus das Säuren-Basen-Bleichgewicht (PH-Wert) aufrecht und straffen die Haut. Besonders die inneren Häute, welche die Gewebe und die Organe umgeben, werden durch diese Heilsteine besonders geschmeidig und straff gehalten. Sie verhindern somit innere Blutungen, Geschwüre, Tumore, Durchbrüche und Blutungsübel.

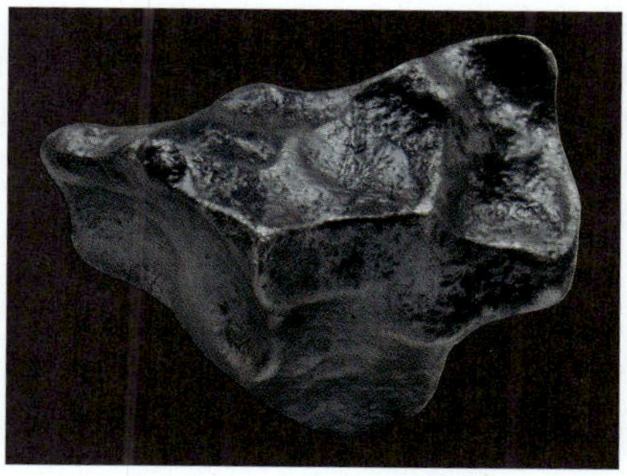

Meteorit (Eisenmeteorit)

Heilwirkungen auf den Körper:

Der Meteorit nimmt auf magische Weise sehr schnell Einfluß auf den ganzen Körper. Er erkennt Tumore, Drüsenleiden und Bluterkrankungen und vermag diese auch sehr schnell zu heilen. Unter dem Kopfkissen nimmt der Meteorit Erdstrahlen und Wasserstrahlen. Legen Sie einen Meteoriten während der Arbeit auf Ihren Schreibtisch oder Computer, so werden Sie sehr schnell spüren, wie Ihnen auch die negativen Computer-Strahlen vom Körper ferngehalten werden. Tragen Sie einen sehr dünnen Meteoriten am Hals, so ist er Ihnen ein treuer Warner vor Menschen, welche ansteckende Geschlechtskrankheiten oder gar Aids haben. Darüberhinaus hat der Meteorit auch stabilisierende Wirkungen auf das Immunsystem. Er heilt Allergien und beugt allergischen Reaktionen vor. Ganz besonders Allergien gegen Metalle, Pollen, Chemikalien, Lacke und Lebensmittel lassen sich mit Meteoriten schnell und vorbeugend heilen. Durch Auflegen auf die Nase können Nesselfieber, Nesselausschlag und sogar die Nesselsucht gelindert und geheilt werden. Meteoriten eignen sich auch ganz besonders heilend bei Erkrankungen von Tieren. Neueste Erkenntnisse belegen uns sogar, daß Meteorite, wie auch Tektite und Moldavite, den Alterungsprozeß des Organismus und der Haut bremsen. Sie bewahren uns vor vorzeitigem Altern und halten den Organismus so wie die Haut und den Geist wesentlich länger sportlich und aktiv, als dies ohne diese Steine der Fall wäre.

Heilwirkungen auf die Psyche:

Der Meteorit verstärkt das Bewußtsein zu allen Lebewesen, der Natur und natürlich auch zu den Steinen. Wir finden mehr Einklang mit uns selbst und bauen uns im Freundeskreis und vor allem in der Familie eine harmonievolle Beziehung auf. Wir lernen, daß wir selbst nur ein verschwindend kleiner "Stein" in unserer Umwelt und unserem Sonnensystem sind. Der Meteorit verhilft uns, dies zu erkennen und vor allem zu respektieren, denn man ist nicht allein auf der Welt. Wir leben mit mehr Verständnis, Erkenntnis und gestalten unser Leben harmonievoller.

Sternzeichen:

Durch die langen Reisen im Weltraum, hat der Meteorit einen Teil der Kraft aller Planeten in sich, an welchen er auf seinem langen Weg durch Raum und Zeit vorbeigekommen ist. Wir empfehlen Ihnen daher, einen Meteoriten als Glücksstein und Schutzstein, da er allen Sternzeichen gleichzeitig zugeordnet ist.

Chakra:

Meteoriten eignen sich bei der Meditation für nahezu alle Chakras. Besonders spüren wir sie auf dem Dritten Auge, Solarplexus und Scheitelchakra. Auf diese Chakras aufgelegt spüren wir die Kraft des Meteoriten, welche unsere Mental- und Astralkörper harmonisiert und unser inneres Bewußtsein verstärkt. Wir erleben eine Kraft, welche uns bis in die Unendlichkeit zu öffnen vermag und uns an den Ursprung unseres Lebens bringt. Seelische, organische und geistige Probleme lassen sich nicht nur vom Punkt der Entstehung her erkennen, sondern wir können diese auch ganz gezielt angehen und heilen. Da der Meteorit ein ungeheures Kraftpaket ist, welcher häufig unterschätzt wird, empfehlen wir Ihnen, für Ihre Therapie, den Meteoriten erst einmal solo zu verwenden. Sie können diesen dann bei mehr Erfahrung mit nahezu allen Heilsteinen kombinieren.

Wie erhalte ich einen Meteorit und wie pflege ich diesen?

Meteoriten sind sehr selten, und die glücklichen Eigentümer trennen sich wahrscheinlich nie wieder von diesen Freunden. Sollten Sie jedoch einmal einen angeboten bekommen, welcher Ihnen auch noch sympathisch ist, so zögern Sie nicht, diesen zu erstehen, er wird es Ihnen danken. Meteoriten sind Energiebündel, welche wir nicht so einfach Auf- und Entladen können. Dafür wäre Ihr "Fell" zu dick, und die Zeit in unserem Leben würde nicht ausreichen, um den Meteoriten die Kraft zu nehmen. Pflegen Sie Ihren Meteoriten jedoch durch häufiges Streicheln und Sie werden sehen, daß er für Sie zunehmend in seidigerem Licht leuchtet.

Tektit

Farbe: schwarz

Geologie:

Der Tektit gehört, ebenfalls wie der Moldavit, zu den Glasmeteoriten. Auch bei ihm handelt es sich um einen Stein, welcher von anderen Welten durch die Atmosphäre auf unsere Erde gekommen ist. Die bekanntesten Fundorte liegen in Arizona, GUS-Staaten, Australien und Thailand.

Geschichtliche Überlieferung:

Besonders die Ureinwohner Australiens schätzen diesen Stein auch heute noch als Abwehrstein gegen Schwarze Magie und Böse Geister. Die Aborigines hüten den Tektit zusammen mit Ihren Amulettsteinen und halten sich mit diesem Schatz für unverwundbar " Tektitreiches Land schenke eine reiche Ernte und bewahre alle seine Lebewesen vor Erkrankungen und Seuchen".

Heilwirkungen auf den Körper:

Der Tektit steuert die einzelnen Schlafphasen und sorgt somit für gesunden und erholsamen Schlaf. Er verschafft uns nach dem Einschlafen eine erholsamere Tiefschlafphase mit anschließendem immer leichter werdenden Schlaf. Schlafstörungen, Einschlafschwierigkeiten und gestörte Schlafphasen lassen sich mit dem Tektit sehr gut lindern und heilen. Die Kräfte des Tektits werden diesbezüglich als Tektit-Wasser vor dem Schlafengehen und noch besser mit einem Tektit unter dem Kopfkissen besonders empfänglich. Bei schwerer Schlaflosigkeit empfehlen wir Tektit-Tee. Je ein Teelöffel Baldrian, Pfefferminze und Fenchel auf eine Tasse siedendheißes Tektit-Wasser. Dadurch, daß unser Organismus durch Tektiten wieder ausgeruhter und vitaler ist, werden auch körperliche und geistige Mangelerscheinungen gelindert. Hierunter fallen Abgeschlagenheit, Lustlosigkeit, Gereiztheit, Aggressionen, Depressionen, Muskelzuckungen, Zittern, Konzentrationsschwäche und sogar Herzrhytmusstörungen. Der Tektit ist also ein ganz wichtiger Heilstein, der über die Steuerung der erholsamen Tiefschlafphasen sehr bedeutend in unser Wohlbefinden eingreift. Auch gesunde Menschen sollten als Vorsorgestein einen Tektit bei sich haben.

Heilwirkungen auf die Psyche:

Ähnlich wie der Meteorit, kräftigt auch der Tektit das Bewußtsein für die Umwelt und die Natur. Er verhilft uns zu einem besseren Verständnis mit den Menschen und läßt uns verständnisvoller und tiefgründiger mit deren Gefühlen umgehen. Er festigt Freundschaften und bewahrt seinen Träger vor den so häufigen Bagatellstreitigkeiten im Alltag. Darüberhinaus stärkt der Tektit ganz besonders bei Männern Konzentration und nimmt Herrschsucht, Streitsucht, falsche Eifersucht und Grobheit. Gefühlskalte und verlogene Menschen erhalten in ihrer Beziehung zu Freunden und Partner wieder eine neue Chance. Menschen, welche häufig unterwegs sind und Einschlafschwierigkeiten in fremden Betten haben, sollten einen Tektit als Einschlafstein bei sich tragen.

Chakra:

Der Tektit soll für die Meditation verwendet werden, wenn körperliche oder geistige Verwerfungen vorhanden sind. Legen Sie diesen auf die Stelle auf, wo Sie Schmerzen fühlen oder gar eine Krebswucherung vermuten. Der Tektit ist durch seine ausnahmslos schwarze Farbe in der Lithotherapie ein Stein ohne Kompromisse. Wie das Yin und das Yang oder das Plus und das Minus ist er ein Gegensatzstein von Beginn an. Sie sollten daher bei der Therapie unbedingt darauf achten, daß Sie dem Tektit einen Gegenpol verschaffen. Je nachdem, was Sie dem Tektiten an Kraft abverlangen, empfehlen wir, ausgleichende Steine wie z. B weißen Achat, Magnesit, Milchopal oder Perlen. Bei starker Belastung (Aids, Strahlenbelastungen) raten wir Ihnen unbedingt zu einem Gegenpol von mindestens einem handschmeichlergroßen Mondstein. Bitte beachten Sie dies, und legen

Sie die Gegenpole immer auf Ihrem Wurzelchakra auf. Wünschen Sie die Therapie jedoch durch dieses Chakra, so legen Sie die Gegenpole auf den Solarplexus.

Wie erhalte ich einen Tektit und wie pflege ich diesen?

Tektite sind so erhältlich, wie diese vom Himmel gefallen sind, also als pechschwarze, rundliche Aggregate. Die Preisklasse befindet sich im gehobenen Bereich wie die der Moldavite und der Meteorite auch. Bitte bewahren Sie den Tektiten immer zusammen mit einem Gegenstein auf (Mondstein, weißer Achat, Milchopal). Tektite sind, ähnlich wie Meteorite, Energiebündel, welche unter härtesten Voraussetzungen ihren Weg durch Raum und Zeit hin zur Erde gebahnt haben und dabei viele Millionen Lichtjahre zurückgelegt haben. Es gibt Meteorite und Tektite, die älter sind, als alles Leben auf der Erde und die Erde selbst. Tektite sind Kraftspender, welche liebevoll behandelt werden möchten. Es genügt, wenn Sie Ihren Tektit einmal im Jahr unter fließendem, lauwarmem Wasser reinigen. Sollten Sie einen Tektit angeboten bekommen und Sympathie für diesen haben, so zögern Sie nicht, auch einmal etwas tiefer in die Tasche zu greifen, denn ein solcher Freund wird Ihnen wahrscheinlich nie wieder über den Weg laufen, und seine Dienste für Sie und Ihre Gesundheit sind in Geld kaum aufzuwiegen.

Moldavit

Farbe: Grün durchscheinend

Geologie:

Der Moldavit gehört, ebenfalls wie der Meteorit und der Tektit, zu den Boten aus einer anderen Welt, sie stammen also nicht von der Erde, sondern sind von fremden Galaxien stammend auf die Erde herabgefallen. Im Unterschied zu seinen Verwandten ist der Moldavit durchscheinend grün. Er gehört zu den Glasmeteoriten und im Inneren des Steins befinden sich winzig kleine Gasbläschen, welche Unterdruck aufweisen. Dies ist der Beweis dafür, daß dieser Stein nicht von unserer Erde stammt. Die Fundorte des Moldavits liegen in Südböhmen, Tschechische Republik.

Geschichtliche Überlieferung:

Nach neuestem Stand sehen die Wissenschaftler es als erwiesen an, daß Moldavite abgeplatzte Teile aus der Rinde des Riesenmeteoriten sind, welcher vor ca. 15 Millionen Jahren bei Nördlingen niederfiel, und dort mit 25 km ∅ den Riesenkrater, das Nördlinger Ries bei Stuttgart, schuf. Als dieser Meteorit in die Erdatmosphäre eintrat, wurden durch die enorme Hitze kleinere Meteoritenteile aus der Rinde gesprengt, welche über Böhmen niederfielen. Diese kleinen Meteoriten finden wir heute als Moldavite wieder.

Heilwirkungen auf den Körper:

Der Moldavit heilt ganz besonders Erkrankungen, welche durch Infektionen verursacht werden. Diese Infektionserkrankungen nehmen nach den Herz-, Kreislauf- und Krebserkrankungen die häufigste Krankheits- und Todesursache ein. Bakterien, Bazillen und Viren verursachen in unserem Organismus Infektionen. Lepra, Cholera, Gelbsucht, Genickstarre, Kinderlähmung, Kopfgrippe und Röteln sind nur einige wenige Infektionserkrankungen, an denen auch heute noch mehr Menschen sterben und verkrüppeln als an Autounfällen und an Aids. Der Moldavit stärkt ganz besonders das Immunsystem und schützt das Blut vor Erkrankungen, Hierbei kräftigt er die weißen Blutkörperchen, welche für die Abwehr von Infektionen und für das Vernichten von Bakterien verantwortlich sind. Menschen auf Reisen in ferne Länder sind aufgrund von Zeitumstellung, mangelnder Hygiene und der exotischen Ernährung besonders anfällig auf Infektionen. Sie sollten unbedingt zur Vorsorge, schon um des Urlaubs willen, einen Moldavit bei sich tragen. Der Moldavit bindet Eisen und schützt das Knochenmark, welches für die Bildung von weißen Blutkörperchen verantwortlich ist. Auch bei zu hoher UV-Strahlung durch das Ozonloch wirkt der Moldavit sehr schützend für die Haut. Er verhindert Metastasen und schützt vor Hautkrebs.

Heilwirkungen auf die Psyche:

Der Moldavit schenkt seinem Eigentümer mehr bewußte Lebensenergie, Freude und harmonisiert die Partnerschaft. Er kräftigt das Erinnerungsvermögen. Menschen, welche zu Gier, Streitsucht, Rechthaberei und Abgehobenheit neigen, sollten unbedingt als Harmoniestein einen Moldavit am Hals tragen.

Chakra:

Auf dem nach vorne geöffneten Herzchakra aufgelegt, führt uns der Moldavit zu Hellsichtigkeit und Erleuchtung. Er aktiviert das gesamte Nervensystem und bringt mehr Licht in die Zellen. Bei der Therapie spüren wir sehr schnell das Eindringen dieser warmen Wellen, welche in uns Körper, Geist und Seele entspannen und zusammenfügen. Negative Konzentrationen werden aus Ihrem Körper herausgespült, und sie spüren sogar, wie Sie besser von Ballast befreit und leichter werden. Am intensivsten wirkt der Moldavit, wenn Sie ihn vorher in Ihrer Hand erwärmt haben.

Wie erhalte ich einen Moldavit und wie pflege ich diesen?

Der Moldavit ist als natürlicher Glasmeteorit, oder als Schmuckstein in verarbeiteten Schmuckstücken erhältlich. Aufgrund seiner Seltenheit liegt dieser jedoch, wie alle Meteoriten, im gehobenen Preisbereich. Durch sein phantastisches Grün wird Sie der Moldavit faszinieren und nicht mehr loslassen. Kaufen Sie sich diesen edlen Stein aus einer anderen Welt, denn Sie werden diesen treuen Heilstein wahrscheinlich nie wieder angeboten bekommen. Einmal im Monat sollte der Moldavit unter fließendem lauwarmem Wasser gereinigt und entladen werden. Wie wir wissen, liebt der Moldavit das Aufladen an der Sonne.

Milchquarz / Schneequarz

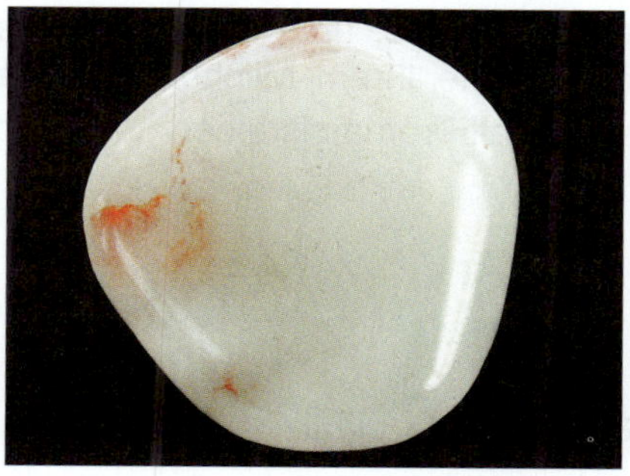

Farbe: Milchig weiß, teilweise durchscheinend

Chemische Zusammensetzung: SiO_2

Geologie:

Der Milchquarz ist ein weißer Quarz mit der Härte 7. Dieser wird häufig an den Wurzeln der Bergkristalle oder in opaken und nicht kristallinen Quarzgängen gefunden. Seine Vorkommen liegen daher dort, wo auch Bergkristalle gefunden werden. Brasilien, USA, Indien und Australien sind die wichtigsten Fundgebiete.

Geschichtliche Überlieferung:

Der Milchquarz wurde im Laufe der Jahrhunderte nur als gemeiner Quarz bezeichnet, welcher nie den so hoch geschätzten Rang seines Verwandten, des Bergkristalls, erlangte. Heute jedoch wissen wir, daß auch im Milchquarz besonders heilende Eigenschaften verborgen sind.

Heilwirkungen auf den Körper:

Der Milchquarz reguliert die Fettgewebe, welche die Organe schützen und isolieren. Er sorgt aber auch für mehr Ausgeglichenheit der Fette im Blut. Besonders durch Milchquarz-Ketten oder -Tee werden Verfettungen am Herz und anderen Organen gelindert und geheilt. Der Cholesterinspiegel wird im Blut reguliert und sogar gesenkt. Milchquarz harmonisiert die Versorgung des Körpers mit Vitaminen und aktiviert Magen, Darm, Lunge und Zirbeldrüse. Er regt die Drüsen auch in der Hormonproduktion von Östrogen Insulin, Adrenalin und Testosteron an. Hierdurch nimmt uns der Milchquarz Müdigkeit und Lustlosigkeit und wandelt uns diese in mehr Vitalität um. Durch die Hormonproduktion aktiviert der Milchquarz das gesamtes Nervensystem, den Kreislauf und das Atemzentrum.

Als Anhänger oder Kette belegt er uns sogar mit einer anregenden Kraft, welche uns widerstandsfähiger gegen Elektrosmog macht.

Heilwirkungen auf die Psyche:
Der Milchquarz beschert aufgrund seiner harmonisierenden Eigenschaften auf den Körper auch reinigende und klärende Kräfte für die Seele. Durch die Fähigkeiten des Milchquarz, die Hormone feiner und gerechter zu verteilen, erreichen wir ein höheres Maß an Harmonie, Ausgeglichenheit und innerem Frieden. Unseren Mitmenschen gegenüber schenken wir mehr Vertrauen, Treue und wahre Liebe. Als Kette hält uns der Milchquarz Elektrosmog und schlechte Energien neidischer Mitmenschen fern. Durch milchige Kristallgruppen wird in der Wohnung ein besonders rücksichtsvolles familiäres Zusammenleben vermittelt.

Chakra:
Der Milchquarz ist ein harmonisierender Stein, welcher bei der Lithotherapie seine Kräfte am besten in Verbindung mit Azurit, Smaragd oder Rosenquarz entfaltet. Während der Meditation erreichen Sie durch den Milchquarz ein stärkeres Zusammengehörigkeitsgefühl des Körpers mit dem Geist und der Seele. Sie spüren, wie diese fließender ineinander übergehen. Während des Übergangs stolpern Sie über Krankheiten und Blockaden, welche Sie jetzt mit Hilfe von kräftigen Farbsteinen erkennen und herauslösen können.

Wie erhalte ich einen Milchquarz und wie pflege ich diesen?
Sie erhalten Milchquarz als Kristallgruppe, Einzelkristalle, Trommelsteine, Handschmeichler, Anhänger, Kette und selten als Donuts. Der Milchquarz ist ein relativ unscheinbarer Stein mit großer Wirkung. Sie sollten es daher nicht versäumen, den Milchquarz vor und nach der Behandlung unter fließendem lauwarmen Wasser zu entladen. Ketten und Anhänger, welche Sie ständig am Körper tragen, sollten mindestens einmal pro Woche, über Nacht, in einer trockenen Schale mit Hämatit-Trommelsteinen entladen werden. Möchten Sie Ihrem Milchquarz etwas gutes tun, so laden Sie ihn in einer Schale mit klaren, kleinen Bergkristall-Trommelsteinen über Nacht auf.

Mondstein

Farbe: Weiß, bläulich, orange, grau und gelblich irisierend

Chemische Zusammensetzung: $KAlSi_3O_8$

Geologie:
Der Mondstein ist ein Kalium-Aluminium-Silikat und gehört in die Feldspatgruppe. Seine Härte beträgt 6 bis 6,5. Natrium verleiht dem Mondstein seine charakteristischen opalisierenden Eigenschaften, welche bei klaren Steinen besonders gut zu sehen sind. Die Fundgebiete des Mondsteins liegen in Brasilien, USA und Madagaskar. Die schönsten stammen aus Sri Lanka und Indien.

Geschichtliche Überlieferung:
Während dieser Stein bei uns erst gegen Ende des 18. Jahrhunderts als Heilstein und Edelstein populär wurde, spielte der Mondstein zur Zeit der alten Griechen und Römer schon eine wichtige Rolle. Der Mondstein galt als Kraftstein, welcher die Eigenschaften des Mondes auf der Erde verstärken sollte. Er wurde daher nicht nur als magischer Heilstein und Schutzstein verehrt, sondern sollte als Tee eingenommen auch vor den schlimmsten Krankheiten bewahren. In arabischen Ländern gilt der Mondstein auch heute noch als segenbringender Familienstein, welcher besonders bei Frauen Kinderreichtum, Fruchtbarkeit und hingebungsvolle Liebe bewirken soll. Daher nähen Frauen in Indien, Sri Lanka und allen arabischen Ländern auch heute noch Mondstein mit in ihre Kleidung ein,

und tragen zum Ausgleich ihrer Seele und zur Gesundheitsvorsorge Mondsteinketten. Der Mondstein gehört heute mit zu den begehrtesten Schmuck- und Heilsteinen.

Heilwirkungen auf den Körper:

Der Mondstein ist ein Stein, welcher sehr starke Kräfte auf die Eigenschaften der Frau ausübt. Durch seine Wirkung auf die Hypophyse wird der Hormonhaushalt der Frau gesteuert und harmonisiert. Ebenfalls wird durch den Mondstein ein direkter Zugang zu den Drüsen genommen, worüber dieser eine ausgeglichenere Hormonproduktion, Wachstum, Stoffwechsel und Fortpflanzung bewirkt. Der Mondstein bewirkt darüberhinaus, daß die Hormone Adrenalin, Östrogen, Insulin oder Testosteron über das Blut ungehindert zu den Organen gelangen, wo sie gebraucht werden. Der Mondstein erleichtert der Frau die Monatsblutung und hilft während des Menstruationszyklus, die durch Hormonveränderungen hervorgerufenen körperlichen und seelischen Belastungen auszugleichen. Frauen mit Schwangerschaftswunsch erhalten durch den Mondstein einen harmonievollen Einklang zwischen Eisprung und Gebärmutterschleimhaut, welche die befruchtete Eizelle auffängt. Durch Auflegen von Mondstein auf den Unterleib werden Eierstöcke, Eisprung und Fruchtbarkeit harmonisiert. Ältere Frauen, welche den Wechseljahren entgegensehen, sollten sich unbedingt mit einer Mondsteinkette gegen die seelischen Schwankungen in den Wechseljahren schützen. Der Mondstein nimmt auch sehr starken Einfluß auf das Drüsensystem der Schilddrüse, Milz, Bauchspeicheldrüse und Lymphdrüse. Hierbei entfaltet der Mondstein seine Kräfte am besten durch Auflegen auf die Bauchhöhle oder durch Mondsteintee oder -wasser. Durch Aktivierung der Bauchspeicheldrüse, Milz und Lymphe wird ein höherer Reinheitsgehalt des Blutes erreicht. Der Blutzuckerspiegel wird geregelt, das Blut mit genügend roten und weißen Blutkörperchen versorgt und im Darmtrakt wird eine intensivere Verdauung der Nahrungsmittel gewährleistet. Über das Blut gelangen nicht nur die Nährstoffe besser zu den Organen, sondern durch die angeregte Insulinproduktion der Bauchspeicheldrüse werden Menschen mit Hang zu Diabetes geheilt. Als Anhänger oder Kette am Hals fördert der Mondstein auch die Funktion der Schilddrüse, welche wiederum eine bessere Hormonproduktion bezüglich Wachstum und Stoffwechsel hervorruft. Der Mondstein beeinflußt auf der Brust getragen nicht nur die Milchproduktion der schwangeren Frau, sondern heilt -gleichzeitig Geschwüre und Erkrankungen der Organe des Lymphsystems. Er ist ganz besonders für die Frau ein Vorsorgestein und Heilstein gegen Brust-, Haut- und Unterleibskrebs.

Heilwirkungen auf die Psyche:

Der Mondstein ist ein Stein, welcher besonders in die weibliche Hormon- und Gefühlswelt eindringt. Er verschafft durch seine Harmonisierung mehr Fruchtbarkeit und Lebenslust und baut eine besonders enge Beziehung zur Familie auf. Der Mondstein nimmt Ängste vor operativen Eingriffen und vor der Zukunft. Er erhält der Frau bis in das hohe Alter mehr Lebensfreude, jugendliches Aussehen und begehrenswerte Weiblichkeit. Besonders als Mondstein-Kette bewirkt dieser in der hormongeschüttelten Zeit vor und während der Menstruation und in der Schwangerschaft mehr Harmonie und Ausgeglichenheit.

Sternzeichen: Fische 20. Februar bis 20. März

Chakra:

Der Mondstein dringt am besten auf dem Milz- oder Sakralchakra in uns ein. Mit seinen sanften aber kräftigen Schwingungen vermag er es, in die sensiblen und empfänglichen Seiten unserer Seele vorzudringen. Er konfrontiert uns mit unseren wirklichen Gefühlen, läßt uns diese erkennen, und blockierende Gefühlsstrukturen abbauen. Wir erhalten dadurch eine reinere Wertung jener Gefühle, die für uns jetzt und für die Zukunft wichtig sind. Durch den Mondstein erhalten wir ein Licht in die Welt unserer Bedürfnisse, welches uns aufzeigt, daß unsere Gefühle für unseren ganzen Körper lebenswichtig sind. Er ermöglicht uns mit unseren Gefühlen, physisch oder seelisch, einfach dankbarer und offener umzugehen.

Wie erhalte ich einen Mondstein und wie pflege ich diesen?

Mondstein ist als Trommelstein, Handschmeichler, Anhänger, Kugel und Kette erhältlich. Mehrfarbige Kugel- oder Linsenketten aus Mondstein sind nicht nur sehr dekorativ, sondern bereiten ein besonders starkes Energiefeld. Mondstein sollte regelmäßig nach Gebrauch unter fließendem, lauwarmem Wasser gereinigt werden. Ketten und Anhänger empfehlen wir in einer trockenen Schale mit Hämatit-Trommelsteinen einmal im Monat, über Nacht, am besten unmittelbar nach der Menstruation, zu entladen. Wie wir auch aus alten Überlieferungen her wissen, saugt sich Mondstein über Nacht unter dem Mond mit der energiereichen Kraft des Mondes voll.

Mookait

Farbe:

Roter Stein mit weißen oder gelblich fleckigen Einschlüssen

Chemische Zusammensetzung: SiO_2

Geologie:

Der Mookait gehört in die Familie der Jaspise und somit in die Gruppe der Quarze. Seine Härte beträgt 7. Verschiedenen Konzentrationen von Eisen und Kalzium verdankt dieser Stein sein charakteristisches Aussehen. Die Fundgebiete des Mookaits beschränken sich auf China und einige Fundstellen in West-Australien.

Geschichtliche Überlieferung:

Der Mookait ist ein Stein, welcher schon im alten China für Heilmittel verwendet wurde. Diese Eigenschaften des eher unscheinbaren Steines wurden jedoch kaum überliefert und erst wieder mit der Entdeckung und Besiedelung Australiens in Erinnerung gerufen. Die Ureinwohner Australiens bezeichneten den Mookait als geronnenes Blut der Erde. Bis heute schätzen wir den Mookait als starken Heilstein.

Heilwirkungen auf den Körper:

Der Mookait hat sehr heilende und aktivierende Wirkungen auf die Haut. Er beschränkt sich hierbei nicht nur auf die äußere Haut, sondern dringt in die innere Haut der Organe und Nerven ein. So ist er beispielsweise ein Stein, welcher den Wärmehaushalt für den Körper regelt und gleichzeitig die Haut vor zu starkem Eindringen von Sonnenlicht schützt. Er bewahrt vor Sonnenbrand und kann als Mookaitwasser auch sehr gut gegen Ekzeme, eitrige Wunden, Insektenstiche und Pickel eingesetzt werden. Amethyst unterstützt diese Wirkung auf die Haut zusätzlich. Durch die Aktivierung der Nervenenden, welche durch die verschiedenen Hautschichten gehen, vermag es der Mookait, auch Entzündungen, eitrige Infektionen und Katarrhe, welche in tiefliegenderen Schichten in unserem Körper liegen, herauszuziehen. Der Mookait hilft auch sehr gut bei Erkältungs- und Infektionskrankheiten. Er lindert nicht nur Husten und Halsschmerzen, sondern heilt auch Vereiterungen der Stirn-, Nasen- und Kieferhöhlen. Psychosomatische Erkrankungen wie z. B. Stottern, Zittern, Schweißausbrüche oder Frösteln können mit Hilfe des Mookait schon nach kurzer Zeit gelindert werden. In Verbindung mit Bergkristall und rotem Jaspis als Wasser oder Tee beugt der Mookait auch Karzinomen vor, welche bösartige Tumore an der Oberfläche der Organe, Gewebe, Haut und Schleimhaut bilden.

Heilwirkungen auf die Psyche:

Der Mookait verschafft seinem Träger mehr Harmonie zwischen den geistigen und körperlichen Bedürfnissen. Er ist ein Stein, welcher indirekt über die Haut wertvolle Dienste für unseren Körper erweist. Denn die Haut ist das größte Organ des menschlichen Körpers. Der Mookait hält nicht nur schlechte Einflüsse vom Körper fern, sondern er verhilft uns auch, bereits eingedrungene negative und belastende Eigenschaften wieder herausspülen.

Chakra:
Der Mookait ist ein Stein für das Wurzelchakra, und die Chakras der Hände und Füße. Er dringt am besten durch sanftes Massieren in die Seele ein und verschafft dort eine bessere Reinigung für Geist und Körper. Die Kräfte des Mookait lassen sich mit Hilfe von rotem Jaspis, Amethyst oder Bergkristall zusätzlich verstärken.

Wie erhalte ich einen Mookait und wie pflege ich diesen?
Da der Mookait mehr im Heilsteinbereich als im Schmuckbereich seine Anwendung findet, ist er nur relativ selten im gut sortierten Fachhandel erhältlich. Sie erhalten ihn jedoch als Rohstein, Trommelstein, Handschmeichler, Anhänger und sehr selten als Kette oder Donuts. Der Preis liegt im gehobenen Bereich. Da der Mookait ein unscheinbar kräftiger Stein ist, sollten Sie ihn regelmäßig nach dem Tragen unter fließendem, lauwarmem Wasser reinigen. Setzen Sie den Mookait als Vorsorgestein und Heilstein z. B. bei Infektionen oder eitrigen Wunden ein, so sollten Sie ihn unbedingt täglich entladen. Der Mookait soll einmal wöchentlich über Nacht an einer Bergkristall-Gruppe aufgeladen werden. Sie laden jedoch den Mookait um ein vielfaches positiver auf, wenn Sie ihn zusammen mit einem roten Jaspis, Amethyst und einem Bergkristall in einem Glas mit klarem Wasser für zwei bis drei Stunden an die Sonne stellen. Lassen Sie diesen über Nacht ziehen, so erhalten Sie ein Elixier, welches die Kräfte des Mookait besonders konzentriert. Es empfiehlt sich, dieses regelmäßig morgens auf nüchternen Magen zu trinken oder zum Einreiben für die Haut zu verwenden. Ketten sollten über Nacht in einer Schale mit Hämatit-Trommelsteinen gereinigt und entladen werden und anschließend an einer Bergkristall-Gruppe aufgeladen werden.

Moosachat

v. li.: Moosachat rot und grün

Farbe:
Grüne moosartige Einschlüsse in milchigem, teilweise auch rotem Achat

Chemische Zusammensetzung: SiO_2

Geologie:
Der Moosachat gehört in die Familie der Achate und somit in die Gruppe der chalcedonen Quarze. Seine Härte beträgt 6,5 bis 7. Die grünen, moosartigen Einschlüsse werden durch Beimengungen von Hornblende und Mangan hervorgerufen und verleihen dem Moosachat sein charakteristisches Aussehen. Die schönsten Moosachate werden heute in China und in Indien gefunden. Kleinere Vorkommen liegen in Brasilien, USA und Südafrika.

Geschichtliche Überlieferung:
Nach arabischen Überlieferungen verleiht der Moosachat seinem Träger die Fähigkeit, zwischen wahren und unwahren Freunden zu unterscheiden. Als Glücksstein wurde der Moosachat besonders von Menschen verehrt, welche ihr Glück im Spiel suchten.

Heilwirkungen auf den Körper:
Der Moosachat ist ein Stein, welcher erst in jüngster Zeit durch seine starken Heilwirkungen bei uns beliebt wird. Durch seine kräftige Wirkung auf die Inselzellen der Bauchspeicheldrüse regt der Moosachat die Insulinproduktion an. Hierdurch wird der Blutzuckerspiegel ausgeglichen und Stoffwechselkrankheiten wie z. B. Diabetes werden gelindert, vorgebeugt und geheilt. Der Moosachat steuert hierbei nicht nur den Zuckerhaushalt durch die Hormonproduktion von Insulin und Glykogen, sondern er bewirkt auch, daß der durch den

Stoffwechsel umgewandelte Traubenzucker dem Organismus in einer besser verdaulicheren Form zugeführt wird. Durch die Kraft des Moosachats werden auch die filternden Eigenschaften der Nieren, Milz und der Lymphe auf das Blut gestärkt. Abgestorbene Blutzellen und Abfallstoffe werden besser aus dem Körper ausgeschieden und der Wasserhaushalt wird im gesamten Organismus besser reguliert. Durch Moosachatwasser oder -tee oder in Kombination mit rotem Moosachat, wird ganz besonders auch die Funktion von Nieren, Blase und Darm angeregt. Durch den von Moosachat aktivierten Stoffwechsel wird der Körper auch gegenüber dem Befall von Viren, Pilzen und Infektionen gestärkt. Frauen in der Schwangerschaft verhilft der Moosachat bei regelmäßigem Tragen zu einer relativ schmerzlosen Vergrößerung der Gebärmutter, Milchdrüsen und der Brust. Während der Geburt lockert der Moosachat die Scheide, Damm und Bauchmuskulatur, und bewahrt vor operativen Eingriffen. Durch seine anregenden Eigenschaften auf die Talgdrüsen verleiht der Moosachat der der Haut und den Haaren mehr Geschmeidigkeit und ein gesünderes Aussehen.

Heilwirkungen auf die Psyche:

Der Moosachat öffnet uns die Augen bezüglich unserer Lebensweise und schafft in uns auch eine bewußtere Verbindung zur Natur. Menschen, die sich von irgendeiner Lebensweise oder gar einer Sucht reinigen und befreien wollen, sollten einen Moosachat als Kette oder Amulett auf der Brust tragen. Hierdurch erreichen sie mehr Selbstsicherheit im Alltag und aktivieren vor allem die so feinen und sensiblen Vorgänge im Körper, welche für das Wohlbefinden verantwortlich sind.

Sternzeichen: Steinbock 22. Dezember bis 20. Januar

Chakra:

Der Moosachat entfaltet seine sensiblen Kräfte bei der Meditation besonders auf dem Herzchakra. Da der Moosachat relativ langsam in uns eindringt, empfiehlt es sich, das Herzchakra vorher mit einem klaren Bergkristall zu öffnen, damit der Moosachat tiefer eindringen kann. Nach ca. 20 Minuten Ruhe und Entspannung beginnt Sie der Moosachat an pflanzliche Strukturen zu erinnern. Sie verstehen, daß alles im Leben und in der Natur gewachsen ist dafür auch seine Zeit braucht. Nur feste Wurzeln halten wirklich fest und bescheren Beständigkeit. Der Moosachat beschert uns mit einer inneren Festigkeit, deren Wurzeln es uns ermöglichen, mehr Ruhe und Kraft für das Leben zu erhalten und diese auch in Form von mehr Liebe und Treue weiterzugeben.

Wie erhalte ich einen Moosachat und wie pflege ich diesen?

Sie erhalten den Moosachat als Trommelstein, Handschmeichler, Anhänger, Kette, Donuts und vielen phantasievollen Teilchen für den Halsreifen und das Lederband. Der Moosachat sollte regelmäßig nach Gebrauch unter fließendem lauwarmem Wasser entladen und gereinigt werden. Das Aufladen des Moosachats an der Sonne oder in einer Bergkristall-Gruppe ist mindestens einmal im Monat zu empfehlen. Ketten sollten über Nacht in einer trockenen Schale mit Hämatit-Trommelsteinen entladen werden. Der grüne Moosachat läßt sich mit seinen Heilwirkungen in Verbindung mit rotem Moosachat zusätzlich verstärken.

Moosopal oder Mückenstein

v. li.: Moosopal blau und beige

Farbe:
Hellblau, beige, milchiges Opalgestein mit schwarzen Dendriten-Ablagerungen.

Chemische Zusammensetzung: $SiO_2 + H_2O$

Geologie:
Moosopal (Mückenstein) gehört in die Familie der wasserhaltigen opalen Quarze mit der Härte 7 und ist dem Baumachat und Dendritenquarz sehr ähnlich. Manganreiche Dendritenablagerungen geben diesem Stein seine charakteristischen Eigenschaften. Der Moosopal wird in Indien, Brasilien, USA und Australien gefunden. Aus Australien stammen die schönsten und reinsten Moosopale.

Geschichtliche Überlieferung:
Der Moosopal hat kaum geschichtliche Überlieferungen und wurde erst zu Beginn des 20. Jahrhunderts als Schmuck- und Heilstein entdeckt. Die Ureinwohner Australiens verehrten diesen Stein jedoch schon viel früher als Glücksstein und Schutzstein. Sie glaubten, daß der Moosopal, am Hals getragen, vor falschen Freunden und arglistiger Täuschung bewahre. Darüberhinaus sollte der Moosopal die Familie vor Erkrankungen und Armut beschützen. Zornige Menschen, Tiere und auch die Götter sollten durch den Moosopal besänftigt werden.

Heilwirkungen auf den Körper:
Der **blaue Moosopal** dringt sehr stark heilend zu den Organen vor, welche für die Reinigung des Blutes verantwortlich sind. Er befreit nicht nur von Nieren- Blasen- und Gallensteinen, sondern heilt auch Erkrankungen der Nieren und Blasen, wie z. B. Koliken, Schrumpfnieren, Nieren- und Blasenversagen, Blasenkrämpfen, Blasenkatarrhe, sowie Nieren- und Blasenentzündungen. Darüberhinaus aktiviert der blaue Moosopal die filternden Eigenschaften der Nieren. Er steuert über die Nieren und die Blase den Wasser- und Salzhaushalt im Organismus. Für Nierenkranke ist die Kochsalzregulierung im Körper besonders wichtig. Sie sollten daher einen Moosopal stets bei sich tragen. Darüberhinaus hat der blaue Moosopal auch aktivierende Eigenschaften auf die Leber, welche er ebenfalls in der Reinigung des Blutes unterstützt. Durch seine Regulierung über die Leber auf den Vitaminhaushalt und durch die Reinigung des Blutes von alten abgestorbenen roten Blutkörperchen hat der blaue Moosopal auch eine entlastende Wirkung auf die Lunge. Diese kann mehr Sauerstoff an gesunde Blutkörperchen abgeben und wird in sich selbst durch eine bessere Blut-Sauerstoffversorgung gestärkt.

Der **beige Moosopal** hingegen hat zusätzlich heilende Wirkungen auf das Blut selbst. Er aktiviert die Nieren besonders in Verbindung mit kohlesäurehaltigem Mineralwasser und sorgt für eine bessere Durchspülung des Körpers. Durch das Blut werden Gifte und andere unverdauliche Reststoffe transportiert und den Nieren zur Reinigung zugeführt. Wenn diese Reststoffe nicht ausreichend aus dem Blut gefiltert werden, machen sich schon nach kurzer Zeit Unwohlbefinden, Unlust, Übelkeit, Depressionen und andere Vergiftungserscheinungen bemerkbar, welche, wenn sie über einen längeren Zeitraum hinweg nicht behoben werden, sogar zu Lähmungen und zum Tode führen können. Der beige Moosopal ist daher ein Heilstein, welcher die Blutreinigung und die Entschlackung des Körpers aktiviert und garantiert. Moosopalelixiere mit beiden Opalen und angereichert mit Birkenblättertee oder mit kohlesäurehaltigem Mineralwasser haben ganz besonders blutreinigende Eigenschaften.

Heilwirkungen auf die Psyche:
Für den psychischen Bereich können beide Moosopale gleichwertig verwendet werden. Der Moosopal aktiviert durch seine reinigenden Eigenschaften für die Organe und das Blut mehr

Lebenskraft, Lebenslust und Vitalität. Auch Aussagen darüber, daß der Moosopal potenzfördernd sei, wurden mehrfach bestätigt. Der Moosopal verschafft eine verständnisvollere und sensiblere Kommunikation zwischen den Menschen. Häufig werden Probleme mit Hilfe von Moosopal schon im Keim erstickt. Dieser Stein verschafft seinem Träger auf besondere Art eine feinere und sensiblere Lebenseinstellung gegenüber den Mitmenschen.

Chakra:

Der Moosopal ist ein Stein, welcher erst seit relativ kurzer Zeit bei uns bekannt ist. Er bringt in der Meditation auf dem Herzchakra und der Stirn mehr Wärme und Ausgeglichenheit, lindert Rachegefühle und führt zur Erkenntnis, daß Rache mit Sicherheit der falsche Schritt ist. Darüberhinaus stimmt er zornige und grimmige Menschen sanfter und lebenslustiger.

Wie erhalte ich einen Moosopal und wie pflege ich diesen?

Moosopale sind nur im guten Fachhandel erhältlich. Sie erhalten diesen Stein als Rohstein, polierte Scheiben und selten als Trommelstein, Handschmeichler, Donuts oder Kette. Sie sollten den Moosopal einmal im Monat in einer Schale mit klarem Wasser über Nacht reinigen und entladen. Wie alle Opale haßt auch der Moosopal die direkte Sonne. Sie können ihn jedoch für kurze Zeit, bis eine Stunde, an der schwachen Morgen- oder Abendsonne, und besser über nacht in einer Bergkristall-Gruppe aufladen.

Lebende Steine

Moqui-Marbles

v. li.: Moqui-Marble männlich und weiblich

Das Geheimnis der Moqui-Marbles

In den Vereinigten Staaten erfreuen sich Moqui-Marbles schon seit Jahren größter Beliebtheit und auch wir in Europa verspüren immer mehr den Drang zu diesen sagenumwobenen Energiesteinen. Für alle Menschen, welche die Moqui-Marbles bereits pflegen und hüten, ist es wunderbar zu sehen und zu fühlen, wie gelöst und befreit sie in derer Umgebung werden. Viele Menschen, welche sich den Moqui-Marbles besonders liebevoll widmen, erfahren neben den ausgleichenden und heilenden Eigenschaften dieser Steine durch streicheln sogar ein regelrechtes Tanzen der Steine in ihren Händen. Während des Tanzes vertreiben die Moquis alles Böse und verleihen ihrem Träger ein Höchstmaß an Zufriedenheit und Glück. Menschen, welche geübt und befreit im Umgang mit Heilsteinen und Edelsteinen sind, können mit Hilfe der Moquis ihre positiven Kräfte auch auf ihre

Mitmenschen und Freunde übertragen. Diesen gelingt es dann besonders erfolgreich, auch sehr persönliche Heilsteine oder Moqui-Marble-Paare für ihre Mitmenschen auszusuchen. Viele schildern die Energien der Moquis wie folgt: "Man braucht sich nur etwas zu konzentrieren, und schon beginnt sich unser Kreislauf und unsere Energie auf die Frequenz der Moquis einzuschwingen. Vieles erscheint auf einmal logischer und kristallklar." Die Moqui-Marbles unterscheiden sich, im Gegensatz zu anderen Heilsteinen dadurch, daß sie nicht nur Energie- und Kraftsteine , sondern lebende Steine sind. Wie bei allen Lebewesen gibt es auch bei den Moquis männliche und weibliche Steine. Die männlichen Steine sind rauher und, im Gegensatz zu den Bojis, haben die männlichen Moquis ein Ufo-förmiges Aussehen. Die weiblichen Steine sind runder und haben eine samtartigere Oberflächenstruktur. Moqui-Marbles sind insgesamt wesentlich größer als Bojis und sind bis jetzt die größten Verwandten unter den lebenden Steinen. Der gravierende Unterschied zu anderen lebenden Steinen liegt jedoch darin, daß die männlichen Moquis rechtsdrehende und die weiblichen Moquis linksdrehende Energieflüsse aufweisen. Hierdurch sind die Paare, trotz großer Ähnlichkeit der Steine, sehr gut auseinanderzuhalten. Nehmen Sie je einen Moqui in die linke und in die rechte Hand und führen Sie Ihre Hände auf Höhe des Herzens vor sich zusammen. Haben Sie ein Pärchen, so werden sie spüren, daß Ihre beiden Ellenbogen gleichzeitig vom Körper weggedrückt oder an Ihren Körper angedrückt werden. Haben Sie zwei gleichgeschlechtliche Steine, so wird ein Ellenbogen weg- und der andere an Ihren Körper angedrückt. Männliche Steine sollten immer auf der schwächeren Körperstelle oder erkrankten Körperstelle aufgelegt werden. Auf der gegenüberliegenden Seite verwenden Sie dann das Weibchen. Bei den Moqui-Marbles gibt es auch Zwitter-Steine. Es können auch zwei Männchen oder zwei Weibchen miteinander kombiniert werden. Diese Kombination drückt sich bei Bedarf der Moquis in starker Sympathie von uns für gewisse Pärchen aus. Sobald der Energiekreis durch den zweiten Stein geschlossen wird, verspüren wir einen starken Energiefluß durch den Körper. Moqui-Marbles sind zwar nicht magnetisch in dem Sinne, wie wir in unserer logischen Weit Magnetismus kennen, sind aber trotzdem polar, das heißt, sie haben positive und negative Energiezonen. Menschen und Tiere sind auch nicht magnetisch, sie ziehen sich aber trotzdem an oder stoßen sich ab. Und genauso ist das bei den Moqui-Marbles. Da Moquis Lebewesen sind, sollten sie diese auch wie Lebewesen behandeln. Moquis sollten nie unbeachtet in einer dunklen Ecke oder gar in einer abgeschlossenen Schatulle aufbewahrt werden. Wie jeder von uns benötigen auch sie Liebe, Zuwendung und vor allem Streicheleinheiten. Moquis, welche dies nicht erhalten, zerfallen schon nach kurzer Zeit zu Staub. Sie beginnen sich aufzulösen und verlieren ihre Energie. Moqui-Marbles lieben die Gesellschaft anderer Edelsteine und Kristalle und mögen die wärmende Morgensonne. So oft wie möglich sollten sie ihre Moqui-Marbles auch zum Spaziergang an der frischen Luft mitnehmen. Legen sie ihre Moqui-Marbles so oft wie möglich an das energiereiche Licht von Abendrot und Vollmondes. Häufig wird beobachtet, daß sich die Positionen der Moqui-Marbles nach einer Vollmondnacht verändert haben. Moqui-Marbles, welche nicht liebevoll behandelt werden, sind auch schon oft über die feinen Lichtstrahlen des Mondes auf nimmerwiedersehen verschwunden.

Durch streicheln werden die sensiblen Energiezentren der Moqui-Marbles aktiviert und erwachen dadurch zum Leben. Erst wenn wir das Herz der Moqui-Marbles spürbar fühlen, können wir sicher sein, daß der Fortbestand dieser Kraftsteine gesichert ist. Von nun ab sollten wir uns regelmäßig um unseren Moqui-Marbles kümmern, denn die Moquis bewirken als Dank für uns Menschen nun ganz besondere Kräfte. Sie erzeugen, wenn wir sie erst einmal als Paare zusammengeführt haben, ein phantastisches Energiefeld für unsere Aura und den gesamten Organismus. Ihre Kraft wirkt dabei nicht nur reinigend auf Körper und Seele, sondern dringt auch sehr ausgleichend in uns ein. Dadurch, daß Moqui-Marbles lebendige Steine sind, brauchen wir uns für die Kraft dieser Steine nicht besonders vorzubereiten. Die Moqui-Marbles wirken auf uns, ob wir dies wollen oder nicht. Sie führen in uns zueinander, was zusammengehört und durchfluten unseren Organismus mit reinster Energie. Menschen, welche längere Zeit mit den Moqui-Marbles arbeiten oder diese gar regelmäßig bei sich tragen, erfahren im Laufe der Zeit eine Verjüngung ihres Zellgewebes, der Haut und der Organe. Das Wissen und der Geist jedoch werden reifer. Viele Menschen, häufig auch ältere Menschen, berichten von den verjüngenden Eigenschaften der Moqui-Marbles. Diese Steine dringen nicht, wie andere Energiesteine und Heilsteine, in die

Auren bestimmter Organe ein, sondern sie verursachen allgemein einen Energiefluß für unseren Körper in höchstem Ausmaß. Während einige Menschen mit Begeisterung über ihre "Freunde" berichten, sind andere Menschen diesbezüglich sehr verschwiegen und hüten die Kräfte, welche sie durch die Moqui-Marbles erfahren, wie ein Geheimnis. Wir wissen jedoch, daß viele große Menschen, welche durch Erfindungen und Fürsorge viel Gutes für die Menschheit erbracht haben, durch ein Pärchen Moqui-Marbles in ihren großen Taten gestärkt und aktiviert wurden. Die Kräfte der Moqui-Marbles wurden von den Indianern sehr schnell erkannt und bei nahezu allen Indianerstämmen Nordamerikas geschätzt. Das Geheimnis der Fundstellen der Moqui-Marbles wird von den Indianern wie ein Schatz gehütet. Viel später, um 1970, begannen die Moqui-Marbles auch auf alle anderen Lebewesen ihrer Umgebung ihre Kräfte zu entfalten. Sie lenkten ihre Energien auf alle Lebewesen ihrer Umgebung und hofften, daß diese sie durch streicheln und Zuneigung aus ihrem Dauerschlaf befreien.

Woher kommt der Name Moqui?

Moqui kommt aus dem Indianischen und bedeutet soviel wie treuer Liebling. Die Indianer im Westen der Vereinigten Staaten, Utah und Arizona, hüten die Geheimnisse der Fundstellen. Erstaunlicherweise werden die Moquis nur an einer kleinen, runden Erdformation gefunden, welche dem Erdmittelpunkt sehr nah ist. Bei längerem Hinsehen kann man beobachten, wie die Moqui-Marbles geboren werden, teilweise sogar pärchenweise.

Die Energiesteine sind den Indianern schon viele Hundert Jahre bekannt. Sie haben den Indianern von jeher nicht nur Frieden beschert, sondern auch ein Überleben im rauhen amerikanischen Westen gesichert. Oft werden diese Steine auch als geborene Steine bezeichnet und jede indianische Familie, auch heute noch, besitzt ein solches Paar, welches alles Böse fernhält und vor falschen Freunden bewahrt. Darüberhinaus beschützen die Moqui-Marbles vor Feuer, Hochwasser und Blitzschlag. Sie beschenken die gesamte Familie und all ihre Angehörigen mit mehr Fruchtbarkeit, Glück und Lebensenergie. Weil die Indianer mit den Moqui-Marbles so eng in einer Beziehung leben wie mit anderen Familienmitgliedern auch, tauften sie diese Moqui-Marbles, was soviel bedeutet wie "treue Lieblinge".

Die energiereichen Schwingungen und Kräfte der Moqui-Marbles sind mit den Kräften außerirdischer Steine zu vergleichen. Nur Meteoriten, Tektite und Moldavite weisen ähnlich hohe Frequenzen auf. Mit diesen Steinen lassen sich Moqui-Marbles auch besonders gut kombinieren. Wohl daher, weil Meteorite, Tektite und Moldavite einst das Herz vergangener Planeten waren, welche auf die Erde niederfielen, um auf ihr Erholung und Ruhe zu finden. Moqui-Marbles sind ein Teil des Herzens unserer Erde, welche seit der Entstehung vorhanden sind und nie wieder nachwachsen. Wie alle Lebewesen nicht ohne Herz leben könnten, so könnte die Erde nicht ohne ihre lebenden Energiesteine existieren. Auf mysteriöse und geheimnisvolle Art dringt die Kraft und die ganze Energie der Moqui-Marbles auch in uns Menschen ein, weil auch wir ein Teil der Natur sind. Die Moqui-Marbles wirken hierbei nicht nur als Energie-Transmiter, sondern auch als Informationssteine und Katalysator. Sie verbinden die Gegensätze in Harmonie miteinander, so z. B. Himmel mit der Erde und das Land mit dem Wasser. Würden mehr Menschen auf die Kraft der Moqui-Marbles vertrauen oder Moqui-Marbles bei sich tragen, so hätte das Böse keine Chance mehr. Habgier, Aggressivität, Geltungssucht, Größenwahn und andere schlechte menschliche Eigenschaften könnten durch diese Energiesteine gelindert werden und Hunger, Kriege und Völkermord würden längst der Vergangenheit angehören.

Mit irdischen Heilsteinen und Edelsteinen vertragen sich Moqui-Marbles ebenfalls sehr gut. Sie beschleunigen und verstärken sogar deren heilende Eigenschaften. In Verbindung mit anderen Heilsteinen sind nicht nur die pulsierenden Schwingungen der Moquis stärker spürbar, woran wir erkennen können, daß Moquis auch Freude empfinden, sondern wir fühlen auch sehr schnell, wie andere Heilsteine stärker schwingen. Es wird sogar beobachtet, daß Kristalle, wenn sie über längere Zeit mit Moqui-Marbles zusammen sind, Risse verlieren, wachsen und sogar eine gesündere und kräftigere Farbe erhalten. In Zeiten, welche besonders schwierig für die Lebewesen auf der Erde sind, und die Erde in hohem Maße belastet wird, ist das Hervortreten von Moqui-Marbles durch die Erdoberfläche besonders häufig zu beobachten. Hieran können wir auch die Liebe der Moqui-Marbles zum

Leben aller Tiere und Pflanzen und besonders zu uns Menschen erkennen. Leute, welche sich den Moqui-Marbles in Verbindung mit Kristallen oder Tektiten besonders intensiv widmen, können auch Nachrichten dieser Energiesteine empfangen. Wir sind überzeugt davon, daß Moqui-Marbles die Zukunft der Menschheit und der Erde kennen. Eigenartigerweise suchen die Moqui-Marbles viel mehr Kontakt zu uns Menschen, wenn harte Zeiten bevorstehen. Überlieferungen belegen, daß die Griechen ein kleines Inselvolk kannten, welches mit Steinen sprach. Wir vermuten, daß dieses Volk das Geheimnis der lebenden Steine kannte und nicht ausreichend respektierte. So mußte dieser kleine Staat (Atlantis) aufgrund der Übermütigkeit seiner Einwohner untergehen. Nur ein kleiner blauer Stein, der Atlantisstein (Larimar), blieb zur Erinnerung an dieses Land übrig. Ähnliche Beobachtungen können wir im Nachhinein auch über die Indianer anstellen. Diese fanden vermehrt Moqui-Marbles und liebten diese. Trotzdem konnten sie durch die Verdrängung des weißen Mannes in Amerika nicht überleben. Nun gesellen sich die Moqui-Marbles vermehrt zu uns. In Amerika ist der Moqui-Marble als Energiestein längst ein gefragter und treuer Freund.
Wir möchten unsere Ausführungen bezüglich dem Überleben der Menschen nun nicht weiter folgen, sondern an die Vernunft der Menschheit appellieren. Die Natur, die Erde und alle Lebewesen, auch die Moqui-Marbles und Kristalle, gehören in einen sensiblen Kreislauf. Die Moqui-Marbles sind Übermittler und geben uns mehr Energie, Wohlbefinden und Gesundheit. Sie fordern als Gegenleistung von uns Menschen jedoch mehr Achtung und Respekt im Umgang mit der Natur. Wir vermuten, daß die Moqui-Marbles aufgrund der Umweltverschmutzung nun verstärkt zum Vorschein kommen werden, um mehr Verbindung mit den Menschen aufzunehmen.

Moqui-Marbles bestehen, wie andere lebende Steine, aus einer geheimnisvollen Legierung von Metallen, so z. B. aus Eisen, Mangan, Titan und Paladium. Die Härte der Moqui-Marbles beträgt erstaunlicherweise 7,4. Erstaunlicherweise deshalb, weil die oben aufgeführten Metalle meist nur eine Härte zwischen 4 und 6 haben. Die Härte 7,4 ist allerdings notwendig, um durch das Gestein der Erdkruste zu stoßen. Dieses hat eine Härte, welche um 7 herum liegt.

Wie pflegen wir den Moqui-Marble und wie dringt er am besten in uns ein?

Moqui-Marbles sind also nicht nur irgendwelche Steine, sondern sind subjektive Energiesteine. Sie werden durch Streicheln und durch Tragen zum Leben erweckt. Körperwärme, Zuneigung, Zärtlichkeit und Licht aktivieren die Energiezentren der Moqui Marbles und stellen ein Gleichgewicht zwischen den polaren Eigenschaften des Steines her. Erst wenn das Gleichgewicht Ihrer Moqui-Marbles hergestellt ist, wird der Energiefluß in einem magischen Kreislauf auch durch uns hindurch geschlossen. Moqui-Marbles werden dabei in den Händen gehalten und anfangs spüren wir pulsierende Energiestöße durch unseren Körper. Wenn das Moqui-Marble-Paar voll aktiviert ist, spüren wir einen warmen und sehr fließenden Energieschub durch unseren Organismus. Männliche Steine, oder bei nur weiblichen oder nur männlichen Paaren, sollte der schwerere immer auf die schwächere oder erkrankte Körperhälfte gelegt werden. Wird dann der andere Partner hinzugenommen, so verspüren Sie die reine Energie. Sie fließt durch unseren gesamten Körper und dringt über die Nervenenden bis zu den Zellen vor. So erhält jede einzelne Zelle mehr Energie, um sich zu verjüngen und zu heilen. Moqui-Marbles erzeugen darüberhinaus eine physische und spirituelle Einigkeit für Körper, Geist und Seele. Das Moqui-Marble-Paar löst Stauungen und Blockaden und versorgt uns mit mehr Licht und Lebensfreude. Sie erzeugen durch ihr Energiefeld nicht nur ein tieferes Gefühl von Zusammengehörigkeit unter den Menschen, sondern sie dringen genauso harmonievoll in Tiere und Pflanzen ein. Sollte also ihr Blumenstock den Kopf etwas hängen lassen, oder sich ihr Kätzchen nicht wohl fühlen, so zögern Sie nicht, auch ihnen die Kraft Ihrer Moqui-Marbles zu geben.

Sie können Moquis mit der Zahnbürste reinigen und brauchen diese nicht zu Entladen, wenn Sie sie paarweise verwenden. Einzeln sollten Moquis mit Hilfe eines Partner-Marbles, möglichst anderen Geschlechts, entladen werden. Oft finden Moqui-Marbles hierbei in eine unvergängliche Partnerschaft. Aufladen der Moqui-Marbles durch Licht und Streicheln ist sehr wichtig. Tragen Sie nur einen Moqui-Marble bei sich, so empfiehlt es sich, diesen abends unbedingt über Nacht zum Ruhen zum Partner zu legen.

Anmerkung:
Nur mit einem Original-Zertifikat mit dem nebenstehenden Indiankopf können Sie sicher sein, Moqui-Marbles-Paare von Methusalem zu erwerben. Diese Steine stammen von einem heiligen Platz aus den indianischen Reservaten im Westen der USA.

Morganit (Rosa Beryll)

Farbe: Rosa, orangerosa, lachsfarben durchscheinend

Chemische Zusammensetzung: $Be_3Al_2Si_6O_{18}$

Geologie:
Der Morganit ist eine Beryllium-Aluminium-Silizium- Verbindung aus der Familie der Berylle. Die Härte beträgt 7,5 bis 8 und Einlagerungen von Mangan, Caesium und Lizium verleihen dem Morganit seine charakteristischen Eigenschaften. Die Fundgebiete liegen in Brasilien, Madagaskar, Südwestafrika und USA.

Geschichtliche Überlieferung:
Wie alle Berylle, findet auch der Morganit seine Überlieferungen als Edel- und Heilstein bereits schon in der Antike. 1911 wurde der rosane Beryll nach dem New Yorker Finanzmann Jl. P. Morgan benannt, welcher einen der größten und schönsten Morganite besaß.

Heilwirkungen auf den Körper:
Der Morganit hat charakterstarke Heilwirkungen auf die ableitenden Harnwege. Er lindert Brennen und Schmerzen beim Wasserlassen und hilft bei Blasenentzündungen. Als Morganitwasser heilt er auch sehr gut Blasengeschwulste und verhilft, Blasensteine besser herauszuspülen. In Verbindung mit allen anderen Beryllen als Kette nahe am Hals getragen, hilft er auch sehr gut gegen Blasenschwäche und Bettnässen. Gegen das Bettnässen hilft der Morganit auch, wenn nervöse Störungen, besonders bei Kindern, vorliegen. Darüberhinaus aktiviert der Morganit den Stoffwechsel an der Muskulatur. Er unterstützt die Versorgung der Muskeln mit Eiweiß, Mineralien, Kohlehydraten und Sauerstoff und beugt dadurch Muskelverhärtungen, Muskelkrämpfe und Muskelerschlaffungen vor. Ebenfalls heilt der Morganit durch Auflegen Hexenschuß und schmerzhafte Schäden an der Wirbelsäule. Er lindert Muskelrheuma und heilt Muskelzerrungen, Muskelrisse, Mukelquetschungen und Sehnenscheidenentzündungen. Schmerzhafte Druckschäden auf den Ischiasnerv können mit Hilfe von Morganit sehr schnell gelindert werden. Morganit sollte daher von allen Menschen, welche viel Sport treiben, unbedingt am Körper getragen werden. Der Morganit steuert über den Solarplexus die sympathischen und parasympathischen Eigenschaften des Nervensystems, und trägt dadurch zu einer sinnvolleren Koordination der Bewegungsmechanismen der Organe bei. (Herzschlag, Atmung, Verdauung).

Heilwirkungen auf die Psyche:
Der Morganit erhöht die Schwingungen unserer Seele und führt uns aus zu klein gewordenen Gefühlsstrukturen heraus. Er verhilft, Ängste und schizophrenes Mißtrauen in mehr Ruhe und Vertrauen umzuwandeln. Morganit macht das Herz frei, damit wir unserer Liebe mehr Ausdruck verleihen können und kräftigt die Partnerschaft und die Freundschaft. Durch den Morganit werden auch die Verbindungen zwischen uns und der Natur gekräftigt.

Chakra:
Der Morganit eignet sich für die Meditation sehr gut zum Auflegen auf das Herzchakra. Er dringt sehr sanft in uns ein und hat eine reinigende Wirkung auf die Gefühle und die Seele. Er vermittelt ein höheres Gefühl von Reinheit und Liebe, die sich auf höchster Ebene im Geiste vereinen. Morganit verhilft uns während der Meditation auch zu einer Erneuerung im Gefühlsleben und bewirkt damit, daß Ehe, Partnerschaft und Freundschaft nicht einseitig und langweilig werden.

Wie erhalte ich einen Morganit und wie pflege ich diesen?
Morganit ist als Kristall, Rohstein, Trommelstein, Handschmeichler und als Kette erhältlich. Ganz besonders gemischte Beryllketten verstärken die sanften Kräfte des Morganits. Diese sollten ungeknotet am Hals getragen werden und möglichst mit einem Silberverschluß versehen sein. Der Morganit sollte einmal im Monat unter fließendem, lauwarmem Wasser gereinigt und entladen werden. Ketten empfehlen wir, einmal im Monat in einer trockenen Schale mit Hämatit-Trommelsteinen zu entladen. Sie sollten den Morganit nach dem Reinigen in Verbindung mit Bergkristall oder in einer Bergkristall-Gruppe über Nacht aufladen. An die Sonne sollte der Morganit nicht gestellt werden, da er seine Kräfte in der Nacht regeneriert.

Nephrit

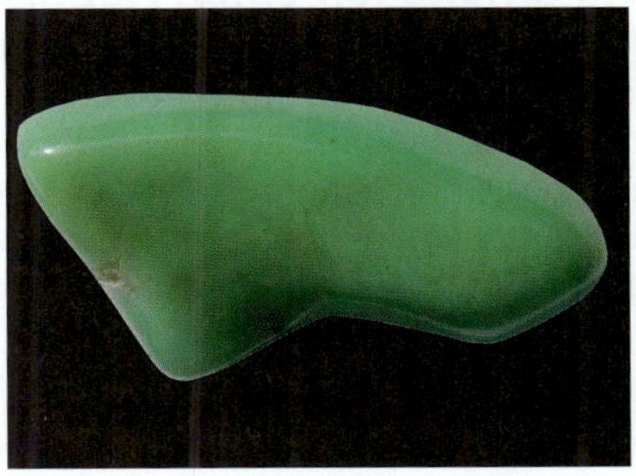

Farbe: Grün bis dunkelgrün, kaum durchscheinend.

Chemische Zusammensetzung: $Ca_2(Mg,Fe)_5Si_8O_{22}(OH)_2$

Geologie:
Nephrit hat die Härte 6 und wird aufgrund seinem täuschend ähnlichen Aussehen oft mit Jade verwechselt. Im Gegensatz zur Jade ist der Nephrit jedoch ein Kalzium-Magnesium-Silikat, welches durch Beimengungen von Eisen seine grüne Farbe erhalten hat. Die bekanntesten Fundorte liegen in Kanada, Australien und Neuseeland.

Geschichtliche Überlieferung:
Wie auch bei der Jade gehen die Überlieferungen des Nephrit viele Tausend Jahre in die Menschheitsgeschichte zurück. Bei den indianischen Kulturen Mittelamerikas wurde der Nephrit häufig wegen seiner Spaltbarkeit zu einer Vielzahl von Schmuck und Ziergegenständen verarbeitet. Dort wurde er auch zum Schutzstein erkoren. Besonders die Majas verehrten diesen Stein und glaubten, daß er unverwundbar mache. Im alten China wurde der Nephrit besonders in Herzform auf der Brust getragen, da dieses Amulett vor falscher Liebe und Liebeszauber schütze. Im alten Griechenland wurden neben den schützenden Eigenschaften auch die heilenden Wirkungen des Nephrit erkannt. Aus dem Griechischen "Lapis Nephriticus", was soviel bedeutet wie "Stein der Nieren", erhielt der Nephrit seinen Namen.

Heilwirkungen auf den Körper:
Der Nephrit erweist sich als Hüter des Herzens, der Thymusdrüse und der Nieren. Ganz besonders unterstützt er die Nieren in ihrer entgiftenden und entwässernden Arbeit für den Körper. Er heilt Nierenkoliken, Nierenentzündungen (Nephritis) und Unterkühlungen. Der Nephrit stoppt das Wachstum von Nierensteinen und Gallensteinen. Nephrit-Wasser, Wein oder Tee lindert und heilt Blasenkrämpfe, Blasenentzündungen, Blasenerkrankungen und Nierengeschwulste. Auch Nierenmißbildungen, Nierentuberkulose und eitrige Nierenentzündungen (Nierenabszesse) können durch regelmäßiges Tragen von Nephrit, oder durch Nephrit-Tee gelindert und geheilt werden. Nephrit bewahrt in der Schwangerschaft vor Krampfanfällen und schmerzenden Schwangerschaftsnieren. Zusammen mit Jade oder

als Nephrit-Wasser oder Tee lassen sich auch Bauchfellentzündungen, Magenerkrankungen und starke Bauchschmerzen lindern und heilen. Bei Kurzsichtigkeit oder Überanstrengung der Augen hat sich Nephrit durch Auflegen vielfach heilend bewährt.

Heilwirkungen auf die Psyche:

Im Gegensatz zur Jade bewahrt uns der Nephrit vor Liebeszauber und falschen Freunden. Unter dem Kopfkissen bewahrt der Nephrit vor Alpträumen und verhilft zu mehr Kreativität. Der Nephrit dient seinem Träger als Hoffnungssymbol, welches zu mehr Glück, Erfolg und Ansehen verhilft.

Chakra:

Wie die Jade kann auch der Nephrit für alle Chakras verwendet werden. Seine größte Kraft entfaltet er jedoch durch direktes Auflegen auf die Nieren und zum Eindringen durch das Herzchakra. Es wird Ihnen bewußt, ob Ihre Beziehung die Liebe ist, welche Sie suchen. Bei der Meditation empfehlen wir Ihnen, den Nephrit mit anderen undurchsichtigen Farbsteinen zu kombinieren. Sie erfahren dadurch die sanften Schwingungen des Nephrit besonders tief. Eine sehr starke Meditationsgrundlage stellt sich Ihnen, wenn Sie Nephrit in Verbindung mit grüner Jade auf Ihrem Herzchakra verwenden, oder in Verbindung mit violetter Jade auf die Stirn auflegen.

Wie erhalte ich einen Nephrit und wie pflege ich diesen?

Der Nephrit ist als Trommelstein, Handschmeichler, Anhänger, und selten als Kette oder Donuts erhältlich. Kaufen Sie diesen jedoch nur bei Ihrem vertrauten Fachhändler, da die Verwechslung mit Jade sehr groß ist. Wie bei der Jade sollten Sie den Nephrit auch erst dann reinigen, wenn er Sie darum bittet. Dieser wird in seiner Oberfläche trüb oder erwärmt sich während der Therapie kaum noch. Jetzt sollten Sie ihn unbedingt unter fließendem lauwarmem Wasser reinigen. Im Gegensatz zur Jade können Sie den Nephrit gerne für einige Stunden an der Nachmittagssonne aufladen.

Obsidian

Schneeflockenobsidian - Mahagoniobsidian - Goldobsidian - Regenbogenobsidian - Rauchobsidian (siehe Apachentränen)

Chemische Zusammensetzung:

Obsidiane sind magmatische, siliziumreiche Ergußgesteine, welche durch Beimengungen von Eisen, Mangan und Titan ihre verschiedenen charakteristischen Farben erhalten.

Geologie:

Der Obsidian ist ein Gesteinsglas, welches durch plötzliche Abkühlung kieselsäurereicher Magmagesteine entstanden ist. Die Härte beträgt ca. 5,5. Der Obsidian findet sich in allen Gebieten, welche durch Lavaergüsse entstanden sind. Utah USA, Mount St. Helens, Island, Hawaii, Mexiko und Liparische Inseln.

Geschichtliche Überlieferung:

Der Obsidian findet seine Überlieferungen für die Menschheit schon in der Steinzeit. Ausgrabungen belegen, daß Werkzeuge, Pfeilspitzen und Messer aus Obsidian geschnitzt wurden. Im Laufe der Geschichte wurde der Obsidian auch als Schmuckstein und Heilstein verehrt. So glaubten die Griechen, daß der Obsidian der Stein der Realität sei, welcher seinem Träger durch die weißen Wolken mehr Licht in die Seele bringe und jenen hilft, welche sich in Phantasie und Tagträumerei verfangen haben. Bei den Indianern in Mexiko und Mittelamerika wurde der Obsidian als wichtiger Schutzstein verehrt, welcher alles schlechte vom Körper seines Trägers fernhalte.
Der Regenbogenobsidian wurde vor allem in Mexiko von den Indianern verehrt, denn diese glaubten, daß ihre Götter, wenn diese persönlich auf die Erde kamen, in einem leuchtenden Regenbogenobsidian wohnen. Mahagoniobsidian und Goldobsidian ist allen indianischen Völkern bekannt und diente als

Stein der Fruchtbarkeit. Die Spuren des Obsidian lassen sich bis weit in die Geschichte der Menschheit zurückverfolgen. Noch heute erfreut sich der Obsidian großer Beliebtheit.

Schneeflockenobsidian

Farbe:

Schwarz glänzend mit weißen, schneeflockenartigen Einschlüssen

Heilwirkungen auf den Körper:

Der Schneeflockenobsidian lindert Erkrankungen und Infektionen, welche durch Fremdkörper und Viren hervorgerufen werden. Hierunter fallen z. B. Pilze und Entzündungen an Magen, Darm und Blinddarm sowie Erkrankungen von Hepatitis, Windpocken, Herpes, Grippe und Masern. Durch Schneeflockenobsidian-Ketten oder Tee werden Viren im Körper besonders stark bekämpft und das Abwehrsystem wird gestärkt. Der Schneeflockenobsidian wirkt auch sehr kräftigend auf die Wirbelsäule, den Knochenbau und das Knochenmark. Über das Knochenmark regt der Schneeflockenobsidian den Blutkreislauf an und führt das Blut besonders tief in den Stoffwechsel der Organe ein. Der Schneeflockenobsidian aktiviert dadurch, daß er die Zellen besser mit sauerstoffreichem Blut versorgt, auch die Zellteilung und Zellerneuerung und bewahrt die Arterien vor Plaqueablagerungen und Verkalkung (Artereosklerose). Sauerstoffreicheres Blut vermag den gesamten Körper besser mit Nährstoffen und Wärme zu versorgen. Daher ist der Schneeflockenobsidian auch ein Schutz für Menschen, welche durch zu niedrigen Blutdruck häufig frösteln und zu kalten Füßen neigen. Hierbei helfen Fußkettchen aus Schneeflockenobsidian besonders intensiv.

Heilwirkungen auf die Psyche:

Der Schneeflockenobsidian ist ein Stein, welcher uns durch Einführung in unsere persönliche Welt besser die Realität erkennen läßt. Wir sehen mehr Licht für unser Leben und unser tägliches Handeln, erkennen aber auch, daß oft tiefliegende Hürden genommen werden müssen, damit wir dieses Licht erreichen. Der Schneeflockenobsidian führt uns sehr tief in unser Leben ein und läßt uns Erlebtes bewußter nochmals erleben. Wir lernen so mehr aus unseren Fehlern und erhalten das nötige Licht, um zu entscheiden, welcher Weg für uns der richtige ist. Als Schutzstein bewahrt der Schneeflockenobsidian seinen Träger vor falschen Freunden, kommenden Gefahren, negativen Einflüssen und schwarzer Magie.

Sternzeichen: Waage 24. September bis 23. Oktober

Chakra:

Der Schneeflockenobsidian dringt über das Dritte Auge und die Nebenchakras tief in den Organismus ein. Wir spüren bei der Meditation eine rasche Erwärmung im Kreislauf und fühlen, wie Blockaden, Verhärtungen und Stauungen in Körper und Seele gebrochen werden. Da der Schneeflockenobsidian aufgrund seiner sehr starken Schwingungen vibrierend in uns eindringt, empfiehlt es sich, diesen Stein bei der Meditation unbedingt in Verbindung mit einem Regenbogenobsidian zu verwenden, da dieser die Schwingungen des Schneeflockenobsidians langwelliger und somit sanfter macht. Gleichzeitig wird mit Hilfe des Regenbogenobsidians unsere Aura besser gereinigt, so daß gebrochene Blockaden wirklich aus uns heraustransportiert werden und sich nicht für weitere Stauungen in uns ablagern. Zusätzlich ist auch der Bergkristall in Verbindung mit dem Schneeflockenobsidian ein Lichtbringer, welcher Probleme, die ihre Wurzeln schon in unserer Kindheit finden, besser an die Oberfläche unseres Bewußtseins transformiert.

Mahagoniobsidian

Farbe:
Mahagonibrauner Obsidian mit schwarzen Einschlüssen.

Heilwirkungen auf den Körper:
Der Mahagoniobsidian entfaltet seine beste Kraft für unseren Körper nicht, wie der Schneeflockenobsidian, gegen Viren, sondern dieser hilft bei Allergien und Entzündungen, welche durch Bakterien hervorgerufen werden. Mahagoniobsidian Wasser kann daher wie ein natürliches Antibiotikum verwendet werden, indem es die Produktion von Antikörpern im Körper verstärkt. Daß dies auch in der Geschichte schon der Fall war, belegen uns Überlieferungen der indianischen Völker. Dadurch, daß das Verdauungssystem dank des Mahagoniobsidians nicht mehr soviel gegen die ständige Bakterienflut kämpfen muß, können sich Magen und Darm intensiver der eigentlichen Verdauung hingeben. Diese Organe werden ebenfalls vom Mahagoniobsidian nicht nur geschützt und gestärkt, sondern sie werden, wie alle Organe im Körper, welche mit der Verdauung und der Nahrungsaufnahme zu tun haben, besser von Bakterien befreit. Einen besonderen Schutz gibt der Mahagoniobsidian durch spülen mit Obsidian-Wasser nach dem Zähneputzen. Regelmäßiges Tragen von Mahagoniobsidian oder Einnehmen von Mahagoniobsidian-Tee kann auch den Befall von Pilzen, Parasiten und Bandwürmern vorbeugen und heilen.

Heilwirkungen auf die Psyche:
Die psychischen Charaktere des Mahagoniobsidians liegen ähnlich denen des Schneeflockenobsidians, nur tritt dieser sensibler in unsere Seele ein. Er aktiviert die Fähigkeit des logischen Denkens und verleiht vor allem in sehr wichtigen Fragen unseres Lebens mehr Konzentrationsstärke. Er ist ein Stein, welcher bei Reden oder bei Prüfungen vor den so häufigen Ängsten bewahrt.

Sternzeichen: Skorpion 24. Oktober bis 22. November

Chakra:
Der Mahagoniobsidian dringt über das Wurzelchakra von unten her am besten in uns ein. Seine Schwingungen sind fein und daher nicht sofort spürbar. Es empfiehlt sich, dieses Chakra vorher mit einem klaren Bergkristall zu öffnen und den Mahagoniobsidian zusammen mit einem klaren Bergkristall-Trommelstein zu verwenden. Wir empfehlen Ihnen nicht das gleichzeitige Verwenden mit einem Schneeflockenobsidian, da durch die Dominanz des starken Schneeflockenobsidians die zarten Schwingungen des Mahagoniobsidians geschluckt würden. In Verbindung mit Bergkristall wird uns ein tieferes Gefühl von Liebe und Zusammengehörigkeit unserer Körper, bis hin zur Seele, vermittelt.

Goldobsidian

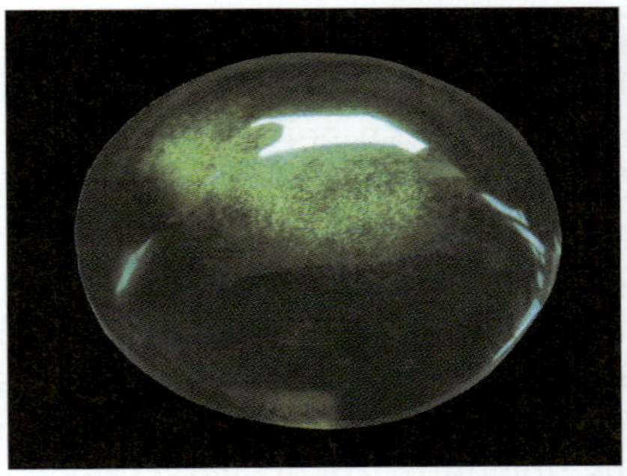

Farbe:
Schwarzer Obsidian mit golden schimmernden Einschlüssen.

Heilwirkungen auf den Körper:
Der Goldobsidian ist ein Lichtbringer, welcher sich durch das goldene Schimmern auf seiner Oberfläche von den anderen Obsidianen unterscheidet. Dieser Obsidian hilft ganz besonders Menschen, welche unter Neurosen und psychischen Störungen leiden. Hierunter fallen Angst, Furcht und heftige Depressionen, welche keine nachweislich erkennbare Ursache im Körper finden. Besonders als Eiform unter dem Kopfkissen. oder als Kugel mit großem "Auge", hilft der Goldobsidian betroffenen Menschen, die Ursachen dieser

Krankheiten zu erkennen, und die Ausbrüche ausreichend zu kontrollieren. Darüberhinaus ist dieser Obsidian auch durch seine heilenden Wirkungen auf das Nervensystem ein sehr guter Heilstein bei Parkinsonscher Krankheit (Schüttellähmung). Er bändigt diese oft chronische Krankheit auch dann, wenn sie geerbt wurde und lindert deren Anfälle von Zittern und Lähmungserscheinungen.

Heilwirkungen auf die Psyche:

Der Goldobsidian vermag es, in seinen Träger so einzudringen, daß dieser früher oder später die Symptome, welche sich als Erkrankungen und Lähmungen auf die Nerven auswirken, erkennt. Denn die Ursachen für die meisten Krankheiten liegen unterbewußt in uns verborgen. Mit Hilfe des Goldobsidians erfahren wir eine tiefgründige geistige Reinigung.

Sternzeichen: Steinbock 22. Dezember bis 20. Januar

Chakra:

Der Goldobsidian ist ein sehr starker und schwingungsvoller Stein. Besonders als Ei oder in Kugelform, aufgelegt auf das Dritte Auge, vermag der Goldobsidian eine Ausleuchtung der Seele, welche bis zu den Wurzeln im Mutterleib vordringt. Wir erhalten die Fähigkeit, eventuelle Erbkrankheiten zu erkennen und seelische Belastungen, welche uns seit der Pubertät in unserem Unterbewußtsein quälen, wahrzunehmen, und uns davon besser zu befreien. Auf dem Wege dieser tiefgründigen körperlichen Reinigung empfehlen wir, einen Bergkristall in seiner klarsten Form als Begleiter mitzunehmen. Durch diesen wird erreicht, daß die erkannten Blockaden auch wirklich an die Oberfläche des Bewußtseins transportiert werden und sich nicht etwa auf halben Wege wieder im Gewebe verfangen.

Regenbogenobsidian

Farbe:

Schwarzer Obsidian mit regenbogenhaft schillerndem Farbenspiel.

Heilwirkungen auf den Körper:

Dieser Obsidian war ebenfalls den Indianern Nord- Mittel- und Südamerikas vorbehalten. Er wurde dort aufgrund seiner Heilkräfte wie eine göttliche Kraft auf Erden verehrt. Heute wissen wir, daß der Regenbogenobsidian nicht nur einer der kostbarsten Obsidiane ist, sondern auch besondere Heilwirkungen besitzt. Durch seine phantastischen Farben dringt der Regenbogenobsidian in nahezu alle Organe unseres Körpers ein. Seine stärksten Kräfte entfaltet dieser jedoch auf das Gehirn. Von hier aus steuert der Regenbogenobsidian das Nervensystem. Er harmonisiert das Zusammenwirken der rechten mit der linken Hirnhälfte und koordiniert über Nervenfasern und Rückenmark die Feinmotorik unserer Bewegungen. Unsere Sinne werden durch den Regenbogenobsidian genauso gestärkt wie die Organe in der Bauchhöhle. Der Magen, Teile des Darms, Bauchspeicheldrüse, Gallenblase, Leber, Milz und der untere Teil der Speiseröhre werden durch den Regenbogenobsidian besser in Einklang gebracht. Er harmonisiert die Funktion der Drüsen und reinigt das Blut durch die Leber. Durch die frischeren lebensnotwendigen Substanzen, welche in unseren Drüsen gebildet werden, verdanken wir dem Regenbogenobsidian eine ständige Bluterneuerung und ausreichendere Versorgung des Blutes mit Nährstoffen und Blutkörperchen. Krebserkrankungen, Geschwüre und sogar Aids können mit der Kraft des Regenbogenobsidians gelindert und geheilt werden. Besonders steuert der Regenbogenobsidian auch die ausreichende Hormonproduktion über das endokrine System. Hierunter fallen die Nebenniere, Hypothyse, Schilddrüse, Eierstöcke, Bauchspeicheldrüse und Hoden. Menschen, welche sich ein Kind wünschen, sollten sich unbedingt zum Schutze des Kindes vor Erbkrankheiten vorher mit einem

Regenbogenobsidian ausleuchten. Auch der Mutter werden durch den Regenbogenobsidian während der Schwangerschaft Schmerzen und Beschwerden genommen und das heranwachsende Kind wird vor erblich genetisch bedingten Mißbildungen und geistigen Störungen bewahrt.

Heilwirkungen auf die Psyche:

Mit Hilfe des Regenbogenobsidians erkennen wir besser die Funktion unserer Organe und schaffen es, uns geistige und körperliche Abhängigkeiten und Suchterkrankungen einzugestehen. Mit Hilfe des Regenbogenobsidians können diese sogar abgewöhnt werden. Menschen, welche Alkohol-, Nikotin-, Drogen- oder Tablettenabhängig sind, sollten unbedingt einen Regenbogenobsidian erhalten. Er führt diese Menschen in einen neuen Lebensabschnitt und überdacht diese mit all der Kraft und Schönheit des Regenbogens. Durch die phantastischen Farben, welche mit der Kraft des Steines verbunden sind, fühlen diese Menschen, daß sie nicht alleine sind. Sie erhalten die Kraft, das Leben, die Natur, die Farben und die Liebe neu zu entdecken. Im Rausche dieser Erfahrung wird diesen Menschen der Drang zu Drogen genommen, und ihre Intuition wird auf eine höhere Ebene transformiert.

Chakra:

Regenbogenobsidian ist ein Stein, welcher bei der Lithotherapie und für die Meditation für alle Chakras geeignet ist. Wir empfehlen Ihnen jedoch, diesen Lichtbringer durch Ausprobieren auf den einzelnen Chakras zum Leuchten zu bringen. Durch Kitzeln beim Auflegen auf Ihre Haut deutet Ihnen dieser Stein an, durch welches Chakra er im Augenblick in Ihre Seele eindringen möchte. In der Meditation kann dieser Stein sogar so stark werden, daß wir ein Biofeedback erreichen. Dies bedeutet, daß uns dieser Stein soviel Kraft in das Bewußtsein transformiert, daß wir bewußt die Funktion unserer Organe regulieren können. Hierunter fällt z. B. das bewußte Senken des Blutdrucks. Seien Sie jedoch bei der Meditation mit diesem Stein sehr vorsichtig, da er Kräfte in sich birgt, die auf viel höherer Ebene angesiedelt sind, als die Kräfte in unserem Körper, Geist oder Seele. Wenn Sie noch ungeübt in der Meditation sind, so sollten Sie als ausgleichenden Basis-Stein zum Regenbogenobsidian einen Tektiten mit zu Ihrer Meditation heranziehen.

Wie erhalte ich einen Obsidian und wie pflege ich diesen?

Sie erhalten Mahagoniobsidian und Schneeflockenobsidian als Trommelstein, Handschmeichler, Anhänger, Kette, Donuts, Kugel, Pyramide, Chakra-Scheibe und vielen phantasievollen Formen für Halsreifen und Lederband. Den Goldobsidian und den Regenbogenobsidian erhalten Sie jedoch nur im ausgesuchten Fachhandel, meist als Kugel, Linse, Ei oder Cabochon. Diese Obsidiane faszinieren durch ihr Farbenspiel, welches besonders beim Regenbogenobsidian intensiv hervortritt. Alle Obsidiane sollten regelmäßig unter fließendem, lauwarmem Wasser entladen werden. Bei Ketten empfehlen wir das Entladen über Nacht in einer trockenen Schüssel mit Hämatit-Trommelsteinen. Alle Obsidiane mögen das direkte Aufladen an der Sonne oder über Nacht in einer Bergkristall-Gruppe.

Onyx

Farbe: Schwarz, kaum durchsichtig.

Chemische Zusammensetzung: SiO_2

Geologie: Der Onyx ist ein schwarzer Achat, welcher in die Quarzgruppe gehört. Seine Härte beträgt 7 und er ist durch große Hitze und starken Druck entstanden. Der schwarze

Onyx unterscheidet sich jedoch von den Heilwirkungen des Sardonyx, welcher mit weißen Streifen durchzogen ist und hat auch nichts mit den häufig als Onyx bezeichneten grünen, gelben und braunen Kunstgegenständen gemeinsam. Bei diesen Gegenständen handelt es sich um eine Calzit-Aragonit-Varietät, welche ebenfalls als Onyx bezeichnet wird. Die Hauptfundgebiete des schwarzen Onyx liegen in Brasilien, USA, Indien, Mexiko und Madagaskar.

Geschichtliche Überlieferung:

Der schwarze Onyx gehörte zu den wichtigsten Schmuck- und Heilsteinen der Antike. Von nahezu allen Völkern und besonders von den Indianern wurde er als Schutzstein gegen schwarze Magie, Zauberei, Hexerei und Pest verwendet. Geübten Zaubermeistern verlieh er sogar die Fähigkeit schwere Krankheiten und Katastrophen zu verhindern und sich unsichtbar zu machen. Im Laufe der Jahrhunderte fand der Onyx, mehr als viele andere Steine, seine Verwendung in Schmuckstücken und als Heilstein. Wunden und Erkrankungen wurden vielfach mit Onyx geheilt. Die Griechen verehrten den Onyx als treuen Diener in der Liebe und die Römer ehrten den schwarzen Onyx als allgemeinen Schutzstein.

Heilwirkungen auf den Körper:

Der schwarze Onyx ist ein Stein, welcher sehr stark durch die Haut eindringt. Hierbei fördert er die natürliche Funktion der Haut und bewahrt diese vor Pilzen, Entzündungen und Sonnenbrand. Die Nägel werden in ihrem Wachstum durch den Onyx genauso gefördert wie die Haare. Wundlaufen, Fußpilz, eitrige Wunden und Ausschläge auf der Haut lassen sich mit Onyx sehr vorsorglich und heilend behandeln. Hierbei empfehlen wir das Abtupfen der Haut mit Onyxwasser. Amethyst stärkt zusätzlich die Kraft des Onyx für die Haut. Menschen, welche häufig frösteln und frieren, sollten ebenfalls zu Onyx-Ketten greifen, da diese Erscheinungen oft durch zu starke Verkrampfungen der Haut hervorgerufen werden. Der Onyx lindert und heilt Erkrankungen und Entzündungen der Haut um die inneren Organe. Er lindert und heilt somit auch das Herz, die Drüsen, Nieren, Milz und die Nerven von den so gefürchteten Entzündungen durch Virenbefall. Er vermag nach Operationen den Heilungsprozeß zu beschleunigen um ein nahezu narbenloses Zusammenwachsen der Organe zu ermöglichen. Hierbei spielt auch die Durchblutung und der Blutkreislauf eine große Rolle. Als Onyx-Kette oder -Tee erfahren wir eine stark reinigende und entschlackende Wirkung auf das Blut. Gesünderes und sauerstoffreicheres Blut durchdringt den Körper und dringt auch noch mit genügend Kraft sehr weit in Hände, Beine und Füße vor. Hierdurch werden besonders Menschen, welche häufig unter kalten Füßen und Fingern leiden, die Gliedmaßen besser gewärmt. Er löst Blutstauungen und heilt durch Mangeldurchblutung verursachte Krankheiten wie Verkalkungen, Raucherbein und Krampfadern. Durch Onyx verursachte gesündere Haut, gute Durchblutung und mehr Stabilität des Kreislaufs, bewirkt auch eine Stärkung der Sinne. Augenleiden, Gehörlosigkeit und Ohrenschmerzen, ja sogar Wetterfühligkeit und Apathie werden durch eine Onyxkette stark gelindert und geheilt.

Heilwirkungen auf die Psyche:

Der Onyx stellt eine größere Harmonie zwischen unserer Schale und dem Kern her und verleiht somit mehr Widerstandskraft, Stabilität und Lebensfreude. Dies überträgt sich auch auf unsere inneren Organe. Unsere Nerven werden nicht mehr so stark belastet und an den Nervenenden in Haut, Körper und Seele wird mehr Harmonie erreicht. Melancholie, Depressionen und negative Einflüsse durch Erdstrahlen, böse Menschen oder schwarze Magie werden gelindert und verhindert.

Sternzeichen: Steinbock 22. Dezember bis 20. Januar

Chakra:

Der schwarze Onyx ist zwar kein Farbstein in dem Sinne, wie wir Farben kennen, er ist aber trotzdem ein sehr intensiv schwingender, lichtbringender Stein. Schwarzes Licht ist das Gegenteil von weißem Licht und dringt daher tief und energiereich bis in weit entlegene Teile unserer Seele ein. Wir erreichen Stellen in uns, die wir noch nicht einmal als Belastung oder Blockade erkannt haben, welche jedoch für das Fortbestehen für unser Leben äußerst tiefgreifend und hemmend sein können. Der schwarze Onyx ist ein Stein, welcher in der Meditation sehr vorsichtig angewendet werden sollte, da er für ungeübte Mediteure zum Strudel in ein schwarzes Loch führen kann. Wir empfehlen daher bei der Meditation mit dem Onyx langsam zu beginnen, und diesen immer in Verbindung mit Bergkristall oder anderen Farbsteinen zu verwenden. Seine Schwingungen werden hierdurch sanfter und in der Sprache für unsere Seele besser fühlbar.

Wie erhalte ich einen schwarzen Onyx und wie pflege ich diesen?

Sie erhalten den schwarzen Onyx als Trommelstein, Handschmeichler, Kugel, Pyramide, Kette, Anhänger, Donuts und phantasievollen Formen für Halsreifen und Lederband. Es empfiehlt sich, den Onyx regelmäßig unter fließendem, lauwarmem Wasser zu reinigen. Ketten sollten über Nacht in einer trockenen Schale mit Hämatit-Trommelsteinen entladen und gereinigt werden. Laden Sie den Onyx anschließend in einer Bergkristall-Gruppe auf. Wir geben gerne weiter, was Konrad von Magdeburg 1349 schon erkannte: "Der schwarze Onyx erhalte seine ganze Kraft zurück, wenn man ihn über Nacht in die Erde oder einen Blumentopf lege."

Opal

Milchopal - Edelopal - Opalmuschel - Boulderopal - schwarzer Opal - Girasol - Feueropal (siehe Feueropal)

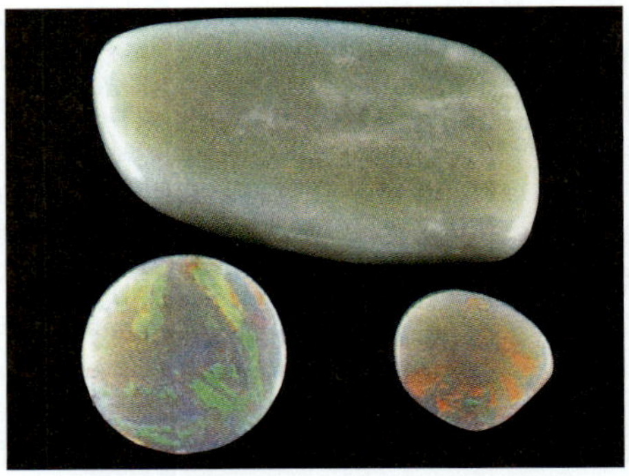

oben: Milchopal, unten: 2x Edelopal

Farbe:

Durchsichtig farblos, weiß, blau und schwarz. Hinzu kommen die für die Opale so typisch opalisierenden Farben des Regenbogens.

Chemische Zusammensetzung: $SiO_2 + H_2O$

Geologie:

Der Opal ist ein wasserhaltiges (bis ca. 30%) Siliziumdioxid mit der Härte 5,5 bis 6,5. Er entstand vor Millionen von Jahren als Folge von mineralreichen Siliziumablagerungen in zersetzten vulkanischen Gesteinen. Kristallisationen sind sehr selten als traubenähnliche Aggregate zu finden. Der Opal erhält seine Farben durch mikroskopisch kleine Wasserkügelchen, welche im Stein gespeichert sind. Unter Licht empfinden wir an der Oberfläche die Lichtbrechung, welche das typische opalisieren in allen Regenbogenfarben hervorruft. Die Fundstellen des schwarzen Opals, Boulderopals, Milchopals und Edelopals liegen allesamt in Cooberpedy, sowie Winton, Andamooka und Lightning Ridge, Australien. Der Girasol, auch Hyalith oder Kristallopal genannt, wird in Brasilien und Australien gefunden.

Geschichtliche Überlieferung:

Der Opal gehört in all seinen Variationen zu den legendären Steinen, welche die damaligen Völker unmittelbar mit den Göttern in Verbindung brachten. Der Opal hatte von den Göttern nach der Schöpfung der Edelsteine von allen Steinen einen Teil abbekommen. So erhielt der Opal das rote Feuer des Rubins, das Purpurlicht des Amethyst, das prächtige Grün des Smaragd und das Blau des Saphir. Opale gelten seit jeher als Stein für unverfälschte Liebe und Balsam für die Seele.

Milchopal, Edelopal u. opalisierte Muschel

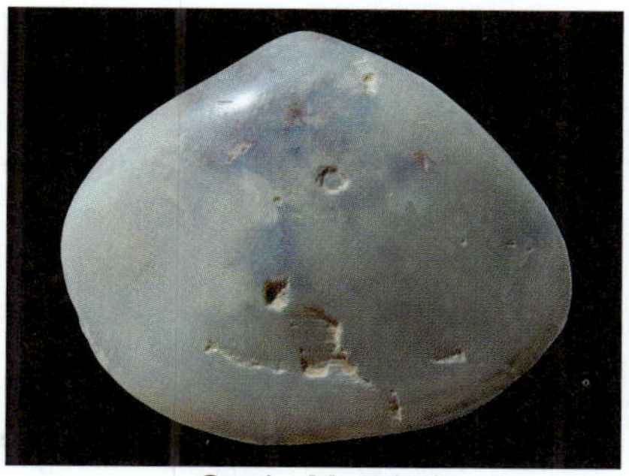

Opal - Muschel

Edelopal und Milchopal sind beides in ihrer Grundsubstanz mehr oder weniger milchige oder klare Opale. Der Edelopal hebt sich jedoch vom Milchopal durch sein viel intensiveres Farbenspektrum ab. Die opalisierte Muschel bildet die höchste, reinste und häufig auch farbenprächtigste Form der Edelopale.

Heilwirkungen auf den Körper:

Milch- und Edelopale entfalten ihre sehr starken Kräfte besonders auf den Magen und das im Oberbauch gelegene Verdauungssystem, in das die zerkaute Nahrung aus der Speiseröhre gelangt. Die Drüsen in der Magenschleimhaut werden besser aktiviert und reguliert. Säuren und Enzyme steuern die Verdauung der Nahrung, welche mit Hilfe der Magenmuskulatur an den Dünndarm weiterbefördert wird. Diese Opale befreien nicht nur durch Auflegen oder als Kette diese Organe von Entzündungen und Beschwerden, sondern sie regen auch Verdauung und Stoffwechsel an. Der Edelopal reguliert dabei zusätzlich den Gehalt des Blutes an weißen und roten Blutkörperchen und Blutplättchen, welche für die Blutgerinnung verantwortlich sind. Bluter können mit Edelopal geheilt werden und Bluterkrankungen wie z. B. Anämie (Blutarmut) und Leukämie (Blutkrebs) werden durch die Regulation des Edelopals auf die Blutkörperchen gelindert und geheilt. Hierdurch werden auch die häufig betroffenen Organe wie das Knochenmark, Milz, Leber und Lymphknoten vor den tödlichen Folgen des Blutkrebses bewahrt. Opalmuscheln haben sogar soviel Energie, daß sie Bluterkrankungen, Blutarmut, Blutkrebs und Krebserkrankungen der Geschlechtsorgane und der Brust auch im fortgeschrittenen Stadium durch regelmäßiges Auflegen heilen können. Als Opalwasser oder -tee bewahrt der Edelopal die Haut vor Ausschlägen und Pickel und schützt vor Krampfadern und Hautfalten.

Heilwirkungen auf die Psyche:

Edelopale vertreiben ihrem Träger Depressionen, und verhelfen, die wahre und unverfälschte Liebe zu finden. Sie sind Balsam für unsere Seele und bescheren ein harmonievolleres Gefühlsleben. Sie stärken die Meinungsbildung und die Selbstverwirklichung.

Sternzeichen: Fische 20. Februar bis 20. März

Chakra:

Milchopale, Opalmuscheln und Edelopale können für die Meditation zum Auflegen auf das Scheitelchakra und das Sonnengeflecht verwendet werden. Auf unserem Sonnengeflecht jedoch dringen die Opale mit ihren kraftvollen Schwingungen am tiefsten in uns ein. Der Edelopal vereint die Tugenden aller Steine und ist daher ein Lichtbringer auf höchster Ebene. Hierdurch erreichen wir die Mobilisierung von Lebensbereichen in unserer Seele, welche eigentlich bisher für uns unwichtig zu sein schienen. Das Erkennen dieser Bereiche vermittelt uns mehr Gefühl, ein Ganzes zu sein. Mit Edelopalen schmelzen Körper, Geist und Seele besonders kräftig zusammen. Während der Meditation erreichen wir ein höheres Gefühl an Wärme, Geborgenheit und Wahrheit, welches wir durch den Edelopal bis in unser Bewußtsein übertragen können. Edelopale harmonisieren mit allen Farbsteinen.

Boulderopal

Beim Boulderopal handelt es sich um einen in dunkelbraunem, eisenhaltigem Muttergestein eingeschlossenen, farbenprächtigen Opal aus Queensland, Australien.

Heilwirkungen auf den Körper:

Dieser Opal bewahrt ganz besonders die Venen und Arterien vor Verkalkungen und Entzündungen. Hierdurch werden ebenfalls die Organe ausreichender mit Sauerstoff versorgt und unser Herz wird durch den Boulderopal vor Herzinfarkt, Druckgefühl und stechenden Schmerzen (Angina Pectoris) bewahrt. Darüberhinaus lindert der Boulderopal, durch seine stärkenden Eigenschaften auf die Venen, auch Krampfadern und Hämorrhoiden. Der Boulderopal kräftigt die Organe des Herz-Kreislauf-Systems, wie z. B. Lymphsystem, Herz und Kapillargefäße. Ebenfalls bewirkt der Boulderopal eine bessere Reinigung der Organe durch das Blut. Boulderopal-Ketten oder Tee beugt ganz massiv der Arterienverkalkung vor. Menschen im fortgeschrittenen Alter sollten den Boulderopal am Hals tragen oder regelmäßig Boulderopal-Wasser trinken, da Artereosklerose und Angina Pectoris mit die häufigste vorzeitige Todesursache ist.

Heilwirkungen auf die Psyche:

Der Boulderopal ist psychisch ein Stein, welcher uns die Augen für unsere Gesundheit und das Leben öffnet. Wir spüren und erkennen, daß nicht Aufregung und Provokation von anderen Menschen für uns gefährlich sind, sondern daß dies nur Ausreden sind, mit welchen wir eigentlich unserer Umgebung unsere Lebensgewohnheiten aufzwingen möchten. Nur unser Geist und die durch unsere Intelligenz abgesteckten Linien bestimmen, durch was und ab welchem Grad, wir provoziert und beleidigt werden. Der Boulderopal hebt diesen Grad und steigert die Intelligenz. So wird erreicht, daß uns Handlungen und Äußerungen von unseren Mitmenschen, welche uns früher provozierten, heute schlicht und einfach egal sind. Wir leben leichter und unbeschwerter und finden mehr Zugang in wahre Freundschaft und Partnerschaft. Darüberhinaus weist uns der Boulderopal unmißverständlich auf die eigenen Fehler der Bequemlichkeit, falschen Ernährung, Rauchen und Trinken hin und verhindert Streß durch zu hoch gesteckte Ziele.

Sternzeichen: Fische 20. Februar bis 20. März.

Chakra:

Wie die meisten Opale ist auch der Boulderopal auf dem Chakra zu verwenden, für welches wir im Augenblick ein Bedürfnis verspüren. Der Boulderopal dringt sehr schwingungsvoll in uns ein und bringt uns in eine höhere Ebene der Wahrheit. Wir erkennen die Fehler, welche aufgrund zu starker seelischer Bedürfnisse und Süchte unserem Körper angetan werden. Am meisten jedoch wird uns bewußt, daß der Ursprung vieler Krankheiten und Depressionen in uns selbst liegt. Durch diese Erkenntnis schaffen wir es, einen neuen Weg für unser Leben zu beschreiten und unsere Mitmenschen von Vorwürfen, Schuldgefühlen und anscheinenden Fehlern zu entlasten.

Schwarzer Opal

Schwarze Opale sind aufgrund ihres kräftigen Feuers, welches aus dem schwarzen Inneren der Steine zu glühen scheint, mit die begehrtesten Schmuck- und Heilsteine. Dunkelgraue Opale werden schon zu den schwarzen Opalen gerechnet. Diese stammen von einigen wenigen Fundstellen aus Australien.

Heilwirkungen auf den Körper:

Der schwarze Opal entfaltet seine Kräfte auf einer sehr kraftvollen Ebene. So bildet er im Kreislauf mehr Antikörper, welche es ermöglichen, Fremdstoffe, wie z. B. Bakterien und Viren schneller und wirkungsvoller zu bekämpfen. Er bewahrt das Blut, die Organe und Zellen vor Wucherungen, Geschwüren und krebsartigen Geschwulsten. Der schwarze Opal beschützt auch sehr nachhaltig die weiblichen und männlichen Geschlechts- und Fortpflanzungsorgane. Als Anhänger oder Opalwasser haben schwarze Opale auch eine sehr vorbeugende und heilende Eigenschaft auf Entzündungen der Leber. Hierunter fallen Hepatitiserkrankungen und Leberschäden die durch zu häufigen Alkoholkonsum verursacht werden (Leberzirrhose). Unter dem Kopfkissen lindert der schwarze Opal Alpträume und Angstzustände.

Heilwirkungen auf die Psyche:
Schwarze Opale sind Steine, die ganz besonders an die Eigenschaften unserer Persönlichkeit erinnern. Ziele und Lebenswünsche werden mit Hilfe von schwarzen Opalen besonders zielstrebig erreicht. Sie schützen uns auch vor Argumenten und Wünschen unserer Mitmenschen, welche insgeheim eigentlich nur eins erreichen wollen, nämlich daß wir unsere Bedürfnisse aufgeben oder auf später verschieben. Schwarze Opale sind sehr energiegebende Steine. Sehr selbstbewußte und charakteristisch gefestigte Menschen sollten daher schwarze Opale nur in Verbindung mit Edelopalen verwenden. Unter dem Kopfkissen, über längere Zeit hinweg, verwandelt der schwarze Opal Depressionen in Lebensglück und lindert Ängste vor Dunkelheit und dem Alleinsein.

Sternzeichen: Fische 20. Februar bis 20. März

Chakra:
Durch das vielfache Farbenspiel des schwarzen Opals ist es auch hier schwer, diesen einem bestimmten Chakra zuzuordnen. Wir empfehlen Ihnen, den schwarzen Opal ebenfalls je nach Bedürfnis auf die einzelnen Chakras aufzulegen. Schwarze Opale haben sehr kräftige Schwingungen mit hoher Frequenz. Sie durchfluten daher in kürzester Zeit Körper, Geist und Seele und werden häufig aufgrund dieser starken Kraft auch zur Stabilisierung der Aura verwendet. Schwarze Opale verbinden unsere Sehnsüchte, Gefühle und Bedürfnisse stärker mit dem Bewußtsein. Wir erfahren durch diese Edelsteine die Schönheit unseres Seins und des Lebens und erhalten durch Opale, ganz besonders jedoch durch schwarze Opale, ein Spektrum höchster Energie. Es kommt vor, daß diese Energie sogar in einem kleinen Funken sichtbar wird, welcher zu anderen Menschen überspringt.

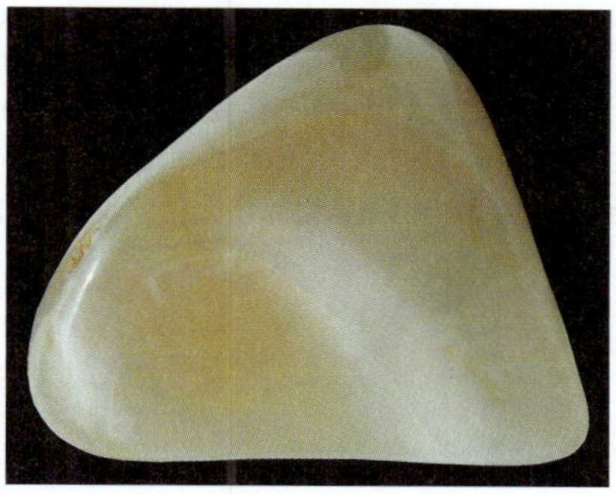

Girasol

Beim Girasol handelt es sich um einen Hyalith, welcher auch Kristallopal genannt wird. Dieser Opal unterscheidet sich von den anderen Opalen daher, daß ihm das für die Opale so typische opalisieren in allen Farben fehlt. Die Griechen und Römer kannten diesen Stein und bezeichneten ihn als "Girare Sole", was soviel bedeutet wie “Von der Sonne weggewendet". Diese Überlieferung geht darauf zurück, daß der Girasol bei längerer Sonnenbestrahlung seine wasserspeichernden Substanzen verliert und unansehnlich und rissig wird. Er sollte daher, wie alle Opale, nicht der direkten Sonne ausgesetzt werden.

Heilwirkungen auf den Körper:
Der Girasol oder Kristallopal wirkt durch Auflegen ganz besonders auf die unteren Verdauungsorgane des Körpers. Besonders der Magen, Dickdarm, Mastdarm, Darmausgang, sowie die Leber, Bauchspeicheldrüse und Gallenblase werden gekräftigt. Durch Girasolwasser oder -tee werden auch die Enzyme gestärkt, welche für die unmittelbare Verdauung, den Stoffwechsel, und die Darmflora verantwortlich sind.

Heilwirkungen auf die Psyche:
Der Girasol gibt besonders Menschen, welche sich in festen und alltäglichen Lebensbahnen verfahren haben, mehr Verlangen, wieder einmal aus dem monotonen Alltagstrott auszubrechen. Sie erkennen, daß sie Gefangene ihrer eigenen Fehler geworden sind, und erreichen auf einmal den Mut, neues Lebensterritorium zu begehen. Gute Beispiele hierfür sind, daß Menschen sich nach einem neuen Arbeitsplatz umsehen, sich die Haare abschneiden oder färben oder gänzlich in eine neue Stadt ziehen. Man erhält durch den Girasol das Gefühl, daß man für alles im Leben nie zu alt ist und läßt sich auch sehr gerne wieder durch neue Freunde, Partnerschaften und neues sexuelles Verlangen inspirieren.

Sternzeichen:
Der Girasol gehört in die Familie der Opale und wird daher aufgrund seiner geschichtlichen Überlieferung dem Sternzeichen der Fische 20. Februar bis 20. März zugeordnet.

Chakra:
Der Girasol ist ein sehr feinfühliger und sensibler Opal, welcher nicht wellenförmig sondern parallel in uns eindringt. Dieser findet seinen besten Eingang in das Sonnengeflecht. Er führt uns in eine neue Welt und vermag es, uns die Zukunft näher zu bringen. Entscheidungen und Fragen an unseren Geist werden mit Hilfe des Girasols nicht logisch sondern subjektiv beantwortet. Der Girasol hebt uns daher während der Meditation in eine höhere Ebene, welche mehr unseren Wünschen, Träumen und Gefühlen vorbehalten ist, ohne diese durch bewußte und abstrakte Gedankengänge zu durchkreuzen. Girasole erhalten wesentlich mehr Kraft, wenn wir zwei, drei Stück auf einmal verwenden und diese mit farbigen Opalen kombinieren.

Wie erhalte ich einen Opal und wie pflege ich diesen?
Opale sind allesamt edle und begehrte Edelsteine. Sie liegen daher immer im oberen Preisbereich. Sie erhalten diese als Rohsteine, polierte Steine, Trommelsteine, Handschmeichler, Anhänger und Cabochons. Milchopale, Edelopale und Boulderopale sind sehr selten auch als Donuts oder Kette erhältlich. Girasol und opalisierte Muscheln sind meist nur als Naturstücke und trommelpolierte Edelsteine erhältlich. Opale sind allesamt sehr wasserhaltige Steine und Sie pflegen diese sehr, wenn Sie diese regelmäßig unter fließendem, lauwarmem Wasser entladen und sogar über Nacht in einer Schale mit Wasser aufbewahren, damit diese ihr feuriges Farbenspiel und ihre Kraft regelmäßig auffrischen können. Wir empfehlen Ihnen, Opale nie an die direkte Sonne zu legen, da diese der größte Feind aller Opale ist. Sie trocknet die Steine aus. Säuren und Seifen können den Opalen ebenfalls schaden, indem diese ihren Glanz verlieren. Opalwasser ist ein Elixier mit höchster Energie und Heilkraft. Ketten sollten wenigstens einmal im Monat in einer trockenen Schale mit Hämatit- und Bergkristall-Trommelsteinen über Nacht entladen werden. Laden Sie Opalketten anschließend für einige Stunden in einer Bergkristall-Gruppe auf und besprühen Sie auch Ketten einmal im Monat mit etwas Wasser.

Opalit

Farbe: Braun, grünbraun, gelb, beige, milchig weiß.

Chemische Zusammensetzung: $SiO_2 + H_2O$

Geologie:
Der Opalit wird auch als gemeiner Opal bezeichnet, da ihm das typische opalisierende Farbenspiel fehlt. Er ist ein wasserhaltiges Siliziumoxid und hat die Härte 6. Fundorte liegen in Chile, Peru und USA.

Heilwirkungen auf den Körper:
Der Opalit ist ein Stein, welcher ganz charakteristische Eigenschaften auf das Schlafzentrum im Gehirn hat. Er steuert Einschlafen und Erwachen und kräftigt die innere Uhr. Schlafstörungen durch geistig-seelische Erkrankungen, wie z. B. Schizophrenie und Depressionen. oder durch Artereosklerose der Hirngefäße, können mit dem Opalit genauso stark geheilt werden, wie Schlafstörungen, die durch belastende Begebenheiten im Alltag hervorgerufen werden (Schichtarbeit, Lärm). Der Opalit sorgt nicht nur für einen tiefen und ausgleichenden Schlaf, sondern er heilt auch Erkrankungen und geistige Störungen, welche aufgrund von Schlafmangel hervorgerufen werden, wie z. B. Aggressionen, nervliche

Entzündungen, geschwollene Augen und Depressionen. Der Opalit ist insgesamt ein sehr ausgleichender Stein, was den Schlaf, die Schlafzeit und die damit verbundene Erholung betrifft. Er lindert aber auch krankhaften Schlaftrieb und Schlafsucht (Lethargie). Psychosomatische Erkrankungen oder Neurosen werden häufig durch ungenügenden Schlaf hervorgerufen und können durch den Opalit gelindert und sogar geheilt werden. Abgespannte Menschen, die aufgrund von Streßerscheinungen und zuviel Arbeit zu Aggressionen neigen, sollten ebenfalls einen Opalit bei sich tragen.

Heilwirkungen auf die Psyche:
Der Opalit hat sehr sanfte Wellen, welche die Schwingungen in unserem Körper harmonisieren. Sie dringen sehr weich in uns ein und vermitteln in uns mehr Ruhe und Ausgeglichenheit. Menschen, welche ständig unter Streß und Höchstleistung stehen, schenkt der Opalit eine ganz besondere Form der Entspannung. Er weist uns den Weg in einen geordneteren Tagesablauf und verhilft durch bessere Organisation zu mehr Muse und Privatvergnügen. Auch der Familie tut der Opalit gut, da er den Gemeinschaftssinn kräftigt und somit längst fällige gemeinsame Unternehmungen Wirklichkeit werden läßt.

Chakra:
Der Opalit dringt über unsere Nebenchakras (Hände, Füße) und auf der Stirn besonders kräftig in uns ein. Er beruhigt und harmonisiert die Energieströme im Geist und Körper und schenkt während der Meditation mehr Entspannung und Ruhe. Sie sollten den Opalit für die Meditation dann verwenden, wenn Sie wirklich Zeit haben, denn dieser Stein beruhigt die Nerven und den Kreislauf so stark, daß es leicht passieren kann, daß Sie für ein bis zwei Stunden in längst verdienten erholsamen Tiefschlaf fallen. Opalit läßt sich bei der Meditation auch für alle anderen Chakras in Verbindung mit allen Steinen verwenden. Er hat auch auf die anderen Heilsteine sensible Kräfte und öffnet die Chakras besonders weiträumig.

Wie erhalte ich einen Opalit und wie pflege ich diesen?
Opalit ist erhältlich als Trommelstein, Handschmeichler, Anhänger, Kette und sehr selten als Donuts. Der Preis liegt im gehobenen Bereich. Da der Opalit in die Familie der Opale gehört, sollten Sie ihn nicht nur regelmäßig im Monat unter fließendem, lauwarmem Wasser reinigen, sondern auch mindestens einmal im Monat über Nacht in einer Schale mit Wasser ruhen lassen. Opale nehmen aus dem Wasser einen Großteil ihrer Energie auf. Sie hassen starke Wärme und sollten daher nie an die Sonne gelegt werden.

Orthoklas

Farbe: Gelb, zitronengelb durchsichtig

Chemische Zusammensetzung: $K[AlSi_3O_8]$

Geologie:
Der Orthoklas ist ein Kalifeldspat aus der Feldspatgruppe. Er ist eine Kalzium-Aluminium-Silizium-Verbindung mit der Härte 6. Die Fundgebiete des gelben Edel-Orthoklas liegen in Madagaskar.

Geschichtliche Überlieferung:
Der gelbe Orthoklas wurde früher an der ostafrikanischen Küste angeschwemmt und dort von den Nomadenvölkern Afrikas gefunden und verehrt. Der Stein wurde neben seinen Heilwirkungen auch als Schutzstein geschätzt, welcher durch sein grelles Licht, ähnlich der Sonne, alle bösen Geister von der Aura seines Trägers fernhalten sollte. Alte Überlieferungen belegen die Heilwirkungen des gelben Orthoklas. Besonders am Hals getragen sollte dieser Stein Wunder an Heilkraft und Geisteskraft bewirken. Erst relativ spät

gelang dieser Stein zu uns nach Europa. Nachdem wir im 20. Jahrhundert die starken Kräfte des Orthoklas immer mehr erkennen und zu schätzen lernen, ist dieser Stein in seinen natürlichen Fundgebieten auch schon nahezu ausgebeutet.

Heilwirkungen auf den Körper:

Der Orthoklas lindert und heilt vorzeitige altersbedingte Organveränderungen im Körper. Hier ist festzustellen, daß Organe nur sehr selten plötzlich versagen! Meistens kündigen sich Organschwächen vorher durch Beschwerden an. Hierbei ist jedoch anzumerken, daß das Altern ein ganz natürlicher und durch nichts zu stoppender Lebensvorgang ist, welcher mit der Geburt beginnt und mit dem Tod endet. Das Altern ist eine Veränderung des Körpers mit all seinen Organen. Dieser Wandel bringt eine Veränderung der körperlichen und geistigen Funktionen mit sich. An dieser Tatsache können auch Edelsteine und die teuersten Heilmittel nichts ändern. Woran wir jedoch etwas ändern können, ist beispielsweise, mittels Heilsteinen eine vorzeitige altersbedingte Veränderung einzelner Organe vorzubeugen oder zu heilen. In jungen Jahren sind wir mit unserer Gesundheit oft fahrlässig umgegangen und tun dies häufig auch heute noch. Einseitige Ernährung, Rauchen, Streß und harte Dauerbelastung durch Arbeit oder Sport, und Umweltgifte hinterlassen Spuren im Organismus. Die Summe dieser Belastungen und Erkrankungen führt zu den typischen frühzeitigen abnutzungsbedingten Alterserscheinungen. Hier hat sich ganz besonders der Edel-Orthoklas als starker Heilstein und Therapiestein für vorzeitig altersbedingte Erkrankungen erwiesen. Er kräftigt die Knochen und bewahrt vor rheumatischen Erkrankungen, Gliederschmerzen und Gicht. Auch Altersrundrücken und Knochenveränderungen, wie z. B. Osteoporose können durch das Auflegen von Orthoklas gelindert und geheilt werden. Schmerzhafte Knorpelhautentzündungen und Koronaentzündungen der Gelenke lassen sich durch Auflegen von Orthoklas schnell lindern und heilen (Periarthritis). Sehr schützende Heilwirkungen hat der Orthoklas auch auf die inneren Organe. Er heilt diese zwar nicht wie andere spezielle Heilsteine, schützt jedoch die unmittelbare Umgebung dieser Organe. So heilt und lindert er Entzündungen des Bauchfellüberzugs von Magen und Leber. Hierbei empfiehlt es sich, Orthoklas-Wasser regelmäßig zu trinken. Auch bei altersbedingter Sehschwäche und bei Schwächeerscheinungen der Herz- und Kreislauforgane kann der Orthoklas sehr heilend und befreiend verwendet werden. Senilität und Austrocknen der Haut lassen sich durch Orthoklas-Wasser gut lindern.

Heilwirkungen auf die Psyche:

Orthoklas vermittelt mehr Ausgeglichenheit und vertreibt Ängste vor dem Altern. Menschen, welche das Leben nur als Kampf gegen das Altern empfinden, sollten als Therapiestein unbedingt einen Orthoklas am Hals bei sich tragen. Dieser vermittelt neues Lebensglück und beschert auch wieder mehr Zufriedenheit und einen neuen Lebensinhalt, welcher aus dem Krampf der Vorstellung einer ewigen Jugend führt, und vor seelischen Leiden und vorzeitigen Altersgebrechen bewahrt. Der Orthoklas ist auch ein starker Aktivitätsstein. Er verhilft bis in das hohe Alter zu einer regen geistigen Mobilität und zu mehr Optimismus.

Chakra:

Der Orthoklas dringt während der Lithotherapie sehr kräftig über das Sonnengeflecht in unsere Seele ein. Besonders älteren Menschen verleiht dieser einen Energieschub, welcher von altersbedingten Ängsten befreit und zurück in ein erfüllteres Leben führt. Wir haben bemerkt, daß sich mit Hilfe des Orthoklas ein besonderes Energiefeld um unsere Seele aufbaut. Oft wird beobachtet, daß sich schon kurz nach der Therapie mit dem Orthoklas eine Änderung im Verhalten der Menschen einstellt. Diese äußert sich beispielsweise über neue, modischere Kleidung, eine neue Frisur und mehr Fröhlichkeit.

Wie erhalte ich einen Orthoklas und wie pflege ich diesen?

Orthoklas ist als Kristall und Trommelstein, Handschmeichler und Anhänger erhältlich. Selten wird er auch als Kette angeboten. Wir empfehlen, den Orthoklas einmal die Woche unter fließendem lauwarmem Wasser zu entladen und zu reinigen. Ketten sollten in einer trockenen Schale mit Hämatit-Trommelsteinen entladen werden. Nach dem Entladen empfehlen wir, den Orthoklas für einige Stunden in einer Bergkristall-Gruppe aufzuladen.

Peridot

oder Chrysolith oder Olivin

Farbe: Olivgrün durchsichtig

Chemische Zusammensetzung: $(Mg,Fe)_2SiO_4$

Geologie:

Der Peridot ist ein Magnesium-Eisen-Silikat mit der Härte 6 bis 7,5. Peridote werden in nahezu allen vulkanischen Gebieten der Erde gefunden. Die meisten Fundstellen geben jedoch nur eine Vielzahl von winzig kleinen Krümeln frei. Kristalle und durchsichtige Steine, welche die Größe des Daumennagels erreichen oder übersteigen, sind daher von Natur aus äußerst selten und schwer erhältlich. Die Fundgebiete liegen in der Eifel BRD, Kanarische Inseln, GUS-Staaten und Birma. Die schönsten und größten Peridote werden in Arizona und New Mexiko, USA gefunden.

Geschichtliche Überlieferung:

Der Peridot, welcher auch als Olivin oder Chrysolith bezeichnet wird, wird schon seit Tausenden von Jahren als Schmuckstein und Heilstein geschätzt. Die damaligen Fundgebiete lagen auf der Vulkaninsel Zebirget im Roten Meer. Diese Fundstelle ist allerdings schon seit 3.500 Jahren ausgebeutet. Von dieser Insel aus wurde der Peridot von den Kreuzfahrern über ganz Europa verteilt und von den Griechen wie von den Römern als wertvoller Schutzstein, Heilstein und Schmuckstein geehrt. In der Kirche fand der Peridot seine Existenz als einer der Grundsteine (Hildegard v. Bingen) und selbst Moses schützte sich mit einem Peridot auf dem Brustschild vor Feinden. Der Name Peridot stammt aus dem Griechischen Peridona, was soviel bedeutet wie "gleichmäßige Energie".

Heilwirkungen auf den Körper:

Aufgrund seiner Überlieferungen, und der heutigen Erkenntnisse, wissen wir, daß der Peridot ein Stein ist, welcher primär die Organe im Brustbereich vor Krankheiten schützt. Hierunter fallen vor allem das Herz, die Thymusdrüse und die Lunge. Durch die Kraft des Peridots auf die Thymusdrüse wird diese nicht nur gestärkt, sondern sie wird aktiviert, die für den Kreislauf so wichtigen Enzyme zu produzieren, welche an der Steuerung des Immunsystems beteiligt sind. Besonders Kinder und Jugendliche sollten als Hilfe für die Thymusdrüse eine Peridotkette mit kleinen Kugeln am Hals tragen, damit diese sich besser entwickeln kann. Durch Kräftigung des Immunsystems werden auch all unsere Innenorgane, Verdauungsorgane und der Kreislauf vor Schwächen und Infektionen bewahrt. Der Peridot wirkt auch sehr stark auf die Haut. Durch das Tragen einer Peridotkette werden die Talgdrüsen der Haut aktiviert und reguliert. Dies hat zur Folge, daß die Haut besser mit Feuchtigkeit versorgt wird, und somit länger ihre jugendliche Spannkraft und Farbe erhält. Peridot verhindert durch die Regulierung der Talgdrüsen eine Überproduktion von Talg und Schuppen. Besonders junge Leute in der Pubertät werden so von Akne und Pickeln befreit. Als Peridotwasser verhindert er auch, daß sich Ekzeme und Flechten auf der Haut bilden und ausbreiten. Er kräftigt die Nägel und bewahrt die Haare vor Sprödigkeit. Hierbei empfehlen wir, Ihre erkrankte Haut vor dem Schlafengehen mit konzentriertem Peridotwasser zu reinigen oder Ihre Hände darin zu baden. Durch die stärkenden Wirkungen des Peridots auf das Immunsystem verhindert dieser auch, daß Viren, insbesondere Herpesviren, in unseren Organismus gelangen können. Hierbei empfehlen wir, Peridotwasser oder -tee regelmäßig auf nüchternen Magen zu trinken und eine Peridotkette zu tragen. Durch Herpesviren verursachte Krankheiten, welche sich durch schmerzhaftes Jucken und Bläschenbildung auf der Haut und den Lippen auswirken, werden durch die stärkende Funktion des Peridots auf das Immunsystem rasch gelindert und geheilt. Hierunter fallen z. B. auch Erkrankungen wie Windpocken, Geschlechtskrankheiten und die Gürtelrose. Der Peridot hilft durch seine aktivierenden und regulierenden Kräfte auf den Kreislauf auch besonders Menschen, die stark unter Wetterfühligkeit leiden.

Heilwirkungen auf die Psyche:

Der Peridot hat sehr tiefgründige Wirkungen, welche sich auf das Immunsystem und das innere Gleichgewicht auswirken. Er schenkt seinem Träger eine positivere Lebenseinstellung. Negativgefühle wie Neid, Egoismus und Gefühlskälte werden mit Hilfe des Peridot in positives Licht verwandelt. Wir verlieren Melancholie und Depressionen und erreichen einen besseren Kontakt zur Umwelt.

Sternzeichen: Krebs 22. Juni bis 22. Juli

Chakra:

Der Peridot ist durch seine durchscheinend grüne Farbe ein sehr kräftiger Stein, welcher durch Auflegen auf das Herzchakra sehr gut in unseren Körper eindringt. Er schenkt uns eine tiefe, harmonievolle Beziehung, welche den Geist besser mit dem Körper verbindet. Durch seine feinen Schwingungen benötigt der Peridot während der Meditation Zeit. Auch Menschen, welche den Kräften der Steine gegenüber nicht so sensibel sind, erreichen mit Hilfe des Peridot einen sehr leuchtenden Zugang in Ihre Charakterwelt. Besonders große Peridote auf dem Dritten Auge aufgelegt sollen sogar Hellsichtigkeit und den Blick in die Zukunft öffnen.

Wie erhalte ich einen Peridot und wie pflege ich diesen?

Sie erhalten Peridot als Rohstein und als kleine Trommelsteine. Größere Trommelsteine oder gar Handschmeichler sind sehr selten und wertvoll. Ebenfalls sind Peridote als Anhänger und Ketten erhältlich. Ungeknotete Ketten, wobei die Kugeln einander berühren, stärken die heilenden Kräfte des Peridot um ein Vielfaches. Das regelmäßige Entladen unter fließendem, lauwarmem Wasser ist beim Peridot unbedingt empfehlenswert. Ketten sollten einmal im Monat in einer trockenen Schale mit Hämatit-Trommelsteinen entladen werden. Regelmäßiges Aufladen an der Sonne oder in einer Bergkristall-Gruppe ist für den Peridot sehr wichtig.

Perle

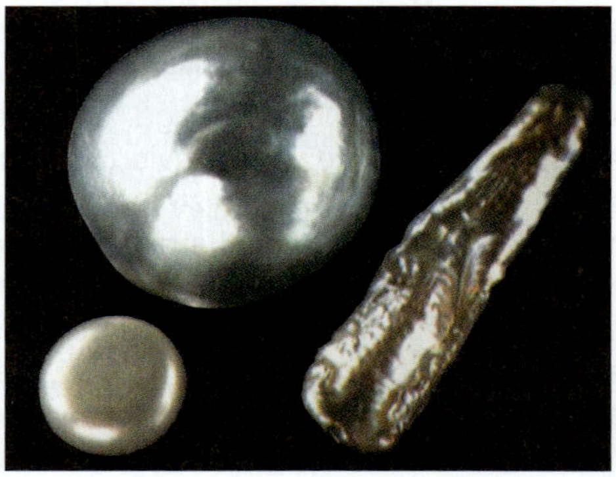

Farbe: Seidig glänzend, in vielen Farben

Chemische Zusammensetzung:

Organische Substanzen + $CaCO_3$ + H_2O

Geologie:

Perlen sind, wenn man es genau nimmt, Meeresprodukte. Sie werden aber aufgrund ihrer Seltenheit, Schönheit und Härte seit Jahrtausenden zu den Edelsteinen gezählt. Ihre Härte beträgt 3 bis 4, und sie bestehen aus Kalk und organischen Substanzen von Muscheln. Erst diese perlmuttartige Substanz bildet die Perle. Sie wurde um einen Fremdkörper, wie z. B. ein Sandkorn, herum aufgebaut, welches in die offene Muschel hineingeschwemmt wurde. Japaner erkannten, daß die Muschel genauso reagiert, wenn man ihr ein Sandkorn künstlich einlegt. Die Grundlagen für das Züchten von Perlen waren gelegt. Natürliche Perlen sind sehr selten und finden sich in den Küstenregionen der warmen Meere. Zuchtperlen werden heute primär in Japan und China gezüchtet. Mit Süßwasserperlen verhält es sich ähnlich, nur werden diese in Binnengewässern und nicht im Meer gezüchtet.

Geschichtliche Überlieferung:

Perlen begeisterten die Menschen zu allen Zeiten. Die älteste erhaltene Perlenkette wurde vor 4300 Jahren von der persischen Königin Achemenid getragen. Diese Kette ist heute im Museum in Kairo zu bewundern. Die alten Ägypter betrachteten Perlen als die direkten Boten ihrer Götter, und die Christen überlieferten, daß Gott die Erde mit Perlen beschenkte, um mit ihrem schillernden Glanz alle Lebewesen zu erfreuen. Nur Luzifer sollte sich in seiner Gier an diesem schönen Glanze täuschen und sich an ihrem harten Kern die Zähne ausbeißen. Ober die Jahrhunderte wurden Perlen immer mehr geschätzt und die Alchimisten versuchten über Jahrtausende hinweg, hinter das Geheimnis der Perlenentstehung zu kommen. Bis Mitte des 19. Jahrhunderts waren Perlen nur dem Adel und der reichen Gesellschaft vorbehalten. 1921 präsentierte jedoch der Japaner Mikimoto auf der Juwelenmesse in Paris die erste gezüchtete Perle. Von nun ab wurden Perlen in vielen Farben und Größen gezüchtet und für jeden Geldbeutel erschwinglich. Heute stammen ca. 90% aller Zuchtperlen aus Japan und China.

Heilwirkungen auf den Körper:

Perlen bestehen zu ca. 90% aus reinem Kalzium. Dieses wiederum ist wichtig für den Knochenbau des Körpers und für eine gesunde Entwicklung der Zähne. Perlen-Wasser oder -Tee dringt über die Nebennieren und Nebenschilddrüsen in unseren Organismus ein. So aktiviert die Perle die Hormonproduktion in der Nebenniere, welche wiederum das Nervensystem und das Muskelsystem besser mit Hormonen versorgt. In der Nebenschilddrüse wird durch die Perle ein Hormon produziert, welches das Kalzium, das wir über die Nahrung aufnehmen, gleichmäßiger im Körper verteilt. Die Perle aktiviert nicht nur die Verdauungsorgane, sondern sie bewahrt Magen, Milz, Darm und Drüsen vor Entzündungen. Chronische Kopfschmerzen, häufiges Fieber und Schmerzen, die ihren Ursprung an den Knochen, Bandscheiben, Nerven und Sehnen haben, können durch das Tragen von Perlen auf der Haut geheilt werden. Auf der Haut beseitigen sie auch erweiterte Äderchen und Mitesser. Aber auch Allergien, welche durch das Innere unseres Körpers an die Oberfläche transportiert werden, können durch Perlen gelindert und sogar geheilt werden. Hierunter fallen Heuschnupfen, Heufieber und allergische Erkrankungen der Atemwege, Nase und Augen. Nesselfieber, nesselartige Ausschläge und Nesselsucht, welche durch Erdbeeren, Fisch, Milch, Getreideprodukte und Obst hervorgerufen werden, können mit Hilfe von Perlen in ihren Ursachen erkannt, und durch Auflegen von Perlen geheilt werden. Perlen, als Kette am Hals getragen, bewahren auch vor psychischen Erkrankungen wie Fettsucht und Magersucht, und können diese auch im fortgeschrittenen Stadium heilen. Hierdurch vermittelt die Perle ihrem Träger mehr Selbstsicherheit und lehrt, den Körper so zu akzeptieren, wie er ist. Gleichzeitig sollte neben dem Tragen auch regelmäßig Perlenwasser getrunken werden, da dies die Magenmuskulatur, alle Schleimhäute und die Drüsen harmonisiert und somit den psychosomatischen Brechreiz unterbindet (Bulimie und Magersucht).

Heilwirkungen auf die Psyche:

Perlen sind Lichtbringer höchster Vollendung. Während des Tragens von Perlen über längere Zeit hinweg wird in uns mehr geistiges Wachstum ausgelöst, welches uns Probleme und Gefühle bewußter werden läßt, die wir eigentlich ins Innere verdrängen. Wir erkennen diese Blockaden, und sprudeln sie mit Hilfe der Perle besser aus uns heraus. Daß hierbei vielleicht Tränen der Erleichterung fließen, ist verständlich. Die Perle verhilft uns also, Probleme, welche wir mit uns herumtragen, zu erkennen und zu lösen. Daß wir uns damit auch mit anderen Menschen konfrontieren, bleibt nicht aus. Uns wird jedoch klar, daß Freundschaften, welche nur durch das Wegstecken der eigenen Bedürfnisse gehalten werden, eigentlich keine Freundschaften sind. Als Kette warnt die Perle vor kommendem Unheil, Unglück und falschen Freunden und belegt unsere Haut mit samtigem Perlmutt. So sollen Schönheit, Zufriedenheit und Liebe bis in das hohe Alter bewahrt werden.

Chakra:

Perlen sind Lichtbringer, welche ihre Kraft ganz besonders auf dem Solarplexus entfalten. Sie dringen von hier aus in Körper und Seele ein und reinigen beständig und gründlich von innen heraus, sie schenken die Fähigkeit, zwischen guten und bösen Eindringlingen zu unterscheiden, ja sogar zu warnen. Wir lernen wieder, eigene Lebenserfahrungen anzunehmen, und unsere Gefühle zu klären. Schwarze Perlen sind nicht nur während der Lithotherapie treue Warner, sondern als Kette haben sie sogar soviel Kraft, daß sie falsche Freunde, Heiratsschwindler und Erbschleicher von heute auf morgen vertreiben.

Wie erhalte ich eine Perle und wie pflege ich diese?
Sie erhalten diese als lose Perlen und Perlenketten. Der heutige Markt sieht Perlenketten in jeder Preislage vor. Sie sollten eine Perlenkette jedoch genauso anprobieren, wie Sie dies bei einem Kleid tun würden, denn Perlen sind etwas persönliches und erst nach mehrfachem Anprobieren oder Kombinieren verschiedener Ketten spüren Sie, welche Kette zu Ihrem Typ, Aussehen und Hautton paßt. Perlenketten bauen ihr magisches Schutzschild für Sie über eine längere Zeit hinweg auf. Mehrfach gedrehte oder farbig kombinierte Ketten kräftigen die Eigenschaften der Perlen um ein Vielfaches. Hüten Sie sich deshalb davor, Ihre Perlenkette zu verleihen. Entladen Sie Ihre Perlenkette einmal im Monat in einer Schüssel mit Meersalz und laden Sie diese anschließend über Nacht in einer Muschelschale, am besten in einer Seeopal-Muschel oder Paua-Muschel, auf. Stellen Sie Verfärbungen oder Trübungen Ihrer Perlenkette fest, so sollten Sie diese unbedingt öfters entladen. Perlen lieben die Gesellschaft und sollten daher nie alleine in irgendwelchen Schachteln aufbewahrt werden.

Perlmutt und Seeopal

oben: Seeopal, unten: Perlmutt

Farbe:
Perlmutt: schillernd weiß
Seeopal: Buntes Farbenspiel, ähnlich dem Edelopal.

Chemische Zusammensetzung:
$CaCO_3$ + Organische Substanzen

Geologie:
Bei Perlmutt und Seeopal handelt es sich um Muscheln. Perlmutt wird aus weißen Meeresmuscheln gewonnen und der Seeopal aus der Paua-Muschel. Perlmutt und Seeopal haben die Härte 3 bis 4 und werden in tropischen und subtropischen Meeresgewässern gefunden. Der Seeopal wird meistens an den Küsten Neuseelands, Australiens und Kaliforniens gefunden.

Geschichtliche Überlieferung:
Wie die Kräuter und Heilsteine wurden auch Perlmutt und Seeopal seit vielen tausend Jahren zu den heilenden "Steinen" gezählt. Erst nach der Besiedelung Australiens und mit dem dortigen Fund von Edelopal wird die Paua-Muschel aufgrund ihrer ähnlichen Farbenvielfalt mit dem Edelopal, als der Opal der Meere, als Seeopal bezeichnet. Perlmutt und Seeopal gelten auch heute noch als die Talismane und die "heiligen Steine" der Seefahrer. Aufgrund ihres hohen Kalziumgehaltes wurden beide schon in frühester Zeit als Grundstoff für Medizin und Kosmetik verwendet. Auf den Philippinen und in China wird Perlmutt und Seeopal genauso geschätzt wie andere Heilsteine. Hinzu kam der schmückende Effekt dieser phantastischen Muscheln, welche nicht nur Wohlbefinden und Reichtum signalisierten, sondern ihrem Träger durch die Reinheit des Perlmutts oder durch die Farbenvielfalt des Seeopals auch alles Böse vom Körper fernhalten sollten. Perlmutt und Seeopal erfreuen sich auch heute noch größter Beliebtheit als Schmuck und "Heilsteine".

Heilwirkungen auf den Körper:

Perlmutt:

Perlmutt lindert Krämpfe und erhöhte Krampfbereitschaft der Muskulatur. Es regelt den Kalkstoffwechsel des Körpers und heilt Muskelverhärtungen und rheumatisch bedingte Muskel und Nervenentzündungen. Perlmutt läßt sich auch sehr gut gegen Starrkrämpfe besonders an der Kaumuskulatur (Kinnbeckenkrampf) verwenden und heilt durch Auflegen und regelmäßiges Tragen Kalkstoffwechselstörungen (Tetanie) und Kiefergelenksentzündungen. Perlmutt reguliert die Mundflora und nimmt Mundgeruch. Es regeneriert die Mundschleimhaut und heilt Zahnfleisch und Rachenentzündungen.

Seeopal:

Seeopal ist ein phantastisches Heilmittel gegen Muskelkater. Er aktiviert den Abtransport von Stoffwechselrückständen in der Muskulatur besonders von selten beanspruchten Muskelgruppen. Beim Training und im Sport empfiehlt es sich, Seeopal bei sich zu tragen, da er nicht nur den Muskelkater lindert und verhindert, sondern weil er auch vor Muskel- und Faserrissen warnt und bewahrt. Darüberhinaus lindert und heilt Seeopal auch Kreuzschmerzen, welche durch Überanstrengung oder durch Fehlhalten der Wirbelsäule hervorgerufen werden. Seeopal kann aber auch bei Altersdegeneration der Bandscheiben und Knorpel und bei rheumatischen Erkrankungen der Rückenmuskulatur sehr heilend verwendet werden. Frauen, welche während der Menstruation unter starken Kreuzschmerzen leiden, können diese ebenfalls mit Seeopal lindern und heilen. Seeopal heilt ganz besonders in Verbindung mit Perlmutt Ansammlungen von Gewebswasser aufgrund mangelnden Abtransports durch das Gefäß- und Lymphsystem. Sie heilen Ödeme in Beinen, Unterschenkeln und Füßen.

Heilwirkungen auf die Psyche:

Perlmutt und Seeopal haben auf die Psyche eine sehr kräftigende und stabilisierende Wirkung. Sie heben das Selbstwertgefühl, vermitteln mehr Selbstvertrauen und bescheren mehr Selbstbewußtsein. Sie vermitteln aber auch die nötige Ruhe und Konzentrationsfähigkeit bei Prüfungen und anderen streßbedingten Alltagsbegebenheiten. In der Familie vermitteln Perlmutt und Seeopal mehr Akzeptanz und Zusammengehörigkeit. Sie verstärken die Klarheit über die Gedanken und Wünsche und kräftigen unsichere Menschen.

Chakra:

Perlmutt und Seeopal sind keinen bestimmten Chakras zugeordnet, dienen aber in Verbindung mit anderen Heilsteinen der Sensibilisierung und besseren Öffnung der Chakras.

Wie erhalte ich Perlmutt oder Seeopal und wie pflege ich diesen?

Perlmutt und Seeopal sind in vielen Formen und Schmuckstücken auf dem Markt erhältlich. In Kombinationen bestärkt sich deren Wirkung. Perlmutt und Seeopal sollten einmal im Monat in einer trockenen Schale mit Hämatit-Trommelsteinen gereinigt und entladen werden. Stellen Sie Verfärbungen an Ihrem Perlmutt oder Seeopal fest, so sollten Sie ihn unbedingt täglich über Nacht reinigen. Nach dem Reinigen sollten Sie diese über Nacht in einer Seeopal-Muschel-Schale aufladen, da diese für viele Heilsteine, besonders aber für Perlen, Perlmutt und Seeopal, regenerierende und energiespendende Kräfte hat.

Petalit

Farbe: Weiß, grau, rötlich, rosa

Chemische Zusammensetzung: $(MnFe)CO_3$

Geologie:
Beim Petalit handelt es sich um ein kalziumreiches Marmormineral. Einschlüsse von Eisen und Mangan lassen dieses rötlich oder rosa erscheinen. Seine Härte beträgt 4 bis 5. Die Fundgebiete des Petalit liegen in Australien, Skandinavien, Italien, Namibia und China.

Heilwirkungen auf den Körper:
Der Petalit ist ein sehr sanfter Heilstein. Er dringt sehr heilend in das Lymphsystem ein, und stärkt die Hormonproduktion für den Haushalt. Petalit ist auch sehr unterstützend für den Mineralstoffhaushalt im Gewebe. Kurzfristig auftretende Krämpfe in den Waden oder im Kiefer können mit Hilfe des Petalit geheilt werden. Durch seine feinen Schwingungen steuert der Petalit den Herzrhytmus, Blutdruck und Herzschritt.

Heilwirkungen auf die Psyche:
Der Petalit dringt sehr sanft in unsere Seele ein und harmonisiert das Zusammenleben in der Partnerschaft. Er schenkt mehr Vertrauen und Ausgeglichenheit und bewahrt vor Verletzungen der Seele, welche durch den Ton in der Musik verursacht werden. Petalit bewahrt also vor Nebensächlichkeiten und Kleinigkeiten, welche trotzdem in unserem feinen Nervensystem zu übersensiblen Reaktionen führen können.

Chakra:
Der Petalit ist ein sehr sanfter Stein, der während der Meditation am besten durch das Herzchakra eindringt. Er reinigt auf sehr sanfte Weise die Seele und bewahrt vor Verletzungen in feinster Ebene. Hierunter fallen ganz besonders Äußerungen und Mitteilungen anderer Menschen an uns, welche erst bei genauerem Nachdenken kränkend und verletzend für unsere Seele wirken. Durch den Petalit wird das ganz feine Gewebe unserer Seele schützend abgeschirmt.

Wie erhalte ich einen Petalit und wie pflege ich diesen?
Petalit wird als Rohstein, Trommelstein, Handschmeichler und als Anhänger angeboten. Er ist ein relativ schwacher Heilstein und daher im Handel kaum erhältlich. Wir empfehlen Ihnen daher, den Petalit mit anderen rosanen Steinen, wie z. B. Rosenquarz, rosa Turmalin, Rubin oder Morganit zu kombinieren. Petalit sollte einmal im Monat unter fließendem lauwarmem Wasser entladen und gereinigt werden. Danach sollte er für ein bis zwei Stunden an der frühen Morgensonne oder der späten Abendsonne aufgeladen werden.

Phantomquarz

Farbe:
Durchscheinende Bergkristalle. Die Besonderheiten sind jedoch Strukturen, welche ein übereinanderwachsen mehrerer Bergkristalle in einem Kristall erkennen lassen.

Chemische Zusammensetzung: SiO_2

Geologie:
Phantomquarze sind Bergkristalle, welche im Laufe von Jahrmillionen über bereits vorhandene Bergkristalle

übergewachsen sind. Von den vorherigen Kristallen sind durch Chlorid, Mangan und Eisenablagerungen häufig noch die Umrisse erkennbar. Seltene Stücke zeigen mehrere Generationen von Bergkristallen in einem einzigen Kristall. Phantomquarze haben die Härte 7. Die Fundgebiete liegen in Brasilien, Madagaskar, Schweiz, Österreich, USA.

Phantomquarze sind sehr kräftige und charakteristische Heilsteine. Sie verstärken nicht nur die Kräfte des Bergkristalls durch ihre mehrfache Kristallkonzentration, sondern sie haben zusätzlich eigene Heilwirkungen.

Heilwirkungen auf den Körper:

Phantomquarze haben sehr starke Kräfte auf den Kreislauf und das mit dem Blutkreislauf direkt verbundene Lymphsystem. Sie stärken den Blutkreislauf und halten Arterien und Venen rein, weich und geschmeidig. Phantomquarz lindert und heilt Artereosklerose und Thrombose. Er bewahrt vor Stauungen, welche zu Unterfunktionen des Blutkreislaufes in Verbindung mit der Sauerstoffversorgung der Organe führen, wie z. B. Schlaganfall und Herzinfarkt. Darüberhinaus lindert und heilt Phantomquarz auch Schwellungen und Ödeme der Adern, welche zu Wasseransammlungen und Krampfadern führen. Bei Gewebswasser und Krampfadern hilft der Phantomquarz durch direktes Auflegen. Um den Hals getragen, in Silber gefaßt, hilft der Phantomquarz gegen Kreislaufschwäche, Schwindelanfälle, Schweißausbrüche und plötzliche Ohnmacht. Als Phantomquarz-Wasser oder als Anhänger auf der Haut getragen kräftigt er die Lymphdrüsen im Kopf, den Achselhöhlen und in der Leistenbeuge. Er harmonisiert die Produktion der Lymphflüssigkeit, welche aus Lymphplasma, weißen Blutkörperchen, Hormonen und Spurenelementen besteht. Durch den Phantomquarz wird nicht nur das Lymphsystem gekräftigt, sondern auch ganz besonders die Verdauung von Fetten im Stoffwechsel besser geregelt. Phantomquarz bewahrt daher vor Übergewicht und Fettpolstern. Ganz besonders für Kinder hat der Phantomquarz sehr starke Eigenschaften. Er bewahrt besonders in jungen Jahren vor Knochenweichheit (Rachitis) und vor psychischen Störungen verbunden mit fieberhaften Krämpfen, Schlafstörungen, Nachtangst und Bettnässen.

Heilwirkungen auf die Psyche:

Phantomquarze bewahren ihren Träger vor negativen Einflüssen und Ängsten. Sie verleihen mehr Willenskraft und Stehvermögen und eignen sich daher ganz besonders für Menschen, welche sich in ihrem Leben von eingefahrenen Gewohnheiten oder Abhängigkeiten ablösen möchten. Der Phantomquarz verleiht beispielsweise eine starke Kraft, welcher es bedarf, um sich das Rauchen, Trinken oder den Drogenmißbrauch abzugewöhnen. Auch für Geschäftsleute sind Phantomquarze wahre Verhandlungskünstler. Sie geben nicht nur Kraft und Ausdauer während geschäftlicher Verhandlungen, sondern Phantomquarze verschaffen ihrem Träger einen Vorteil in der Verhandlungstaktik und in der Argumentation. Sie bewahren vor schlechten Geschäften.

Chakra:

Phantomquarze eignen sich am besten als Meditationsstein für die Aura. Es genügt für die Meditation schon, wenn Sie einen Phantomquarz in Ihrer Nähe haben. Je größer der Einzelkristall oder die Kristallgruppe, desto kräftiger die Schwingungen. Große Phantomquarze sind sogar so kräftig, daß sie in der Wohnung aufgestellt, unsere gesamte Aura besser reinigen. Trennungen von Menschen mit welchen man eigentlich nicht mehr zusammenleben möchte, oder das Befreien des Körpers und der Seele von Suchterkrankungen, wie z. B. Drogen, Alkoholismus und Rauchen werden durch Phantomquarze leichter erreichbar. Phantomquarze helfen auch sehr gut gegen die starken Schmerzen, welche durch Liebeskummer verursacht werden.

Wie erhalte ich eine Phantomquarz und wie pflege ich diesen?

Phantomquarze sind seltenere Vertreter aus der Familie der Bergkristalle. Beim Kauf sollte darauf geachtet werden, daß die charakteristischen Eigenschaften gut erkennbar sind. Sie erhalten Phantomquarze als Kristallgruppen, Einzelkristalle, polierte Kristallspitzen Trommelsteine, Handschmeichler, Anhänger, Kugeln, Pyramiden, Obelisken und sehr selten als Donuts oder Kette. In Silber gefaßte Phantomquarze, große Einzelkristalle oder gar Kugeln haben besonders kräftige Heilwirkungen und Meditationseigenschaften.

Phantomquarze sollten, wenn sie am Körper getragen werden, mindestens einmal pro Woche unter fließendem, lauwarmem Wasser gereinigt und entladen werden. Ansonsten genügt es, wenn Sie die Steine einmal im Monat reinigen. Regelmäßiges Aufladen nach dem Reinigen auch für mehrere Stunden an der heißen Mittagssonne versetzen Phantomquarze in energiereiche höchste Schwingungen.

Prasem

oder auch Smaragdquarz oder Afrikanische Jade

Farbe:
Verschiedene Grünschattierungen, teilweise mit schwarzen Einschlüssen

Chemische Zusammensetzung: SiO_2

Geologie:
Der Prasem wird auch häufig als Smaragdquarz oder afrikanische Jade bezeichnet. Dieser hat jedoch mit Jade nichts gemeinsam, sondern ist ein durch Aktinoliteinschlüsse hervorgerufener lauchgrüner Quarz. Die bekanntesten Fundstellen des Prasem liegen in Südafrika, USA und Australien.

Geschichtliche Überlieferung:
Der Prasem findet seine Überlieferungen in der Geschichte mehr als Schutzstein und Heilstein als Schmuckstein. So wurde z. B. der Tempel des Apoll im griechischen Delphi aus reinem Prasem erbaut.

Heilwirkungen auf den Körper:
Der Prasem hat einen kräftigenden und gleichzeitig beruhigenden Einfluß auf das Herz. Hier jedoch liegen seine Stärken im vom Herzen ausgehenden Blutdruck und Pulsschlag. Der Prasem lindert Aufregungen und nervliche Anspannungen im Körper, welche in Form von Streßerscheinungen unmittelbar auf das Herz wirken. Er gleicht den Blutdruck besser den Bewegungen an und bewahrt vor Nasenbluten und Schlaganfall. Er lindert durch seine regulierenden Wirkungen auf den Blutdruck körperliche Mangelerscheinungen, welche auf zu hohen oder zu niedrigen Blutdruck zurückzuführen sind. Darüberhinaus hat der Prasem auch stark heilende Eigenschaften auf Verbrennungen und Verletzungen. Durch Auflegen von Prasem kühlt dieser und aktiviert gleichzeitig die Trombozyten (Blutblättchen), welche die Blutgerinnung einleiten. Er beschleunigt den Heilungsprozeß von Prellungen und Blutergüssen und bewahrt nach stärkeren Verletzungen vor unschöner Narbenbildung und Narbenverhärtung. Menschen, welche unter Bluterkrankheiten oder unter Blutdruckproblemen leiden, welche nicht auf organischen Verschleiß sondern auf Streß zurückzuführen sind, sollten unbedingt Prasemanhänger oder -ketten am Hals tragen. Der Prasem ist auch ein Stein, welcher die Augen vor Krankheiten, Augenstar und Kurzsichtigkeit bewahrt.

Heilwirkungen auf die Psyche:
Der Prasem verschafft vor allem hektischen und in hoher Verantwortung stehenden Menschen mehr Ausgleich. Er verleiht die Fähigkeit, sich um die wirklich wichtigen Dinge zu kümmern und auch anderen Menschen und Kollegen wichtige Aufgaben anzuvertrauen. Der Prasem verleiht seinem Träger aber auch die Einsicht, daß Aufgaben, welche von anderen Menschen mit anderen Argumenten anders gelöst wurden, trotzdem auch erfolgreich gelöste Aufgaben sein können.

Chakra:

Der Prasem ist ein Herzstein und entfaltet daher auf dem Herzchakra seine stärksten Eigenschaften für den Körper. Er sendet mit seinen zarten Schwingungen ein feines Licht in unseren Geist und die Seele, welches bewirkt, daß wir erkennen, daß es nicht für alles eine logische Erklärung gibt. Prasem erreicht in der Meditation die Erkenntnis, daß auch halbe Dinge ganze Dinge sein können und einfach so sind, wie sie sind.

Wie erhalte ich einen Prasem und wie pflege ich diesen?

Sie erhalten den Prasem als Trommelstein, Handschmeichler, Donuts, Scheibe, Anhänger, Kette und in phantasievollen Teilchen für Halsreifen und Lederband. Bei Ketten sollten Sie darauf achten, daß diese ungeknotet und die Kugeln etwas größer sind. So einander berührend verstärken sich die Heilwirkungen des Prasem um ein Vielfaches. Anhänger und Handsteine sollten regelmäßig einmal die Woche unter fließendem, lauwarmem Wasser gereinigt und entladen werden. Ketten neutralisieren sich nahezu gänzlich, wenn man sie über Nacht in einer trockenen Schale mit Hämatit-Trommelsteinen reinigt. Der Prasem ist ein Stein, welcher auch über längere Zeit hinweg an der Sonne oder in einer Bergkristall Gruppe aufgeladen werden sollte.

Prehnit

Farbe:

Gelblich, bis hin zu durchscheinendem kräftigen Grün

Chemische Zusammensetzung: $Ca_2Al_2Si_3O_{10}(OH)_2$

Geologie:

Beim Prehnit handelt es sich um ein Kalzium Aluminium-Silikat mit sehr aufwendiger, mineralienreicher Zusammensetzung. Die Härte des Prehnit beträgt 6 bis 6,5. Prehnit wird in den meisten Fundgebieten nur in relativ kleinen Kristallen gefunden Hierbei kommen z. B. Schottland, Südafrika und USA in Frage. Nur in China und in Australien wird Prehnit in so großen Kugeln und Drusen gefunden, daß er auch zu Handschmeichlern und Schmucksteinen verarbeitet werden kann. Der grüne Prehnit kommt aus dem Northern Territory, Australien.

Geschichtliche Überlieferung:

Der Prehnit hat kaum Überlieferungen und wird erst durch die Besiedlung Südafrikas und Australiens bekannt. Der holländische General Prehn hatte diesen Stein erstmals am Kap der Guten Hoffnung gefunden, wonach dieser auch seinen Namen erhielt. In der alten Welt kannte man den Prehnit nur als sehr kleine, unscheinbare Kristalle. In Australien jedoch wurden bis kopfgroße leuchtend grüne Steine gefunden. Die Ureinwohner bezeichneten diese Steine als Lebenssteine, welche dem Herzen der Erde entsprangen. Erst sehr spät stellte man jedoch fest, daß es sich bei diesem phantastisch grünen Stein um Prehnit handelt. Da die Lagerstätten nahezu ausgebeutet sind, oder in den Reservaten der australischen Ureinwohner liegen, hat der Prehnit als Schmuckstein für uns nahezu keine Bedeutung mehr. Als Heilstein jedoch ist der Prehnit ein sehr kräftiger Schutzstein für den Körper.

Heilwirkungen auf den Körper:

Erstaunlicherweise haben der grüne und der gelbe Prehnit identische Heilwirkungen, welche nur an Kraft vom grünen Prehnit übertroffen werden. Der Prehnit hat eine sehr heilende und aktivierende Wirkung auf die Nieren und die Blase. Er kräftigt diese Organe in ihren harnausscheidenden Eigenschaften und reinigt somit auch das Blut von Abfallprodukten und Verbrennungsrückständen. Diese werden durch den Urin besser aus dem Körper ausgeschieden. Der Prehnit hat jedoch nicht nur eine reinigende und entschlackende Wirkung auf den Kreislauf, sondern er reguliert uns auch den Wasser- und Mineral-Vitamin-Haushalt im Organismus. Stoffwechselerkrankun-gen, Abgespanntheit und Unwohlsein werden durch den Prehnit dort angepackt, wo sie entstehen. Besonders Prehnitwasser oder -tee verstärkt die reinigenden Eigenschaften. Der grüne Prehnit hat zudem sehr starke heilende und aktivierende Kräfte auf die Sexualorgane. Er kann sogar als potenzfördernder Stein für Mann und Frau verwendet werden. Darüberhinaus reguliert der grüne Prehnit den Pigmentgehalt der Hornzellen unserer Haare und bewahrt daher vor vorzeitigem Ergrauen. Der grüne Prehnit bewirkt bis in das hohe Alter eine natürliche, kräftige und gesunde Haarfarbe.

Heilwirkungen auf die Psyche:

Der Prehnit bewirkt durch seine reinigenden Eigenschaften auf den Körper natürlich auch eine Klärung unserer Seele. Besonders der grüne Prehnit vermag es, Depressionen und Neurosen zu lösen, welche ohne erkennbare Erkrankung unseren gesamten Stoffwechsel durch Schmerzen und Fehlfunktionen stören. Er besänftigt das Gemüt und vermittelt uns die Fähigkeit, nach getaner Arbeit besser abzuschalten und uns relaxter, mit frischer Energie, Freizeit, Hobby und Familie zuzuwenden.

Chakra:

Der gelbe, und besonders der grüne Prehnit dringen durch Auflegen auf das Herzchakra oder den Solarplexus tief und schwingungsvoll in uns ein. Sie vermitteln uns mehr Einsicht in eine höhere geistige Ebene, welche uns erkennen läßt, daß wir nicht alles im Leben sind, das Leben aber alles für uns. Wir erkennen besonders mit dem grünen Prehnit sehr deutlich, daß alles im Leben, wie auch das Leben selbst, seine Grenzen hat, und daß Gesundheit und Leben für uns die höchsten Güter sind und nicht Reichtum und Macht.

Wie erhalte ich einen Prehnit und wie pflege ich diesen?

Prehnit ist als Trommelstein, Handschmeichler und Anhänger erhältlich. Sehr selten als Kette oder Schmuckstein. Besonders der kräftige grüne Prehnit leuchtet durch sein feines aber kräftiges Grün sehr unmißverständlich gegenüber anderen grünen Steinen. Da die natürlichen Vorkommen des Prehnit von reiner Qualität nahezu ausgebeutet sind, liegt dieser Stein in der gehobenen Preisklasse. Prehnit ist hitzeempfindlich und sollte daher auch nur unter fließendem, lauwarmem Wasser entladen werden. Da der Prehnit ein kräftiger Heilstein ist, empfehlen wir Ihnen, diesen nicht nur regelmäßig zu reinigen, sondern auch zusammen mit Bergkristall und Rosenquarz über Nacht in einem Glas mit Wasser ruhen zu lassen.

Pyrit

Farbe: Golden glänzend

Chemische Zusammensetzung: FeS_2

Geologie:

Pyrit ist eine metallische Eisen-Schwefel-Verbindung mit der Härte 6 bis 6,5 und wird teilweise in großen Massen in vielen Lagerstätten der Erde gefunden. Durch seine vielfachen Kristallformen vom Würfel über dessen Abweichungen bis hin zum Oktaeder ist der Pyrit ein Mineral, welches nahezu in allen Mineraliensammlungen zu finden ist. Pyrit wird wegen seines hohen Eisen- und Schwefelgehaltes zur Gewinnung von Schwefelsäure abgebaut. Die bedeutendsten Fundstellen liegen in Schweden, Mexiko, USA und Australien. Die schönsten Sammlerstücke und die reinsten Pyrite stammen jedoch von der Insel Elba, aus Spanien und Peru.

Geschichtliche Überlieferung:
Der Name Pyrit stammt aus dem Griechischen, was soviel bedeutet wie Feuerstein, denn wenn man Pyrit aufeinanderklopft, entstehen heiße, helle Funken. Die Griechen, Römer und auch die Alchimisten im Mittelalter glaubten, daß im Pyrit das Geheimnis des Goldes verborgen sei. Schon zu dieser Zeit wurden die heilenden Eigenschaften des Pyrits erkannt. Die Mediziner im späten Mittelalter entdeckten, daß Pyrit die verschiedenen Körpersäfte im Körpers zu steuern vermag.

Heilwirkungen auf den Körper:
Aufgrund eigener Erfahrungen und zahlreicher Überlieferungen wissen wir, daß der Pyrit die Funktion der Körpersäfte wie z. B. Blut, Schleim, gelbe und schwarze Galle steuert. Durch diese Steuerung wird auch mehr Harmonie an anderen Organen und Drüsen erreicht. So lindert der Pyrit Verdauungsprobleme, welche ihre Ursachen im oberen Darmtrakt finden und löst durch seine stimulierende Wirkung am Muskel- und Nervengewebe entstandene Blockaden. Er behebt Entzündungen und Erkrankungen der Lunge, Bronchien und der Atemwege. In den Lungen sorgt der Pyrit für einen besseren Gasaustausch bis hin in die Spitzen. Als Pyritkette unterstützt der Pyrit die Haut in der Erneuerung und verbessert die Durchblutung und Atmung der Hautzellen. Streßbedingte Reizungen, Depressionen und Erschöpfungszustände werden mit Hilfe von Pyrit gelindert, und Menschen, welche an Stottern, krampfhaften Zuckungen oder spastischen Erkrankungen leiden, können mit Hilfe einer Pyritkette geheilt werden. Menschen mit einem Überhang zu phlegmatischen, cholerischen oder melancholischen Eigenschaften sollten sich unbedingt durch eine Pyrit-Kette oder einen Anhänger einen Ausgleich verschaffen. Durch die Wirkungen des Pyrits auf die Körpersäfte verschafft dieser ein harmonievolleres Zusammenwirken der Knochen mit den Muskeln, Oberkörper mit Unterkörper und den Geist mit der Seele. Der Pyrit bewahrt auch die Wirbelsäule vor Knorpelschwächen und Erkrankungen. Er schützt das Nervengewebe vor Schäden und Entzündungen.

Heilwirkungen auf die Psyche:
Der Pyrit hat durch seine metallischen Eigenschaften eine sehr leitende und reinigende Funktion auf den Körper. Er löst in uns Blockaden auf und befreit uns von Ängsten, wie z. B. Prüfungsangst und Kontakthemmnissen. Hierdurch werden natürlich auch Depressionen und Frustrationen abgebaut und wir erfahren schneller, wenn wir uns im Leben in einer Sackgasse befinden. Wir erkennen neue Hoffnungen und Lebenswege und empfinden das Leben lebenswerter. Pyrit steigert das Selbstbewußtsein und schenkt mehr Gefühlsreichtum.

Sternzeichen:
Der Pyrit wurde von jeher als magischer Grundstein angesehen und wurde, besonders bei den Griechen, als Kombinationsstein zu allen Sternzeichen getragen.

Chakra:
Der Pyrit entfaltet während der Meditation eine starke Kraft durch das Sonnengeflecht. Hochglänzende Kristallstücke dringen besonders tief in uns ein und schenken uns mehr Wärme und innere Zufriedenheit, und bestärken unseren natürlichen Drang zu Zuversicht und Optimismus. Mit Hilfe des Pyrits erhalten wir die Fähigkeit, in uns psychosomatische Erkrankungen zu erkennen und aufzuarbeiten. Diese tief verwurzelten Störungen reichen oft bis weit in unsere Kindheit zurück. Der Pyrit belegt uns mit der warmen und belebenden Energie der Sonne. Auch in Verbindung mit anderen Farbsteinen ist der Pyrit ein zusätzlicher Energiebringer, welcher auch das Vordringen der Kräfte anderer Steine beschleunigt.

Wie erhalte ich einen Pyrit und wie pflege ich diesen?

Pyrit ist als Kristall, Rohstein, Trommelstein, Handschmeichler, Kugel, Pyramide, Anhänger und Kette erhältlich. Selten jedoch als Donuts oder in phantasievollen Teilchen für Halsreifen und Lederband. Neben Ketten eignen sich Pyritwürfel und glänzende Kristallstücke besonders als Heilsteine. Pyrit oder Pyrit-Ketten sollten einmal im Monat über Nacht in einer trockenen Schale mit Hämatit-Trommelsteinen gereinigt und entladen werden. Anschließend sollten Sie den Pyrit in einer Bergkristall-Gruppe oder direkt an der Sonne aufladen. Erkennen Sie am Pyrit Verdunkelungen so empfehlen wir Ihnen das Aufladen in einem sehr warmen Raum neben einer Bergkristall-Gruppe und einer Hämatit-Kugel.

Pyritsonne

Farbe: Silbrig oder metallisch bunt schimmernd.

Chemische Zusammensetzung: FeS_2

Geologie:

Der Pyrit, welcher die Pyritsonne bildet ist ebenfalls eine Eisen-Schwefel-Verbindung. Allerdings findet die Pyritsonne, im Gegensatz zum Pyrit, ihre Entstehung aufgrund organischer Ablagerungen, welche vor ca. 250 Millionen Jahren zusammen mit Kohle entstanden sind. Deshalb wird die Pyritsonne nur in den Kohlengruben von Illinois, USA in schieferartigem Muttergestein gefunden.

Heilwirkungen auf den Körper:

Die heilenden Wirkungen der Pyritsonnen dringen sehr tief in unsere Organe und Drüsen ein, und regulieren deren Funktionen. So z. B. fördert die Pyritsonne, auf die Leber aufgelegt, die Produktion von Bluteiweiß und Galle und aktiviert die entgiftenden und filternden Eigenschaften der Leber auf das Blut. So wird der Blutzuckerspiegel aufrecht erhalten und Fette werden mit Hilfe der Galle schneller und effektiver abgebaut. Verfettungen der Organe und überschüssige Fettpolster werden mit Hilfe der Pyritsonne vermieden. Auf dem Magen aufgelegt harmonisiert die Pyritsonne die Produktion von Magensaft und -säure und aktiviert die Muskulatur, welche die zu verdauenden Speisen in den Dünndarm weiterbefördert. Die Pyritsonne heilt Magenerkrankungen und Verdauungsprobleme und filtert bzw. regeneriert auch durch ihre Wirkungen auf die Milz das Blut. Besonders wirkt die Pyritsonne auf das Nervensystem. Hierbei wirkt diese nicht nur heilend auf das Gehirn, Rückenmark und die Nerven, sondern sie schützt auch vor Entzündungen. Mit Hilfe der Pyritsonne werden gestreßte Nervenenden beruhigt. Dadurch werden Krankheiten geheilt, welche durch Ober- oder Unterfunktion des Blutes herbeigeführt werden, oder welche durch Übersäuerungen zu Geschwüren führen. Schmerzhafte Erkrankungen der Organe, wie z. B. Entzündungen, Geschwüre und Koliken lassen sich mit Pyritsonnen sehr gut und schnell behandeln. Durch Auflegen auf den Brustraum hilft die Pyritsonne sehr stark gegen Erkrankungen der Lungen, Bronchien und Atemwege. Um den Hals in Silber getragen stärkt die Pyritsonne ganz massiv das Immunsystem und bildet so Abwehrkräfte, welche Computer-Strahlen abschirmen. Unter dem Kopfkissen oder unter der Matratze bewahrt die Pyritsonne vor Menstruationsstörungen und verhilft Frauen im fortgeschrittenen Alter zu mehr Harmonie in den Wechseljahren. Als Heilstein kann und soll die Pyritsonne über längere Zeit hinweg getragen werden. Besonders bei heranwachsenden Kindern vom 3. bis 10. Lebensjahr verhelfen Pyritsonnen zu einer gesunden Entwicklung des Rückenmarks und des Gehirns. Menschen, welche an schwachem Herzen und unter

Erkrankungen der Herzkranzgefäße leiden, sollten die Pyritsonne in Verbindung mit Malachit, Smaragd oder Chrysopras verwenden.

Heilwirkungen auf die Psyche:

Die Pyritsonne verstärkt die metallischen, leitenden und reinigenden Eigenschaften des Pyrit um ein Vielfaches. Blockaden und Ängste werden besser in unser Bewußtsein gerückt und erkannt. Hierunter fallen auch Freunde, welche eigentlich keine wirklichen Freunde sind, sondern unsere Gutmütigkeiten und Schwächen ausnutzen. Die Pyritsonne schenkt uns die Kraft, um uns von diesen Menschen schneller abzuwenden und lenkt uns zu den Menschen, welche es wirklich ernst mit uns meinen. Sie ist daher nicht nur ein klärender, sondern auch ein leitender Stein, welcher uns aus Sackgassen herausführt und uns sehr massiv und deutlich auf einen neuen Weg hinweist. Menschen, welche geneigt sind, an alten Werten und Traditionen festzuhalten, sollten unbedingt eine Pyritsonne bei sich tragen, weil diese ihnen die Entscheidungen zu Neuem erleichtert. Die Pyritsonne ist ein Lichtbringer, welcher uns die Hemmnisse in unserem Leben verdeutlicht aber nicht für uns handelt, denn das müssen wir ganz alleine tun.

Chakra:

Die Pyritsonne entfaltet sehr starke Kräfte auf alle Chakras. Am tiefsten jedoch dringt sie mit Sicherheit vom Sonnengeflecht aus in unseren Körper ein. Wie der Pyrit, jedoch nur viel stärker, dringt die Pyritsonne während der Meditation in uns ein und läßt uns psychosomatische Erkrankungen besser erkennen. Wir erreichen Sphären klaren Lichts und eine Welt des Glücks und der Liebe. Wir erlangen schneller die Fähigkeit, mit den befreienden Schwingungen der Pyritsonne zu arbeiten, und mit deren Hilfe die Seele vor Erblasten, moralischen Verpflichtungen und Unwichtigkeiten für unser Leben zu befreien. Die Pyritsonne entfaltet sehr starke Kräfte und daher sollten wir bei großer Erwärmung unseres Körpers oder gar bei Schwindel die Meditation abbrechen. Es empfiehlt sich auch, wenn man die Energie der Pyritsonne etwas gleichmäßiger erhalten möchte, weitere Farbsteine zur Meditation hinzuzuziehen. Beachten Sie jedoch auch bei der Meditation, daß Sie die Pyritsonne bei Herzschwächen immer in Verbindung mit einem Herzstein verwenden. Es kommt vor, daß Pyritsonnen bei zu starker Energiebeanspruchung zerspringen.

Wie erhalte ich eine Pyritsonne und wie pflege ich diese?

Sie erhalten Pyritsonnen als auskristallisierte, flache sonnenähnliche runde Scheibe. Diese sind in Anlauffarben schillernd oder golden erhältlich. Beide haben jedoch dieselbe Kraft. Große Pyritsonnen, auch im Muttergestein, sind nicht nur dekorative Schmuckstücke in der Wohnung, sondern sie harmonisieren stärker das Zusammenleben der Familienmitglieder. Pyritsonnen sind im gehobenen Fachhandel erhältlich und liegen aufgrund ihrer Seltenheit im etwas gehobenen Preisbereich. Hierbei sollten Sie unbedingt die Auswahl nach Sympathie treffen. Die Sonne sollte nicht dem Wasser und der Sonne ausgesetzt werden, da sie eine eigene Sonne in sich ist. Pyritsonnen sind sehr stoßempfindlich. Reinigen sollten Sie Pyritsonnen einmal im Monat über Nacht in einer trockenen Schale zusammen mit Hämatit-Trommelsteinen. Das Aufladen der Pyritsonnen geschieht am Besten über Nacht in einer Bergkristall-Gruppe.

Rauchquarz

Farbe: Rauchig braun bis schwarz, durchscheinend

Chemische Zusammensetzung: SiO_2

Geologie: Der Rauchquarz gehört in die Familie der Quarze und hat ebenfalls die Härte 7. Rauchquarze sind dunkle Bergkristalle.

Nahezu schwarze Kristalle werden auch als Morion bezeichnet. Diese erhielten ihre Farbe durch große Hitze und durch starke Gammastrahlen, welche vor Millionen von Jahren, von der Sonne auf unsere Erde trafen. Besonders schöne Rauchquarzkristalle werden heute in den Alpen und in Brasilien, aber auch in den USA und Australien gefunden.

Geschichtliche Überlieferung:

Rauchquarze sind den Völkern der Antike genauso bekannt gewesen, wie Bergkristalle. Die alten Griechen glaubten, daß Rauchquarze erwachsene Bergkristalle seien. Die Römer trugen den Rauchquarz als Stein der Trauer, welcher trotz Schmerzen neuen Willen und eine neue Lebenslust bereiten sollte. Arabische Völker verehrten den Rauchquarz als Stein der Treue und der Freundschaft, welcher sich bei drohendem Unheil verfärbe.

Heilwirkungen auf den Körper:

Der Rauchquarz stärkt, vor allem als Kristall, das Muskelsystem an den Gelenken und Knochen und bewahrt vor Muskelerkrankungen der inneren Organe wie z. B. des Magens und des Herzens. Durch die kräftigen Eigenschaften des Rauchquarzes werden Muskeldystrophie (Muskelschwund), Bindegewebser-krankungen und Erkrankungen an Knorpel und Sehnen vorgebeugt und geheilt. Als Rauchquarzwasser stabilisiert der Rauchquarz das Fettgewebe und bewahrt vor übermäßigen Fettablagerungen, Polstern und Zellulitis. Der Morion stärkt diese Eigenschaften zusätzlich und bewahrt vor Erkrankungen des Unterleibs, insbesondere der Nieren, Nebennieren und Bauchspeicheldrüse. Als Kette oder Tee hat der Morion eine sehr entgiftende und entschlackende Wirkung, welche die Nieren dabei unterstützt, Abfallprodukte besser aus dem Blut heraus zu filtern, und über den Urin auszuscheiden. Gleichzeitig reguliert Morionwasser, den Wasser-Salz-Haushalt im Organismus. Rauchquarz und Morion werden seit vielen hundert Jahren in der Naturmedizin als Fruchtbarkeitssteine verehrt. Sie heben nicht nur den Drang nach Sexualität, sondern schützen auch die Geschlechtsorgane vor Erschlaffungen. In der Schwangerschaft kontrolliert der Rauchquarz das Fruchtwasser und stärkt die Fruchtblase. Rauchquarzketten lindern und heilen Neurosen, Ängste und Depressionen, welche ohne erkennbare organische Ursachen Folgen von Streßerscheinungen sind.

Heilwirkungen auf die Psyche:

Der Rauchquarz bringt, vor allem trauernden Menschen, wieder mehr Lebensfreude und Licht in ihr Leben, welches ihnen durch Trauer, Niedergeschlagenheit und Depressionen genommen wurde. Menschen, welche oft den Gedanken an Selbstmord hegen, weil sie mit dem Leben nicht mehr zurechtkommen, sollten unbedingt eine Rauchquarzkette tragen. Hier verschafft der Rauchquarz neue Kraft und mehr Lebenslust und schenkt die Erkenntnis, daß das Leben viel zu schade ist, um nicht einen Neuanfang zu finden. Die Kraft des Rauchquarzes wird mit Hilfe von Rauchquarzkugeln besonders verstärkt. Menschen, die über Trauer oder Depressionen hinaus zusätzlich noch an Alkoholabhängigkeit leiden, sollten sich unbedingt mit Hilfe durch Rauchquarzketten und und Kugeln inwendig bekehren lassen. Dies führt zur Entwöhnung und zur Inspiration für ein neues Leben.

Sternzeichen: Waage 24. September bis 23. Oktober

Chakra:

Der Rauchquarz eignet sich besonders zum Auflegen auf das Wurzel- und Milzchakra. Je dunkler und klarer die Steine sind, umso stärker dringen sie in uns ein. Wir erreichen durch den Rauchquarz eine geistige Verwirklichung, welche uns erkennen läßt, daß wir alte Werte teilweise loslassen müssen, um uns ein neues und freieres Leben zu gestalten. Anfangs empfinden wir jedoch ein sperrendes Gefühl, welches uns verdeutlichen möchte, daß wir mit unserer Vergangenheit fest verwurzelt sind. Natürlich sind wir ein Teil unserer Vergangenheit, aber der Rauchquarz ermöglicht uns die Einsicht, daß wir uns gerne an unsere Vergangenheit erinnern, aber deshalb nicht gleich nach ihr leben müssen. Denn unser Leben steckt in uns und zeigt in die Zukunft. Rauchquarzkristalle sollten während der Meditation immer mit der Spitze vom Körper wegweisen, da sie so besonders reinigend für die Aura sind.

Wie erhalte ich einen Rauchquarz und wie pflege ich diesen?

Rauchquarz ist erhältlich als Kristall, Trommelstein, Handschmeichler, Kette, Kugel, Pyramide, Obelisk, Anhänger und selten als Donuts. Es sind auch bestrahlte Rauchquarze aus Arkansas, USA auf dem Markt. Diese haben jedoch die gleichen Heilwirkungen wie die natürlichen Rauchquarze, da die farbgebenden Substanzen in diesen Kristallen vorher vorhanden sein müssen und durch menschliche Bestrahlung in relativ kurzer Zeit genau das erreicht wird, was die Natur in Tausenden von Jahren vollbracht hat. Natürlich gefärbte Rauchquarze übertreffen die künstlich bestrahlten Kristalle an tiefenwirkender Heilkraft jedoch um ein Vielfaches, da diese von der Sonne über Tausende von Jahre aufgeladen wurden. Ein bis zweimal im Monat sollten Sie den Rauchquarz unter fließendem, lauwarmem Wasser entladen. Reinigen Sie Rauchquarzketten ein bis zweimal im Monat in einer trockenen Schale mit Hämatit-Trommelsteinen. Der Rauchquarz sollte, über Nacht, in einer Rauchquarz- oder Bergkristall-Gruppe aufgeladen werden.

Regenbogenjaspis

Farbe: Rötlich, gelblich bis beige

Chemische Zusammensetzung: SiO_2

Geologie:

Der Regenbogenjaspis gehört in die Familie der Quarze und hat die Härte 7. Mangan, Eisen und Kalzium verleihen diesem Jaspis sein charakteristisches Farbenspiel. Der Regenbogenjaspis wird in China und Australien gefunden.

Geschichtliche Überlieferung:

Der Regenbogenjaspis wird in China als einer der ältesten Heilsteine geschätzt. Seit Tausenden von Jahren wird er Kräutermischungen gegen Husten und Erkältungskrankheiten beigefügt und als Schutzstein am Hals getragen.

Heilwirkungen auf den Körper:

Der Regenbogenjaspis ist ein spezieller Heilstein gegen infektösen Husten und Katarrhe in den oberen Luftwegen. Er lindert und heilt starke Erkältungskrankheiten im oberen Brustkorb, Bronchien und am Brustfell und ist Kindern gegenüber besonders sanft und wirkungsvoll. Regenbogenjaspis lindert hartnäkkigen Hustenreiz und heilt bellenden Husten. Er stillt den Husten und hat trotzdem schleimlösende, auswurffördernde und reinigende Kräfte auf die Atmungsorgane. Besonders in der Nacht bewirkt der Regenbogenjaspis durch seine reizlindernden Kräfte auf Husten und Erkältungskrankheiten besseren und erholsameren Schlaf.

Heilwirkungen auf die Psyche:

Der Regenbogenjaspis hat sehr ausgleichende Wirkungen auf die Drüsen. Er verleiht darüberhinaus auch ein "dickeres Fell" gegen Sticheleien von neidischen Mitmenschen und Kollegen. Gleichzeitig hält der Regenbogenjaspis fit für entscheidende Augenblicke und persönliche Chancen.

Chakra:

Der Regenbogenjaspis dringt am besten über das Milzchakra in uns ein. Er läßt sich aber auch auf dem Kehlchakra gut verwenden und entfaltet sehr stimulierende Kräfte in Verbindung mit Chalcedon oder Saphir. Er hebt den Intellekt und stärkt die Vernunft.

Wie erhalte ich einen Regenbogenjaspis und wie pflege ich diesen?
Der Regenbogenjaspis ist meist als Trommelstein, Handschmeichler, Anhänger, Kugel, Kette und in phantasievollen Teilchen für Halsreifen und Lederband erhältlich. Er sollte ein bis zweimal im Monat unter fließendem, lauwarmem Wasser entladen und gereinigt werden. Ketten sollten über Nacht in einer trockenen Schale mit Hämatit-Trommelsteinen entladen werden. Der Regenbogenjaspis lädt sich in Verbindung mit anderen Jaspisen an einer Bergkristall-Gruppe sehr gut auf.

Rhodochrosit

(oder Manganspat, Himbeerspat, Inkarose)

Farbe: Rosa, häufig mit weißen Streifen

Chemische Zusammensetzung: $MnCO_3$

Geologie:
Der Rhodochrosit hat die Härte 4 bis 4,5 und ist ein rosafarbenes Mangankarbonat. Rhodochrosit ist ein Begleitmineral in vielen Erzlagerstätten unserer Erde. Die schönsten Kristalle finden sich in Colorado USA und in Peru. Die bekanntesten Lagerstätten liegen in San Luis, Argentinien. Dank stalagmitischer Entwicklungen aus reinem Rhodochrosit ist es nur dieser Fundstelle zu verdanken, daß Rhodochrosit zu Schmucksteinen und Ketten verarbeitet werden kann. Weitere Fundgebiete, welche sich jedoch nur auf kleine Kristalle des Rhodochrosit beschränken, liegen in den GUS-Staaten, Spanien und in der BRD im Harz.

Geschichtliche Überlieferung:
Rhodochrosit ist ein Stein, welcher seinen Wert in den indianischen Überlieferungen findet. Erst 1950 wurde der Rhodochrosit bei uns als Edelstein anerkannt und verarbeitet. Die Indianer verehrten den Rhodochrosit, wie andere Völker den Rubin, als Stein der Liebe und des Herzens. Die Inkas fanden diesen Stein erstmals in den Silberminen von San Luis, Argentinien, und tauften ihn daher Inkarose. Bei allen Indianervölkern Südamerikas ist dieser Stein einer der göttlichsten Schutzsteine, welcher dem Wert des Goldes in nichts nachsteht. Der Rhodochrosit verleiht Schmuckstücken dank seiner einmaligen rosa Farbe eine ganz besondere Note. Als Schutz- und Heilstein erfreut sich der Rhodochrosit zunehmender Beliebtheit.

Heilwirkungen auf den Körper:
Der Rhodochrosit hat eine nahezu magische Heilwirkung auf die Verdauungs- und Reinigungsorgane des Körpers. So bewahrt er z. B. vor Verdauungsbeschwerden und kräftigt die Verdauungsorgane so, daß der Körper die Nährstoffe, Mineralien und Vitamine dem gesamten Kreislauf besser zuführen kann. Der Mangangehalt des Rhodochrosit ist dabei sehr nützlich. Er aktiviert die Enzyme, die der Verdauung im Körper dienen und wirkt dabei wie ein Katalysator vor biochemischen Überreaktionen im Stoffwechsel. Durch die Aktivierung und Harmonisierung der Leber, Milz und Bauchspeicheldrüse werden auch die Muskeln besser mit Blutzucker versorgt. Durch die regulierenden Eigenschaften des Rhodochrosits auf den Blutzucker und die Insulinproduktion der Bauchspeicheldrüse ist dieser Stein ein sehr guter Heilstein gegen Diabetes. Der Rhodochrosit hat darüberhinaus auch eine sehr kräftigende Eigenschaft auf das Herz und die Haut. Er schützt diese Organe und bewahrt vor Entzündungen und Erkrankungen. Mit Hilfe von Rhodochrosit-Ketten in Verbindung mit Rhodochrosit-Wasser können sogar Pickel und Akne schnell gelindert werden. Als Kette auf der Haut getragen bewahrt er vor Pigmentanreicherungen, Falten und Hautkrebs. Der Rhodochrosit aktiviert die Nieren, welche die Abfallprodukte aus dem Blut filtern und ausscheiden. Rhodochrosit-Wasser morgens auf nüchternen Magen wirkt

spürbar reinigend und entschlackend und steigert bei regelmäßiger Anwendung die Vitalität. Rhodochrosit vermag es sogar, Krebserkrankungen im Unterleibsbereich wie z. B. Magen, Darm und an den Geschlechtsorganen vorzubeugen und zu heilen.

Heilwirkungen auf die Psyche:

Der Rhodochrosit aktiviert mit Hilfe seiner sanften Wellen den gesamten Körperkreislauf und schenkt mehr Zufriedenheit und ehrliche Liebe. Besonders als Kette auf der Höhe des Herzens getragen, befreit der Rhodochrosit vor Depressionen, Hemmungen und Minderwertigkeitsgefühlen. Er wandelt seinem Träger genau die Kraft, die er für seine Ängste und seelischen Leiden aufwendet, in Harmonie, Lebenslust und Freude um. Menschen finden mit Hilfe eines Rhodochrosits sehr häufig aus ihrem tristen Alltagstrott heraus und erkennen das Leben. Neue Freunde, neues Make Up, andere Frisur und frechere Mode sind Symptome, welche sich schon nach kurzer Zeit durch Rhodochrosit einstellen. Unter dem Kopfkissen bewahrt dieser Stein vor Angstzuständen, Existenzangst und Alpträumen. Kleinkinder bewahrt er darüberhinaus vor Ängsten, Halluzinationen und vor Stottern.

Sternzeichen: Stier 21. April bis 20. Mai

Chakra:

Der Rhodochrosit entfaltet seine tiefliegendsten Wirkungen durch unser Herzchakra mit Tendenz über den Solarplexus, Milz bis hin zum Sexual- oder Wurzelchakra. Auf dem Herzchakra ist er uns ein lichtbringender Stein mit kräftigen Schwingungen in hoher Frequenz. Er macht uns deutlich, welche Bedürfnisse, Gefühle und Empfindungen in uns verborgen sind, und hilft uns, diese besser zu erkennen und zu beurteilen. Er sensibilisiert die zwischenmenschlichen Beziehungen und läßt uns die Liebe, welche wir fühlen, direkt und unverfälscht zu unserem Herzen vordringen. Auf dem Sexualchakra hat der Rhodochrosit eine sehr stimulierende und anregende Wirkung auf die Hormone und die Phantasie. Innerliche Blockaden, welche oft mit Frigidität und Unfruchtbarkeit verbunden sind, können mit Hilfe des Rhodochrosits besser erkannt werden, und, auch wenn sie ihren Ursprung in früher Kindheit haben, herausgelöst werden. Der Rhodochrosit empfiehlt sich als Heilstein und Harmoniestein mit allen anderen Edelsteinen.

Wie erhalte ich einen Rhodochrosit und wie pflege ich diesen?

Der Rhodochrosit wird nur an einem einzigen Punkt auf unserer Erde in solcher Größe und Klarheit gefunden, daß er zu Handschmeichlern und Schmuck verarbeitet werden kann. Da er auch dort immer seltener gefunden wird, zählt der Rhodochrosit zu den wertvollsten und teuersten Edelsteinen. Im gutsortieren Fachhandel ist er erhältlich als Rohstein, Trommelstein, Handschmeichler, Anhänger, Kette, Kugel, Pyramide, Donuts und vielen phantasievollen Formen für Halsreifen und Lederband. Sie sollten den Stein regelmäßig ein bis zweimal im Monat unter fließendem, lauwarmem Wasser entladen. Ketten sollten in einer trockenen Schale mit kleinen Hämatit-Trommelsteinen über Nacht entladen werden. Stellen Sie Trübungen oder farbige Veränderungen am Rhodochrosit fest, so sollten Sie ihn täglich unter fließendem, lauwarmem Wasser reinigen und unbedingt weiter am Körper tragen, da er für Sie im Augenblick besonders energieaufwendige Gesundheitsdienste leistet. Die Schwingungen des Rhodochrosits sind sehr fein und lassen sich über Nacht in Verbindung mit Madagaskar-Rosenquarz und Bergkristall gut aufladen.

Rhodonit

Farbe: Rosa mit dunklen oder schwarzen Einlagerungen

Chemische Zusammensetzung: $MnSiO_3$

Geologie:
Bei Rhodonit handelt es sich um ein Mangan-Silizium-Oxid mit der Härte 5,5 bis 6,5. Die schwarzen dendritischen Einlagerungen entstehen durch Anreicherungen von Mangankiesel und Manganoxid. Die wichtigsten Fundgebiete liegen im Ural, Australien, USA, Mexiko, China und Südafrika.

Geschichtliche Überlieferung:
Der Rhodonit erhielt seinen Namen durch das griechische Rhodon, was soviel wie "rosig" bedeutet und findet seine Überlieferungen schon in den Schriften der Griechen und Römer. Die römischen Händler trugen den Rhodonit auf ihren Reisen immer bei sich, da sie glaubten, er sei der Stein der Wandernden, welcher auf der Reise vor allen Gefahren bewahre.

Heilwirkungen auf den Körper:
Der Rhodonit stärkt die Lunge und die Atemwege. Er bewahrt vor Verschleimungen und asthmatischen Erkrankungen der Bronchien. Durch seine schützende und reinigende Funktion auf die Lunge und das Herz-Kreislauf-System bewirkt der Rhodonit einen besseren Stoffwechsel. Hierdurch wird nicht nur das Gehirn, Rückenmark und das zentrale Nervensystem aktiver, sondern wir erreichen einen höheren Grad an Widerstandskraft gegen allergischmachende Umwelteinflüsse. Darüberhinaus hat Rhodonit durch seinen hohen Kalcium-Mangan-Gehalt auch sehr festigende Eigenschaften auf die Knochen. Hierbei verhindert der Rhodonit Sprödigkeit am gesamten Skelett und hat besonders heilende Eigenschaften auf die empfindlichen Knochen im Rückenmark und in den Gehörgängen. Er bewahrt vor Schwerhörigkeit und stärkt das Nervensystem.

Heilwirkungen auf die Psyche:
Der Rhodonit ist der Stein der Wandernden. Im übertragenen Sinne heißt dies für uns heute, daß der Rhodonit uns die Kraft gibt, Veränderungsprozesse, wie z. B. Umzug oder neuer Arbeitsplatz besser zu bewältigen. Er schenkt mehr Freude und Zuversicht für den kommenden, evtl. auch neuen Lebensabschnitt und verhilft seinem Träger zu mehr Offenheit, Selbstverwirklichung und Herzenswärme im Alltag. Besonders bei Prüfungen und neuen Aufgaben bewahrt der Rhodonit vor Prüfungsangst und Lernblockaden. Diese Kräfte des Rhodonit wirken sich sehr stark auch auf Jugendliche und Kinder aus, welche häufig unter Prüfungsangst oder Schulstreß leiden. Bezüglich auf Prüfungen empfehlen wir Rhodonitketten mit nahezu keinem schwarzen Anteil, da diese besonders kräftig sind. Rhodonit mit mehr Schwarzanteil kann aber auch mit Hilfe von Chalcedon bezüglich der Prüfungsangst verstärkt werden.

Sternzeichen: Stier 21. April bis 20. Mai

Chakra:
Der Rhodonit hat relativ kräftige Schwingungen und ist vom Herzchakra ausgehend bis zu unserem Sexualchakra für die Meditation geeignet. Er dringt aber auch über unsere Gliedmaßen, wie z. B. Hände, Ellenbogen, Schultern oder Knie sehr tief in uns ein. Der Rhodonit bringt schon nach kurzer Zeit ein starkes Gefühl der Klarheit und Ausgewogenheit in unsere Seele. Versagungsängste und mangelndes Selbstvertrauen lassen sich mit Hilfe des Rhodonit ausleuchten. In Verbindung mit Rhodochrosit läßt sich die Kraft des Rhodonit zusätzlich verstärken und wir erhalten durch diese Kombination noch mehr Klarheit über die uns blockierenden Ängste und Neurosen.

Wie erhalte ich einen Rhodonit und wie pflege ich diesen?

Rhodonit ist als Rohstein, Trommelstein, Handschmeichler, Kugel, Pyramide, Anhänger, Donuts, Kette und vielen phantasievollen Formen für Halsreifen und Lederband erhältlich. Der Rhodonit sollte ein bis zweimal im Monat unter fließendem, lauwarmem Wasser gereinigt und entladen werden. Ketten sollten in einer trokkenen Schale mit Hämatit Trommelsteinen über Nacht entladen werden. Das Aufladen an der Sonne oder an einer Amethyst-Gruppe ist für den Rhodonit notwendig und sollte mindestens einmal im Monat über Nacht geschehen.

Rosenquarz

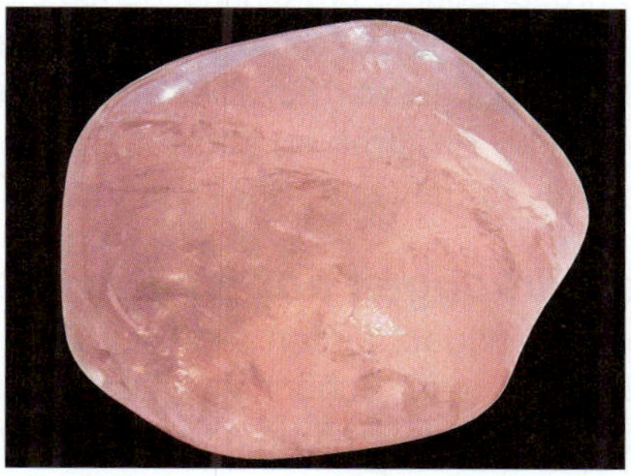

Farbe: Rosa durchscheinend

Chemische Zusammensetzung: SiO_2

Geologie:

Der Rosenquarz gehört in die Familie der Quarze und hat die Härte 7. Mangan und feinste Eisen-Rutil-Nädelchen verleihen dem Rosenquarz seine charakteristische rosane Farbe. Nur sehr selten wird Rosenquarz in kleinen Kristallen gefunden. Die Fundgebiete liegen in Brasilien, Namibia, Kenia und Madagaskar. Von Madagaskar stammen die schönsten und farbintensivsten Rosenquarze, welche oft auch mit einem Stern zu finden sind.

Geschichtliche Überlieferung:

Der Rosenquarz wird seit der Antike als Stein der Liebe und des Herzens verehrt. Die Griechen und die Römer glaubten, daß die Götter der Liebe, Amor und Eros, den Rosenquarz auf die Erde brachten, um den Menschen die Urkraft der Liebe und der Versöhnung zu schenken. Im Laufe der Geschichte wurde dem Rosenquarz häufig ein Stellenwert des Rubins und Karfunkelsteins eingeräumt. Bis heute hat der Rosenquarz in seinem Wert an Schönheit und Heilkraft nichts eingebüßt. In den letzten Jahren haben auch die besonders heilenden Kräfte des Rosenquarz für uns an Bedeutung gewonnen.

Heilwirkungen auf den Körper:

Der Rosenquarz ist ein Stein, welcher recht vielseitige Heilwirkungen auf unseren Körper hat. Seine Schwerpunkte liegen jedoch in den Wirkungen auf das Herz, das Blut und den damit verbundenen Kreislauf. Er lindert Krankheiten, welche das Herz bedrohen. Durch Auflegen bewirkt der Rosenquarz, daß das Herz ausreichender mit Sauerstoff versorgt wird. Er beugt Thrombose und Herzinfarkt vor. Der Rosenquarz hat aber auch sehr schützende Wirkungen auf die Herzmuskulatur und die Herzklappen. Durch seine heilenden und regenerierenden Wirkungen auf das Blut bewirkt der Rosenquarz auch, daß unser Herz-Lungen-System und Herz-Kreislauf-System während der Blutzirkulation besser mit Sauerstoff und Nährstoffen versorgt wird. Der Rosenquarz dringt auch sehr heilend in die Funktion des Blutes und der Blutgefäße ein. Über die Nieren, Leber und das Knochenmark reinigt der Rosenquarz nicht nur das Blut, sondern er erfrischt das Blut und versorgt es besser mit genügend roten und weißen Blutkörperchen. Durch eine Harmonisierung der roten und weißen Blutkörperchen werden auch Bluterkrankungen, wie z. B. Anämie und Leukämie vorgebeugt und geheilt. Über das Herz-Kreislauf-System regt der Rosenquarz den Stoffwechsel an. Die für unseren Körper so wichtige Versorgung mit Sauerstoff und Nährstoffen wird durch den Rosenquarz gleichzeitig besser mit der Entgiftung von Abfallprodukten und Kohlensäure gekoppelt. Desweiteren hat der Rosenquarz auch eine sehr schützende Wirkung auf die primären und sekundären Geschlechtsorgane (Hoden, Eierstöcke, Brust, Gebärmutter). Der Rosenquarz verleiht mehr Vitalität und Fruchtbarkeit und harmonisiert die sexuellen Wünsche in der Partnerschaft. Durch eine Rosenquarz Massage (Rosenquarz-Massage-Stab), in Verbindung mit Rosenquarz-Wasser, wird das

Zellwachstum und die Regeneration der Haut beschleunigt. Eine gesunde, pickelfreie und jugendlich aussehende Haut wird durch regelmäßige Massage erreicht. Auch blaue Flecken und rheumatisch bedingte Schmerzen an Knochen und Gliedern lassen sich sehr intensiv durch das Massieren mit Rosenquarz heilen. Unter dem Kopfkissen lindert der Rosenquarz vor Depressionen und Schlafstörungen. Besonders große Rosenquarze (kopfgroß) aus Madagaskar sind absolute Schlucker von Erdstrahlen und Wasserstrahlen. In Faustgröße ist der Rosenquarz ein optimaler Schutzstein vor elektromagnetischen Computerstrahlen, welcher daher als Schutzstein bei der Arbeit am Bildschirm verwendet werden sollte. Die Wirkungen des Rosenquarzes sind durch Sternrosenquarze um ein vielfaches stärker zu spüren. Mit Hilfe von Sternrosenquarz-Kugeln aus Madagaskar können auch fortgeschrittene Herzerkrankungen, Bluterkrankungen, Geschlechtskrankheiten und sogar Multiple Sklerose geheilt werden. Diese Kugeln sind nicht nur sehr dekorative Schmuckstücke in der Wohnung, sondern sie lenken Erdstrahlen sogar sehr weitläufig um. Wir rechnen pro angefangene 10 m^2 Wohnfläche gleich 1 cm ∅ Kugel (z. B. 60m^2 Wohnung, gleich mindestens 6 cm ∅ Kugel).

Heilwirkungen auf die Psyche:

Der Rosenquarz fördert nicht nur unsere inneren Bedürfnisse zu Treue und Liebe, sondern er bestärkt auch unsere Sinne für Schönheit. Durch den Rosenquarz erfahren wir neuen Halt und das Loslassen nach einer enttäuschten Liebe. Er führt aber auch Menschen, welche sich in ihrer partnerschaftlichen Beziehung verfremden, auf einer neuen Ebene wieder zusammen. Durch Rosenquarz kann auch ein neuer Grundstein für einen reinen und vorurteilsfreien Neuanfang in Partnerschaft und Liebe gelegt werden. Wir werden von unseren Ängsten, daß sich eine Enttäuschung wiederholen könnte befreit, und spüren sehr bald wieder Verliebtheit, Liebe und Vertrauen dem Partner oder einem neuen Menschen gegenüber. Wunden, die unserem Herzen durch Grobheiten von Mitmenschen zugefügt werden, werden mit Hilfe von Rosenquarzketten dadurch geheilt, daß wir erkennen, daß viele Äußerungen unserer Mitmenschen eigentlich gar nicht so gemeint sind, wie wir sie oft auffassen. Kleinkinder und Kinder im heranwachsenden Alter sollten zum Schutze ihrer zarten Seele unbedingt Rosenquarz an ihrem Körper tragen. Dieser harmonisiert und schützt die kindliche Seele vor Verletzungen und bewahrt im fortgeschrittenen Alter vor ausflippen. Der Rosenquarz hat durch seine sensiblen Schwingungen eine sehr belebende Kraft auf unsere schöpferischen Gedanken und die Phantasie. Wir erhalten durch diesen Stein mehr Zusammengehörigkeitsgefühl zum Partner und der Natur. Lange Rosenquarz Ketten heilen Herzschmerzen und Liebeskummer.

Sternzeichen: Stier 21. April bis 20. Mai

Chakra:

Der Rosenquarz dringt mit seinen zarten Schwingungen besonders vom Herzchakra aus in unseren Körper ein. Er schenkt uns Liebe, Zärtlichkeit und mehr Zufriedenheit mit uns selbst und zu unseren Mitmenschen. Kinder und Jugendliche bewahrt der Rosenquarz besonders in der heranwachsenden Seele vor Verletzungen. Während der Meditation erreichen wir über den Rosenquarz vor allem eine Heilung des Herzens von emotionalen Verletzungen und ein Anheben unserer Gefühle auf eine höhere Ebene. Durch den Rosenquarz erfahren wir die wirkliche Liebe und werden vor falscher Liebe und unwahren Freunden beschützt.

Wie erhalte ich einen Rosenquarz und wie pflege ich diesen?

Rosenquarz ist erhältlich als Rohstein, Trommelstein, Handschmeichler, Kugel, Pyramide, Kette, Obelisk, Donuts und vielen phantasievollen Formen für Halsreifen und Lederband. Sehr selten sind Rosenquarze auch in kleinen Kristallgruppen erhältlich. Diese verstärken die Kraft des Rosenquarz auf das Herz-Kreislauf-System, das Blut und das Herz um ein Vielfaches. Rosenquarze sind starke Steine und sollten daher ein- bis zweimal im Monat unter fließendem, lauwarmem Wasser entladen werden. Ketten empfehlen wir, einmal im Monat, über Nacht in einer trockenen Schale mit Hämatit-Trommelsteinen zu entladen. Anschließend sollte der Rosenquarz für einige Stunden in Verbindung mit Bergkristall und Amethyst aufgeladen werden. Dies ist jedoch beim sehr kräftigen Madagaskar-Rosenquarz nur einmal im Jahr nötig, da dieser ein sehr großes Energiepotential in sich birgt. Sie erkennen Madagaskar-Rosenquarze im Gegensatz zu anderen Rosenquarzen sofort an deren Transparenz und kräftigen Farbe.

Rubin oder Karfunkel

versch. Rubine, re. unten Sternrubin

Farbe: Blutrot, selten durchscheinend oder mit Stern

Chemische Zusammensetzung: $Al_2O_3(+Cr)$

Geologie:
Der Rubin gehört in die Korundgruppe und ist ein Aluminiumoxid mit der Härte 9. Korunde wie der Rubin und der Saphir stellen nach dem Diamanten die härtesten Vertreter in der Familie der Edelsteine. Durch Chrom erhält der Rubin seine phantastische rote Farbe. Selten zeigt der Rubin in Folge von besonderen Kristallstrukturen auch Sterneigenschaften (6-strahliger Sternrubin). Die wichtigsten Fundgebiete der Rubine sind Sri Lanka, Indien, Burma, Brasilien und Norwegen. Die phantastischen Sternrubine stammen meistens aus Indien und Burma.

Geschichtliche Überlieferung:
Der Name Rubin stammt aus dem Lateinischen Rubeus, was soviel wie "rot" bedeutet. Rubine gehören seit der Antike zu den schönsten und seltensten aller Edelsteine. Von den Griechen wurden sie sogar als die Mütter aller Edelsteine geehrt. Rubine, so dachte man, seien das direkte Blut der Erde. Sie verkörpern seit Gedenken der Menschheit die Kraft der Liebe und des Lebens. Rubin harmonisiert die verschiedenen Ebenen in der Liebe und bringt diese mit Verständnis und wirklicher Treue in Einklang. Rubine sind nicht nur seit Gedenken der Menschheit wertvolle und geschätzte Edelsteine, sondern auch Glückssteine, Heilsteine und Quellen reiner Energie. Neben dem roten Granat wurden auch die Rubine im Mittelalter als Karfunkelsteine bezeichnet und nicht nur Hildegard v. Bingen erkannte die phantastischen Heilwirkungen dieses Edelsteins.

Heilwirkungen auf den Körper:
Der Rubin hat eine nahezu magische Heilkraft auf das Blut, die Blutentstehung und die Blutgefäße im Körper. So aktiviert er die Leber mit der Produktion von Blutplasma und reguliert den Blutzucker im Organismus. Rubine kräftigen und aktivieren auch das Knochenmark und regulieren somit für unser Blut die Produktion von roten Blutkörperchen, Hämoglobin und weißen Blutkörperchen. Über eine ausreichende Anzahl von roten Blutkörperchen wird eine bessere Sauerstoffversorgung für den Körper und die Organe gewährleistet. Durch ausreichend weiße Blutkörperchen reguliert und stärkt uns der Rubin die Abwehrkräfte und das Immunsystem. Er bewahrt vor Blutarmut (Anämie) und Sauerstoffunterversorgung des Gehirns. Gleichzeitig senkt der Rubin den Blutdruck und bewahrt das Herz vor Erkrankungen und Mangelerscheinungen, welche durch Bluthochdruck oder gar Thrombose und Adernverkalkung ausgelöst werden. Der Rubin reguliert aber auch über das Blut die Funktion der Drüsen in der Milz und im Lymphsystem. So heilt er beispielsweise die Milz, Leber und das Knochenmark vor Erkrankungen. Der Rubin ist auf der Haut getragen ein hochkarätiger Schutzstein vor Leukämie. Frauen mit Menstruationsbeschwerden oder in den Wechseljahren sollten unbedingt einen Rubin, oder besser eine Rubinkette, zur Regulierung ihrer Beschwerden, und zur Harmonisierung der körperlichen Anpassung nach Beendigung der Monatsblutung in den Wechseljahren am Hals tragen. Menschen, welche übergewichtig sind und an Stoffwechselerkrankungen leiden, sollten ebenfalls einen Rubin als Kette oder Stein bei sich tragen. Er harmonisiert die Hormonproduktion in den Drüsen, besonders aber in der Thymusdrüse und den Nebennieren. Übergewicht wird dadurch einmal durch eine gesündere Hormonproduktion reduziert und zum anderen Mal über eine harmonievollere Drüsenfunktion, welche eine effektivere Verdauung der Nahrung im Organismus gewährleistet. Der Körper ist hierdurch besser im Stande, mehr Verdauungsrückstände auszuscheiden und braucht weniger Fettpolster zu bilden. Über die Drüsen, die Hormone und das Blut wird ebenfalls das Immunsystem gestärkt. Fieber und Infektionen haben weniger Möglichkeiten, in den Körper einzudringen und Erkrankungen oder gar Koliken auszulösen. Dies gilt auch ganz

besonders bei Kindern, denn ihr Immunsystem wird durch den Rubin ganz besonders abwehrbereit. Rubin lindert durch regelmäßiges Tragen auch unbegründete und starke Müdigkeitserscheinungen und Schlafsucht (Lethargie).

Sternrubine stärken ganz besonders die Kraft der Rubine auf das Blut und das Knochenmark. Sie sind ganz besondere Heilsteine bei Leukämie, Knochenmarkserkrankungen und Nervenerkrankungen, wie z. B. der Multiplen Sklerose.

Heilwirkungen auf die Psyche:
Rubine gelten seit jeher als die Glückssteine reinster Liebe. Sie steigern unser seelisches und körperliches Kräftepotential und verhelfen auch sensiblen Menschen zu mehr Erfüllung ihrer Lebenserwartungen und zu mehr Selbstverwirklichung. Der Rubin verkörpert die Eigenschaft, daß er ein Beweis starker Liebe und Treue ist. Er sensibilisiert nicht nur seinen Träger gegenüber dem Partner und den Mitmenschen, sondern hat auch eine magische Umkehrfunktion. Mit Hilfe von Rubin kann nämlich erreicht werden, daß Mitmenschen und Lebenspartner genauso ehrlich zu uns sind, wie wir zu ihnen. Rubine sind intuitiv inspirierende Schutzsteine und bewahren vor bösen Wünschen neidischer Menschen, vor Intrigen im Alltag und vor wirtschaftlichen Nachteilen.

Sternzeichen: Widder 21. März bis 20. April

Chakra:
Der Rubin dringt am intensivsten durch das Wurzelchakra oder das Herzchakra in unseren Kreislauf ein. Er hat für die Meditation stark leuchtende und hebende Eigenschaften in ein höheres Bewußtsein. Mit Hilfe von Rubin können Freundschaften und Partnerschaften vorhergesehen und sogar ausgeleuchtet werden. Der Rubin beantwortet uns während der Meditation ganz klar unsere Fragen und wir können mit Hilfe dieses Steins dann klar entscheiden, ob wir diese Veränderung wünschen oder nicht. Der Rubin reinigt während der Meditation auch unsere Seele und schafft Blockaden heraus, welche sich in den vielen Jahren in uns angesammelt haben. Dies geschieht auch häufig in Form von "sich Luft machen" auch mit der Bereitschaft, eine zur Gewohnheit gewordene, platonische Partnerschaft gegen eine neue Liebe einzutauschen.

Wie erhalte ich einen Rubin und wie pflege ich diesen?
Rubine sind erhältlich als Rohkristalle, Trommelsteine, Handschmeichler, Anhänger, Kugeln, Ketten und selten als Donuts oder andere Teilchen für Halsreifen und Lederband. Besonders blutdruckregulierend und menstruationsharmonisierend sind linsenförmig verlaufende Rubinketten, welche ungeknotet und mit einem Silber- oder Goldverschluß versehen sind. Diese Ketten verstärken die Kräfte des Rubins auch in ihren anderen körperlichen und geistigen Wirkungen. Rubine sollten ein bis zweimal im Monat unter fließendem, lauwarmem Wasser gereinigt und entladen werden. Ketten empfehlen wir, in einer trockenen Schale mit Hämatit-Trommelsteinen über Nacht zu entladen. Nach dem Entladen sollte der Rubin stets für ca. zwei Stunden an der Sonne, oder an einer Bergkristall-Gruppe aufgeladen werden.

Rutilquarz

Farbe:
Durchsichtig mit rötlichen, goldenen oder braunen nadeligen Einschlüssen.

Chemische Zusammensetzung: $SiO_2 + TiO_2$

Geologie:
Beim Rutilquarz handelt es sich um Bergkristall, welcher mit Rutilkristallen durchwachsen ist. Diese Rutilnadeln sind

Titanoxidkristalle und verleihen dem Rutilquarz seine charakteristischen Eigenschaften. Seine Härte beträgt 7. Die schönsten Rutilquarze stammen aus Brasilien, den Alpenländern, Australien und USA.

Geschichtliche Überlieferung:

Der Rutilquarz wurde besonders von den alten Griechen verehrt. In der griechischen Mythologie glaubte man, daß das Geröll des Unterweltflusses Styx aus Rutilquarz bestand. Dieser verlieh diesem Fluß eine geschmeidigere Fließkraft und verhalf den Göttern zur Einhaltung Ihrer Versprechungen. Seit dieser Zeit wird der Rutilquarz nicht nur als Schutzstein und Stein der Wahrheit verehrt, sondern in jüngster Zeit erkennen wir auch, welche starken Heilkräfte im Rutilquarz stecken.

Heilwirkungen auf den Körper:

Rutilquarz ist ein Stein, welcher sich ganz besonders durch Auflegen auf die Kehle um den Bereich der Atmungsorgane bemüht. Hierbei wird durch den Rutilquarz das gesamte Atmungssystem gestärkt. Der Rutilquarz steuert auch die harmonischen Bewegungen des Zwerchfells für die Atmung. Er schützt die Bronchien und die Lungenbläschen vor allergischen Reaktionen und bewahrt vor Atemnot, keuchendem Husten und verkrampfen der Bronchien durch asthmatische Erkrankungen. Durch den Rutilquarz wird die Aufnahme von Sauerstoff und das Abgeben von Kohlendioxid über die Lunge gründlicher geregelt. Desweiteren bewirkt der Rutilquarz eine Erneuerung des Zellgewebes im gesamten Körper. Dies wiederum wirkt sich sehr positiv auf das Kleinhirn aus. Dieses koordiniert die feinen und abgestimmten, sowie bewußten und unterbewußten Bewegungen unserer Organe und Glieder. Hierunter fallen z. B. auch das Ausgleichen von Gleichgewichtsstörungen und die Heilung von nervlichen Erkrankungen und Epilepsien. Er aktiviert die weißen Blutkörperchen im Kreislauf, welche Antikörper, sogenannte Freßzellen, produzieren und bewirkt dadurch mehr Widerstandskraft gegen Viren und Bakterien. Gleichzeitig bewirkt der Rutilquarz ein schnelleres Ausscheiden von abgetöteten Zellen aus dem Organismus.

Heilwirkungen auf die Psyche:

Der Rutilquarz ist ein kräftiger Stein, der schon seit vielen tausend Jahren als Wahrheits- und Schutzstein verehrt wird. Menschen, die einen Rutilquarz bei sich tragen, finden nicht nur besser zur eigenen Wahrheit und mehr Selbstverwirklichung, sondern sie erreichen, daß auch Mitmenschen ihnen gegenüber ehrlicher und aufrichtiger sind. Er schenkt mehr spirituelles Wachstum, Wohlbefinden, Harmonie und Lebenskraft. Die schützenden Eigenschaften des Rutilquarz warnen vor bösen Kräften, Lügen und Unwahrheiten. Der Rutilquarz leuchtet uns trotz vielfacher anderer Meinungen durch Mitmenschen unseren eigenen Weg, und verhilft uns, eigene Ziele besser zu verwirklichen.

Chakra:

Der Rutilquarz dringt während der Meditation sehr gut durch das Sonnengeflecht und den Solarplexus in uns ein. Aber auch auf dem Kehlchakra läßt sich der Rutilquarz sehr lichtbringend verwenden. Er leuchtet uns unseren eigenen Lebensweg und bringt mehr Licht in unser Umfeld. Der Rutilquarz hat die Eigenschaften, uns dort hinzuführen, wo der Ursprung unserer Belastungen und Verspannungen liegt. Wir erkennen diese, und schaffen es, uns mit Hilfe des Rutilquarz diese Verspannungen ganz bewußt an die Oberfläche und somit aus unserem Körper zu befördern. Rutilquarz läßt sich mit nahezu allen Steinen kombinieren.

Wie erhalte ich einen Rutilquarz und wie pflege ich diesen?

Rutilquarze sind als Rohstein, Kristall, Trommelstein, Handschmeichler, Kette, Anhänger, Kugel, Pyramide, Obelisk und Donuts erhältlich. Je goldener die eingeschlossenen Rutilnadeln, desto kräftiger sind die Wirkungen des Rutilquarz. Wir empfehlen, den Rutilquarz ein bis zweimal im Monat unter fließendem, lauwarmem Wasser zu reinigen. Rutilquarzketten sollten über Nacht in einer trockenen Schale mit Hämatit- und Bergkristall-Trommelsteinen gereinigt und entladen werden. Das Aufladen an der Sonne oder in einer Bergkristall-Gruppe ist für den Rutilquarz auch während mehrerer Stunden zu empfehlen.

Ryolith

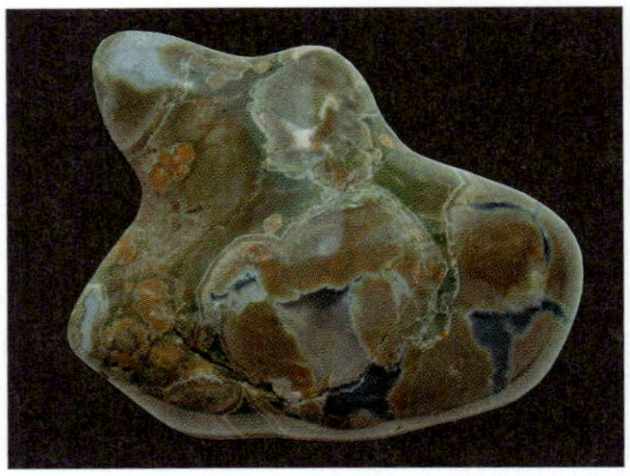

Farbe: Achatähnliche Einschlüsse in grünlichem Muttergestein.

Chemische Zusammensetzung: SiO_2

Geologie:

Ryolith ist ein Magma-Ergußgestein, welches sich unter Eindringen von Kieselsäuren unter hohem Druck gebildet hat. Als das vulkanische Gas aus dem Gestein entwichen ist, blieben unzählige kleine Hohlräume zurück, welche sich mit Quarz, Achat, Amethyst und anderen siliziumhaltigen Edelsteinen aufgefüllt haben. Der Ryolith findet sich daher in vielen vulkanischen Gebieten. Der schönste und reinste Ryolith stammt jedoch aus Queensland, Australien.

Geschichtliche Überlieferung:

Der Ryolith ist ein Stein, welcher erst im Mittelalter und in unserem Jahrhundert seine Beachtung findet. Ryolith ist heute nicht nur ein begehrter Schmuckstein, sondern wird auch als kräftiger Heilstein geschätzt.

Heilwirkungen auf den Körper:

Ryolith kräftigt und schützt vor allem Organe, welche nicht bewußt, sondern durch das vegetative Nervensystem gesteuert werden. Verdauung, Herzschlag, Drüsen und die Bildung von Hormonen werden durch den Ryolith so indirekt harmonisiert und gesteuert. Darüberhinaus heilt der Ryolith auch Entzündungen, welche sich an den Faserbündeln der Nerven und am Gewebe des Nervensystems anzusiedeln versuchen. Der Ryolith verbindet hierbei das vegetative Nervensystem fester mit den Sinnesorganen und den Chakras. Tragische Krankheiten, wie z. B. Multiple Sklerose, chronischer Hexenschuß oder die Parkinsonsche Krankheit können mit dem Ryolith durch das Tragen einer Kette, Tee oder durch regelmäßiges Auflegen gelindert und geheilt werden. Durch die Eigenschaften des Ryolith auf das Nervensystem werden besonders Stoffwechselerkrankungen und körperliche Leiden geheilt, welche eigentlich geistigen oder seelischen Ursprungs sind.

Heilwirkungen auf die Psyche:

Auf magische Weise verbindet der Ryolith unser vegetatives Nervensystem mit dem bewußten Nervensystem. Wir erfahren dadurch besser, daß wir nicht nur körperliche, sondern auch seelische Bedürfnisse haben, und erhalten die Fähigkeit diese mehr zu harmonisieren. Zu Hörigkeit und Geltungswahn neigende Menschen sollten zum Ausgleich unbedingt einen Ryolith, besser eine Ryolith-Kette am Körper tragen.

Chakra:

Der Ryolith dringt durch das Herzchakra mit Tendenz zur Kehle ausgleichend und gleichmäßig über das Rückenmark ins Nervensystem ein. Er aktiviert die Fähigkeit zu Liebe und partnerschaftlicher Beziehung und bringt uns auf eine höhere Ebene, welche uns den Umgang mit unseren Gefühlen, aber auch den Gefühlen unserer Mitmenschen harmonisiert. Der Ryolith wirkt daher wie eine abrundende Kraft, welche es vermag, uns zwar ehe- und freundschaftstauglicher zu machen, uns jedoch gleichzeitig dazu verhilft, daß wir im Strom der vielen Menschen und Meinungen trotzdem unsere eigene Persönlichkeit bewahren.

Wie erhalte ich einen Ryolith und wie pflege ich diesen?

Sie erhalten den Ryolith als Rohstein, Trommelstein, Handschmeichler, Anhänger, Kugel, Kette, Donuts und vielen phantasievollen Formen für Halsreifen und Lederband. Anhänger und Handschmeichler sollten Sie einmal wöchentlich kurz unter fließendem lauwarmem Wasser reinigen und entladen. Ketten sollten ungeknotet sein, damit die Kugeln einander berühren. Dies hebt die Kraft des Ryolith um ein Vielfaches. Entladen Sie Ketten einmal im Monat in einer trockenen Schale mit Hämatit-Trommelsteinen. Das Aufladen des Ryoliths an der Sonne oder einer Bergkristall-Gruppe ist jederzeit, mindestens einmal im Monat, zu empfehlen.

Saphir

Sternsaphir - Padparadscha

Farbe:
Weiß, gelb, violett, rosa, braun, grün und, der edelste aller Saphire: kornblumenblau.

Chemische Zusammensetzung: Al_2O_3(+FE&Ti)

Geologie:
Der Saphir ist ein Aluminiumoxid und gehört in die Familie der Korunde. Diese haben die Härte 9. Eine Vielzahl von metallischen Ablagerungen erzeugen die phantastischen Farben der Saphire. Der bekannteste und wertvollste Saphir ist der blaue Saphir. Dieser erhält seine Farbe durch Beimengungen von Titan und Eisen. Die wichtigsten Fundstellen des Saphirs liegen in Sri Lanka, Indien, Australien und Brasilien.

Geschichtliche Überlieferung:
Schon die alten Griechen verehrten diesen Edelstein als den Stein der Weisheit, Treue, Klugheit und der Vernunft. Die Ägypter bezeichneten den blauen Saphir als den Stein der Treue, welcher mehr Zusammengehörigkeit in der Ehe beschere. Als einer der Grundsteine des neuen Jerusalems wird der Saphir auch in der Bibel erwähnt. Aber auch Hildegard v. Bingen, Bischöfe und Könige verehrten den Saphir als Schutzstein und Heilstein. So wird der Saphir auch heute noch als Edelstein und Heilstein höchster Energie angesehen.

Heilwirkungen auf den Körper:
Der Saphir verbindet den Körper mit dem Geist und der Seele und baut daher vor allem streßbedingte und chronische Krankheiten ab. Hierunter fallen z. B. ständige Entzündungen der Stirn, Nebenhöhlen, Ohren und Augen. Streßbedingte Krankheiten vermag der Saphir besonders zu lindern, da er eine besonders sanfte Wirkung auf das Nervensystem ausübt. Diese Kraft überträgt sich direkt auf die Organe. Der Saphir bewirkt, daß Schmerzen, welche von Leber, Niere, Galle, Magen oder Darm ausgehen, schneller gelindert werden. Durch Saphir-Ketten oder -Tee können sogar tieferliegende und fortgeschrittene Tumore, Koliken, Geschwüre und Wucherungen spürbar geheilt werden. Saphirtee aktiviert die Verdauung und kräftigt die Darmflora. Häufiges Sodbrennen, Schluckauf, Magengeruch und Verdauungsprobleme, welche ihren Ursprung in Magen und Darm finden, aber auch Meningitis werden durch den Saphir besser geheilt. Der Saphir hat auch wunderbare Eigenschaften auf unser Äußeres. So erreichen wir z. B. mit Saphirwasser, einem Saphirbad und durch Saphir-Ketten eine wahre Erholung der Haut. Saphir lindert und heilt Ausschläge, Ekzeme und Juckreiz und kräftigt die Zellen der Nägel und Haare. Kahlköpfigkeit und starker Haarausfall können mit Hilfe des Saphirs genauso gelindert und geheilt werden, wie Schuppenflechte, Haarspliss und spröde Fingernägel. Baden Sie Ihre Hände regelmäßig in Saphirwasser, und Sie werden spüren, wie die Kräfte des Saphir in die Haut eindringen und diese pflegen und glätten. Wir empfehlen Ihnen, bei rheumatischen Erkrankungen, Gicht, Gliederschmerzen, Nervenschmerzen, Neuralgien und Streßerscheinungen, welche sich über die Haut auswirken, ein heißes Saphirbad. Unter dem Kopfkissen oder als Saphirkette, auch während der Nacht getragen, bewahrt der Saphir vor Schlaflosigkeit, Alpträumen und Mondsucht. Menschen, welche an Platzangst oder Raumangst leiden oder während des Alltags häufig starke Schweißausbrüche, evtl. verbunden mit Schwindelanfällen haben, sollten unbedingt eine Saphirkette nahe am Hals tragen. Regelmäßiges anwenden von Saphir-Wasser oder -Tee verhilft dem Organismus zu mehr Entschlackung und Entgiftung, regeneriert Nieren- und Gallenblase und senkt den Blutdruck.

Heilwirkungen auf die Psyche:

Der Saphir ist ein Heilstein mit hoher Frequenz und starker Energie. Es ist nicht möglich, die Kräfte eines kornblumenblauen Saphirs mittels eigener Kräfte oder den Kräften anderer Steine umzuleiten oder zu täuschen. Der Saphir dringt daher sehr tief in unseren gesamten Körper, Geist und Seele ein und erzeugt eine Verbindung der Körper, welche auf höchster Ebene normalerweise nur bei entspanntesten und ausgeglichensten Menschen zu finden ist. Darüberhinaus stärkt der Saphir die Tugenden und verhilft uns, im Leben aufrecht und geradlinig zu bleiben. Der Saphir verhilft uns, mit mehr Zielstrebigkeit an Wünsche, Bedürfnisse und Ziele heranzutreten. Menschen, welche zu Zorn und Überreaktionen neigen, sollten ein Amulett aus Saphir am Hals tragen, da er so vor heftigen Gemütsausbrüchen bewahrt. Er verleiht seinem Träger ruhige Nerven und mehr Gedankenkonzentration. Im Beruf und in der Schule bewahrt der Saphir, am Hals getragen, vor Konzentrationsschwächen, Lernschwierigkeiten und Prüfungsangst.

Sternzeichen: Schütze 23. November bis 21. Dezember

Chakra:

Der blaue Saphir dringt auf unserem Stirnchakra mit Tendenz zur Kehle oder über das Dritte Auge besonders gut in uns ein. Da der Saphir ein sehr starker und eigensinniger Stein ist, können wir ihn je nach Bedürfnis als Lichtbringer für alle Chakras verwenden. Wir spüren besser, daß Körper, Geist und Seele zusammengehören und nur, wenn diese auch zusammen harmonisieren, spüren wir Weisheit, Liebe und Glück. Der Saphir läßt uns auch über die Meditation hinaus jünger und frischer erstrahlen. Menschen, welche regelmäßig Saphir bei sich tragen, erfahren eine größere geistige Lebendigkeit und mehr Widerstandskraft ihres Körpers. Besonders auf dem Dritten Auge ermöglicht der Saphir nicht nur das Erkennen und Sehen, sondern auch das Abwägen und Verstehen. Der Saphir ist Ihnen auch ein transformierender Stein, welcher vor Angriffen neidischer Mitmenschen und bösen Kräften schützt. Diesbezüglich ist er jedoch nicht nur ein Warner, sondern er verleiht Ihnen sogar die Fähigkeit, Ihre Feinde zu erkennen.

Sternsaphir

Der blaue Sternsaphir hat dieselben Eigenschaften wie der blaue Saphir, ist jedoch in seiner Kraft um ein Vielfaches stärker. Die Völker der Antike glaubten, daß sich das Firmament nach der Apokalypse in die Schönheit eines Saphirs zurückzog, um mit ewigem Stern auf der Erde zu leuchten. Hieraus wurde der Sternsaphir. Wir empfehlen Ihnen, den blauen Sternsaphir zu verwenden, wenn Sie für eine der Krankheiten, die beim Saphir beschrieben sind spüren, daß diese im fortgeschrittenen Stadium ist. Menschen, welche zu Herzinfarkt, Blindheit, extremen Schmerzen oder gar Krebs neigen, sollten sich unbedingt der absoluten Kraft eines Sternsaphirs anvertrauen. Da der Sternsaphir viele Tausend Mal kräftiger ist als ein blauer Saphir, empfehlen wir Ihnen jedoch, erst einmal den blauen Saphir als Heilstein und Therapiestein zu gebrauchen. Zusätzlich heilende Eigenschaften des Sternsaphirs liegen in den Heilwirkungen auf Erkrankungen des Extrapyramidalen Systems. Hierbei kräftigt und schützt der Sternsaphir die Nervenstränge, welche unterhalb des Rückenmarks zusammenlaufen, vor Erkrankungen und Entzündungen. Besonders Kinder werden leider oft von rheumatischen Fiebern betroffen, welche direkt das Rückenmark schädigen und zu unkontrollierten Behinderungen der Gliedmaßen und Muskeln führen (Veitstanz). Immer häufiger werden auch Erwachsene von diesen Symptomen der Bewegungsstörungen, oft mit zunehmender Verblödung, betroffen. Der Sternsaphir lindert die Entzündungen und Erkrankungen des Rückenmarks und heilt dadurch auch Schüttellähmung bzw. Parkinson'sche Krankheit.

Heilwirkungen auf die Psyche:

Der Sternsaphir verstärkt die Eigenschaften des blauen Saphirs. Er kräftigt bei seinem Träger jedoch ganz besonders das Erkennen von falschen Freunden und untreuen Partnern. Im Gegensatz zum blauen Saphir, welcher ein erkennender Stein ist, ist der

Sternsaphir ein geradliniger, knallharter Warner. Er hat nur einen Stern. Sollten Sie jedoch eine Schattierung oder gar einen parallellaufenden zweiten Stern auf ihm erkennen, so fragen Sie den Sternsaphir unbedingt sofort nach den kommenden Gefahren.

Chakra:

Auch hier empfehlen wir Ihnen erst einmal die Meditation mit dem blauen Saphir, da der Sternsaphir dieselben Eigenschaften wie der blaue Saphir hat, jedoch um ein Vielfaches stärker. Der Unterschied zum blauen Saphir liegt in der Anwendung des Sternsaphirs auf dem Dritten Auge. Von hier aus vermag es der Sternsaphir, uns in Raum und Zeit zu tragen. Wir erkennen, was vor uns war und was nach uns kommen wird und ganz besonders erkennen wir Gefahren, wie z. B. falsche Freunde, Zauberei und schwarze Magie, welche in der Gegenwart auf uns zukommen. Wir können diese erkennen und erhalten durch den Sternsaphir einen treuen Beschützer.

Padparadscha und andere farbige Saphire

Der Padparadscha ist ein orangefarbener Saphir, welcher auf Ceylon gefunden wird. Wegen seiner phantastischen Farbe und seiner heilenden Wirkungen wurde dieser Saphir mit dem Namen Padparadscha versehen, was soviel bedeutet wie Lotosblüte. Darüberhinaus sind auch farblose, gelbe, violette, rosane, grüne und braune Saphire auf dem Markt erhältlich.

v. li.: Padparadscha, Sternsaphir

Heilwirkungen auf den Körper:

Farbige Saphire und Padparadschas dringen nicht ganz so schwingungsvoll wie blaue Saphire in uns ein. Sie haben dafür aber auch ihre besonderen Eigenschaften. Farbige Saphire, und ganz besonders der Padparadscha, steuern die Funktion der Lymphdrüsen und bewahren vor Erkrankungen der Lymphgefäße und des lymphatischen Gewebes. Hierdurch wird ermöglicht, daß die Fette, die im Darm der Verdauung entzogen werden, ungehindert dem Blut und dem Venensystem zur Verbrennung zugeführt werden können. Die Lymphknoten, welche oft fälschlicherweise als Lymphdrüsen bezeichnet werden, werden in ihren filternden und reinigenden Funktionen für das Lymphgefäßsystem gestärkt. Hierunter fallen auch eine Kräftigung der Milz und des Knochenmarks. Das von diesen Organen ausgehende Wohlbefinden erstreckt sich auf den ganzen Organismus und bewahrt uns vor Schlafstörungen, Schlafmangel, nervlich bedingtem Streß und Wahnsinn, welcher durch zu wenig Schlaf hervorgerufen werden kann.

Heilwirkungen auf die Psyche:

Farbige Saphire und besonders der Padparadscha haben die Eigenschaft, ihrem Träger die eigenen, in ihm verborgenen, negativen wie positiven Charaktereigenschaften besser erkennen lassen. Sie verleihen ihrem Träger die Möglichkeit, die negativen Eigenschaften in positive Energie umzuwandeln und zu stärken. Desweiteren schützt der Padparadscha vor falschen Freunden, welche einfach fernbleiben. Geiz, Gier und Überheblichkeit, aber auch Beziehungsängste können daher mit farbigen Saphiren und besonders mit dem Padparadscha gelindert und sogar geheilt werden.

Chakra:

Farbige Saphire dringen am besten durch die in ihrer Farbe schwingenden Chakras in uns ein. Der Padparadscha dringt über das Milzchakra besonders tief ein, wo er nicht nur mehr Harmonie zwischen Darm, Milz und Lymphe herstellt, sondern von wo aus am besten in unseren gesamten Körper gelangt. Die feinen Wellen des Padparadscha regen unseren Lebensfluß an und verfeinern unsere Gefühle gegenüber allen Lebewesen und der Natur. Selbsttäuschung wird, wie durch alle Saphire, besonders vom Padparadscha in mehr Eingeständnis und Wahrheit verwandelt.

Wie erhalte ich einen Saphir und wie pflege ich diesen?

Saphire gehören in all ihren Varianten zu den wertvollsten Edelsteinen. Sie sollten Saphire, egal welcher Art, daher nur bei Ihrem wirklich vertrauten Edelsteinhändler kaufen. Sehen Sie davon ab, verlockend günstige Saphirangebote in Urlaubsländern wahrzunehmen. Diese sind meist bestrahlt oder künstlich. Saphire haben, wie Diamanten, wegen Ihrer Seltenheit, auf der ganzen Welt ihren relativ hohen Preis und können daher auch nicht in irgendwelchen Urlaubsländern ohne Haken zu Spottpreisen angeboten werden. Sie erhalten Saphire als Rohkristalle, Trommelsteine, Handschmeichler, Kette und selten als Donuts. Facettierte Saphire erfreuen uns ebenso mit ihren phantastischen Farben wie auch cabochongeschliffene Sternsaphire. Saphir-Linsen-Ketten sind ganz besondere Schmuckstücke und wirken wie Rosenkränze als heilendes Balsam reinster Energie für unseren Körper, Geist und Seele. Der Preis liegt im gehobenen Bereich. Sie sollten den Saphir regelmäßig nach Gebrauch unter fließendem, lauwarmem Wasser reinigen. Saphir-Ketten empfehlen wir, über Nacht in einer trockenen Schale mit Bergkristall Trommelsteinen zu entladen. Saphire sind sehr kräftige Steine, welche nicht durch Wasser entladen werden können. Für das Entladen empfehlen wir Ihnen, dies in einer Schale mit Hämatit und Bergkristall-Trommelsteinen über Nacht. Saphir nimmt die Kraft des Sonnenlichts sehr dankbar auf und sollte daher sichtbar am Hals getragen werden.

Sarder

Farbe:

Rötlich brauner Stein mit unregelmäßigen Schattierungen.

Chemische Zusammensetzung: SiO_2

Geologie:

Der Sarder ist ein brauner, streifig schattierter Chalcedon-Achat aus der Familie der Quarze mit der Härte 7. Die charakteristische Farbe des Sarders wird durch unterschiedliche Konzentrationen von Limonit und Eisenoxid hervorgerufen. Die wichtigsten Fundgebiete des Sarders liegen in Brasilien. Von hier stammen Sarder, welche sogar die Größe eines Kopfes erreichen. Weitere Fundgebiete liegen in Indien, Australien, Südwestafrika, BRD, USA und China.

Geschichtliche Überlieferung:

Schon von den Griechen und Römern wurde der Sarder als Stein des Feuers, der Inspiration und der Leidenschaft verehrt und nach der Stadt Sardes in Kleinasien benannt. Er wurde jedoch weniger als Schmuckstein sondern mehr als Kultstein und Heilstein geschätzt. Die heilenden Kräfte des Sarder wurden auch von Hildegard von Bingen erkannt und überliefert. Sie zählte diesen zu ihren stärksten Grund- und Heilsteinen.

Heilwirkungen auf den Körper:

Der Sarder hilft ganz besonders vor Tumoren, Infektionen und Geschwüren, welche sich an der inneren Haut der Bindegewebe und im Darmtrakt oder Gehirn ansiedeln. Hierunter fallen auch Hirnhautentzündung und Knochenhautentzündungen. Besonders Kinder werden durch Sarder vor Bettnässen bewahrt, da dieser die nervösen Störungen der Blasenschließmuskulatur heilt. Der Sarder reguliert aber auch den Plasma- und Flüssigkeitshaushalt im Blut. Hoher Blutdruck wird daher genauso vermindert wie die Symptome, welche durch zu niedrigen Blutdruck hervorgerufen werden. Sehr starke Wirkungen hat der Sarder in Form von Sarderwasser bei regelmäßiger Einnahme auf die Funktion von Leber und Galle. Er harmonisiert die Leber und kräftigt die Galle in ihrer Gallensaftproduktion und heilt Gelbsucht und Hepatitis. Darüberhinaus hat der Sarder auch stark heilende Eigenschaften auf Durchfall, Fieber und Erbrechen, welche aufgrund von

Leber- und Gallenerkrankungen hervorgerufen werden. Sarder hilft als großer Stein oder Kugel ganz besonders Menschen, welche unter Neurasthenie leiden. Reizbarkeit, Erschöpfungszustände, Konzentrationsschwäche und Schlaflosigkeit, welche sich durch diese nervlichen Erkrankung auswirken, werden durch Kugel-Ketten besonders stark gelindert. Auf den Ohren heilt der Sarder Ohrenschmerzen, Gehörschwäche und Gehörsturz.

Heilwirkungen auf die Psyche:

In den psychischen Eigenschaften liegt die Verwandtschaft des Sarder zum Sardonyx sehr nahe. Er festigt ebenfalls die Beziehung in der Partnerschaft und in der Freundschaft. Er schärft den Verstand und die Sinne gegenüber falschen Freunden und gespielter Liebe. Der Sarder beschenkt seinen Träger mit reiner und häufig selbstloser Kraft. Er ist daher ein Stein, welcher egozentrische, fanatische und egoistische Menschen offener und emanzipierter den Mitmenschen gegenüber macht.

Chakra:

Der Sarder eignet sich für die Meditation gut zum Auflegen auf das Sexual- oder Milzchakra. Wir erreichen dadurch mehr Verstand und stärken mit dem Sarder ganz besonders unsere geistige und körperliche Ausstrahlung gegenüber uns und unseren Mitmenschen. Der Sarder ist ein wärmebringender Freundschaftsstein, welcher in uns die Verhältnisse gegenüber Mann, Frau, Freund oder Freundin klärt und bindungsfähiger macht.

Wie erhalte ich einen Sarder und wie pflege ich diesen?

Sarder sind als Rohsteine, Trommelsteine, Handschmeichler, Anhänger, Kugeln, Pyramiden, Obelisken und selten als Ketten oder Donuts erhältlich. Sie sollten diesen Stein einmal im Monat unter fließendem, lauwarmem Wasser reinigen und entladen. Spüren Sie farbige Veränderungen dieses kräftigen Heilsteins, so sollten Sie ihn unbedingt über Nacht in einer Schale mit Wasser und Hämatit-Trommelsteinen entladen. Auch beim Sarder sollten Sie nicht mit Sonnenlicht sparen. Wie der Sardonyx liebt auch der Sarder das regelmäßige und häufige Aufladen an der heißen Mittagssonne. Ketten sollten über Nacht in einer trockenen Schale mit Hämatit-Trommelsteinen entladen werden. Danach sollten sie unbedingt für mehrere Stunden an die Sonne zum Aufladen gelegt werden.

Sardonyx

Farbe: Schwarz mit hellen bis weißen streifigen Einschlüssen.

Chemische Zusammensetzung: SiO_2

Geologie:

Beim Sardonyx handelt es sich um eine Chaldedonvarietät aus der Quarzgruppe mit der Härte 7. Weiße Streifen verleihen dem dunklen Onyx seine charakteristischen Eigenschaften. Der Sardonyx wird meist in Brasilien gefunden. Unbedeutende und kleine Vorkommen liegen verstreut in nahezu allen Achat- und Chalcedonfundgebieten: China, Indien, Südwestafrika, Australien.

Geschichtliche Überlieferung:

Der Sardonyx gehört zu den Grundsteinen des neuen Jerusalem und wurde als das Gold der Antike geehrt, welches in Eden, im Paradies gefunden wurde. Die Griechen und Römer verehrten diesen Stein als Schutzstein, welcher alles Böse vom Körper fernhalte und seinen Träger mit ehrlicher Liebe und Treue belohne. Auch Hildegard von Bingen schätzte den Sardonyx als Grundstein und kräftigen Heilstein. Bis heute erfreut sich der Sardonyx in seiner Wertschätzung als Heil- und Schutzstein zunehmender Beliebtheit.

Heilwirkungen auf den Körper:

Der Sardonyx dringt über die Halswirbel und über das parasympatische Nervensystem sehr kräftig in uns ein. Als Anhänger oder Kette getragen hat er auch eine sehr regulierende und inspirierende Eigenschaft auf die Drüsen, besonders auf die Schilddrüse. Der Sardonyx bewahrt darüberhinaus auch ganz besonders vor Infektionen, welche über die Umwelt oder durch Stiche, Bisse und Ansteckungen in unseren Körper gelangen. Er schützt den Nasen und Rachenraum, sowie den Kehlkopf, die Atemwege und die Lunge vor Entzündungen und Vergiftungen. Wasseransammlungen in der Lunge oder eitrige Lungen- und Kehlkopfkatarrhe können mit Hilfe von Sardonyx oder mit Sardonyx-Wasser gut geheilt werden. Da die Leber selbst nicht schmerzen kann, ist der Sardonyx ein treuer Vorsorgestein und Heilstein, welcher uns durch Verfärbungen der weißen Streifen auf Erkrankungen der Leber hinweist. Wir spüren zwar einen Druck im Magen und Unlust, erkennen aber rechtzeitig dank des Sardonyx, daß es sich hierbei um eine ernsthafte Erkrankung der Leber handelt. Er heilt Gelbsucht, Leberentzündung (Hepatitis) und Schrumpfleber (Leberzirrhose). Darüberhinaus heilt der Sardonyx auch neurosen Schnupfen, welcher sich aufgrund von nervlichen Überlastungen bei sensiblen Menschen einstellt. Sardonyx heilt durch Auflegen eitrige Wunden. Er hat auch eine sehr beruhigende und regenerierende Eigenschaft auf das Herz, die Nieren und die Nervenfasern und eignet sich als Therapiestein zum Schutz vor Krankheitsrückfällen.

Heilwirkungen auf die Psyche:

Der Sardonyx ist ein wahrheitbringender und wahrheiterkennender Gerechtigkeitsstein. Er verhilft nicht nur seinem Träger zum Recht, sondern schenkt über seinen Träger auch mehr Akzeptanz gegenüber anderen Mitmenschen. Der Sardonyx befreit vor Depressionen und Xenophobie, welche sich in chronischer Angst vor dem Fremden und Ungewohnten auswirkt. Er harmonisiert Freundschaften und stärkt die Partnerschaft. Sardonyx bringt nicht nur Glück in der Liebe, sondern auch Glück im Spiel und mehr Gerechtigkeitsempfinden gegenüber der Wahrheit. Menschen, welche sich in Trauer oder einem schweren Lebensabschnitt befinden, sollten unbedingt eine Sardonyx-Kette zum Schutz am Hals tragen, da ein Unglück selten allein kommt. Vergeßlichkeit und Konzentrationsschwächen werden durch den Sardonyx gelindert.

Sternzeichen: Steinbock 22. Dezember bis 20. Januar

Chakra:

In der Meditation entfaltet der Sardonyx seine besten Kräfte auf dem Kehlchakra, dem Wurzelchakra und durch die Stirn. Er dringt sanft aber tief in uns ein und bringt uns auf eine höhere Ebene der Selbsterkenntnis und Selbstbeherrschung. Gedanken und Wünsche werden mit Hilfe von Sardonyx reiner empfunden und wir finden daher leichter zu unserem persönlichen Leben und mehr eigener Lebenserfüllung. Er ist jedoch kein Stein des Egoismus, sondern verleiht uns durch seine sanften Schwingungen eher die Eigenschaft, Freundschaften zu vertiefen, und selber auch ein ehrlicher und wahrer Freund zu sein.

Wie erhalte ich einen Sardonyx und wie pflege ich diesen?

Wirklich schön gemaserte und schwarzweiß abgestufte Sardonyx sind selten und daher auch nur im wirklich gut sortierten Fachhandel erhältlich. Sie erhalten ihn als Trommelstein, Handschmeichler, Kugel, Obelisk, Pyramide, Buchstützen, Kette, Donuts und phantasievollen Teilchen für Halsreifen und Lederband. Sie sollten den Sardonyx wöchentlich unter fließendem, lauwarmem Wasser reinigen und entladen. Das Aufladen an der Sonne ist für den Sardonyx sehr zu empfehlen und kann beliebig oft auch für längere Zeit an der heißen Mittagssonne wiederholt werden. Sparen Sie beim Sardonyx nicht mit Sonne, denn er lädt sich an der Sonne sehr kräftig auf. Ketten sollten einmal im Monat über Nacht in einer trockenen Schale mit Hämatit-Trommelsteinen gereinigt und entladen werden.

Schlangenjaspis

Farbe: Braun mit feinen, schlangenartigen Einschlüssen

Chemische Zusammensetzung: SiO_2

Geologie:

Der Schlangenjaspis gehört in die Familie der Quarze und erhält durch Limonit, Eisen und Mangan seine charakteristische Zeichnung. Er hat die Härte 7 und wird in Indien und in China gefunden.

Geschichtliche Überlieferung:

In Indien und in China erfreut sich dieser Stein seit Tausenden von Jahren in der Naturmedizin großer Beliebtheit. Er wird aufgrund seiner desinfizierenden und verdauensfördernden Eigenschaften als einer der ältesten Heilsteine erwähnt.

Heilwirkungen auf den Körper:

Der Schlangenjaspis wirkt wie ein Antibiotikum gegen Viren und Bakterien indem er diese in ihrem Stoffwechsel und der Vermehrung stört und sogar tötet. Dies gilt ganz besonders für Polio-Viren, welche die befürchtete Kinderlähmung verursachen. Die Viren befinden sich in unserer unmittelbaren Lebensumgebung. Man kann sich durch die Atemluft, durch Essen, durch das Händereichen oder durch das gemeinsame Benützen von Gegenständen täglich anstecken. Kinder sind leider besonders gefährdet und die Schluckimpfung ist daher unumgänglich und sollte alle 10 Jahre wiederholt werden. Dies gilt auch für Erwachsene, denn leider werden diese ebenfalls von diesen Viren befallen. Die Polio-Viren vermehren sich im Darmtrakt und hinterlassen dort auch keine Beeinträchtigungen. Erst wenn diese über das Blut in das Nervensystem gelangen, bewirken sie ernsthafte und schwere Lähmungen im Gehirn, der Atmung, der Muskulatur und an den Organen. Sie führen sogar zum Tod. Aufgrund der hohen desinfizierenden Wirkungen des Schlangenjaspis empfehlen wir besonders jungen Menschen und jenen Menschen, welche alltäglich viel menschlichen Kontakt haben, einmal im Monat ein Glas Schlangenjaspis-Elixier zu trinken und Schlangenjaspis als Schutzstein nahe am Hals zu tragen. Darüberhinaus hat der Schlangenjaspis für den Cholesteringehalt im Organismus eine sehr reduzierende Wirkung. Er lindert Völlegefühl und Abgespanntheit, welche durch überhöhte, unverdaute Cholesterinwerte die Leber und die Verdauung belasten. Der Schlangenjaspis kräftigt die Leber und stärkt diese in der Produktion von Gallenflüssigkeit. Er bewirkt so, daß Fette, und besonders das Cholesterin, besser abgebaut und ausgeschieden werden. Aufgrund des besseren Fettstoffwechsels werden Fettpolster verhindert und abgebaut. Als Tee oder Badezusatz wirken die verdauensfördernden Kräfte besonders stark.

Heilwirkungen auf die Psyche:

Der Schlangenjaspis bewirkt einen besseren Gedankenfluß zwischen Geist und Seele. Er kräftigt den Überlebenswillen und verleiht auch in ausweglosen Situationen mehr Kraft und Durchhaltevermögen.

Chakra:

Der Schlangenjaspis dringt sehr schwingungsvoll und erwärmend in die Chakras ein und verschafft während der Meditation ein ganz besonderes Maß an Zusammengehörigkeit von Körper, Geist und Seele. Der Schlangenjaspis hebt den Optimismus und aktiviert den Lebenswillen.

Wie erhalte ich einen Schlangenjaspis und wie pflege ich diesen?

Schlangenjaspis ist erhältlich als Trommelstein, Handschmeichler, Anhänger, Kugel, Kette und selten als Donuts und anderen phantasievollen Teilchen für Halsreifen und Lederband. Er sollte einmal im Monat unter fließendem, lauwarmem Wasser gereinigt und entladen werden. Laden Sie anschließend diesen Stein an der Sonne oder für mehrere Stunden an einer Bergkristall-Gruppe auf.

Schwefel

Farbe: Gelb

Chemische Zusammensetzung: S

Geologie:
Schwefel ist ein Element mit der Härte 1,5 bis 2. Er kommt in nahezu allen vulkanischen Gebieten unserer Erde vor. Besonders schöne Schwefelkristalle stammen aus Sizilien. Kleine, krümelige Kristalle kommen aus USA, Chile, Mexiko, Italien und Polen.

Heilwirkungen auf den Körper:
Schwefel gehört zu den Grundbausteinen in unserem Körper. Er ist nahezu in fast allen Eiweißstoffen und ganz besonders in den Haaren, Galle, Speichel, Harn, Knorpel und der Haut enthalten. Über die Haut wird Schwefel auch direkt aufgenommen und in den Organismus weitergeleitet. Er aktiviert das Kreislaufsystem und steuert die Atmung. Als funktionsförderndes Spurenelement verbessert Schwefel den Stickstoff- und Kohlenhydratumsatz im Organismus und beeinflußt in harmonischem Maße den Mineralhaushalt der Drüsen. Schwefelbäder in der Badewanne eignen sich ganz besonders zum Heilen von Gelenkrheumatismus, Gicht und Hauterkrankungen wie z. B. Schuppenflechte, Pickel, Hautpilzflechte und sogar Hautkrebs (Badewasser ca. 37 Grad, max. 20 Minuten). Nach dem Bad sollten Sie sich für ca. 3 Minuten mit lauwarmem Wasser abduschen. Durch Auflegen oder als Schwefelpuder heilt Schwefel auch Wundrosen, Schweißdrüsenüberproduktionen, Gefäßerkrankungen, Sonnenbrand und Verbrennungen.

Wie erhalte ich Schwefel und wie pflege ich diesen?
Schwefel ist erhältlich als Stein, Kristall oder Kristallgruppe. Zum Auflegen eignen sich ganz besonders die reinen Schwefelkristalle aus Sizilien. Für Schwefelbäder und Schwefelwasser empfehlen wir die krümeligen Schwefelaggregate aus Chile, Mexiko und USA. Diese lassen sich durch Zerpulvern in der Hand besonders gut für Bäder verwenden.

Septarien

Farbe: Orange bis gelb

Chemische Zusammensetzung: $CaCO_3$

Geologie:
Septarien sind Kalzit-Varietäten mit der Härte 3 Sie erhalten ihre charakteristische Farbe durch Eisen und Limonit. Septarien werden in Drusen und Hohlräumen gefunden. Sie kristallisieren in vielen kleinen Kristallen, meist sternförmig, aus. Die Fundgebiete der Septarien liegen in Utah und Arizona, USA, und in Madagaskar.

Geschichtliche Überlieferung:
Bei den Indianern Nordamerikas waren die Septarien vielgeschätzte Heilsteine. In ihren Hohlräumen wurde oftmals heiliges Ur-Wasser gefunden, welches größte Reinheit verschaffen sollte. Septarien sind optisch sehr schöne Sammler-Mineralien, welche sich auch im Heilsteinbereich großer Beliebtheit erfreuen.

Heilwirkungen auf den Körper:
Septarien kräftigen das Gehirn und lindern Hirn-Durchblutungsstörungen und Stauungen zwischen den Nervenzellen im Gehirn (Alzheimersche Krankheit). Nicht alle Hirnstörungen sind jedoch so schwerwiegend wie die Alzheimersche Krankheit, sondern sind durch Therapie gut rehabilitierbar und heilbar. Viele Beeinträchtigungen im Gehirn lassen sich sogar schon nach kurzer Zeit lindern und heilen. Besonders Septarien unterstützen die Therapie auf natürliche Weise. Sie bewirken mehr Konzentrationsfähigkeit und lindern häufige Vergeßlichkeit, welche auf Hirnleistungsstörungen zurückzuführen sind. Besonders ältere Menschen, aber auch jüngere Menschen, welche Konzentrationsschwächen und Lücken im Erinnerungsvermögen erkennen, sollten Septarien als Heilsteine in ihrer Umgebung aufstellen. Viele Menschen würden Leistungsstörungen ihres Gehirns niemals zugeben und sollten daher von ihren Angehörigen mit Septarien beschenkt werden. Viel Bewegung, und Septarien in der Wohnung aufgestellt, bewirken die beste Heilung von Hirnleistungsstörungen, Vergeßlichkeit und Verwirrtheit.

Heilwirkungen auf die Psyche:
Septarien befreien die Wege im Kopf und verschaffen wieder mehr Konzentration und Erinnerungsvermögen. Sie verleihen mehr Selbstbewußtsein und verschaffen mehr aktive Lebensgestaltung.

Chakra:
Septarien dringen besonders durch den Solarplexus in das Nervengewebe ein und entfalten danach ihre lichtbringende Kraft direkt im Gehirn. Sie haben sehr beruhigende und reinigende Eigenschaften und bewahren auch vor geistigen Überanstrengungen.

Wie erhalte ich Septarien und wie pflege ich diese?
Septarien sind als Drusen, Kristallstücke, Trommelsteine, Handschmeichler, Kugeln, Buchstützen und vielen anderen, phantasievoll geschliffenen Handarbeiten erhältlich. Sie sollten ein bis zweimal im Jahr unter fließendem, lauwarmem Wasser gereinigt und entladen werden. Das Aufladen über Nacht in einer Bergkristall-Gruppe oder für einige Stunden an der Sonne ist für Septarien sehr wichtig.

Serpentin und Verdit

Farbe:
Grün, grünlich braun bis gelblich grün, fettig glänzend.

Chemische Zusammensetzung: $Mg_6(OH)_8Si_4O_{10}$

Geologie:
Beim Serpentin handelt es sich um ein Magnesiumsilikat mit der Härte 3 bis 4. Die bekanntesten Fundgebiete liegen in Indien, China, USA, Italien und Südwestafrika.

Geschichtliche Überlieferung:
Der Serpentin wird bei indischen Nomadenvölkern und in China auch heute noch als Schutzstein gegen Gifte, Schlangenbisse und Zauberei verehrt. Kircheneinrichtungen, Altäre und die Schnitzereien zahlloser Gebets- und Gebrauchsgegenstände werden daher heute noch vor allem in China und Indien aus Serpentin gearbeitet. Auch im alten Rom schätzte man den Serpentin als Schutzstein vor Insektenstichen und Schlangenbissen. Erst im 19. Jahrhundert wurden die hohen, feuerfesten Eigenschaften des Serpentins erkannt, und zu einer Vielzahl von Stoffen und Geweben verarbeitet.

Heilwirkungen auf den Körper:

Der Serpentin aktiviert die Thymusdrüse und somit das Abwehrsystem und den Hormonhaushalt. Er heilt auch die Nieren und die Lungen vor Infektionen und Erkrankungen. Über die Nieren verhilft der Serpentin, das Blut zu reinigen und vor Vergiftungen zu schützen. Er aktiviert die Produktion von roten Blutkörperchen und Hämoglobin für das Blutplasma. Serpentin bewahrt das Herz ganz besonders vor Erkrankungen, welche mit der Mineralienversorgung des Herzgewebes verbunden sind. Hierunter fallen z. B. Herzrhytmusstörungen und Herzflimmern. Besondere Eigenschaften hat Serpentin darüberhinaus auch auf die Lungen. Serpentin bewahrt vor Wasseransammlungen im Lungengewebe und heilt Lungenfell- und Rippfellentzündungen.

Heilwirkungen auf die Psyche:

Serpentin hat die Eigenschaft, daß er seinem Träger die geistigen Wünsche mit denen der körperlichen Fähigkeiten harmonisiert. Er verschafft seinem Träger die Möglichkeit, auch hochgesteckte Ziele zu erreichen. Serpentin läßt seinen Träger aber auch erkennen, daß das Leben aus mehr besteht, als nur aus materieller Erfüllung, welche häufig ohnehin zur Aufgabe von Gesundheit, Partnerschaft und Lebenserwartung führt.

Chakra:

Serpentin eignet sich als Öffnungsstein für das Herz- und Milzchakra. Er ist jedoch von der meditativen Seite gesehen ein Stein, welcher mit Jade oder Chrysopras unterstützt werden sollte.

Wie erhalte ich einen Serpentin und wie pflege ich diesen?

Serpentin ist erhältlich als Rohstein, Trommelstein, Handschmeichler, Kugel, Kette, Anhänger, Donuts und vielen phantasievollen Formen für Halsreifen und Lederband. Es empfiehlt sich, den Serpentin ein bis zweimal im Monat unter fließendem lauwarmem Wasser zu reinigen und zu entladen. Unmittelbar nach dem Entladen sollten Sie den Serpentin an der schwachen Morgen- oder Abendsonne oder in einer Bergkristall-Gruppe für einige Stunden aufladen. Ketten sollten in einer trockenen Schale mit Hämatit Trommelsteinen einmal im Monat über Nacht entladen werden.

Verdit

Verdit ist eine opake Serpentin-Varietät und zeichnet sich durch verschiedene Grün und Brauntöne aus. Die bekanntesten Vorkommen liegen in Simbabwe, Afrika. Von hier kommen auch phantastische Schnitzereien und Skulpturen, welche beweisen, daß die Menschen in Afrika diesen Stein schon seit Tausenden von Jahren als Kultstein und Heilstein verehren.

Heilwirkungen auf den Körper:

Der Verdit bewahrt Kinder im heranwachsenden Alter vor Mißbildungen, wie z. B. Hühnerbrust, Trichterbrust und Vorhautverengungen. Er bewahrt vor Überbelastung des Organismus und heilt Leistenbruch. Im fortgeschrittenen Alter bewahrt der Verdit Jugendliche in der Pubertät vor Frühreife und sexuellen Spannungen, Übermut und starker sexueller Begierde. Die Hormonproduktion und die organische Umstellung des Körpers hin zur Reife wird mit Verdit besser harmonisiert. Auf der Haut getragen oder als Verdit-Wasser hilft Verdit bei regelmäßiger Anwendung gegen starke, teilweise unangenehm riechende Schweißbildung. Er hilft sehr stark gegen Schweißhände, Schweißfüße, Achselnässe und Wundmale, wie z. B. Wolf.

Heilwirkungen auf die Psyche:
Verdit ist ein sehr alter Stein und verhilft uns dadurch zu mehr Erinnerungsvermögen und Konzentration. Mit Hilfe des Verdits werden vergangene Lebensphasen wieder in Erinnerung gerufen und bereits begangene Fehler werden nicht mehr wiederholt.

Wie erhalte ich einen Verdit und wie pflege ich diesen?
Verdit ist als Trommelstein, Handschmeichler, Anhänger, Kugel, Ei, Pyramide, und selten als Kette oder Donut erhältlich. Phantastische Skulpturen aus Verdit gehören mit zu den begehrtesten Schmuckstücken und Sammlerobjekten. Der Verdit sollte einmal im Monat über Nacht in einer Schale mit Hämatit-Trommelsteinen entladen werden. Stellen Sie Verfärbungen auf ihrem Verdit fest, so sollten Sie ihn sofort unter fließendem, lauwarmem Wasser entladen und reinigen. Der Verdit empfängt sehr viel seiner Kraft direkt durch die Sonne. Sie sollten ihn nach dem Entladen für ein bis zwei Stunden zum Aufladen an die Sonne legen.

Silber

Farbe: Silbrig glänzend

Chemische Zusammensetzung: Ag

Geologie:
Silber ist ein Element (Ag) mit der Härte 2,5 bis 3 und gehört zu den Edelmetallen. Die wichtigsten Silbervorkommen heute liegen in Australien, Mexiko und den GUS-Staaten.

Geschichtliche Überlieferung:
Ähnlich wie das Gold findet das Silber seinen festen Platz in den Kulturen nahezu aller Völker und wurde bis in das ausgehende 17. Jahrhundert fast so hoch wie Gold bewertet. Silber war nach dem Gold das begehrteste Schutz- und Schmuckmetall. Die Verarbeitung von Silber zu Schmuck läßt sich bis in das 4. Jahrtausend vor Christi belegen. Die ältesten Silbergruben Europas befanden sich in Spanien. Später wurde Sachsen aufgrund seiner reichen Silberlagerstätten zum Hauptförderland. Nach der Entdeckung Amerikas sorgten große Silbervorkommen in den USA und Mexiko für den Niedergang des europäischen Silberbergbaus.

Heilwirkungen auf den Körper:
Silber läßt sich im Heilsteinbereich sehr gut als Transformator zwischen kräftigen Edel- und Heilsteinen zu unserem Körper verwenden. Es verwandelt die sanften Schwingungen schwacher Heilsteine in kräftige Schwingungen und besänftigt umgekehrt kraftvolle Schwingungen starker Steine. Wenn Sie also spüren, daß ein Heilstein für Sie zu stark oder zu schwach ist, so kombinieren Sie ihn mit Silber (Silberöse, Kette, Silberverschluß). Sie werden sehr schnell spüren, daß die heilenden Kräfte der Edelsteine und Kristalle durch das Silber näher in die Schwingungsfrequenzen unseres Körpers gerückt werden und somit noch aufnahmefähiger für unseren Organismus werden. Darüberhinaus hat Silber die Eigenschaften, den Flüssigkeitshaushalt im Lymphsystem und den Saftfluß im Organismus besser zu regulieren. Silber bewahrt vor Überfluß und Übersäuerung der Körpersäfte in Magen und Darm und harmonisiert die Produktion der Drüsen. In Verbindung mit anderen Heilsteinen unterstützt Silber auch die Reduzierung von übermäßigem Körpergewicht bis zum Idealgewicht. Aufstoßen, Magengeruch und durch hormonelle Schwankungen ausgelöste Erkrankungen der Drüsen, wie z. B. Zuckerkrankheit, Schilddrüsenerkrankungen oder sogar schmerzhafte Muskelerkrankungen (Tetanie) werden durch Silber gelindert und geheilt. Darüberhinaus wirkt Silber wie ein Regulator für die in den Drüsen produzierten Hormone. Bei Übelkeit und migränehaften Kopf- und Gliederschmerzen unbekannter

Ursache sollte Silber mit den dafür vorgesehenen Heilsteinen am Körper getragen werden, damit dies aus dem Ungleichgewicht geratene Funktionen wieder besser ins Gleichgewicht bringt. An heißen Sommertagen, bei starker Luftverschmutzung oder bei zu hohen Ozonwerten stabilisiert Silber den Kreislauf und katalysiert schlechte und verunreinigte Luft aus unserer Lunge. Am stärksten entfaltet Silber seine heilenden Wirkungen, wenn es in Verbindung mit anderen Heilsteinen getragen wird.

Heilwirkungen auf die Psyche:
Silber schenkt seinem Träger ein höheres Maß an innerlicher Ausgeglichenheit und geistigem Frieden. Es besänftigt zur Grobheit neigende Menschen, nimmt ihnen den Haß und bewahrt vor Wutausbrüchen und Jähzorn. Schwächere oder eher zurückhaltende Menschen werden durch das Silber in ihrem Selbstbewußtsein und in der Selbstverwirklichung gekräftigt und von Alltagshemmungen im Umgang mit anderen Menschen befreit.

Wie erhalte ich Silber und wie pflege ich dieses?
Silber wird meist in Verbindung mit anderen Metallen gefunden und daher ausgeschmolzen. Natürliche Silber-Nuggets sind daher äußerst selten. Silber wird aber in einer Vielzahl von Schmuck und anderen Ziergegenständen angeboten. Der Indianerschmuck aus den Reservaten der Vereinigten Staaten ist eine besonders vielfältige und farbenfrohe Tradition der Silberverarbeitung. Korallen und Türkise werden hierbei in ihrer Aussagekraft und Heilwirkung durch das Silber zusätzlich verstärkt. Aber auch andere Edelsteine in Silber gefaßt gehören zu den begehrtesten Schmuckstücken und lassen sich in dieser Kombination auch im Heilsteinbereich für die Edelsteintherapie vorzüglich verwenden.

Silberauge

Farbe: Grünlich mit silbernen Streifen

Chemische Zusammensetzung: $Mg_6(OH)_8Si_4O_{10}$

Geologie:
Das Silberauge ist eine Serpentinvariante mit metallischen Ablagerungen. Die Härte des Silberauges liegt je nach metallischen Anteilen zwischen 3 und 5. Silberauge wird in China, Australien und USA gefunden.

Geschichtliche Überlieferung:
Das Silberauge wird schon in den Heilkünsten der Chinesen erwähnt. Es gilt dort als stark schmerzlindernder Heilstein. Darüberhinaus ist es bei vielen Völkern Chinas bis zu den Mongolen ein Schutzstein gegen böse Mächte und Erkrankungen. Auch heute erfreut sich das Silberauge in der Naturheilkunde großer Beliebtheit.

Heilwirkungen auf den Körper:
Das Silberauge heilt starke, pochende oder dumpf drückende Kopfschmerzen des vorderen Schädelbereiches und der Stirn. Es bewahrt vor Überanstrengung der Augen und weist seinen Träger auf korrekturbedürftige Brillengläser hin. Als Kette regelmäßig getragen heilt es auch heftig ziehende oder reißende rheumatische Kopfschmerzen. Als Silberaugewasser oder Tee können durch Spülen auch Zahnwurzelentzündungen und defekte Zähne geheilt werden. Migräneartig hämmernde und andauernde Kopfschmerzen, welche häufig mit Übelkeit und in Verbindung mit Gesichtsröte oder Blässe auftreten, können durch Ketten, nahe am Hals getragen, stark gelindert und geheilt werden. Dies gilt auch für heftige Kopfschmerzen in der Scheitelhöhe, welche häufig seelisch bedingt sind (Psychoneurosen)

und sich auch mit Überempfindlichkeit der Kopfhaut durch Haarausfall und durch starke Schmerzen im Gesicht auswirken.

Heilwirkungen auf die Psyche:

Silberauge bewirkt bei seinem Träger einen besseren Gedankenfluß und löst psychosomatische Stauungen und Blockaden. Körperliche Leiden, welche durch seelische Problemen ausgelöst werden, werden durch das Silberauge gelindert und Schmerzen sind häufig über Nacht verschwunden. Das Silberauge entspannt zudem abends und sorgt für erholsamen, tiefen Schlaf. Es stärkt die Widerstandskraft und verschafft mehr Unternehmungslust.

Chakra:

Silberauge dringt besonders tief durch das Herzchakra in uns ein. Es vermag in Verbindung mit anderen Heilsteinen, die Chakras sensibler zu machen und sogar mehrere Probleme auf einen Streich zu lösen. Während der Meditation verschafft Silberauge ein wohliges Gefühl von mehr Geborgenheit und Wärme.

Wie erhalte ich ein Silberauge und wie pflege ich dieses?

Silberauge ist als Trommelstein, Handschmeichler, Pyramide, Kugel, Donuts, Kette und Anhängerchen erhältlich. Bei chronischen oder länger anhaltenden Schmerzen sollte das Silberauge über eine längere Zeit regelmäßig getragen werden. Alle vier Wochen sollten Sie das Silberauge unter fließendem, lauwarmem Wasser entladen. Ketten sollten über Nacht in einer trockenen Schale mit Hämatit-Trommelsteinen entladen werden. Anschließend sollte das Silberauge an einer Bergkristall-Gruppe für mehrere Stunden aufgeladen werden. Stellen Sie Veränderungen in den silbern schillernden Streifen des Silberauges fest, so sollten Sie dies unbedingt öfters, ja sogar täglich reinigen, da es für Sie im Augenblick besondere Dienste erweist.

Silizium

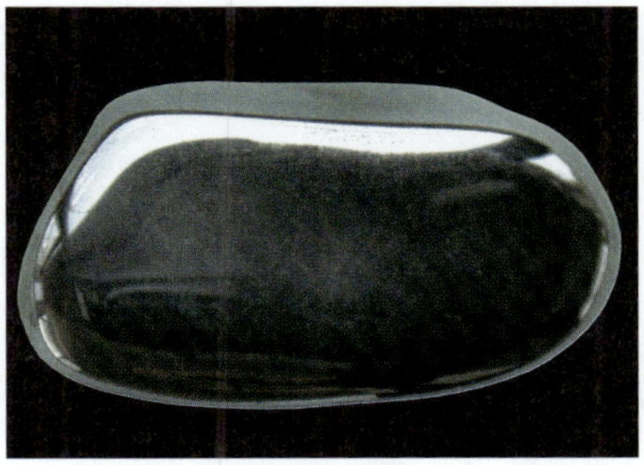

Farbe:

Graumetallisch glänzend, dem Hämatit sehr ähnlich, jedoch wesentlich leichter.

Chemische Zusammensetzung: Si

Geologie:

Silizium ist ein nichtmetallisches Element mit der Härte 7. Nach dem Sauerstoff ist Silizium das zweithäufigste Mineral in der Erdoberfläche. Meist ist dieses jedoch gebunden, wie z. B. beim Bergkristall (Silizium-Oxid) und kommt so gut wie nicht rein in der Natur vor. Silizium ist das wichtigste Mineral in der Mikroelektronik, Halbleiter- und Computertechnik. Hochreines Silizium wird unter aufwendigen Produktions-methoden künstlich hergestellt. Nahezu 90% der weltweiten Siliziumproduktion stammen aus den USA.

Heilwirkungen auf den Körper:

Trotzdem, daß das reine Silizium künstlich hergestellt wurde, haben wir dieses über Jahre hinweg getestet und aufgrund seiner großen Reinheit folgende Heilwirkungen erkannt: Silizium lindert und heilt ganz besonders Erkrankungen, welche durch Tröpfcheninfektion verschiedener Grippeviren der Typen A, B und C hervorgerufen werden. Es wirkt dabei wie ein Impfschutz und lindert rasch auch bereits ausgebrochene Erkrankungen. Grippebedingte Fieber, Kopf- und Gliederschmerzen in Verbindung mit Schüttelfrost und Appetitlosigkeit können durch reines Silizium, besonders auch in Verbindung mit anderen Heilsteinen, schnell gelindert und geheilt werden. Dies gilt auch für grippale Infekte und

Darmgrippe. Besonders in südlichen Urlaubsländern wirkt Silizium sehr vorbeugend und heilend gegen Infektionen. Menschen, welche häufig verstärkten Umgang mit mehr Menschen haben, oder häufig größeren Menschenansammlungen ausgesetzt sind, sollten sich und ihre Familie mit Silizium vorbeugend gegen Grippe schützen. Dies gilt auch ganz besonders für die Kopfgrippe, welche sich durch fiebrige, Kopf- und Gliederschmerzen bemerkbar machen, und schon nach kurzer Zeit zu Hirnlähmungen (Parkinsonismus) und zum Tode führen kann. Menschen, die einmal unter Kopfgrippe gelitten haben, sollten immer als Vorsorgestein reines Silizium nahe am Hals tragen, da diese Erkrankung tückischer Weise auch nach vielen Jahren plötzlich wieder zum Ausbruch kommen kann. Bitte bedenken Sie, daß die echte Grippe (Influenza), im Gegensatz zum grippalen Infekt, auch heute noch häufig zum Tode führt.

Heilwirkungen auf die Psyche:
Silizium reinigt und bewahrt unseren Organismus vor körperlicher und geistiger Übersteuerung. Es wirkt für die Seele wie ein ausgleichender Pol. Die entspannenden Eigenschaften des Siliziums machen sich besonders am Feierabend und am Wochenende bemerkbar. Es beruhigt die Nerven und bewirkt ein höheres Maß an Erholung. Darüberhinaus aktiviert Silizium die Lachmuskulatur und verschafft dadurch mehr Freude.

Chakra:
Silizium dringt sehr ausgleichend und entspannend über Stirn und Solarplexus in uns ein. Besonders die Lachnerven und Hormondrüsen werden durch das Silizium, noch besser, in Verbindung mit farblichen Heilsteinen, sogar so stark gereizt, daß man während der Meditation sogar beginnt, stark zu lachen.

Wie erhalte ich Silizium und wie pflege ich dieses?
Silizium ist relativ selten als Trommelstein, Handschmeichler, Anhänger oder Kette erhältlich. Es ist äußerlich dem Hämatit zum Verwechseln ähnlich und unterscheidet sich von diesem durch sein wesentlich geringeres Gewicht. Silizium oder Silizium-Ketten sollten einmal im Monat über Nacht in einer trockenen Schale mit Bergkristall-Trommelsteinen gereinigt und entladen werden. Das anschließende Aufladen an einer Bergkristall-Gruppe verschafft dem Silizium neue Energie.

Smaragd

Farbe: Hellgrün, grün

Chemische Zusammensetzung: $Be_3Al_2Si_6O_{18}$

Geologie:
Smaragde gehören in die Familie der Berylle und haben die Härte 7 bis 8. Sie bestehen aus einer chromhaltigen Beryllium-Aluminium-Silizium-Verbindung. Smaragde erhalten durch das Chrom ihre charakteristische grüne Farbe. Die bekanntesten Fundgebiete des Smaragds liegen in Kolumbien, Indien, GUS-Staaten, Pakistan, Brasilien, Australien und im Habachtal in Österreich.

Geschichtliche Überlieferung:
Smaragde gehören seit Gedenken der Menschheit zu den begehrtesten und wertvollsten aller Edelsteine. Der Smaragd erhielt wahrscheinlich durch das griechische Wort Smaragdos seinen Namen, was soviel bedeutet wie "die grüne Göttin aller Steine". Bei den Griechen und den Römern wurden Smaragde genauso geschätzt wie Diamanten und galten als farbgebende Steine für die Natur, die Blätter und die Pflanzen. Smaragd galt als Stein der Liebe und Beständigkeit, welcher mehr Treue in der Partnerschaft und in der Freundschaft beschere. Smaragde waren auch die Steine der Ägypter und ganz besonders

Kleopatra schmückte und verjüngte ihr Aussehen mit den schönsten Smaragden, da sie glaubte, in ihnen wohne die unendliche Schönheit der Venus. Aber auch die Inkas und die Azteken verehrten die Smaragde als heilige Steine. Smaragde spielen in nahezu allen Kulturen und Königshäusern eine sehr wichtige Rolle. Sie wurden nicht nur als Schmucksteine geehrt, sondern auch als kräftige Heilsteine geschätzt.

Heilwirkungen auf den Körper:

Da Smaragde schon seit Tausenden von Jahren als Heilsteine verwendet werden, ist die Palette der Heilwirkungen durch viele Überlieferungen der Menschen dementsprechend umfangreich. So hat der Smaragd beispielsweise durch regelmäßiges Einnehmen als Smaragdwasser sehr starke Heilwirkungen auf die Wirbelsäule, das Nervensystem, die Muskulatur und die Knochen. Er bewahrt ganz besonders Kinder vor Mißbildungen, wie z. B. Wolfsrachen und Hasenscharte und beugt im heranwachsenden Alter Knochenerkrankungen und Knochenweichheit (Rachitis) vor. Er schützt vor Kinderlähmung und Wundstarrkrampf. Darüberhinaus heilt der Smaragd auch rheumatische Erkrankungen und hilft sehr gut gegen fiebrigen Gelenkrheumatismus. Er heilt Hüftgelenkserkrankungen und Schultersteife, die durch Verknöcherung oder Verkalkung der Schleimhäute im Bindegewebe größte Schmerzen verursachen. Smaragd-Ketten und besonders Smaragd-Wasser ist auch ein sehr kräftiger Heiler bei Gelenkschmerzen und Gelenkverformungen, wie z. B. der Gicht. Smaragd schützt und harmonisiert das Gehirn. Er schärft die Sinne, fühlen, sehen, riechen und hören und steuert über das Kleinhirn die Feinmotorik und das Gleichgewicht aller Bewegungen. Durch Auflegen heilt er Entzündungen am Nervensystem, besonders der Wirbelsäule und im Rückenmark. Smaragd ist daher sehr gut gegen Multiple Sklerose, Schüttellähmungen, Muskelstarre, Gesichtsstarre und unkontrolliertes Zittern, welches aufgrund von Entzündungen und Durchblutungsstörungen im Nervensystem und Gehirn verursacht wird (Parkinson'sche Krankheit). Ebenfalls läßt sich der Smaragd durch Auflegen auch gegen heftige, krampfartige halbseitige oder ganzseitige Kopfschmerzen verwenden (Migräne). Smaragdketten oder Anhänger bewahren, lindern und heilen sogar Psychosen, wie z. B. Schizophrenie, Epilepsie und Paranoia, welche sich durch Krampfanfälle, Bewußtseinsverlust, Wahnideen, Größenwahn und Verfolgungswahn auswirken. Als Ketten aktivieren und harmonisieren Smaragde besonders die Funktionen der Enzyme für den Organismus und regulieren auch den Zuckerhaushalt (Diabetes) durch die Insulinproduktion in der Bauchspeicheldrüse. Durch Eindringen in die Schilddrüse und die Nebenschilddrüse werden Stoffwechselerkrankungen und Muskelkrämpfe vor allem im Bereich der Beine, Hände und Füße sowie im Mund geheilt. Er verhindert die Unterfunktion dieser Organe und beugt damit auch Brüchigkeit der Fingernägel und Haare vor. Smaragd erreicht über die Aktivierung der Thymusdrüse auch eine größere Immunität für unseren Organismus und hilft daher auch bei Infektionskrankheiten, Grippe und Fiebererkrankungen. Smaragd schützt die Nieren, und bewahrt ganz besonders die Verdauungs- und Stoffwechselorgane vor Erkrankungen. Durch Smaragdwasser kräftigt und heilt Smaragd die Gallenwege, die Leber und den Magen. Smaragd hat aber auch sehr stark heilende und regenerierende Kräfte auf das Herz, die Herzkammern und die Herzmuskulatur. Er bewahrt vor Herzschwäche und Herzerkrankungen, welche zu Herzrhytmusstörungen führen. Menschen, welche durch Übergewicht oder Streß zu Herzinfarkt neigen, sollten unbedingt einen Smaragd als Schutzstein am Hals tragen. Über die Leber und das Rückenmark wirkt der Smaragd auch leicht bluterneuernd und blutbildend. Er reguliert den Blutdruck und bewahrt vor Bluterkrankungen und Blutarmut (Anämie). Smaragd ist auch ein sehr kräftiger Heilstein gegen Krebserkrankungen und Leukämie.

Heilwirkungen auf die Psyche:

Der Smaragd erzeugt bei seinem Träger inneres Gleichgewicht und mehr Ausgeglichenheit. Er hat auf das Aussehen der Haut sehr stark verjüngende Wirkungen und verhilft seinem Träger zu Zufriedenheit und mehr Freude im Leben. Smaragde stärken ganz besonders die gegenseitigen Beziehungen der Kinder zu ihren Eltern. Sie bringen trotz des Generationenunterschiedes mehr gegenseitiges Verständnis für Wünsche, Bedürfnisse und verschiedene Lebensanschauungen. Am Hals getragen haben Smaragde stark versöhnende Kräfte in der Freundschaft, Partnerschaft und Familie.

Sternzeichen: Krebs 22. Juni bis 22. Juli

Chakra:

Smaragde eignen sich sehr gut für das meditieren durch Auflegen auf das Herzchakra. Sie dringen aber auch durch alle anderen Chakras sehr gut ein. Während der Meditation löst der Smaragd Stauungen und Blockaden in unseren Nerven. Er belegt uns mit mehr Ruhe, Frieden und Harmonie. Gleichzeitig macht uns der Smaragd auch sensibler gegenüber den Bedürfnissen und Wünschen unserer Mitmenschen. Er vermag es, Ängste und Blockaden aufzulösen. Besonders wenn sich Konflikte in der Ehe oder den Kindern gegenüber anbahnen, sollte man sich unbedingt durch einen Smaragd leiten lassen. Smaragde wirken hierbei besonders intuitiv, inspirierend und problemlösend.

Wie erhalte ich einen Smaragd und wie pflege ich diesen?

Smaragde gehören zu den wertvollsten und begehrtesten Edelsteinen. Sie liegen daher im oberen Preisbereich. Smaragde sind erhältlich als Kristalle, Trommelsteine, Handschmeichler, Anhänger und Ketten. Besonders ungeknotete verlaufende Smaragdkugel-, Oliven oder Linsenketten vermitteln reinste Energie. Sollten Sie Smaragd fassen wollen, so empfehlen wir unbedingt eine Goldfassung, da Gold die Heilkräfte des Smaragd zusätzlich aktiviert. Smaragd sollte einmal im Monat unter fließendem, lauwarmem Wasser gereinigt und entladen werden. Laden Sie jedoch Smaragde nur für sehr kurze Zeit an der Morgen oder Abendsonne auf. Smaragde gehören zu den kräftigsten Steinen und erfahren daher schon eine sehr starke Aufladung, wenn Sie diese in Verbindung mit Rubin und klaren Bergkristallen zusammen in einer Schale ohne Wasser über Nacht ruhen lassen. Ketten sollten über Nacht in einer trockenen Schale mit Hämatit-, Rubin- und Bergkristall Trommelsteinen entladen werden. Die Bergkristalle und die Rubine schenken dem Smaragd dabei gleichzeitig neue Kraft.

Sodalith

Farbe: Dunkelblau, teilweise mit weißen Einschlüssen.

Chemische Zusammensetzung: $Na_4Al_3Si_3O_{12}Cl$

Geologie:

Der Sodalith ist eine quarzige Natrium-Aluminium-Verbindung mit der Härte 5 bis 6. Die hellen Stellen im Sodalith bestehen aus Kalzium. Die wichtigsten Fundgebiete liegen in Brasilien, China und Südwestafrika.

Geschichtliche Überlieferung:

Der Sodalith erhielt schon im alten Griechenland aufgrund seines hohen Salzgehaltes den Namen Soda (Salz) und Lith (Stein) = Salzstein oder Sodalith. Die Griechen verehrten diesen Stein als Schutzstein und Heilstein und glaubten, daß dieser seinem Träger besser zur Entfaltung seiner musischen Neigungen verhelfe. Künstler, Maler, Bildhauer und Sänger trugen daher diesen Stein immer bei sich. Diese Tradition überlieferte sich auch über die römische Kultur bis in das Mittelalter. Der Sodalith geriet dann für einige hundert Jahre in Vergessenheit und wurde erst im 19. Jahrhundert als Heilstein und Schmuckstein wiederentdeckt.

Heilwirkungen auf den Körper:

Der Sodalith hat aufgrund seiner vielen mineralogischen Einschlüsse wie z. B. Salz, Zink, Mangan und Kalzium eine sehr harmonisierende Wirkung auf die Drüsen. Diese sind besonders auf Mineralien und Spurenelemente angewiesen. So unterstützt er beispielsweise die Schilddrüse während der Produktion von Hormonen, die das Wachstum und den gesamten Stoffwechsel steuern. Der Sodalith aktiviert die Bauchspeicheldrüse und bewirkt dadurch, daß in ausreichendem Maße Insulin produziert und in unser Blut abgegeben wird. Sodalith eignet sich als Sodalithwasser auf nüchternen Magen wegen seiner Insulinproduzierenden Eigenschaften auch für Menschen, welche ernsthaft an Diabetes leiden. Gleichzeitig werden die Nerven und Nervenenden beruhigt und der Blutdruck wird aufgrund geringerer nervlicher Anspannung gesenkt. Diese blutdrucksenkenden Eigenschaften des Sodalith werden durch das Tragen von Kugelketten, welche bis zum Herzen reichen, zusätzlich verstärkt. Der Sodalith schützt also indirekt nicht nur das Herz und die Blutgefäße, sondern er aktiviert auch ganz direkt durch einen ausgeglicheneren Enzym-Hormonhaushalt das Gehirn, insbesondere Hirnanhangdrüse und Hypothalamus. Durch die Aktivierung und Harmonisierung dieser Teile im Kopf werden wiederum die Drüsen des endokrinen Systems und das gesamte Lymphsystem aktiviert und gestärkt. Der Sodalith gibt dem Körper dadurch mehr Kraft und stärkt gegen Anfälligkeiten von Infektionskrankheiten und Entzündungen. Sodalithwasser oder -tee verstärkt diese Eigenschaften des Sodalith sehr spürbar.

Heilwirkungen auf die Psyche:
Der Sodalith verhilft seinem Träger zu einem emotionalen Gleichgewicht und bringt besonders sensibleren Menschen mehr Selbstvertrauen, Standfestigkeit, und Mut. Der Sodalith aktiviert nicht nur das logische Denkvermögen, sondern inspiriert auch künstlerische und schöpferische Menschen zu neuen Werken. Unter dem Kopfkissen vertreibt der Sodalith Schuldgefühle und Ängste, die durch Druck von Mitmenschen auf uns lasten, die eigentlich gar nicht in unseren Lebenskreis gehören.

Sternzeichen: Schütze 23. November bis 21. Dezember

Chakra:
Der Sodalith läßt sich für die Meditation sehr gut auf dem Hals-Chakra, Stirnchakra und dem Dritten Auge verwenden. Er nimmt vom Dritten Auge aus einen tiefen Einfluß in unseren geistig spirituellen Kreislauf und öffnet uns besser die Augen für die Dinge, die wirklich wesentlich für unser Leben sind. Häufig sammeln sich im Laufe der Jahre Stauungen und Blockaden an, die sogar irgendwann einmal zur moralischen Verpflichtung werden. Der Sodalith vermag diese, oft selbst verstrickten Netze zu durchtrennen, und verhilft wieder zum selbständigen Leben. Die Eigenschaften des Sodalith werden mit Hilfe eines Bergkristalls zusätzlich verstärkt.

Wie erhalte ich einen Sodalith und wie pflege ich diesen?
Sie erhalten den Sodalith als Rohstein, Trommelstein, Handschmeichler, Anhänger, Kugelkette, Splitterkette, Kugel, Obelisk, Pyramide, Donuts und vielen phantasievollen Formen für Halsreifen und Lederband. Sodalith, welcher auf der Haut getragen wird, sollte regelmäßig einmal in der Woche unter fließendem lauwarmem Wasser gereinigt werden. Ketten empfehlen wir über Nacht in einer trockenen Schale mit Hämatit-Trommelsteinen zu entladen. Sodalith, welcher seine Farbe ändert oder trüb wird, sollte unbedingt für längere Zeit in Wasser zusammen mit Bergkristall aufgeladen werden. Das Aufladen an der Sonne ist zwar möglich, aber relativ unnötig, da die Kristallstruktur des Sodalith nur die Kraft von Erde oder Bergkristall aufnehmen kann. Sonnenlicht erwärmt den Sodalith, dieser kann jedoch diese Form von Energie nicht speichern.

Sonnenstein

Der klassische Sonnenstein ist nicht zu verwechseln mit dem Goldfluß-Sonnenstein oder Aventurin-Sonnenstein.

Farbe: Rotbraun durchscheinend mit irisierenden Einschlüssen.

Chemische Zusammensetzung: $(Na,Ca)Al_{1-2}Si_{3-2}O_8$

Geologie:
Der Sonnenstein gehört in die Familie der Plagioklase und hat die Härte 6 bis 6,5. Er ist im Gegensatz zum Goldfluß, welcher

auch als Sonnenstein bezeichnet wird, ein natürlich gewachsener Stein und besteht aus einer Kalzium-Aluminium-Silizium-Verbindung. Dieser Sonnenstein ist auch nicht verwandt mit dem Aventurin-Sonnenstein, welcher in die Familie der Quarze gehört. Die Fundgebiete des Sonnensteins liegen in Madagaskar, Kanada, Indien, Norwegen und den USA.

Geschichtliche Überlieferung:
Sonnenstein wurde durch seinen goldenen Glanz dem griechischen Sonnengott Helios gewidmet. Die Griechen glaubten, daß der Sonnenstein die Erde vor Unheil bewahre und die Sonne fest auf ihrer Bahn halte. "Der Sonnengott Helios bediente sich dem Sonnenstein, um sicher mit seinem, durch vier feuerschnaubenden Rossen bespannten Wagen, von Osten über den Himmel in das westlich liegende Abendland zu gelangen." Der Sonnenstein gilt daher seit den Griechen als Schutzstein und begehrter Heilstein.

Heilwirkungen auf den Körper:
Sonnenstein bewahrt vor Schlafstörungen und hilft bei Erkrankungen und Erschöpfungen, welche sich durch Schlafmangel auswirken. Er bewahrt aber auch vor Schlaganfall und Lähmungen im zentralen Nervensystem und hilft sehr gut jenen Menschen, welche an Bluthochdruck oder Artereosklerose leiden. Sonnenstein bewahrt und heilt auch Verstopfungen der Blutgefäße und Embolien, welche durch Blutgerinnsel und Blutvergiftungen verursacht werden. Sonnenstein-Wasser hilft bei Durchblutungsstörungen, welche sich oft durch kalte Füße, blaue Finger und Verkrampfungen in den Blutgefäßen und Gliedmaßen bemerkbar machen. Darüberhinaus heilt der Sonnenstein Bronchialerkrankungen, wie z. B. Bronchialkatarrh und Asthma. Er hilft aber auch sehr gut bei Gelenk- und Knochenerkrankungen, wie z. B. der Hüftgelenke und bei Gelenkrheuma. Sonnenstein hilft sehr gut bei Stoffwechselerkrankungen, welche durch Harnablagerungen zu schmerzhaften Gelenkverformungen führen. Als Sonnenstein-Wasser hilft er besonders kräftig gegen Gicht.

Heilwirkungen auf die Psyche:
Sonnenstein ist ein lichtbringender Stein, welcher die Herzenswärme in uns verstärkt. Er lindert nicht nur Melancholie und Depressionen, sondern kräftigt auch seelisch schwache Menschen, welche kaum noch Freude am Leben verspüren oder sogar Selbstmordgedanken haben. Sonnenstein verleiht mehr Selbstbeherrschung und bewahrt vor der Flucht in Traumschlösser und Spinnerei.

Chakra:
Der Sonnenstein entfaltet für die Meditation seine besten Kräfte durch Auflegen auf unser Milzchakra. Er dringt aber auch durch das Wurzelchakra sehr sanft in uns ein. Sonnensteine sind lichtbringende Steine, die uns während der Meditation auf eine höhere Ebene des geistigen Bewußtseins befördern. Sie vermitteln uns beispielsweise mehr Wohlbefinden, Zuversicht und Lebendigkeit. Sonnensteine sind aber auch hervorragende Steine, um uns bei der Lösung und Befreiung von angesammelten Energieblockaden zu helfen. Sie hüllen uns in einen schützenden Mantel aus Licht und fördern unsere Bereitschaft zu mehr kreativem Einsatz.

Wie erhalte ich einen Sonnenstein und wie pflege ich diesen?
Sonnensteine sind nur sehr selten im gehobenen Fachhandel erhältlich. Es gibt sie als Rohsteine, Trommelsteine, Handschmeichler, Anhänger und sehr selten als Kette. Dieser Sonnenstein ist, wie bereits erwähnt, nicht mit dem Goldfluß- oder Aventurin-Sonnenstein zu verwechseln. Der Sonnenstein sollte einmal im Monat unter fließendem, lauwarmem Wasser gereinigt und entladen werden. Sonnensteine sollten unbedingt einmal im Monat für mehrere Stunden an der direkten Sonne aufgeladen werden.

Speckstein

Talk oder Pipe-Stone

Farbe: Weiß, grau, rosa, rot, gelb, grün

Chemische Zusammensetzung: $Mg_3(OH)_2Si_4O_{10}$

Geologie:

Bei Speckstein, Talk oder Pipe-Stone handelt es sich um eine Magnesium-Silizium-Verbindung mit der Härte 1. Die Varianten des Specksteins sind also immer mit dem Daumennagel ritzbar. Speckstein wird in nahezu allen Kontinenten in ausreichender Menge gefunden.

Geschichtliche Überlieferung:

Speckstein wird seit Tausenden von Jahren von nahezu allen Völkern als wichtiges Ausgangsmaterial für Schnitzereien und Skulpturen geschätzt. In Indien und China wurde die Kunst des Skulpturen-Schnitzens schon 4.000 Jahre v. Chr. zu einer phantastischen künstlerischen Vollendung geführt. Pipe-Stone ist eine rötliche Variante des Specksteins, welche besonders bei den Indianern Nordamerikas zu Kult-, Zier- und Gebrauchsgegenständen (Pipe = Pfeife) verarbeitet wurde. Die Friedenspfeifen der meisten nordamerikanischen Indianerstämme waren aus dieser rötlichen Speckstein-Variante. Fast genauso alt wie die Menschheit selbst sind auch die Überlieferungen über die Verwendung des Specksteins als Heilstein. Bei nahezu allen Völkern wird ein hautverjüngender Puder aus Speckstein als Wundmittel und Medizin verehrt. Es handelt sich hierbei um eine Grundsubstanz aus gemahlenem Speckstein oder Talk, welche mit anderen Mineralien zu einer Salbe angerührt wurde. Auch heute bestehen viele Kosmetika und Medikamente in ihrer Grundsubstanz aus gemahlenem Talk oder Speckstein. Puder, Cremes und andere Hautpflegemittel bestehen zu einem Großteil aus diesen Mineralien. Auch Hildegard v. Bingen erkannte die heilenden Eigenschaften dieses Steines und überlieferte diese in ihren Werken.

Heilwirkungen auf den Körper:

Mit Speckstein lassen sich Hautrötungen und unangenehmes Hautjucken durch überstreichen der befallenen Hautzonen sehr gut lindern und heilen. Speckstein kräftigt auch die Hautbeschaffenheit, Hautmuskulatur und das Hautgewebe und macht die Haut deshalb unanfälliger gegen Ausschläge, Reizungen und Ekzeme. Brennesselverbrennungen und allergische Reaktionen der Haut und Lippen lassen sich mit Speckstein rasch lindern. Speckstein erhält darüberhinaus auch die Geschmeidigkeit und Feuchtigkeit der Haut und bewahrt, ebenso wie Aloe Vera, vor Schrumpeln und vorzeitigen Alterserscheinungen. Fortgeschrittene Fältchen können mit regelmäßiger Anwendung von Speckstein wieder geglättet werden. Speckstein-Puder läßt sich auch sehr gut als Vorsorge und Heilmittel gegen Sonnenbrand und Sonnenallergien verwenden. Mallorca-Akne und andere Hautreizungen, welche durch die Umwelt hervorgerufen werden, lassen sich mit Hilfe von Speckstein gut heilen. Speckstein hilft auch gegen feuchte Hände, Schweißfüße und starke Achselnässe (Speckstein-Puder).

Heilwirkungen auf die Psyche:

Speckstein klärt die Sinne und harmonisiert den Gedankenfluß zwischen Körper und Seele. Er kräftigt bei jungen Menschen die Persönlichkeitsentfaltung und macht ehrgeizig in Schule und Beruf. Für Kinder ist er zum Werken ein hervorragender Therapiestein, welcher sie künstlerisch und kreativ inspiriert. Durch das Bearbeiten dieses Steines lernen die Kinder den sanften und gefühlvollen Umgang mit Materialien und im übertragenen Sinne auch mit Mitmenschen, Tieren und der Natur.

Chakra:
Speckstein ist weniger ein Meditationsstein als mehr ein direkter Heilstein. Er dringt über die Haut auch in unsere Seele ein und vermittelt ein stärkeres Gefühl von Zufriedenheit.

Wie erhalte ich einen Speckstein und wie pflege ich diesen?
Speckstein, welcher auch als Talk oder Pipe-Stone bezeichnet wird, ist in vielfacher Form im Handel erhältlich. Handschmeichler, Rohsteine und unzählige Schnitzereien werden aus Speckstein angeboten. Speckstein sollte einmal im Monat unter fließendem, lauwarmem Wasser gereinigt und entladen werden. Speckstein-Puder läßt sich mit einem Stück Speckstein ohne weiteres am Reibeisen herstellen. Bitte verwenden Sie bei offenen, wässrigen Wunden nur Speckstein-Stücke oder Scheiben und keinen Puder. Gemahlener Speckstein läßt sich auch sehr gut zum Ansetzen von Edelstein-Elixieren oder als Badezusatz und in der Duftlampe verwenden. Wenn Sie spüren, daß Ihr Speckstein in seinen heilenden Wirkungen nachläßt, so empfehlen wir Ihnen, diesen für einige Tage in einen Blumentopf einzugraben, da nur die natürliche Erde diesen Stein regenerieren, neutralisieren und stärken kann.

Spinell

Farbe: Weiß, blau, rot, grün und schwarz, durchscheinend.

Chemische Zusammensetzung: $MgAl_2O_4$

Geologie:
Spinelle stellen eine eigene Familie dar und bestehen aus oxidierten Magnesium-Aluminium-Verbindungen. Spinelle haben die Härte 8 und werden nur sehr selten in größeren Kristallen gefunden. Die wichtigsten Fundgebiete heute liegen in Schweden, Birma, Afghanistan, USA und Sri Lanka.

Geschichtliche Überlieferung:
Spinelle wurden erst vor ca. 150 Jahren als eigenständige Gesteinsgruppe erkannt. Sie wurden vorher aufgrund ihrer Farbe mit Korund, besonders mit Rubin und Saphir verwechselt. Seit der Geschichte wurden besonders farbige Spinelle daher wie Rubine und Saphire geschätzt und in den Schätzen der Könige als wertvolle Schmucksteine und Heilsteine gehütet. Ihren Namen verdanken die Spinelle dem griechischen Wort "Spinther", was soviel wie "funkeln" bedeutet. Spinelle waren aufgrund ihrer funkelnden Farben besonders bei den Griechen und Römern gefragte Edel- und Schutzsteine und erfreuen sich auch heute als Schmuck- und Heilsteine großer Beliebtheit. Charakteristisch für den Spinell ist, daß er einen nahezu kaum erreichbaren Schmelzpunkt von 2135 Grad C. aufweist.

Heilwirkungen auf den Körper:
Spinell hat sehr charakteristische Heilwirkungen auf Entzündungen der Nerven und die damit verbundenen Muskelfunktionen. Er hilft beispielsweise gegen Magenübersäuerung, und Magenschleimhaut-Entzündungen. Auch bei Magenblutungen und besonders bei Magengeschwüren kann der Spinell sehr heilend verwendet werden. Darüberhinaus bewahrt der Spinell vor starken Schmerzen am Nervensystem und heilt Nervenentzündungen (Neuralgien). Er heilt auch Neuritis und lindert sogar so starke Entzündungen einzelner Nerven, welche zu Organausfall oder starken geistigen Schäden führen können. Über das Gehirn und das Bewegungszentrum harmonisiert der Spinell die Muskelfunktionen an den Gelenken und den Knochen und bewahrt ganz besonders vor Erkrankungen, welche zur Beeinträchtigung der Bewegungen führen. Er heilt Muskelfaserverkalkungen, Muskellähmungen und ist auch ein sehr guter Heilstein bei Muskelentzündungen, Bänder- und Muskelrissen.

Heilwirkungen auf die Psyche:
Spinelle bewahren vor zu starken Ängsten, welche ganz besonders vor neuen Situationen im Leben auftreten. Sie bewahren vor Belastungen, welche durch den unmittelbaren Bekanntenkreis sehr hemmend in uns eingebracht werden können, und verschaffen mehr Kraft, diese von Zeit zu Zeit durch selbstaktivierte Kräfte zu reinigen. Menschen, welche vor einem Partnerwechsel oder Berufswechsel stehen, sollten sich als Schutzstein für Ihre Seele unbedingt einen kraftgebenden Spinell zulegen. Die Veränderungen werden dadurch leichter verarbeitet.

Chakra:
Je nach Farbe sollten die Spinelle auf die farbig geordneten Chakras aufgelegt werden. In der Meditation dringen die Kräfte des Spinells sehr konzentriert in uns ein und absorbieren negative Kräfte aus unserer Aura. Mit Hilfe des Spinells erreichen wir ein ganz besonderes Reinemachen von Blockaden.

Wie erhalte ich einen Spinell und wie pflege ich diesen?
Spinelle gehören in all ihren Farbvarianten zu den edelsten Steinen und sind daher nur im gutsortierten Fachhandel erhältlich. Sie erhalten diese als kleine Rohsteine, Kristalle, Cabochons, facettierte Steine oder Anhänger. Es empfiehlt sich, den Spinell einmal im Monat unter fließendem, lauwarmem Wasser oder in einer Schale mit Hämatit Trommelsteinen zu reinigen und zu entladen. Spinelle sollten nach dem Reinigen für kurze Zeit an der Sonne aufgeladen werden.

Staurolith - Kreuzstein

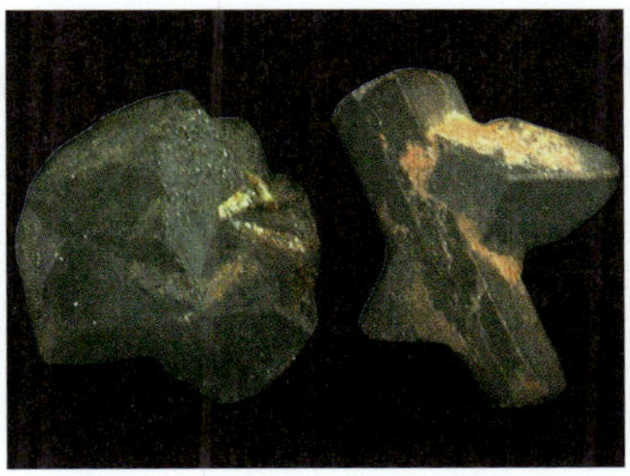

Farbe: Grau, braungrau oder braun in Andreaskreuz oder Kreuzform kristallisiert.

Chemische Zusammensetzung: $Fe_2Al_9Si_4O_{22}(OH)_2$

Geologie:
Der Staurolith-Kreuzstein ist eine mineralienreiche Eisen-Aluminium-Silizium-Verbindung und hat die Härte 7 bis 7,5. Er hat nichts gemeinsam mit dem Chiastolith - Kreuzstein. Seine Fundgebiete liegen in USA, Frankreich, Madagaskar, Australien und Brasilien.

Geschichtliche Überlieferung:
Der Name "Stauros-Lithos" stammt aus dem Griechischen, was soviel bedeutet wie "Kreuz-Stein". Von den alten Griechen erhielt der Kreuzstein daher auch seinen Namen. Er galt bei nahezu allen Völkern als Glücksbringer und Schutzstein und wurde vor allem bei den Christen später zum Verbindungsstein zwischen Himmel und Erde. Das Kreuz in griechischer, römischer und christlicher Überlieferung ist fester Bestandteil des Glaubens und der Kultur. Die schützenden und stark heilenden Kräfte des Staurolith sind bis heute überliefert und werden bis in die heutige Zeit von den Menschen mehr und mehr geschätzt.

Heilwirkungen auf den Körper:
Der Staurolith hat ganz charakteristische Eigenschaften auf das unmittelbar mit dem Nervensystem verbundene Gehirn. So bewahrt er z. B. Kinder vor Hirngeschwulsten, Krampfanfällen und Benommenheit, welche zu zelebraler oder spastischer Kinderlähmung führen. Er bewahrt auch vor Schäden des Gehirns in frühester Kindheit, welche zu Schwachsinn und mangelnder Bildungsfähigkeit führen können. Unwillkürliche Muskelzuckungen und unkontrollierte Bewegungen, wie z. B. Veitstanzerscheinungen bei Kindern und Erwachsenen werden durch den Kreuzstein vorgebeugt und sogar geheilt. Er

hilft ebenfalls auch bei Kopfschmerzen und schmerzhaften Erkrankungen des vegetativen Nervensystems. Sehr starke vorbeugende und heilende Wirkungen hat der Staurolith - Kreuzstein auch auf Paranoiaerscheinungen, welche sich in Form von uneinsichtigen Wahnideen, Verfolgungswahn und Größenwahn auswirken. Er lindert und heilt auch epileptische Krämpfe und Epilepsien, welche zu Bewußtseinsstörungen führen. Schwere Geisteskrankheiten und Psychosen, welche durch Gehirnvergiftungen, besonders durch Drogen, Alkohol und Medikamente hervorgerufen werden, können ebenfalls durch den Staurolith - Kreuzstein regeneriert und geheilt werden.

Heilwirkungen auf die Psyche:
Der Staurolith - Kreuzstein hat ganz besonders die Eigenschaften für seinen Träger, diesen wieder auf den Stand der Dinge und die Erde zurückzuholen. Menschen, welche zu Übertreibungen, Verfolgungs-Wahn und Größenwahn neigen, sollten daher unbedingt einen Staurolith - Kreuzstein zum Ausgleich bei sich tragen. Auch schizophren veranlagte Menschen sollten zum Schutz ihrer Persönlichkeit einen Staurolith - Kreuzstein bei sich tragen.

Chakra:
Der Staurolith - Kreuzstein eignet sich für die Meditation ganz besonders zum Auflegen auf das Dritte Auge und die Stirn. Er klärt in uns die Gedanken und führt uns auf eine höhere Ebene der Empfindungen und des Glücks. Gleichzeitig reinigt er uns auch die Wege, welche die Gedanken in unseren Körper begehen, nämlich die Nerven, vor Stauungen und Belastungen. Nervöse und übertriebene Wahnvorstellungen können daher im Geist an der Wurzel angepackt und besser herausgewaschen werden.

Wie erhalte ich einen Staurolith - Kreuzstein und wie pflege ich diesen?
Staurolith - Kreuzsteine sind meistens nur als Kristalle erhältlich. Die Kristallform beschränkt sich auf die seltenere klassische Kreuzform und die häufigere Andreaskreuzform. Beide sind jedoch in ihrer Wirkung identisch. Staurolith - Kreuzsteine sind kräftige Steine, welche beim Tragen oder nach dem Auflegen regelmäßig ein bis zweimal im Monat unter fließendem, lauwarmem Wasser gereinigt und entladen werden sollten. Kreuzsteine lassen sich nicht an der Sonne aufladen, sondern laden sich in einer klaren Bergkristall-Gruppe über Nacht intensiv auf.

Steinsalz (Halit)

Farbe: Rosa, blau, farblos durchsichtig.

Chemische Zusammensetzung: NaCl

Geologie:
Steinsalz oder Halit ist eine Natrium-Chlorid Verbindung und kommt in den Farben blau, rosa und weiß vor. Es ist häufig würfelig auskristallisiert und die Härte des Salzes beträgt 2. Die häufigste Fundgebiete liegen in den USA, BRD, China und den GUS-Staaten. Die größten Salzvorräte sind in den Meeren unserer Erde gelöst.

Geschichtliche Überlieferung:
Das Salz ist als Genußmittel schon seit Jahrtausenden nahezu allen Völkern bekannt. Salz wurde sogar zum Symbol des Unentbehrlichen, was durch das Sprichwort "das Salz in der Suppe" ausgedrückt wird. Es brachte vielen Kaufleuten nicht nur Reichtum, sondern ist Mitbegründer der ersten Handelswege. Salz erhielt seinen Namen durch das griechische

Wort "Hals", welches auch im Römischen verwendet wurde. Ortsnamen, welche auf Hall enden, wie z. B. Reichenhall gehen auf die Fundstellen von Steinsalz zurück. Ein Großteil aller biologischen Lebensvorgänge wird durch Elektrolyse und Salze überhaupt erst möglich. Weder der menschliche Körper, noch die Tiere und Pflanzen können ohne Salz leben.

Heilwirkungen auf den Körper:

Weißes und ganz besonders das blaue Salz haben besonders aktivierende und kräftigende Wirkungen auf den Stoffaustausch und die Nervensteuerung im Organismus. Rosa Salz wirkt schleimlösend und kreislaufanregend. Alle Natriumsalze kräftigen den Stoffwechsel und regulieren den nötigen Druck von Blut und anderen Körperflüssigkeiten. Darüberhinaus ist Salz wichtig für die Aktivierung der Muskulatur und für die Funktion des Herzens und Nerven. Salz ist lebensnotwendig, in zu hohem Maße aber auch schädlich. Ein zu großer Salzkonsum führt zu überhöhten Reaktionen der Muskeln, des Herzens und der Nerven und zur Erkrankung der Gefäße. Wir empfehlen Ihnen daher, die Salzzufuhr soweit wie möglich einzuschränken, da in allen Speisen genug Salz für unseren täglichen Stoffwechsel vorhanden ist. Verwenden Sie zum zusätzlichen Würzen reines Steinsalz oder Meersalz. Steinsalz ist besonders rein und ohne chemische Zusätze, und hat darüberhinaus viele Mineralien und Spurenelemente in sich gelöst. Morgens auf nüchternen Magen ein Glas Natur-Salzwasser aktiviert und harmonisiert den gesamten Mineralhaushalt des Körpers. Aber auch Salzbäder in der Badewanne heilen sehr kräftig Zellgewebsentzündungen und Abszesse und verhindern eine krustige und unschöne Narbenbildung nach Verletzungen. Unsere gesamte Haut, die Nägel und die Haare können durch solche Salzbäder sehr positiv und verjüngend beeinflußt werden.

Wie erhalte ich Steinsalz und wie pflege ich dieses?

Rosa Salz, blaues Salz und weißes Salz sind meistens in würfeligen Kristallen erhältlich. Bitte achten Sie auf die würfelige Struktur der Kristalle, denn nur so können Sie sicher sein, daß es sich um wirklich echtes und unverfälschtes Steinsalz handelt. Während weiße und blaue Salzkristalle sehr heilend in den Mineralhaushalt der inneren Organe eindringen, hat rosa Salz sehr starke Wirkungen auf den Stoffwechsel der Haut, Nägel und Haare. Salz löst sich im Wasser auf. Es ist daher sehr gut als Badezusatz oder als Elixier. Wir empfehlen Ihnen, das Salz vor Gebrauch ganz kurz unter fließendem, lauwarmem Wasser zu reinigen. Anschließend sollten Sie dieses möglichst trocken aufbewahren. Steinsalz ist bis hin zu seiner völligen Auflösung sehr kräftig, energiereich und mineralstoffreich. Im Gegensatz zum Meersalz ist das Steinsalz viel reiner und gleichzeitig konzentrierter an Mineralstoffen und Spurenelementen, da es in Tiefen bis 1.000 Metern unter der Erdoberfläche abgebaut wird. Achten Sie auf die würfelige Kristallstruktur, denn nur so läßt sich reines Steinsalz vom chemisch aufgearbeiteten Kochsalz oder Meersalz unterscheiden.

Sugilith (New Age Stone)

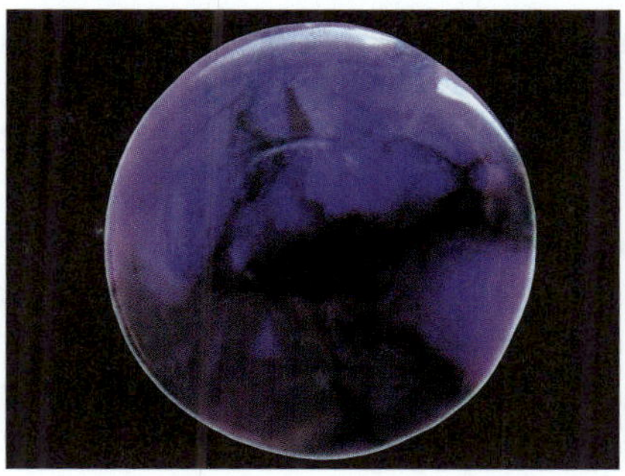

Farbe: Lila, dunkellila, undurchsichtig

Chemische Zusammensetzung:

$KNa_2(Fe^{2+},Mn^{2+},Al)_2Li_3Si_{12}O_{30}$

Geologie:

Der Sugilith ist eine sehr mineralienreiche Kalium-Natrium-Eisen-Mangan-Silizium-Verbindung. Seine Härte beträgt 6,5 bis 7. Es gab nur eine einzige Fundstelle in Südafrika. Diese ist jedoch bereits ausgebeutet und macht den Sugilith zu einem der wertvollsten Edelsteine.

Geschichtliche Überlieferung:

Sugilith ist der Stein des 20. Jahrhunderts. Er wurde nur kurz gefunden und die Fundstelle ist bereits erschöpft. Sugilith wurde als Schmuckstein und Heilstein in kürzester Zeit zu einem der begehrtesten Edelsteine. Eigenartigerweise wurde der Sugilith genau dort in Afrika gefunden, wo die vermutlichen Wiegen der Menschheit liegen. Viele Menschen glauben, daß der Sugilith der Stein ist, welcher durch die Kraft aller Planeten für die Menschen aus der Tiefe der Erde geholt wurde, um diese vor den bösen UV-Strahlen des Kosmos und vor stärksten Erkrankungen und Größenwahn zu schützen.

Heilwirkungen auf den Körper:

Der Sugilith ist einer der kräftigsten Heilsteine, welcher ganz besonders lebensbedrohende Erkrankungen des Menschen und der Tiere im fortgeschrittenen Stadium bekämpft. So heilt er beispielsweise starke Knochenmarkserkrankungen und Lähmungen und ist ein starker Therapiestein bei Querschnittslähmungen, Schlaganfall, Herzinfarkt, Rücken- und Knochenquetschungen, sowie bei schweren Gehirnerkrankungen und Gehirnerschütterungen. Der Sugilith kräftigt das Immunsystem und die Nervenzentren im Gehirn und auf dem Sonnengeflecht. Er stärkt den Energiefluß im Kreislauf und die Abwehrkräfte und regeneriert die Zellerneuerung. Sugilith kräftigt und heilt auch die Sinne, wie z. B. Augen, Sprache, Hören und Fühlen. Er reinigt und stärkt die inneren Organe, besonders Galle, Leber, Magen und Darm und harmonisiert die Produktion in den Drüsen. Sugilith lindert und heilt auch schwere geistige Erkrankungen und seelische Krisen (Neurosen). Zwangsneurosen, wie z. B. Zwangsvorstellungen, Platzangst, Angst vor Reisen und vor dem Fliegen, Nachtangst, Reinigungsfimmel und Autosyndrom (Automanie) können mit Hilfe des Sugiliths gelindert und geheilt werden. Sehr starke Heilwirkungen hat der Sugilith auch auf Krebserkrankungen und Tumorbildungen im Körper. Er heilt Krebs nicht nur bis ins fortgeschrittene Stadium, sondern bewahrt auch den Organismus vor krebsartigen Geschwulsten. Suchterkrankungen und Abhängigkeiten von Drogen können mit Hilfe des Sugilith geheilt werden. Der Sugilith ist der einzige Stein, welcher Aids vorbeugt und im frühen Stadium auch noch heilen kann. Diese Erfahrungen mit Aids stammen aus den USA: "Aids fürchtet sich vor Sugilith".

Heilwirkungen auf die Psyche:

Sugilith kräftigt Menschen, welche in Abhängigkeiten geraten sind. Er unterstützt beispielsweise drogenabhängige Menschen mit mehr eisernem Willen und mehr Kraft zum Entzug. Aber auch Menschen, die in finanzielle Abhängigkeiten oder Hörigkeiten von anderen Menschen gefangen sind, finden im Sugilith einen sehr kräftigen Befreiungsstein. Der Sugilith bringt mehr Selbstverwirklichung und Selbstkontrolle und bereitet auch Menschen mit stärksten Schicksalsschlägen die Möglichkeit eines Neuanfangs. Ganz besonders Menschen, welche aufgrund von stärksten Krankheiten und Unfällen ein neues Leben, beispielsweise im Rollstuhl oder in langer Therapie finden, erhalten durch den Sugilith unendlich neue Kraft. Menschen, welche als klinisch tot galten, wurden beispielsweise mit der Kraft des Sugilith wieder aus ihrem Koma geholt und Menschen, die gänzlich gelähmt waren, können sich heute mit Hilfe des Sugilith wieder frei bewegen.

Sternzeichen: Fische 21. Februar bis 20. März

Chakra:

Der Sugilith eignet sich zum Auflegen auf alle Chakras, ganz besonders aber für das Scheitelchakra und auf der Stirn. Er ist einer der kräftigsten Heilsteine und Schutzsteine. Er dringt bei der Meditation mit starken, charaktervollen Schwingungen in unseren Geist ein und bewirkt eine Verschiebung der geistigen Bahnen. Dadurch werden in uns Horizonte und Ebenen geöffnet, die wir bisher noch gar nicht kannten. Geistige Verknüpfungen, ganz besonders hin zu unseren Mitmenschen, werden durch den Sugilith verstärkt. Der Sugilith wirkt in uns wie ein Lebensmotor und aktiviert Geist, Körper und Seele. Er macht uns kräftig gegen Infektionen und auch gegen das Eindringen böser Kräfte durch Mitmenschen. Sugilith schenkt mehr Licht, Wärme, Lebensfreude und Optimismus, und begleitet auch stark vom Schicksal geplagte Menschen in eine neue Lebenserfüllung.

Wie erhalte ich einen Sugilith und wie pflege ich diesen?

Sugilith gehört, wie bereits erwähnt, zu den wertvollsten Edelsteinen. Durch seine Purpurfarbe ist er auch ein begehrter Schmuckstein. Sugilith liegt im höheren Preisbereich und ist als Trommelstein, Handschmeichler, Anhänger, Kugel, Pyramide, Kette, Donuts und vielen phantasievollen Formen für Halsreifen und Lederband erhältlich. Besonders linsenförmige Ketten oder Kugelketten verkörpern die reinste Kraft des Sugiliths. Diese sind wahre Lichtbringer und in der Gesundheitsvorsorge an Heilkraft bezüglich Krebs, Aids, Lähmungen und Tumore kaum zu übertreffen. Sugilith sollte einmal im Monat über Nacht in einer Schale mit Hämatit-Trommelsteinen entladen werden. Ketten und Anhänger, die direkt auf der Haut getragen werden, sollten unbedingt einmal die Woche über Nacht in einer trockenen Schale mit Hämatit-Trommelsteinen gereinigt werden. Sugilith ist ein so energievoller Stein, daß unser Leben nicht ausreichen würde, um ihm seine Kraft zu entziehen. An die Sonne legen bringt dem Sugilith nichts, da er die Sonnenkraft nicht in sich speichert, sondern sich nur erwärmt. Möchten Sie Ihrem Sugilith jedoch etwas gutes tun, so legen Sie ihn über die klaren Spitzen einer Bergkristall-Gruppe.

Tigerauge

Farbe: Goldig, seidig schimmernder Glanz

Chemische Zusammensetzung: SiO_2

Geologie:

Tigerauge erhält durch zersetzte Krokydolith-Ablagerungen seine charakteristischen Eigenschaften, Es gehört in die Gruppe der Quarze und hat die Härte 7. Durch Fasern von Hornblende, welche alle in eine Richtung auskristallisiert sind, erhält das Tigerauge den für ihn so typischen Katzenaugeneffekt. Tigerauge wird auch als Umwandlungsprodukt von Falkenauge bezeichnet. Es wird in Südafrika, Westaustralien und den USA gefunden.

Geschichtliche Überlieferung:

Die Überlieferungen des Tigerauges reichen sehr weit in die Geschichte zurück. "So ehrten die Araber und die Griechen das Tigerauge als Stein, welcher seinem Träger lustig mache und ihm die Sinne schärfe. Er bewahre vor kriminellen Einflüssen, stärke Freundschaften und bewahre vor falschen Freunden." Als Schutz- und Heilstein erfreut sich Tigerauge auch heute noch zunehmender Beliebtheit.

Heilwirkungen auf den Körper:

Tigerauge hat sehr heilende Eigenschaften auf den Kopf. Es heilt Migräne, starke Kopfschmerzen, und kräftigt das Kleinhirn, welches für die Koordination der Bewegungen unseres Körpers verantwortlich ist. Es kräftigt aber auch das Bewegungszentrum des vegetativen Nervensystems (Sonnengeflecht). Tigerauge hilft bei Geisteskrankheiten, wie z. B. Schizophrenie, Epilepsie und Paranoia. Krampfanfälle, Bewußtseinsverlust, Größenwahn und Verfolgungswahn können besonders gut mit Tigerauge geheilt werden. Aber auch Nervenerkrankungen, wie z. B. Nervenentzündungen und Nervenverkalkungen (Neuralgien und Neuritis) können durch Tigerauge ebenso wie die Sehnenscheidenentzündung gelindert und gut geheilt werden. Besonders starke Eigenschaften hat Tigerauge jedoch auch auf die Knochen und die Gelenke. Es hilft bei Knochenverdickungen, welche schmerzhafte Veränderungen unseres Knochenbaus hervorrufen. Hierunter fallen z. B. krankhafte Vergrößerungen des Schädels und des Schienbeins. Knocheneiterungen, welche häufig bei Kindern beobachtet werden, oder die Scheuermann'sche Krankheit bei Jugendlichen (Buckelbildung) werden durch Tragen von Tigerauge oder durch Tigeraugewasser gelindert und geheilt. Verbiegungen der Wirbelsäule und Schädigungen der Bandscheiben, welche z. B.

häufig durch das Autofahren verursacht werden, oder Hexenschuß können ebenfalls durch Tigerauge gelindert werden, wie auch Gelenkrheumatismus, Wirbelsäulenrheumatismus und Kniegelenksentzünd-ungen. Tigerauge stabilisiert den Stoffwechsel und stärkt das größte Stoffwechselorgan, die Leber. Es heilt Leberzirrhose und Hepatitis. Asthmatische Zuckungen und durch Allergien hervorgerufene Verkrampfungen und Atemnot können durch Tigeraugeketten oder Anhänger gut gelindert und geheilt werden.

Heilwirkungen auf die Psyche:

Das Tigerauge verleiht mehr Sicherheit und ein natürliches Mißtrauen im Umgang mit finanziellen Angelegenheiten. Es verleiht Kraft bei Kaufabschlüssen und fordert aber auch wenn nötig eine Bedenkzeit. Das "über den Tisch ziehen" ist mit Menschen, welche Tigerauge als Schutzstein bei sich tragen, kaum mehr möglich. Tigerauge verleiht seinem Träger aber auch mehr familiäre Wärme, Geborgenheit und Ausgeglichenheit und steigert ganz besonders bei Kindern Aufnahmefähigkeit, Aufmerksamkeit und Lernbereitschaft. Materielles Imponiergehabe, welches häufig Menschen in einen moralischen Strudel treibt, kann mit Tigerauge wieder regeneriert werden. Hierunter fallen z. B., daß sich Menschen nur gut fühlen, wenn Sie die teuerste Kleidung und andere Luxus-Marken-Produkte besitzen. Bei Prüfungen, schulischen Aufgaben oder Führerscheinprüfungen empfiehlt es sich, Tigerauge zur Aktivierung der Denkfähigkeit und als Konzentrationsstein bei sich zu tragen.

Sternzeichen: Jungfrau 24. August bis 23. September

Chakra:

Tigerauge entfaltet seine kräftigen Schwingungen für die Meditation am besten durch das Auflegen auf das Sonnengeflecht oder den Solarplexus. Er dringt sehr tief in uns ein und harmonisiert unsere Bedürfnisse. Er ordnet aber auch unsere Gedanken und Wünsche und verhilft uns aus Situationen, welche uns in ein bestimmtes Klischee drücken sollen. Minderwertigkeitsgefühle und Geltungswahn, welche sich häufig in unbezahlbarem Luxus ausleben, den man finanziell kaum verkraftet, können mit Hilfe vom Tigerauge wieder in mehr Selbstbewußtsein und Selbstwertgefühl verwandelt werden. Tigerauge bereitet einen individuellen und selbständigeren Lebensweg.

Wie erhalte ich Tigerauge und wie pflege ich dieses?

Tigerauge ist erhältlich als Rohstein, Trommelstein, Handschmeichler, Kugel, Pyramide, Kette, Anhänger, Donuts und vielen phantasievollen Formen für Halsreifen und Lederband. Tigerauge sollte ein bis zweimal im Monat unter fließendem, lauwarmem Wasser entladen und gereinigt werden. Nach dem Entladen empfiehlt es sich, Tigerauge für zwei bis drei Stunden an der Sonne oder einer Bergkristall-Gruppe aufzuladen. Ketten sollten ein bis zweimal im Monat über Nacht in einer trockenen Schale mit Hämatit-Trommelsteinen entladen werden.

Tigereisen

Farbe: Rötlich golden

Chemische Zusammensetzung: SiO_2

Geologie:

Tigereisen ist eine Mischung aus Tigerauge und Eisen in Verbindung mit Quarz. Die Härte des Tigereisen beträgt 7 und die bekanntesten Fundgebiete des Tigereisen liegen in Südafrika und Westaustralien.

Heilwirkungen auf den Körper:

Tigereisen kräftigt die Atmungsorgane, insbesondere aber die Bronchien und die Lunge. So lindert und heilt es Erkältungen und Infektionen der Luftwege sowie Bronchialasthma. Es kräftigt die Lunge und bewahrt die Lungenbläschen vor Entzündungen. Tigereisen hilft sehr gut bei Lungenembolien. Darüberhinaus stärkt und kräftigt Tigereisen die Leber und die Nieren. Es hilft bei Leberentzündungen und Leberschrumpfung. Über die Nieren reguliert das Tigereisen den Wasser- und Salzhaushalt im Organismus und lindert Nierensteine, Gallensteine und Blasensteine, welche besonders durch Tigereisen-Essenz leichter herausgewaschen werden. Durch die blutreinigende Funktion bewirkt Tigereisen auch eine Entschlackung der Organe von Reststoffen und belastenden Verbrennungsrückständen. Tigereisen aktiviert den Kohlehydrat-Stoffwechsel und reguliert die weißen Blutkörperchen. Dadurch wird nicht nur Übergewicht abgebaut, sondern die körpereigenen Abwehrkräfte gegen Krankheiten und Infektionen werden durch die weißen Blutkörperchen verstärkt.

Heilwirkungen auf die Psyche:

Tigereisen kräftigt nicht nur das körperliche, sondern auch das seelische Abwehrsystem. Wir werden mit Hilfe des Tigereisen kräftiger gegen Beleidigungen und auch gegen persönliche Angriffe. Tigereisen verleiht mehr Kraft "darüberzustehen" und schmettert diese Angriffe auf unsere Persönlichkeit im Vorfeld so ab, daß wir sie zwar zur Kenntnis nehmen, diese aber keine Narben in unserer Seele hinterlassen. Darüberhinaus stärkt Tigereisen unser logisches Denkvermögen, Erinnerungsvermögen und die Konzentrationsfähigkeit.

Chakra:

Tigereisen entfaltet, ähnlich wie das Tigerauge, für die Meditation seine stärksten Kräfte auf dem Solarplexus. Mit Hilfe des Tigereisens erreichen wir während der Meditation einen tieferen Einblick in unsere Seele, bis hin zu Verletzungen. Wir können daher mit Hilfe von Tigereisen in der Meditation Situationen im Leben erkennen, welche an maßgeblichen Veränderungen für uns beteiligt waren. Hierunter fallen aber auch negative Verletzungen, welche mit Hilfe des Tigereisens einfacher rehabilitiert werden können. Mit Tigereisen können wir uns einen Schutzwall schaffen, der uns vor schmerzhaften Eingriffen und neuen Wunden in unserer Seele bewahrt. Tigereisen hat dabei für die Seele filternde Eigenschaften, welches nur das hineinläßt, was auch wirklich hinein soll.

Wie erhalte ich Tigereisen und wie pflege ich dieses?

Tigereisen ist als Trommelstein, Handschmeichler, Kugel, Anhänger, Pyramide, Kette, Donuts und vielen phantasievollen Formen für Halsreifen und Lederband erhältlich. Tigereisen und Tigereisen-Ketten sollten einmal im Monat in einer trockenen Schale mit Hämatit-Trommelsteinen entladen und gereinigt werden. Es empfiehlt sich, Tigereisen nach dem Entladen für ein bis zwei Stunden an der Sonne oder an einer Hämatit-Kugel aufzuladen.

Topas

Weißer Topas (Silbertopas oder Edeltopas), Goldtopas (Imperialtopas), Blauer Topas

Farben: Weiß, blau, gelblich bis orange durchscheinend.

Chemische Zusammensetzung: $Al_2SiO_4(F,OH)_2$

Geologie:

Topase stellen eine eigene Gruppe dar und haben die Härte 8. Bei weißen oder Edeltopasen handelt es sich um eine Aluminium-Fluor-Silizium-Verbindung, aus welcher durch Beimengungen verschiedener Metalle die farbigen Topase entstanden sind. Durch

Eisen erhält der orange-gelbe Imperialtopas seine Farbe und Lizium und Chrom verursachen die Färbung des blauen Topas. Diese Topase haben jedoch nichts mit den durch Hitze veränderten Quarzen zu tun, welche fälschlicherweise als Rauchtopas oder Madeiratopas bezeichnet werden. Topase werden in den USA, Brasilien, Australien, Afghanistan, GUS-Staaten, Sri Lanka und Südwestafrika gefunden.

Geschichtliche Überlieferung:
Der Name Topas stammt aus dem arabischen, Topazos, was soviel bedeutet wie "gefunden". Sein Name wurde auch ins Griechische und Römische übernommen. Wahrscheinlich nannten die Völker den Stein so, weil diese auf der arabischen Insel Topas im Roten Meer Topas gefunden wurde. Auch Hildegard von Bingen erkannte die heilenden Eigenschaften des Topas und überlieferte diese in ihren Werken. Im Laufe der Geschichte wurden Topase mit vielerlei Edelsteinen verwechselt. So wurde z. B. erst im Mittelalter festgestellt, daß viele geschätzte Aquamarine und Diamanten in den Königsschätzen der Völker eigentlich Topase waren. Mit eine der bekanntesten Fundgebiete ist der Schneckenstein im sächsischen Erzgebirge. 480 Stück dieser besonders schönen orange-gelben Topase vom Schneckenstein wurden um 1800 in die englische Königskrone eingearbeitet. Heute steht der Schneckenstein unter Naturschutz.

Imperialtopas oder Goldtopas

Dieser Topas wurde schon viele Tausend Jahre v. Chr. erwähnt, und die Griechen bezeichneten ihn als "Glut der Erde". Im Goldtopas halten sich die Strahlen der Sonne gefangen und nach den Griechen bringen diese Steine ihrem Träger Licht ins Dunkle, mehr sprudelnde Lebensfreude und unermüdlichen Optimismus.

Heilwirkungen auf den Körper:
Der Goldtopas oder Imperialtopas stärkt den gesamten Organismus. Er bewahrt Herz, Kreislauf, Leber und die Drüsen vor Erkrankungen und lindert Kreislaufschwäche, zu niedrigen Blutdruck und Erschlaffungen, welche durch Unterversorgung von Sauerstoff und Nährstoffen verursacht werden. Der Imperialtopas hilft auch sehr gut bei Herzinnenhaut-Entzündungen und Herzmuskel-Entzündungen und bewahrt vor Vernarbungen und Ablagerungen (Panzerherz). Der Goldtopas aktiviert die Drüsen und bewahrt vor Erkrankungen, welche durch Drüsenüber- oder -unterfunktion hervorgerufen werden. Ganz besonders schützt er hierbei Kinder vor Zwergwuchs, Riesenwuchs, Kropf und Glotzaugen. Er aktiviert aber auch die Leber, heilt Schrumpfleber, Leberentzündungen und Vernarbungen, welche die Eigenschaften der Leber als Reinigungsorgan, Stoffwechselorgan und Blutbildungsorgan beeinträchtigen. Der Imperialtopas lindert Herzasthma, welches sich ganz besonders durch Herzschwäche der linken Herzkammer auswirkt. Die Lungen-Herz-Kreislauf-Funktion wird durch diese Erkrankungen beeinträchtigt und der Körper könnte nicht mehr mit ausreichend Sauerstoff versorgt werden. Der Goldtopas harmonisiert und beruhigt das Nervensystem und aktiviert das Abwehrsystem. So hilft er beispielsweise bei Schlaflosigkeit, Atemnot, Bronchitis, Erkältungskrankheiten und Infektionen der oberen Luftwege (Bronchialkatarrhe).

Heilwirkungen auf die Psyche:
Der Goldtopas bewahrt seinen Träger vor Depressionen und starken nervlichen Anspannungen, aber auch vor Prüfungsangst und chronischer Erschöpfung. Unter dem Kopfkissen gibt der Goldtopas über Nacht Energie und bewahrt vor unruhigem Schlaf, Schlaflosigkeit, Nachtwandeln und Mondsüchtigkeit. Darüberhinaus bewahrt er vor den Folgeerscheinungen von zu wenig Schlaf, wie z. B. schlechter Laune und Reizbarkeit. Der Goldtopas oder Imperialtopas schenkt seinem Träger mehr Freude, Frieden, ein sonniges Gemüt und ein höheres Maß an Intuition. Zudem lindert er Spielsucht.

Sternzeichen: Jungfrau 24. August bis 23. September, Zwillinge 21. Mai bis 21. Juni

Chakra:
Goldtopas eignet sich am besten zum Auflegen auf dem Solarplexus oder Milzchakra mit Tendenz zum Wurzelchakra. Goldtopase sind Lichtbringer auf höchster Ebene und tauchen uns während der Meditation in eine Umgebung von mehr Ruhe und Zufriedenheit. Sie bewirken bei uns keine reinigende oder entschlackende Eigenschaft auf die Seele, sondern lassen unseren Geist und Körper während der Meditation einfach entspannen, relaxen und besonders tief ruhen. Wir erhalten dadurch mehr Freude, Ausgeglichenheit und Zufriedenheit. Goldtopase vermitteln uns, die schönen und wichtigen Dinge zu erkennen, und regenerieren mit ihren erholsamen Kräften unseren Geist.

Weißer Topas, Silbertopas oder Edeltopas

Der Edeltopas ist nach der geschichtlichen Überlieferung einer der zwölf heiligen Steine, welcher in der Goldstadt der Antike, dem neuen Jerusalem, die dämonischen Feinde abwehren sollte. Nach den Griechen schenkt der Edeltopas Reinheit und Fröhlichkeit, unterstützt charaktervolle Freundschaft und bändigt aufbrausenden Zorn.

Heilwirkungen auf den Körper:
Weißer Topas, Edeltopas oder Silbertopas, hat sehr starke Heilwirkungen auf das Lymphsystem, den Magen und die Milz. So heilt er ganz besonders den Magen von Magenschleimhautentzündungen und lindert auch die häufig damit verbundenen Eigenschaften, wie z. B. Übelkeit, Brechreiz, Aufstoßen und unangenehme Magenschmerzen. Darüberhinaus ist der weiße Topas auch ein sehr guter Heilstein bei Magenblutungen und Magengeschwüren. Er aktiviert die Milz, und das Lymphsystem und reguliert die Lymphflüssigkeit. Zudem regt der Edeltopas das Ausscheiden von überschüssiger Flüssigkeit aus dem Körper an, und verhindert somit das Anschwellen des Gewebes durch Wasser und Fettpolster. Frauen in den Wechseljahren erhalten durch Topaswasser oder Ketten einen ganz besonderen Ausgleich. Durch Hormonschwankungen, den Rückgang der Eireifungshormone, und der Regelblutung, erfahren Frauen in den Wechseljahren häufig ein Durcheinander in ihrem Körper. Mit Hilfe des weißen Topas können jedoch Depressionen und vor allem Neigungen zum Dickwerden nach den Wechseljahren gelindert werden. Der weiße Topas verhindert Harnsäureablagerungen in Blut, Gewebe und Gelenken und bewahrt daher auch vor Gicht.

Heilwirkungen auf die Psyche:
Edeltopase sind freundschaftskräftigende Steine und verhelfen ihrem Träger ganz besonders bei der Umstellung Neuem gegenüber. Dies gilt nicht nur für Frauen in den Wechseljahren, sondern auch allgemein verhilft der Edeltopas dem Organismus und der Psyche, sich leichter auf neue Situationen einzustellen. Darüberhinaus stärkt er Menschen, welche abgenommen haben, oder sich von Suchterkrankungen befreit haben, vor Rückfällen und kräftigt diese Menschen, sich in ihrer neuen Lebenssituation besser zurechtzufinden.

Sternzeichen: Löwe 23. Juli bis 23. August

Chakra:
Der Edeltopas dringt sehr energievoll in alle Chakras unseres Körpers ein und harmonisiert und klärt unsere gesamte Aura. Die Eigenschaften bei der Meditation liegen nahe denen des Bergkristalls. In Verbindung mit Bergkristall werden die Eigenschaften des Edeltopas besonders aktiviert.

Blauer Topas oder blauer Edeltopas

Nach den Griechen vereinten sich im blauen Topas die Götter des Himmels und der Erde, wo sie unter Ausschluß des Bösen beschlossen, den Himmel und alle Meere durchsichtig blau erscheinen zu lassen. Der blaue Topas bewahre seinen Träger vor falschen Freunden, Zauberei und dem bösen Blick. Bei aufziehendem Gewitter wird der blaue Topas stark elektrisch und verbindet durch seine Kraft dann wieder Himmel und Erde.

Heilwirkungen auf den Körper:

Der blaue Topas hilft besonders gut bei Halsschmerzen und Hals-Nasen-Rachen-Entzündungen. Er bewahrt vor Schilddrüsenvergrößerungen und lindert Kropf (Struma). Zudem ist er auch ein sehr guter Heiler von Angina, Mandelentzündungen und Scharlach. Er schützt den Kehlkopf, insbesondere die Stimmbänder, Luftröhre und Speiseröhre. Der blaue Topas heilt durch zu starke Beanspruchung der Stimme oder durch Staub verursachte Kehlkopfkatarrhe (Laryngitis), Kehlerkrankungen und Stauballergien. Er wirkt kräftigend auf die Venen und verhindert Blutgerinnungen und Entzündungen in Venen und Arterien. Blauer Topas heilt Thrombose und Hämorrhoiden. Menschen, die viel gehen oder stehen und dadurch unter Blutstauungen und Bindegewebsschwäche (Krampfadern) leiden, sollten immer einen blauen Topas oder eine blaue Topaskette am Hals tragen. Blauer Topas hilft bei regelmäßigem Tragen sehr heilend gegen schmerzende Knoten an den Fuß- und Zehengelenken (Gicht).

Heilwirkungen auf die Psyche:

Der blaue Topas ist ein sehr inspirierender Stein, welcher auch die musischen Eigenschaften in uns weckt. Er wird daher auch von Sängern, Malern und Theaterleuten als Glücksstein und Schutzstein verehrt. Der blaue Topas stellt seit altersher die Verbindung zwischen Himmel und Erde her und schafft auch für uns eine harmonievollere Verbindung zur Umwelt. Besonders Schauspielern vermittelt der blaue Topas viel Erfolg auf der Bühne.

Sternzeichen: Wassermann 21. Januar bis 19. Februar

Chakra:

Der blaue Topas dringt am besten auf dem Halschakra in unseren Körper ein und hilft mit seinen zarten Schwingungen, unser Gefühlsleben zu harmonisieren und neu zu ordnen. Er verschafft uns mehr Klarheit über unsere Bedürfnisse und Wünsche und kräftigt unsere Seele sogar so stark, daß wir uns besser von konservativen und veralteten Lebensvorstellungen befreien können. Wir spüren mit Hilfe des blauen Topas, daß sich die Zeiten nie so schnell geändert haben wie heute und erhalten besonders durch diesen Stein über die Meditation die Kraft, auch mit der Zeit zu gehen. Denn man ist immer nur so alt, wie man sich fühlt. Stark sensible Menschen können durch den blauen Topas besonders weitsichtig und sogar hellsehend werden.

Wie erhalte ich einen Topas und wie pflege ich diesen?

Topase sind allesamt recht wertvolle Edelsteine. Sie liegen daher im gehobenen Preisbereich. Erhältlich sind sie als Rohsteine, flußgerollte Kristalle, Kristalle, Trommelsteine, Handschmeichler, Anhänger und Ketten. Topaskristalle und facettierte Ketten transformieren die vorbeugenden und heilenden Kräfte der Topase in ihrer Wirkung um ein Vielfaches. Alle Topase sollten ein bis zweimal im Monat unter fließendem, lauwarmem Wasser entladen werden. Ketten sollten in einer trockenen Schale mit Hämatit-Trommelsteinen über Nacht gereinigt und entladen werden. Wir empfehlen Ihnen, Topase nie an der Sonne aufzuladen, da die Kraft der Sonne vielen Topasen ihre Farbe entzieht. Laden Sie Topase daher immer nur über Nacht in einer Bergkristall-Gruppe auf.

Türkis und Zahntürkis (Vivianit)

Türkis

Farbe: Türkisblau, hellblau, himmelblau undurchsichtig

Chemische Zusammensetzung: $CuAl_6(PO_4)_4(OH)_8.4\text{-}5H_2O$

Geologie:

Der Türkis ist ein Kupfer-Aluminium-Polonium-Phosphat und hat die Härte 5 bis 6. Türkis wird in Adern und häufig auch in Nuggets gefunden. Er ist ein Kupfermineral und kommt dort vor, wo große Kupferkonzentrationen in der Erde verborgen sind. Die bekanntesten Fundgebiete liegen in USA, China und Mexiko. Die schönsten und wertvollsten Türkise stammen aus Arizona USA (Sleeping Beauty, Kingman) und aus einem kleinen Fundgebiet im Norden Chinas. Weitere Fundgebiete liegen in Tibet, Burma und Rußland.

Geschichtliche Überlieferung:

Türkise sind die heiligen Steine der Indianer. Diese glaubten, daß der Türkis eine unmittelbare Verbindung vom Himmel zu den Seen herstelle. Die Indianer verehrten ihn daher als Schutzstein und Heilstein und glaubten, daß der Türkis ganz besonders in Verbindung mit Roter Koralle seine Kräfte entfalte. Dies ist auch heute noch bei dem so typischen Indianerschmuck erkennbar. Silber, Türkis und Rote Koralle werden von den Indianern zu phantastischen Schmuckstücken und Glücksbringern kombiniert. In Europa war der Türkis schon früher bekannt. Die Ägypter und die Griechen verehrten diesen Stein als Schmuck- und Heilstein. Nicht nur Grabbeigaben waren häufig aus Türkis, sondern auch viele Schmuck- und Kuturgegenstände. "Türkis habe für seinen Träger die Eigenschaft, alles Böse vom Körper fernzuhalten und vor einem unnatürlichen Tod zu bewahren." Er habe die warnende Eigenschaft, daß er sich bei schweren Krankheiten oder nahenden Schicksalsschlägen verfärbt und ist daher ein unermüdlicher Warner und Schutzstein. Der Name Türkis stammt vermutlich aus dem Griechischen, was soviel bedeutet wie "Türkischer Stein". Vermutlich gelangten die ersten Türkise aus der Türkei nach Europa.

Heilwirkungen auf den Körper:

Der Türkis kräftigt durch Auflegen und als Türkis-Kette die Drüsen und den Blutkreislauf. Er lindert Unterversorgung der Organe mit Nährstoffen, Mineralien, Vitaminen und Kohlenhydraten. Er versorgt Muskeln und Nerven mit ausreichend Nährstoffen und hält dadurch Nervenfasern und Muskelgewebe länger geschmeidig. Ablagerungen, Verkalkungen und Verhärtungen werden durch den Türkis sehr schnell gelindert und geheilt. Bänderrisse und Sehnenrisse im Muskelgewebe können mit Hilfe von Türkis-Essenz und durch Türkis-Ketten ebenfalls schneller geheilt werden. Darüberhinaus hat der Türkis auch sehr heilende Wirkungen auf Halserkrankungen, Entzündungen und Infektionen der Atemwege bis hinein in die Bronchien und in die Lunge. Mißbildende Kinderkrankheiten,wie z. B. Wolfsrachen, Hasenscharte oder Knochenweichheit und sogar kinderlähmende Erkrankungen des Gehirns, und Stottern, können mit Hilfe des Türkis sehr wirksam vorgebeugt und geheilt werden. Psychosomatische Erkrankungen, wie z. B. Magersucht oder Freßsucht und seelische Krisen (Neurosen), wie z. B. zwanghaftes Erröten, Schreikrämpfe, Impotenz und Schweißausbrüche können ebenfalls mit Hilfe von Türkis sehr gut in den Griff gebracht werden. Durch Auflegen auf die Haut lindert und heilt der Türkis Entzündungen, Ekzeme und eitrige, schmerzende Wundrosen, Pickel und Schuppenflechte. Als Anhänger, Kette oder als Türkis-Essenz hat er auch sehr kräftige Heilwirkungen auf das Gebiß, die Zähne und das Zahnfleisch. So bewahrt er beispielsweise vor Mißbildungen der Zähne und Kiefer und heilt auch Karies, Parodontose und empfindliche Zahnhälse. Ganz besonders bei Zahnmarkerkrankungen, welche sich durch starke Heiß-Kalt-Empfindlichkeit bemerkbar machen, kann der Türkis lindernd eingesetzt werden.

Heilwirkungen auf die Psyche:

Türkise sind sehr kräftige Steine, welche uns in der Argumentation und der Meinungsäußerung sehr behilflich sind. Menschen, welche eher zurückhaltend sind, sollten unbedingt für die Aktivierung ihres Selbstvertrauens einen Türkis, besser eine Türkis-Kette am Hals tragen. Türkise vermitteln ihrem Träger mehr Tatkraft, Schaffenskraft und beruflichen wie privaten Erfolg. Besonders Menschen, welche häufig z. B. geschäftlich unterwegs sind, sollten zum Schutz vor Unfällen unbedingt einen Türkis bei sich tragen. Dies gilt auch für Sportler, Bauarbeiter, Flugpersonal und andere Menschen welche einer erhöhten Unfallgefahr ausgesetzt sind. Wenn Sie farbige Veränderungen an Ihrem Türkis feststellen, sollten Sie besondere Sorgfalt im Straßenverkehr und auch im privaten Bereich walten lassen. Der Türkis verleiht mehr Selbstsicherheit und aktiviert deprimierte und zurückhaltende Menschen.

Sternzeichen: Wassermann 21. Januar bis 19. Februar

Chakra:

Der Türkis eignet sich ganz besonders Meditation zum Auflegen auf das Kehlchakra. Er dringt sehr tief in uns ein und beflügelt uns, geistige Ideen mit intuitivem Wissen aus der Seele zu verbinden. Türkis verbindet uns während der Meditation mit der vollkommenen Schönheit des Kosmos und der Natur, und vermag auch unserem Aussehen mehr Schönheit und Kraft zu verleihen. Türkise sind kräftige Schutzsteine, welche vor kommenden Gefahren warnen und alles Böse vom Körper fernhalten. Türkise, die sich verfärben, sollten besonders ernst genommen werden, da sie im Augenblick für uns höchste reinigende, schützende und heilende Kräfte vermitteln.

Wie erhalte ich einen Türkis und wie pflege ich diesen?

Türkis gehört mit zu den wertvollsten Edelsteinen und liegt daher im gehobenen Preisbereich. Sie erhalten Türkis als Rohstein, Trommelstein, Handschmeichler, Kugel, Kette, Anhänger, Donuts, Indianer-schmuck und vielen phantasievollen Formen für Halsreifen und Lederband. Besonders kräftige Türkise stammen aus Arizona, USA. Diese sind auch durch ihre Farbe sehr verlockend. Türkise sind relativ empfindliche Steine und sollten daher stabilisiert sein. Das ändert nichts an den Heilwirkungen, sichert aber auf längere Zeit deren Qualität und Reinheit. Türkise und Türkis-Ketten sollten grundsätzlich einmal im Monat in einer Schale mit Hämatit-Trommelsteinen entladen werden. Erkennen Sie Verfärbungen an Ihrem Türkis, so sollten Sie diesen unbedingt sofort entladen und reinigen. Türkise sollten in Verbindung mit Bergkristallen und Kupernuggets aufgeladen werden. Bitte nicht an der Sonne aufladen, da Türkise hitzeempfindlich sind. Ebenfalls sind Türkise empfindlich gegen Säuren und Seifen. Silber kräftigt zusätzlich die heilenden Wirkungen des Türkis.

Zahntürkis oder Vivianit

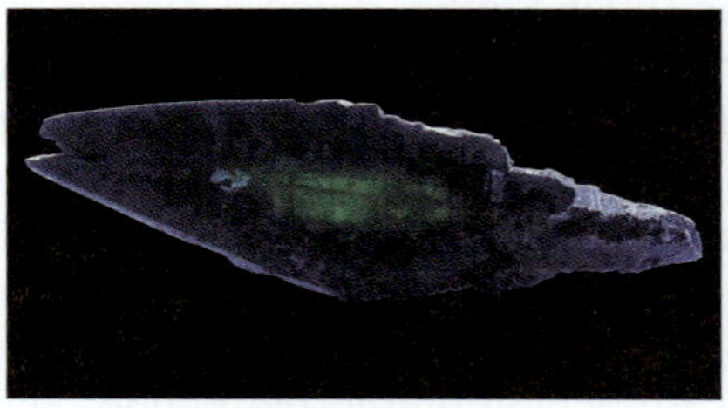

Chemische Zusammensetzung: $Fe_3(PO_4)_2 + 8H_2O$

Zahntürkis oder Vivianit ist zwar kein Kupfermineral, wie der Türkis, aber er ist ebenfalls ein Poloniumphosphat. Vivianit hat die Härte 2 und erhält durch Eisen eine etwas dunklere, ins lila abgleitende Farbe. Er ist oft durchsichtig. Zahntürkis oder Vivianit wird seit der Antike als Heilstein für Zähne und Gebiß verwendet. Er verhindert eine elektrostatische Aufladung und ist daher auch in der Computerindustrie und in der Weltraumtechnik ein gefragter Stein. Zahntürkis stärkt das Gebiß und heilt Zahnkaries, Mundfäule und Zahnverfall. Darüberhinaus kräftigt er das Zahnfleisch und bewahrt vor Erkrankungen des Zahnmarks. Zahntürkis bewahrt vor Zahnstein und vor empfindlichen Zahnhälsen, welche durch Parodontose verursacht werden. Besonders Kindern ist der Zahntürkis, in Verbindung mit Türkis und Bernstein, eine große Hilfe. Er bewahrt vor Mißbildungen am Gebiß und erleichtert das Zahnen. Sollte kein Vivianit zur Hand sein, können für diese heilenden Eigenschaften auch nur Türkise in Verbindung mit Bernstein verwendet werden.

Turmalin

Grüner Turmalin - Roter Turmalin - Schwarzer Turmalin - Blauer Turmalin - Wassermelonenturmalin - Mohrenkopfturmalin

Chemische Zusammensetzung: $Na(Mg,Fe,Li,Mn,Al)_3Al_6(BO_3)Si_6O_{18}(OH,F)_4$

Zusätzliche Konzentrationen von Eisen, Mangan, Natrium und Aluminium verleihen den Turmalinen ihr phantastisches Farbenspiel.

Geologie:

Turmaline gehören in eine eigene Gruppe und haben die Härte 7 bis 7,5. Spezifisch für die Turmaline ist, daß neben ihrer komplizierten chemischen Entstehung vor Millionen von Jahren zusätzlich das Element Bor in ihre mineralogische Reihe hinzukam. Dieses Bor macht den Turmalin zu einem polaren Stein. Das heißt, er erhält durch erwärmen oder reiben elektrische Eigenschaften. Er wird an einem Ende positiv geladen und zieht so z. B. Schwefelpuder oder Asche wie ein Magnet an. Neben einer Vielzahl von Mischfarben der Turmaline möchten wir hier jedoch auf die reinsten und charakteristischsten Turmaline eingehen. So haben wir den durch Chrom oder Vanadium grün gefärbten Turmalin, welcher auch Verdelit genannt wird, den durch Mangan und Lizium rosa oder roten Turmalin, Rubelith; durch Eisen und Chrom blau gefärbte Turmaline, Indigolith; durch Eisen und Limonit schwarz gefärbte Turmaline, Schörl. Darüberhinaus sind farbig gemischte Kristalle wie z. B. Wassermelonenturmaline oder Mohrenkopfturmaline möglich. Die bekanntesten Fundstellen der Turmaline liegen in Madagaskar, Kalifornien, USA, Tansania, Brasilien, Pakistan und Afghanistan.

Geschichtliche Überlieferung:

Turmaline finden ihre hohe Wertstellung schon in der Antike. Sie dienten nicht nur der Schmuckverarbeitung, sondern sind seit Gedenken der Menschheit Amulette, Glückssteine und Heilsteine. Nach den alten Ägyptern ist der Turmalin der Stein, welcher auf seinem langen Weg aus dem Inneren der Erde über den Regenbogen der Antike ging, bis hin zur Sonne, welche er zum Leuchten brachte. Daher wird er auch in allen Farben des Regenbogens gefunden. Schon die alten Griechen erkannten, daß es sich bei Turmalinen um pyroelektrische Kristalle handelt, welche durch erwärmen oder reiben magnetische Pole aufbauen. Richtig populär wurde der Turmalin in Europa jedoch erst, als holländische Seefahrer diesen von ihren Weltreisen zu uns brachten. Sie erkannten die magnetischen Eigenschaften der Turmaline, und verwendeten die Kristalle, um die Asche aus ihren Pfeifen zu ziehen. Der Turmalin gilt in seinen Überlieferungen als Festigungsstein von Freundschaften und Liebe. Auch heute zählen die verschiedenen Turmaline zu den begehrtesten Edelsteinen, Schmucksteinen und Heilsteinen. Turmaline haben nicht nur als Schmuckstein je nach Farbe eigene phantastische Eigenschaften, sondern dringen auch als Heilsteine jeder auf seine Weise in unseren Körper ein.

Grüner Turmalin, Verdelit

Der grüne Turmalin war schon bei den alten Griechen der Stein, der Licht in die Finsternis brachte. Viele ihrer Göttinnen trugen diesen, um ihre Tempel zu erleuchten.

Heilwirkungen auf den Körper:

Der grüne Turmalin dringt über das Herz und den Blutkreislauf in unseren Körper ein. Er kräftigt den Herzmuskel und die Herzkammern und stärkt die Venen und Arterien im Körper bis hin zur Lunge. Durch den grünen Turmalin wird der Sauerstoffaustausch in der Lunge ganz besonders gefördert und die Lunge wird vor Erkrankungen, wie z. B. Tuberkulose bewahrt. Der grüne Turmalin bewahrt unser Blut nicht nur vor Erkrankungen, Blutarmut, Vergiftungen und Leukämie, sondern steuert und reguliert über das Herz den gesamten Blutdruck im Körper. Schlaganfall und Herzinfarkt werden so besonders durch grüne Turmalinkristalle vorgebeugt. Darüberhinaus hat der grüne Turmalin auch ganz besondere Eigenschaften auf die Lymphdrüsen, Thymusdrüse und das endokrine System (Nebenniere, Hypophyse, Schilddrüse, Eierstöcke, Bauchspeicheldrüse, Hoden). Durch die Hormonproduktion lindert er genetische Störungen und bewirkt durch die Produktion weißer Blutkörperchen ein kräftigeres Immunsystem. Infektionskrankheiten, welche durch Viren und Parasiten hervorgerufen werden, wie z. B. Fieber und Grippe, werden durch den grünen Turmalin vorgebeugt und schneller geheilt. Durch den grünen Turmalin wird der Stoffwechsel an den Zellen gesteigert, überschüssige Fette werden besser verdaut und der gesamte Wasserhaushalt wird nachhaltiger geregelt. Menschen mit Übergewicht durch Fettpolster oder Wasseransammlungen (Wasserbeine) können durch regelmäßiges tragen von Turmalinketten geheilt werden, Über das Blut und die Drüsen werden nicht nur die Hormone gleichmäßiger im Körper verteilt, welche unsere sexuellen Bedürfnisse bewirken, sondern auch diese, welche für die Gesundung der Nerven und das Nervengewe-be verantwortlich sind. Nahe am Hals getragene, grüne Turmaline bewirken sogar, daß in den Arterien und im Gewebe Ablagerungen gelöst und herausgeschwemmt werden, welche häufig die Ursache für Artereosklerose und mit Steifheit endender Arthritis sind. Der grüne Turmalin erreicht über das Blut, Knochenmark und das Bindegewebe direkt die Faserenden der Nerven, heilt diese und beugt auch chronische Erkrankungen im Nervensystem vor. So bewahrt er z. B. vor der Parkinsonschen Krankheit, welche sich durch Zittern und unkontrollierte Bewegungsabläufe auswirkt ebenso, wie vor Multipler Sklerose, welche auf Verhärtungen im Gehirn und Rückenmark zurückzuführen ist. Grüne Turmalinkristalle mit ausgeprägten Kristallflächen beugen deutlich Krebs an Blut, Leber, Hoden und Eierstöcke vor, und heilen diese sogar noch im fortgeschrittenen Stadium. Sie sind sehr treue Helfer bei psychosomatischen Erkrankungen und Epilepsien wie z. B. Gleichgewichtsstörungen und Magersucht.

Heilwirkungen auf die Psyche:

Grüne Turmaline heben in uns vor allem die Kräfte, welche im Selbsterhaltungstrieb verborgen sind: So aktiviert er Hormone und Enzyme, welche in unserem Körper zirkulierend ein höheres Maß an Glück und Zufriedenheit hervorrufen. Die Nerven werden durch grüne Turmaline häufig sogar so entspannt und beruhigt, daß psychosomatische Erkrankungen binnen weniger Tage geheilt werden. Er löst festgefahrene Denkmuster und gibt mehr Kraft für einen neuen Lebensabschnitt. Besonders Turmalinkristalle und -ketten erweitern das Bewußtsein und befreien uns von Depressionen und häufig extrem starken emotionalen Schwankungen. Grüner Turmalin hat nicht nur heilende, sondern auch erneuernde und verjüngende Eigenschaften, welche sich ganz besonders auf Freundschaften, Familie und Partnerschaften auswirken. Sie sichern seit altersher Eigentum und bringen Wohlstand.

Stemzeichen: Waage 24. September bis 23. Oktober

Chakra:

Grüne Turmaline entfalten ihre ganze Kraft auf unserem Herzchakra. Sie verhelfen uns, unsere Ziele nicht nur zu stecken, sondern auch besser zu erreichen und beschenken uns mit einem ganz besonderen körperlichen und seelischen Wohlbefinden. Durch die polaren Eigenschaften des Turmalins werden blockierende Energien und Erlebnisse aus unserem Körper, Geist und Seele regelrecht abgesaugt. Wir spüren häufiger als andere Menschen neue Lebensphasen und mehr Zufriedenheit.

Schwarzer Turmalin, Schörl

Schon bei den Ägyptern und den Griechen ist der schwarze Turmalin der Stein des Selbstvertrauens und des Durchhaltevermögens. "Er wirkt seinem Träger wie ein Blitzableiter auf alle negativen Einflüsse, Strahlen und schwarze Magie und vermag mehr positive Energie zu zentrieren."

Heilwirkungen auf den Körper:
Der schwarze Turmalin dringt sehr befreiend und entgiftend über das Gehirn und die Nerven in den Körper ein. Er entstrahlt und entstört negative Energien und Blockaden, welche aufgrund von Ablagerungen und Verhärtungen unser gesamtes Nervensystem belasten. Der schwarze Turmalin kräftigt ganz besonders die Muskulatur, welche direkt an unseren Knochen die Bewegungen und den aufrechten Gang bewirken. Er lindert Muskelschwund, schmerzhafte Knochen- und Gelenksentzündungen (Gicht), Muskelrisse, Muskelkater und sogar Muskeldystrophie. Der schwarze Turmalin heilt aber auch Muskelverkrampfungen, Zittern und Epilepsien, welche ihren Ursprung eigentlich im Gehirn oder im Rückenmark finden. Durch das direkte Eindringen des schwarzen Turmalins in die Gehirnflüssigkeiten wird auch ein Teil unseres vegetativen Nervensystems ausreichender gesteuert. So heilt der Schörl z. B. Herzerkrankungen, Erkrankungen an Nieren und Nebennieren und bewahrt vor Orientierungslosigkeit. Er beugt vor allem bei jungen Menschen trotz normaler Intelligenz Legasthenie vor, welche sich in Schwierigkeiten des Erlernens von Lesen und Schreiben auswirkt. Schörlkristalle sind hervorragende Heiler von Erkrankungen, welche durch Viren und Entzündungen das Nervengewebe befallen, und sich in Verbindung mit starkem Juckreiz und Schmerzen auf der Haut auswirken. Hierunter fallen Gürtelrose, Haut- und Gesichtslähmungen, Arthritis und sogar krebsärtige Geschwulste. Schwarze Turmaline sind, besonders dann wenn sie Kristallflächen haben, sehr starke Schützer und Heiler vor Strahlenkrankheiten, Sonnenbrand und Wetterfühligkeit.

Heltwirkungen auf die Psyche:
Der schwarze Turmalin befreit und schützt vor negativen Einflüssen in unserem Körper. Hierunter fallen nicht nur Vergiftungen oder Erd- und Computerstrahlen, sondern natürlich auch die negativen und häufig seelisch stark belastenden Energien durch unsere Mitmenschen. Mißtrauen, Gier, Neid, Untreue und Eifersucht können uns in unserem Handeln genauso schmerzhaft beeinflussen, wie z. B. starke Erdstrahlen oder gar Schwarze Magie. Schwarze Turmaline sind daher mit die kräftigsten Schutzsteine für den Körper und unsere Seele, welche unsere eigenen Wünsche, mehr Selbstbewußtsein und Lebensziele fördern.

Sternzeichen: Steinbock 22. Dezember bis 20. Januar

Chakra:
Der schwarze Turmalin oder Schörl dringt ganz besonders als Kristall in das Stirnchakra, Wurzelchakra, und über die Nebenchakras der Arme und Beine in uns ein. Er ist ein Lichtbringer, welcher uns schon nach kurzer Zeit in eine höhere Bewußtseinsebene befördert. Schwarze Turmaline bewirken eine sehr starke, inwendige Konzentration in bewußt geistiger Ebene. Das heißt, wir erreichen mehr Lebensqualität dadurch, daß wir Gehirnströme und Funktionen erkennen und diese gedanklich für uns durchspielen. Schwarze Turmaline haben daher eine sehr befreiende und klärende Funktion auf viele unserer offenen Fragen.

Rosa oder roter Turmalin, Rubelith

Rosa Turmaline werden, ähnlich wie der Rubin, seit Gedenken der Menschheit als Stein der Wahrheit, Partnerschaft und der Liebe verehrt. Nach den Ägyptern beschert der rote Turmalin Erleuchtung und bewahrt durch sein inneres Feuer vor Kummer und bösen Gedanken.

Heilwirkungen auf den Körper:

Rote Turmaline dringen über die Organe des Unterleibes und über die Fruchtbarkeit bis zum Herzen vor. Sie bewirken durch ihre heilenden Kräfte auf die Reinigungsorgane eine Entgiftung des Kreislaufs. So aktiviert und kräftigt der rote Turmalin die Leber, welche unser Blut entgiftet und gleichzeitig den Vitamin- und Blutzuckerspiegel reguliert. Über die Lymphe und die Galle werden durch den roten Turmalin Verdauungsflüssigkeiten produziert, welche den Stoffwechsel anregen und Blähungen, harten Stuhlgang und Hämorrhoiden lindern. Rote Turmaline mit Kristallflächen sind ganz besondere Steine für die Frau. Sie bewahren vor Unfruchtbarkeit und Erkrankungen der primären und sekundären Geschlechtsorgane. Menstruationsbeschwerden werden gelindert und Frauen in den Wechseljahren erfahren durch den roten Turmalin eine sanftere Hormonumstellung. Ketten oder Wasser von rotem Turmalin kräftigen und reinigen bei regelmäßiger Verwendung die Blutgefäße und harmonisieren die Produktion von weißen und roten Blutkörperchen. Bluterkrankungen, insbesondere Blutkrebs und durch Arterienverkalkungen hervorgerufene Gelenkerkrankungen, wie z. B. Arthritis, werden durch den roten Turmalin vorgebeugt, gelindert und geheilt. Rote Turmaline in Brusthöhe getragen schützen vor Erkrankungen der Brust und Haut und bewirken gesündere Nägel, ein jugendlicheres Aussehen und schönere Haare. Ebenfalls haben die roten Turmaline als Kristalle oder Kette sehr starke Schutzfunktionen gegen Viren, Bakterien und negativen Strahlen, welche von außen in unseren Körper einzudringen versuchen.

Heilwirkungen auf die Psyche:

Rote Turmaline dringen sehr stark in unser Gefühlsleben ein und verhelfen uns auch hier, besser die Grenzen zu erkennen, welche Mitgefühl und Selbstlosigkeit von Selbstaufgabe trennen. Verhärtete und festgefahrene Menschen einerseits, werden besonders durch rote Turmaline sensibler und in soweit geöffnet, daß sie wieder bereit sind, persönliche Gefühle zu zeigen. Ängstliche Menschen andererseits, welche aufgrund von Enttäuschungen in der Partnerschaft oder am Arbeitsplatz eher zurückgezogen leben, erfahren durch rote Turmaline einen Energieschub, welcher sie begleitet, ihre Schmerzen zu vergessen, und von Vergangenheiten loszulassen. Beide Arten von Menschen erfahren durch diesen Stein nicht nur ein neues Leben und die Einsicht, daß man auch anders leben kann, sondern sie werden darüberhinaus mit mehr Liebe, Freundschaft, Glück und Lebenslust erfüllt.

Sternzeichen: Skorpion 24. Oktober bis 22. November

Chakra:

Rote Turmaline schenken ganz besonders unserem Herzen mehr Ruhe und Harmonie. Sie befreien uns von Blockaden und Psychosen, welche zwar unseren Körper blockieren, aber meistens auf das Verhalten unserer Mitmenschen zurückzuführen sind. Falsche Freunde werden von uns genauso abgeschüttelt wie eine fanatische Lebensanschauung. Rubelith macht reinen Tisch. Durch rote Turmaline werden auch Menschen befreit, welche trotz ihres eigenen Lebens durch die krankhaften und egoistischen Bande ihrer Eltern an der Selbstverwirklichung gehindert werden.

Blauer Turmalin, Indigolith

Heilwirkungen auf den Körper:

Blaue Turmaline dringen über die Lunge und die Atmungsorgane in uns ein und haben starke heilende Eigenschaften auf das Nervensystem, die Atmung und das Gehirn. So bewirkt der blaue Turmalin einen effektiveren Stoffwechsel in der Lunge, welcher sich ganz besonders auf den Gasaustausch und somit auf die Sauerstoffversorgung für unseren Körper auswirkt. Am Hals getragen hilft der Indigolith bei Lungenerkrankungen, TBC und asthmatischen Erkrankungen der Bronchien und Atemwege. Er heilt Entzündungen und Infektionen des Kehlkopfs, überstarkes Wachstum der Mandeln und lindert Mißbildungen und Entzündungen der Schilddrüse, Thymusdrüse und der Luftröhre. Darüberhinaus heilt der Indigolith Schädigungen und Erkrankungen im Gehirn, wie z. B. Meningitis (Genickstarre) und Hirnhautentzündung. Er bewahrt vor Trübung der Sinne, wie z. B. Kurzsichtigkeit und Schwerhörigkeit und beugt ganz besonders Konzentrationsstörungen und Gehirnschwund vor (Alzheimersche Krankheit). Durch seine Kraft auf die Hirnanhangdrüse verstärkt der Indigolith die Hormonproduktion, fördert das Wachstum und beeinflußt direkt den Stoffwechsel und die Fortpflanzung. Der Indigolith schützt auch vor Verhärtungen und Entzündungen im Nervensystem und lindert psychosomatische Erkrankungen.

Heilwirkungen auf die Psyche:

Blaue Turmaline fördern mehr Selbstständigkeit und Selbstverwirklichung. Sie unterstützen ihren Träger bei seinen Entscheidungen und verschaffen mehr Klarheit und Reinheit bezüglich der eigenen Wünsche gegenüber den Gefühlen der Mitmenschen. Blauer Turmalin verleiht mehr unternehmerisches Denken und Verhandlungsgeschick. Er ist der Stein aller Kaufleute, welcher den Lebensstandard erhält und vor Fehlkalkulationen bewahrt.

Chakra:

Der blaue Turmalin oder Indigolith eignet sich besonders für das Kehlchakra oder zum Auflegen auf das Dritte Auge. Er befreit unsere Gedanken vor Schablonen und Mustern, welche unser freies Denken eigentlich verhindern. Blauer Turmalin schafft eine energetische Verbindung unseres Geistes mit dem Körpers und der Umwelt. Mit Hilfe des blauen Turmalins erkennen wir, daß wir nicht nur für uns nehmen können, sondern durch Einsicht, Vernunft und Ausgewogenheit auch geben müssen.

Wassermelonenturmalin

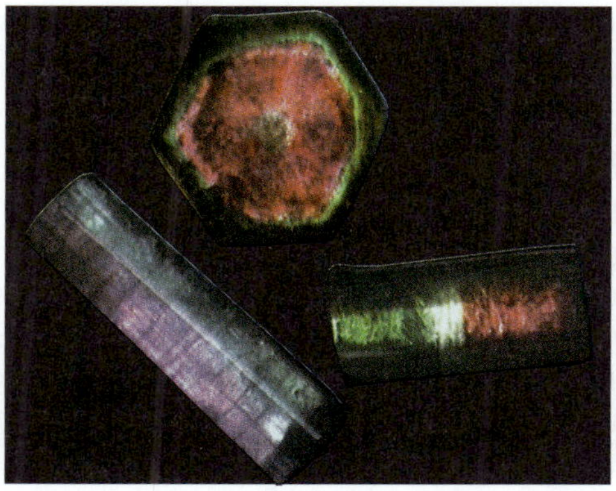

Beim Wassermelonenturmalin handelt es sich um einen zweifarbigen Turmalin, welcher meist innen rot und außen herum grün ist, oder umgekehrt.

Heilwirkungen auf den Körper:

Der Wassermelonenturmalin dringt ebenfalls direkt über das Herz und den Kreislauf gesundheitsfördernd in uns ein. Er bewahrt vor Reisekrankheiten und Erschöpfungszuständen, welche häufig auf ungewohnte Ernährung zurückzuführen sind. Er schützt aber auch ganz massiv vor Entzündungen von Nervenzellen auf der Kopfhaut und im Rückenmark. Kinderlähmung und Hirnhautentzündung werden daher durch den Wassermelonenturmalin besonders vorgebeugt und geheilt. Auch Schwankungen im Immunsystem, welche aufgrund mangelnder weißer Blutkörperchen oder durch fehlende Hormone hervorgerufen werden, werden durch den Wassermelonenturmalin reguliert.

Rheumatische Fieber, welche meist bei Kindern auftreten und zu Schäden des Herzens führen, werden durch Wassermelonenturmalin stark vorgebeugt und sogar geheilt. Als Anhänger ist der Wassermelonenturmalin darüberhinaus ein Stein, welcher die Abwehrkräfte der Haut aktiviert und rheumatische Erkrankungen an Knochen und Gelenken lindert. Wassermelonenturmalin eignet sich auch sehr gut gegen Parodontose und starkes Zahnfleischbluten. Er heilt am besten durch spülen mit Wassermelonenturmalin-Wasser und verhindert so die Lockerung der Zähne. Ganz entschieden jedoch aktiviert der Wassermelonenturmalin als Anhänger oder Kette, am Hals getragen, die Schrittmacherzellen, welche elektrische Impulse für unser Herz erzeugen, und somit in der Herzmuskulatur den Herzschlag regeln. Wie alle Turmaline ist auch der Wassermelonenturmalin ein sehr stark krebsvorbeugender Stein, welcher sogar Krebszellen im fortgeschrittenen Stadium noch heilen kann.

Heilwirkungen auf die Psyche:
Wassermelonenturmaline haben für ihren Träger sehr befreiende Eigenschaften von Schuldgefühlen und Melancholie. Sie beflügeln den Humor und aktivieren durch mehr Freude ein freies und häufigeres Lachen. Der Wassermelonenturmalin verbindet die weiblichen und die männlichen Eigenschaften im Leben und verhilft zu mehr Lebenserfüllung. Er schützt uns vor eigenen Vorurteilen und vor falschen Erwartungen durch unsere Mitmenschen. Dieser Turmalin beflügelt unbedingt auch diese Menschen, die normalerweise nicht den ersten Schritt wagen mit mehr Selbstvertrauen und bewahrt vor Prüfungsangst und Existenzangst im täglichen Leben.

Chakra:
Der Wassermelonenturmalin gehört mit zu den kräftigsten Steinen für unser Herzchakra. Er dringt dort sehr tief in uns ein und bewirkt eine Erkenntnis und Erleuchtung auf höchster Ebene. Besonders emotionale Wunden, welche uns vor längerer Zeit oder in der Kindheit zugefügt wurden, und seitdem ein unterbewußtes Laster für uns sind, werden mit diesem Turmalin tiefgreifend erkannt und aus unserem Bewußtsein befördert. Der Wassermelonenturmalin ist ein ganz treuer Begleiter, wenn es um die Beantwortung für wahre Freundschaft und ehrliche Liebe geht. Er verbietet seinem Träger das Spiel und den leichtfertigen Umgang mit der Liebe. Wassermelonenturmaline sind absolute Steine der Wahrheit, Freundschaft, Geradlinigkeit und Charakterstärke.

Mohrenkopfturmalin (Elbait)

Mohrenkopfturmaline sind meist grüne Turmaline mit schwarzem Kopf oder Rand. Selten treten diese Turmaline auch in umgekehrter Reihenfolge auf. Diese wurden Anfang des 19. Jahrhunderts auf Elba gefunden und erhielten dadurch ihren Namen.

Heilwirkungen auf den Körper:
Mohrenkopfturmaline sind sehr kräftige Heilsteine, welche einen starken Einfluß auf die gesunde Zellteilung der Organe und Gewebe nehmen. Er schützt und heilt das Bindegewebe von Sarkomen und Karzinomen, welche bösartige Tumore sind und sich bevorzugt auf den Drüsen, der Schleimhaut und den Oberflächen der Organe ansiedeln. Durch Auflegen auf erkrankte Körperstellen lassen sich sogar fortgeschrittene Erkrankungen in diesem Bereich durch den Mohrenkopfturmalin heilen. Darüberhinaus ist dieser Turmalin ein Hüter der Kapillargefäße, welche in einem komplizierten Netzwerk den Sauerstoff und die Nährstoffe im Körper verteilen und gleichzeitig auch verbrauchte Luft und Abfallstoffe aus dem Kreislauf heraustransportieren. Er lindert psychosomatische Erkrankungen wie Bulimie und Magersucht. Als Anhänger getragen lindert dieser Turmalin, besonders bei Kindern, Entzündungen der Kehlkopfschleimhaut, welche zu einem bellenden, rauhen Husten und pfeifender Einatmung mit Erstickungsangst führen kann (Pseudokrupp).

Heilwirkungen auf die Psyche:

Mohrenkopfturmaline wirken bei ihrem Träger gegen seelische Mangelerscheinungen, die durch Streß, Überlastungen und Unruhe ausgelöst werden und sich recht häufig in Wut und Zorn verwandeln. Sie harmonisieren diese Überreaktionen und verschaffen ganz besonders zu Kindern mehr Verständnis. Dieser Turmalin erleuchtet bis in die eigene Kindheit und läßt den Träger erkennen, daß man ja auch einmal jung war und daß in der Kindheit ganz andere Gefühle und Werte von Bedeutung waren. Das besondere an diesem Turmalin jedoch ist, daß er nicht auf die Fehler der eigenen Kindheit oder der eigenen Eltern hinweist, sondern mit Verständnis darauf aufmerksam macht, daß man nicht irgendwelche Generationen wiederholen oder verbessern kann, sondern daß jede Generation, jedes Kind und jedes Lebewesen seine eigenen Lebenserfahrungen selbst sammeln möchte.

Chakra:

Der Mohrenkopfturmalin ist, wie alle Turmaline, ein sehr kräftiger Stein, welcher seine Eigenschaften am besten auf dem Herzchakra mit Tendenz zur Kehle und zum Dritten Auge entfaltet. Dieser Turmalin dringt sehr flutend in uns ein und verhilft uns zu den Gefühlen, die für uns wichtig sind. Er lehrt uns jedoch, unsere Gefühle mit den Gefühlen unserer Umwelt zu harmonisieren, und zu verbinden. Besonders um den Hals herum befreit uns dieser Turmalin vor Stauungen und Blockaden. Die Kraft dieses Turmalins reicht bis in die Erinnerung unserer Jugendzeit und Kindheit zurück und verdeutlicht uns die Werte, die damals für uns wichtig waren. Er befördert diese in unsere Erkenntnis und wir erreichen dadurch eine viel harmonievollere Beziehung zu Kindern und in der Familie.

Allgemeines:

Verlaufende Turmalinketten, welche aus nahezu allen Turmalinvarianten bestehen, sind nicht nur phantastische Schmuckstücke, sondern auch eine sehr gute Möglichkeit um alle Kräfte der Turmaline immer bei sich zu tragen. Sie vermitteln ein ganz besonderes Maß an spirituellem Licht, heilender Kraft, Intuition und schützen vor vielen negativen Einflüssen und bösen Kräften. Sie erhalten diese Ketten als Kugelketten, Linsenketten, Olivenketten und facettierte Ketten. Sie können die Kraft dieser Ketten um ein Velfaches verstärken, wenn Sie diese mit einem Gold- oder Silberverschluß versehen und darauf achten, daß die Kette in sich nicht geknotet ist, damit die Steine einander berühren. Einzelne Turmalin-Kristalle konzentrieren die heilenden Kräfte der Turmaline ebenfalls um ein Vielfaches.

Wie erhalte ich einen Turmalin und wie pflege ich diesen?

Turmaline sind erhältlich als Rohsteine, Kristalle, Trommelsteine, Handschmeichler, Anhänger, Kugeln, Ketten und sehr selten als Donuts. Einzelne Kristalle und polierte Kristallquerschnitte sind besonders wertvolle und kräftige Begleiter aus der Familie der Turmaline. Wir empfehlen Ihnen, Turmaline regelmäßig unter fließendem, lauwarmem Wasser zu reinigen und zu entladen. Ketten sollten einmal im Monat über Nacht in einer trockenen Schale aus gemischten Hämatit- und Bergkristall-Trommelsteinen gereinigt und entladen werden. Durch Aufladen an der Sonne oder in einer Amethyst-Druse wird den Turmalinen nicht nur Kraft zurückgegeben, sondern sie können ihre pyroelektrischen Eigenschaften wieder neu aufbauen. Das heißt, sie werden wieder magnetisch und daher so unschätzbar kräftig in ihren Heilwirkungen.

Turmalinquarz

Farbe: Quarz mit schwarzen Turmalin- Einschlüssen.

Chemische Zusammensetzung:

$SiO_2 + Na(Mg,Fe,Li,Mn,Al)_3Al_6(BO_3)Si_6O_{18}(OH,F)_4$

Geologie:

Turmalinquarz ist ein turmalindurchwachsener Bergkristall. Er hat die Härte 7 und gehört primär in die Familie der Quarze. Der Turmalinquarz erhält seine besonderen geologischen und mineralogischen Eigenschaften durch das feste Verwachsen von Bergkristall mit Turmalin. Die Fundgebiete des Turmalinquarz liegen in Brasilien, Madagaskar, China und Australien.

Geschichtliche Überlieferung:

Der Turmalinquarz wurde schon bei den Chinesen als Stein der Gegensätze verehrt. So glaubten sie, daß dieser seinem Träger die Yin und Yang-Eigenschaften im Körper und Geist harmonisiere. In den letzten Jahrhunderten geriet der Turmalinquarz in Vergessenheit und erfreut sich erst heute wieder, aufgrund seiner starken Heilwirkungen, zunehmender Beliebtheit.

Heilwirkungen auf den Körper:

Der Turmalinquarz lindert Schmerzen und heilt jene Erkrankungen, welche durch starke Nervenanspannungen und Verzerrungen hervorgerufen werden. Hierunter fallen besonders Ischiasbeschwerden und Hexenschuß. Darüberhinaus festigt er die Knorpel, welche als Bindegewebe zwischen den Knochen lagern und diese mit ihrer schützenden Hülle umgeben. Turmalinquarze lassen sich, am Hals getragen, auch sehr gut gegen Vitamin D Mangel einsetzen und bewahren die Haut vor Austrocknen und schuppigen Ausschlägen. Durch die aktivierende Kraft des Turmalinquarzes auf die Hormondrüsen der Haut wird die Produktion von Vitamin D beschleunigt. Rachititserkrankungen, welche häufig aufgrund starker Schwankungen im Vitamin-D-Haushalt zu Knochenerkrankungen und Mißbildungen der Knochen, vor allem bei Kindern, führen, werden vorgebeugt und geheilt.

Heilwirkungen auf die Psyche:

Der Turmalinquarz hilft seinem Träger ein besseres Überwinden starker Schicksalsschläge. So verhilft er z. B. nach dem Verlust eines geliebten Menschen oder Tieres durch den Tod zu einem leichteren Übergang. Darüberhinaus hilft uns der Turmalinquarz auch sehr stark, wenn wir merken, daß wir in der Liebe oder in der Freundschaft betrogen oder hintergangen wurden. Der Turmalinquarz macht zwar Geschehenes nicht ungeschehen, aber er verhilft uns besser zu der Einsicht, daß viele Dinge im Leben ein Kommen und Gehen sind. Er erleichtert uns den Neuanfang und ermöglicht uns ein freieres und vorurteilsloseres Durchstarten in eine neue Beziehung. Auch Partnerschaften und Freundschaften, welche zu bröckeln beginnen, können mit Hilfe von Turmalinquarz wieder neues Licht erhalten. Der Turmalin-quarz verhilft in der Partnerschaft zu öfteren ehrlichen und offenen Gesprächen.

Sternzeichen: Steinbock 22. Dezember bis 20. Januar

Chakra:

Turmalinquarz entfaltet während der Meditation seine sehr starken und spirituellen Kräfte auf den Nebenchakras und der Stirn. Er ist ein Stein, welcher sehr stark lösend und befreiend in unsere Seele eindringt und dabei mehr Kraft und Durchhaltevermögen für neue Lebenssituationen verschafft. Darüberhinaus ist der Turmalinquarz ein Stein, welcher uns mehr Klarheit für unsere augenblickliche Lebenssituation verschafft. Turmalinquarze harmonisieren die ausgeprägtesten Kräfte in unserem Geist und im Körper. So verbinden sie nicht nur das Licht mit der Dunkelheit, sondern auch die Zukunft mit der Vergangenheit. Wir lernen verstehen, daß wir nicht ein treibendes Boot in unserem Lebenslauf sind, hinter uns die Vergangenheit, dann wir, dann die Zukunft, sondern wir verstehen, daß wir zwar ein Boot auf unzählig großem Wasser und verschieden hohen Wellen sind, viele Punkte unserer Gegenwart jedoch erst durch unsere eigenen Handlungen und gesteckten Ziele erreichbar werden. Turmalinquarze sind darüberhinaus sehr starke strahlenabweisende Steine. Sie bewahren uns nicht nur vor Erdstrahlen und Computerstrahlen, sondern auch vor anderen negativen Kräften, wie z. B. Mißgunst unserer Mitmenschen und Hexerei.

Wie erhalte ich einen Turmalinquarz und wie pflege ich diesen?
Turmalinquarze sind als Rohsteine, Kristalle, Trommelsteine, Handschmeichler, Anhänger, Kugeln, Pyramiden, Obelisken, Ketten, Donuts und selten auch als phantasievolle Teilchen für Lederband und Halsreifen erhältlich. Besonders Kugeln haben eine sehr befreiende und entstörende Kraft gegen schlechte und negative Energien durch andere Menschen. Falsche Freunde und untreue Menschen offenbaren sich in Gegenwart von Turmalinquarz-Kugeln ganz von alleine. Turmalinquarze sind sehr kräftige Steine, welche regelmäßig ein- bis zweimal im Monat unter fließendem, lauwarmem Wasser gereinigt und entladen werden sollten. Das Aufladen, an der Sonne oder an einer Bergkristall-Gruppe ist für Turmalinquarze sehr zu empfehlen. Noch besser laden sie sich auf, wenn man zusätzlich in die Bergkristall-Gruppe einen schwarzen Turmalin legt. Turmalinquarz-Ketten sollten einmal im Monat über Nacht in einer trockenen Schale mit Hämatit-Trommelsteinen entladen werden.

Ulexit

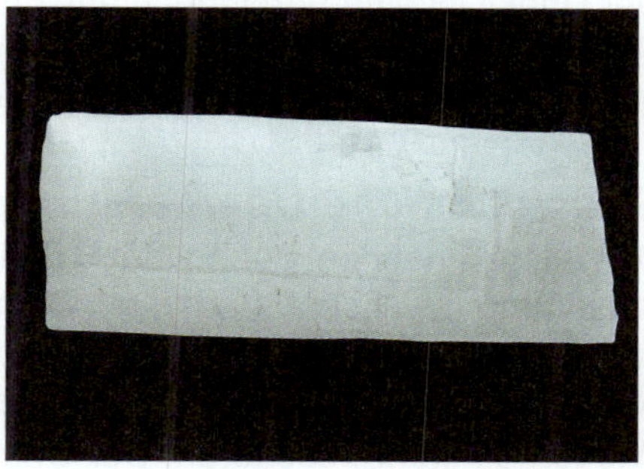

Farbe: Samtig, weiß bis grau, durchscheinend.

Chemische Zusammensetzung: $NaCaB_5O_9 + 8H_2O$

Geologie:
Der Ulexit ist eine borreiche Natrium-Kalzium-Verbindung mit der Härte 1. Er erhielt seinen Namen durch den deutschen Chemiker G. Ulex. Da dieser Stein primär in Nevada und Kalifornien, USA gefunden wird, wird er dort von den Kindern gerne, aufgrund seiner häufigen Doppellichtbrechung, als TV-Rock (Fernsehstein) verwendet.

Heilwirkungen auf den Körper:
Schon von den Indianischen Völkern Nordamerikas wurde der Ulexit als antiseptisches Wundheilmittel gegen Infektionen und Entzündungen verwendet. Der Ulexit ist ein Heilstein, welcher durch Auflegen oder als Tee Wunden desinfiziert und den Heilungsprozeß beschleunigt. Seine besonderen Eigenschaften liegen jedoch in der Bekämpfung der Tetanus-Bazillen. Der Ulexit desinfiziert die Wunde und neutralisiert das Gift dieser Bazillen bevor dieses das Gehirn erreicht. So bleiben die schmerzhaften Folgen einer Tetanus-Infektion aus, welche sich in starken Muskelkrämpfen und Muskelstarre der Gesichts-, Waden- und Kaumuskulatur auswirken (Wundstarrkrampf). Der Tetanus-Bazillus befindet sich überall in unserer Umwelt und kommt besonders häufig im Straßenstaub vor. Menschen, welche häufig draußen arbeiten, sollten zum Schutz einer erhöhten Infektionsgefahr unbedingt einen Ulexit bei sich tragen.

Heilwirkungen auf die Psyche:
Ulexit ist ein relativ schwacher Heilstein für die Psyche und das Gemüt. Er bewirkt jedoch besonders bei Kindern mehr Lernbereitschaft und Wissensaufnahme in ihre feinfaserigen Gehirnzellen. Gleichzeitig stärkt er das Gedächtnis und beschert ein höheres Gefühl von Zufriedenheit.

Chakra:
Der Ulexit dringt am besten über die Nebenchakras in uns ein und erweist sich während der Meditation in Verbindung mit kräftigen Heilsteinen als beliebter Transportstein in das Unterbewußtsein.

Wie erhalte ich einen Ulexit und wie pflege ich diesen?

Ulexit, auch TV-Rock oder Fernsehstein genannt, ist im gutsortierten Fachhandel als Naturstein erhältlich. Er sollte einmal im Monat unter fließendem lauwarmem Wasser gereinigt werden. Wenn dieser unter dem Kopfkissen verwendet wird, so sollten Sie ihn zweimal im Monat reinigen. Das Aufladen über Nacht an einer Bergkristall-Gruppe ist für diesen Heilstein sehr wichtig.

Unakit und Epidot (Pistazit)

Unakit

Farbe: Rötlicher Stein mit grünen Feldern

Chemische Zusammensetzung:

Unakit: $(Ca_2(Al,Fe^{3+})_3SiO_4)_3(OH)/CA.Al_2Si_2O_8$

Geologie:

Der Unakit ist eine Verbindung aus grünem Epidot und rotem Jaspis. Viel Hitze und hohe Druckverhältnisse haben diese beiden Steine im inneren der Erde zu einem Stein verschmelzen lassen. Seine Härte liegt bei 6 bis 7 und die bekanntesten Fundstellen liegen in Südafrika, China und Brasilien.

Geschichtliche Überlieferung:

Die alten Griechen gaben dem Stein den Namen Unakis-Epidosis, was soviel wie "zuwachsen" oder "zusammenwachsen" bedeutet. Denn Unakit hat sich durch das feste Zusammenwachsen von rotem Jaspis und Epidot entwickelt. Bei den Griechen und den Römern galt der Unakit als Heilstein und Amulettstein. Er sollte nicht nur in Kriegen vor Verletzungen bewahren, sondern sollte auch eine glückliche Wiederheimkehr bescheren. Der Unakit bringt und hält zusammen, was zusammen gehört.

Heilwirkungen auf den Körper:

Der Unakit wirkt wie eine Waage, welche für uns das Gleichgewicht in der Funktion unserer Organe, Körpersäfte und Drüsen bewahrt. Ganz charakteristische Heilwirkungen des Unakits liegen jedoch in den entspannenden und entkrampfenden Eigenschaften auf den unteren Genitialbereich des Mannes und der Frau. So entkrampft der Unakit als Badezusatz, als Kette oder unter der Matratze Verkrampfungen am Scheideneingang und im Unterleib. Menschen, welche häufig unter Unterleibsschmerzen leiden, und Frauen, welche über Schmerzen beim Geschlechtsverkehr klagen oder gar unter Scheidenkrämpfen leiden, werden durch den Unakit in einem höheren Maße gelockert und entspannt.

Heilwirkungen auf die Psyche:

Auch im psychischen Bereich hat der Unakit sehr ausgleichende Eigenschaften. Er lindert besonders Probleme, welche sich durch falsche Erziehung in den Kinderjahren in uns eingenistet haben. Mädchen, welche aufgrund früherer negativer Erlebnisse eine psychische Abneigung gegen Männer und bewußt oder unbewußt Angst vor dem Geschlechtsverkehr haben, werden mit Hilfe des Unakits wieder in harmonievollere Ebenen des Lebens und der Sexualität befördert.

Chakra:

Der Unakit ist ein Gleichgewichtsstein, welcher neben dem Herzchakra auch sehr harmonievoll durch die Nebenchakras in uns eindringt. Besonders während der Meditation entfaltet der Unakit seine sanften, ausgleichenden und regulierenden Schwingungen für unseren Organismus.

Epidot (Pistazit)

Farbe: Grün, braungrün, pistazienfarbig

Chemische Zusammensetzung:

Epidot: $Ca_2(Al,F^{3+})_3Si_3O_{12}(OH)$

Geologie:

Der Epidot ist eine mineralienreiche Kalzium-Aluminium-Verbindung mit der Härte 6 bis 7. Er wird aufgrund seiner farbigen Ähnlichkeit mit Pistazien auch als Pistazit bezeichnet. Die Fundgebiete liegen in Österreich, Madagaskar und USA.

Heilwirkungen auf den Körper.

Der Epidot (Pistazit) lindert und heilt Atembeschwerden, welche über lange Zeit durch unreine und staubige Atemluft hervorgerufen werden. Kalk, Mehl, Straßen- und Kohlenstaub bewirken krankhafte, chronische und allergische Veränderungen der Bronchien und in den Lungen (Staublunge). Der Epidot ist schleimlösend und bewirkt ein besseres Abhusten von Verunreinigungen. Er kräftigt die Atmung und beugt vor allem Vergiftungen vor, welche durch Absonderungen aus der Lunge in den Blutkreislauf und das Lymphsystem des Körpers gelangen können.

Heilwirkungen auf die Psyche:

Der Epidot macht gesellschaftsfähiger und verhindert Einsamkeit. Besonders älteren Menschen verhilft der Epidot besser aus konservativen Weltanschauungen heraus und vermittelt mehr Verständnis jüngeren Menschen gegenüber. Epidot lehrt, daß alle Generationen ihre Erfahrungen selber sammeln müssen.

Chakra:

Der Epidot dringt über das Herzchakra am besten in unseren Kreislauf ein und verhindert eine Vereinsamung unserer Seele. Er schenkt mehr Gleichgewicht und Ausgeglichenheit zwischen unserer Aura, dem Körper und dem endokrinen System.

Wie erhalte ich Unakit und Epidot und wie pflege ich diese?

Unakit und Epidot sind als Trommelstein, Handschmeichler, Kette, Donuts und vielen phantasievollen Formen für Halsreifen und Lederband erhältlich. Sie sollten einmal im Monat unter fließendem lauwarmem Wasser entladen und gereinigt werden. Ketten sollten einmal im Monat über Nacht in einer trockenen Schale mit Hämatit-Trommelsteinen gereinigt und anschließend für mehrere Stunden an einer Bergkristall-Gruppe aufgeladen werden.

Versteinertes Holz und versteinerter Mammutbaum

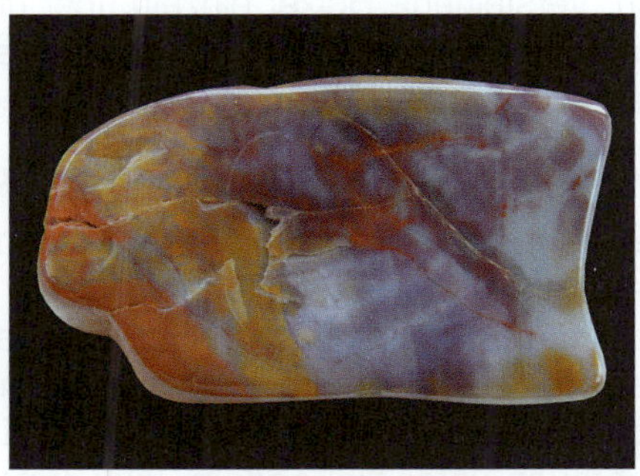

Versteinertes Mammutholz, Arizona, USA

Farbe:

Braun, graubraun. Das Mammutholz leuchtet in vielen kräftigen Farben, wie z. B. rot, violett, blau, gelb, braun und grün. Häufig treten diese Farben in einem Stück auf.

Chemische Zusammensetzung: SiO_2

Geologie:

Beim versteinertem Holz handelt es sich um Versteinerungen urzeitlicher Hölzer. Beim versteinerten Mammutbaum handelt es sich um Baumstämme des Mammutbaums, Kiefern oder Pinien welche vor Millionen von Jahren durch Erdverwerfungen luftdicht verschlossen wurden. Im Laufe von Jahrmillionen drangen in die Holzfasern siliziumreiche Mineralsäuren ein, welche mehr und mehr das Holz versteinerten. Versteinertes Holz hat daher die Härte 7 und gehört in die Familie der Quarze, da Silizium Grundbaustein aller Quarze ist. Versteinerte Hölzer werden in vielen Wüstengebieten unserer Erde gefunden, woraus zu erkennen ist, daß die Wüsten vor Millionen von Jahren einmal sattgrüne Wälder waren. Die berühmteste Fundstelle bemerkenswert schöner und bunter Hölzer ist mit Sicherheit der Versteinerte Wald in Arizona, USA. Weitere Fundstellen liegen in Brasilien, BRD Sachsen, Australien, GUS-Staaten, Kanada und Afrika.

Heilwirkungen auf den Körper:

Durch den hohen Kalzium- und Mineralgehalt ist versteinertes Holz ein ganz besonderer Heilstein für die Gelenke und den Knochenbau. Es aktiviert die Knochenbildung im Körper und bewahrt vor Knochenschwund und Knochenerweichungen. Knocheneiterungen und Rachitis werden ebenfalls sehr gut durch versteinertes Holz geheilt. Aber auch Ablagerungen im Körper, welche zu Plaque, Gelenkerkrankungen und Gelenk- oder Muskelverkalkungen führen, können durch den Mammutbaum geheilt werden. Versteinertes-Holz Wasser einmal pro Woche auf nüchternen Magen, heilt rheumatische Verkrampfungen und Entzündungen der Nerven und am Muskelgewebe. Regelmäßiges Einnehmen von diesem Elixier ermöglicht sogar eine Heilung von Arthrose, Arthritis und Gicht. Arterienverkalkungen und Blutgerinnungen, welche zur Thrombose und Herzinfarkt führen, werden ebenfalls sehr gut durch versteinertes Holz geheilt. Durch Auflegen bewahrt und heilt das versteinerte Holz auch Erkrankungen der Venen, welche zu Blutstauungen oder Bindegewebsschwäche führen (Krampfadern). Darüberhinaus heilt versteinertes Holz-Wasser durch Gurgeln Erkrankungen des Zahnmarkes, welches sich durch starke Heiß- und Kaltempfindlichkeit der Zähne bemerkbar macht. Es hilft bei Wurzelhautentzündungen, bei empfindlichen Zahnhälsen und beugt Karies vor.

Heilwirkungen auf die Psyche:

Versteinertes Mammut-Holz dringt mit all seinen Farben in uns ein und verleiht uns mehr Ausgeglichenheit und eine ruhigere Lebensführung. Große versteinerte Holzscheiben, in der Wohnung aufgestellt, sind nicht nur phantastische Schmuckstücke, sondern sie erzeugen auch ein ganz besonderes Gefühl von Harmonie und Zusammengehörigkeit in der Familie. Durch versteinertes Holz werden Menschen, welche zu Überreaktionen und Wutanfällen neigen, besänftigt und Menschen, welche zu Drogenmißbrauch (Alkohol, Tabletten etc.) neigen in ihrer Widerstandskraft gestärkt. Versteinertes Holz gibt die Kraft, nicht bloß fremde Fehler zu sehen, sondern auch eigene Fehler zu erkennen.

Chakra:

Versteinerte Hölzer sind, ganz besonders wenn sie sehr bunt sind, große Energiespender und Lichtbringer für Geist und Seele. Sie sollten diesen Stein dort auflegen, wo Sie gerade das Bedürfnis verspüren. Versteinerte Hölzer dringen sehr tief in uns ein und verleihen uns die Kraft, Fehler unserer Vergangenheit besser herauszuspülen und zu erkennen. Mit Hilfe vom versteinerten Holz werden einst gemachte Fehler nicht wieder begangen. Versteinerte Hölzer einzeln über unsere Chakras verteilt, sind Energiespender, welche uns sogar soviel Kraft vermitteln, als seien wir neu geboren (mehrere bunte Stücke versteinertes Holz in Handschmeichlergröße gleichzeitig auf all unsere Chakras auflegen und ca. 20 - 30 Minuten entspannen).

Wie erhalte ich versteinertes Holz und wie pflege ich dieses?

Versteinertes Holz ist meist in beigen und braunen Farbtönen erhältlich. Nur das besondere Holz der Mammutbäume aus Arizona, USA hat die vielen bunten Farben. Die Heilkräfte der versteinerten, bunten Mammut-Hölzer sind auch in ihrer Energie um ein Vielfaches stärker. Sie erhalten versteinerte Hölzer als kleine Äste, Stämme, Trommelsteine, Handschmeichler, polierte Querschnitte, Anhänger, Kugeln, Obelisken, Pyramiden, Buchstützen, Donuts und selten als Ketten. Versteinertes Holz sollte nach dem Gebrauch unter fließendem, lauwarmem Wasser entladen und gereinigt werden. Kleinere Stücke sollten nach dem Entladen für ca. eine halbe Stunde an der Sonne aufgeladen werden. Größere Stücke, wie z. B. Buchstützen oder Tischplatten brauchen nicht gereinigt werden, da unser Leben nie ausreichen würde, um diesen Stücken auch nur annähernd die Energie zu entziehen.

Vesuvian (Idokras)

Farbe: Dunkelbraun, gelblich bis grün.

Chemische Zusammensetzung:
$Ca_{19}(Al,Mg,Fe)_{13}Si_{18}O_{68}(OH,F,O)_{10}$

Geologie:
Der Vesuvian ist eine sehr mineralstoffreiche Verbindung aus Kalzium, Magnesium und Eisen und hat die Härte 6,5. Die Fundgebiete des Vesuvians liegen um den Vesuv, Italien, in den USA und den GUS-Staaten.

Geschichtliche Überlieferung:
Die Griechen gaben diesem Stein den Namen Idokras, was soviel bedeutet wie "konzentrierte Mischung". Von den Römern wurde dieser Stein später aufgrund seiner Fundstelle am Fuße des Vesuv auf Vesuvian umgetauft. Die Griechen und die Römer schätzten diesen Stein als mineralienreichen Heilstein. Er ist einer der ersten Steine, welcher durch Menschenhand zu Pulver zermahlen und als Medizin- und Heilwasser getrunken wurde. Der Vesuvian wurde schon vor Christi als ein kräftiger Heilstein und Schutzstein erwähnt.

Heilwirkungen auf den Körper:
Der Vesuvian hat aufgrund seines hohen Mineralgehaltes sehr entschlackende und reinigende Eigenschaften auf den Organismus. Besonders als Tee oder Badezusatz entfaltet dieser seine wohltuenden Kräfte. Der Vesuvian spült auch Umweltgifte aus unserem Organismus und den Geweben, welche metallischen Ursprungs sind und sehr negative Folgen haben. Hierunter fallen zu hohe Konzentrationen von Blei, Cadmium, Arsen und Quecksilber. Amalgam-Plomben, abgasreiche Luft und Verunreinigungen in Lebensmitteln und Trinkwasser verursachen in unserer heutigen Gesellschaft eine Vielzahl von allergischen und chronischen Erkrankungen und beeinflussen auf sehr komplizierte Art die Funktionen des Gehirns und des Stoffwechsels. Der Vesuvian bindet diese Metalle und führt sie den Ausscheidungsorganen zu. So werden auch Leber, Nieren und Blase von metallischen Ablagerungen befreit und gereinigt. Mehr Wohlbefinden, eine bessere Verdauung und ein höheres Maß an Zufriedenheit sind bei regelmäßiger Verwendung von Idokras die Folge.

Heilwirkungen auf die Psyche:
Der Vesuvian reinigt Körper, Geist und Seele. Er aktiviert abgespannte und lustlose Menschen zu mehr Tatendrang und Optimismus.

Chakra:
Vesuvian dringt kräftig und energievoll am besten durch das Herzchakra in unseren Kreislauf ein. Er ist ein sehr sensibles Mittel zum Reinigen und zum Entkrampfen der Seele.

Wie erhalte ich einen Vesuvian und wie pflege ich diesen?
Der Vesuvian ist als Naturstein oder Kristallstück erhältlich. Er sollte einmal im Monat unter fließendem, lauwarmem Wasser gereinigt und entladen werden und anschließend für einige Stunden an einer Bergkristall-Gruppe aufgeladen werden. Der Vesuvian eignet sich sehr gut als Bade- oder Teezusatz.

Wulfenit und Vanadinit

Wulfenit

Vanadinit

Farben: Orange, rot, rotbraun, gelb

Chemische Zusammensetzung: Wulfenit: $PbMoO_4$ Vanadinit: $Pb_5Cl(VO_4)_3$

Geologie:

Wulfenit und Vanadinit sind farbintensive Mineralien mit der Härte 3 bis 4. Sie kommen in metallischen Blei- und Zinklagerstätten vor. Die Fundgebiete liegen in Mexiko, USA, Südwestafrika und Marokko.

Heilwirkungen auf den Körper:

Wulfenit und Vanadinit helfen bei Darmverengungen und Entzündungen im Darmtrakt. Sie helfen bei starken Blähungen, häufigem Aufstoßen und sogar bei Darmverschluß. Durch Auflegen helfen sie auch sehr kräftig gegen Altersschrunden und Hämorrhoiden, sowie Darmentzündungen und bei Darmkatarrh. Menschen, die häufig unter starken Gärungs- und Fäulnisdyspepsien leiden, sollten als Heilstein gegen geräuschvolles Rumoren im Leib, starke Gasbildung und häufigen Durchfall Wulfenit und Vanadinit verwenden. Darüberhinaus schützen diese Mineralien auch die Haut an den Gefäßen. Sie bewahren vor Entzündungen, Verkalkungen und Verengungen der Muskeln und der Blutgefäße und halten somit besser die Durchblutung aufrecht. Kalte Hände und Füße, welche häufig durch arterielle Durchblutungsstörungen hervorgerufen werden, oder gar durch Gefäßkrämpfe verursacht werden, können ebenfalls sehr gut mit Wulfenit oder Vanadinit gelindert und geheilt werden. Ganz besonders Vanadinit hat darüberhinaus stark heilende Wirkungen bei Arterienverkalkung, Thrombose und Krampfadern.

Heilwirkungen auf die Psyche:

Wulfenit oder Vanadinit machen, ganz besonders in der Wohnung aufgestellt, die Menschen um sie herum sensibler und offener. Besonders mißtrauische und rechthaberische Menschen werden mit Hilfe dieser Mineralien entspannter und vertrauter. Sie helfen auch Menschen, welche zu einer sehr materiellen Einstellung neigen und dabei die Gefühlswelt ihrer Umgebung vergessen, zum Umdenken und zur Einsicht. Wulfenit und Vanadinit lösen Ängste und Depressionen.

Chakra:

Wulfenit und Vanadinit eignen sich ganz besonders als Kombinationssteine zum Auflegen auf das Sexual-, Wurzel- und Herzchakra. Sie lassen sich während der Meditation mit nahezu allen Farbsteinen verwenden und erreichen dadurch eine Steigerung der eigenen Kraft.

Wie erhalte ich einen Wulfenit oder Vanadinit und wie pflege ich diese?

Wulfenit und Vanadinit sind als Einzelkristalle und Kristallverwachsungen erhältlich. Sie sind jedoch stark begehrte Sammlermineralien und liegen daher im etwas gehobeneren Preisbereich. Einzelkristalle sollten einmal im Monat unter fließendem, lauwarmem Wasser nur kurz entladen werden. Kristallverwachsungen sind so energiereich, daß diese nur einmal im halben Jahr gereinigt und entladen werden sollten. Das Aufladen an der Sonne sollte nur nach dem Entladen für ein bis zwei Stunden an der schwachen Abendsonne geschehen.

Zinkblende (Sphalerit)

Farbe: Schwarzbraun bis braun, gelblich, orangegelb

Chemische Zusammensetzung: ZnS

Geologie:
Zinkblende ist eine Zink-Schwefel-Verbindung mit der Härte 3,5 bis 4. Während im Volksmund Zinkblende der gebräuchlichere Name ist, wird in der Geologie meist von Sphalerit gesprochen. Zinkblende weist an seinen Bruchflächen einen sehr hohen Glanz auf und ist, gegen das Licht gehalten, oft intensiv farbig durchscheinend. Je nach Eisengehalt sind rotbraune bis schwarze Varietäten zu finden. Selten wird die bernsteinfarbene Zinkblende (Hornblende) gefunden. Die Fundgebiete liegen in Spanien, Jugoslawien, Peru, GUS-Staaten und Kanada.

Heilwirkungen auf den Körper:
Die Zinkblende verdankt ihrem hohen Gehalt an Spurenelementen (Eisen, Schwefel, Zink) einige ganz besondere Heilwirkungen. Sie steuert das Wachstum und heilt Verwachsungen an den Organen und am Knochenbau. Als Badezusatz bewirkt sie eine Aktivierung der Hormone und Enzyme und stärkt den Sexualtrieb. Zinkblende heilt Eileiterentzündungen, Eileiterverklebungen und Verwucherungen und lindert auch Geschlechtserkrankungen der männlichen Keimdrüsen. Die Zinkblende bewirkt eine genetische Ausgewogenheit in den Eizellen und beugt so Behinderungen des Babys und negativen Erbanlagen vor. Der hohe Schwefelgehalt der Zinkblende unterstützt, besonders als Badezusatz, den Organismus in der Produktion von Haut und Gewebe und beschleunigt den Heilungsprozeß nach Verletzungen, Ekzemen, Akne und bei eitrigen Wunden.

Heilwirkungen auf die Psyche:
Zinkblende hat eine sehr erotisierende Wirkung. Menschen, welche nur noch in einer platonischen Beziehung zusammenleben, erhalten durch Zinkblende wieder mehr Pep für gemeinsame Unternehmungen.

Chakra:
Zinkblende dringt sehr schwingungsvoll in die Chakras ein und bewirkt eine Erhellung des Gemüts. Sie löst sexuelle Verkrampfungen und macht offener Freunden und dem Partner gegenüber. Zinkblende verhindert, daß Probleme über längere Zeit angestaut werden und fördert die Kommunikation.

Wie erhalte ich Zinkblende und wie pflege ich diese?
Zinkblende ist als Rohstück und in schönen Kristallen erhältlich. Selten sind diese sogar so klar, daß sie zu Schmuck verschliffen werden können. Sie sollten die Zinkblende einmal im Monat unter fließendem, lauwarmem Wasser reinigen und entladen und anschließend über Nacht an einer Bergkristall-Gruppe aufladen.

Zinnober

Farbe: Dunkelrot

Chemische Zusammensetzung: HgS

Geologie:
Zinnober, oder auch Cinnabarit genannt, ist ein Quecksilbersulfid mit der Härte 2 bis 2,5. Es kommt nur sehr selten in

Kristallen vor und wird meistens in derben Stücken als wichtigstes Quecksilbererz gefunden. Die größte Zinnoberlagerstätte liegt in Spanien. Aber auch in der Sowjetunion, Algerien und den USA werden jährlich mehrere Tausend Tonnen abgebaut.

Geschichtliche Überlieferung:

Zinnober und die damit verbundene Gewinnung von Quecksilber gehen bis in das 7. Jahrhundert v. Chr. zurück. Die derzeit berühmten Gruben von Almaden in Spanien wurden von den Griechen ausgebeutet. Während das Quecksilber giftige Wirkungen auf unseren Körper hat, werden dem Zinnober sehr stark heilende und regenerierende Wirkungen nachgesagt, welche sich im Laufe der medizinischen Entwicklungen der Naturvölker bestätigt haben.

Heilwirkungen auf den Körper:

Zinnober ist ein Stein, welcher seine heilenden Eigenschaften auf das Blut überträgt. So verhilft es dem Körper zur besseren Produktion von weißen Blutkörperchen und aktiviert diese auch ganz besonders in ihren jeweiligen Funktionen. Denn ein Teil der weißen Blutkörperchen reinigt das Blut durch Töten und Umschlingen von Fremdkörpern und Bakterien, während der andere Teil mit dem Entgiften und Abtransportieren der besiegten Fremdkörper beschäftigt ist. Zinnober kräftigt und aktiviert das Abwehrsystem und das Immunsystem und bewahrt vor allem Menschen, welche anfällig gegen Erkältungen, Entzündungen und Infektionen sind. Wir haben jedoch auch gute Erfahrungen mit Zinnober bei Ohrenerkrankungen und Gehörleiden gemacht, welche ihren Ursprung im Inneren der Gehörgänge finden. Diesbezüglich, z. B. durch Auflegen auf die Ohren, wobei eine Heilung der Bogengänge, Gehörgänge, Schnecke und der Hörnerven erreicht wird. Zinnober lindert also Gehörerkrankungen, welche hinter dem Trommelfell im Kopf liegen.

Heilwirkungen auf die Psyche:

Durch die kräftigenden Eigenschaften des Zinnobers auf das Gehör werden auch Minderwertigkeits-gefühle und häufige Probleme durch Mißverständnisse genommen. Durch die kräftigenden Eigenschaften auf das Blut und das damit verbundene Immunsystem schenkt Zinnober mehr Kraft für ein langes und gesundes Leben. Unser Organismus wird besser von Ballast und Verbrennungsrückständen befreit und gleichzeitig werden Unwohlsein, Depressionen und Niedergeschlagenheit aus uns herausgespült. Wir sehen das Leben auf einmal mit ganz anderen Augen.

Chakra:

Zinnober entfaltet seine Kräfte durch unseren Körper am besten vom Wurzel- oder Sexualchakra aus. Er ist ein sehr kräftiger Stein, welcher schon nach kurzer Meditationszeit mit starker Wärme zu uns rüberkommt. Er befreit Körper und Seele von Verunreinigungen und Blockaden. Zinnober ist jedoch kein Stein, welcher so tief in uns eindringt, daß wir Begründungen und Ursachen für die Probleme finden, die sich beispielsweise vor langer Zeit in uns eingenistet haben. Zinnober befreit von diesen Problemen, welche uns im Augenblick geistig und seelisch bewegen und sogar bremsen.

Wie erhalte ich einen Zinnober und wie pflege ich diesen?

Zinnober ist als Rohstein und sehr selten als Handschmeichler oder Anhänger erhältlich und sollte einmal im Monat unter fließendem, lauwarmem Wasser oder über Nacht in einer Schale mit Hämatit-Trommelsteinen gereinigt und Entladen werden. Zinnober lädt sich kräftig und schon nach kurzer Zeit intensiv an der Sonne auf. Sie sollten daher darauf achten, daß Sie Zinnober nicht mehr als zweimal im Monat für maximal eine halbe Stunde an der Sonne aufladen. Zinnober sollte nie als Tee oder Elixier zur inneren Anwendung kommen.

Zoisit

Rubin-Zoisit - Thulit - Tansanit

v. li.: Rubin-Zoisit und Zoisit

Farbe: Grün, rosa und blau

Chemische Zusammensetzung:
$Ca_2Al_3(SiO_4)_3(OH)$

Geologie:
Der Zoisit ist ein basisches Kalzium-Aluminium-Silikat mit der Härte 6,5. Die bekanntesten Fundstellen liegen allesamt in Tansania, Afrika. Als Zoisit wird der grüne Zoisit bezeichnet. Darüberhinaus unterscheiden wir den durch seinen hohen Manganateil rosa gefärbten Zoisit (Thulit), den dunkelblauen Zoisit (Tansanit) und den durch Rubineinschlüsse kombinierten Rubin-Zoisit.

Geschichtliche Überlieferung:
Der Zoisit wurde erst im 19. Jahrhundert bekannt und besonders in Verbindung mit seinem Begleitmineral Rubin geschätzt. Erstmals wurde dieser Stein in Osterreich gefunden und nach seinem Finder, Baron von Zois, benannt. Erst 1967 wurden in der Nähe des Kilimandscharo wunderschöne blaue Edelsteine gefunden, welche durch den New Yorker Juwelier Tiffanys zum Tansanit gekürt wurden. Der blaue Zoisit (Tansanit) wurde daraufhin bald zu einem der begehrtesten Schmucksteine. Elisabeth Taylor besitzt angeblich den schönsten Schmuck aus kornblumenblauem Tansanit. Leider sind die Fundgebiete des blauen Zoisit im östlichen Tansania nahezu erschöpft. Rubin-Zoisit und der durch Mangan rosa gefärbte Zoisit (Thulit) wird auch heute noch in schöner Qualität und hoher Reinheit gefunden.

Heilwirkungen auf den Körper:
Der grüne Zoisit oder Rubin-Zoisit ist ein Stein, welcher ganz besonders die Geschlechtsorgane des Mannes sowie der Frau schützt. Er bewahrt vor Erkrankungen der Hoden, Eierstöcke und der Eileiter, sowie der Gebärmutter und Samenleiter. In Verbindung mit Rubin hebt er den Wunsch nach Kindern, erhöht die Fruchtbarkeit und die sexuellen Bedürfnisse beider Partner. In Verbindung mit Rubin ist der Rubin-Zoisit auch ein sehr kräftiger Stein, welcher sogar die Erbinformationen des Babys und den genetischen Code der Eltern positiv beeinflussen kann. Negative Erbfolgen und vererbbare Krankheiten können mit Hilfe von Rubin-Zoisit ausgeschaltet werden. Wir empfehlen daher Paaren mit Kinderwunsch, schon vor der Schwangerschaft einen Anhänger oder einer Kette aus Rubin-Zoisit zu tragen. Er schützt das Kind vor Erbschäden und Mutter und Baby während der Schwangerschaft vor Schmerzen, Mißbildungen und Erkrankungen. Durch die grünen und roten Eigenschaften, welche der Rubin-Zoisit in sich birgt, ist er ein nahezu beispielloser Herz-Kreislauf-Stein. Er dringt zwar nicht besonders tief in andere Organe ein, bewahrt aber unser Herz vor Beschwerden, Angina Pectoris und hält, vom Herzen ausgehend, den Herz-Lungen-Kreislauf sowie den gesamten Blutkreislauf im Körper aufrecht.

Heilwirkungen auf die Psyche:
Der grüne Zoisit verhilft seinem Träger zu einer realeren Weltanschauung und bewahrt vor Übermut und unüberlegten Handlungen. In Verbindung mit Rubin rundet der Rubin-Zoisit sexuelle Wünsche und Bedürfnisse seines Trägers ab. Er harmonisiert darüberhinaus die sexuelle Lust und die erotische Gefühlsebene der Partner.

Chakra:
Der grüne Zoisit entfaltet seine Kräfte auf unserem Herzchakra, wo er Herz und Kreislauf mit seinen sanften Schwingungen harmonisiert. Der Rubin-Zoisit dringt ebenfalls auf dem Herzchakra in uns ein und entfaltet noch stärkere Kräfte auf dem Sexualchakra. Von hier

aus harmonisiert er Fruchtbarkeit und sexuelle Wünsche und vermag es, schlechte Erbinformationen für das heranwachsende Baby auszugleichen.

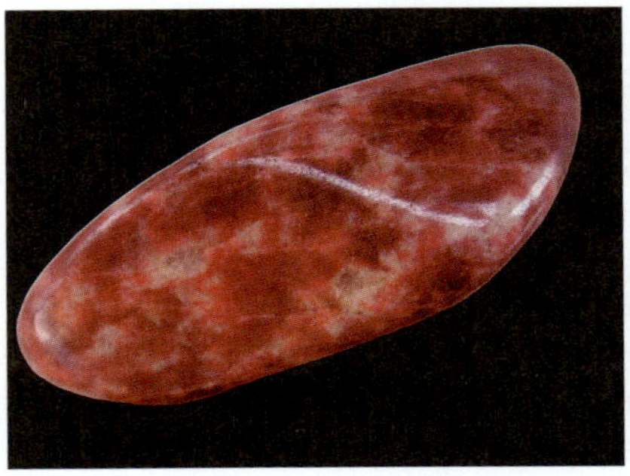

Thulit

Heilwirkungen auf den Körper:

Der Thulit ist ein durch Mangan rosa gefärbter Zoisit. Dieser hat im Gegensatz zum Zoisit oder Rubin-Zoisit wesentlich sanftere Schwingungen. Er eignet sich daher sehr gut als Vorsorgestein für Kinder und Jugendliche gegen Grippe, Infektionen und Erkältungen. Der Thulit hat ebenfalls eine kräftigende und beruhigende Wirkung auf das Herz und dringt von diesem aus am besten in den Kreislauf ein. Thulit bewirkt die Produktion von weißen Blutkörperchen, welche wiederum für das Immunsystem und das Abwehrsystem in unserem Körper verantwortlich sind. Durch seine beruhigende Wirkung auf das Herz senkt der Thulit den Blutdruck und beruhigt somit das gesamte Kreislauf-Nerven-System. Streßsymptome werden abgebaut und Probleme, welche mit Schweißausbrüchen, Unsicherheiten und Stottern verbunden sind, werden durch den Thulit gelindert. Darüberhinaus stärkt der Thulit besonders das sensible Abwehrsystem von Kindern gegen Grippe und andere Infektionskrankheiten.

Heilwirkungen auf die Psyche:

Der Thulit ist ein Schutzstein, welcher besonders von Kindern sehr intensiv gespürt wird. Er nimmt Prüfungsangst und bewahrt vor Schulstreß.

Chakra:

Der Thulit dringt über das Herzchakra in uns ein und vermag tiefliegende Angstzustände zu klären.

Tansanit

Beim Tansanit handelt es sich um einen dunkelblauen, saphirähnlichen Zoisit, welcher durch Tiffanys zum Tansanit gekürt wurde. Dieser Edelstein ist bereits heute nahezu ausgebeutet.

Heilwirkungen auf den Körper:

Der Tansanit hat sehr starke Wirkungen auf das Gehirn und die direkt damit verbundenen Sinne. Er lindert und heilt Gehirnschwund und Gedächtnisschwund, welche zur Alzheimerschen Krankheit führen. Durch den Tansanit werden Augenkrankheiten, Augenstar, Kurzsichtigkeit sowie Gehörlosigkeit, Schwerhörigkeit und Taubstummheit vorgebeugt, ja sogar geheilt. Der Tansanit harmonisiert die Gehinrhälften, das Kleinhirn und das Rückenmark und bewahrt diese vor Entzündungen. Chronische Kopfschmerzen, Konzentrationslosigkeit, Migräne und Depressionen können ebenfalls mit dem Tansanit gelindert werden.

Heilwirkungen auf die Psyche:

Der Tansanit harmonisiert und ordnet die Gedanken und Wünsche, welche direkt von unserem logischen Denken ausgehen. Er verhilft depressiven Menschen zu einer klaren und freien Meinungsäußerung und bewahrt seinen Träger vor Abgeschobenheit und Alleinsein.

Chakra:

Der Tansanit eignet sich hervorragend zum Auflegen auf die Stirn oder das Dritte Auge. Er bringt während der Meditation Erleuchtung und aktiviert und trainiert die Gedankenflüsse, welche mit Hilfe von logischem Denken in unserem Gehirn entstehen.

Wie erhalte ich einen Zoisit und wie pflege ich diesen?

Während der Zoisit und der Thulit relativ einfach im gut sortierten Fachhandel erhältlich sind, gehört der Rubin-Zoisit eher zu den wertvolleren Edelsteinen. Alle drei Sorten sind jedoch als Rohstein, Trommelstein, Handschmeichler und Anhänger erhältlich. Zoisit und Rubin-Zoisit sind darüberhinaus auch als polierte Scheibe, Kugel, Kette und Donuts erhältlich. Der Preis liegt jedoch im etwas gehobeneren Bereich. Tansanit werden Sie nur noch mit viel Glück im gutsortierten Fachhandel erhalten, da dieser Stein mit zu den begehrtesten Schmucksteinen zählt und die Fundgebiete nahezu erschöpft sind. Während der Thulit, und der Rubin-Zoisit regelmäßig, mindestens jedoch einmal in der Woche, unter lauwarmem, fließendem Wasser entladen werden sollte, genügt es, wenn Sie den Zoisit einmal im Monat reinigen und entladen. Ketten sollten Sie in einer trockenen Schale mit Hämatit-Trommelsteinen über Nacht entladen. Alle Zoisitarten lassen sich an der Sonne sehr gut Aufladen. Der Thulit jedoch sollte nicht länger als zwei bis drei Stunden an der heißen Sonne aufgeladen werden. Sollten Sie doch einmal einen Tansanit besitzen, so hüten Sie diesen wie einen Schatz. Pflegen Sie ihn regelmäßig unter fließendem lauwarmem Wasser und laden Sie diesen nicht an der Sonne auf. Wir empfehlen Ihnen das Aufladen des Tansanits in einem Glas mit Wasser, in welchem sich Bergkristalle und Saphire befinden. Legen Sie Ihren Tansanit, auch wenn er gefaßt ist, über Nacht ein bis zweimal im Monat in dieses Wasser.

Übersicht der Heilsteine nach der Hildegard'schen Reihenfolge

Hl. Hildegard v. Bingen 1098 - 1179

Die Heilige Hildegard von Bingen wurde 1098 in Alzey geboren. Mit 15 legt sie ihre Gelübde ab und wird Benediktinerin. Im Jahre 1136 übernimmt Hildegard von Bingen als Äbtissin ein Frauenkloster. Im Alter von 42 Jahren widerfährt Hildegard ein besonderes Gespräch mit Gott, welcher ihr den Auftrag erteilt, den Menschen die göttlichen Kräfte der Heilsteine und Kristalle zu erforschen und zu verkünden. Nach anfänglichem Zögern der Heiligen Hildegard verlieh Gott seiner Eingebung abermals Nachdruck und Hildegard begann die heilenden Kräfte der Edelsteine und Kristalle für die Menschen zu erkunden. Auch der Papst verlieh diesbezüglich Hildegard seinen Segen und so entstand schon im frühen Mittelalter das Physica der Natur, welches die Ursachen und Behandlungsmethoden vieler Krankheiten in Verbindung mit Heilsteinen, Kristallen und Kräutern beinhaltete. Mit 63 Jahren gründet Hildegard das Kloster Eibingen bei Rüdesheim. Am 17.09.1179 stirbt Hildegard im Alter von 81 Jahren.

Hildegard von Bingen:

"Gott hat in die Edelsteine wunderbare Kräfte gelegt, welche die biologisch materielle Welt mit der geistig sittlichen Welt verbinden. All diese Kräfte und die Schönheit dieser Steine finden ihre Existenz im Wissen Gottes und in seiner schöpferischen Güte und stehen dem Menschen in seiner leiblichen wie auch geistigen Lebensnotwendigkeit bei. An die Spitze alles menschlichen Wandelns hat Gott die Liebe gestellt und die Edelsteine, welche der Liebe zu ehren den Menschen zum Segen und als Heilmittel dienen sollten. Luzifer jedoch wurde wegen seiner Falschheit, Bosheit und seinem Übermut bestraft und aus dem Himmel geworfen. Als Hüter allen Gutes und der Menschen hat uns Gott die Edelsteine gesandt, welche den Teufel auf der Erde im Banne halten und alle Lebewesen von dessen Boshaftigkeit bewachen sollten. Daher werden Edelsteine vom Teufel gemieden und es erschaudert ihn bei Tag und bei Nacht."
Überlieferung der Heiligen Hildegard von Bingen über das neue Jerusalem und die zwölf Steine Gottes (Off. 21,18-12)

Die zwölf Grundsteine nach der Hl. Hildegard v. Bingen:

1. Grundstein: Hildegardjaspis oder Heliotrop
2. Grundstein: Saphir
3. Grundstein: Chalcedon
4. Grundstein: Smaragd
5. Grundstein: Sardonyx
6. Grundstein: Sarder
7. Grundstein: Chrysolith (Peridot)
8. Grundstein: Beryll
9. Grundstein: Topas
10. Grundstein: Chrysopras
11. Grundstein: Hyazinth
12. Grundstein: Amethyst

Die weiteren Heilsteine nach der Hildegard'schen Reihenfolge:

Onyx, Prasem, Rubin, Achat, Diamant, Magnetit, Bernstein, Perlen, Carneol, Bergkristall, Magienglas (Gips) und Kalk.

Die Erkenntnisse der Hl. Hildegard über die von ihr genannten Heilsteine wurden niedergeschrieben und dienten über Jahrhunderte als unentbehrliches Nachschlagewerk der Edelsteinheilkunde auch in Verbindung mit Pflanzen. Die heilenden Eigenschaften der Hildegard'schen Steine decken sich zu einem Großteil auch mit unseren Erfahrungen. Wir haben Ihnen die Heilwirkungen nach der Hi. Hildegard daher nicht extra aufgeführt.

Übersicht der Monatssteine und Glückssteine nach der Europäischen Überlieferung und nach dem Indianischen Medizinrad

Monatssteine und Glückssteine sind nach astrologisch festgelegten Regeln den Planeten und Sternzeichen zugeordnete Edelsteine. Die Überlieferungen hierfür reichen bis weit in die Menschheitsgeschichte zurück. Besonders im Mittelalter erfreuten sich Monatssteine und Glückssteine größter Beliebtheit. Neben den Göttern verehrten die meisten Menschen Edelsteine, um körperliche Schönheit, Ruhm, Gesundheit und Glück nicht dem Zufall zu überlassen. Nahezu alle Kulturen entwickelten ihre Orakel und Horoskope. Leider sind nur einige davon vollständig bis in unsere heutige Zeit überliefert worden.

Da die einzelnen Völker aus gänzlich verschiedenen Lebensräumen stammen und auch den Himmel mit all seinen Sternen aus den Blickwinkeln zum Teil verschiedener Kontinente sahen, haben sich die Horoskope auch unterschiedlich entwickelt. Nicht nur die Symbole sind verschieden, sondern auch die zugeordneten Monatssteine und Glückssteine. Aus dieser Tatsache heraus ergeben sich auch die verschiedenen Abweichungen der Horoskope. Sie sollten sich also für ein bestimmtes Horoskop entscheiden. Die bekanntesten Horoskope sind die **ägyptisch-griechisch-römische (europäische) Überlieferung**, das **Indianische Medizinrad** und das **Chinesische Horoskop**. Wir haben Ihnen unter Berücksichtigung des Indianischen Medizinrads die europäische Überlieferung ausführlich hervorgehoben, da wir der Ansicht sind, daß dieses Horoskop unserem Lebensraum, Charakter und Weltanschauung am nächsten kommt. Wir bezeichnen dabei die ägyptisch-griechisch-römische Überlieferung als die europäische Überlieferung. Diese überlieferten Glückssteine haben neben ihren heilenden Wirkungen ebenfalls sehr intuitive Eigenschaften.

Wassermann, 21. Januar bis 19. Februar

Farben: blau bis grün **Planet:** Uranus

Glückssteine nach Europäischer Überlieferung:

Aquamarin:

Griechisch "Der Stein aus dem Schatzkästchen der Meerjungfrau", Arabisch-. "Der Stein der Freude" Er verhilft zu einem harmonischeren inneren Gleichgewicht und macht sensibler für die Gefühle und Ausstrahlung anderer Menschen.

Türkis:

Der Türkis sorgt für mehr Treue und Verständnis in der Partnerschaft. Er bewahrt seinen Träger vor Unfällen und einem unnatürlichen Tod.

Amazonit:

Schützt seinen Träger vor Infektionskrankheiten und stärkt die Vitalität

Falkenauge:

Arabisch: "Macht seinen Träger lustig und stärkt den Verstand. Er erhält die Einigkeit in der Ehe und verleiht mehr Jugendfrische und Gesundheit.

Blauer Topas:

Nach arabischer Überlieferung vereinten sich im blauen Topas die Götter des Himmels und der Erde, wo sie beschlossen, den Himmel und alle Wasser durchsichtig blau scheinen zu lassen. Er bewahrt vor falschen Freunden, Zauberei und bösem Blick. Bei aufziehendem Gewitter wird der Topas stark elektrisch und verbindet durch seine Kraft den Himmel mit der Erde. Den sensiblen Wassermann macht er dann besonders weitsichtig und hellsehend.

Nach dem Indianischen Medizinrad: Der Otter

Glückssteine des Otters: Azurit, Azurit-Malachit, Malachit, Chrysokoll

Fische: 20. Februar bis 20. März

Farben: Violett, blau, opalfarben **Planet:** Neptun

Glückssteine nach Europäischer Überlieferung:

Amethyst:
Arabisch: "Verstärkt den Glauben und läßt seinen Träger gerechter urteilen und handeln." Nach griechischen Überlieferungen schützt der Amethyst seinen Träger vor Trunkenheit.

Fluorit:
Nach einer römischen Überlieferung: "Als im alten Testament nach der Sintflut Noah seine Tauben ausschickte um zu erkunden, ob es auf der Erde wieder Land geworden ist, berichteten diese, daß alle Regenbogen beginnen, bis zur Erde hinabzuscheinen, um dieser ihre phantastischen Farben zu geben. So erhielten nicht nur die Pflanzen ihr sattes Grün und die Meere ihr tiefes Blau, sondern alle Lebewesen die für sie bestimmte Schönheit. Nachdem auch alle Edelsteine ihre Farbe erhalten hatten, blieb der Fluorit übrig. In diesen zogen sich die Regenbogen zurück, um auch auf der Erde bleiben zu können. Seinen Träger bewahrt der Fluorit daher vor Übermut, Depressionen und schwarzer Magie, sowie vor Farbblindheit und Selbstmordgedanken. Da er von allen Edelsteinen etwas in sich birgt, ist er für seinen Träger ein unterstützender Stein der Hoffnung, der Liebe, des Glücks und der Zuversicht."

Opal:
Schon die alten Griechen verehrten den Opal als den göttlichsten aller Edelsteine, welcher in der Schöpfung von allen Edelsteinen einen Teil abbekommen hat. Das rote Feuer des Rubins, das Purpurlicht des Amethysts, das prächtige Grün des Smaragd und das Blau des Saphirs. Seinem Träger vertreibt der Opal Depressionen und hilft ihm, die wahre unverfälschte Liebe zu finden. Helle Opale gelten seit jeher als Balsam für die Seele, bescheren ein harmonievolles Gefühlsleben und schenken mehr Freude und Wahrheit.

Mondstein:
Nach Griechischer Überlieferung beschert der Mondstein seinem Träger schöne Träume und sorgt für innere Harmonie und Ausgeglichenheit. Nach den Römern wird der Mondstein als Stein der Wahrheit bezeichnet.

Sugillth:
Der Sugilith wird auch als New Age Stone bezeichnet und findet den Zugang zu den Monatssteinen und Glückssteinen erst im 20. Jahrhundert. Dieser Stein verbindet seinem Träger Geist und Körper. Dadurch verhilft er zu mehr Ruhe, Harmonie und innerem Gleichgewicht. Er verleiht die Fähigkeit, bewußter und unbeschwerter durchs Leben zu gehen. Der Sugilith ist der Stein, der durch den Planeten Neptun inspiriert und zum Schutze der Menschen aus der Tiefe der Erde an die Oberfläche geholt wurde, um seinen Träger vor der bösen UV-Strahlung des Kosmos zu schützen.

Nach dem Indianischen Medizinrad: Puma
Glückssteine des Pumas: Türkis, Amazonit

Widder, 21. März bis 20. April

Farben: Rot, rötlich **Planet:** Mars

Glückssteine nach Europäischer Überlieferung:

Rubin:
Nach den Römern ist der Rubin der Stein der Liebe und des Lebens, welcher seinem Träger wahre Liebe und ehrliche Treue beschert.

Roter Jaspis:
Der rote Jaspis galt seit jeher als einer der kostbarsten Steine der Antike und wird in der Bibel sogar als ein Teil Gottes bezeichnet. Er beschert seinem Träger innerliche Harmonie und sorgt für eine glückliche Ehe.

Carneol:
Nach griechischer Überlieferung erzeugt der Carneol mehr Wohlgefühl, Naturverständnis und Zugehörigkeit zu Erde und Natur. Er bringt seinem Träger sprudelnde Aktivität, warme Gedanken und ein glückliches Leben.

Nach dem Indianischen Medizinrad: Roter Habicht
Glückssteine des Roten Habichts: Feueropal, Carneol, Feuerachat, Rote Koralle

Stier, 21. April bis 20. Mai

Farben: Rosa, hellrot, orange **Planet:** Venus

Glückssteine nach Europäischer Überlieferung:

Achat:
Nach griechischer Überlieferung erwerben Männer durch Tragen des Achates mehr Liebe und Aufmerksamkeit von Frauen. Nach arabischen Überlieferungen verleiht dieser seinem Träger die Fähigkeit, besser zwischen wahren und falschen Freunden zu unterscheiden.

Carneol:
Nach römischer Überlieferung erzeugt der Carneol mehr Wohlgefühl und stärkt die Zusammengehörigkeit zur Familie und zum Geist seines Trägers. Er aktiviert kreatives Denken und Selbstbewußtsein.

Rosenquarz:
Nach griechischen Überlieferungen fördert Rosenquarz Liebesglück und hindert seinen Träger am Ehebruch.

Rhodonit:
Die römischen Feldherren trugen auf ihren Kreuzzügen immer Rhodonit bei sich, da sie glaubten, der Rhodonit sei der Stein der Wandernden, welcher auf der Reise vor Gefahren bewahre. Als solcher verhilft er seinem Träger auch, Veränderungsprozesse besser zu bewältigen und seine Aufgaben im Alltag mit Offenheit und Herzenswärme zu vollbringen.

Rhodochrosit:
Ebenfalls wie der Rubin wird der Rhodochrosit nach griechisch-römischen Überlieferungen als Stein der Liebe und des Herzens verehrt.

Nach dem Indianischen Medizinrad: Biber
Glückssteine des Bibers: Chrysokoll, Inkarose (Rhodochrosit), rosa Andenopal

Zwillinge, 21. Mai bis 21. Juni

Farben: Gelb, orange **Planet:** Merkur

Glückssteine nach Europäischer Überlieferung:

Citrin:
Nach den Römern wirkt der Citrin sehr beruhigend auf die Nerven und verleiht die Gabe, logischer zu denken. Er bewahrt seinen Träger vor dem Bösen Blick und neidischen Intrigen. Citrin bringt Segen.

Bernstein:
Der Bernstein gilt als einer der schönsten Steine der Apokalypse, welcher sich an der 2. Stelle des Regenbogens niederließ. Als Regen und Sonne sich wieder getrennt hatten, die Welt wieder eins wurde, fiel der Bernstein auf die Erde und glänzte dort wie pures Gold. Seitdem wird der Bernstein als Stein der Erleuchtung geschätzt, welcher der wärmenden Kraft der Sonne in nichts nachsteht. Er verleiht seinem Träger Licht, Zuversicht und mehr Optimismus und bewahrt vor falschen Freunden. Er erhellt das Gemüt und verschafft mehr Lebensqualität.

Goldtopas oder Imperialtopas:
Dieser Stein wurde, wie die meisten aller Edelsteine, schon viele Tausend Jahre vor Christi erwähnt, und die Griechen bezeichneten ihn sogar als Glut der Erde. Im Goldtopas halten sich die Strahlen der Sonne gefangen. Seinem Träger bringt dieser Stein daher Licht ins Dunkel, sprudelnde Lebensfreude und unermüdlichen Optimismus.

Nach dem Indianischen Medizinrad: Hirsch
Glückssteine des Hirsches: Moosachat, grüner Andenopal

Krebs, 22. Juni bis 22. Juli

Farben: Grün **Planet:** Mond

Glückssteine nach Europäischer Überlieferung:

Aventurin:
Nach griechischer Überlieferung verleiht dieser seinem Träger mehr Mut und frischen Optimismus, Ehrgeiz und Zielstrebigkeit. Er verhilft, treue Freunde zu erkennen und in Freundschaft zu bewahren.

Chrysolkoll:
Die Ägypter verehrten den Chrysokoll als weicheren Bruder des Türkis. "Dieser Stein ist ein weiser Stein, wenn es darum geht, eine bessere und liebevollere Beziehung zwischen seinem Geist und seinem Körper herzustellen." Darüberhinaus ist der Chrysokoll ein Hoffnungsstein, welcher seinen Träger vor seelischen und physischen Verletzungen bewahrt. Er bändigt Gemütsausbrüche und Jähzorn.

Chrysopras:
Nach griechischer Überlieferung vertreibt der Chrysopras Depressionen und schlechte Laune. Er vermag die Liebe in der Ehe neu anzufachen und verleiht seinem Träger höchstes Ansehen.

Smaragd:
Smaragde waren die Quellen des unermeßlichen Reichtums der Ägypter, welche diesen als Stein der Liebenden und der Hoffnung verehrten, ja sogar als Göttin aller Steine. Cleopatra trug leidenschaftlich gerne Smaragde, da sie glaubte, in ihnen wohne die unendliche Schönheit der Venus. Der Smaragd schenkt seinem Träger Liebe und hält den Organismus frisch und jugendlich.

Peridot (Chrysollth oder Olivin):
Nach griechischer Überlieferung öffnet der Peridot seinem Träger das innere Auge und beschenkt diesen mit Ausgeglichenheit und geistiger Sonne. Er vermittelt Erfolg im Beruf und gibt Kraft in der Verhandlung.

Nach dem Indianischen Medizinrad: Specht
Glücksstein des Spechts: Carneol

Löwe, 23. Juli bis 23. August

Farben: Weiß **Planet:** Sonne

Glückssteine nach Europäischer Überlieferung:

Bergkristall:
Nach römischer Überlieferung ist der Bergkristall ein Stein der Harmonie, Reinheit und Offenheit. Er bewahrt seinen Träger vor schädlichen Strahlen und kriminellen Einflüssen.

Edeltopas:
Nach ägyptischer Überlieferung ist dieser einer der zwölf Grundsteine der Antike, welcher seinem Träger Selbstbewußtsein, Ehrgeiz und Erfolg beschert. Er wehrt dämonische Feinde ab und vermittelt Reinheit und Fröhlichkeit.

Diamant:
Der Diamant ist der härteste aller Edelsteine und wurde daher auch schon von den Ägyptern als "der König der Edelsteine" geehrt. Seinem Träger verleiht der Diamant göttlichen Glanz auf Erden, Reinheit und Erleuchtung. Er verleiht Kräfte, welchen nicht einmal der Teufel zu widerstehen vermag. Bis heute gilt der Diamant als unvergänglicher Beweis für Liebe und Treue.

Nach dem Indianischen Medizinrad: Stör
Glücksstein des Störs: Granat

Jungfrau, 24. August bis 23. September

Farben: Gelb, goldgelb, orange **Planet:** Merkur

Glückssteine nach Europäischer Überlieferung:

Tigerauge:
Seit den Arabern macht dieses seinen Träger lustig und schärft den Verstand. Tigerauge bewahrt vor Drogenabhängigkeit und Kriminalität.

Citrin:
Nach griechischer Überlieferung wirkt der Citrin im Sternbild der Jungfrau beruhigend auf die Nerven und verleiht die Gabe, folgerichtig zu denken. Auf der Brust getragen ist er einer der wichtigsten Schutzsteine, da er seinen Träger vor dem Bösen Blick und vor neidischen Intrigen bewahre.

Goldtopas:
Dieser Stein wurde, wie die meisten aller Edelsteine, schon viele Tausend Jahre vor Christi erwähnt und von den Griechen als Glut der Erde bezeichnet. Goldtopas vermittelt seinem Träger mehr Optimismus und Ausgeglichenheit. Nach römischer Überlieferung verschafft er ein sanftes Ruhekissen.

Nach dem Indianischen Medizinrad: Braunbär
Glücksstein des Braunbärs: Amethyst

Waage, 24. September bis 23. Oktober

Farben: Blau, grünlich, braun und weiß **Planet:** Venus

Glückssteine nach Europäischer Überlieferung:

Aquamarin:
Nach griechischer Überlieferung ist dieser seinem Träger ein unermüdlicher Warner vor Gefahren. Er ist ein Schutzstein auf Reisen und im Alltag.

Rauchquarz:
Nach arabischer Überlieferung beschützt dieser seinen Träger, wenn Unheil oder Feindseligkeit drohen. Er soll sich sogar verfärben. Er verleiht Weisheit und Mut.

Magnesit:
Schon bei den alten Griechen wurde der Magnesit als beliebter Schutzstein getragen. Dieser wurde ursprünglich im Herzen Afrikas gefunden, wo er nicht nur von den afrikanischen Völkern als Fruchtbarkeitsstein verehrt, sondern auch von den Ägyptern als Talisman getragen wurde. Durch sein reines Weiß verleiht der Magnesit Unschuld, Freiheit und Fruchtbarkeit. Er bewahrt seinen Träger vor gespielter Liebe und schützt Familie und alle Angehörigen vor Unfällen.

Jade:
Im alten Ägypten wird Jade als der Stein der Liebe, des inneren Friedens, Harmonie und der Ausgeglichenheit verehrt. 5000 Jahre v. Chr. zählte Jade zu den besten aller Edelsteine, welche die 5 Haupttugenden verkörpert: Weisheit, Gerechtigkeit, Barmherzigkeit, Bescheidenheit und Mut. Sie hebt ihrem Träger das Bewußtsein und beschert ein langes und gesundes Leben. Sensiblen Waage-Menschen dient die Jade sogar als Traumstein, welcher die Fähigkeit verleiht, Träume zu deuten. Jade kann Freundschaft in innige Liebe verwandeln.

Grüner Turmalin:
Dieser ist nach den Ägyptern der Stein, welcher auf seinem langen Weg durch das Innere der Erde über den Regenbogen der Antike ging, bis hin zur Sonne, um diese zum Leuchten zu bringen. Der grüne Turmalin gilt auch bei den Griechen als lichtbringender Stein, welcher mehr Licht in die Seele seines Trägers bringt.

Obsidian:
Der Obsidian gilt als Stein der Realität. Durch seine weißen Wolken verbindet er die Gegensätze seines Trägers miteinander und befreit vor geistiger Grenzenlosigkeit und Tagträumerei. Der Obsidian hält seinem Träger alles schlechte vom Körper fern und warnt vor kommenden Gefahren. Falsche Freunde bleiben fern.

Nach dem Indianischen Medizinrad: Rabe

Glückssteine des Rabes: Obsidian (Apachentränen), Schneeflockenobsidian

Skorpion, 24. Oktober bis 22. November

Farbe: Rot, rötlich **Planet:** Pluto, Mars

Glückssteine nach Europäischer Überlieferung:

Carneol:

Nach den Ägyptern ist der Carneol dem Skorpion ein Stein der Erneuerung und der Freude.

Hämatit (Blutstein):

Dieser verhilft nach der griechischen Mythologie seinem Träger zu ruhigem Schlaf, Entspannung und Entkrampfung. Er warnt vor Gefahren und gibt Kraft für die Arbeit.

Roter Turmalin:

Nach den Ägyptern vereinigen sich im roten Turmalin alle Kräfte des kosmischen Universums zu phantastischem Licht. Er beschert seinem Träger Erleuchtung und tröstet bei Kummer und Sorgen. Er verhilft seinem Träger, die Wahrheit zu finden und gibt Kraft, den Partner in guten wie in schlechten Zeiten zu lieben.

Nach dem Indianischen Medizinrad: Schlange

Glückssteine der Schlange: Malachit, Azurit-Malachit, blauer Andenopal

Schütze, 23. November bis 21. Dezember

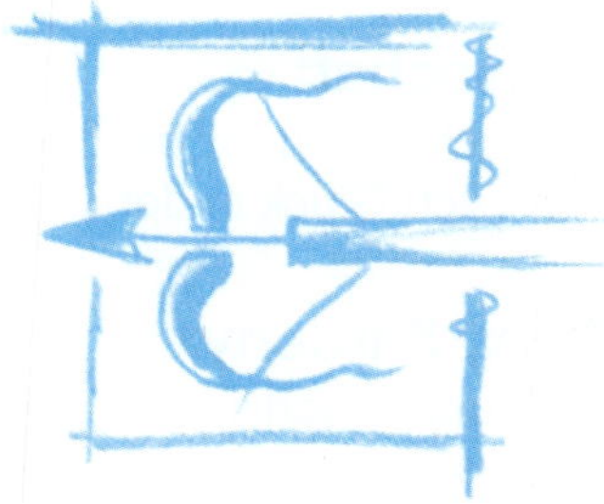

Farbe: Blau **Planet:** Jupiter

Glückssteine nach Europäischer Überlieferung:

Saphir:

Nach den alten Griechen schenkt der Saphir besonders den im Sternzeichen des Schützen geborenen Treue, Klugheit uind Vernunft. Er verleiht ihnen Unschuld, ruhige Nerven und Konzentration. In der Liebe schützt er die Zweisamkeit und bewahrt vor Untreue und Falschheit.

Lapislazuli:

Der Lapislazuli ist mit einer der ersten Edelsteine, die zu Schmuck verarbeitet wurden. Er wurde dem Sternzeichen des Schützen unter Jupiter zugeordnet und kräftigt als Stein der Freundschaft die zwischenmenschlichen Beziehungen und das Selbstvertrauen.

Sodalith:

Der Sodalith dient besonders musisch veranlagten künstlerischen Menschen in der Entfaltung ihrer schöpferischen Neigung. Er inspiriert den Schützen und steigert die Phantasie.

Chalcedon:

Der Chalcedon schützt seinen Träger vor Schwächezuständen, Schwermut und befreit von chronischer Unzufriedenheit. Er versprüht Freude, Charme und vertreibt Melancholie. Der Chalcedon gibt dem Schützen Kraft und nimmt Prüfungsangst.

Blauer Edeltopas:

Nach arabischer Überlieferung wohnten im Topas die Götter. Den Schützen bewahrt dieser ganz besonders vor falschen Freunden, Zauberei und dem Bösen Blick. Sensible Schützen werden mit Hilfe des blauen Edeltopas sogar hellsehend.

Nach dem Indianischen Medizinrad: Vapiti

Glücksstein des Vapitis: Obsidian (Apachenträne)

Steinbock, 22. Dezember bis 20. Januar

Farben: Grün und schwarz **Planet:** Saturn

Glückssteine nach Europäischer Überlieferung:

Malachit:
Nach der ägyptischen Überlieferung ist der Malachit für den Steinbock ein Stein der Hoffnung und Zuversicht. Er schenkt Glück und Harmonie in der Partnerschaft. Er wirkt aber auch inspirierend und nimmt Faulheit und Depressionen.

Azurit-Malachlt:
Der Azurit-Malachit wird als Schutzstein unserer Erde und als Hüter der Natur, Tiere und Menschen verehrt. Durch seine in sich verbundenen Kräfte Grün und Blau verhilft er besonders dem Steinbock zu einem harmonievollen Jahreswechsel, denn zum Jahreswechsel stehen sich die Planeten des Steinbocks und des Wassermanns besonders aggressiv gegenüber. Azurit-Malachit verbindet fließend das Grün des Steinbocks mit dem Blau des Wassermanns. Er bewahrt seinen Träger vor seelischen Schwankungen, Gleichgewichtsstörungen und Charakterschwächen, und umschließt seinen Körper mit einer zweiten Haut, welche alles Böse von ihm fernhält.

Moosachat:
Moosachat ist ganz besonders für den Steinbock ein Glücksstein. Er schenkt nicht nur Glück im Spiel, sondern auch Glück in der Liebe und in beruflichen Situationen.

Onyx, Sardonyx:
Nach der griechisch-römischen Überlieferung ist der Onyx / Sardonyx für den Steinbock ein besonderer Schutzstein, welcher alles böse von der Seele seines Trägers fernhält. Onyx, bzw. Sardonyx zieht für seinen Träger wahre Freunde an und stößt falsche Freunde ab.

Turmalin schwarz:
Der schwarze Turmalin wurde von den Ägyptern dem Steinbock zugeordnet, welcher mehr Selbstvertrauen und Durchhaltevermögen beschere. Er wirkt wie ein Blitzableiter auf alle seelischen Konfrontationen mit der Umwelt und vermag es, positive Energien zu zentrieren.

Nach dem Indianischen Medizinrad: Schneegans
Glücksstein der Schneegans: Bergkristall

Abgehobenheit	Moldavit
Abgeschlagenheit	Tektit
Abgeschobenheit	Tansanit
Abgespanntheit	Heliotrop, Prehnit, Schlangenjaspis
Abhängigkeiten	Sugilith, verst. Holz
Ablagerungen	Türkis
Ablagerungen - lösend	Bergkristall
Ablagerungen, Gelenke	Hiddenit
Ablagerung, Herzgewebe	Petalit
Ablagerung i. d. Gefäßen	Regenbogenfluorit
Ablagerungen i. d. Lunge	Heliotrop
Abmagerung	Gelber Jaspis
Abnabelungsprozeß	Charoit, Chiastolith
Abnehmen	Bergkristall, Gold, Goldfluß, grüner Turmalin, Howlith, Magnesit, Marienglas, Phantomquarz, Rauchquarz, roter Jaspis, Rubin, Schwingquarz, Silber, Smaragd, Tigereisen
Abnutzungserscheinung der Knochen und Gelenke	Gagat, Orangencalcit
Abnutzunserscheinungen - altersbedingt	Glimmer
Abszesse	Baryt, schwarze Koralle, Steinsalz
Abwehrkräfte	Tigereisen
Abwehrkräfte - aktivierend	Wassermelonenturmalin
Abwehrkräfte - bildend	Pyritsonne
Abwehrkräfte - stärkend	Buntachat, Rubin, Sugilith
Abwehrsystem - kräftigend	Carneol, Charoit, Schneeflockenobsidian, Thulit
Abwehrsyst.- aktivierend	Goldtopas, Zinnober
Achselnässe	Speckstein
Achtung	Blutachat, Rosenquarz
Adern - Elastizität	Aragonit
Adern - Reinigung	Bergkristall, Schwingquarz
Adernverkalkung	Regenbogenfluorit, Rubin
Aggressivität	Boji, Friedensachat, Heliotrop, Opalit, Moqui, Tektit
Aids	Australischer Amulettstein, Regenbogenobsidian, Sugilith
Akne	Blutachat, Amethyst, Aventurin, Baryt, Grünquarz, Peridot, Rhodochrosit, Zinkblende
Aktivierung	Citrinocalcit
Alkoholabhängigkeit	Kunzit, Rauchquarz
Alkoholschäden d. Babys	Chrysokoll
Alleinsein	Tansanit
Allergiebereitschaft - senkend	Blutachat, Feueropal, rosa Andenopal

Allergien	Aquamarin, Aventurin, Bernstein, Blutachat, Bronzit, Dolomit, grünlich blauer Andenopal, grünlicher Fluorit, Hyazinth, Landschaftsjaspis, Larimar, Mahagoniobsidian, Meteorit
Allergische Blasenbildung	Apachengold, Markasit
Allergische Hautreizungen des Kindes	Aprikosenachat
Allergische Überreaktion	Australischer Amulettstein
Alpträume	Amethyst, Aragonit, Chalcedon, Dendritenquarz, Flintstein, grüne Jade, Heliotrop, Howlith, Nephrit, Orangencalcit, Rheinkiesel, Rhodochrosit, Saphir, schwarzer Opal,
Altersbedingte Abnutzungserscheinung	Glimmer
Alterserscheinungen - frühzeitig	Gold
Alterserscheinung d. Haut	Bronzit, Carneol
Alterspsychosen	Rheinkiesel
Altersrheuma	Streifenachat
Altersrundrücken	Orthoklas, Rheinkiesel
Altersschrunden	Vanadinit, Wulfenit
Altersschwachsinn	Apophyllit
Alterssenilität	Fluorit mit Pyrit, Gold
Alterssichtigkeit	Chrysoberyll-Katzenauge
Alzheimersche Krankheit	Blauer Turmalin, Tansanit
Analfissuren	Dendritenquarz
Anämie	Edelopal, Fuchsit-Glimmer, Milchopal, Rosenquarz, Rubin, Smaragd
Anämie - aplastisch	Rote Koralle
Angina	Blauer Topas, Cyanit, Goldfluß, Malachit
Angina Pectoris	Boulderopal, Chrysopras, Lapislazuli, Rubin-Zoisit
Angst - streßbedingt	Grünl. blauer Andenopal
Angst - nächtliche	Flintstein, Rheinkiesel
Angst - psychosomatisch	Aventurin, Coelestin
Angst vor dem Alleinsein	Friedensachat, schw Opal
Angst vor dem Altern	Orthoklas
Angst vor der Dunkelheit	schwarzer Opal
Ängste	Aquamarin, Charoit, Glimmer, Goldobsidian, Grossular, grüne Jade, Hessonit, Kunzit, Lapislazuli, Pyritsonne, Rauchquarz, Rhodochrosit, schwarzer Opal, Sodalith, Spinell, Sugilith, Vanadinit, Wulfenit
Angstschweiß	Grüner Calcit

Angstzustände	Feuerachat, Kupfer, Rhodochrosit
Ansehen	Nephrit
Ansteckungen	Sardonyx
Antiseptisch	Hyazinth, roter Achat
Apathie	Onyx
Aphasie	Cyanit
Aplastische Anämie	Rote Koralle
Appetitlosigkeit	Apachengold, Aventurin-Sonnenstein, Gold, Markasit, Silizium
Armmuskulatur	Amazonit,
Artereosklerose	Boulderopal, Chrysopras, grüner Turmalin, Opalit, Phantomquarz, Schneeflockenobsidian, Sonnenstein
Arterien - kräftigend	grüner Turmalin
Arterienentzündungen	Bl. Topas, Boulderopal
Arterienverkalkung	Aquamarin, Baumquarz, Biotit, Boulderopal, Chalcedon, Chrysoberyll, Chrysopras, Dolomit, roter Turmalin, Vanadinit, versteinertes Holz, Wulfenit
Arthritis	Bernstein, Doppelspat, Gold, Granat, grüner Turmalin, Kunzit, Regenbogenfluorit, roter Turmalin, schwarzer Turmalin, versteinertes Holz
Arthritische Entzündungen	Chiastolith
Arthritische Erkrankungen	Chiastolith, Hiddenit
Arthrose	Bernstein, Gagat, Gold, Regenbogenfluorit, versteinertes Holz
Asthma	Aquamarin, Katzenauge, Malachit, Sonnenstein
Asthmatische Erkrankungen	Blauer Turmalin, Falkenauge, grünlicher Fluorit, Rhodonit, Rutilquarz
Asthmatische Zuckungen	Tigerauge
Atembeschwerden	Blutachat, Chrysoberyll, Epidot, Falkenauge
Atemleiden	Bronzit
Atemnot	Bronzit, Goldtopas, Heliotrop, Hyazinth, Rutilquarz, Tigerauge
Atemorgane	Hyazinth
Atemstillstand	Feuerachat, Fossilien,
Atemwege	Apachengold, Aquamarin, blauer Turmalin, Dioptas, Gagat, Malachit, Markasit, Pyrit, Pyritsonne, Sardonyx
Atemwege - kräftigend	Katzenauge, Rhodonit
Atemwegsentzündungen	Pyrit
Atemwegserkrankungen	Katzenauge

Atemwegsinfektionen	Türkis
Atemzentrum- aktivierend	Milchquarz
Atmung	Blauer Turmalin, Morganit
Atmung - kräftigend	Epidot
Atmungsorgane	Grünlich blauer Andenopal, Malachit, Rutilquarz
Atmungssystem - stärkt	Rutilquarz, Tigereisen
Atmungssystem - aktiviert	Serpentin
Aufgeschlossenheit	Howlith
Aufmerksamkeit	Tigerauge
Aufnahmefähigkeit	Fluorit, Moqui, Tigerauge
Aufrechter Gang	Orangencalcit
Aufstoßen	Edeltopas, Howlith, Landschaftsjaspis, Silber, Turitellaachat, Vanadinit, Wulfenit
Augen	Chrysoberyll-Katzenauge, Cyanit, Sugilith
Augen - stärkend	Carneol
Augen - Überanstrengung	Aventurin, Falkenauge, Silberauge
Augenentzündungen	Chrysoberyll, Malachit, Saphir
Augenkrankheiten	Chrysoberyll, Prasem, roter Achat, Tansanit
Augenlähmungen	Chiastolith, Flintstein
Augenleiden	Ametrin, Bergkristall, Dioptas, Onyx, rosa Koralle, Schwingquarz, Streifenachat
Augenmuskulatur - Lähmungen	Apophyllit
Augenstar	Bergkristall, Prasem, Schwingquarz, Tansanit
Augentränen	Bergkristall, Blutachat
Augenverletzungen	Falkenauge
Ausdauer	Phantomquarz
Ausfluß	Buntkupfer
Ausgegl. Aussehen	Heliotrop
Ausgeglichenheit	Alexandrit, Apachengold, Apatit, Aventurin-Sonnenstein, Citrinocalcit, Coelestin, Diopsid, Dumortierit, Edeltopas, Feuerachat, Friedensachat, Glimmer, grüne Jade, Heliodor, Hiddenit, Labradorit, Magnesit, Malachit, Manganocalcit, Markasit, Milchquarz, Mondstein, Moqui, Opalit, Orthoklas, Petalit, Prasem, Silber, Tigerauge, versteinertes Holz
Ausgewogenheit	Dendritenquarz

Ausschlag	Aragonit, Australischer Amulettstein, Bergkristall, Blutachat, Botswana-Achat, Bronzit, Buntachat, Edelopal, grünlich blauer Andenopal, Hyazinth, Landschaftsjaspis, Milchopal, Onyx, Saphir, Schwingquarz, Speckstein, Turmalinquarz
Aussprache - klar	Apatit, Cyanit
Ausstrahlung	Azurit-Malachit, Bernstein, Friedensachat, Glücksgeoden, Wasserachate
Austrocknen der Haut	Australischer Amulettstein, Bronzit, Orthoklas, Turmalinquarz
Autismus	Aprikosenachat
Automanie, Autosyndrom	Sugilith
Backenknochen	Chrysokoll
Bakterien - Schutz vor	Apachentränen
Bänderrisse	Spinell, Türkis
Bandscheiben	Perle, Tigerauge
Bandscheiben - stärkend	Orangencalcit
Bandscheibenabnutzung	Poppy-Jaspis
Bandscheiben- Entzünd.	Malachit
Bandscheibenprobleme	Bergkristall, Diamant, Doppelspat, Schwingq.
Bandscheibenschäden	Blauer Calcit
Bandwurm	Mahagoniobsidian
Bang'sche Krankheit	Goldfluß
Barmherzigkeit	Grüne Jade
Bartflechte	Aragonit
Bauchfellentzündungen	Nephrit
Bauchhöhle	Regenbogenobsidian
Bauchhöhlen-Schwangerschaft	Buntkupfer
Bauchschmerzen	Aventurin-Sonnenstein, Bernstein, Heliotrop, Kupfer, Nephrit, Turitellaachat
Bauchspeicheldrüse	Alexandrit, Citrin, Dolomit, gelber Jaspis, grüner Turmalin, Mondstein, Muskovit-Glimmer, Rauchquarz, Regenbogenobsidian, roter Jaspis, Turitellaachat
Bauchspeicheldrüse - aktivierend	Apachengold, Hyazinth, Markasit, Mondstein, Rhodochrosit, Sodalith
Bauchspeicheldrüse - harmonisierend	Rhodochrosit
Bauchspeicheldrüse - kräftigend	Girasol, Granat
Bauchspeicheldrüse - regulierend	Apachengold, Markasit
Bauchspeicheldrüse - steuernd	Magnetit

Bauchspeicheldrüsen-Geschwür	Amethyst
Beckenbereich - entkrampfend	Orangencalcit
Behinderungen - geistig	Roter Jaspis
Behinderung des Kindes	Aprikosenachat, Zinkblende
Belebend	Rheinkiesel
Benommenheit	Katzenauge, Rheinkiesel, Staurolith-Kreuzstein
Beruhigung	Amethyst, Aragonit, Beryll, Charoit, Chrysokoll, Chytha, gelbe Jade, grüner Turmalin, grünlich blauer Andenopal, Labradorit, Lapislazuli, Silizium
Bettnässen	Fossilien, Morganit, Phantomquarz, Sarder
Bewegungslähmungen	Chiastolith
Bewegungsnerven - kräftigend	Blauquarz
Bewegungsnerven-Lähmungen	Apophyllit
Bewegungsstörungen	Sternsaphir
Bewegungszentrum - kräftigend	Tigerauge
Bewegungszentrum im Gehirn	Chiastolith
Bewußtlosigkeit	Bronzit
Bewußtseinsstörungen	Staurolith-Kreuzstein
Bewußtseinsverlust	Smaragd, Tigerauge
Beziehungsangst	Leopardenjaspis, Padparadscha
Bierbauch	Apachentränen
Bildungsunfähigkeit	Staurolith-Kreuzstein
Bindegewebe	Lepidolith-Glimmer
Bindegewebe - stärkend	Dendritenquarz
Bindegewebe der Nerven	Chiastolith
Bindegewebe d. Muskeln	Chiastolith
Bindegewebsentzündung	Aragonit
Bindegewebserkrankung	Rauchquarz
Bindegewebsschwäche	Blauer Topas, gelbe Jade, versteinertes Holz
Bindehautentzündung	Chrysoberyll-Katzenauge, Dioptas
Bindehautgewebe	Australischer Amulettstein
Bisse	Sardonyx
Blähungen	Landschaftsjaspis, Vanadinit, Wulfenit
Bläschenausschlag	Amethyst
Bläschenbildung Haut	Peridot
Blase	Baumachat, Chrysokoll, Diamant, Leopardenjaspis, Magnesit, Prehnit
Blase - anregend	Moosachat

Blase - Reinigung	Vesuvian
Blasenbeschwerden	roter Jaspis
Blasenbildung - allergisch	Apachengold, Markasit
Blasenentzündung	Blauer Moosopal, Diopsid, Magnetit, Morganit, Nephrit
Blasenerkrankungen	Blauer Moosopal, Nephrit
Blasengeschwulste	Gelber Fluorit, Morganit
Blasenkatarrhe, -kolik	Blauer Moosopal
Blasenkrämpfe	Blauer Moosopal, Nephrit
Blasenschmerzen - krampfartig	Gelber Fluorit
Blasenschwäche	Morganit
Blasensteine	Blauer Moosopal, Leopardenjaspis, Morganit, Poppy-Jaspis, Tigereisen
Blasenversagen	Blauer Moosopal
Blässe	Silberauge
Blaue Finger	Sonnenstein
Blaue Flecken	Amethyst, schwarzer Diopsid, Sterndiopsid
Blinddarmentzündung	Citrin, Schneeflockenobsidian
Blindheit	Sternsaphir
Blockaden	Boji, Diamant, Lapislazuli, Lavendelquarz, Magnetit, Pyrit, Pyritsonne, roter Jaspis, schwarzer Turmalin
Blockaden - psychosomatisch	Silberauge
Blockaden streßbedingt	Biotit
Blockaden innere	Azurit
Blut	Baumachat, beiger Moosopal, Carneol, Dolomit, Fuchsit-Glimmer, Heliotrop, Kunzit, Kupfer, Moldavit, Pyritsonne, Rosenquarz, Rubin, schwarzer Diopsid, Sterndiopsid, Sternrubin, Zinnober
Blut - entgiftend	Flintstein
Blut - regulierend	Manganocalcit
Blut - Übersäuerung	Alexandrit, Apachentränen
Blutadergeflechte	Gelbe Jade
Blutarmut	Amethyst, Edelopal, Granat, grüner Turmalin, Hämatit, Milchopal, rote Koralle, Rubin, Smaragd
Blutbildung	Fuchsit-Glimmer, Lepidolith-Glimmer, Smaragd
Blutbildung - steuernd	Bergkristall, Schwingq.
Blutdruck	Prasem
Blutdruck - hoch	Amethyst, Carneol, Chrysopras, gelber Fluorit, grüne Jade, Hyazinth, Iolith, Kunzit, Lapislazuli Malachit, rote Koralle, Rubin, Saphir, Sarder, Sodalith, Sonnenstein, Thulit
Blutdruck - niedrig	Amethyst, Carneol, Goldtopas, grüner Calcit, Labradorit, Sarder, Schneeflockenobsidian
Blutdruck - regulierend	Carneol, Flintstein, Granat, Petalit, Prasem, Rubin, Smaragd, Steinsalz
Blutdruck - stabilisierend	Amethyst, Bergkristall, Hämatit, Schwingquarz
Blutdruckprobleme	Prasem
Blutende Wunden	Carneol, Hämatit
Blutentstehung	Rubin
Bluter	Edelopal, Milchopal, Prasem
Bluterguß	Amethyst, Hämatit, Prasem
Bluterkrankungen	Amethyst, Aquamarin, Carneol, Edelopal, Fluchsit-Glimmer, grüner Turmalin, Kupfer, Lapislazuli, Magnetit, Meteorit, Milchopal, Rosenquarz, rote Koralle, roter Turmalin, Smaragd
Bluterneuerung	Regenbogenobsidian, Smaragd
Blutfluß - harmonisierend	Malachit
Blutgefäße	Rubin, Sodalith, Vanadinit, Wulfenit
Blutgefäße - reinigend	Bergkristall, Schwingq.
Blutgefäße - schützend	Feueropal
Blutgerinnsel	Sonnenstein
Blutgerinnung	Blauer Topas, Edelopal, Fuchsit-Glimmer, Milchopal, Prasem, schwarzer Diopsid, Sterndiopsid, versteinertes Holz
Bluthochdruck	Bergkristall, Carneol, Chrysopras, gelber Fluorit, grüne Jade, Hyazinth, Kunzit, Lapislazuli, Malachit, rote Koralle, Rubin, Saphir, Sarder, Schwingquarz, Sodalith, Sonnenstein, Thulit
Blutkörperchen - ausgleichend	Bergkristall, schwarzer Diopsid, Schwingquarz, Sterndiopsid
Blutkörperchen, rot	Chalcedon
Blutkörperchen - anregend	Heliodor
Blutkörperchen - harmonisierend	Rosenquarz, roter Turmalin

Blutkörperchen - kräftigend	Moldavit
Blutkörperchen - regenerierend	Carneol
Blutkörperchen - regulierend	Edelopal, Milchopal, Rubin, Wassermelonenturmalin
Blutkörperchen - weiß	Buntachat, Thulit, Zinnober
Blutkörperchen rot - aktivierend	Serpentin
Blutkörperchen weiß - aktivierend	Rutilquarz, Tigereisen
Blutkrebs	Edelopal, grüner u. roter Turmalin, Milchopal
Blutkreislauf	Granat, Heliotrop, Kupfer, Onyx, Rubin-Zoisit
Blutkreislauf - anregend	Schneeflockenobsidian
Blutkreislauf - kräftigend	Granat, Heliotrop, Phantomquarz, rote Koralle, Türkis
Blutkrusten	Glücksgeoden, Wasserachate
Blutreinigung	Australischer Amulettstein, blauer Moosopal, Carneol, gelber Fluorit, Heliotrop, Iolith, Lepidolith-Glimmer, Magnesit, Magnetit, Malachit, Prehnit, Regenbogenobsidian, Rhodochrosit, Rosenquarz, Serpentin, Tigereisen, Zinnober
Blutstauungen	Blauer Topas, Carneol, Hämatit, Heliotrop, Onyx, versteinertes Holz
Blutstillend	Breckzienjaspis, roter Jaspis
Blutungen	Roter Jaspis
Blutungen im Gehirn	Fossilien
Blutvergiftungen	Blauer Achat, Carneol, Dioptas, grüner Turmalin, Kunzit, Sonnenstein
Blutversorgung	Carneol
Blutzirkulation - aktivierend	Heliodor
Blutzucker	Amethyst
Blutzucker - regulierend	Magnetit, Mondstein, Rhodochrosit, Rubin
Blutzuckerspiegel - senkend	Carneol
Blutzuckerspiegel - ausgleichend	Moosachat, Pyritsonne
Bogengänge	Zinnober
Brandwunden	Blauer Achat, Chrysokoll
Brechanfälle	Violetter Fluorit
Brechreiz	Edeltopas, grüne Jade, Orangencalcit, roter Jaspis

Brennende Füße/Hände	Hiddenit
Brennende Haut	Amethyst
Brennesselverbrennungen	Speckstein
Bronchialasthma	Gagat, Hyazinth, Katzenauge, Tigereisen
Bronchialbeschwerden	Bronzit
Bronchialerkrankungen	Chalcedon, Hyazinth, Sonnenstein
Bronchialkatarrh	Bronzit, Chalcedon, Gagat, Goldtopas, Hyazinth, Katzenauge, Sonnenstein
Bronchien	Blauer Turmalin, Bronzit, Epidot, grünlich blauer Andenopal, Hyazinth, Katzenauge, Malachit, Pyrit, Pyritsonne, Rhodonit, Rutilquarz, Türkis
Bronchien - kräftigend	Tigereisen
Bronchien - schützend	Rutilquarz
Bronchitis	Apachengold, Aquamarin, Goldtopas, Markasit
Brust	Roter Turmalin
Brust - schützend	Bergkristall, Schwingq.
Brusterkrankungen	Grüner Calcit
Brustkrebs	Edelopal, grüner Calcit, Milchopal, Mondstein
Buckel	Doppelspat, Rheinkiesel, Tigerauge
Bulimie	Goldfluß, Mohrenkopfturmalin, roter Jaspis
Charakter	Goldfluß
Charakterschwäche	Azurit-Malachit
Charme	Goldfluß, Howlith
Cholera	Moldavit
Cholesterin - regulierend	Milchquarz
Cholesterin - senkend	Magnesit, Schlangenjaspis
Cholesterinvergiftung	Dolomit
Chronische Erschöpfung	Goldtopas
Chronische Krankheiten	Saphir
Computerstrahlen	Aprikosenachat, Azurit, Baryt, Bergkristall, Falkenauge, Lapislazuli, Meteorit, Pyritsonne, Rosenquarz, schwarzer Turmalin, Schwingquarz
Corona Sklerose	Hiddenit
Damenbart	Amethyst
Darm	Chrysokoll, Citrin, Dendritenquarz, Diamant, Magnesit, Mahagoniobsidian, Regenbogenobsidian, Saphir, Sugilith
Darm - aktivierend	Milchquarz, Moosachat
Darm - Übersäuerung	Apachentränen
Darmausgang - kräftigend	Girasol

Darrnblutung	Dendritenquarz
Darmentzündungen	Beryll, Perle, Schneeflockenobsidian, Vanadinit, Wulfenit
Darmerkrankung	Carneol, Chrysoberyll, gelber Jaspis, grüner Achat, roter Jaspis
Darmflora - kräftigend	Saphir
Darmfunktion -Aktivierung	Grüner Achat
Darmgeschwür	Gelber Jaspis, Muskovit-Glimmer
Darmgrippe	Lepidolith-Glimmer, Silizium
Darmkatarrh	Hyazinth, lolith, Muskovit-Glimmer, Turitellaachat, Vanadinit, Wulfenit
Darmkrebs	lolith, Rhodochrosit
Darmmuskulatur	Aprikosenachat
Darmmuskulatur - Entzündung	Aventurin-Sonnenstein
Darmschleimhaut-Entzündungen	Hyazinth
Darmstörungen	Apachentränen, Bergkristall, Hyazinth, Schwingquarz
Darmträgheit	Apachentränen, Grüner Achat
Darmtrakt	Grüne Jade, lolith, Sarder, Vanadinit, Wulfenit
Darmübersäuerung	Silber
Darmverengungen	Dendritenquarz, lolith, Vanadinit, Wulfenit
Darmverschlingung	Dendritenquarz
Darmverschluß	Dendritenquarz, grüner Achat, lolith, Vanadinit, Wulfenit
Darmwände - Entzündung	Aventurin-Sonnenstein
Darmzotten	Apatit, Turitellaachat
Daumenlutschen	Beryll
Depressionen	Apachentränen, Aquamarin, Australischer Amulettstein, beiger Moosopal, Bernstein, Biotit, Blauquarz, Botswana-Achat, Bronzit, Edelopal, Edeltopas, Gagat, Glimmer, Goldobsidian, Goldtopas, Grossular, grüner Turmalin, Hessonit, Hiddenit, lolith, Kunzit, Magnesit, Milchopal, Onyx, Opalit, Peridot, Prehnit, Pyrit, Rauchquarz, Rhodochrosit, rosa Andenopal, rosa Koralle, Rosenquarz, Sardonyx, schwarzer Opal, Sonnenstein, Tansanit, Tektit, Vanadinit, Wulfenit, Zinnober
Depressive Lebensphase	Apophyllit

Diabetes	Amethyst, Citrin, Magnetit, Moosachat, Muskovit-Glimmer, Rhodochrosit, Smaragd
Dickdarm - kräftigend	Girasol
Dickdarmentzündung	Aventurin-Sonnenstein
Distanz gegenüber Mitmenschen	Blutachat
Drogenabhängikeit	Kunzit
Drüsen	Bergkristall, Botswana-Achat, Diamant, Dolomit, Dumortierit, Goldtopas, Marienglas, Petalit, Regenbogenfluorit, Schwingquarz
Drüsen - innere	Azurit-Malachit
Drüsen - aktivierend	Citrinocalcit, Goldtopas
Drüsen - harmonisierend	Citrinocalcit, Perle, Ryolith
Drüsen - inspirierend	Sardonyx
Drüsen - kräftigend	Türkis
Drüsen - regulierend	Rubin, Ryolith, Sardonyx
Drüsenentzündung	Malachit, Onyx, Perle
Drüsenerkrankungen	Citrin, Flintstein, gelber Jaspis, Malachit, Meteorit
Drüsenfunktion - steuernd	Baumquarz
Dünndarm	Apatit, Bernstein
Durchblutung	Onyx, Pyrit, Vanadinit, Wulfenit
Durchblutung - fördernd	Bergkristall, Feueropal, Schwingquarz
Durchblutung der Darmzotten	Apatit
Durchblutung der Organe	Carneol
Durchblutung des Dünndarms	Apatit
Durchblutungsstörungen	Chrysopras, Hiddenit, rote Koralle, Smaragd, Sonnenstein
Durchfall	Apachentränen, Aventurin-Sonnenstein, Beryll, gelber Jaspis, Goldfluß, Lepidolith-Glimmer, Sarder, Vanadinit, Wulfenit
Durchfallerkrankungen des Kindes	Fossilien
Durchhaltevermögen	Blauquarz, Schlangenjaspis
Durchsetzungsvermögen	Chalcedon
Egoismus	Labradorit, Peridot, Sarder
Egozentrik	Sarder
Ehrgeiz	Blauquarz, Speckstein
Eierstöcke	Chrysopras, Dolomit, Feuerachat, grüner Turmalin, Regenbogenobsidian, Rubin-Zoisit, Sandrosen, Selenit

Eierstöcke - harmonisierend	Mondstein
Eierstöcke - schützend	Rosenquarz
Eifersucht	Landschaftsjaspis, Leopardenjaspis, schwarzer Turmalin
Eileiter	Chrysopras, Rubin-Zoisit
Eileiterentzündungen	Buntkupfer, Zinkblende
Eileiterverklebungen	Zinkblende
Einigkeit in der Ehe	Falkenauge
Einschlafschwierigkeiten	Heliotrop, Tektit
Einsicht	Alexandrit, Diamant, Vanadinit, Wulfenit
Einsicht gegenüber Kinder	Turitellaachat
Eisenmangel	Heliotrop
Eisprung - harmonisierend	Mondstein
Eiterbläschen	Glücksgeoden, Wasserachate
Eiterflechte	Aragonit, Baryt
Eitrige Entzündungen	Grünquarz
Eitrige Geschwüre	Aragonit
Eitrige Wunden	Blauer Achat, Chalcedon, Mookait, Onyx, Sardonyx, Zinkblende
Ekzeme	Aragonit, Australischer Amulettstein, Bernstein, Botswana-Achat, Buntachat, grünlicher Fluorit, Mookait, Peridot, Saphir, Speckstein, Türkis, Zinkblende
Ekzeme, nässende	Amethyst
Elektro-Smog	Milchquarz
Ellenbogenlähmungen	Apophyllit, Blauquarz, Hessonit
Embolien	Sonnenstein
Emotionale Schwankung	grüner Turmalin
Empfindliche Zahnhälse	versteinertes Holz
Empfindlichkeit	Dioptas
Empfindsamkeit gegenüber der Natur	Aragonit,
Empfindungsstörungen	Blauquarz, Brasilianit
Enddarmentzündungen	Grüner Achat
Endogene Psychosen	Apophyllit
Endokrines System	Aquamarin, grüner Turmalin
Energieblockaden - lösend	Bergkristall, Schwingquarz
Energiebringer	Boji, Schwingquarz
Englische Krankheit	Grossular
Entgiftung	Carneol, Citrin, Dolomit, gelber Jaspis, Hämatit, Malachit, Rauchquarz, Rosenquarz, schwarzer Turmalin
Entgiftung d. Organismus	Saphir
Entkrampfend	Flintstein, Lapislazuli, Perle, Rheinkiesel, Unakit
Entscheidungsfähigkeit	Bernstein, Kupfer
Entschlackung	Grüne Jade, Hämatit, Howlith, Malachit, Rauchquarz, Rhodochrosit, Tigereisen
Entschlackung der Haut	Landschaftsjaspis
Entschlackung des Körpers	Beiger Moosopal, Biotit, Onyx, Regenbogenfluorit, roter Jaspis
Entschlackung des Organismus	Bergkristall, brauner und weißer Andenopal, Rheinkiesel, Saphir, Schwingquarz, Vesuvian
Entspannung	Diamant, Dumortierit, grüner Turmalin, Katzenauge, Opalit, Schwingquarz, Silberauge, Silizium, Unakit, Vanadinit, violette Jade, Wulfenit
Entstrahlung	Schwarzer Turmalin
Entwässerung	Howlith, Magnesit
Entwässerung d. Körpers	Roter Jaspis
Entzündungen	Herkimer Diamant, Lapislazuli, Mahagoniobsidian, Mookait, Sardonyx, Sodalith, Tansanit, Türkis, Ulexit, Vanadinit, Wulfenit, Pyritsonne, Zinnober
Entzündungen - innere	Granat
Entzündungen aller Art	Apachentränen, Baryt, Feueropal
Entzündung der Arterien	Bl. Topas, Boulderopal
Entzündungen der Atemwege	Pyrit
Entzündungen der Augen	Chrysoberyll, Malachit, Saphir
Entzündungen der Bandscheibe	Malachit
Entzündungen der Bauchspeicheldrüse	Turitellaachat
Entzündungen der Blase	Blauer Moosopal, Magnetit, Morganit, Nephrit
Entzündung d. Bronchien	Pyrit
Entzündungen der Darmmuskulatur	Aventurin-Sonnenstein
Entzündungen der Darmschleimhaut	Hyazinth
Entzündungen der Darmwände	Aventurin-Sonnenstein
Entzündungen der Drüsen	Malachit, Onyx, Perle
Entzündungen der Füße	Aragonit
Entzündungen der Galle	Magnetit
Entzündungen der Gallenblase	Poppy-Jaspis
Entzündungen der Gebärmutter	Buntkupfer

Entzündungen der Gehörgänge	Malachit
Entzündungen der Gelenke	Aragonit, Bernstein, Chiastolith, Gagat, Hiddenit, Larimar, Malachit, Orthoklas, schwarzer Turmalin
Entzündungen der Hände	Aragonit
Entzündungen der Haut	Onyx, Rhodochrosit
Entzündungen d. Hirnhaut	Blauer Turmalin
Entzündungen der Kehlkopfschleimhaut	Mohrenkopfturmalin
Entzündungen d. Knochen	Larimar, schwarzer Turmalin
Entzündungen d. Knorpel	Larimar
Entzündungen der Leber	Goldtopas, Magnetit, Sardonyx, schwarzer Opal, Tigereisen
Entzündungen der Lunge	Pyrit, Rhodochrosit, Tigereisen
Entzündungen der Magenschleimhaut	Spinell
Entzündungen der Mandeln	Apachengold, Blauer Topas, Markasit
Entzündungen der Milz	Onyx
Entzündungen der Mundschleimhaut	Apachengold, Markasit
Entzündung der Muskeln	Perlmutt, Spinell
Entzündungen der Nase	Blauer Topas
Entzündungen der Nebenhöhlen	Saphir
Entzündungen der Nerven	Bernstein, Perlmutt, Muskovit-Glimmer, Onyx, Perle, Ryolith, Spinell
Entzündungen der Nieren	Blauer Moosopal, Diopsid, Flintstein, gelber Fluorit, Magnetit, Nephrit, Onyx
Entzündungen der Ohren	Saphir
Entzündungen d. Sehnen	Bernstein
Entzündungen der Stirn	Saphir
Entzündungen der Venen	Bl. Topas, Boulderopal
Entzündungen der Verdauungsorgane	Roter Achat
Entzündungen der Wirbelsäule	Smaragd
Entzündungen der Zahnwurzel	Silberauge
Entzündungen des Bauchfellüberzugs	Orthoklas
Entzündung d. Blinddarms	Schneeflockenobsidian
Entzündungen des Darms	Beryll, Perle, Schneeflockenobsidian, Vanadinit, Wulfenit
Entzündung des Darmtraktes	Vanadinit, Wulfenit
Entzündung d. Dickdarms	Aventurin-Sonnenstein
Entzündungen d. Eileiters	Buntkupfer, Zinkblende

Entzündungen des Gehirns	Brasilianit, Malachit, Smaragd
Entzündungen des Halses	Apachengold, Blauer Topas, Markasit
Entzündungen des Herzens	Goldtopas, Onyx, Rhodochrosit
Entzündungen des Kiefergelenks	Perlmutt, Tigerauge
Entzündungen des Magens	Beryll, Perle, Schneeflockenobsidian
Entzündung d Mundraums	Bernstein
Entzündungen des Nervengewebes	Pyrit
Entzündungen des Nervensystems	Smaragd
Entzündungen des Nierengewebes	Diopsid
Entzündungen des Rachenraums	Bernstein, Chrysoberyll
Entzündung d. Rachens	Blauer Topas, Perlmutt
Entzündungen des Rückenmarks	Brasilianit, Chiastolith, Smaragd, Sternsaphir
Entzündungen des Zahnfleisches	Apachengold, Markasit, Perlmutt
Entzündung des Zellgewebes	Steinsalz
Entzündungen des Zwölffingerdarms	Bernstein
Entzündung d. Enddarms	Grüner Achat
Enzyme - aktivierend	Rhodochrosit, Zinkblende
Enzyme - steuernd	Aquamarin, Buntachat
Enzymgehalt - regulierend	Manganocalcit
Epilepsien	Amethyst, Apophyllit, Diamant, Glücksgeoden, grüner Turmalin, Hiddenit, Kupfer, Rutilquarz, schwarzer Turmalin, Smaragd, Staurolith-Kreuzstein, Tigerauge, Wasserachate
Erbkrankheiten	Regenbogenobsidian, rosa Koralle, Rubin-Zoisit
Erblinden	Chrysoberyll-Katzenauge, Dioptas, Streifenachat
Erbrechen	Fossilien, Iolith, roter Jaspis, Sandrosen, Sarder, Selenit
Erbrechen des Babys	Aprikosenachat
Erbrechen, morgendliches	Chrysokoll
Erdstrahlen	Amethyst, Apatit, Baryt, Bergkristall, Blauquarz, Breckzienjaspis, Charoit, Hämatit, Kupfer, Landschaftsjaspis, Meteorit, Onyx, Pyritsonne, Rosenquarz, schwarzer Turmalin, Schwingquarz
Erfolg	Malachit, Nephrit
Erholung	Silizium

Erinnerungsvermögen	Tigereisen, Verdit
Erinnerungsvermögen - stärkend	Gelber Jaspis, Moldavit
Erkältungen	Apatit, Aquamarin, Thulit, Zinnober
Erkältungskrankheiten	Blauer Fluorit, Blauquarz, Goldtopas, Mookait
Erneuerung	Carneol, Chrysopras
Erotisierend	Zinkblende
Erröten	Ametrin, Baryt, Türkis
Erschlaffung/Erschöpfung	Goldtopas
Erschöpfungszustände	Pyrit, Sarder, Wassermelonenturmalin,
Erstickungsangst	Mohrenkopfturmalin
Existenzangst	Blauer Turmalin, Rhodochrosit
Falsche Freunde	Amethyst, Botswana-Achat, Doppelspat, Gagat, Glücksgeoden, Granat, Hämatit, Larimar, Nephrit, Padparadscha, Perle, Pyritsonne, rote Koralle, Sarder, Schneeflockenobsidian, Sternsaphir, Wasserachate
Falten	Australischer Amulettstein, Carneol, Rhodochrosit
Familienglück	Buntkupfer
Familien-zusammengehörigkeit	Amethyst
Fanatismus	Sarder
Faserrisse	Seeopal
Fäulnisdyspepsien	Vanadinit, Wulfenit
Fehlbildung d. Wirbelsäule	Regenbogenfluorit
Fehlbildungen im Skelett	Regenbogenfluorit
Fehlentwicklungen	Rauchquarz
Fehlentwicklungen am Knochenbau und Waden	Azurit
Fehlentwicklungen der Gliedmaßen u. Organe	Chrysokoll
Fehlentwicklungen der Wirbelsäule	Fossilien
Fehlentwicklungen nervös	Apatit
Fehlgeburt	Buntkupfer, Chrysokoll, Goldfluß, grüne Jade
Fehlwuchs des Kindes	Aprikosenachat
Fellwuchs	Amethyst
Fettablagerungen	Rauchquarz
Fettgewebe - stärkend	Dendritenquarz
Fettgewebe - regulierend	Milchquarz
Fettgewebe - stabilisierend	Rauchquarz
Fettpolster	Apatit, Muskovit-Glimmer, Phantomquarz, Pyritsonne, Rubin
Fettsucht	Flintstein, Goldfluß, Marienglas, Perle, Phantomq.
Fettverdauung	Apatit
Fettverdauung - mangelnde	Marienglas
Feuchte Hände	Speckstein
Feuchtigkeitsregulierung	Rheinkiesel
Fieber	Chalcedon, Dumortierit, Goldfluß, grüner Turmalin, Kupfer, Malachit, Muskovit-Glimmer, Perle, Rubin, Sarder, Silizium
Fieber - rheumatisch	Gagat, Smaragd, Sternsaphir, Wassermelonenturmalin
Fiebererkrankungen	Smaragd
Fieberhafte Erkrankungen in der Schwangerschaft	Aprikosenachat
Fieberhafte Infektionskrankheiten	Blauer Fluorit
Fieberkrämpfe	Blauer Fluorit, Dumortierit, Phantomquarz
Fiebersenkend	Hyazinth
Fiebrig grippale Infekte	Aquamarin
Fiebrige Hautausschläge	Hyazinth
Fiebrige Infekte	Dumortierit, Kupfer
Fingernägel	Baryt, Beryll, Breckzienjaspis, Howlith, Onyx, Orangencalcit, Peridot, Saphir, Smaragd, Steinsalz
Fisteln	Grüner Achat
Flechten	Baryt, Bronzit, Doppelspat, Peridot
Flecken, blaue	Amethyst
Fleiß	Gold
Fortpflanzung	Bl. Turmalin, Mondstein
Fortpflanzungsorgane	Schwarzer Opal
Fortpflanzungsorgane - schützend	Aprikosenachat
Fortpflanzungsorgane - aktivierend	Roter Jaspis
Freßsucht	Gold, Türkis
Freude	Alexandrit, Australischer Amulettstein, Buntkupfer, Coelestin, Dolomit, Goldtopas, grüne Jade, Koralle, Manganocalcit, Moldavit, Rhodochrosit, Rhodonit, Smaragd
Freude am Leben	Goldfluß
Freundschaft	Hiddenit, Lapislazuli, roter Turmalin, Saphir
Freundschaft - kräftigend	Amethyst
Frieden	Dioptas
Frigidität	Feuerachat
Frische	Hämatit

Frohsinn	Alexandrit, grüner Calcit
Frösteln	Mookait, Schneeflockenobsidian
Fruchtbarkeit	Chrysopras, Malachit, Moqui, Rauchquarz, Rosenquarz, Rubin-Zoisit
Fruchtbarkeit - harmonisierend	Mondstein
Fruchtblase - stabilisierend	Rauchquarz
Fruchtverlust	Aprikosenachat, Buntkupfer
Frühgeburt	Aprikosenachat
Frühreife	Verdit
Frustrationen	Pyrit
Fühlen	Sugilith
Furcht	Aquamarin
Furunkel	Granat, grüner Achat
Fußentzündungen	Aragonit
Fußpilz	Baryt, Dolomit, Onyx
Gafäßerkrankungen	Schwefel
Galle	Azurit-Malachit, Bernstein, Chrysokoll, gelber Jaspis, Grossular, Landschaftsjaspis, Leopardenjaspis, Muskovit-Glimmer, Saphir, Sarder
Galle - kräftigend	Sarder, Sugilith
Galle - reinigend	Sugilith
Gallenblase	Chytha, Poppy-Jaspis, Regenbogenobsidian
Gallenblase - kräftigend	Girasol
Gallenblase - regenerierend	Saphir
Gallenblasenenztündung	Muskovit-Glimmer, Poppy-Jaspis
Gallenentzündung	Magnetit
Gallenerkrankungen	Carneol, Poppy-Jaspis, Sarder
Gallenflüssigkeit - aktivierend	Apachengold, Markasit
Gallenflüssigkeit - harmonisierend	Muskovit-Glimmer
Gallensaft - harmonisierend	Gelber Jaspis
Gallensteine	Azurit-Malachit, blauer Moosopal, Chytha, Diamant, Leopardenjaspis, Magnesit, Nephrit, Poppy-Jaspis, Tigereisen, violette Jade
Gallensteinkolik	Muskovit-Glimmer, Poppy-Jaspis
Gallenwege - kräftigend	Smaragd
Gärungsdyspepsien	Vanadinit, Wulfenit
Gasaustausch - harmonisierend	Malachit

Gasaustausch - unterstützend	Citrinocalcit, Rubin-Zoisit
Gebärmutter	Feuerachat
Gebärmutter - kräftigend	Magnesit
Gebärmutter - schützend	Rosenquarz
Gebärmutterentzündung	Buntkupfer
Gebiß	Schwarzer Diopsid, Sterndiopsid, Türkis
Gebiß - kräftigend	Zahntürkis
Geborgenheit	Amethyst, Grünquarz, Katzenauge, Tigerauge
Geburt - erleichternd	Heliotrop, Magnesit, Moosachat
Geburtskrämpfe	Sandrosen, Selenit
Geburtsschmerzen - lindernd	Aprikosenachat, Buntkupfer
Gedächtnis	Ulexit
Gedächtnisschwäche	Granat
Gedächtnisschwund	Tansanit
Gedankenkonzentration	Cyanit, Saphir
Geduld	Chrysokoll
Gefäßkrämpfe	Vanadinit, Wulfenit
Gefäßverengung	Baumquarz, Feuerachat, Hämatit, Kunzit
Gefäßverkalkung	Regenbogenfluorit
Gefühlskälte	Peridot, Tektit
Gefühlsreichtum	Pyrit
Gefühlsreinheit	Alexandrit
Gefühlsschwankungen	Howlith
Gehirn	Blauer Turmalin, Brasilianit, Diamant, Gips, Lapislazuli, Malachit, Pyritsonne, Regenbogenobsidian, Rhodonit, Sarder, Staurolith-Kreuzstein, Tansanit
Gehirn - Bewegungszentrum	Chiastolith
Gehirn - aktivierend	Sodalith
Gehirn - harmonisierend	Smaragd
Gehirnblutung	Buntkupfer, Diamant, Fossilien
Gehirnentzündungen	Brasilianit, Smaragd, Malachit
Gehirnerkrankungen	Granat, Sugilith
Gehirnerschütterung	Sugilith
Gehirnlähmungen	Hessonit
Gehirnschädigung	Cyanit
Gehirnschwund	Blauer Turmalin, Tansanit
Gehirnströme - harmonisierend	Ametrin
Gehirntätigkeit - anregend	Ametrin
Gehirnvergiftungen	Staurolith-Kreuzstein
Gehirnverkalkung	Apophyllit

Gehirnzysten	Bronzit
Gehör	Apachengold, Cyanit, Markasit
Gehörerkrankungen	Zinnober
Gehörgänge - Knochen	Rhodonit
Gehörgangsentzündung	Heliotrop, Malachit
Gehörgangsfurunkel	Blauer Achat
Gehörgangsverletzungen	Blauer Achat
Gehörleiden	Zinnober
Gehörlosigkeit	Onyx, Tansanit
Gehörschwäche	Sarder
Gehörsturz	Heliotrop, Sarder
Geiernägel	Howlith
Geisichtslähmungen	schwarzer Turmalin
Geist - reinigend	Bergkristall, Schwingquarz, Vesuvian
Geisteskrankheit	Bronzit, Staurolith-Kreuzstein, Sugilith, Tigerauge, Violetter Fluorit
Geistige Behinderungen	Roter Jaspis
Geistige Störungen	Opalit, Regenbogenobsidian
Geistige Überanstrengung	Amazonit
Geistige Verkalkung	Doppelspat
Geistige Zurückgebliebenheit	Rote Koralle
Geistiger Frieden	Silber
Geistiges Wachstum	Perle
Geiz	Padparadscha
Gelassenheit	Aventurin-Sonnenstein, gelbe Jade
Gelbsucht	Grossular, grüne Jade, Kupfer, Moldavit, Sarder, Sardonyx
Gelenke	Hiddenit, Howlith, Tigerauge, versteinertes Holz
Gelenke - kräftigend	Azurit, Katzenauge
Gelenke Abnutzung	Gagat, Kupfer, Orangencalcit, Rheinkiesel
Gelenksentzündungen	Aragonit, Bernstein, Chiastolith, Gagat, Hiddenit Larimar, Malachit, Orthoklas, schwarzer Turmalin
Gelenksergüsse	Grüner Achat
Gelenkserkrankungen	Biotit, Chiastolith, Magnetit, roter Turmalin, Sonnenstein, versteinertes Holz
Gelenkserkrankungen - rheumatisch	Kupfer
Gelenkserweichungen	Chiastolith
Gelenkslähmungen	Chiastolith, Glücksgeoden, Wasserachate
Gelenksrheuma	Aragonit, Gagat, Smaragd, Sonnenstein
Gelenksrheumatismus	Gold, Larimar, Schwefel, Tigerauge
Gelenksschmerzen	Poppy-Jaspis, Smaragd
Gelenksverkalkung	Kupfer, versteinertes Holz
Gelenktuberkulose	Blauer Achat
Gelenkverformungen	Smaragd
Gelenkverzerrungen	Magnetit
Geltungssucht	Moqui
Geltungswahn	Boji, Ryolith
Gemütsausbrüche	Saphir
Genetische Fehlinformationen	rosa Koralle
Genickstarre	Blauer Turmalin, Moldavit, Muskovit-Glimmer
Gerechtigkeit	Grüne Jade
Gerechtigkeitssinn	Fossilien, Sardonyx
Gereiztheit	Tektit
Gerstenkorn	Dioptas
Geruchssinn	Apachengold, Cyanit, Markasit
Gesäßmuskulatur	Leopardenjaspis
Geschlechtskrankheiten	Dioptas, Peridot, Rosenquarz, Zinkblende
Geschlechtsorgane	Rauchquarz, roter Turmalin, Rubin-Zoisit, Sandrosen, schwarzer Opal, Selenit
Geschlechtsorgane, äußere	Feuerachat
Geschlechtsorgane, Bläschenausschlag	Amethyst
Geschlechtsorgane - schützend	Bergkristall, Rosenquarz, Schwingquarz
Geschlechtsorgane - aktivierend	Granat
Geschlechtsorgane - kräftigend	Magnesit
Geschmack	Apachengold, Markasit
Geschwollene Augen	Opalit
Geschwulste	Brasilianit, Bronzit, Buntkupfer
Geschwulste - krebsartig	Schwarze Koralle, schwarzer Opal, schwarzer Turmalin, Sugilith
Geschwüre	Amethyst, Citrin, rosa Koralle, roter Jaspis, schwarze Koralle, Malachit, Mondstein, Pyritsonne, Regenbogenobsidian, Saphir, Sarder, schwarzer Opal, violette Jade
Geschwüre - eitrige	Aragonit
Geschwüre - vorbeugend	Bergkristall, Schwingq.
Geschwüre - wuchernd	Regenbogenfluorit
Gesichtröte	Silberauge

Gesichtskrämpfe	Kupfer
Gesichtslähmung	Apophyllit, Blauquarz, Flintstein, grüner Caicit, Hessonit
Gesichtsnerven	Flintstein
Gesichtsstarre	Smaragd
Gesichtsvernarbung	Glücksgeoden, Wasserachate
Gesundes Aussehen	Gips, Heliodor, Moosachat
Gesundheit	Azurit-Malachit, Boji, Diamant, Falkenauge, Manganocalcit
Gewebsverhärtung	Aragonit
Gewebsverhärtungen im Gehirn u. Rückenmark	Malachit
Gewebswasser	Phantomquarz
Gewichtsprobleme	Marienglas
Gicht	Aragonit, Bernstein, Biotit, blauer Topas, Chiastolith, Chrysopras, Diamant, Doppelspat, Edeltopas, Gold, grünlicher Fluorit, Heliotrop, Hiddenit, Hyazinth, Kunzit, Labradorit, Orthoklas, Saphir, schwarzer Turmalin, Schwefel, Smaragd, Sonnenstein, versteinertes Holz
Gier	Moldavit, Padparadscha, schwarzer Turmalin
Gleichgewicht - inneres	Australischer Amulettstein, Chrysopras
Gleichgewichtssinn	Chiastolith
Gleichgewichtsstörungen	Azurit-Malachit, blauer Achat, Diamant, grüner Turmalin, Rutilquarz
Gliederlähmung	Apophyllit, Flintstein, Hessonit
Gliederschmerzen	Aquamarin, Bergkristall, Diamant, Heliotrop, rosa Koralle, Lapislazuli, Larimar, Lavendelquarz, Orthoklas, Poppy-Jaspis, Saphir, Schwingquarz, Silizium
Gliederschmerzen - migränehaft	Silber
Gliederschmerzen - rheumatisch	Rosenquarz
Gliederschmerzen - wetterbedingt	Australischer Amulettstein Mookait
Gliedmaßen	Larimar
Gliedmaßen - Lähmungen	Blauquarz
Glotzaugen	Goldtopas
Glück	Boji, grüner Turmalin, Moqui, Nephrit, Poppy-Jaspis, roter Turmalin

Grauer Star	Chrysoberyll-Katzenauge Dioptas
Grießbildung	Roter Achat
Grippaler Infekt	Apatit, Aquamarin, Silizium
Grippe	Apatit, blauer Fluorit, Blauquarz, grüner Turmalin, Heliotrop, Malachit, Muskovit-Glimmer, Schneeflockenobsidian, Silizium, Smaragd, Thulit
Grippeanfälle	Bernstein
Grobheit	Silber, Tektit
Größenwahn	Boji, Moqui, Smaragd, Staurolith-Kreuzstein, Tigerauge
Grüner Star	Chrysoberyll-Katzenauge, Dioptas
Gürtelrose	Peridot, schwarzer Turmalin
Haarausfall	Amethyst, Aventurin, Botswana-Achat, Doppelspat, gelber Jaspis, Glücksgeoden, Saphir, Silberauge, Wasserachate
Haare	Citrin, Doppelspat, Moosachat, Prehnit, roter Turmalin, Saphir, Smaragd, Steinsalz
Haare - Sprödigkeit	Peridot
Haarerkrankungen	Glücksgeoden, Wasserachate
Haarspliss	Aventurin, Breckzienjaspis, Orangencalcit, Saphir
Haarsprödigkeit	Aventurin
Haarwachstum	Onyx
Haarwachstum - übermäßig	Amethyst, Friedensachat
Habgier	Boji, Moqui
Hagelkornerkrankung	Dioptas
Halluzinationen	Rhodochrosit
Hals	Chrysokoll, Dioptas, Lapislazuli
Hals-Nasen-Bereich	Blauer Fluorit
Halsentzündungen	Apachengold, Blauer Topas, Markasit
Halserkrankungen	Chalcedon
Halsschmerzen	Aquamarin, blauer Topas, Blauquarz, Cyanit,
Halswirbelsäule	Blauer Calcit
Haltungsschäden	Doppelspat, Fossilien, Granat
Hämoglobien - aktivierend	Serpentin
Hämoglobien - regulierend	Rubin

Hämorrhoiden	Beryll, blauer Topas, Boulderopal, Dendritenquarz, gelber Jaspis, grüner Achat, Vanadinit, Wulfenit
Hämorrhoidial-Knoten	Gelbe Jade
Hände - Lähmungen	Apophyllit
Handentzündungen	Aragonit
Harmonie	Amethyst, Ametrin, Australischer Amulettstein, blauer Topas, Chiastolith, Chrysoberyll-Katzenauge, Dendritenquarz, Edelopal, grüne Jade, Kupfer, Labradorit, Meteorit, Milchopal, Milchquarz, Moldavit, Mondstein, Mookait, Onyx, Opalit, Rhodochrosit, roter Jaspis, Rutilquarz, versteinertes Holz
Harnleiter	Roter Achat
Harnsäureablagerungen	Edeltopas
Harnvergiftung	Diopsid, gelber Fluorit
Harnwege	Morganit
Haß	Chrysokoll, Silber
Hasenscharte	Aprikosenachat, Smaragd, Türkis
Haut	Aragonit, Aventurin, Aventurin-Sonnenstein, Baryt, Beryll, blauer Calcit, Blutachat, Botswana-Achat, Chalcedon, Doppelspat, Glücksgeoden, grüner Calcit, Grünquarz, Herkimer Diamant, Iolith, Magnetit, Mookait, Moosachat, Onyx, Peridot, Rheinkiesel, roter Jaspis, roter Turmalin, Saphir, Steinsalz, Wasserachate
Haut - aufgedunsen	Breckzienjaspis
Haut - Entschlackung	Landschaftsjaspis
Haut - rauh	Breckzienjaspis
Haut - stärkend	Granat, Peridot, Rhodochrosit
Haut-verjüngend	Moqui
Hautabschürfungen	Blauer Achat
Hautallergie	Aquamarin, Aventurin
Hautausschlag	Amethyst, Australischer Amulettstein, Blutachat, Botswana-Achat, Bronzit, Buntachat, grünlich blauer Andenopal, Hyazinth, Speckstein
Hautaustrocknung	Australischer Amulettstein, Bronzit, Orthoklas, Turmalinquarz
Hautbeschaffenheit	Speckstein
Hautbindegewebe	Amethyst
Hautbrennen	Amethyst
Hautekzeme	Aragonit, Botswana Achat, Buntachat, roter Achat,
Hautentzündungen	Doppelspat, Onyx, Rhodochrosit
Hauterkrankungen	Australischer Amulettstein, Bergkristall, Bernstein,Bronzit, Dolomit, Feuerachat, Glücksgeoden, Onyx, Rosenquarz, roter Achat,Sandrosen, Schwefel, Schwingquarz, Selenit, Wasserachate
Hauterneuerung	Pyrit
Hautfalten	Edelopal, Milchopal
Hautgewebe	Speckstein
Hautinfektionen	Dolomit
Hautjucken	Speckstein
Hautkrebs	Apachentränen, Friedensachat, Moldavit, Mondstein, Rhodochrosit, Schwefel
Hautlähmungen	Schwarzer Turmalin
Hautleiden	Hyazinth
Hautmuskulatur	Austr. Amulettstein, Doppelspat, Speckstein
Hautmuskeln - kräftigend	Lepidolith-Glimmer
Hautpflege	Amethyst
Hautpilze	Dolomit
Hautpilzflechte	Amethyst, Baryt, Schwefel
Hautreinigung	Dolomit, Landschaftsjaspis
Hautreizungen	Amethyst, Grossular, grünlich blauer Andenopal, Speckstein
Hautrötungen	Speckstein
Hautrunzeln	Grüner Calcit
Hautsprödigkeit	Australischer Amulettstein, Beryll
Hautverjüngung	Boji
Hautverletzungen	Amethyst, grüne Jade
Hautverunreinigungen	Feuerachat
Heilungsprozeß - aktivierend	Blauer Achat
Heimweh	Beryll
Heiserkeit	Apatit, Chalcedon, grünlich blauer Andenopal
Heiterkeit	Apophyllit, Aventurin
Hemmungen	Apatit, Chalcedon, Howlith, Kunzit, Rhodochrosit
Hepatitis	Grossular, Sarder, Sardonyx,Schneeflocken-obsidian, schwarzer Opal, Tigerauge
Herpes	Schneeflockenobsidian
Herpes Labialis Simplex	Amethyst
Herrschsucht	Tektit

Herz	Apophyllit, Baumachat, Beryll, Carneol, Chrysokoll, Chrysopras, Granat, Goldtopas, grüner Calcit, Heliodor, Malachit, Nephrit, Orthoklas, Peridot, Pyritsonne, Rauchquarz, Rosenquarz, Rubin-Zoisit, Serpentin, Smaragd, Sodalith, Türkis
Herzflimmern	Serpentin
Herz-Kreislauf-System	Malachit, Marienglas, Rhodonit
Herz-Lungen-Kreislauf	Grünlich blauer Andenopal, Heliodor, Rubin-Zoisit
Herz - anregend	Edelopal, Milchopal
Herz - beruhigend	Amethyst, Prasem, Sardonyx, Thulit
Herz - kräftigend	Boulderopal, Granat, Heliotrop, Petalit, Prasem, rote Koralle Rhodochrosit, Thulit
Herz - regenerierend	Rosenquarz, Sardonyx
Herzasthma	Goldtopas
Herzbeutelentzündung	Grüner Calcit, Streifenachat
Herzdruckgefühl	Boulderopal
Herzensreinheit	Doppelspat
Herzenswärme	Goldfluß, Rhodonit
Herzentzündungen	Goldtopas, Malachit, Onyx, Rhodochrosit
Herzerkrankungen	Feueropal, Heliodor, Hyazinth, Moldavit, Rosenquarz, Rubin, schwarzer Turmalin, Smaragd
Herzflattern	Apachentränen
Herzinfarkt	Apachentränen, Baumquarz, Boulderopal, Chrysopras, grüner Calcit, Kunzit, Lapislazuli, Phantomquarz, Rosenquarz, Smaragd, Sternsaphir, Sugilith, versteinertes Holz
Herzinnenhautentzündung	Feueropal, Goldtopas
Herzkammererkrankung	Grüner Caicit
Herzkammern	Smaragd
Herzkammern - kräftigend	Grüner Turmalin
Herzklappen	Feueropal, Rosenquarz
Herzklopfen - starkes	Baryt
Herzkrämpfe	Malachit
Herzkranzgefäße	Beryll, Chrysopras, Diamant, grüner Calcit, Hiddenit, Pyritsonne
Herzkranzgefäße - reinigend	Bergkristall, Schwingquarz
Herzlichkeit	Grüner Calcit
Herzmuskel - kräftigend	grüner Turmalin

Herzmuskelentzündungen	Goldtopas
Herzmuskulatur	Amethyst, Carneol, Chrysopras, Dolomit Hiddenit, Smaragd
Herzprobleme	Chrysopras
Herzrhytmus - harmonisierend	Granat
Herzrhytmus - steuernd	Granat, Petalit
Herzrhytmusstörungen	Grüner Calcit, Heliodor, Heliotrop, Serpentin, Smaragd, Tektit,
Herzschlag	Morganit
Herzschlag - steuernd	Granat, Ryolith
Herzschmerzen	Heliotrop, Rosenquarz
Herzschritt - steuernd	Petalit
Herzschwäche	Goldtopas, Heliotrop, Smaragd
Herztod, plötzlicher	Chrysopras
Herzverfettungen	Milchquarz
Heuschnupfen	Blutachat, Bernstein, grünlich blauer Andenopal, grünlicher Fluorit
Hexenschuß	Bronzit, Doppelspat, Larimar, Malachit, Morganit, Ryolith, Tigerauge, Turmalinquarz
Hingabe	Dioptas
Hirnabszess	Buntkupfer
Hirnanhangdrüse - aktivierend	Sodalith
Hirngeschwulste	Buntkupfer, Katzenauge, Staurolith-Kreuzstein
Hirnhautentzündungen	Ametrin, Botswana-Achat, blauer Turmalin, Diamant, Muskovit-Glimmer, roter Achat, Sarder, Wassermelonenturmalin
Hirnlähmungen	Silizium
Hirnschwund	Ametrin
Hitzewallungen	Perle
Hoden	Chrysopras, Dolomit, Feuerachat, grüner Turmalin, Regenbogenobsidian, Rubin-Zoisit, Sandrosen, Selenit
Hoden - schützend	Rosenquarz
Hodenkrebs	Grüner Turmalin
Hoffnung	Chrysopras, grüner Calcit, Pyrit
Hören	Sugilith
Hörigkeit	Ryolith
Hormonbildung - harmonisierend / steuernd	Ryolith
Hormondrüsen - harmonisierend	Flintstein
Hormondrüsen - aktivierend	Turmalinquarz

Hormone	Flintstein
Hormone - aktivierend	Zinkblende
Hormone - steuernd	Buntachat
Hormonelle Schwankung	Sandrosen, Selenit
Hormonhaushalt - harmonisierend	Chrysokoll, Hyazinth
Hormonhaushalt - aktivierend	Serpentin
Hormonhaushalt - steuernd	Aquamarin, Kunzit, Mondstein
Hormonproduktion - anregend	Milchquarz, Mondstein
Hormonproduktion - stärkend	Blauer Turmalin, Petalit
Hormonproduktion - steuernd	Regenbogenobsidian
Hormonschwankungen	Edeltopas, Feuerachat
Hormonstörungen	Citrin, Friedensachat
Hörnerven	Zinnober
Hornhautentzündung	Chrysoberyll-Katzenauge, Falkenauge
Hornhauterkrankungen	Apachengold, Markasit
Hornhautgeschwüre	Dioptas
Hüftgelenkentzündungen	Gagat
Hüftgelenkserkrankungen	Smaragd
Hühneraugen	Apachengold, Aragonit, Glücksgeoden, Markasit, Wasserachate
Hühnerbrust	Verdit
Humor	Aventurin, Wassermelonenturmalin
Hungertrieb	Baumquarz
Husten	Apatit, Chalcedon, Mohrenkopfturmalin, Mookait
Hüter des ungeborenen Lebens	Roter Achat
Hyperthyse	Gelber Jaspis, Regenbogenobsidian
Hypophyse	Grüner Turmalin
Hypothalamus - aktivierend	Sodalith
Hysterie	Amethyst, Baryt
Immunsystem	Wassermelonenturmalin
Immunsystem - aktivierend	Dendritenquarz, Labradorit, Zinnober
Immunsystem - kräftigend	Apatit, Citrin, grüne Jade, grüner Turmalin, Kupfer, Landschaftsjaspis, Moldavit, Peridot, Petalit, Pyritsonne, Rhodonit, roter Jaspis, Rubin, Smaragd, Sugilith, Thulit, Türkis, Zinnober
Immunsystern - stabilisierend	Charoit, Meteorit Morganit
Impotenz	Baryt, Feuerachat, Türkis

Infekte - fiebrig	Dumortierit, Kupfer
Infektionen	Apachentränen, blauer Fluorit, grüne Jade, Heliotrop, Herkimer Diamant, Lepidolith-Glimmer, Malachit, Moosachat, Muskovit-Glimmer, roter Jaspis, Rubin, Sarder, Thulit, Ulexit, Zinnober
Infektionen - bakteriell	Goldfluß
Infektionen - eitrig	Mookait
Infektionen der Luftwege	Dioptas, Türkis
Infektionserkrankungen	Moldavit, rote Koralle
Infektionskrankheiten	Goldfluß, grüner Turmalin, Malachit, Mookait, Smaragd, Sodalith, Thulit
Infektionskrankheiten - fieberhaft	Blauer Fluorit
Infektive Erkrankungen	Chiastolith
Innere Blockaden	Azurit
Innere Drüsen	Azurit-Malachit
Innere Organe	Dolomit
Innere Ruhe	Friedensachat
Innere Stauungen	Azurit
Innerer Frieden	Milchquarz
Inneres Gleichgewicht	Australischer Amulettstein, Peridot, Smaragd
Inponiergehabe	Tigerauge
Insektenstiche	Amethyst, blauer Achat, Lapislazuli, Mookait
Inselzellen - kräftigend	Citrin
Inselzellen der Bauchspeicheidrüse - kräftigend	Moosachat
Inspiration	Blauer Topas, Fluorit, Landschaftsjaspis, Larimar, Rauchquarz, Sodalith
Inspirierung	Apachengold, Markasit
Insulinproduktion - steuernd	Citrin
Insulinproduktion - anregend	Moosachat
Insulinproduktion - regulierend	Rhodochrosit
Intelligenz	Boulderopal, Kunzit
Intuition	Fluorit, Goldtopas, Regenbogenobsidian
Irresein - manisch depressiv	Apophyllit
Ischias	Turmalinquarz
Ischiasbeschwerden	Larimar, Magnetit, Malachit
Ischiasnerv	Bronzit, Hiddenit, Kupfer,
Ischiasschmerzen	Heliotrop

Jähzorn	Aventurin-Sonnenstein, Feuerachat, Feueropal, Howlith, Silber
Juckreiz	Buntachat, Glücksgeoden, Saphir, schwarzer Turmalin, Speckstein, Wasserachate
Juckreiz im Intimbereich	Buntachat
Jugendfrische	Falkenauge
Jugendliche Haut	Smaragd
Jugendlicher Leichtsinn	Chrysokoll,
Jugendliches Aussehen	Carneol, Gips, Hämatit, Heliodor, Heliotrop, Mondstein, Rosenquarz, roter Turmalin, Smaragd
Kahlköpfigkeit	Saphir
Kalkmangel	Aragonit
Kalkstoffwechselstörung	Perlmutt
Kalte Finger	Onyx
Kalte Füße	Carneol, Onyx, Schneeflockenobsidian, Sonnenstein, Vanadinit, Wulfenit
Kalte Hände	Vanadinit, Wulfenit
Kapillargefäße	Mohrenkopfturmalin
Kapillargefäße - kräftigend	Boulderopal
Karies	Aragonit, Doppelspat, Markasit, Orangencalcit, Regenbogenfluorit, Türkis, versteinertes Holz, weiße Koralle
Karzinome	Mohrenkopfturmalin, Mookait
Katarrhe	Apachengold, Aquamarin, Kupfer, Markasit, Mookait, schwarze Koralle
Kehlkopf	Blauer Topas, blauer Turmalin, Botswana-Achat, Cyanit, grüne Jade, Lapislazuli, Sardonyx
Kehlkopfentzündung	Aquamarin
Kehlkopferkrankungen	Blauer Topas, Chalcedon, grünlich blauer Andenopal
Kehlkopfkatarrh	Blauer Topas, Chalcedon, Cyanit, Sardonyx
Kehlkopfkrebs	Blauer Calcit, Cyanit
Kehlkopfschwellung	Chalcedon
Keuchender Husten	Rutilquarz
Keuchhusten	Muskovit-Glimmer
Kiefergelenksentzündung	Perlmutt
Kieferknochen	Chrysokoll
Kieferkrämpfe	Petalit
Kiefernhöhlenvereiterung	Mookait
Kieferschmerzen	Gagat
Kinderkrankheiten	Fossilien

Kinderlähmung	Buntkupfer, Katzenauge Moldavit, Schlangenjaspis, Smaragd, Staurolith-Kreuzstein, Wassermelonenturmalin
Kinderrheuma	Streifenachat
Kinderwunsch	Buntkupfer, grüne Jade, Rubin-Zoisit
Kindstod - plötzlicher	Feuerachat, Fossilien
Kinnbeckenkrampf	Perlmutt
Kleinhirn	Rutilquarz
Kleinhirn - stärkend	Katzenauge, Tigerauge
Kniebeschwerden	Orangencalcit
Kniegelenksentzündung	Grüner Achat, Tigerauge
Knochen	Aragonit, Diamant, Doppelspat, Howlith, Malachit, Perle, Smaragd, Tigerauge
Knochen - festigend	Azurit, Katzenauge, Orthoklas
Knochenaufbau	Sandrosen, Selenit
Knochenbau	Azurit, blauer Calcit, Chrysokoll, Dolomit, Fossilien, grüner Calcit, Larimar, Orangencalcit, Perle, Regenbogenfluorit, versteinertes Holz, Zinkblende
Knochenbau - stärkend	Granat, Grossular, grüne Jade, Rhodonit, Schneeflockenobsidian
Knochenbildung	Aragonit
Knochenbildung-aktivierend	versteinertes Holz
Knochenbildung-stärkend	Grossular
Knochenbrüche	Herkimer Diamant, Magnetit, Rosenquarz
Knocheneiterungen	Grossular, Tigerauge, versteinertes Holz
Knochenentzündungen	Larimar, schwarzer Turmalin
Knochenerkrankungen	Aragonit, Bernstein, Dolomit, Grossular, Labradorit, Regenbogenfluorit, Rosenquarz, Sandrosen, Selenit, Smaragd, Sonnenstein, Turmalinquarz, weiße Koralle
Knochenerweichung	Blauer Calcit, Chiastolith, Dolomit, Grossular Larimar, Sandrosen, Selenit, versteinertes Holz, weiße Koralle
Knochengerüst	Orangencalcit
Knochengeschwulst	Blauer Calcit
Knochenhautentzündung	Sarder
Knochenhauterkrankung	Aragonit

Knochenmark	Chalcedon, Dolomit, Edelopal, Fuchsit-Glimmer, Hiddenit, Milchopal, Moldavit, Orangencalcit, Rosenquarz, rote Koralle, schwarzer Diopsid, Sterndiopsid, Sternrubin
Knochenmark - aktivierend	Rubin
Knochenmark - kräftigend	Padparadscha, Schneeflockenobsidian
Knochenmarks-erkrankungen	Fuchsit-Glimmer, Rubin, Sternrubin, Sugilith
Knochenmißbildungen	Dolomit, Larimar, Turmalinquarz
Knochenquetschungen	Sugilith
Knochenschmerzen	Doppelspat, Labradorit, rosa Koralle
Knochenschmerzen - rheumatisch	Rosenquarz
Knochenschwund	Aragonit, Chiastolith, Grossular, Orangencalcit, versteinertes Holz
Knochensprödigkeit	Aquamarin, Aragonit, Larimar, Orangencalcit, Rhodonit
Knochentuberkulose	Blauer Achat
Knochenverbiegungen	Grossular
Knochenverdickungen	Tigerauge
Knochenverkümmerungen	Weiße Koralle
Knochenwachstum	Aragonit, Azurit
Knochenweichheit	Phantomquarz, Smaragd, Türkis
Knollennase	Glücksgeode, Wasserachat
Knorpel	Rauchquarz
Knorpel - festigend	Turmalinquarz
Knorpelentzündungen	Larimar
Knorpelschwäche Pyrit	
Knorpelverletzungen am Kniegelenk	Grüner Achat
Knoten - schmerzhafte	Baryt
Knotenbildung	Feuerachat, grüner Calcit
Kohlehydrat-Stoffwechsel	Tigereisen
Koliken	Magnesit, Magnetit, Malachit, Pyritsonne, Rubin, Saphir
Kommunikation - erleichternd	Blutachat, Buntkupfer
Komplexe	Howlith
Kontakthemmnisse	Pyrit
Konzentration	Azurit, Bronzit, Dumortierit, Fluorit, Heliotrop, Katzenauge, Mahagoniobsidian, Tektit, Tigerauge, Verdit, violetter Fluorit
Konzentrationsfähigkeit	Amethyst, Perlmutt, Seeopal, Tigereisen
Konzentrationsfördernd	Lapislazuli
Konzentrationslosigkeit	Heliotrop, Tansanit
Konzentrationsschwächen	Saphir, Sarder, Sardonyx, Tektit
Konzentrationsstörungen	Blauer Turmalin
Kopf	Blauer Calcit, Tigerauge, violetter Fluorit
Kopfgrippe	Moldavit, Muskovit Glimmer, Silizium
Kopfhaut	Silberauge, Wassermelonenturmalin
Kopfhauterkrankung	Botswana-Achat
Kopfschmerzen	Ametrin, Bergkristall, Blauquarz, Diamant, Dumortierit, Falkenauge, Gagat, Lapislazuli, Lavendelquarz, Schwingquarz, Silberauge, Silizium, Smaragd, Staurolith Kreuzstein, Tansanit, Tigerauge, violetter Fluorit
Kopfschmerzen - chronisch	Perle
Kopfschmerzen - migränehaft	Amazonit, Glücksgeoden, Silber, Silberauge, Wasserachate
Kopfschmerzen - rheumatisch	Silberauge
Koronaerkrankungen	Granat, Orthoklas
Körper - reinigend	Prehnit, Vesuvian
Körperflüssigkeiten - regulierend	Steinsalz
Körpergeruch	Magnesit
Körpergewebe	Doppelspat
Körpersäfte - aktivierend	Manganocalcit
Kraft	Phantomquarz, Schlangenjaspis
Krampf - lindernd	Perlmutt
Krampfadern	Boulderopal, Buntkupfer, Chalcedon, Chrysokoll, Dumortierit, Edelopal, Feuerachat, gelbe Jade, Hämatit, Heliotrop, Hyazinth, Iolith, Magnesit, Milchopal, Onyx, Phantomquarz, roter Jaspis, Vanadinit, versteinertes Holz, Wulfenit
Krampfanfälle	Nephrit, Smaragd, Staurolith-Kreuzstein, Tigerauge
Krampfanfälle - spastisch	Katzenauge
Krampfbereitschaft der Muskulatur	Perlmutt
Krämpfe	Amazonit, Aquamarin, Feuerachat, Hiddenit
Krämpfe - fieberhaft	Phantomquarz
Krämpfe der Muskulatur	Apophyllit, Perle
Krämpfe der Nerven	Apophyllit
Krämpfe im Gesicht	Kupfer

Krämpfe im Kiefer	Petalit
Krämpfe in den Beinen	Kupfer
Krämpfe in den Waden	Kupfer, Petalit
Krampfhafte Zuckungen	Pyrit
Krampflösend	Lapislazuli, Magnesit
Kratzen im Hals	Chalcedon
Kreativität	Gips
Krebs	Australischer Amulettstein, Citrin, Feuerachat, Friedensachat, Sternsaphir, Sugilith, Wassermelonenturmalin
Krebs - Blut	Edelopal, grüner Turmalin, Milchopal, roter Turmalin
Krebs - Brust	Edelopal, grüner Calcit, Milchopal, Mondstein
Krebs - Darm	Iolith, Rhodochrosit
Krebs - Eierstöcke	Grüner Turmalin
Krebs - Geschlechtsorgane	Edelopal, Milchopal, Rhodochrosit
Krebs - Haut	Apachentränen, Friedensachat, Moldavit, Mondstein, Rhodochrosit, Schwefel
Krebs - Hoden	Grüner Turmalin
Krebs - Kehlkopf	Blauer Calcit
Krebs - Leber	Grüner Turmalin
Krebs - Lunge	Grüner Calcit
Krebs - Magen	Iolith, Rhodochrosit
Krebs - Speiseröhre	Blauer Calcit
Krebs - Unterleib	Mondstein
Krebs - Vorsorge	Malachit
Krebsartige Geschwulste	Friedensachat, schwarze Koralle, schwarzer Turmalin, Sugilith
Krebsartige Tumore	Azurit-Malachit
Krebsartige Wucherungen	Bergkristall, Schwingquarz
Krebserkrankungen	Blauquarz, Lapislazuli, Moldavit, Regenbogenobsidian, Smaragd, Sugilith, violette Jade
Krebserkrankungen der Geschlechtsorgane	Edelopal, Milchopal
Kreislauf	Australischer Amulettstein, Azurit, Chrysokoll, Feueropal, Goldtopas, Phantomquarz, Rosenquarz
Kreislauf-Nerven-System - beruhigend	Thulit
Kreislauf	Roter Turmalin
Kreislauf - anregend	Carneol, Edelopal, Hämatit, Labradorit, Milchopal, Milchquarz, Peridot, Poppy-Jaspis, Steinsalz
Kreislauf - beruhigend	Chrysopras
Kreislauf - entschlackend	Prehnit
Kreislauf - erwärmend	Heliotrop
Kreislauf - harmonisierend	Malachit
Kreislauf - kräftigend	Sugilith
Kreislauf - regulierend	Peridot
Kreislauf - reinigend	Lepidolith-Glimmer Magnesit, Prehnit
Kreislauf - stabilisierend	Baumquarz, Bergkristall, Chrysopras, Iolith, Magnesit, Magnetit, Onyx, Schwingquarz, Silber
Kreislaufbeschwerden	Rote Koralle
Kreislauforgane	Orthoklas
Kreislaufschwäche	Blauer Fluorit, Feueropal, Goldtopas, Labradorit, Phantomquarz
Kreuzschmerzen	Roter Jaspis, Seeopal
Kropf	Blauer Topas, Cyanit, Goldtopas
Kropfbildung	Gelber Jaspis
Kupferfinnen	Glücksgeoden, Wasserachate
Kurzsichtigkeit	Bergkristall, blauer Turmalin, Chrysoberyll, Chrysoberyll-Katzenauge, Falkenauge, Gold, Prasem, Schwingquarz, Tansanit
Lachmuskeln - aktivierend	Silizium
Lähmungen	Beiger Moosopal, Brasilianit, Bronzit, Diamant, Sonnenstein, Sugilith
Lähmungen der Augenmuskulatur	Apophyllit, Chiastolith
Lähmungen der Bewegungsnerven	Apophyllit, Chiastolith, Hessonit
Lähmungen der Ellenbogen	Apophyllit, Blauquarz, Hessonit
Lähmungen der Gelenke	Chiastolith
Lähmungen der Gesichtsnerven	Malachit
Lähmungen der Glieder	Apophyllit, Blauquarz, Flintstein, Hessonit
Lähmungen der Hände	Apophyllit
Lähmungen der Muskulatur	Apophyllit, Chiastolith, Muskovit-Glimmer
Lähmungen der Nerven	Chiastolith
Lähmungen der Schultern	Hessonit
Lähmungen der Waden	Apophyllit, Blauquarz
Lähmung der Wadenbeine	Hessonit
Lähmungen des Gesichts	Apophyllit, Blauquarz, Chiastolith, Flintstein, grüner Calcit, Hessonit, schwarzer Turmalin
Lähmung d. Schienbeins	Blauquarz

Lähmungen des Speichennervs	Blauquarz
Lähmungen im Gehirn	Hessonit
Lähmung im Rückenmark	Hessonit
Lähmungserscheinungen	Goldobsidian
Lähmungserscheinungen - spastisch	Aquamarin, Buntkupfer
Lähmungserscheinungen an den Gelenken	Glücksgeoden, Wasserachate
Lähmungserscheinungen der Rückenmuskulatur	Glücksgeoden, Wasserachate
Lähmungserscheinungen der Sprache	Chiastolith
Lampenfieber	Chalcedon, grüne Jade
Langes Leben	Diamant
Laryngitis	Blauer Topas
Lebensenergie	Glimmer, Moldavit, Moqui
Lebenserfüllung	Manganocalcit, Wassermelonenturmalin
Lebensfreude	Apachentränen, Bernstein, Boji, Botswana-Achat, Brasilianit, Carneol, Chytha, Dendritenquarz, Hämatit, Hiddenit, Landschaftsjaspis, Lavendelquarz, Malachit, Mondstein, Onyx, Rauchquarz, Schwingquarz
Lebensgestaltung - freier	Charoit
Lebensgiück	Orthoklas, schwarzer Opal
Lebenskraft	Amazonit, Baumquarz, blauer Calcit, Dolomit, Glücksgeoden, grüne Jade, Heliotrop, Koralle, Kunzit, Moosopal, Rutilquarz, Wasserachate
Lebenslust	Mondstein, Moosopal, Rauchquarz, Rhodochrosit, roter Turmalin, Vesuvian
Lebensmittelvergiftung	Grüne Jade
Lebensmut	Gagat, Heliodor
Lebensnerven - vegetativ	Australischer Amulettstein
Lebensqualität	Kunzit
Leber	Azurit-Malachit, Bergkristall, Bernstein, Citrin, Edelopal, Fuchsit-Glimmer, gelber Jaspis, Goldtopas, grüne Jade, Heliotrop, Kupfer, Landschaftsjaspis, Leopardenjaspis, Magnesit, Milchopal, Regenbogenobsidian, Rosenquarz, rote Koralle, roter Jaspis, Saphir, Sarder, Schwingquarz, Smaragd, Türkis
Leber - aktivierend	Blauer Moosopal, Goldtopas, Hyazinth, Lepidolith-Glimmer, Pyritsonne, Rhodochrosit, roter Turmalin, Rubin
Leber - harmonisierend	Rhodochrosit, Sarder
Leber - kräftigend	Girasol, Granat, Grossular, roter Turmalin, Schlangenjaspis, Smaragd, Sugilith, Tigerauge, Tigereisen
Leber - regenerierend	Gelber Fluorit
Leber - reinigend	Sugilith, Vesuvian
Leberentzündungen	Goldtopas, Lepidolith-Glimmer, Magnetit, Sardonyx, schwarzer Opal, Streifenachat, Tigereisen
Lebererkrankungen	Azurit-Malachit, Carneol, Rubin, Sarder
Leberflecken	Aragonit
Leberkrebs	Grüner Turmalin
Leberschäden	Fuchsit-Glimmer, schwarzer Opal
Leberschrumpfung	Lepidolith-Glimmer, Tigereisen
Leberzirrhose	Gelber Fluorit, Sardonyx, schwarzer Opal, Tigerauge
Legasthenie	Schwarzer Turmalin
Leichenfinger	Vanadinit, Wulfenit
Leiden - seelisch	Orthoklas
Leistenbruch	Verdit
Lepra	Moldavit
Lernbereitschaft	Tigerauge, Ulexit
Lernblockaden	Rhodonit
Lernschwierigkeiten	Amethyst, Saphir
Lethargie	Opalit, Rubin
Leukämie	Alexandrit, Bergkristall, Chalcedon, Diamant, Edelopal, Fuchsit-Glimmer, Granat, grüner Turmalin, Hämatit, Malachit, Milchopal, Rosenquarz, Rubin, schwarzer Diopsid, Schwingquarz, Smaragd, Sterndiopsid, Sternrubin
Licht	Magnetit
Lichtempfindlichkeit - Herabsetzung	Friedensachat
Liebe	Aquamarin, Chrysokoll, Coelestin, Diamant, Diopsid, Dioptas, Gold, grüne Jade, Hiddenit, Kunzit, Lapislazuli, Malachit, Morganit, Perle, Rosenquarz, roter Turmalin, Rubin
Liebeskummer	Rosenquarz
Lippen - Bläschenausschlag	Amethyst

Lispeln	Cyanit
Logisches Denkvermögen	Citrinocalcit, Kunzit, Mahagoniobsidian, Sodalith, Tigereisen
Luftröhre	Blauer Topas, blauer Turmalin, Cyanit
Lunge	Botswana-Achat, Bronzit, Dioptas, Epidot, grünlich blauer Andenopal, Katzenauge, Kupfer, Lapislazuli, Peridot, Pyritsonne, Sardonyx, Serpentin
Lunge - aktivierend	Milchquarz
Lunge - entlastend	Blauer Moosopal
Lunge - kräftigend	Rhodonit, Tigereisen
Lunge - reinigend	Rhodonit
Lunge - schützend	Rhodonit
Lungenarterie	Malachit
Lungenbläschen	Tigereisen
Lungenbläschen - schützend	Rutilquarz
Lungenembolien	Hyazinth, Tigereisen
Lungenentzündung	Chrysoberyll-Katzenauge, Hyazinth, Katzenauge, Malachit, Pyrit, Rhodochrosit, Tigereisen
Lungenerkrankung	Aquamarin, blauer Turmalin, Chalcedon, Hyazinth, Pyrit, Serpentin
Lungenfellentzündungen	Serpentin
Lungengewebe	Grünlicher Fluorit
Lungeninfektionen	Serpentin
Lungenkatarrhe	Sardonyx
Lungenkrebs	Grüner Calcit
Lustlosigkeit	Granat, Magnesit, Milchquarz, Tektit
Lymphatisches Gewebe	Padparadscha
Lymphdrüse - steuernd	Padparadscha
Lymphdrüsen	Aquamarin, grüner Turmalin, Lapislazuli, Mondstein
Lymphe	Grüner Turmalin
Lymphe - aktivierend	Mondstein
Lymphe - stärkend	Moosachat
Lymphflüssigkeit - harmonisierend	Buntachat, Phantomquarz
Lymphflüssigkeit - kräftigend	Edeltopas
Lymphgefäße	Padparadscha
Lymphknoten	Edelopal, Milchopal
Lymphknoten - geschwollene	Streifenachat
Lymphknoten - kräftigend	Padparadscha
Lymphsystem	Edeltopas, Mondstein, Petalit, Phantomquarz

Lymphsystem - aktivierend	Edeltopas, Sodalith
Lymphsystem - anregend	Hämatit
Lymphsystem - kräftigend	Boulderopal, Lavendelquarz, Phantomquarz, Sodalith
Lymphsystem - regulierend	Rubin
Lymphsystem - steuernd	Magnetit
Magen	Alexandrit, Apachengold, Bernstein, Chrysokoll, Dendritenquarz, Diamant. Edelopal, Edeltopas, Iolith, Magnesit, Mahagoniobsidian, Marienglas, Markasit, Milchopal, Rauchquarz, Regenbogenobsidian, rote Koralle, roter Jaspis, Saphir
Magen - aktivierend	Milchquarz, Turitellaachat
Magen - kräftigend	Girasol, Smaragd, Sugilith, Turitellaachat
Magen - regulierend	Magnesit
Magen - reinigend	Sugilith
Magenblutungen	Edeltopas, Spinell
Magendruck	Landschaftsjaspis, Sardonyx
Magenentzündungen	Beryll, Citrin, Dendritenquarz, Perle, Schneeflockenobsidian
Magenerkrankungen	Diamant, Nephrit, Pyritsonne, roter Jaspis
Magengeruch	Apachentränen, Saphir, Silber
Magengeschwüre	Alexandrit, Amethyst, Apachentränen, Azurit-Malachit, Chrysoberyll, Edeltopas, gelber Jaspis, Muskovit-Glimmer, Orangencalcit, Spinell
Magengrippe	Lepidolith-Glimmer
Magenkatarrh	Apachentränen, Muskovit Glimmer, Turitellaachat
Magenkrebs	Iolith, Rhodochrosit
Magenmuskulatur	Aprikosenachat
Magenmuskulatur - harmonisierend	Perle
Magennerven	Sandrosen, Selenit
Magenpförtner	Fossilien
Magenpförtnerkrämpfe	Aventurin-Sonnenstein, Bernstein
Magenreizungen	Apachentränen
Magensaft - harmonisierend	Gelber Jaspis
Magensaft - regulierend	Baumquarz
Magensaftproduktion - harmonisierend	Pyritsonne

Magenschleimhaut	Australischer Amulettstein, Azurit-Malachit
Magenschleimhaut - kräftigend	Apachentränen
Magenschleimhautentzündungen	Apachentränen, Edeltopas, Spinell
Magenschmerzen	Edeltopas, Leopardenjaspis
Magenstörungen	Apachentränen, Bergkristall, Schwingquarz
Magenübersäuerung	Alexandrit, Apachentränen, Howlith, Silber, Spinell, Turitellaachat
Magersucht	Flintstein, Gold, Goldfluß, grüner Turmalin, Mohrenkopfturmalin, Perle, Türkis
Mallorca-Akne	Speckstein
Malta-Fieber	Goldfluß
Mandelentzündungen	Apachengold, Blauer Topas, Chrysoberyll, Goldfluß, Markasit
Mandeln	Blauer Turmalin, Lapislazuli
Mangeldurchblutung	Malachit, Onyx
Mangelerscheinungen	Apachentränen, gelber Jaspis, Prasem, rote Koralle, Rubin
Manisch depressives Irrsein	Apophyllit
Masern	Schneeflockenobsidian
Mastdarm - kräftigend	Girasol
Meinungsbildung	Dioptas
Meinungsstärke	Kunzit
Melancholie	Biotit, Chalcedon, Glimmer, Hyazinth, Onyx, Peridot, Sonnenstein, Wassermelonenturmalin
Melanome - bösartig	Friedensachat
Meningitis	Blauer Turmalin, Muskovit-Glimmer, Saphir
Meniskus	Grüner Achat, Orangencalcit
Menstruationsbeschwerden	Bergkristall, rote Koralle, roter Turmalin, Rubin, Schwingquarz
Menstruationsschmerzen	Hämatit
Menstruationsstörungen	Gelber Jaspis, Hämatit, Pyritsonne
Metastasen	Apachentränen, Friedensachat, Moldavit
Migräne	Amazonit, Amethyst, Australischer Amulettstein, Blauquarz, Falkenauge, grünlicher Fluorit, Smaragd, Tansanit, Tigerauge, violetter Fluorit, violette Jade
Milben	Rosa Andenopal
Milchschorf	Aprikosenachat, Feuerachat
Milz	Alexandrit, Carneol, Chytha, Edelopal, Edeltopas, grüne Jade, Heliotrop, Landschaftsjaspis, Milchopal, Mondstein, Moosachat, Orangencalcit, Pyritsonne, Regenbogenobsidian, roter Jaspis
Milz - aktivierend	Edeltopas, gelber Fluorit, Hyazinth, Mondstein, Rhodochrosit
Milz - harmonisierend	Rhodochrosit
Milz - regulierend	Rubin
Milz - stärkend	Granat, Padparadscha
Milz - steuernd	Magnetit
Milzentzündung	Onyx, Perle, Streifenachat
Milzerkrankungen	Rubin
Milzstörungen	Gelber Fluorit
Minderwertigkeitsgefühle	Hyazinth, Kunzit, Rhodochrosit, Zinnober
Mineralienhaushalt - aktivierend	Steinsalz
Mineralienhaushalt - harmonisierend	Steinsalz
Mißbildungen	Regenbogenobsidian, rote Koralle, roter Jaspis, Rubin-Zoisit, Smaragd, Verdit
Mißbildungen am Gebiß	Zahntürkis
Mißbildungen an der Wirbelsäule	Lavendelquarz
Mißbildungen an Fingern	Lavendelquarz
Mißbildung an Gelenken	Lavendelquarz
Mißbildungen an Zehen	Lavendelquarz
Mißbildungen der Kiefer	Türkis
Mißbildungen d. Knochen	Malachit, Turmalinquarz
Mißbildungen der Organe	Malachit
Mißbildungen der Zähne	Türkis
Mißbildungen des Kindes	Regenbogenfluorit
Mißtrauen	Landschaftsjaspis, Lapislazuli, schwarzer Turmalin
Mitesser	Amethyst
Mitgefühl	roter Turmalin
Mittelohrerkrankungen	Blauer Achat
Monatsblutung	Bergkristall, Kupfer, Schwingquarz, Buntkupfer
Monatsblutung - erleichternd	Mondstein
Mondsucht	Aragonit, Goldtopas, Hämatit, Orangencalcit, Saphir
Mongolismus	Cyanit

Mongolismus des Kindes	Aprikosenachat, Regenbogenfluorit
Müdigkeit	Milchquarz
Multiple Sklerose	Apophyllit, Brasilianit, Chiastolith, grüner Turmalin, Hessonit, Lapislazuli, Malachit, Rosenquarz, Ryolith, Smaragd, Sternrubin
Mundentzündungen	Bernstein
Mundfäulnis	Carneol, Regenbogenfluorit
Mundflora - regulierend	Perlmutt
Mundgeruch	Perlmutt
Mundschleimhaut - regenerierend	Perlmutt
Mundschleimhaut-entzündungen	Apachengold, Markasit
Mundwinkel - Bläschenausschlag	Amethyst
Muskelaufbau	Bergkristall, Schwingquarz
Muskelbindegewebs-lähmungen	Chiastolith
Muskeldystrophie	Rauchquarz, schwarzer Turmalin
Muskelentzündungen	Perlmutt, Spinell
Muskelerkrankungen	Bernstein, Orangencalcit, Rauchquarz, Silber
Muskelerkrankungen - rheumatisch	Kupfer
Muskelerschlaffungen	Morganit
Muskelfasern	Hiddenit
Muskelfasern - entkrampfend	Kupfer
Muskelfaserverkalkungen	Spinell
Muskelgewebe	Versteinertes Holz
Muskelgewebe - kräftigend	Apatit, Dendritenquarz
Muskelgewebe - stimulierend	Pyrit
Muskelgewebs-verhärtungen	Leopardenjaspis
Muskelkater	Heliodor, Orangencalcit, schwarzer Turmalin, Seeopal
Muskelkrämpfe	Bronzit, Leopardenjaspis, Morganit, Perle, Smaragd, Ulexit
Muskellähmungen	Muskovit-Glimmer, Spinell
Muskelquetschungen	Morganit
Muskelrheuma	Morganit
Muskelrisse	Morganit, Orangencalcit, schwarzer Turmalin, Seeopal, Spinell
Muskelschwund	Apophyllit, Blauquarz, Leopardenjaspis, Rauchquarz

Muskelstarre	Smaragd, Ulexit
Muskelsteifheit	Leopardenjaspis
Muskelsystem	Hiddenit, Perle
Muskelsystem - aktivierend	Labradorit
Muskelsystem - entkrampfend	Diamant
Muskelsystem - kräftigend	Apatit
Muskelverengungen	Vanadinit, Wulfenit
Muskelverhärtungen	Bronzit, Larimar, Morganit, Perlmutt
Muskelverkalkungen	Versteinertes Holz
Muskelverkrampfungen	Larimar, Magnetit, schwarzer Turmalin
Muskelverrenkungen	Poppy-Jaspis
Muskelverspannungen	Poppy-Jaspis
Muskelzerrungen	Morganit, Poppy-Jaspis
Muskelzittern	Gold
Muskelzucken	Staurolith-Kreuzstein, Tektit
Muskulatur	Amazonit, Azurit-Malachit, Katzenauge, Rosenquarz, Smaragd
Muskulatur - aktivierend	Pyritsonne, Steinsalz
Muskulatur - Elastizität	Aragonit
Muskulatur - kräftigend	Grüne Jade, schwarzer Turmalin
Muskulatur - Krämpfe	Apophyllit
Muskulatur - Verhärtung	Aragonit
Muskulatur der Arme	Amazonit
Muskulatur der Schultern	Amazonit
Muskulatur des Nackens	Amazonit
Muskulaturlähmungen	Apophyllit
Mut	Apophyllit, Flintstein, Girasol, Hämatit, Kupfer, Rheinkiesel, Sodalith
Nächstenliebe	Grüner Calcit
Nachtängste	Fossilien, Phantomquarz, Sugilith
Nachtwandeln	Goldtopas
Nacken	Hiddenit
Nackenkrämpfe	Amazonit
Nackenmuskeln	Amazonit, Leopardenjaspis
Nackenverspannungen	Amazonit
Nägel	Baryt, Beryll, Doppelspat, Glücksgeoden, Howlith, Landschaftsjaspis, Onyx, Orangencalcit, Peridot, roter Turmalin, Saphir, Steinsalz, Wasserachate
Nagelbettentzündungen	Landschaftsjaspis
Nagelbetterkrankungen	Howlith
Nägelkauen	Beryll

Nährstoffgehalt - unterstützend	Citrinocalcit
Nährstoffmangel	Apachentränen, Apophyllit
Narbenbildung	Prasem
Narbenbildung, unschön	Chrysokoll, Steinsalz
Narbenverhärtung	Dolomit, Prasem
Nase	Dioptas, Lapislazuli
Nasenbluten	Carneol, Prasem, roter Jaspis
Nasenentzündungen	Blauer Topas
Nasenflügel - Bläschenausschlag	Amethyst
Nasenhöhlenvereiterung	Mookait
Nasenraum	Sardonyx
Nasenschleimhaut-entzündung	Heliotrop schwarzer Turmalin
Nässende Ekzeme	Amethyst
Nebenhöhlenentzündung	Saphir
Nebenniere - aktivierend	Perle
Nebennieren	Grüner Turmalin, Rauchquarz, Regenbogenobsidian, schwarzer Turmalin
Negative Einflüsse	Gagat, Heliotrop, Larimar, Onyx, Schneeflockenobsidian, schwarzer Turmalin
Negative Erbanlagen	Rosa Koralle, Zinkblende
Negative Erbfolgen	Rubin-Zoisit
Negative Strahlen	Amethyst, Apatit, Baryt, Bergkristall, Blauquarz, Charoit, Falkenauge, Hämatit, Kupfer, Landschaftsjaspis, Lapislazuli, Lepidollth-Glimmer, Meteorit, Moldavit, Onyx, Pyritsonne, Rosenquarz, roter Turmalin, schwarzer Turmalin, Schwingquarz
Neid	Peridot, schwarzer Turmalin
Neidische Intrigen	Gagat
Nephritis	Diopsid, gelber Fluorit, Nephrit
Nerven	Azurit, Flintstein, grüner Turmalin, Katzenauge, Perle, Pyritsonne, versteinertes Holz
Nerven - aktivierend	Apachengold, Markasit
Nerven - Beruhigung	Beryll, Chrysokoll, Cyanit, Silizium, Sodalith
Nerven - entkrampfend	Kupfer
Nerven - kräftigend	Hiddenit
Nerven - stabilisierend	Chrysopras
Nerven - Verschleiß	Rheinkiesel
Nerven peripher	Blauquarz
Nervenanspannung	Apatit, Turmalinquarz
Nervenbahnen	Kupfer

Nervenbindegewebs-lähmungen	Chiastolith
Nervenenden - beruhigend	Sodalith
Nervenentzündungen	Bernstein, Dumortierit, Flintstein, Heliotrop, Katzenauge, Muskovit Glimmer, Onyx, Perlmutt, Ryolith, Spinell, Tigerauge
Nervenerkrankungen	Aquamarin, gelbe Jade, Malachit, Sternrubin, Tigerauge
Nervenfasern - beruhigend	Sardonyx
Nervenfasern - regenerierend	Sardonyx
Nervengewebe	Grüner Turmalin, Pyrit,
Nervengewebe - stimulierend	Pyrit
Nervenkrämpfe	Apophyllit
Nervenschmerzen	Saphir
Nervensteuerung	Steinsalz
Nervenstränge - schützend	Sternsaphir
Nervensystem	Alexandrit, Amazonit, Azurit-Malachit, Baumachat, Bergkristall, blauer Turmalin, Brasilianit, Flintstein, Gold, Goldobsidian, grüner Turmalin, Katzenauge, Pyritsonne, Regenbogenobsidian, Saphir, Schwingquarz, Smaragd, Spinell, Staurolith-Kreuzstein
Nervensystem - aktivierend	Milchquarz
Nervensystem - beruhigend	Charoit, Goldtopas
Nervensystem - entspannend	Diamant
Nervensystem - harmonisierend	Goldtopas, roter Jaspis
Nervensystem - parasympatisches	Blauquarz
Nervensystem - psychisch	Lavendelquarz
Nervensystem - stabilisierend	Baumquarz
Nervensystem - stärkend	Rhodonit
Nervensystem - steuernd	Morganit
Nervensystem - vegetatives	Australischer Amulettstein, Biotit, Gips, Heliodor, Ryolith, schwarzer Turmalin, Staurolith-Kreuzstein
Nervensystem - zentrales	Australischer Amulettstein, Azurit, Rhodonit, Sonnenstein

Nervensystem-entzündungen	Smaragd
Nervenverkalkungen	Tigerauge
Nervenzentren - kräftigend	Sugilith
Nervenzerrungen	Malachit
Nervliche Entzündungen	Opalit
Nervliche Erkrankungen	Rutilquarz, Sarder
Nervliche Störungen	Fossilien
Nervliche Übelastungen	Sardonyx
Nervöse Fehlentwicklung	Apatit
Nervöse Störungen	Morganit
Nervosität	Amazonit, Aragonit, gelber Jaspis
Nesselausschlag	Meteorit
Nesselfleber	Grünlicher Fluorit, Meteorit
Nesselsucht	Blutachat, Doppelspat, Meteorit
Netzhautablösung	Chrysoberyll-Katzenauge, Dioptas
Neuralgien	Blauquarz, Dumortierit, Katzenauge, Lapislazuli, Saphir, Spinell, Tigerauge
Neurasthenie	Baryt, Sarder
Neuritis	Blauquarz, Dumortierit, Katzenauge, Spinell, Tigerauge
Neurodermitis	Flintstein, Hessonit, Silberauge
Neurosen	Baryt, Goldobsidian, Opalit, Prehnit, Rauchquarz, Sugilith, Türkis
Neuroser Schnupfen	Sardonyx
Niedergeschlagenheit	Carneol, gelber Jaspis, Granat, Rauchquarz, Zinnober
Nieren	Azurit-Malachit, Baumachat, Bergkristall, Chrysokoll, Chytha, Diamant, Flintstein, grüne Jade, Heliotrop, Kupfer, Landschaftsjaspis, Leopardenjaspis, Magnesit, Nephrit, Orangencalcit, Prehnit, Rauchquarz, Rosenquarz, Saphir, Schwingquarz, Smaragd
Nieren - aktivierend	Beiger Moosopal, blauer Moosopal, Lepidolith-Glimmer, Moosachat, Rhodochrosit
Nieren - beruhigend	Sardonyx
Nieren - kräftigend	Citrin, Granat, Lepidolith-Glimmer, Moosachat, roter Achat, Tigereisen
Nieren - regenerierend	Sardonyx
Nieren - Reinigung	Vesuvian
Nieren - Unterkühlung	Nephrit

Nierenabszesse	Diopsid, Nephrit
Nierenbecken	Diopsid, roter Achat
Nierenbereich	Poppy-Jaspis
Nierenblase	Poppy-Jaspis
Nierenblase - regenerierend	Saphir
Nierenentzündung	Blauer Moosopal, Diopsid, Flintstein, gelber Fluorit, Magnetit, Nephrit, Onyx, roter Achat,
Nierenerkrankungen	Blauer Moosopal, Diopsid, Flintstein, gelber Fluorit, schwarzer Turmalin, Serpentin
Nierengeschwulste	Gelber Fluorit, Nephrit
Nierengewebsentzündung	Diopsid
Niereninfektionen	Serpentin
Nierenkolik	Blauer Moosopal, gelber Fluorit, grüne Jade, Nephrit, roter Achat,
Nierenleiden	Carneol
Nierenmißbildungen	Nephrit
Nierensteine	Blauer Moosopal, Chytha, Diamant, grüne Jade, Leopardenjaspis, Lepidolith-Glimmer, Magnesit, Nephrit, Poppy-Jaspis, roter Achat, Tigereisen, violette Jade
Nierensteinkolik	Poppy-Jaspis
Nierentuberkulose	Diopsid, Nephrit
Nierenversagen	Blauer Moosopal
Nymphomanie	Ryolith
O-Beine	Orangencalcit
Ödeme	Dumortierit, gelber Fluorit, Heliotrop, Iolith, Muskovit Glimmer, Phantomquarz, Sandrosen, Seeopal, Selenit
Offenheit	Buntkupfer, Kupfer, Rhodonit
Ohnmacht	Phantomquarz
Ohrenentzündungen	Saphir
Ohrenerkrankungen	Zinnober
Ohrensausen	Baryt, blauer Achat, Heliotrop
Ohrenschmerzen	Blauer Achat, Heliotrop, Onyx, Sarder
Optimismus	Apachentränen, Botswana-Achat, Chrysoberyll, Grossular, Hessonit, Lapislazuli, Orthoklas, Vesuvian
Organe - Elastizität	Aragonit
Organe - innere	Botswaria-Achat, Dolomit
Organe - Verjüngung	Boji, Moqui
Organe - Zysten	Bronzit

Organismus - regulierend	Lepidolith-Glimmer
Organismus - Reinigung	Chrysoberyll, Magnetit, Silizium
Organismus - stärkend	Goldfluß, Goldtopas, Hiddenit
Orientierungslosigkeit	Schwarzer Turmalin
Osteoporose	Grossular, Regenbogenfluorit, Rheinkiesel
Panik	Goldfluß
Panzerherz	Goldtopas, grüner Calcit,
Paranoia	Smaragd, Tigerauge
Paranoiaerscheinungen	Apophyllit, Staurolith-Kreuzstein
Parasiten	Mahagoniobsidian
Parasympatisches Nervensystem	Blauquarz
Parkinsonsche Krankheit	Goldobsidian, grüner Turmalin, Malachit, Ryolith, Silizium, Smaragd, Sternsaphir
Parodontose	Carneol, schwarzer Diopsid, Sterndiopsid, Türkis, Wassermelonenturmalin weiße Koralle, Zahntürkis
Partnerschaft	Lapislazuli
Periarthritis	Orthoklas
Persönlichkeitsentfaltung	Dioptas, Speckstein
Pfeifende Einatmung	Mohrenkopfturmalin
Pfüfungsangst	Kunzit
Phantasie	Amethyst, Rosenquarz
Pickel	Amethyst, Aventurin, Baryt, Bernstein, Bronzit, Carneol, Edelopal, Grünquarz, Milchopal, Mookait, Peridot, Rhodochrosit, Rosenquarz, Schwefel, Türkis
Pickeliger Ausschlag	Aragonit
Pigmentanreicherungen	Rhodochrosit
Pilzbefall	Kupfer
Pilzbefall bei Tieren	Bernstein
Pilze	Dolomit, Mahagoniobsidian, Moosachat, Onyx, Schneeflockenobsidian
Pilzerkrankungen d. Nägel	Baryt, Doppelspat
Pilzflechten der Nägel	Glücksgeoden, Wasserachate
Pilzvergiftung	Grüne Jade
Plaque	Versteinertes Holz
Platzangst	Baryt, Saphir, Sugilith
Plazenta - stärkend	Sandrosen, Selenit
Pollenallergie	Bernstein
Polyneuritis	Apophyllit, Blauquarz, Hessonit
Polypen	Grüner Achat

Positive Lebenseinstellung	Goldfluß
Positives Denken	Chytha
Potenz	Chrysopras, Dioptas, Granat
Potenzfördernd	Moosopal, Prehnit
Potenzschwäche	Kupfer
Prellungen	Malachit, Prasem
Primäre Geschlechtsorgane - schützend	Bergkristall, Dioptas, Schwingquarz
Prostata	Magnesit, Sandrosen, Selenit
Prostata - schützend	Bergkristall, Schwingquarz
Prostataerkrankungen	Chrysopras, grüner Achat
Prüfungen	Grünl. blauer Andenopal
Prüfungsangst	Amethyst, Fluorit, Goldtopas, Grossular, Hessonit, Mahagoniobsidian, Pyrit, Rhodonit, Saphir, Thulit, Wassermelonenturmalin
Pseudokrupp	Mohrenkopfturmalin
Psyche - stabilisierend	Perlmutt, Seeopal
Psychische Reizbarkeit	Perle
Psychische Störungen	Goldobsidian, Phantomquarz
Psychisches Nervensystem	Lavendelquarz
Psychoneurosen	Silberauge
Psychosen	Smaragd, Staurolith-Kreuzstein
Psychosomatische Ängste	Aventurin
Psychosomatische Blockaden	Silberauge
Psychosomatische Erkrankungen	Blauer Turmalin, Flintstein, Glücksgeoden, Goldfluß, Grossular, grüner Turmalin, Hessonit, Mohrenkopfturmalin, Mookait, Opalit, Türkis, Wasserachate
Psychosomatische Stauungen	Silberauge
Psychosomatische Störungen	Aventurin, Kupfer
Pulsschlag	Prasem
Pusteln	Bernstein, Grünquarz
Querschnittslähmungen	Sugilith
Quetschungen	Herkimer Diamant
Rachen	Blauer Calcit, Chrysokoll, Lapislazuli
Rachenentzündungen	Bernstein, blauer Topas, Chrysoberyll, Perlmutt
Rachenerkrankung	Chalcedon
Rachenraum	Sardonyx

Rachitis	Chiastolith, Grossular, Phantomquarz, Smaragd, Turmalinquarz, versteinertes Holz
Rachitiserkrankungen	weiße Koralle
Radioaktive Strahlen	Baryt
Ratlosigkeit	Bernstein
Rauchentwöhnung	Botswana-Achat, Chrysopras, Diamant
Raucher - Schutzstein	Chrysopras
Raucherbein	Onyx
Raumangst	Saphir
Reaktionsbereitschaft des Gewebes lindemd	Grünlich blauer Andenopal
Rechthaberei	Blutachat, Moldavit
Regelbeschwerden	Coelestin, Lapislazuli
Regelstörungen	Hämatit
Regenbogenhaut- Dioptas entzündung	
Regeneration der Haut	Rosenquarz
Reinigung der Adern	Bergkristall, Schwingquarz
Reinigung der Haut	Dolomit, Landschaftsjaspis
Reinigung der Herzkranzgefäße	Bergkristall, Schwingquarz
Reinigung der Seele	Vesuvian
Reinigung des Blutes	Australischer Amulettstein, blauer Moosopal, Cameol, gelber Fluorit, Heliotrop, lolith, Lepidolith-Glimmer, Magnesit, Magnetit, Malachit, Prehnit, Regenbogenobsidian, Rhodochrosit, Rosenquarz, Serpentin, Tigereisen, Zinnober
Reinigung des Geistes	Vesuvian
Reinigung des Körpers	Biotit, Moqui, Onyx, Prehnit, Regenbogenfluorit, Rhodochrosit, Vesuvian
Reinigung des Organismus	Chrysoberyll, Magnetit, Silizium, Vesuvian
Reinigungsfimmel	Baryt, Sugilith
Reinigungsorgane	Rhodochrosit
Reisefieber	Beryll
Reisekrankheiten	Beryll, Wassermelonenturmalin
Reizbarkeit	Goldtopas, Perle, Sarder
Reizungen - streßbedingt	Pyrit
Reizungen der Haut	Grünlich blauer Andenopal, Speckstein
Reizung der Schleimhäute	Blutachat
Rheuma	Bernstein, Biotit, Chrysokoll, Granat, Labradorit, Malachit
Rheumaerkrankungen	Labradorit

Rheumatisch bedingte Schmerzen	Rosenquarz
Rheumatische Entzündungen	Versteinertes Holz
Rheumatische Erkrankungen	Gagat, Gold, Orthoklas, Saphir, Seeopal, Smaragd, Streifenachat, Wassermelonenturmalin
Rheumatische Erkrankung - virusbedingt	Streifenachat
Rheumatische Gelenkserkrankungen	Kupfer
Rheumatische Kopfschmerzen	Silberauge
Rheumatische Muskelerkrankungen	Kupfer
Rheumatische Schmerzen	Heliotrop, Hiddenit
Rheumatische Verkrampfungen	Versteinertes Holz
Rheumatisches Fieber	Gagat, Streifenachat, Smaragd, Sternsaphir, Wassermelonenturmalin
Riesenwuchs	Goldtopas
Rippenfellentzündungen	Serpentin
Röntgenstrahlen	Aprikosenachat, Baryt, Blauquarz, Charoit
Röteln	Moldavit, rote Koralle
Rotfinnen	Glücksgeoden, Wasserachate
Rötung der Haut	Amethyst
Rückenmark	Brasilianit, Kupfer, Lapislazuli, Malachit, Pyritsonne, Rhodonit, Smaragd, Wassermelonenturmalin
Rückenmarksentzündungen	Brasilianit, Chiastolith, Sternsaphir
Rückenmarkserkrankung	Chiastolith
Rückenmarksgeschwulst	Apophyllit
Rückenmarkslähmungen	Hessonit
Rückenmarksschädigung	Apophyllit
Rückenmarkstumore	Brasilianit
Rückenmuskulatur	Amazonit, Glücksgeoden, Leopardenjaspis, Seeopal, Wasserachate
Rückenmuskulatur - kräftigend	Lepidolith-Glimmer
Rückenmuskulaturlähmungen	Glücksgeoden, Wasserachate
Rückenquetschungen	Sugilith
Rückenschmerzen	Aventurin, Bergkristall, Bernstein, blauer Achat, Chrysokoll, Diamant, Doppelspat, Glücksgeoden, Schwingquarz, Wasserachate
Rückenschmerzen - krampfartig	Gelber Fluorit

Ruhe	Apachengold, Baumachat, Blauquarz, Chrysokoll, Chrysopras, Coelestin, Dumortierit, gelbe Jade, Glimmer, Grünquarz, Markasit, Morganit, Opalit, Perlmutt, Schwingquarz, Seeopal
Ruhe - innere	Friedensachat, Kunzit
Ruhiger Schlaf	Amethyst
Ruhr	Grüner Achat
Runzeln	Australischer Amulettstein, grüner Calcit
Salmonellenvergiftung	Goldfluß, grüne Jade
Samenleiter	Rubin-Zoisit
Sängerknötchen	Chalcedon, grünlich blauer Andenopal
Sarkome	Mohrenkopfturmalin
Sättigungsgefühl	Baumquarz, Bergkristall, Flintstein, Schwingquarz
Sauerstoffmangel	Apophyllit, Chrysopras
Sauerstoffunter-versorgung des Gehirns	Rubin
Sauerstoffversorgung	Bronzit, Carneol
Sonnenstein, Sugilith	
Säure-Basen-Gleichgewicht	Manganocalcit
Schädel	Tigerauge
Schaffenskraft	Türkis
Scharlach	Blauer Topas, Cyanit
Scheidenkrämpfe Unakit	
Scheuermann'sche Krankheit	Doppelspat, Tigerauge
Schiefhals	Fossilien
Schielen	Chrysoberyll-Katzenauge
Schienbein	Tigerauge
Schienbeinnerv - Lähmungen	Blauquarz
Schilddrüse	Aquamarin, blauer Calcit, blauer Turmalin, Chrysokoll, Dolomit, Dumortierit, grüne Jade, grüner Turmalin, Lapislazuli, Mondstein, Regenbogenobsidian, Sardonyx
Schilddrüse - aktivierend	Sodalith
Schilddrüse - fördernd	Bernstein, Mondstein
Schilddrüse - harmonisierend	Kunzit
Schilddrüse - stärkend	Sodalith
Schilddrüse - steuernd	Malachit
Schilddrüse - Überfundktion	Leopardenjaspis
Schilddrüsen-erkrankungen	Silber
Schilddrüsenunterfunktion	Breckzienjaspis
Schilddrüsen-vergrößerungen	Blauer Topas

Schipperkrankheit	Blauer Calcit
Schizophrenie	Buntachat, Grossular, Hessonit, Hiddenit, Opalit, Smaragd, Tigerauge
Schlaf	Amazonit, Amethyst, Chalcedon, Chiastolith, Hämatit, Howlith, Silberauge, Tektit
Schlaflosigkeit	Amethyst, Biotit, Carneol gelber Jaspis, Goldfluß, Goldtopas, Kupfer, Saphir, Sarder, Tektit
Schlafmangel	Opalit, Padparadscha, Sonnenstein
Schlafstörungen	Biotit, Breckzienjaspis, Chalcedon, Fossilien, Kupfer, Lepidolith Glimmer, Opalit, Padparadscha, Phantomquarz, Rosenquarz, Sonnenstein, Tektit
Schlafsucht	Opalit, Rubin
Schlaganfall	Buntkupfer, Chrysopras, Diamant, Lapislazuli, Phantomquarz, Prasem,
Schlechte Laune	Goldtopas
Schleimhäute	Blutachat, Regenbogenfluorit
Schleimhäute - harmonisierend	Perle
Schleimhäute - regulierend	Baumquarz
Schleimhautentzündung	Howlith
Schleimlösend	Epidot, Stein
Schluckauf	Blauer Calcit, Chrysoberyll, Leopardenjaspis, Saphir
Schmerzattacken im Kieferbereich	Apophyllit
Schmerzen krampfhaft	Blauquarz
Schmerzen nach einer Mandeloperation	Chalcedon
Schmerzhafte Wehen	Grüne Jade
Schnecke	Zinnober
Schnittwunden	Chrysokoll, Coelestin
Schnupfen	Apatit, Heliotrop
Schönheit	Glücksgeoden, Perle, Wasserachate
Schreckhaftigkeit	Gelber Jaspis
Schreikrämpfe	Türkis
Schrittmacherzellen - aktivierend	Heliodor
Schrumpeln	Speckstein
Schrumpfleber	Gelber Fluort, Goldfluß, Goldtopas, Sardonyx
Schrumpfnieren	Blauer Moosopal

Schuldgefühle	Sodalith, Wassermelonenturmalin
Schulstreß	Grossular, Hessonit, Rhodonit, Thulit
Schulterlähmungen	Hessonit
Schultermuskulatur	Amazonit, Leopardenjaspis
Schultern	Hiddenit
Schultersteife	Gagat, Smaragd
Schuppen	Aventurin, Bernstein, Citrin
Schuppenflechte	Amethyst, Aragonit, Aventurin, Baryt, Bernstein, Citrin, Saphir, Schwefel, Türkis
Schuppige Haut	Beryll
Schuppige Hauterkrankungen	Feuerachat
Schürfwunden	Chrysokoll
Schüttelfrost	Kupfer, Silizium
Schüttellähmung	Goldobsidian, Smaragd, Sternsaphir
Schutzstein der Schwangeren	Buntkupfer, Chrysokoll, rote Koralle, Sandrosen, Selenit
Schwäche	Magnesit
Schwächeanfälle	Feueropal
Schwachsinn	Staurolith-Kreuzstein
Schwangerschaft	Rubin-Zoisit
Schwangerschaft - Allergien der Mutter	Roter Achat
Schwangerschaft - Allergien des Kindes	Roter Achat
Schwangerschaft - Krankheiten der Mutter	Aprikosenachat, roter Achat
Schwangerschaft - Krankheiten des Kindes	Aprikosenachat, roter Achat
Schwangerschafts-beschwerden	Regenbogenobsidian
Schwangerschaftsnieren	Nephrit, Sandrosen, Selenit
Schwankungen - hormonell	Sandrosen, Selenit
Schwarze Magie	Gagat, Onyx, rote Koralle, Schneeflockenobsidian, schwarzer Turmalin
Schweißachseln	Verdit
Schweißausbrüche	Ametrin, Baryt, Goldfluß, grüner Calcit, Kupfer, Magnetit, Mookait, Phantomquarz, Saphir, Thulit, Türkis
Schweißausbrüche - fieberhaft	Goldfluß
Schweißbildung	Magnesit, Verdit
Schweißdrüsen-überproduktion	Grüner Calcit, Schwefel

Schweißfüße	Speckstein, Verdit
Schweißgeruch	Magnetit
Schweißhände	Verdit
Schwellungen	Amethyst, Lapislazuli
Schwellungen der Adern	Phantomquarz
Schwerfälligkeit	Rheinkiesel
Schwerhörigkeit	Ametrin, blauer Achat, blauer Turmalin, Gold, Rhodonit, Tansanit
Schwielen	Glücksgeoden, Wasserachate
Schwindelanfälle	Feueropal, Perle, Phantomquarz, Saphir, violetter Fluorit
Seele - kräftigend	Citrinocalcit
Seele - reinigend	Bergkristall, Dolomit, Schwingquarz, Vesuvian
Seelische Krisen	Sugilith
Seelische Leiden	Glücksgeoden, Orthoklas, rosa Andenopal, Wasserachate
Seelische Schmerzen	Turitellaachat
Seelische Schwankungen	Azurit-Malachit
Seelische Störungen	Fossilien, Heliotrop
Seelische Verkrampfung	Hämatit
Sehen	Apachengold, Markasit
Sehfehler	Ametrin
Sehkraft	Chrysoberyll-Katzenauge
Sehnen	Katzenauge, Perle, Rauchquarz
Sehnenentzündungen	Bernstein
Sehnenrisse	Türkis
Sehnenscheiden-entzündung	Heliotrop, Katzenauge, Morganit, Tigerauge
Sehnerven	Hessonit
Sehnerven - stärkend	Dioptas
Sehnerverkrankung	Chrysoberyll-Katzenauge
Sehschwäche	Rheinkiesel, roter Achat, Orthoklas
Sehschwäche - altersbedingt	
Sehzentrum	Chrysoberyll-Katzenauge
Seitenstechen	Heliodor, Heliotrop
Sekundäre Geschlechts-organe - schützend	Bergkristall, Dioptas, Schwingquarz
Selbständigkeit	Hämatit
Selbstaufgabe	Roter Turmalin
Selbstausdruck	Brasilianit
Selbstausdruck - mangelnder	Aquamarin
Selbstbeherrschung	Sonnenstein

Selbstbewußtsein	Apatit, Apophyllit, Baumquarz, blauer Calcit, Fossilien, Gold, Kupfer, Perlmutt, Pyrit, schwarzer Turmalin, Seeopal, Silber
Selbsterkenntnis	Azurit, Chrysoberyll-Katzenauge
Selbstkontrolle	Sugilith
Selbstlosigkeit	Roter Turmalin
Selbstmitleid	Goldfluß
Selbstmordgedanken	Rauchquarz, Sonnenstein
Selbstmordgefahr	Bernstein, Citrin
Selbstmordwunsch	Apophyllit
Selbstsicherheit	Flintstein, Moosachat, Perle, Rheinkiesel, Türkis
Selbstständigkeit	Blauer Turmalin
Selbstvertrauen	Chalcedon, Glücksgeoden, Granat, Hyazinth, Lapislazuli, Perlmutt, Seeopal, Sodalith, Türkis, Wasserachate, Wassermelonenturmalin
Selbstverwirklichung	Blauer Turmalin, Edelopal, Herkimer Diamant, Larimar, Malachit, Milchopal, Poppy-Jaspis, Rhodonit, Rubin, Rutilquarz, Silber, Sugilith
Selbstwertgefühl	Grossular, Hessonit, Perlmutt, Seeopal
Senilität	Ametrin, Aquamarin, Diamant, Doppelspat, Glimmer, Orthoklas
Sensibilität	Bergkristall, Dolomit, Grossular, Hessonit, Moosopal, Moqui, roter Turmalin, Rubin, Schwingquarz, Vanadinit, Wulfenit
Sexualerkrankungen	Granat
Sexualhormone - aktivierend	Buntkupfer
Sexualität	Rauchquarz
Sexualkraft - steigernd	Dioptas
Sexualorgane - aktivierend	Prehnit
Sexualtrieb - regulierend	Flintstein
Sexualtrieb - stärkend	Zinkblende
Sexuelle Spannungen	Verdit
Sexuelle Störungen	Coelestin
Sexuelle Unlust	Rote Koralle
Sexuelle Wünsche - harmonisierend	Rosenquarz
Sinnesorgane	Pyritsonne
Skelett - stärkend	Granat
Skelettabweichung	Orangencalcit
Skorbut	Schwarzer Diopsid, Sterndiopsid

Sodbrennen	Dendritenquarz, Howlith, Iolith, Landschaftsjaspis, Saphir
Solarplexus	Amazonit, Heliodor
Sommersprossen	Aragonit, Glücksgeoden, Wasserachate
Sonnenallergien	Speckstein
Sonnenbrand	Amethyst, Apachentränen, Baryt, Blauquarz, grüne Jade, Lapislazuli, Magnetit, Mookait, Onyx, schwarzer Turmalin, Schwefel, Speckstein
Sonnengeflecht	Heliodor, Magnesit
Spastische Erkrankungen	Pyrit
Spastische Kinderlähmung	Staurolith-Kreuzstein
Spastische Krampfanfälle	Katzenauge
Spastische Lähmungserscheinungen	Aquamarin, Buntkupfer
Speichennerv - Lähmungen	Blauquarz
Speiseröhre	Blauer Topas, Botswana-Achat, Cyanit, Lapislazuli, Regenbogenobsidian
Speiseröhrenkrebs	Blauer Calcit
Spirituelles Wachstum	Magnesit
Spontanität	Hämatit
Sprache	Apachengold, Markasit, Sugilith
Sprachentwicklung	Chalcedon, Cyanit
Sprachfehler	Chalcedon
Sprachlähmung	Chiastolith
Sprachstörungen	Cyanit
Sprachzentrum - kräftigend	Cyanit
Sprödes Haar	Aventurin
Sprödigkeit der Haut	Australischer Amulettstein, Beryll
Sprödigkeit der Knochen	Aragonit, Orangencalcit, Rhodonit
Stabilität	Onyx
Standfestigkeit	Sodalith
Starrkrämpfe	Perlmutt
Staublunge	Epidot
Stauungen	Kunzit, Lavendelquarz, Phantomquarz
Stauungen - innere	Azurit, Boji
Stauungen - psychosomatisch	Silberauge
Stehvermögen	Phantomquarz
Stiche	Amethyst, blauer Achat, Lapislazuli, Mookait, Sardonyx
Stimmbandentzündung	Aquamarin
Stimmbänder	Blauer Topas, Cyanit

Stimmbanderkrankungen	Chalcedon
Stimmbandüberreizungen	Chalcedon
Stimme	Cyanit
Stimmlosigkeit	Chalcedon, Cyanit
Stimmritzenkrampf	Chalcedon, grünlich blauer Andenopal
Stimmungsschwankungen	Dolomit, Feuerachat, Feueropal
Stimmverlust	Grünlich blauer Andenopal
Stirn	Violetter Fluorit
Stirnhöhlenvereiterung	Mookait
Stoffaustausch - aktivierend	Steinsalz
Stoffaustausch - kräftigend	Steinsalz
Stoffwechsel	Apachengold, Blauer Turmalin, Gold, Lepidolith-Glimmer, Manganocalcit, Markasit, Mondstein
Stoffwechsel - aktivierend	Tigereisen
Stoffwechsel - anregend	Amethyst, Bernstein, Biotit, Citrinocalcit, Chytha, Howlith, Hyazinth, Morganit, Rosenquarz
Stoffwechsel - harmonisierend	Australischer Amulettstein, Citrinocalcit, Lavendelquarz, Malachit
Stoffwechsel - kräftigend	Citrin, Steinsalz
Stoffwechsel - regelnd	Grüne Jade, Rhodonit
Stoffwechsel - regulierend	Citrin
Stoffwechsel - reinigend	Malachit
Stoffwechsel - stabilisierend	Tigerauge
Stoffwechselerkrankungen	Moosachat, Prehnit, Ryolith, Smaragd, Sonnenstein
Stoffwechselhaushalt - regenerierend	Kupfer
Stoffwechselorgane	Smaragd
Stoffwechselstörung	Aquamarin, Citrin, Gold
Störungen - geistig	Opalit, Regenbogenobsidian
Störungen - nervlich	Fossilien
Störungen - nervös	Coelestin, Morganit
Störungen - psychisch	Goldobsidian, Phantomquarz
Störungen - psychosomatisch	Aventurin, Glücksgeoden, Goldfluß, Kupfer, Wasserachate
Störungen - seelisch	Fossilien, Heliotrop
Störungen - sexuell	Coelestin
Stottern	Amethyst, Apatit, Chalcedon, Cyanit, Hessonit, Mookait, Pyrit, Rhodochrosit, Thulit, Türkis

Strahlen	Amethyst, Apatit, Aprikosenachat, Azurit, Baryt, Bergkristall, Blauquarz, Breckzienjaspis, Charoit, Falkenauge, Hämatit, Kupfer, Landschaftsjaspis, Lapislazuli, Lepidolith Glimmer, Meteorit, Moldavit, Onyx, Pyritsonne, Rosenquarz, schwarzer Turmalin, Schwingquarz
Strahlenkrankheiten	Schwarzer Turmalin
Strahlenschäden	Azurit-Malachit
Streitsucht	Moldavit, Tektit
Streß	Amethyst, Apatit, Chrysokoll, Grossular, Hessonit, Mohrenkopfturmalin, Smaragd
Streß - nervlich bedingt	Padparadscha
Streßbedingte Ängste	Grünlich blauer Andenopal
Streßbedingte Blockaden	Biotit
Streßbedingte Krankheit	Saphir
Streßbedingte Reizungen	Pyrit
Streßerscheinungen	Iolith, Lavendelquarz, Saphir
Streßschäden des Babys	Chrysokoll
Struma	Blauer Topas
Stuhlgang - aktivierend	Grüner Achat
Stuhlgang - erleichternd	Biotit, Dendritenquarz
Stuhlunregelmäßigkeiten	Grüner Achat
Stumpfsinnigkeit	Breckzienjaspis
Suchterkrankungen	Kunzit,Regenbogenobsidian, Sugilith, versteinertes Holz
Syphillis	Granat
Tagesmüdigkeit	Aragonit
Talgdrüsen - aktivierend	Peridot
Talgdrüsen - regulierend	Peridot
Talgdrüsen - Überfunktion	Grüner Calcit
Tatendrang	Vesuvian
Tatenlosigkeit	Blauquarz
Tatkraft	Türkis
Taubstummheit	Tansanit,
TBC	Blauer Turmalin
TBC-Bakterien	Diopsid
Teillähmungen	Brasilianit
Temperament	Glimmer, Schwingquarz
Tetanie	Perle, Perlmutt, Silber
Tetanus	Ulexit
Thrombose	Blauer Topas, Marienglas, Phantomquarz, Rosenquarz, Rubin, Vanadinit, versteinertes Holz, Wulfenit

Thymusdrüse	Aquamarin, blauer Turmalin, Diamant, grüner Turmalin, Lapislazuli, Nephrit, Peridot
Thymusdrüse - aktivierend	Serpentin, Smaragd
Thymusdrüse - anregend	Gelber Jaspis
Toleranz	Blutachat, Chrysoberyll-Katzenauge, Chrysokoll, Diamant
Trauer	Rauchquarz, Sardonyx
Treue	Aquamarin, Chrysopras, Coelestin, Diamant, Dioptas, Gold, Milchquarz, rosa Andenopal, Rosenquarz, Rubin
Trichterbrust	Orangencalcit, Verdit
Trigeminusneuralgie	Apophyllit, Blauquarz
Tripper	Granat
Trübsal	Citrin
Tuberkulose	Blauer Achat, grüner Turmalin, Katzenauge
Tumore	Apophyllit, Herkimer Diamant, Magnetit, Meteorit, Mookait, Saphir, Sarder, Sugilith
Tumore - krebsartig	Azurit-Malachit
Übelkeit	Beiger Moosopal, Chrysokoll, Edeltopas, grüne Jade, Leopardenjaspis, Orangencalcit, roter Jaspis, Sandrosen, Selenit, Silber, Silberauge
Überanstrengung - geistig	Amazonit
Überanstrengung der Augen	Aventurin, Chrysoberyll, Falkenauge, Nephrit, roter Achat, Silberauge
Überbelastung des Organismus	Verdit Chrysoberyll, Citrin
Überempfindlichkeit	Magnesit
Überempfindlichkeit der Kopfhaut	Silberauge
Überempfindlichkeit der Zähne	Aragonit
Überempfindlichkeit gegen Blütenpollen	Grünlich blauer Andenopal
Überfunktion der Schilddrüse	Gelber Jaspis
Übergewicht	Apatit, Baumquarz, Bergkristall, Buntkupfer, Chrysokoll, Chrysopras, Diamant, Gold, Goldfluß, grüner Turmalin, Howlith, Magnesit, Marienglas, Phantomquarz, Rauchquarz, roter Jaspis, Rubin, Schwingquarz, Silber, Smaragd, Tigereisen
Überheblichkeit	Landschaftsjaspis, Padparadscha
Überlastungen	Mohrenkopfturmalin
Überlastungen - nervlich	Sardonyx
Übermut	Rubin-Zoisit, Verdit
Überreaktionen	Dolomit, Saphir, versteinertes Holz
Überreaktionen der Haut	Australischer Amulettstein
Übersäuerung	Pyritsonne
Übersäuerung des Blutes	Alexandrit, Apachentränen
Übersäuerung des Darms	Apachentränen, Silber
Übersäuerung im Magen	Alexandrit, Apachentränen, Silber
Übersensibilität	Amazonit
Überspannung	Blauquarz, Chrysokoll
Unbeschwertheit	Hämatit, Magnetit
Unfälle	Gagat
Unfruchtbarkeit	Rote Koralle, roter Turmalin, violette Jade
Ungehaltenheit	Mohrenkopfturmalin
Unkontrollierte Bewegungen	Staurolith-Kreuzstein
Unkontrollierte Bewegungsabläufe	Grüner Turmalin
Unlust	Beiger Moosopal, Sardonyx
Unlust - sexuell	Rote Koralle
Unruhen	Mohrenkopfturmalin
Unsicherheiten	Thulit
Unterfunktion der Schilddrüse	Breckzienjaspis
Unterkühlung der Nieren	Nephrit
Unterleib	Rauchquarz
Unterleibsbereich	Magnesit
Unterleibsbeschwerden	Bergkristall, Carneol,
Unterleibserkrankungen	Chalcedon, Heliotrop
Unterleibskrebs	Mondstein
Unterleibsschmerzen	Dendritenquarz, Kupfer, Leopardenjaspis, Unakit
Unterleibsschmerzen - krampfartig	Hyazinth
Unternehmungslust	Silberauge
Untreue	Schwarzer Turmalin
Unwohlsein	Beiger Moosopal, Prehnit, Turitellaachat, Zinnober
UV-Strahlen	Aprikosenachat, Baryt, Bergkristall, Charoit, Lapislazuli, Moldavit, Schwingquarz
Vegetative Lebensnerven	Australischer Amulettstein
Vegetatives Nervensystem	Australischer Amulettstein, Biotit, Gips, Heliodor, Ryolith, schwarzer Turmalin, Staurolith-Kreuzstein

Veitstanz	Staurolith-Kreuzstein, Sternsaphir
Veletzungen - innere	Coelestin
Venen	Gelbe Jade
Venen - kräftigend	Blauer Topas, grüner Turmalin
Venenentzündungen	Blauer Topas, Boulderopal, gelbe Jade, Marienglas
Venenerkrankungen	Gelbe Jade, versteinertes Holz
Venenthrombose	Gelbe Jade
Venenverkalkungen	Boulderopal
Verantwortungsbewußtsein gegenüber der Natur	Aragonit
Verbiegung d. Wirbelsäule	Tigerauge
Verbissenes Aussehen	Turitellaachat
Verblödung	Sternsaphir
Verbrennungen	Baryt, grüne Jade, Prasem, Schwefel
Verbrennungsrückstände - ausscheidend	Howlith
Verdauensfördemd	Schlangenjaspis
Verdauung	Apachengold, Howlith, Mahagoniobsidian, Markasit, Mondstein, Morganit, Muskovit-Glimmer, Vesuvian
Verdauung - aktivierend	Aventurin-Sonnenstein, Citrin, Saphir, Turitellaachat
Verdauung - anregend	Apachengold, Markasit
Verdauung - harmonisierend	Ryolith
Verdauung - regelnd	Biotit, Citrin
Verdauung - regulierend	Magnesit
Verdauung - steuernd	Ryolith
Verdauung - unterstützend	Citrinocalcit, Iolith, Manganocalcit
Verdauungsbeschwerden	Rhodochrosit
Verdauungsorgane	Girasol, Regenbogenfluorit, Smaragd
Verdauungsorgane - aktivierend	Perle
Verdauungsorgane - kräftigend	Rhodochrosit
Verdauungsprobleme	Apachengold, Apachentränen, Aventurin-Sonnenstein, Bergkristall, Brasilianit, Carneol, Citrin, gelber Jaspis, Iolith, Marienglas, Markasit, Pyrit, Pyritsonne, roter Jaspis, Saphir, Schwingquarz, Turitellaachat
Verdauungssystem	Edelopal, Milchopal
Verdauungstrakt	Landschaftsjaspis
Verdrängungsangst	Wassermelonenturmalin

Verengung der Gefäße	Feuerachat
Verengungen	Onyx
Verengungen der Muskeln	Vanadinit, Wulfenit
Verfall - geistig	Diamant
Verfettungen am Herz	Milchquarz
Verfolgungswahn	Smaragd, Staurolith-Kreuzstein, Tigerauge
Vergeßlichkeit	Aquamarin, Glimmer, Sardonyx
Vergiftungen	Bronzit, Epidot, rosa Koralle, Sardonyx
Vergiftungen in der Lunge	Heliotrop
Vergiftungserscheingung	Beiger Moosopal
Verhandlungsgeschick	Blauer Turmalin
Verhärtunden im Muskelgewebe	Leopardenjaspis
Verhärtungen	Dolomit, Türkis
Verhärtungen der Muskulatur	Aragonit, Hiddenit
Verhärtungen im Gehirn	Grüner Turmalin
Verhärtungen im Rückenmark	Grüner Turmalin
Verjüngung	Grüner Turmalin, Rheinkiesel
Verkalkung	Ametrin, Apophyllit, Diamant, Doppelspat, Onyx, Rheinkiesel, Türkis, Vanadinit, Wulfenit
Verkalkung der Herzkranzgefäße	Hiddenit
Verkalkung der Schleimhäute	Smaragd
Verkalkung des Bindegewebes	Gagat
Verkalkungen der Schleimbeutel	Gagat
Verkalkungen im Herzgewebe	Petalit
Verkalkung in den Adern	Regenbogenfluorit
Verkalkung der Gefäße	Regenbogenfluorit
Verknöcherung der Schleimhäute	Smaragd
Verknöcherung von Schleimbeutel u. Bindegewebe	Gagat
Verkrampfung	Biotit, Katzenauge, Kunzit, Lavendelquarz
Verkrampfung der Bronchien	Chrysoberyll-Katzenauge
Verkrampfungen	Tigerauge
Verkrampfungen - seelisch	Hämatit
Verkrampfungen der Blutgefäße	Sonnenstein
Verkrampfungen der Gliedmaße	Sonnenstein

Verkrümmung der Wirbelsäule	Doppelspat, Granat
Verletzungen der Haut	Amethyst
Vernarbungen der Leber	Goldtopas
Verrenkungen	Grüner Achat
Verschleimungen der Bronchien	Rhodonit
Verspannungen	Amazonit, Amethyst, Katzenauge, Kunzit
Verspannungen in der Muskulatur	Kunzit
Verständnis	Apophyllit, Diamant, Epidot, gelber Jaspis, Malachit, Meteorit, Moosopal, roter Jaspis, Smaragd
Verständnis gegenüber Kinder	Turitellaachat
Verstärkt den Glauben	Amethyst
Verstauchungen	Dumortierit, grüner Achat, Katzenauge, Malachit
Verstopfung	Aventurin-Sonnenstein, Biotit, gelbe Jade, gelber Jaspis, grüner Achat
Verstopfung d. Blutgefäße	Sonnenstein
Verstopfungen der Haut	Amethyst
Vertrauen	Milchquarz, Morganit, Petalit, Rosenquarz
Verunreinigungen	Diamant, Feuerachat
Verwachsungen - krankhaft	Azurit
Verwachsungen am Knochenbau	Zinkblende
Verwachsungen an den Organen	Zinkblende
Verwirrungen	Violetter Fluorit
Verwucherungen	Zinkblende
Verzerrungen	Turmalinquarz
Vielesserei	Flintstein, Goldfluß
Viren	Moosachat
Vireninfektionsrheuma	Streifenachat
Virusinfekte	Rosa Andenopal
Vitalität	Amazonit, Australischer Amulettstein, Blauquarz, Carneol, Citrin, Feueropal, gelber Fluorit, Gips, grüne Jade, Hämatit, Heliotrop, Herkimer Diamant, Milchquarz, Moosopal, Rhodochrosit, Rosenquarz
Völlegefühl	Aventurin-Sonnenstein, Dendritenquarz, Iolith, Landschaftsjaspis, Orangencalcit, roter Jaspis, Schlangenjaspis
Vorhautverengungen	Verdit
Vorurteile	Grüne Jade, Hyazinth, Lapislazuli, Wassermelonenturmalin

Vorzeitige Alterserscheinungen	Speckstein
Vorzeitiges Altern	Meteorit
Wachsamkeit	Katzenauge
Wachstum	Rote Koralle, Magnesit, Mondstein
Wachstum - fördernd	Blauer Turmalin
Wachstum - steuernd	Azurit, Malachit, Zinkblende
Wachstumshormone - regulierend	Azurit
Wachstumsstillstand	Breckzienjaspis
Wachstumsstörungen	Streifenachat
Wadenbeinlähmung	Blauquarz, Hessonit
Wadenkrämpfe	Heliotrop, Kupfer, Petalit
Wadenlähmung	Apophyllit
Wahnerkrankungen	Hiddenit
Wahnideen	Apophyllit, Smaragd, Staurolith-Kreuzstein
Wahnsinn	Padparadscha
Wahre Liebe	Milchquarz
Wärme	Amethyst, Baumachat, Coelestin, Katzenauge, Magnetit, Tigerauge
Wärmehaushalt - regelnd	Mookait
Warzen	Apachengold, Bernstein, Glücksgeoden, Markasit, Wasserachate
Wasser-Mineral-Vitamin-Haushalt - regulierend	Prehnit
Wasser-Salz-Haushalt - regulierend	Rauchquarz
Wasseransammlungen	Buntkupfer, Dumortierit, gelbe Jade, grüner Turmalin, Hyazinth, Iolith, Muskovit-Glimmer, Phantomquarz, roter Jaspis, Sandrosen, Sardonyx, Selenit, Serpentin
Wasserbeine	Grüner Turmalin
Wasserblasen	Hyazinth
Wasserhaushalt	Baumachat, Flintstein, Hyazinth
Wasserhaushalt - regulierend	Iolith, Magnetit, Moosachat
Wasserlunge	Hyazinth
Wasserödeme	Gelber Fluorit
Wasserstrahlen	Baryt, Bergkristall, Breckzienjaspis, Hämatit, Kupfer, Landschaftsjaspis, Lepidolith-Glimmer, Meteorit, Rosenquarz, Schwingquarz
Wassersucht	Chrysokoll
Wechseljahre	Chalcedon
Wehen - Regelung	Aprikosenachat
Wehen - schmerzhaft	Grüne Jade

Weitsicht	Alexandrit
Wetterbedingte Gliederschmerzen	Australischer Amulettstein
Wetterfühligkeit	Labradorit, Onyx, Peridot, schwarzer Turmalin
Widerstandskraft	Australischer Amulett-stein, Herkimer Diamant, Onyx, Silberauge, versteinertes Holz
Willenskraft	Baumquarz, Granat, Grossular, Hessonit, Phantomquarz
Windpocken	Peridot, Schneeflockenobsidian
Wirbel	Azurit, Azurit-Malachit
Wirbelgleiten	Blauer Calcit
Wassermelonenturmalin	
Wirbelsäule	Blauer Calcit, Doppelspat, Fossilien, Malachit, Pyrit, Rheinkiesel, Seeopal, Smaragd
Wirbelsäule - kräftigend	Schneeflockenobsidian
Wirbelsäulen-rheumatismus	Blauer Calcit, Tigerauge
Wirbelsäulenschäden	Doppelspat, Morganit, Orangencalcit
Wirbelsäulen-verkrümmung	Chrysokoll, Doppelspat, Granat, Labradorit
Wirbelsäuleverbiegung	Tigerauge
Wohlbefinden	Azurit-Malachit, Biotit, Boji, gelber Fluorit, Kunzit, Landschaftsjaspis, Manganocalcit, Moosachat, Rutilquarz, Schwingquarz, Vesuvian
Wolf	Verdit
Wolfsrachen	Aprikosenachat, Smaragd, Türkis
Wuchernde Geschwüre	Regenbogenfluorit
Wuchernde Knoten	Feuerachat
Wuchernde Zellen	Charoit
Wucherungen	Herkimer Diamant, Saphir
Wucherungen - krebsartig	Bergkristall, Schwingquarz
Wucherungen - verhornte	Glücksgeoden, Wasserachate
Wunddesinfektion	Ulexit
Wunden - blutende	Carneol, Hämatit
Wunden - eitrig	Blauer Achat, Chalcedon, Mookait, Onyx, Sardonyx, Zinkblende
Wundheilung	Rosenquarz
Wundlaufen	Amethyst, Onyx
Wundmale	Verdit
Wundpflege	Coelestin
Wundrosen	Baryt, Schwefel, Türkis
Wundsein des Babys	Fossilien
Wundstarrkrampf	Smaragd, Ulexit

Würmer	Rosa Andenopal
Wurzelentzündung	Doppelspat, versteinertes Holz
Wutanfälle	Amethyst, Australischer Amulettstein, Aventurin Sonnenstein, Dolomit, Feuerachat, Feueropal, Howlith, Labradorit, Mohrenkopfturmalin, Silber, versteinertes Holz
X-Beine	Orangencalcit
Xenophobie	Sardonyx
Zahnausfall	Doppelspat
Zähne	Doppelspat, Howlith, Perle, Regenbogenfluorit, Silberauge, Türkis,
Zahnen	Bernstein, weiße Koralle, Zahntürkis
Zahnerkrankung	Aragonit
Zahnfäule	Zahntürkis
Zahnfleisch	Türkis
Zahnfleisch, schwammiges	Schwarzer Diopsid, Sterndiopsid
Zahnfleisch - kräftigend	Zahntürkis
Zahnfleischbluten	Carneol, schwarzer Diopsid, Sterndiopsid, Wassermelonenturmalin
Zahnfleischentzündungen	Apachengold, Markasit, Perlmutt, Regenbogenfluorit
Zahnhälse - empfindliche	Türkis, versteinertes Holz, Zahntürkis
Zahnmark	Doppelspat, Zahntürkis
Zahnmarkerkrankungen	Türkis, versteinertes Holz
Zahnschmelzbildung	Aragonit
Zahnschmerzen	Blauer Calcit, Gagat
Zahnstein	Zahntürkis
Zahnüberempfindlichkeit	Aragonit
Zahnverfall	Zahntürkis
Zahnwurzelentzündungen	Silberauge
Zecken	Bernstein
Zehen	Baryt
Zelebrale Kinderlähmung	Buntkupfer, Staurolith-Kreuzstein
Zellaufbau	Feuerachat
Zellerneuerung - aktivierend	Schneeflockenobsidian
Zellerneuerung - regenerierend	Sugilith
Zellgewebe - Verjüngung	Boji, Moqui
Zellgewebsentzündungen	Steinsalz
Zellstruktur - erneuernd	Rutilquarz
Zellteilung	Feuerachat, Mohrenkopfturmalin
Zellteilung - aktivierend	Schneeflockenobsidian

Zellulitis	Rauchquarz
Zellwachstum	Feuerachat, Mohrenkopfturmalin
Zellwachstum - beschleunigend	Rosenquarz
Zellwucherung	Charoit, schwarzer Opal
Zentrales Nervensystem	Alexandrit, Australischer Amulettstein, Azurit, Rhodonit, Sonnenstein
Zerrungen	Herkimer Diamant
Zielbewußtsein	Hämatit
Zielstrebigkeit	Apatit, Saphir
Zirbeldrüse - aktivierend	Milchquarz
Zittern	Ametrin, Aquamarin, Goldobsidian, grüner Turmalin, Malachit, Mookait, Rheinkiesel, schwarzer Turmalin, Smaragd, Tektit
Zorn	Australischer Amulettstein, Chrysokoll, Mohrenkopfturmalin, Saphir
Zuckerhaushalt	Moosachat, Smaragd
Zuckerkrankheit	Citrin, Silber
Zuckerstoffwechsel - steuernd	Muskovit-Glimmer
Zuckungen - krampfhaft	Pyrit
Zufriedenheit	Apatit, Boji, Coelestin, grüne Jade, grüner Turmalin, Heliotrop, Manganocalcit, Magnesit, Moqui, Orthoklas, Perle, Rhodochrosit, roter Jaspis, Smaragd, Ulexit, Vesuvian
Zukunftsangst	Apachentränen, blauer Calcit, Mondstein
Zurückgebliebenheit - geistige	Rote Koralle
Zusammengehörigkeitsgefühl	Boji, Hiddenit, Rosenquarz, versteinertes Holz
Zusammenkrampfen der Bronchien	Rutilquarz
Zuversicht	Chrysoberyll, Poppy-Jaspis, Rhodonit
Zwanghaftes Erröten	Baryt
Zwangsneurosen	Baryt, Sugilith
Zwangsvorstellungen	Baryt, Sugilith
Zwerchfell - entkrampfend	Malachit
Zwergwuchs	Goldtopas
Zwölffingerdarm	Apachengold, Markasit
Zwötffingerdarm - kräftigend	Turitellaachat
Zwölffingerdarmsgeschwür	Aventurin-Sonnenstein, Bernstein
Zysten	Bronzit

Heilsteine in Verbindung mit Düften, Essenzen und ätherischen Ölen

Ätherische Öle und duftende Essenzen betören die Menschen seit Tausenden von Jahren und finden ebenfalls, wie die Kräuter und Heilsteine, ihren festen Platz in der Medizin. Tiere sind im Umgang mit Duftstoffen noch wesentlich sensibler. Düfte nehmen einen sehr starken Stellenwert unter Tieren und Pflanzen ein und sichern deren Existenz. Sie zählen nicht nur zu den alternativen Heilmitteln, sondern sind auch fester Bestandteil unserer Kultur.

Heilsteine lassen sich in Verbindung mit ätherischen Ölen sehr harmonievoll in ihren Wirkungen abrunden und kombinieren. Um Ihnen die Kombination der Heilsteine mit den Düften zu erleichtern, haben wir Ihnen eine Übersicht ausgearbeitet, welche es Ihnen ermöglicht, die physischen und seelischen Eigenschaften der meisten, im Handel erhältlichen, Öle und Essenzen kennenzulernen. Allerdings sollten Sie darauf achten, daß ätherische Öle, im Gegensatz zu Heilsteinen. auch Nebenwirkungen aufweisen können. Wir empfehlen Ihnen daher nur den äußerlichen Gebrauch der Öle in Verbindung mit Edelsteinen und Heilsteinen als Kombination in der Duftlampe. Wenn die Öle als Hautmittel, zum Inhalieren oder zum Einreiben und Einnehmen verwendet werden können, so haben wir Ihnen dies ausdrücklich beschrieben. **Bitte nehmen Sie niemals Öle ohne ausdrücklichen Hinweis ein.**

Allgemeines über Duftöle und Essenzen:

Ätherische Öle sind mehr oder weniger stark duftende, hochkonzentrierte, organische Essenzen, welche in Pflanzen durch bestimmte Drüsen produziert werden. Sie wirken, wie die Heilsteine, auf die Haut, Sinne, Chakras und Organe unseres Körpers. Ätherische Öle werden den Pflanzen durch Kaltpressen oder durch schonende Wasserdampfdestillation entzogen. Da viele Medikamente (ca. 100.000) ihre heilenden Eigenschaften einer Kombination von Mineralien, Kräutern und Ölen verdanken, empfiehlt es sich förmlich, die heilenden Substanzen direkt zu verwenden. Ohne chemische Aufbereitung und Bindemittel.

Bevor Sie sich ätherische Öle kaufen, sollten Sie folgendes beachten:

Kaufen Sie nur echte, natürliche und unverfälschte ätherische Öle und Duftessenzen für Ihre **innerliche** Duft- und Aromatherapie. Diese sind zwar etwas teurer als eine Vielzahl chemisch industriell hergestellter Öle, dafür sind sie in ihren Heilwirkung rein, sanft und unverfälscht. Hierfür sollten die Öle einige Qualitätsmerkmale aufweisen:

- Die Pflanzen, aus welchen die Öle gewonnen werden, sollten aus kontrolliert biologischem Anbau (kbA) stammen und 100%ig rein sein. Die Gewinnung der Essenzen sollte schonend, unter Wasserdampfdestillation, oder durch kaltpressen erfolgen. Achten Sie darauf, daß die Öle frei von chemischen Zusätzen sind.
- Eigenschaften wie naturidentisch oder naturnah deuten auf künstliche Aromaöle hin. Im Sinne des Naturschutzes oder aus ökologischen Gründen sind einige Öle nicht in ausreichender Menge vorhanden oder beeinträchtigen bei der Gewinnung von tierischen Duftstoffen das Leben der Tiere (Moschus und Ambra). Moschus ist ein Sexualsekret des Moschushirsches und Ambra wird dem Wal entnommen. Dies führt immer zum Tode der Tiere und sogar fast zu deren Ausrottung. Diese Tiere stehen heute unter Naturschutz. Auch Rosenöl, Flieder oder Maiglöckchen sind nicht immer in ausreichender Menge erhältlich, wenn man bedenkt, daß für einen einzigen Tropfen Rosenöl ca. 50 Rosen benötigt werden. Diese Öle werden daher künstlich, naturidentisch unter denselben Eigenschaften hergestellt, wie diese auch den natürlichen Ölen entsprechen würden. Aus diesem Grund haben wir uns auch mit naturidentischen Ölen näher befaßt und festgestellt, daß diese den Heilwirkungen natürlicher Öle zwar stark nachstehen, aber über die Duftlampe dieselben balsamartigen Wirkungen auf das Gemüt haben.
- Für die Duftlampe können also auch naturidentische Öle sehr gut verwendet werden.
- Ätherische Öle sind hochkarätige Konzentrationen pflanzlicher Wirkstoffe und sollten daher in Maßen verwendet werden.

Alle Heilwirkungen der Öle, welche wir Ihnen aufgeschrieben haben, beruhen in erster Hinsicht auf die Wirkung der Öle durch den Duft direkt aus der Duftlampe und können so in Verbindung mit den Heilsteinen auch phantastisch kombiniert werden. Andere Methoden, wie z. B. das Einreiben, als Badezusatz oder das Einnehmen der Öle, sollte nur unter ausdrücklicher Anleitung erfolgen.

Damit Sie ätherische Öle bedenkenlos anwenden können, sollten Sie folgende Dinge beachten:

Bei Schwangerschaft:

Um den Schwangerschaftsverlauf nicht zu beeinflussen, sollten nur Heilsteine verwendet werden, oder folgende Essenzen gemieden werden: Basilikum, Lorbeer, Myrrhe, Rosmarin, Nelke, Majoran, Salbei, Thymian, Ysop

Bei Epilepsie:

Zu Epilepsie neigende Menschen sollten folgende Essenzen meiden: Ysop, Rosmarin, Fenchel, Salbei

Kinder:
Alle Düfte sollten bei Kindern halbiert werden, da Kinder doppelt so stark auf die Wirkungen von Ölen reagieren, wie Erwachsene.

Haltbarkeit:
Die meisten Öle sind bei luftdichter und lichtgeschützter Lagerung ca. zwei Jahre haltbar. Öle von Zitrusfrüchten sollten innerhalb eines Jahres aufgebraucht werden.

Haustiere:
Bei Haustieren empfehlen wir Ihnen, die Düfte zu halbieren, und in jedem Fall auch die sensiblen Reaktionen Ihrer "Mitbewohner" mit in die Auswahl Ihrer Öle einzubeziehen. Tiere werden durch Düfte im Lebenswandel, Revier und Sexualleben stark beeinflußt. Düfte spielen für das Wohlbefinden und die Verständigung von Hunden und Katzen eine besondere Rolle. Baldrian beispielsweise wirkt auf uns Menschen sehr beruhigend, aktiviert aber Katzen in ihrem Sexualtrieb und Paarungswunsch.

Homöopathische Behandlung:
Während der homöopathischen Behandlung sollte der Therapeut festlegen, welche Öle sie verwenden sollten.

Blutdruck:
Bei Bluthochdruck sollten folgende Öle gemieden werden: Rosmarin, Thymian, Ysop. Bei zu niedrigem Blutdruck sollten Sie Baldrian und Lavendel meiden.

Sonnenbaden:
Da einige Öle die Haut lichtempfindlicher machen und sogar Sonnenflecken verursachen können, sollten Sie im Sommer oder vor dem Sonnenbaden vor allem Öle von Zitrusfrüchten unbedingt meiden: Mandarine, Zitrone, Orange, Limette, Grapefruit und Petit Grain.

Einnehmen von Ölen:
Das Einnehmen von Ölen sollte nur unter ärztlicher oder ausdrücklich angewiesener Anleitung erfolgen. Unsachgemäßes Einnehmen von ätherischen Ölen und Essenzen kann zu starken Gesundheitsschäden führen. Einige Öle können jedoch bedenkenlos eingenommen werden und entfalten auch innerlich einen Großteil ihrer Wirkungen. Wir haben Ihnen dafür zusätzlich unter jedem Öl beschrieben, ob und wie Sie dieses einnehmen können.

Heilsteine:
Ätherische Öle können mit allen Heilsteinen in der Duftlampe und als Badezusatz bedenkenlos kombiniert werden. Im Gegensatz zu ätherischen Ölen weisen Heilsteine und Kristalle keine Nebenwirkungen auf und verfälschen auch nicht die verschiedenen Essenzen.

Hautkontakt:
Nur ausdrücklich erwähnte Öle sollten als Massageöle, Badezusatz, Kompressen oder Hautpflegemittel, immer in stark verdünntem Zustand (1:100, 10 bis 15 Tropfen in flüssigem Honig oder Sahne verrührt) verwendet werden. Hierbei ist jedoch gleichzeitig darauf zu achten, daß die Öle die Lichtempfindlichkeit der Haut erhöhen und somit auf keinen Fall in der Sonne oder im Solarium verwendet werden dürfen, da diese bleibende Hautflecken verursachen können. Für ein Beruhigungsbad am Abend empfehlen wir folgende Kombination: Melisse, Petit Grain, Rosenholz, Geranium, Zeder, Orange, Lavendel in Verbindung mit Carneol, Granat, Lapislazuli, Amethyst und Orangencalcit. Bei sensibler und empfindlicher Haut sollten Sie Minze, Zitrone, Fenchel, Zimt und Thymian meiden.

Inhalation:

Einige Tropfen ätherisches Öl in eine Schüssel mit dampfend heißem Wasser geben und zusätzlich die gewünschten Heilsteine hinzugeben, das Gesicht über die dampfende Schüssel halten und den Kopf mit einem großen Tuch abdecken. In Drogerien oder Apotheken sind einfache, günstige und gute Inhalatoren erhältlich. Diese erleichtern das Inhalieren und erhöhen auch die zu inhalierende Ausbeute des ätherischen Öls. Folgende Öle eignen sich ganz besonders für die Inhalation:
Kamille, Eukalyptus, Thymian, Salbei, Cajeput, Ysop.

Kompressen:

In eine Schüssel mit heißem Wasser und Heilsteinen zusätzlich einige Tropfen ätherisches Öl geben. Ein Handtuch darin eintauchen, auswringen und möglichst warm auflegen. Diese Kompressen lassen sich in Verbindung mit Heilsteinen, Kristall-Massagestäben oder Edelstein-Pulvern in ihrer Wirkung um ein Vielfaches verstärken. Sie dienen hauptsächlich der Hautpflege und sind sehr heilend bei Hauterkrankungen, allergischen Hautausschlägen, Pickeln und Akne. Gleichzeitig sind Kompressen durchblutungsfördernd für die Haut und straffen das Gewebe. Krampfadern, Orangenhaut und lästige Hautfalten können so gelindert und geheilt werden. Darüberhinaus werden Kompressen auch sehr heilend bei rheumatischen Erkrankungen, Gichtleiden, Muskelverletzungen und Bänderzerrungen verwendet. Folgende Essenzen eignen sich in Verbindung mit Heilsteinen besonders für die Hauttherapie: Blaue Kamille, Rose, Bergamotte, Neroli, Iris, Weihrauch, Zitrone.

Gegenwirkungen:

Einige Öle wirken genau dem entgegen, was eigentlich erreicht werden soll (Kontraindikation). So wäre es z. B. falsch, ein beruhigendes Öl zu verwenden, wenn Sie Müdigkeit und Unlust entgegenwirken möchten.

Anregende Öle:

Grapefruit, Bergamotte, Zitrone, Pfeffer grün, Wacholder, Rosmarin, Minze, Eukalyptus.

Beruhigende Öle:

Kamille, Rose, Lavendel, Benzoe, Geranie, Weihrauch, Majoran, Melisse, Sandelholz, Mandarine, Myrrhe, Zypresse, Neroli.

Desinfizierde Öle:

Ätherische Öle haben, besonders auch in Verbindung mit Heilsteinen, auf die Organe, die Wohnung und unsere nähere Umgebung keimtötende Wirkungen (antiseptisch). Sie bekämpfen Viren und Bakterien in der Atemluft und säubern auch unseren Wohnraum von Krankheitserregern. Folgende Öle haben besonders keim-, viren- und bakterientötende Eigenschaften: Fenchel, Thymian, Nelke.

Wie lassen sich Duftöle allgemein verwenden?

In der Duftlampe:

Zur Raumparfümierung und als Aromatherapie für Geist und Körper. Ätherische Öle lassen sich mit Heilsteinen und Kristallen besonders wirkungsvoll kombinieren.

Luftbefeuchter:

Ähnlich wie die Duftlampe verteilt der Luftbefeuchter den Duft der Öle konstant und gleichmäßig in der Wohnung und über längere Zeit hinweg baut sich eine sehr wohltuende Aromatherapie auf.

Waschmaschine:
Gut riechen gehört zum Alltag. Neben einer Vielzahl von Parfüms und Rasierwassern, welche auf dem Markt erhältlich sind, bestehen die meisten in ihrer Grundsubstanz aus einer Kombination von ätherischen Düften und Essenzen. In der Waschmaschine verbreiten sich die Öle sehr intensiv und setzen sich im Gewebe der Wäsche fest. Ein anhaltend wohlriechender Duft nach Ihren Wünschen ist das Resultat. Es genügt, wenn Sie vor jedem Waschgang zwei bis drei Tropfen ätherisches Öl zum Waschpulver hinzugeben.

Als Badezusatz:
Einige, in unserer Übersicht extra ausgewiesene, Hautöle und Essenzen lassen sich sehr wohltuend und belebend auch als Badezusatz verwenden. Hierbei ist jedoch darauf zu achten, daß ätherische Öle entweder schwerer oder leichter als Wasser sind, und sich mit Wasser nur durch Emulgatoren verbinden. Wir empfehlen Ihnen das vorherige Einrühren der Öle in Sahne, Milch oder Honig. Hierbei entstehen sogar in Verbindung mit dem Wasser für unsere Haut wohltuende Liposome. Erwachsenen empfehlen wir für ein Vollbad ca. 10 Tropfen ätherisches Öl. Bei Hautempfindlichkeit sollte diese Menge nicht mehr als zwei bis drei Tropfen betragen. In der Schwangerschaft sollte niemals Salbeiöl verwendet werden.
Mineral-Öl-Bäder können zusätzlich durch hautpflegende Substanzen in ihren wohltuenden Wirkungen abgerundet werden. Mischen Sie Mineralien, Duftöle und Pflegeöle in Honig und geben zusätzlich z. B. Avocado-, Mandel-, Jojoba-, Sesam-, oder Sonnenblumenöl hinzu.

Hier einige Beispiele für mineralreiche Ölbäder:

Erkältungsbad:	Pfefferminze, Eukalyptus, Thymian, Rosmarin, Apatit, blauer Fluorit, Blauquarz, Mookait
Beruhigungsbad:	Baldrian, Lavendel, Fenchel, gelbe Jade, Labradorit, grüner Turmalin
Rheumabad:	Fichtennadel, Wacholderbeere, Rosmarin, Streifenachat, Granat, Seeopal, Smaragd

Aufgrund der umfangreichen Zusammenfassungen der Heilwirkungen der Steine, Düfte und Kräuter lassen sich viele weitere Möglichkeiten kombinieren.

Alphabetische Übersicht der am meisten im Handel erhältlichen ätherischen Öle, Düfte und Essenzen:

Ambrette:
Bei Ambrette handelt es sich um einen sinnlich süßen, verführerischen Duft, welcher in seiner Eigenschaft an Moschus und Ambra erinnert. Diese Düfte werden heute jedoch aus naturschützenden Gesichtspunkten synthetisch hergestellt. Ambrette hat eine stimulierende und anregende Wirkung auf das Kommunikationszentrum im Gehirn. Es lindert leicht nervliche Reizbarkeit und Stottern.

Angelikawurzel:
Hierbei handelt es sich um einen auf das Nervensystem beruhigend und ausgleichend wirkenden, würzigen Duft. Nach körperlichen Überanstrengungen, Abgeschlagenheit und Lustlosigkeit wirkt dieser Duft sehr aufbauend und vitalisierend. Er verhilft auch, angestaute Probleme zu lösen und den Alltag in einem neueren Licht erscheinen zu lassen. Angelikawurzel gibt ängstlichen Menschen neue Kraft, nimmt Nervosität und Mutlosigkeit. Dieser Duft wirkt sehr lindernd gegen Magen- und Darmerkrankungen, Darmgrippe und Verdauungsstörungen.

Anis:

Anis hat sehr anregende, stimulierende und krampflösende Wirkungen auf den Magen und Darmtrakt, lindert Blähungen und aktiviert die Verdauungsorgane. Es hat schleimlösende Wirkungen auf die Bronchien und die Atemwege. Anis ist ein würzig süßer Duft, welcher sehr erwärmend und stärkend in unsere Seele eindringt. Während der Schwangerschaft kräftigt Anis die milchbildenden Zellen im Organismus der Frau und aktiviert gleichzeitig die Milchbildung. Anis kann mit zwei bis drei Tropfen täglich auf einem Stück Zucker auch sehr wohltuend innerlich angewendet werden.

Atlaszeder:

Dies ist ein gemütlich stimmender, die Seele kräftigender Duft. Er wirkt besonders bei Erkrankungen der Atmungsorgane, wie z. B. Husten und Bronchitis und lindert Kropf. Für die äußerliche Anwendung hat Atlaszeder sehr heilende und Juckreiz unterbindende Wirkungen gegen Hautausschläge und Ekzeme. Sie entgiftet die Haarzellen und bewirkt ein besseres Wachstum der Haare und Fingernägel. Atlaszeder wird daher auch in vielen Haarwässern verwendet und eignet sich auch sehr gut als Badezusatz.

Baldrian:

Dieses Öl hat eine süßlich-modrige Note und ist daher nicht jedermanns Sache. Baldrianöl ist ein natürliches Beruhigungsmittel, welches sehr krampflösende und nervenberuhigende Eigenschaften hat. Gleichzeitig ist dieses Öl auch nervenstärkend. Es lindert Einschlafschwierigkeiten, Schlafstörungen, Schlaflosigkeit und hohen Blutdruck. Durch dieses Öl werden auch nervöse, nervenbedingte Magen- und Darmstörungen gelindert und geheilt. Innerlich kann dieses Öl ein bis zweimal täglich, zwei bis drei Tropfen, mit einem Löffel Honig, eingenommen werden. Auf Tiere und ganz besonders auf Katzen hat Baldrian genau entgegengesetzte Wirkungen wie auf uns Menschen. Es aktiviert Katzen im Sexualtrieb und täuscht Paarungszeit vor.

Basilikum:

Dieser erotisierende, thymianähnliche, würzige Duft verschafft uns klarere Gedanken und nimmt Erschöpfungszustände, Traurigkeit und Melancholie. Er hat befreiende Wirkungen auf den Kopf und befreit uns daher besser von streß- und wetterbedingten Kopfschmerzen und Migräne. Basilikum hat in seinem Duft für Insekten stark abweisende Wirkungen und neutralisiert gleichzeitig Stiche. Als Gewürz oder als Würzöl reguliert Basilikum Fehlfunktionen von Magen, Nieren, Darm und Blase. Während der Schwangerschaft sollte Basilikum gemieden werden. Als Gewürz kann dieses Öl jedoch jederzeit ohne Probleme verwendet werden.

Bay:

Dieser nelkenartig-würzige Duft hat sehr aktivierende und fröhlich stimmende Eigenschaften. Er nimmt Depressionen und schlechte Laune. Darüberhinaus bekämpft dieser Duft Wundinfektionserreger in Lungen und Atemwegen und beschleunigt das Heilen. Während der äußerlichen Anwendung ist dieses natürliche Mittel ein Balsam für die Kopfhaut. Es befreit von Schuppen, reinigt die Poren und dient als Badezusatz zur Haarpflege und sogar als Haarwuchsmittel.

Benzoe:

Hierbei handelt es sich um einen beruhigenden, süßlichen, vanilleähnlichen Duft. Er öffnet die Seele und das Gemüt und macht auch anderen Menschen gegenüber sensibler und offener. Dieser Duft verbindet die Menschen und nimmt Einsamkeit und Depressionen. Nicht umsonst ist dieser Duft in einer Vielzahl von Parfüms und Duftölkombinationen enthalten. Benzoe lindert Erkältungskrankheiten und asthmatische Atembeschwerden. Auch Hautreizungen, allergische Hautausschläge und eitrige Geschwüre können durch Benzoe gelindert und geheilt werden (als Badezusatz).

Bergamotte:
Dieser, leicht süßliche, zitronenartige Duft dringt sehr schwingungsvoll und anregend in unsere Seele ein und befreit aus seelischen Tiefpunkten, nervösen Anspannungen, Ängsten und Depressionen. Dieser Duft vermittelt ein höheres Gefühl von Neubeginn und bewirkt ein Emporsteigen von mehr Lebens-Optimismus und Lebensfreude. In der Parfümherstellung und in der Bäckerei ist dieser Duft sehr begehrt. Er wird beispielsweise als Gewürz in Marzipan und Mandelgebäck verwendet. Äußerlich läßt sich dieses Öl ganz besonders gegen Hautprobleme wie Akne und Ekzeme verwenden. Hierbei sollte jedoch darauf geachtet werden, daß dieses Öl nur sehr stark verdünnt auf die Haut aufgetragen wird und wir unsere Haut anschließend keiner zu starken Sonnenbestrahlung aussetzen, da Bergamott-Öl die Lichtempfindlichkeit der Haut erhöht und somit Hautflecken verursachen kann. Früher wurde dieses Öl sogar als Bräunungsbeschleuniger verwendet. Es wirkt am besten abends oder als Badezusatz. So hat es auch antiseptische, krampflösende und wurmtreibende Eigenschaften auf den Verdauungstrakt. In der Duftlampe hat Bergamotte sehr insektenabweisende Wirkungen.

Bergbohnenkraut:
Dieses würzig-pfeffrig riechende Öl hat eine starke infektionslindernde Wirkung auf den Mund-Rachen-Raum und auf den Verdauungstrakt. Es wirkt daher wie ein natürliches Antibiotikum. Darüberhinaus kräftigt dieser Duft Geist und Seele und bewahrt vor Prüfungsangst und allgemeinen Schwächezuständen. Es ist durchblutungsanregend und kräftigt die Inselzellen der Bauchspeicheldrüse in der Insulinproduktion. Darüberhinaus hat dieses Öl sehr kräftigende Eigenschaften auf Magen, Nieren und Darm.

Bienenwachs:
Bienenwachs hat einen warmen, süßen, honigartigen Duft, welcher sehr beruhigend und entspannend in unsere Seele eindringt. Er lindert nervliche Überreizbarkeit, welche sich oft in Unüberlegtheit, Hitzigkeit, Ungeduld und Aggression ausdrückt. Äußerlich hat Bienenwachs sehr pflegende Eigenschaften, besonders bei empfindlicher Haut. Es eignet sich als Emulgator für andere Essenzen zum äußerlichen Verwenden auf der Haut und als Badezusatz.

Blutorange:
Hierbei handelt es sich um einen fruchtig, frischen, warmen Duft, welcher uns unmittelbar mit Sommer, Urlaub und Süden in Verbindung bringt. Er entspannt Geist und Körper, stimmt fröhlicher und unternehmungslustiger.

Cajeput:
Dieser frische, eukalyptusähnliche Duft hat sehr lindernde und desinfizierende Heilwirkungen auf Atemwegserkrankungen und Ohrenleiden. Er wirkt krampflösend und hat entwässernde Eigenschaften. Auch gegen Hauterkrankungen läßt sich Cajeput vorbeugend und heilend verwenden. Dünn auf der Haut als Massageöl aufgetragen, hat dieses gegen Gicht und Rheuma vorbeugende und heilende Eigenschaften. Dieses Öl ist ein wichtiger Bestandteil vieler Rheumasalben.

Calamus:
Dieser starke, herbwürzige Duft dient als Basisnote vieler Cremes und Parfüms. Es stimmt einerseits sensiblere Menschen mutiger und optimistischer, andererseits werden dominante und egoistische Menschen durch diesen Duft sensibler und anpassungsfähiger gestimmt.

Cananga:
Dieser Duft dringt sehr sanft in unsere Seele ein und stimmt heiter und lebensfroh. Er macht auch in besonders schwierigen Lebenssituationen optimistisch. Menschen, welche zu Jähzorn, Grobheit und Gewalt neigen, werden durch diesen Duft stark besänftigt.

Cascarilla:

Hierbei handelt es sich um einen balsamartigen Duft mit herbwürziger Basisnote. Dieser wird seit altersher zum Abrunden von Räuchermischungen verwendet. Er stärkt Freundschaft und Charakter. Dieser Duft hat ähnlich berauschende Wirkungen wie Alkohol. Allerdings glücklicherweise ohne die negativen Nebenwirkungen.

Cassie:

Dies ist ein blumig-schmeichelnder Duft. Er dringt sehr angenehm und beständig in uns ein, inspiriert Geist und Seele und läßt sich daher auch für die Meditation sehr gut verwenden. Darüberhinaus aktiviert dieser Duft ganz besonders bei musisch und künstlerisch veranlagten Menschen kreatives Bewußtsein und Phantasie.

Cistrose:

Dieser optimistisch stimmende Duft dringt sehr harmonisierend in uns ein. Er stärkt das Gedächtnis und vermag es, daß unsere Sinne gegenüber wahren und falschen Freunden gestärkt werden. Außerdem wird Cistrose-Öl seit Generationen als Hautmittel verwendet, da es, äußerlich aufgetragen, desinfizierende und heilungsbeschleunigende Eigenschaften für die Haut hat. Cistrose ist ein vielfältiger Grundstoff für zahlreiche Parfüms und Cremes.

Citronelle:

Hierbei handelt es sich um einen frischen Duft, welcher sehr aufmunternd und ausgleichend in die Seele eindringt. Vor allem im Hals-Nasen-Bereich wirkt er infektionshemmend und lindert Husten, Heiserkeit und andere grippale Erkältungskrankheiten. Citronelle ist sehr stark insektenabweisend und läßt sich daher bevorzugt an warmen Sommerabenden gegen Mücken und Ungeziefer verwenden. In der asiatischen Küche ist Citronelle ein beliebtes Gewürz.

Costus:

Dieser würzige Duft hat sehr gleichgewichtsregulierende Eigenschaften auf die psychischen Zusammenhänge in der Seele. So befreit er beispielsweise von Ängsten und Stauungen, die wir von klein auf mit uns führen. Er stärkt die Vorstellungskraft und die Intuition. Er verleiht uns Willenskraft, Ausdauer und Stehvermögen. Bei regelmäßiger Anwendung verhilft uns dieser Duft sogar zum Erkennen und zum Abbauen von Stauungen und Blockaden, welche mehr oder weniger unser Leben negativ beeinflussen.

Davana:

Dieser Duft hat eine süßlich-kräuterhafte Note und wirkt sehr beruhigend und entspannend auf das Nervensystem. Er verbindet besser Geist und Körper und läßt Gefühle und Gedanken geschmeidiger durch das Nervensystem gleiten. Davana ist hemmungslösend im Umgang mit Kollegen am Arbeitsplatz.

Dill:

Dill hat sehr entkrampfende und blähungsstillende Eigenschaften. Er regt die Verdauung an und beruhigt die Nerven. Schreckhafte Menschen, welche darüberhinaus auch noch unter einer erhöhten Krampfbereitschaft der Muskulatur leiden, sollten Dill verwenden, da dieser nicht nur krampflösend ist, sondern auch die Krampfbereitschaft der Muskulatur herabsetzt.

Douglasie:

Hierbei handelt es sich um einen warmen, fruchtigen, an frische Waldluft erinnernden Duft, Dieser stärkt das Selbstbewußtsein und lindert Prüfungsangst und Streß. Es vermittelt neue Kraft in geänderten Lebensaufgaben und schenkt mehr Optimismus. Darüberhinaus hat dieser Duft sehr luftreinigende Eigenschaften. Menschen, welche in stark luftverschmutzten Gegenden leben, Raucher sind, oder an anderen durch die Atemluft hervorgerufenen Krankheitssymptomen leiden, sollten unbedingt die Douglasie als "Luftfilter" für sich wirken lassen.

Eichenmoos:
Dieser an frisches Waldmoos erinnernde Duft aktiviert Geist und Seele und dringt wie ein Licht in uns ein. Er öffnet unsere Augen für die so vielen einfachen Dinge im Leben und macht einsame Menschen kontaktfreudiger. Darüberhinaus hat dieser Duft sehr beruhigende und ausgleichende Wirkungen auf den Kopf und das Herz. Er gibt rauhen Menschen mehr Sensibilität und erweicht hartherzige Menschen zu mehr Liebe. Dieser Duft dient als Grundlage vieler Parfüms und After Shaves.

Elemi:
Dies ist ein fruchtig würziger Duft, welcher häufig als Basisnote für Parfüms, Cremes und Duftöle verwendet wird. Er hat sehr Yin-Yang ausgleichende Eigenschaften, reguliert die Biokurve und versorgt die Seele auch in besonders kritischen Situationen mit mehr Kraft und Durchhaltevermögen. Er gibt die nötige Entschlußkraft für neue Lebenssituationen. Menschen, welche sehr depressiv sind und gar von Selbstmordgedanken gequält werden, sollten unbedingt Elemi als regelmäßige Kur in ihrer Duftlampe haben.

Estragon:
Hierbei handelt es sich um einen exotisch, feurig-würzigen Duft, welcher nicht nur das Selbstbewußtsein stärkt, sondern auch mehr Durchhaltevermögen für länger angelegte Lebensentscheidungen verleiht. Desweiteren hat sich Estragon aufgrund seiner entkrampfenden Wirkung in einer Vielzahl von Massageölen bewährt. Es lindert Verdauungsstörungen und Blähungen und hat zugleich krampflösende und keimtötende Eigenschaften auf Magen und Darm. Estragon aktiviert den Kreislauf und lindert entzündliche und fiebrige Infektionen. Ein bis zwei Tropfen Estragon, mit einem Stück Würfelzucker eingenommen, vertreibt rasch den Schluckauf. Durch Einreiben können Insektenstiche schnell gelindert und geheilt werden.

Eukalyptus:
Dieses anregend erfrischende Öl hat während des Einatmens und auf der Zunge sehr kühlende und reinigende Wirkungen. Aufgrund seiner Vielzahl von heilenden Eigenschaften wird dieses Öl in Erfrischungstüchern, Kosmetik und Kräuterbonbons verwendet. In der Luft zerstäubt oder in der Duftlampe hat dieses Öl sehr vorbeugende, heilende und schleimlösende Wirkungen gegen Infektionskrankheiten. Es lindert und heilt Erkältunskrankheiten der Atemwege und grippale Erkrankungen im Hals-Nasen-Ohren-Bereich. Diese heilenden Wirkungen von Eukalyptus dringen über die Bronchien und die Lunge tief in den Organismus vor. Es lindert sogar Magen- Harnwegs und Darmerkrankungen. Aufgrund der antiseptischen Wirkung von Eukalyptus ist er nicht nur fiebersenkend, sondern auch sehr schmerzlindernd und vorbeugend gegen Infektions-krankheiten. Eukalyptus ist ein sehr stimulierender, frischer und regenerierender Duft bei Erschöpfungszuständen und Streß. Bei Kleinkindern und Säuglingen sollte Eukalyptus niemals im Gesicht verwendet werden. Als Hautöl und Badezusatz eignet sich Eukalyptus sehr lindernd gegen rheumatische Beschwerden und Wetterfühligkeit.

Fenchel süß:
Dieser süßliche, anisähnliche Duft hat eine sehr entkrampfende Wirkung auf die Verdauungsorgane. Er aktiviert die Verdauung und reguliert den Säuregehalt im Magensaft. Darüberhinaus nimmt Fenchel Blähungen und hilft bei Völlegefühl, Übelkeit und häufigem Erbrechen. Er lindert Husten und andere erkältungsbedingte Erkrankungen und hat dabei auch krampflösende und auswurffördernde Eigenschaften. Fenchel ist vor dem Essen appetitanregend und regt die Verdauung an. Er hat sehr keimtötende Eigenschaften und ist ein überaus magenfreundliches Öl. Fenchel sollte nicht von Menschen verwendet werden, welche zu nervlicher Reizbarkeit und Epilepsie neigen.

Fichtennadel:

Fichtennadel ist eines der ältesten Badezusätze. Fichtennadel-Salz und Schaumbäder erfreuen sich auch heute noch großer Beliebtheit. Es lindert Erkältungsbeschwerden, Atemwegserkrankungen, Bronchitis, Grippe und Lungenentzündungen. Auch starke Husten und Gliederschmerzen können mit Hilfe von Fichtennadel gelindert und geheilt werden. Asthmatische Erkrankungen und Tuberkuloseinfektionen werden ebenfalls durch Fichtennadel gelindert und geheilt. Zwei bis drei Tropfen, max. dreimal täglich, eingenommen mit einem Teelöffel Honig, verstärken die Eigenschaften der Fichtennadel um ein Vielfaches. Darüberhinaus lindert Fichtennadel auch Bindegewebsentzündungen, Verstauchungen und rheumatische und neuralgische Beschwerden. Es hat sehr luftreinigende Eigenschaften, besonders auf Zigarettenqualm und eignet sich auch sehr belebend als Badezusatz an kalten Wintertagen.

Flouve:

Dieser Duft erinnert an Sommer und frisches Heu. Er sensibilisiert die Gefühle den Mitmenschen gegenüber und bringt abgehobene und träumerisch veranlagte Menschen wieder zurück zur Realität.

Galbanum:

Hierbei handelt es sich um einen befreienden, entkrampfenden Duft mit einer allgemein beruhigenden Note. Dieser löst nicht nur Verkrampfungen in der Seele, welche häufig sehr belastend für uns sind, sondern hat auch krampflösende Eigenschaften auf die Muskulatur.

Geranium Bourbon:

Dieser rosenartige, blumige Duft hat sehr ausgleichende, stärkende und gleichzeitig beruhigende Eigenschaften auf das Nervensystem und den Kreislauf. Er verleiht uns mehr Ausgeglichenheit und Harmonie und gibt uns mehr Kraft für schwere Lebenssituationen in der Partnerschaft. Darüberhinaus kräftigt dieser Duft die Geschlechtsorgane und reguliert den Hormonhaushalt in den Drüsen. Als blutreinigend unterstützt Geranium die Funktion von Nieren und Leber und kräftigt dabei gleichzeitig das Immunsystem. Es lindert Schwächezustände und hat sehr antiseptische Wirkungen. Geschwollene Hände und Füße, Verbrennungen und Entzündungen werden durch Geranium-Öl gelindert, Augenentzündungen und Gesichtslähmungen sogar geheilt. Es ist ein sicheres Mittel gegen Parasiten und Insekten und vertreibt sogar Mäuse und Ratten. Äußerlich läßt sich Geranium auf der Haut gegen Hautkrankheiten, Pickel und Akne verwenden und für die innerliche Anwendung empfehlen wir zwei bis drei Tropfen bis zu dreimal täglich auf einem Stück Zucker einzunehmen.

Ginster:

Hierbei handelt es sich um einen blumig-süßen Duft, welcher sehr aktivierend in uns eindringt. Er beflügelt eher zurückgezogene und einsame Menschen, aus sich herauszugehen und vermittelt allgemein ein größeres Bedürfnis nach Bewegung, Sport und körperlicher Zufriedenheit. Es hat sehr gemütsaufhellende Eigenschaften, ohne dabei den Organismus zu ermüden. Es eignet sich daher besonders während der Arbeit, vor Prüfungen und beim Autofahren auf längeren Strecken. Ginster kräftigt darüberhinaus den Willen nach Gewichtsreduzierung.

Grapefruit:

Dieser Duft dringt sehr entkrampfend und anregend in uns ein und vermittelt in uns ein Gefühl von mehr Lebenslust. Darüberhinaus ist Grapefruit blutreinigend, entschlackend und verdauungsfördernd. Sie eignet sich aufgrund ihrer frischen Note sehr gut für die Raumparfümierung und ist Grundsubstanz vieler Parfümöle. Grapefruit sollte niemals vor oder während des Sonnenbadens verwendet werden.

Immortelle:

Dieser herbsüße Duft unterstützt die Sinne für künstlerische Dinge im Leben und kräftigt auch die Verbundenheit zur Natur. Es stärkt das Selbstbewußtsein und stimmt uns entscheidungsfreudig in Bezug auf neue Aufgaben. Gleichzeitig wirkt dieses Öl stark schleimlösend, hustenlindernd und wundheilend. Als Schwellenöl ist Immortelle eine traditionsreiche Heilpflanze für chronische, akute oder allergische Hauterkrankungen. Ganz speziell wirkt diese sehr regenerierend und heilend auf die Haut bei Sonnenbrand.

Ingwer:

Ingwer hat eine sehr würzige, leicht erotisierende Duftnote mit appetitanregenden und verdauensfördernden Eigenschaften. Er regelt den Säurehaushalt im Magensaft und reguliert gleichzeitig den Wasserhaushalt in den Drüsen. Über die Schweißdrüsen bewirkt Ingwer nicht nur eine bessere Hautreinigung, sondern reguliert gleichzeitig den Wärmehaushalt im Organismus. Ingwer wird daher gegen nahezu alle ansteckenden Grippekrankheiten, gegen starken Durchfall, und Magen- und Darmgrippe in fremden Urlaubsländern verwendet. Im Winter hat Ingwer eine sehr vorbeugende Wirkung gegen Erkältungskrankheiten und stärkt das vegetative Nervensystem.

Iris:

Dieser blumige Veilchenduft dringt sehr tief in unsere Seele ein und erfüllt uns mit mehr Liebe, Freude und Zufriedenheit. Er öffnet nicht nur die objektiven Sinne für all die schönen Dinge in unserer Umgebung, sondern stimmt auch unsere Chakras sensibler gegenüber den Gefühlen unserer Mitmenschen.

Jasmin:

Dieser blumig-süße Duft dringt sehr schwingungsvoll in uns ein und verhilft uns besser über emotionale Schwierigkeiten des Alltags hinweg. Besonders im partnerschaftlichen Bereich und im Sexualbereich gibt Jasmin mehr Verständnis. Jasmin ist das Nationalgetränk der Chinesen. Diese geben Jasmin dem Tee hinzu, welcher so seine charakteristischen, betörenden und erotisierenden Eigenschaften erhält. Darüberhinaus stärkt dieser Duft nicht nur das Vertrauen hin zum Partner, sondern er kräftigt auch das Verständnis zu den Grenzen der eigenen Leistungsfähigkeit und setzt dabei zu hoch gesteckte Ziele zu Gunsten von Partnerschaft und Gesundheit herab. Jasmin ist nervenberuhigend, ausgleichend und antidepressiv. Es lindert psychosomatische Erkrankungen und schenkt mehr Optimismus und Lebensmut. Bei Gicht, Muskelverhärtungen und Krampfadern läßt sich Jasminöl sehr vorbeugend und heilend verwenden. Während der Schwangerschaft und vor der Entbindung entkrampft Jasmin die Gebärmutter und lindert die Schmerzen bei der Entbindung. Auch Menstruationsschmerzen können mit Jasmin gelindert werden.

Johanniskraut:

Hierbei handelt es sich um einen warmen, lieblich-würzigen Duft, welcher sehr beruhigend durch unsere Chakras bis hin zum Nervensystem vordringt. Er vertreibt Unausgeglichenheit, Angst und Depressionen. Seit altersher wird dieses Öl, dünn auf die Haut aufgetragen, gegen Verbrennungen aller Art verwendet. So wirkt es beispielsweise auch sehr regenerierend für die Haut bei Sonnenbrand. Allerdings ist darauf zu achten, daß nach Anwendung dieses Öls die Haut lichtempfindlicher reagiert, und nicht der direkten Sonne ausgesetzt werden soll. Johanniskraut sollte am besten abends und nur im Schatten verwendet werden.

Jonquille:

Dieses Öl dringt sehr sanft, aber beständig in uns ein und stärkt die eigenen Wünsche und Bedürfnisse in Hinsicht der Lebenserfüllung. Menschen, welche häufig aus persönlichen oder familiären Gründen nach der Pfeife anderer tanzen, sollten sich mit Hilfe dieses Öls unbedingt wieder mehr Selbstbewußtsein zurückholen.

Kamille, blau:

Kamille gehört mit zu den kräftigsten Heilpflanzen und hat innerlich wie äußerlich sehr starke Heilwirkungen. So ist diese beispielsweise sehr fiebersenkend und schmerzstillend bzw. beruhigend und krampflindernd. Kamille beschleunigt den Heilungsprozeß fiebriger und eitriger Entzündungen und dient als gutes Heilmittel gegen Erkältungskrankheiten und Magen-Darmerkrankungen. Darüberhinaus dient Kamille auch zur Wunddesinfektion und als Wundheilmittel offener Wunden. Kamille wirkt insgesamt sehr beruhigend und harmonisierend auf die Hormonproduktion der Drüsen. Seelische Erkrankungen, wie z. B. Depressionen und durch nervliche Entzündungen hervorgerufene Migräne, Magen- und Darmgeschwüre, werden durch Kamille gut gelindert und geheilt. Kamille hat auch sehr lindernde Wirkungen gegen äußere Entzündungen und juckende Ekzeme. Bei rheumatischen Kopf- und Gliederschmerzen und gegen Gicht kann Kamille durch Tee, Einreiben, als Badezusatz oder durch Einnehmen (zwei bis drei Tropfen, dreimal täglich mit einem Stück Zucker), verwendet werden.

Kamille, römisch:

Diese Duft hat sehr entkrampfende, entzündungshemmende und nervenberuhigende Eigenschaften. Es ist daher ein sehr wohltuendes und linderndes Öl für Menschen, welche durch Streß, Unruhe und Überlastung überreizt sind und daher einer Vielzahl von nervösen Leiden unterliegen. So z. B. Stottern, Schlaflosigkeit, Depressionen.

Kardamom:

Dieser Duft hat eine sehr durchflutende, wärmende und beruhigende Eigenschaft auf den Organismus. Er löst körperliche, wie auch geistige Erschöpfungszustände und klärt uns gleichzeitig Körper, Geist und Seele von krankmachenden Symptomen, Schmerzen und Krämpfen unbekannter Ursache. Kardamom lindert darüberhinaus auch starke migränehafte Schmerzen im Kopf- und Halsbereich.

Karottensamen:

Dieses Öl ist aufgrund seiner Vielfachen Heilwirkungen für den Organismus, die Seele und die Haut Grundsubstanz vieler Salben, Cremes und Parfüms. Es bewahrt die Feuchtigkeit der Haut und beschützt diese daher vor Austrocknen. Gleichzeitig öffnet dieses Öl die Poren der Haut, damit überschüssige Fettpölsterchen, Verunreinigungen und sogar Mitesser besser abgestoßen werden können. Unsere Haut erfährt dadurch einen Reinigungsprozeß, welcher nicht nur ein frischeres und vitaleres Aussehen verleiht, sondern die Zellen der Haut erneuert und vor Faltenbildung bewahrt. Darüberhinaus ermöglicht dieses Öl, daß unsere Haut ausreichender durchblutet und mit Vitaminen und Mineralstoffen versorgt wird. Dieses Öl unterstützt die Bluterneuerung und die Blutreinigung im Körper und kräftigt die Funktion der Leber.

Kiefer:

Kiefer hat einen sehr frischen, fichtennadelähnlichen Duft. Sie hat sehr heilende Eigenschaften gegen Atemwegserkrankungen, Erkältungen und grippale Infektionen im Hals-Nasen-Rachen-Bereich. Sie wirkt dabei nicht nur bakterientötend und fiebersenkend, sondern auch schleimlösend. Darüberhinaus festigt Kiefer heranwachsende Menschen in ihrer Lebenseinstellung und unterstützt auch den Loslösungsprozeß zwischen Eltern und Kindern. Dieser Loslösungsprozeß macht sich jedoch auch unter Paaren bemerkbar, welche eigentlich nur noch aus Gewohnheit und Bequemlichkeit einen gemeinsamen Lebensweg gehen, In den Heilwirkungen ist Kiefer identisch mit Fichtennadelöl.

Knoblauch:

Knoblauch hat aufgrund seiner stark riechenden Eigenschaften in unseren Breiten einen schlechten Ruf. Es wird schon seit Tausenden von Jahren als Gewürz und Heilmittel verwendet. Knoblauch, ganz besonders frischer Knoblauch, wirkt gegen Arterienverkalkung und senkt den Cholesterinspiegel im Blut. Er lindert hohen Blutdruck und hält das Blut besser flüssig und geschmeidig. Darüberhinaus hat Knoblauch sehr stark keimtötende Wirkungen und wird daher zum Vorbeugen und Heilen vieler Infektionskrankheiten verwendet. Knoblauch lindert, besonders in Verbindung mit Heilsteinen, Leistungsschwächen und Konzentrationsstörungen im Gehirn. Knoblauch kann am besten als Gewürz oder in einer Vielzahl von Knoblauch-Kapsel-Präperaten eingenommen werden.

Koreandersamen:

Dieser warmwürzige Duft ist sehr verdauensfördernd und lindert Blähungen und Hämorrhoiden. Der starke Duft des Koreandersamens glättet die Magennerven nach einem fettreichen und üppigen Essen und befreit von Völlegefühl und Schluckauf. Er lindert und heilt auch starke, migränehafte Kopfschmerzen.

Krauseminze:

Dieser Duft hat eine sehr beruhigende Wirkung auf das gesamte Nervensystem und aktiviert die Verdauung. Menschen, welche an chronischen und häufig nervösen Magenbeschwerden leiden, können durch das duftige Öl der Krauseminze von ihren Leiden an Magenbeschwerden, häufiger Übelkeit und Verdauungsproblemen geheilt werden. Darüberhinaus wirkt dieser Duft ganz besonders im Sommer angenehm kühlend und erfrischend und befreit bei großer Hitze und Schwüle von Kopfschmerzen, Migräne, Hals und Gliederschmerzen. Dieses Öl sollte jedoch in Maßen und stark verdünnt verwendet werden.

Kreuzkümmel:

Dieser Duft aktiviert die Abwehrkräfte und harmonisiert den Austausch von Sauerstoff in der Lunge. Er macht das Blut aufnahmebereiter für frischen Sauerstoff und transportbereiter für Verbrennungsrückstände und Stickstoff. Kreuzkümmel hat daher sehr reinigende und entschlackende Wirkungen für das Blut und den Organismus. Desweiteren kräftigt dieser Duft das Selbstwertgefühl und das Selbstbewußtsein und erleichtert es, die eigene Meinung gegenüber anderen zu vertreten. Er ist krampflindernd und gleichzeitig appetitanregend.

Latschenkiefer:

Dieser herb-frische Kieferduft wirkt sehr heilend auf die Atemwege und ist schleimlösend. Latschenkiefer wird wie Eukalyptusöl und Fichtennadelöl verwendet und eignet sich sehr gut als Badezusatz. Es lindert Hals-Nasen-Ohren-Erkrankungen und befreit die Atemwege bis tief in die Lungen. Darüberhinaus hat dieses Öl eine sehr raumluftreinigende und parfümierende Wirkung gegen Schweiß und Zigarettenqualm. Menschen, welche unter asthmatischen Erkrankungen leiden, sollten dieses Öl grundsätzlich meiden.

Lavandin:

Dieses Öl ist sehr entkrampfend für die Muskulatur. Es hat als Badezusatz sehr beruhigende und entspannende Wirkungen, Menschen, welche häufig Sport treiben, sollten die hauptsächlich beanspruchten Muskelpartien mit Lavandinöl einreiben. Dieses fördert nicht nur die Durchblutung, sondern beugt auch Muskelkater vor. Nach dem Sport gibt dieses Öl in der Duftlampe ein ganz besonderes Maß an Erholung und Entspannung.

Lavendel:

Das blumig-frisch riechende Lavendelöl gilt als eines der kräftigsten Heilöle. So dringt es sehr beruhigend in das Nervensystem ein und löst streßbedingte Spannungen und durch Überanstrengungen hervorgerufene Verkrampfungen im Organismus und der Seele. Lavendel lindert Einschlafschwierigkeiten, Schlaflosigkeit und Alpträume. Es aktiviert depressive Menschen und befreit von Melancholie und Angst. In der Partnerschaft fördert dieser Duft das Zusammengehörigkeitsgefühl und kräftigt die Partner in ihrer gegenseitigen Liebe. Lavendelduft bewahrt vor Seitensprüngen. Darüberhinaus hat Lavendel neben blutdrucksenkenden und blutdruckregulierenden Eigenschaften auch schmerzlindernde und entkrampfende Funktionen. Es wirkt wie ein Antibiotika gegen alle Arten von Infektionen, besonders aber gegen grippale Infekte und Stiche. Schwindelgefühle und Ohnmacht, welche durch zu starke Blutdruckschwankungen hervorgerufen werden, Sonnenstich, Abgespannt-heit und Überarbeitung können ebenfalls mit Lavendel schnell regeneriert, gelindert und geheilt werden. Bei rheumatischen Erkrankungen, aber auch bei migränehaften Kopfschmerzen und Gliederschmerzen läßt sich Lavendel sehr schnell heilend verwenden. Darüberhinaus wirkt Lavendel sehr anregend auf die Leber und die Galle. Es hat aktivierende Wirkungen auf die Haarwachszellen und ist daher fester Bestandteil zahlreicher Haarwuchsmittel und Haarwasser. Innerlich kann dieses Öl zwei bis dreimal täglich mit zwei bis drei Tropfen auf einem Stück Zucker verwendet werden. Die äußerliche Anwendung als Haarwuchsmittel oder gegen Entzündungen von Insektenstichen ist sehr zu empfehlen.

Wilder Berglavendel:

Da der wilde Berglavendel in Höhen über 1.000 Metern wächst und dort aufgrund des rauhen Klimas ein höheres Maß an Widerstandskraft benötigt, spiegelt sich dies auch in seinen heilenden Kräften wider. Die heilenden Eigenschaften des wilden Berglavendels sind mit denen des Lavendels zu vergleichen, allerdings sind diese wesentlich kräftiger. Wir empfehlen Ihnen den wilden Berglavendel erst dann, wenn für Ihre Leiden der Lavendel nicht mehr kräftig genug ist.

Lemongras (Zitronengras):

Dieser zitronenartige Duft hat sehr erfrischende Wirkungen. Er wird daher parfümierend für Auto und Wohnung verwendet und ist gleichzeitig insektenabweisend. Zusätzlich fördert Zitronengras die Reini-gung und Entschlackung von Haut und Blut und beugt auch Zellulite vor. Darüberhinaus hat Zitronengras neben seiner desinfizierenden Wirkung auch antirheumatische und fiebersenkende Eigenschaften. Zitronengras am Abend stimmt gemütlich und optimistisch und bewahrt davor, daß die negativen Kräfte anderer Menschen auf uns übergreifen. Wir behalten Kopf und Ruhe. Lemongras schützt die Haut vor Erkrankungen und stabilisiert das Herz-Lungen-Kreislauf-System.

Limette:

Dies ist ein herber, süßlich-auffrischender Duft. Er dringt sehr schwingungsvoll in uns ein und regt die Phantasie und gleichzeitig das logische Denkvermögen an. Menschen, welche sehr in sich gekehrt sind, befreit dieser Duft von zu starkem Grübeln und verbindet diese gleichzeitig mehr mit ihrer Umwelt. Besonders ruhige und scheue Menschen erreichen mit Limette eine Öffnung ihres Herzens hin zur Umwelt und zu anderen Menschen. Limette aktiviert den Stoffwechsel und die Verdauung. Es sollte nicht vor oder während des Sonnens verwendet werden.

Linaloe-Holz:

Dieser blumige, dem Rosenholz sehr ähnliche, Duft warnt vor kommenden Gefahren. Er stimuliert besonders sensible Menschen sogar hellsichtig. Darüberhinaus ist dieses Öl ein Hautpflegemittel, welches besonders als Badezusatz der Haut mehr Spannung und Reinheit verleiht.

Litsea Cubeba:

Dieser blumig-fruchtige Duft dringt sehr aufmunternd in die Seele ein und hebt die Fröhlichkeit. Er ist ein hervorragender Duft für Parties und Geburtstagsfeiern. Besonders Kinder werden mit diesem Duft in ihrer Begeisterungsfähigkeit inspiriert.

Lorbeerblätter:

Lorbeerblätter haben ein würzig-kräftigen, eukalyptusartigen Duft. Sie bewahren vor falschen Freunden und schenken mehr Vertrauen in der Freundschaft und Treue in der Liebe. Darüberhinaus kräftigt Lorbeer den Organismus, fördert die Verdauung und den Stoffwechsel und heilt Erkältungskrankheiten und Migräne. Während Lorbeer-Öl in der Schwangerschaft gemieden werden sollte, kann Lorbeer als Gewürz bedenkenlos verwendet werden.

Majoran:

Dieser blumig würzige, beruhigende Duft wird sehr oft in Massageölen gegen Muskelverkrampfungen, Sehnenverhärtungen, Rheuma und Gicht verwendet. Dies gilt auch für Verspannungen und Verstauchungen. Darüberhinaus hat dieser Duft neben krampflösenden Eigenschaften auch sehr stark schmerzlindernde Funktionen. Menschen, welche sich in Trauer befinden oder einsam sind, sollten Majoran in ihre Duftlampe tun, da dieses über die Schmerzen der Trauer besser hinweghilft und gleichzeitig das Gemüt wieder für neue Lebenswege öffnet.

Mairose:

Ein jugendlich romantischer Duft, welcher nicht nur die junge Liebe kräftigt, sondern auch Paare, welche schon viele Jahre zusammen sind, in ihrer Liebe bestärkt. Darüberhinaus fördert dieser Duft das Wohlbefinden und mehr Verständnis in der Familie und verleiht ein höheres Gefühl von Zusammengehörigkeit. Er inspiriert traurige und zurückgezogene Menschen und befreit von Einsamkeit, Melancholie und Depressionen.

Mandarine:

Dieser süßlich-frische Duft hat sehr beruhigende Wirkungen auf den Organismus und verhilft gleichzeitig, daß sich der Körper in kürzester Zeit wieder erholen und regenerieren kann. Besonders bei Streß, wie z. B. Prüfungsangst, Lampenfieber und Aufregung wirkt Mandarine sehr beruhigend. Dies überträgt sich auch bis in den Schlaf , wobei durch Mandarine auch Einschlafschwierigkeiten und Schlaflosigkeit gelindert werden. Ganz besonders wirkt dieser Duft bei Kindern im heranwachsenden Alter. Er wirkt sehr beruhigend und ausgleichend und ist ein wertvoller Helfer während den Trotzphasen und in der Pubertät. Mandarinenöl läßt sich zum Würzen von Soßen und Salaten sehr geschmackvoll und verdauensfördernd verwenden. Mandarine sollte niemals vor oder während des Sonnens verwendet werden.

Mandarine grün:

Dieser Duft hat eine sehr beruhigende und entspannende Wirkung auf das Nervensystem. Er beruhigt die Aura und öffnet die Chakras. Mandarine grün ist daher ein ausgezeichneter Duft für die Meditation.

Meerpinie:

Diese Essenz gilt schon seit Jahrhunderten als eine der wirksamsten Mittel gegen rheumatische Erkrankungen der Glieder und Gelenke. Nicht nur als Duft, sondern auch als Badezusatz oder zum Einreiben lindert Meerpinie Rheuma und rheumatische Erkrankungen. Aber auch Verschleimungen der Atemwege, Bronchialerkrankungen und Bronchialkatarrh können mit Hilfe von Meerpinie gelindert und geheilt werden.

Melisse:

Die belebend frische, zitronenartig duftende Melisse stabilisiert den Biorhytmus und bewahrt unseren gesamten Organismus vor Verspannungen und Blockaden. Melisse kräftigt und beruhigt zugleich das vegetative Nervensystem und reguliert den Herzschlag, die Verdauung und die Atmung. Auch gegen Schlafstörungen, als Beruhigungsmittel oder gegen nervöse Darm und Magenerkrankungen kann Melisse sehr lindernd verwendet werden. Es hat darüberhinaus krampflösende Eigenschaften.

Mimose:

Dieser warme, süße Duft dringt sehr kraftvoll in unsere Chakras ein und inspiriert uns zur höheren geistigen Arbeit. Er schenkt mehr Weitsichtigkeit und macht einfach gute Laune.

Muskatellasalbei:

Dieser belebend-nussige Duft dringt in einem schwingungsvollen Maß beruhigend in uns ein. Er verleiht ganz besonders nach Tiefschlägen und Mißerfolgen neue Kräfte und neuen Mut. Von altersher ist diese Essenz ein bewährtes Heilmittel gegen Atemwegserkrankungen. Dies gilt nicht nur für Heiserkeit, Schnupfen, Husten und Halsweh, sondern auch für heftige Kopfschmerzen, Gliederschmerzen, chronische Bronchitis und asthmatische Erkrankungen. Darüberhinaus unterstützt dieser Duft Frauen vor und während der Menstruationszeit. Er ist kräftigend, nimmt Schmerzen und Unwohlbefinden und lindert seelische Schwankungen während der hormonellen Umstellung vor der Menstruation. Dieser Duft kräftigt die Gebärmutter.

Muskatnuß:

Dies ist ein herb-würziger Duft, welcher sehr erotisierende und verführerische Eigenschaften hat. Er wirkt ebenso auf Mann und Frau und hat auch beruhigende und ausgleichende Eigenschaften. Er eignet sich daher ganz besonders für Paare, welche in ihrer erotischen Beziehung noch nicht ganz zu sich gefunden haben. Darüberhinaus regt diese Essenz die Verdauung an und reguliert Blutdruck und Kreislauf. Ängstlichen und zerstreuten Menschen lindert er die seelischen Beschwerden und erfüllt diese mit neuer Lebenslust und mehr Freude. Gleichzeitig versorgt er diese Menschen auch mit tieferem und erholsameren Schlaf. Äußerlich, stark verdünnt, auf der Haut aufgetragen, eignet sich diese Essenz auch als Rheuma- und Sportöl.

Myrrhe:

Dieser holzig warme Duft hat nicht nur sehr beruhigende und befreiende Eigenschaften, sondern er ist auch ein altüberliefertes Heilmittel. Er hat eine desinfizierende Wirkung gegen Bakterien und Viren. So heilt er nicht nur grippale Erkrankungen, sondern läßt sich auch sehr gut als Wundmittel verwenden. Diese Essenz trocknet die Wunde und führt auch die zu heilenden Hautschichten besser zusammen, so daß dabei keine häßlichen Narben entstehen. Im Duft, oder äußerlich am Körper, wirkt Myrrhe schleimlösend und beruhigend auf die Nervenenden der Haut (Head'sche Zonen). Sie reguliert den Stoffwechsel, kräftigt die Harnwege und regelt den Feuchtigkeitshaushalt im Organismus. Myrrhe sollte in den ersten vier Schwangerschaftsmonaten nicht verwendet werden.

Myrte:

Dieser angenehm frische Duft dringt sehr schwingungsvoll in uns ein und hat dabei neben stark sensibilisierenden Wirkungen auf die Psyche auch einen hohen Grad an klärenden und reinigenden Eigenschaften. Er läßt sich daher sehr gut als Meditationsduft zum Öffnen und Entspannen der Chakras und der Seele verwenden. Gleichzeitig hat diese Essenz ein hohes Maß an hautreinigenden Funktionen indem sie die Selbstreinigungskräfte der Hautporen und Zellen aktiviert. Myrte ist daher fester Bestandteil in vielen Haut-, Gesichts und körperpflegenden Salben und Cremes.

Narde:

Diese erdig-holzig duftende Essenz stammt ursprünglich aus dem Himalaja. Sie war schon im Altertum eine vielgeschätzte Duftnote und wurde als freundschaftskräftigender Friedensduft verehrt. Narde ist fester Bestandteil wohlriechender Parfüms und Duftwasser, besonders für Männer. Am Lagerfeuer verhilft Narde den Nomaden am Fuße des Himalaja auch heute noch, Freundschaften zu festigen, wahre Freunde zu erkennen und böse Geister zu vertreiben.

Narzisse:

Dieser süße, blumige Duft hat eine leicht hypnotisierende Wirkung auf Geist und Seele. Gleichzeitig ermöglicht dieser Duft uns mehr Entspannung und persönliche Ausgeglichenheit. Darüberhinaus inspiriert Narzisse die Phantasie und weckt mehr Zusammengehörigkeitsgefühl und Treue in Familie und Partnerschaft.

Nelke:

Diese süßlich-würzig duftende Essenz hat neben ihren stimulierenden Eigenschaften auf den Geist auch schmerzlindernde Kräfte gegen Entzündungen und Wetterfühligkeit. Besonders jüngeren und älteren Menschen stärkt dieser Duft das logische Denkvermögen und die Konzentrationsfähigkeit. Vor Prüfungen jeglicher Art ermöglicht dieser Duft mehr Ruhe und aktiviert im Gehirn das Mittel- und Langzeitgedächtnis. Nelke erreicht daher eine bessere Ausbeute an Wissen. Zugleich vertreibt dieser desinfizierende Duft Fliegen, Mücken und anderes Ungeziefer und sogar falsche Freunde. Es lindert rheumatische Muskelverspannungen. Nelkenöl hat die kräftigste keimtötende Eigenschaft aller Öle und ist daher ein starkes Schmerzmittel. Zahnschmerzen können durch Aufträufeln von Nelkenöl auf den Zahn sehr schnell gelindert und geheilt werden. Innerlich, mit ein bis zwei Tropfen auf einem Stück Zucker einmal täglich, werden mit Nelkenöl Blähungen und Verdauungsprobleme gelindert.

Neroli:

Dieser blumig-süße Duft dringt sehr schwingungsvoll bis tief in unsere Seele ein. Er ist sehr entspannend und löst bewußte und unbewußte Blockaden, welche uns den Alltag erschweren und uns in unseren Handlungen belasten. Diese Essenz dringt darüberhinaus sehr energievoll und als Lichtbringer in unsere Seele und das vegetative Nervensystem ein. Neroli entspannt und kräftigt die Nerven und schützt gleichzeitig Herz und Magen vor vorzeitiger Schwäche und vor streßbedingten Schäden. Diese Essenz eignet sich auch sehr gut zur Beruhigung vor dem Schlafengehen. Während der Nacht lindert sie Schlaflosigkeit, Alpträume und Mondsüchtigkeit. Kinder und Jugendliche werden durch diesen Duft ausgeglichener in den Wachstums-, Trotz- und Pubertätsphasen. Er gleicht nicht nur die besonders starken hormonellen Schwankungen dieser Lebensabschnitte aus, sondern steuert den Organismus gleichzeitig im gesunden Wachstum und der Zellerneuerung.

Niaouli:

Dieser kühlend-frische Duft hat neben seinen beruhigenden und schleimlösenden Eigenschaften auf Erkältungen auch sehr schmerzstillende Wirkungen. Dies gilt besonders bei starken Kopf- und Gliederschmerzen, welche wetterabhängig hervorgerufen werden. Darüberhinaus kräftigt diese Essenz das Gewebe und steuert im Körper die Zellerneuerung. Dieser Duft bewahrt vor Fehlwucherungen der Zellen (Tumore und Krebs) und lindert allergische Hauterkrankungen.

Opoponax:

Dieser herzhafte Duft eignet sich für die körperliche Entspannung. Gleichzeitig sorgt er aber dafür, daß unser Geist hellwach ist. Wenn Sie also eine logische Entscheidung herbeiführen möchten oder einmal eine besondere Ruhe zum Nachdenken nötig haben, so bedienen Sie sich dieser Essenz.

Orange, bitter:

Dieser Duft hat sehr schmerzlindernde und beruhigende Eigenschaften. Er dringt sehr sanft und langwellig in unsere Seele ein und beruhigt dabei gleichzeitig den Gedankenfluß. Wir erfahren mehr Ruhe und Gelassenheit und finden besser zu unseren wirklichen Wünschen und Bedürfnissen. Gleichzeitig beruhigt dieser Duft auch den Kreislauf und entlastet das Herz. Er schenkt tiefen und erholsamen Schlaf und ist gleichzeitig luftreinigend. Dies gilt besonders bei schlechter Luft durch Abgase und zu hohe Ozonwerte. Aber auch bei übermäßigem Zigarettenqualm kann dieser Duft sehr filternd wirken. Orange sollte nicht vor oder während des Sonnenbadens verwendet werden.

Orange, süß:

Diese fruchtig, süß riechende Essenz ist schon seit altersher ein stark geschätztes Heilmittel. Als Duft kräftigt sie die natürlichen Abwehrkräfte im Körper und macht gleichzeitig gegen Viren und Infektionen resistenter. Dieser Duft dringt schwingend in uns ein und erinnert ein wenig an die lauen Sommernächte im Süden. Ganz besonders an kalten Wintertagen vermittelt dieser Duft, eventuell in Verbindung mit einem guten Glühwein, ein ganz besonderes Gefühl von Zusammengehörigkeit, Gemütlichkeit und Liebe. Orange sollte nicht vor oder während des Sonnenbadens verwendet werden.

Oregano:

Diese würzig-herbe Essenz gilt von altersher als starkes Heilmittel. Sie wirkt sehr heilend, entkrampfend und schleimlösend bei nahezu allen Erkältungskrankheiten. Bei längerer Duftkur wirkt sie sogar heilend gegen chronische Bronchitiserkrankungen und Asthma. Dieser Duft verhilft zu einem besseren Abhusten der schleimigen Sekrete aus den Atemwegen. Auch bei Heuschnupfen läßt sich diese Essenz lindernd und heilend verwenden. Oregano stärkt die Abwehrkräfte und die Magenmuskulatur und fördert dabei gleichzeitig die Verdauung. Besonders im Urlaub in tropischen Ländern empfiehlt sich Oregano, da dieses nicht nur tropische Insekten vertreibt, sondern auch das Eindringen von Bakterien in den Körper verhindert. Bei regelmäßiger Anwendung, auch als Badezusatz, hat diese Essenz sehr hautreinigende und hautstraffende Eigenschaften. Es fördert die Blutzirkulation bis in die Hautoberfläche und lindert Orangenhaut.

Palmarosa:

Dieser lieblich süße Duft dringt sehr beschwingt in uns ein und hat anregende Wirkungen auf den Organismus. In der Partnerschaft vertreibt er Mißtrauen und Eifersucht und stimmt besonders abends vor dem Schlafengehen erotisierend. Diese Essenz hat auch befreiende Eigenschaften auf angestaute Blockaden und Probleme. Es empfiehlt sich ganz besonders, unter diesem Duft Bedürfnisse und Gefühle in der Partnerschaft auszutauschen und zu diskutieren, da er die wahren Gedanken öffnet und den Geist gegenüber den Bedürfnissen anderer Menschen besonders sensibel stimmt. Es kommt unter diesem Duft nicht zu Streitereien, sondern zu harmonievollen Gesprächen. Darüberhinaus befreit er die Haut von Mitessern und Pickeln.

Patchouli:

Dieser Duft gilt schon seit altersher als schützende Essenz gegen Ungeziefer und Insekten. Er wird daher auch in Schränken und Kommoden zum Schutz der Kleidung vor Motten verwendet und hat bei uns längst die so lästig riechenden Mottenkugeln abgelöst. Darüberhinaus hat dieser Duft sehr inspirierende und befreiende Eigenschaften, welche auch Melancholie und Depressionen vertreiben. Er verhilft ganz besonders Menschen in sehr verzweifelten Situationen zu einem klaren Kopf und positivem Denken. Darüberhinaus aktiviert Patchouli den Stoffwechsel in der Haut und lindert lästige Wasseransammlungen im Gewebe, Krampfadern und Orangenhaut. Durch die Zellen und Poren auf der Hautoberfläche hat Patchouli sehr desodorierende und erfrischende Wirkungen.

Peru-Balsam:

Diese Essenz hat vorbeugende und vertreibende Eigenschaften gegen Ungeziefer, Motten und Parasiten. Es dient daher als Schutz vor Insekten in der Wohnung und im Garten. Darüberhinaus hat diese Essenz heilende Eigenschaften auf Erkältungskrankheiten und kräftigt gleichzeitig den Organismus in seinen Abwehrkräften. Nach fiebriger Niedergeschlagenheit des Körpers wirkt dieser Duft regenerierend, kräftigend und aufbauend.

Petit Grain:

Dieser spritzig-belebende Duft beflügelt die Sinne und verschafft ganz besonders gebrechlichen und kranken Menschen ein höheres Maß an Lebensfreude. Darüberhinaus kräftigt diese Essenz den Intellekt und bewahrt vor Senilität und Schwachsinn. Petit Grain sollte nicht vor oder während des Sonnens verwendet werden.

Petit Grain Citronier:

Dieser Duft ist aufgrund seiner herb-frischen Note Bestandteil unzähliger After Shaves, Parfüms und Duftmischungen. Er hat eine sehr aktivierende Eigenschaft auf den Lebenswandel, macht temperamentvoll und verhilft sportlichen und geistigen Zielen zu mehr Ausdruck und Erfolg. Gleichzeitig stärkt dieser Duft die persönlichen Charaktereigenschaften und kräftigt das Zusammengehörigkeitsgefühl in der Ehe. Petit Grain sollte nicht vor oder während des Sonnens verwendet werden.

Pfefferminze:

Diese Essenz gilt schon seit altersher als berauschend, erfrischend und stark heilend. Pfefferminze besteht zu einem Großteil aus Menthol, welches die intensive Kühlung auf der Haut und in den Atemwegen verursacht. So wirkt diese beispielsweise desinfizierend bei Infektionen und hat gleichzeitig kühlende und krampflösende Eigenschaften. Sie harmonisiert die Körpersäfte und wird daher sehr erfolgreich gegen eine Vielzahl von Störungen im Magen-Darm-Bereich verwendet. Pfefferminze reguliert die Verdauung und ist auch sehr hilfreich gegen Magenverstimmungen. Darmkoliken, Gallenerkrankungen und Durchfälle können ebenfalls mit Pfefferminze rasch gelindert und geheilt werden. Sie wirkt dabei auch galletreibend und entwässernd und lindert Blähungen. Darüberhinaus hat Pfefferminze auch sehr lindernde Wirkungen gegen krampfartige Leiden und hilft, durch Einreiben von Brust und Rücken, auch bei Erkältungskrankheiten. Sie lindert wetterbedingte Kopfschmerzen und Migräne. Diese Essenz hat auch sehr nervenberuhigende Eigenschaften und lindert Nervenerkrankungen, Entzündungen und Hysterie. Sie verleiht ein höheres Maß an Schwung und Lebensfreude. Pfefferminzöl kann äußerlich zum Einreiben und als Badezusatz verwendet werden. Innerlich empfehlen wir, dieses zwei bis dreimal täglich, fünf Tropfen Öl auf einem Stück Zucker, im Mund zergehen zu lassen, oder als Tee einzunehmen.

Pfeffer, grün:

Hierbei handelt es sich um einen warmen, würzigen Duft, welcher sehr anregend und stimulierend in unseren Kreislauf eindringt. Er stärkt ganz besonders in der sportlichen Phase die Willenskraft und vermag Höchstleitungen zu erzielen. Gleichzeitig dient diese Essenz auch als Balsam für die Muskulatur. Sie macht die Muskeln geschmeidig und bewahrt vor Überdehnungen und Muskelrissen. Pfeffer grün ist daher ein häufiger Grundbestandteil unzähliger Muskel- und Massageöle.

Pfeffer, schwarz:

Diese Essenz hat neben ihren prophylaktischen Wirkungen auf Erkältungskrankheiten auch sehr lindernde und heilende Wirkungen auf Muskel-, Gelenks- und Gliederschmerzen. Dies gilt für wetterabhängige Leiden genauso wie durch Abnutzung und Überbelastung hervorgerufene, chronische Erkrankungen und Entzündungen der Muskeln und Knorpel. Gleichzeitig verleiht dieser Duft mehr Vertrauen und vermittelt in der Familie ein höheres Maß an Zusammengehörigkeit, Geborgenheit und Glück. Darüberhinaus hat diese Essenz sehr beruhigende und tröstende Eigenschaften nach Schicksalsschlägen, wie z. B. dem Verlust eines geliebten Menschen oder Tieres durch Unfall oder Krankheit.

Ravensara:

Dieser frische, kühl wirkende, eukalyptusartige Duft dringt sehr schwingungsvoll in uns ein. Er wirkt sehr beruhigend und besänftigend. Er sollte daher bei überheblichen, egozentrischen und egoistischen Menschen regelmäßig angewendet werden, da er diese zur Selbstkritik inspiriert und gleichzeitig erkennen läßt, daß noch andere Menschen in ihrer Umgebung sind. Zudem hat diese Essenz klärende und befreiende Eigenschaften auf die Atemwege. Bei starkem Husten und bronchialen Erkrankungen sowie bei Rücken- und Gelenkschmerzen läßt sich dieses Öl auch als Massageöl zum direkten Einmassieren auf die betroffenen Körpersteilen verwenden.

Rose:

Seit Gedenken der Menschheit gilt Rosenöl als das edelste aller Öle. Für einen Tropfen erotisierendes, lieblich blumig duftendes Rosenöl werden ca. 50 Rosen benötigt und 1.000 Kg Blüten ergeben max. 400 bis 500 ml ätherisches Öl. Rose wird aufgrund des betörenden Duftes als Königin der Düfte verehrt. Rosenduft hat sehr öffnende, beruhigende und befreiende Eigenschaften auf die Chakras und dringt am besten durch das Herzchakra direkt zum Herzen vor. Es kräftigt nicht nur das Herz, sondern erfüllt dieses auch mit den Gefühlen von mehr Liebe und Zuneigung. Allgemein inspiriert der sanfte Rosenduft zu mehr Tatendrang und lockt auch einsame, zurückgezogene und depressive Menschen aus ihrem Versteck. Er kräftigt die Liebe und Zuneigung in der Partnerschaft, und bewahrt vor Seitensprüngen und falscher Eifersucht. Darüberhinaus hat Rose sehr schützende Funktionen auf die primären und sekundären Geschlechtsorgane und lindert Frauenleiden und Menstruationsstörungen. Rose bewahrt die inneren Organe vor Geschwüren und Tumoren. Sie hat darüber hinaus sehr reinigende und stärkende Eigenschaften auf das Blut und das Herz. Rose hat außerdem sehr hautpflegende Eigenschaften, welche besonders die trockene und empfindliche Haut mit einem Hauch von mehr Schutz umgibt und sie gleichzeitig spannt und verjüngt.

Rosenholz:

Rosenholz hat einen süßlich-blumigen Duft und dient als Grundnote vieler Parfüms und After Shaves. Aufgrund seiner belebenden Eigenschaften für die Haut wird Rosenholz auch in zahllosen Cremes verwendet. Es unterstützt die Durchblutung der Haut und beugt Fettpölsterchen, Verunreinigungen und Faltenbildung vor. Rosenholz hat bei regelmäßigem Gebrauch nicht nur straffende Eigenschaften für die Haut, sondern auch verjüngende Wirkungen.

Rosmarin:

Rosmarin zählt mit seinem belebend-frischen Duft seit altersher zu den anregenden Essenzen in Bezug auf die körperlichen und geistigen Kräfte. Es schützt vor geistiger Überarbeitung und verleiht gleichzeitig ein höheres Maß an Konzentrationsfähigkeit, logischem Denkvermögen und geistiger Vitalität. Darüberhinaus reguliert und stabilisiert dieser Duft den Kreislauf und das Nervensystem. Er fördert die Durchblutung der Verdauungsorgane und regt die Produktion von Gallenflüssigkeit an. Rosmarin versorgt auch die Leber und die Herzmuskulatur mit ausreichend frischem, sauerstoffreichem Blut. Es hat aber auch sehr regenerierende und reinigende Eigenschaften auf die Zellen der Drüsen. Als Badezusatz oder in der Duftlampe öffnet es die Poren und ermöglicht dadurch eine gründlichere Reinigung und Entschlackung des Gewebes. Hautfalten und unreine Haut gehören nach regelmäßiger Anwendung mit Rosmarin schnell der Vergangenheit an. Gleichzeitig desinfiziert und balsamiert diese Essenz die Haut und die inneren Nervenbahnen. Darüberhinaus lindert Rosmarin Erkältungskrankheiten und rheumatische Muskelschmerzen. Rosmarin hat sehr insekten- und mottenabweisende Eigenschaften.

Salbei:

Salbei ist, mit seinem würzig-frischen Duft, ein altbekanntes Heilmittel, welches neben seinen desinfizierenden Eigenschaften auch sehr gute Heilwirkungen auf entzündliche Erkrankungen hat. Als Gurgelwasser dient es beispielsweise der raschen Heilung von Entzündungen im Mund und Rachenraum und lindert Mandelentzündungen. Menschen, welche an übermäßiger Transpiration und Schweißabsonderung leiden, sollten regelmäßig Salbei in die Duftlampe geben, weil dieses als schweißhemmendes Mittel übermäßige Achselnässe, Schweißfüße und Schweißausbrüche lindert. Darüberhinaus ist Salbei auch ein sehr gutes Heilmittel bei trockener Haut, schuppigen Hauterkrankungen und bei Schuppenflechte. Auch Haarausfall und Haarspliss kann mit Salbei gelindert und geheilt werden. Zusätzlich läßt sich Salbei auch sehr entkrampfend und belebend auf der Haut auftragen und als Badezusatz verwenden, um Muskelzerrungen, Muskelleiden und Stauungen in den Gliedmaßen zu lindern und zu heilen. In der Schwangerschaft sollte Salbeiöl jedoch nie verwendet werden, da dieses abtreibende Wirkungen haben kann. Salbei sollte, aufgrund seiner hohen Konzentration, nur äußerlich in stark verdünntem Zustand verwendet werden. In der Duftlampe können Sie es jedoch jederzeit bedenkenlos verwenden.

Sandelholz:
Dieser balsamische, süßlich-holzige Duft dringt sehr erwärmend in unseren Organismus ein. Er reinigt den Geist von depressiv stimmenden Alltagsrückständen und belegt die Seele mit mehr Optimismus und Lebensfreude. Sandelholz hat stark heilende Eigenschaften auf Erkrankungen der unteren Atemwegsorgane. Hierunter fallen Erkrankungen und Entzündungen der Lungen und der Bronchien. Abends hat Sandelholz sehr beruhigende und schlaffördernde Wirkungen, welches auch zur Nervosität neigende Menschen mit einer erholsameren Tiefschlafphase versorgt. Sandelholz bekämpft bakterielle Infektionen der Harnwege und im Darmbereich. Darüberhinaus ist diese Essenz ein wohltuendes Hautbalsam, welches besonders fette und faltige Haut mit mehr Energie und Elastizität versorgt. Sandelholz regeneriert die Haut und verhilft ihr zu mehr Spannkraft und Vitalität. Zusätzlich hat sie stark insektenabweisende Wirkungen, was sich besonders auf Stechmücken, Fliegen und Bremsen bezieht.

Schafgarbe:
Schafgarbe gehört seit altersher zu den begehrten Heilkräutern und Duftessenzen. Diese hat sehr ausgleichende Eigenschaften für unseren Organismus und schenkt auch dem Kreislauf ein höheres Maß an Ruhe und Ausgewogenheit. Als meditationsfördernder Duft öffnet Schafgarbe ganz besonders das Stirnchakra und viele Menschen sagen diesem Duft sogar hellseherische Kräfte nach. Schafgarbe dient als appetitanregendes Heilmittel, welches auch Verdauungsstörungen, Magen- und Darmerkrankungen lindert und heilt. Aufgrund seiner entzündungshemmenden Eigenschaften ist diese Essenz keimtötend und desinfizierend und daher ein starkes Heilmittel für die äußere Wundbehandlung. Schafgarbe beugt gleichzeitig auch unschöner Narbenbildung vor.

Styrax:
Dieser geheimnisvolle, nach Abenteuer riechende Duft, wurde schon in der Antike als Grundduft unzähliger Parfüms verwendet. Er ist sehr konzentrationsfördernd und erweitert die Gehirnzellen. Styrax erleichtert den Zugriff zu den Gedanken und Erinnerungen im Gehirn und stärkt das Gedächtnis.

Tabak:
Dieser rauchig-süße, warme Duft inspiriert vor allem Frauen in ihrer Phantasie und Selbstverwirklichung. Er stimmt mutig und entschlossen und wird daher in einer Vielzahl von Männerparfüms und After Shaves verwendet. Durch Tabak werden Männer in ihren männlichen Charaktereigenschaften gestärkt.

Tagetes:
Dieser blumig-süße Duft dringt sehr schwingungsvoll bis in unser subjektives Empfinden vor. Er stimmt warmherziger und großzügiger. Darüberhinaus hat diese Essenz sehr heilende Kräfte gegen pilzartige Hauterkrankungen.

Teebaum:
Hierbei handelt es sich um einen herben, kräftig-frischen Duft mit stark desinfizierenden Eigenschaften. Er ist daher ein hervorragendes Mittel für die Wunddesinfektion von Haut, Schleimhaut und Atemwege und besitzt auch für innere Infektionen sehr heilende Wirkungen. Teebaum ist sehr gut hautverträglich und eignet sich daher auch als Badezusatz oder zur direkten Wundbehandlung. Dies gilt auch für Verbrennungen und bei Sonnenbrand. Lindernde Wirkungen hat Teebaum auch gegen Insektenstiche. Er entzieht ihnen die giftigen Substanzen und hält den Ausdehnungsgrad auf der Hautoberfläche sehr gering.

Thuja:
Dieses würzig-frisch riechende Öl kann gegen Hühneraugen, übermäßiger Hornhaut und Warzen verwendet werden. Auch als Gelenk- und Massageöl läßt sich Thuja gut verwenden. Es sollte jedoch für die Anwendung auf der Haut maximal in 1%iger Verdünnung verwendet werden.

Thymian:

Hierbei handelt es sich um einen würzig-intensiv riechenden Kräuterduft. Thymian gilt seit altersher als desinfizierendes Heilmittel gegen Husten und Erkältungskrankheiten. Er läßt sich auch sehr gut, durch inhalieren, gegen Keuchhusten und starke Bronchial- und Kehlkopfkatarrhe der Atemwege verwenden. Darüberhinaus hat Thymian appetitanregende, harntreibende, verdauuensfördernde und entschlackende Eigenschaften. Thymian hat sehr antiseptische Wirkungen auf den Unterleibsbereich und aktiviert Kreislauf und Blutzirkulation. Es neutralisiert giftige Stiche und lindert allergische Reaktionen von überempfindlichen Menschen. Thymian sollte auf der Haut nur in 1%iger Verdünnung verwendet werden. Als Badezusatz lindert Thymian eitrige Wunden, Hautausschläge, Gelenk- und Muskelrheumatismus, sowie Arthritis und allgemeine Müdigkeit. Thymian sollte bei Schwangerschaft nicht als Öl, sondern nur als Gewürz verwendet werden.

Tolu-Balsam:

Dies ist ein warmer, inspirierender, phantasievoller Duft. Er spielt eine sehr entspannende Rolle für die Meditation und für das Relaxen nach Feierabend. Dieses Balsam stimmt gemütlich und vertreibt Melancholie und Depressionen. Er ist ein optimaler Party-Duft, besonders dann, wenn Ihre Party gerade einen stimmungsmäßigen Durchhänger hat.

Tonka:

Dieser an Vanille erinnernder, warmer Mandelduft dringt sehr erwärmend und sensibilisierend in uns ein. Er stärkt das Wahrheitsempfinden und Gerechtigkeitsgefühl. In der Partnerschaft stimmt er treu, zuverlässig und zärtlich.

Tuberose:

Dies ist ein tief eindringender, betörend süßer Duft, welcher vor allem Sensibilität und Einfühlungsvermögen in uns kräftigt. Diese Essenz stimmt sehr freudig und lebensbejahend und verhilft auch dem Körper zu mehr Vitalität.

Vanille:

Dieser Duft gehört seit der Antike zu den begehrtesten Essenzen und dient auch heute als Basisnote vieler Parfüms und Cremes. Vanille dringt sehr kräftig in uns ein und aktiviert neben den psychischen auch die körperlichen Kräfte. Sie stimmt ausgeglichener und holt zum Abheben veranlagte Menschen, welche sich häufig in Träumerei verfangen, wieder auf den Boden zurück. Ihr Duft hat zusätzlich aktivierende Wirkungen auf die Verdauung und den Stoffwechsel und lindert Blähungen und Unterleibsschmerzen.

Veilchen:

Der unmißverständliche herb-süße Veilchenduft ist ein Basisduft vieler Parfüms. Er stimmt sehr freudig und optimistisch und verhilft zu einem offeneren Gedankenaustausch von Gefühlen und persönlichen Wünschen. Dieser Duft ist ein weiblicher Duft, der seine wahren Eigenschaften bei Männern entfaltet, da diese, wenn es um Gefühle geht, häufig verschlossener sind.

Verbena:

Diese wertvolle Essenz hat sehr entkrampfende und angstlösende Eigenschaften. Sie gibt zugleich mehr Kraft und Optimismus und reguliert die hormonellen Flüssigkeiten im Lymphsystem. Sie ist daher ein ausgezeichnetes Entspannungs- und Beruhigungsmittel für Menschen, welche in der Öffentlichkeit stehen und häufiger Kritik, dauerndem Streß und Lampenfieber ausgesetzt sind. Auch Menschen, welche im Beruf oder in Schule und Ausbildung unter zu starkem Druck und Arbeitsfülle leiden, erfahren durch Verbena eine wohltuende und ausgleichende Entspannung. Darüberhinaus kräftigt diese Essenz das Herz und die Herzmuskulatur, befreit von Stauungen und Ablagerungen in Arterien und Gewebe und aktiviert die Atmung. Im Magen- und Darmbereich wirkt Verbena entzündungshemmend und magen- bzw. verdauungsfördernd. Verbena eignet sich auch sehr gut als geistige Unterstützung zum Abnehmen.

Vetiver:
Dies ist ein beruhigender, holziger Duft. Er löst nervöse und verkrampfte Verspannungen in Geist und Körper und schenkt besonders Männern ein höheres Maß an Ausgeglichenheit. Vetiver wirkt sehr harmonisierend auf das Nervensystem und reguliert die Hormonproduktion im endokrinen System. Es ist daher eine ausgezeichnete Essenz für die Duftlampe, um den Feierabend so richtig zu genießen. Darüberhinaus hat dieses Öl ganz besonders für spröde, trockene und müde Haut eine stark wiederbelebende Kraft. Es strafft die Haut, und ist, über einen längeren Zeitraum hinweg, eine sehr gute Hauttherapie.

Wacholderbeere:
Dies ist ein kräftig-würziger Duft, welcher stark blutreinigende, entwässernde und entschlackende Eigenschaften hat. Er ist verdauensfördernd und läßt sich auch sehr vorbeugend gegen chronische Kreislauf- und Stoffwechselstörungen verwenden. Wacholder stärkt die inneren Organe in deren Funktionen. Äußerlich auf der Haut eignet sich Wacholder in stark verdünntem Zustand zur Linderung und Heilung von Ischias- und Hexenschußbeschwerden, sowie schmerzenden rheumatischen Erkrankungen im Kopf, Hals und den Gelenken. Wacholder eignet sich ebenfalls als anregender Energiespender bei Streß und Abgespanntheit. Wacholderöl sollte nicht in der Schwangerschaft verwendet werden. Als Gewürz kann es jedoch bedenkenlos jederzeit verwendet werden.

Weihrauch:
Hierbei handelt es sich um einen beruhigenden Duft, welcher sehr ausgleichend durch unsere Aura über die Chakras in unseren Organismus gelangt. Er verleiht uns ein höheres Maß an Ruhe, Konzentrationsfähigkeit und Ausgeglichenheit und dient daher ganz besonders für die Meditation. Dieser Duft ermöglicht es uns, bis tief in unsere Vergangenheit vorzudringen, hin zu den Wurzeln unserer Kindheit und Persönlichkeit. Von hier aus fällt es uns viel leichter, die Dinge, die für unser Leben sogar bestimmend sind, zu erkennen, und schlechte Erlebnisse besser aufzuarbeiten. Aus dieser Warte heraus können wir auch negative Kindheitserlebnisse objektiver betrachten, ins Bewußtsein befördern und lernen, damit besser umzugehen. Zusätzlich heilende Eigenschaften des Weihrauchs liegen in seinen Kräften für die Haut. Er beschleunigt den Heilungsprozeß nach Verletzungen und beugt unschöner Narbenbildung vor. Für die strapazierte Haut ist er ein belebendes Balsam, nimmt Falten und bewahrt die Feuchtigkeit.

Ylang-Ylang:
Dies ist ein sinnlich-exotisch-süßlicher Duft mit inspirierend ausgleichender Wirkung. Diese Essenz hilft Menschen, welche sich in einer ausweglosen Situation befinden, zu neuem Mut und Lebensoptimismus. Er unterstützt drogenabhängige Menschen in ihrem Wunsch zum Entzug und läßt die schmerzhaften Entzugserscheinungen wesentlich sanfter erleben. Abends dient dieser Duft als Entspannungsessenz, welche es vermag, den Ärger, Frustration und sogar Zorn und Aggression abzubauen und besser zu relaxen. Gleichzeitig beruhigt dieser Duft den gesamten Kreislauf, lindert Blutdruck und Atemfrequenz und bereitet einen tieferen und erholsameren Schlaf.

Ysop:
Ysop ist ein süßlich-würziger Duft, welcher sehr verjüngend und energiereich in uns eindringt. Er verhilft uns, besser über angespannte Lebenssituationen in der Partnerschaft hinwegzukommen und verleiht der Beziehung ein neues Maß an Verständnis und Zusammengehörigkeit. Darüberhinaus hat Ysop stark schleimlösende Eigenschaften auf Lungen und Bronchien. Er lindert Erkältungskrankheiten, Ohrensausen, Ohrenentzündungen und allergisch-asthmatische Erkrankungen, wie z. B. Heuschnupfen. Ysop hat sehr kreislaufregulierende und durchblutungsfördernde Wirkungen.

Zedernholz:

Hierbei handelt es sich um einen beruhigenden und entspannenden Duft, welcher ebenfalls aufgrund seiner schleimlösenden Eigenschaften auch gute Heilwirkungen gegen Erkrankungen der Atemwege aufweist. Die Haupteigenschaften des Zedernholz liegen jedoch in der vorbeugenden und heilenden Funktion für die Haut. Schuppige und pilzige Hauterkrankungen, Hautausschläge, allergische Hautreizungen, Akne und Haarausfall können mit Zedernholz sehr vorbeugend geheilt werden. Zusätzlich hat Zedernholz entwässernde Eigenschaften auf Nieren und Blase und abweisende Wirkungen gegen Insekten.

Zimt:

Dies ist ein stark aromatischer, würziger Duft, welcher sehr schwingungsvoll und erwärmend in uns eindringt. Er hebt Konzentration und Selbstbewußtsein und unterstützt aufgrund seiner erotisierenden Duftnote auch die Liebesfähigkeit in der Partnerschaft. Darüberhinaus hat Zimt kreislaufstabilisierende und durchblutungsfördernde Eigenschaften. Es beugt Kreislaufkollaps und andere Schwächezustände vor und lindert aufgrund seiner kreislaufaktivierenden Wirkungen kalte Füße und häufiges Frieren. Zimt ist aufgrund seiner eigenartigen Duftnote nicht nur lufterfrischend, sondern auch luftreinigend. Als unterstützender Meditationsduft macht Zimt sehr gelöst und entkrampft. Er wirkt gleichzeitig stimulierend und reinigend für die Atemorgane und entschlakkend auf das Herz-Lungen-Kreislauf-System. Zimt ist sehr insektenabweisend.

Zirbelkiefer:

Dieser Duft dringt besänftigend und langwellig in uns ein und verstärkt unsere Aura mit einem Schutzschild gegen neidische Menschen und falsche Freunde. Er verwandelt negative Energien in positive Lebensfreude uns stärkt dabei die persönliche Willenskraft. Zirbelkiefer erleichtert das Abhusten von schleimigen Sekreten und reinigt die Atemwege.

Zitrone:

Dieser frische, herbe Zitronenduft dringt belebend und stimmungshebend in uns ein und lindert negative und schlechte Laune. Er verhilft uns, auch wenn einmal etwas nicht so läuft, wie es laufen soll, zu mehr Optimismus und Lebensfreude. Allgemein hat Zitrone sehr fiebersenkende und blutreinigende Eigenschaften. Sie kräftigt die Leber und fördert dabei die gesunde Magen- und Darmflora. Seit altersher ist Zitrone ein häusliches und verläßliches Heilmittel gegen rheumatische Erkrankungen und Gicht. Sie ist auch sehr vorbeugend und heilend gegen Hautprobleme aller Art und hilft sogar bei brüchigen Fingernägeln. Zitrone sollte nicht vor oder während des Sonnenbadens verwendet werden.

Zitronengras: Siehe Lemongras

Zypresse:

Dieser holzig-frische, entspannende Duft ist ein altbewährtes Heilmittel, welches vor negativen Kräften, bösen Geistern und falschen Freunden bewahrt. Zypresse ist wie ein Wahrheitselixier, welches die Menschen dazu bewegt, einfach die Wahrheit zu sagen. Darüberhinaus reguliert sie die Körperpersäfte im Organismus und stellt ein Gleichgewicht zwischen den Hormonen her. Sie heilt daher übermäßige Wasseransammlungen (Ödeme), Krampfadern und besonders Menstruationsbeschwerden. Zypresse entgiftet und entfettet das Gewebe und ist daher auch sehr unterstützend während des Fastens.

Abgespanntheit	Lavendel, Wacholderbeere
Ablagerungen im Gewebe und in den Arterien	Verbena
Abnehmen	Verbena, Zypresse
Abwehrkräfte - aktivierend	Kreuzkümmel, Orange süß
Abwehrkräfte - kräftigend	Oregano, Peru-Balsam
Aggression	Bienenwachs, Ylang-Ylang
Akne	Bergamotte, Geranium Bourbon, Zedernholz
Aktivierend	Bay St. Thomas, Ginster, Lavendel, Petit Grain Citronier
Alpträume	Lavendel, Neroli
Ängste	Bergamotte, Costus, Johanniskraut, Lavendel, Verbena
Anpassungsfähigkeit	Calamus
Anregend	Bergamotte, Eukalyptus, Grapefruit. Pfeffer grün, Rosmarin
Anspannungen - nervös	Bergamotte
Antidepressiv	Jasmin
Appetitanregend	Ingwer, Kreuzkümmel, Schafgarbe, Thymian
Ärger	Ylang-Ylang
Asthma	Oregano
Asthmatische Erkrankung	Muskatellasalbei, Ysop
Atemwege	Cajeput, Eukalyptus, Fichte sibirisch, Kiefer, Latschenkiefer, Meerpinie, Muskatellasalbei, Oregano, Ravensara, Sandelholz, Zedernholz, Zirbelkiefer
Atmung	Melisse, Verbena
Atmungsorgane	Atlaszeder
Aufbauend	Angelikawurzel, Peru-Balsam
Aufmunternd	Citronelle, Litsea Cubeba
Aufregung	Mandarine
Ausdauer	Costus
Ausgeglichenheit	Geranium Bourbon, Vanille, Vetiver, Weihrauch
Ausgleichend	Citronelle, Eichenmoos, Geranium Bourbon, Jasmin, Mandarine, Muskatnuß, Schafgarbe, Weihrauch, Ylang-Ylang
Austrocknen der Haut	Karottensamen
Bakterien	Kiefer, Oregano
Befreiend	Galbanum, Myrrhe, Patchouli, Rose
Begeisterungsfähigkeit	Litsea Cubeba
Belebend	Zedernholz, Zitrone

Beredtsamkeit	Cascarilla
Beruhigung	Bienenwachs, Davana, Dill, Eichenmoos, Galbanum, Geranium Bourbon, Jasmin, Johanniskraut, Kamille blau, Kamille römisch, Kardamom, Krauseminze, Lavandin super, Lavendel, Mandarine, Mandarine grün, Melisse, Muskatellasalbei, Muskatnuß, Myrrhe, Neroli, Niaoli, Orange bitter, Pfeffer schwarz, Rose, Sandelholz, Verbena, Vetiver, Weihrauch
Besänftigung	Cananga, Zirbelkiefer
Beschwerden - seelisch	Muskatnuß
Bewußtsein - kreativ	Cassie
Blähungen	Anis, Dill, Fenchel süß, Koreandersamen, Vanille
Blockaden	Costus, Melisse, Neroli, Palmarosa
Blutdruck - fördernd	Ysop
Blutdruck - regulierend	Lavendel, Muskatnuß
Blutdruck - senkend	Lavendel, Ylang-Ylang
Bluterneuerung	Karottensamen
Blutreinigung	Geranium Bourbon, Grapefruit, Karottensamen, Wacholderbeere, Zitrone
Blutzirkulation - fördernd	Oregano, Thymian
Böse Geister	Zypresse
Bronchialerkrankungen	Meerpinie, Oregano, Ravensara
Bronchialkatarrh	Meerpinie, Thymian
Bronchien	Eukalyptus, Fichte sibirisch, Sandelholz
Bronchitis	Atlaszeder
Bronchitis - chronisch	Muskatellasalbei
Darmkolik	Pfefferminze
Denken - positiv	Patchouli
Depressionen	Bay St. Thomas, Benzoe Siam, Bergamotte, Elemi, Johanniskraut, Kamille römisch, Mairose, Patchouli, Sandelholz, Tolu-Balsam
Desinfizierend	Myrrhe, Nelke, Pfefferminze, Salbei, Schafgarbe, Teebaum
Desodorierend	Patchouli
Durchblutung	Lavandin super, Zimt
Durchfall	Ingwer, Pfefferminze
Durchhaltevermögen	Elemi, Estragon
Eifersucht	Palmarosa, Rose
Einfühlungsvermögen	Tuberose
Einsamkeit	Benzoe Siam, Mairose
Einschlafschwierigkeiten	Lavendel, Mandarine

Ekzeme	Atlaszeder, Bergamotte
Emotionelle Schwierigkeit	Jasmin
Energiebringend	Ysop, Zedernholz
Entfettung	Zypresse
Entgiftung	Kreuzkümmel, Zypresse
Entkrampfung	Dill, Estragon, Fenchel süß, Galbanum, Grapefruit, Kamille römisch, Lavandin super, Lavendel, Muskatellasalbei, Muskatnuß, Oregano, Verbena, Zimt
Entschlackung	Grapefruit, Thymian, Wacholderbeere
Entschleimend	Fichte sibirisch
Entschlossenheit	Tabak
Entschlußkraft	Elemi
Entspannung	Bienenwachs, Blutorange, Davana, Lavandin super, Mandarine grün, Neroli, Opoponax, Tolu-Balsam, Verbena, Ylang-Ylang, Zedernholz, Zypresse
Entwässerung	Cajeput, Wacholderbeere
Entzugserscheinungen	Ylang-Ylang
Entzündungen	Nelke, Pfefferminze, Salbei
Entzündungen - eitrig	Kamille blau
Entzündungen - fiebrig	Kamille blau
Entzündungshemmend	Kamille römisch, Schafgarbe
Erbrechen - häufiges	Fenchel süß
Erfrischung	Krauseminze, Patchouli
Erholung	Lavandin super
Erkältungskrankheiten	Fichte sibirisch, Ingwer, Kamille blau, Kiefer, Lorbeerblätter, Niaouli, Oregano, Peru-Balsam, Pfefferminze, Pfeffer schwarz, Thymian, Ysop
Erkältungskrankheiten - grippal	Citronelle
Erotisierend	Muskatnuß, Palmarosa, Zimt
Erschöpfungszustände	Basilikum, Eukalyptus, Kardamom
Erwärmung	Tonka, Zimt
Falsche Freunde	Cistrose, Lorbeerblätter, Nelke, Zirbelkiefer, Zypresse
Faltenbildung	Karottensamen, Rosenholz
Fasten	Zypresse
Fehlwucherung d. Zellen	Niaouli
Feuchtigkeitshaushalt - regulierend	Myrrhe
Fiebersenkend	Eukalyptus, Kamille blau, Kiefer, Zitrone

Fingernägel	Zitrone
Fingernägel - Wachstum	Atlaszeder
Freude	Iris, Tuberose
Freundschaft - kräftigend	Cascarilla. Narde
Frieren - häufiges	Zimt
Fröhlich stimmend	Bay St. Thomas, Blutorange, Litsea Cubeba
Frustration	Ylang-Ylang
Gallenerkrankung	Pfefferminze
Geborgenheit	Pfeffer schwarz
Gedächtnis - kräftigend	Cistrose, Styrax
Gedanken - aktivierend	Narzisse
Gedanken - klar	Basilikum
Geist	Bergbohnenkraut, Blutorange, Cassie, Eichenmoos, Narzisse, Nelke, Sandelholz
Gelassenheit	Orange bitter, Rose
Gelenksschmerzen	Pfeffer schwarz, Ravensara
Gemütlichkeit	Zitronengras
Gerechtigkeitsgefühl - beflügelnd	Tonka
Geschlechtsorgane	Geranium Bourbon, Rose
Geschwüre	Rose
Gewalttätigkeit	Cananga
Gewebe - kräftigend	Niaouli
Gewebe - reinigend	Rosmarin
Gewichtsreduzierung	Ginster
Gicht	Cajeput, Jasmin, Majoran, Zitrone
Gleichgewichtsregulierend	Costus
Gliederentzündungen	Pfeffer schwarz
Gliederschmerzen	Krauseminze, Lavendel, Muskatellasalbei, Niaouli, Pfeffer schwarz
Gliedmaßen - Stauungen	Salbei
Grippale Erkrankungen	Eukalyptus, Myrrhe
Grippale Infektionen	Kiefer, Lavendel
Grippe	Angelikawurzel, Ingwer
Grobheit	Cananga
Großzügigkeit	Tagetes
Gute Laune	Mimose
Haarausfall	Salbei
Haare - Pflege	Bay St. Thomas
Haare - Wachstum	Atlaszeder, Bay St. Thomas
Haarspliss	Salbei
Hals-Nasen-Bereich	Citronelle
Hals-Nasen-Ohrenbereich	Eukalyptus, Niaouli
Hals-Nasen-Ohrenleiden	Cajeput
Hals-Nasen-Rachenber.	Kiefer

Halskrankheiten	Atlaszeder
Halsschmerzen	Muskatellasalbei Krauseminze
Hämorrhoiden	Koreandersamen
Harmonie	Geranium Bourbon
Harntreibend	Thymian
Haut - belebend	Rosenholz, Salbei, Vetiver
Haut - trocken	Salbei, Sandelholz, Vetiver, Weihrauch
Hautalterung	Sandelholz
Hautausschläge	Atlaszeder, Zedernholz
Hautdurchblutung	Rosenholz
Hautentschlackung	Zitronengras
Hauterkrankungen	Cajeput, Cistrose, Geranium Bourbon, Immortelle, Salbei, Tagetes, Zedernholz
Hautfalten	Rosmarin, Weihrauch
Hautpflege	Bienenwachs, Limette, Rose, Vetiver
Hautprobleme	Bergamotte, Vetiver, Zitrone
Hautreinigung	Ingwer, Karottensamen, Limette, Myrte, Oregano, Rosenholz, Zitronengras
Hautreizungen - allergisch	Zedernholz
Hautstraffung	Oregano, Sandelholz
Hautunreinheiten	Karottensamen, Rosmarin
Hautverjüngung	Rosenholz
Hautverunreinigungen	Bay St. Thomas, Rosenholz
Heiserkeit	Citronelle, Muskatellasalbei
Heiterkeit	Cananga
Hellsichtigkeit	Limette
Hemmungslösend	Davana
Herz	Eichenmoos, Neroli, Orange bitter, Rose, Verbena
Herzmuskulatur	Rosmarin, Verbena
Herzschlag	Melisse
Heuschnupfen	Oregano, Ysop
Hexenschuß	Wacholderbeere
Hitzigkeit	Bienenwachs
Hormonhaushalt - regulierend	Geranium Bourbon
Hornhaut / Hühneraugen	Thuja
Husten	Atlaszeder, Cajeput, Citronelle, Immortelle, Muskatellasalbei, Ravensara, Thymian
Hysterie	Pfefferminze
Immunsystem - kräftigend	Geranium Bourbon
Infektionen - Resistenz	Orange süß

Infektionsbekämpfend	Bergbohnenkraut, Citronelle, Lavendel
Infektionsdesinfizierend	Pfefferminze
Infektionskrankheiten	Eukalyptus, Eukalyptus
Infektionskrankheiten - virusbedingt	Angelikawurzel
Insektenabweisend	Basilikum, Citronelle, Nelke, Oregano, Patchouli, Peru-Balsam, Rosmarin, Sandelholz, Zedernholz, Zitronengras
Insektenstiche	Teebaum, Thymian
Inspiration	Cassie, Patchouli, Ylang-Ylang
Intellekt - kräftigend	Petit Grain Bigarare
Intuition	Costus
Ischias	Wacholderbeere
Jähzorn	Cananga
Juckreiz	Atlaszeder
Kalte Füße	Zimt
Kehlkopfkatarrh	Thymian
Keimtötend	Schafgarbe
Keuchhusten	Thymian
Klärend	Myrte
Knorpelentzündungen	Pfeffer schwarz
Kontaktfreudigkeit	Eichenmoos
Konzentrationsfähigkeit	Cistrose, Nelke, Rosmarin, Styrax, Veilchen, Weihrauch, Zimt
Kopf	Eichenmoos, Zitronengras
Kopfhaut	Bay St. Thomas
Kopfschmerzen	Muskatellasalbei
Kopfschmerz - streßbed.	Basilikum
Kopfschmerzen - wetterbedingt	Basilikum, Krauseminze, Niaouli
Körpersäfte - harmonisierend	Pfefferminze
Körpersäfte - regulierend	Zypresse
Kräfte - aktivierend	Vanille, Verbena
Kräfte - hellseherisch	Schafgarbe
Kräfte - negativ	Zitronengras, Zypresse
Kräftigend	Geranium Bourbon, Muskatellasalbei, Peru-Balsam
Krampfadern	Jasmin, Patchouli, Zypresse
Krampfartige Leiden	Pfefferminze
Krampfbereitschaft der Muskulatur	Dill
Krämpfe	Kardamom
Krampflindernd	Kreuzkümmel
Krampflösend	Anis, Cajeput, Dill, Galbanum, Majoran, Pfefferminze

Krampfstillend	Kamille blau
Krebs	Niaouli
Kreislauf - aktivierend	Zimt
Kreislauf - beruhigend	Orange bitter, Ylang-Ylang
Kreislauf - regulierend	Muskatnuß, Rosmarin, Schafgarbe, Ysop
Kreislauf - stabilisierend	Rosmarin, Zimt
Kreislauf - stimulierend	Pfeffer grün, Thymian
Kreislaufkollaps	Zimt
Kreislaufstörungen	Wacholderbeere
Kropf	Atlaszeder
Kühlend	Krauseminze, Pfefferminze
Lampenfieber	Mandarine, Verbena
Lebenserfüllung	Jonquille
Lebensfreude	Bergamotte, Cananga, Muskatnuß, Petit Grain Bigarare, Sandelholz, Zirbelkiefer, Zitrone
Lebenslust	Grapefruit, Litsea Cubeba, Muskatnuß
Lebensoptimismus	Bergamotte, Tuberose, Ylang-Ylang
Lebenssituation - angespannt	Ysop
Lebenswandel-aktivierend	Petit Grain Citronier
Leber	Geranium Bourbon, Karottensamen, Rosmarin, Zitrone
Liebe	Iris, Lavendel, Orange süß, Rose
Logisches Denkvermögen	Limette, Nelke, Rosmarin
Losgelöstheit	Zimt
Lufterfrischung	Zimt
Luftreinigung	Douglasie, Fichte sibirisch, Latschenkiefer, Orange bitter, Zimt
Lunge	Eukalyptus, Niaouli, Sandelholz
Lymphsystem	Verbena
Magen	Neroli
Magen-und Darmerkrankungen	Eukalyptus, Kamille blau, Melisse, Schafgarbe, Verbena
Magen- und Darmflora	Zitrone
Magen- und Darmgrippe	Ingwer
Magen- und Darmtrakt	Anis, Pfefferminze
Magenbeschwerden	Krauseminze
Magenmuskulatur	Oregano
Magennerven	Koreandersamen
Magenverstimmung	Pfefferminze
Mandelentzündungen	Salbei
Meditation	Mandarine grün

Melancholie	Basilikum, Lavendel, Mairose, Patchouli Tolu-Balsam
Menstruationsbeschwerden	Muskatellasalbei, Zypresse
Migräne	Basilikum, Kardamom, Krauseminze, Pfefferminze
Milchbildung	Anis
Mißtrauen	Palmarosa
Mitesser	Karottensamen, Palmarosa
Mondsüchtigkeit	Neroli
Mottenabweisend	Patchouli, Peru-Balsam, Rosmarin
Mund-Rachen-Raum	Basilikum, Citronelle, Nelke, Oregano, Patchouli, Peru-Balsam, Salbei
Muskelentzündungen	Pfeffer schwarz
Muskelkater	Lavandin super
Muskelleiden	Salbei
Muskelriß / Überdehnung	Pfeffer grün
Muskelschmerzen	Pfeffer schwarz
Muskelverhärtungen	Jasmin
Muskelverkrampfungen	Majoran
Muskelzerrungen	Salbei
Muskulatur	Galbanum, Lavandin super, Pfeffer grün
Mut	Calamus, Tabak, Ylang-Ylang
Mutlosigkeit	Angelikawurzel, Muskatellasalbei
Narbenbildung	Schafgarbe, Weihrauch
Naturverbundenheit	Immortelle
Nerven - beruhigend	Ambrette, Fenchel, Jasmin, Kamille römisch, Pfefferminze
Nerven - entspannend	Neroli
Nerven - kräftigend	Neroli
Nervenenden - beruhigend	Dill, Myrrhe
Nervenerkrankungen	Pfefferminze
Nervensystem - ausgleichend	Angelikawurzel
Nervensystem - beruhigend	Angelikawurzel, Davana, Johanniskraut, Krauseminze, Lavendel, Mandarine grün
Nervensystem - entspannend	Davana, Mandarine grün
Nervensystem - regenerierend und stabilisierend	Rosmarin
Nervöse Störungen	Kamille römisch
Nervosität	Angelikawurzel, Sandelholz

Neuanfang	Bergamotte
Niedergeschlagenheit - fiebrig	Peru-Balsam
Nieren	Geranium Bourbon
Ödeme	Zypresse
Offenheit	Benzoe Siam
Öffnung	Rose
Ohnmacht	Lavendel
Ohrenentzündungen	Ysop
Ohrensausen	Ysop
Optimismus	Calamus, Cananga, Cistrose, Douglasie, Sandelholz, Veilchen, Verbena, Zitrone
Orangenhaut	Oregano, Patchouli
Organe - innere	Sandelholz, Wacholderbeere
Organismus - aktivierend	Neroli
Organismus - anregend	Palmarosa
Organismus - ausgleichend	Schafgarbe
Organismus - kräftigend	Lorbeerblätter, Peru-Balsam
Parasiten	Peru-Balsam
Phantasie	Cassie, Geranium Bourbon, Limette, Narzisse, Tabak
Pickel	Geranium Bourbon, Palmarosa
Probleme - angestaut	Palmarosa
Prüfungsangst	Bergbohnenkraut, Douglasie, Mandarine
Rachenraum	Niaouli
Regenerierung	Eukalyptus, Peru-Balsam
Reinigend	Myrte
Rheuma	Cajeput, Majoran, Meerpinie, Muskatnuß, Wacholderbeere
Rheumatische Erkrankungen	Lavendel, Meerpinie, Zitrone
Rückenschmerzen	Ravensara
Ruhe	Nelke, Orange bitter, Vetiver, Weihrauch, Zitronengras
Säuregehalt im Magensaft	Fenchel süß, Ingwer
Schlaf	Orange bitter, Ylang-Ylang
Schlaflosigkeit	Kamille römisch, Lavendel, Mandarine, Muskatnuß, Neroli, Sandelholz
Schlafstörungen	Melisse
Schlechte Laune	Bay St. Thomas, Zitrone
Schleimbefreiend	Latschenkiefer
Schleimlösend	Eukalyptus, Immortelle, Kiefer, Myrrhe, Niaouli, Oregano, Ysop, Zedernholz, Zirbelkiefer
Schleimreinigend	Fichte sibirisch
Schluckauf	Koreandersamen
Schmerzen - migränehaft	Kardamom
Schmerzen unbekannter Ursache	Kardamom
Schmerzlindernd	Eukalyptus, Kamille blau. Lavendel, Majoran, Nelke, Orange bitter
Schnupfen	Cajeput, Muskatellasalbei
Schuppen	Bay St. Thomas
Schuppenflechte	Salbei
Schuppige Hauterkrankungen	Salbei
Schutz	Pfeffer schwarz
Schwächezustände	Bergbohnenkraut, Zimt
Schwachsinn	Petit Grain Bigarare
Schwankungen - hormonell	Neroli
Schwankungen - seelisch	Muskatellasalbei
Schweißabsonderung - übermäßig	Salbei
Schwindelgefühle	Lavendel
Seele	Bergbohnenkraut, Cassie, Eichenmoos, Galbanum
Sehnenverhärtungen	Majoran,
Seitensprünge	Lavendel, Rose
Selbstbewußtsein	Jonquille, Kreuzkümmel, Zimt
Selbstbewußtseins-kräftigend	Douglasie, Estragon, Immortelle
Selbstkritik	Ravensara
Selbstmordgedanken	Elemi
Selbstverwirklichung	Tabak, Veilchen
Selbstwertgefühl	Kreuzkümmel
Senilität	Petit Grain Bigarare
Sensibilität	Benzoe Siam, Calamus, Eichenmoos, Fluove, Myrte, Tonka, Tuberose
Sonnenbrand	Immortelle, Johanniskraut, Teebaum
Sonnenstich	Lavendel
Spannung - streßbedingt	Lavendel
Stauungen	Costus, Salbei
Stauungen im Gewebe	Verbena
Stauungen in Arterien	Verbena
Stehvermögen	Costus
Stiche	Basilikum, Lavendel
Stimmung - positiv	Cistrose, Zitrone

Stimulierend	Eukalyptus, Geranium Bourbon, Pfeffer grün, Rose
Stoffwechsel - aktivierend	Patchouli
Stoffwechsel - regulierend	Myrrhe
Stoffwechselstörungen	Wacholderbeere
Störungen - nervös	Kamille römisch
Stottern	Ambrette, Kamille römisch
Streß	Douglasie, Eukalyptus, Kamille römisch, Mandarine, Neroli, Orange bitter, Verbena, Wacholderbeere
Tatendrang	Rose
Temperament	Petit Grain Citronier
Tiefpunkte - seelisch	Bergamotte
Träumerei	Vanille
Traurigkeit	Basilikum
Treue	Lorbeerblätter, Narzisse, Orange süß, Tonka
Tröstend	Pfeffer schwarz
Tumore	Niaouli, Rose
Übelkeit	Fenchelsüß, Krauseminze
Überarbeitung	Lavendel
Überarbeitung - geistig	Rosmarin
Überlastung	Kamille römisch
Überreizbarkeit - nervlich	Bienenwachs
Unausgeglichenheit	Johanniskraut
Ungeduld	Bienenwachs
Unruhe	Kamille römisch
Unternehmungslust	Blutorange
Unüberlegtheit	Bienenwachs
Unwohlbefinden	Muskatellasalbei
Vegetatives Nervensystem	Ingwer, Melisse
Verbrennungen	Johanniskraut, Teebaum
Verdauung - aktivierend	Fenchel süß, Krauseminze, Muskatnuß, Vanille
Verdauungsfördernd	Grapefruit, Ingwer, Lorbeerblätter, Oregano, Verbena, Wacholderbeere
Verdauungsorgane - aktivierend	Anis
Verdauungsorgane - Durchblutung	Rosmarin
Verdauungsorgane - entkrampfend	Fenchelsüß
Verdauungsprobleme	Krauseminze, Schafgarbe
Verdauungsregulierend	Melisse, Pfefferminze
Verdauungssystem - anregend	Dill
Verdauungstrakt	Bergbohnenkraut
Verführerisch	Muskatnuß, Palmarosa
Verjüngend	Ysop

Verkrampfung der Seele	Lavendel
Verschleimungen der Atemwege	Meerpinie
Verspannungslösend	Majoran, Melisse, Vetiver
Verständnis	Mairose
Verstauchungen	Majoran
Vertrauen	Elemi, Jasmin, Koreandersamen, Lorbeerblätter, Pfeffer schwarz
Viren - Resistenz	Orange süß
Vitalisierend	Angelikawurzel
Vitalität - geistig	Rosmarin
Vitalität - körperlich	Tuberose
Völlegefühl	Fenchel süß, Koreandersamen
Vorstellungskraft	Costus
Wahrheitselixier	Zypresse
Wahrheitsempfinden - beflügelnd	Tonka
Wärmend	Kardamom
Warmherzigkeit	Tagetes
Warzen	Thuja
Wasseransammlungen	Patchouli, Zypresse
Wasserhaushalt - regulierend	Ingwer
Weitsichtigkeit	Mimose
Wetterabhängige Leiden	Nelke
Willenskraft	Costus, Pfeffer grün, Zirbelkiefer
Wohlbefinden	Mairose
Wunddesinfektion	Kamille blau, Teebaum
Wundheilung	Immortelle, Kamille blau, Myrrhe, Teebaum
Wundinfektionerreger der Atemwege	Bay St. Thomas
Zärtlichkeit	Tonka
Zellulite	Zitronengras
Zorn	Ylang-Ylang
Zufriedenheit	Iris
Zugehörigkeit	Pfeffer schwarz
Zuneigung	Rose
Zusammengehörigkeitsgefühl	Lavendel, Mairose, Narzisse, Orange süß, Petit Grain Citronier, Ysop
Zuverlässigkeit	Tonka

Heilsteine in Verbindung mit heilenden Kräutern und Tees

Ebenfalls wie Heilsteine werden Heilpflanzen seit Gedenken der Menschheit zum Heilen und als Schutz gegen böse Geister verwendet. Die Pflanzenheilkunde ist, ebenfalls wie die Steinheilkunde, fester Bestandteil der modernen Medizin. Ein Großteil von Arzneimitteln (ca. 100.000) besteht neben den mineralogischen Bestandteilen aus pflanzlichen Substanzen. Um Ihnen die Kombination der Heilsteine mit den Kräutern zu erleichtern, haben wir Ihnen eine Übersicht ausgearbeitet, welche es Ihnen ermöglicht, zusätzlich zur Edelsteintherapie die Pflanzenheilkunde heranzuziehen. Neben Teegetränken werden Pflanzen bevorzugt in Form von Heilbädern und ätherischen Ölen verwendet. Hier liegt auch der besondere Vorteil der Heilpflanzen in Verbindung mit den Heilsteinen. Diese entfalten beide ihre Energie unter anderem in Heilstein-Elixieren, Tees und Bädern.
Allerdings können Tees und Kräuter im Gegensatz zu Heilsteinen auch Nebenwirkungen aufweisen. Eine Vielzahl von Teegetränken ist beispielsweise nicht willkürlich mischbar, weil viele Kräuter sich gegenseitig in ihren Wirkungen beeinflussen. Einige sollten unbedingt aufgekocht werden, um ihre Wirkstoffe zu entfalten, während andere nur mit heißem Wasser übergossen werden sollten. Damit Sie bedenkenlos brühen, mischen und kombinieren können, habe wir Ihnen in diesem Buch genaue Anwendungsmöglich-keiten, Heilanzeigen und Fertigungsverfahren zu den einzelnen Teesorten aufgeführt. Im hinteren Teil finden Sie zusätzlich neben der folgenden, alphabetischen Reihenfolge der Teekräuter auch eine ausführliche Übersicht der Kräuter mit ihren Heilwirkungen.

Kräuter-Tee-Getränke

Zubereitung von Kräutertees:
Jeder Tee entfaltet seine Wirkungen durch bestimmte Zubereitungsarten. Bitte beachten Sie diese genau, denn nur so sind die gewünschten Eigenschaften der Kräuter gewährleistet. Beachten Sie auch, daß Sie beim Mischen von Teegetränken nur jene Kräuter miteinander kombinieren, welche das gleiche Zubereitungsverfahren haben. Sie können die einzelnen Teesorten bedenkenlos mit den gewünschten Heilsteinen kombinieren. So wirken Kräuter und Heilsteine besonders intensiv.

Zubereitungsverfahren:
Wir haben Ihnen für Ihre Tee-Zubereitung immer die Menge für 1 Tasse angegeben. So können Sie diese leicht für mehrere Tassen hochrechnen.

1. **Zubereitung durch Aufgießen:**
   Die gewünschten Tee-Kräuter werden mit kochendem Wasser übergossen, bedeckt und nach 5 bis 15 Minuten abgegossen.

2. **Zubereitung durch Abkochen:**
   Die Teekräuter werden mit kaltem Wasser angesetzt, bedeckt und 3 bis 15 Minuten auf gekocht. Danach sollten sie abgegossen werden. Einige Sorten sollen sogar bis zum Erkalten ziehen (dies haben wir Ihnen dann ausdrücklich beschrieben).

3. **Zubereitung als Kaltgetränk:**
   Die Kräuter werden mit lauwarmem Wasser für ca. 8 Stunden oder über Nacht bedeckt zum Ziehen angesetzt und dann als Getränk, Badezusatz oder Wickel verwendet.

Bitte beachten Sie genau die unter den einzelnen Kräutern beschriebenen Zubereitungsverfahren.

Kräuter als Badezusatz

Kräuter lassen sich auch sehr wohltuend als Badezusatz verwenden. In Verbindung mit Ölen und Heilsteinen haben diese eine ganz besonders vorbeugende und heilende Wirkung. Sie entspannen die Haut und öffnen die Poren, so daß die heilenden Kräfte der Kräuter und Heilsteine besonders gut in den Organismus eindringen können.

Folgende Kräuter empfehlen sich besonders gut zum Aufbereiten von Mineral- und Kräuterbädern:

Zinnkraut:

Ca. 1 Kg Zinnkraut über Nacht ansetzen und vor dem Bad ca. 30 Minuten aufkochen, dann dem warmen Vollbad (ca. 35 bis 37 Grad, max. 20 Minuten), beigeben. Es lindert Nieren und Blasenerkrankungen und Beschwerden, die durch Nieren-, Blasen- und Gallensteine hervorgerufen werden. Darüberhinaus haben Zinnkrautbäder auch heilende Wirkungen auf die Harnwege und Unterleibsorgane.

Heublumen:

Ca. 1 Kg getrocknete Heublumen in einem Leinensack über Nacht in kaltem Wasser ansetzen und vor dem warmen Vollbad (ca. 35 bis 37 Grad, max. 20 Minuten) 30 Minuten kochen. Kräuter (im Leinensack) und Kräutersud dem Badewasser zugeben. Dieses Bad hat eine sehr entspannende Wirkung auf Muskelverkrampfungen, Zerrungen, Verspannungen und Sehnenscheidenentzündungen. Es lindert auch Hexenschuß, Muskel und Gelenksversteifungen und rheumatische Leiden. Darüberhinaus aktiviert dieses Bad das Herausspülen von Nieren- und Gallensteinen.

Kamille:

Ca. 0,5 Kg Kamille mit 4 L kochendem Wasser aufgießen und ziehen lassen. Nach ca. 30 Minuten auspressen und den Abguß dann dem Vollbad (ca. 35 bis 37 Grad, max. 20 Minuten) zugeben. Kamillebäder haben sehr kreislaufstimulierende und zirkulationsfördernde Eigenschaften. Sie heilen eitrige, offene Wunden, desinfizieren Wundmale und beschleunigen die Heilung. Gleichzeitig verhindern Kamillebäder unschöne Vernarbung. Sie sind auch sehr wirksam gegen Erkältungskrankheiten und Katarrhe der Atmungs- und Verdauungsorgane.

Eichenrinde:

Ca. 1 Kg gemahlene Eichenrinde in 3 L Wasser 30 Minuten kochen und den Abguß dem warmen Vollbad hinzugeben. Dieses Bad hat sehr entschlackende und entwässernde Wirkungen, lindert Krampfadern und Ödeme.

Kleie:

Ca. 1 bis 2 Kg Kleie in einem Leinensäckchen ca. 30 Minuten in 3 bis 4 L Wasser aufkochen und dann das Säckchen und den Abguß dem warmen Vollbad zugeben. Kleiebäder haben juckreizlindernde Eigenschaften und werden daher sehr lindernd gegen starke allergische und entzündliche Hautausschläge und Schuppenflechten verwendet.

Kräuter als Gewürze in der Küche

Eine Vielzahl von Kräutern stehen uns als Gewürze zur Verfügung. Diese verbinden gleichzeitig das Geschmackliche mit dem Nützlichen.
Z. B. Basilikum:
Basilikum ist nicht nur eine charakteristische Gewürzpflanze, die in kaum einem südländischen Gericht fehlen darf, sondern lindert gleichzeitig Völlegefühl, Blähungen und aktiviert die Magensäfte.

Eine Vielzahl von Kräutergewürzen haben diese harmonischen Wirkungen. Wir haben Ihnen die bekanntesten Gewürze in der Kräuter-Tee-Aufstellung berücksichtigt und zusätzlich beschrieben.

Alphabetische Übersicht der bekanntesten, im Handel erhältlichen Heilpflanzen und Tees und deren Wirkungen:

Alant:
Als Tee zweimal täglich 1 TL mit 1 Tasse kochendem Wasser übergießen, ca. 5 Minuten ziehen lassen, abgießen.
Gegen Entzündungen und Verschleimung der Atmungsorgane

Andorn:
Als Tee zweimal täglich 1 TL mit 1 Tasse kochendem Wasser übergießen, ca. 5 Minuten ziehen lassen, abgießen.
Gegen Erkrankungen der Atmungsorgane, besonders grippale Erkältungskrankheiten, auch bei Herzerkrankungen durch Herzschwäche

Angelika:
Als Tee zwei- bis dreimal täglich 1 TL mit 1 Tasse kochendem Wasser übergießen, ca. 5 Minuten ziehen lassen, abgießen.
Ist appetitanregend und läßt sich daher sehr gut als Magenmittel gegen Blähungen, Koliken und Darmkatharre verwenden. Darüberhinaus ist dieses Elixier besonders vor Prüfungen und vor dem Schlafengehen sehr nervenberuhigend.

Anis:
Als Tee zwei- bis dreimal täglich 1 TL mit 1 Tasse kochendem Wasser übergießen, ca. 5 Minuten ziehen lassen, abgießen.
Wird gegen fortgeschrittene Erkältungskrankheiten, Husten und Magen- und Darmverstimmungen verwendet. Anis regt die Verdauung an und hilft gegen Blähungen und Magenschmerzen.

Arnika:
Als Tee ein- bis zweimal täglich 1 TL mit 1 Tasse kochendem Wasser übergießen, ca. 5 Minuten ziehen lassen, abgießen.
Arnika als Gurgelmittel lindert Verkrampfungen der Muskulatur im Hals- und Nackenbereich. Auch bei Kreislaufstörungen läßt Arnika sich in Verbindung mit Heilsteinen sehr gut verwenden. Sie wirkt durch Einreiben auch lindernd gegen Rheuma und neuralgische Erkrankungen. Blutergüsse, Quetschungen und feuchte Wunden lassen sich darüberhinaus durch Arnikaumschläge in Verbindung mit Heilsteinen gut heilen. Gegen Ischiasbeschwerden und Muskelkater kann Arnika ebenfalls sehr gut durch äußere Anwendung verwendet werden (Tee abkühlen lassen und unverdünnt zum Einreiben verwenden).

Augentrost:
Als Tee einmal täglich 1/4 TL auf 1 Tasse Wasser kurz aufkochen und ziehen lassen, abgießen, dann für Augenumschläge verwenden.
Augentrost läßt sich durch Abkochen und durch anschließende Umschläge direkt auf die Augen gegen Bindehaut- und Lidrandhautentzündungen verwenden. Auch gegen andere Augenerkrankungen kann Augentrost heilend verwendet werden.

Bärentraube:
1 Liter über den Tag verteilt kalt trinken. 3 bis 5 EL abends in 1 L Wasser ansetzen und über Nacht ziehen lassen.
Bärentraube lindert, besonders als Kaltelixier, Blasenkatarrhe und Nieren-Blasen-Erkrankungen.

Bärlapp:

Als Tee zweimal täglich mit 1 Tasse kochendem Wasser aufgießen und ca. 5 Minuten ziehen lassen, abgießen. Bärlapp läßt sich gegen Blasen-, Magen-, Leber-, Gallen- und Nierenleiden verwenden. Darmstörungen können in Verbindung mit Heilsteinen sehr schnell und gut geheilt werden. Bärlapp ist auch ein erfolgreiches Naturheilmittel gegen Gicht und rheumatische Erkrankungen.

Baldrian:

Als Tee, abends 1 bis 2 TL mit 1 Tasse kochendem Wasser übergießen, ca. 5 Minuten ziehen lassen, abgießen. Baldrian hat sehr beruhigende Wirkungen und wird daher gegen Schlafstörungen und nervöse Angstzustände, bzw. nervöse Herz- und Kreislaufbeschwerden verwendet. Baldrian kann als Kaltelixier oder auch als Tee eingenommen werden. Wir empfehlen Ihnen, Baldrian aufgrund seiner beruhigenden Wirkungen, abends einzunehmen. Zucker steigert die Wirkung von Baldrian zusätzlich.

Basilikum:

Dieses eignet sich sehr gut als ätherisches Öl oder als Gewürz. Die Heilwirkungen des Basilikums konzentrieren sich auf die Verdauung. Es fördert die Konzentration und Produktion der Magensäfte, lindert Völlegefühl und Blähungen.

Bibernelle:

Ansetzen als Tee: 1 bis 2 TL mit 1 Tasse kochendem Wasser übergießen, 5 Minuten ziehen lassen, abgießen. In abgekühltem Zustand dann zum Gurgeln verwenden.
Bibernelle läßt sich als Kaltspülung oder auch warm zum Gurgeln verwenden und lindert Entzündungen im Hals, Rachen und Kehlkopfbereich. Auch Mandelentzündungen und starke Erkältungen lassen sich durch Gurgeln mit Bibernelle rasch lindern. Lippenherpes und Bläschenerkrankungen anderer Hautstellen lassen sich durch spülen mit Bibernelle lindern.

Birke:

Als Tee: dreimal täglich 1 bis 2 TL mit einer Tasse kochendem Wasser übergießen, 5 Minuten ziehen lassen, abgießen.
Birke sollte als Tee verwendet werden. Sie ist sehr harntreibend und hat dadurch stark reinigende Wirkungen auf das Blut. Nieren- und Blasenleiden lassen sich durch Birke ebenfalls gut lindern. Darüberhinaus hat Birke auch stark heilende Kräfte bei Gicht und rheumatischen Erkrankungen. Hauterkrankungen und Allergien lassen sich mit Birke gut behandeln.

Bitterklee:

Als Tee zwei- bis dreimal täglich 1 TL mit 1 Tasse kochendem Wasser übergießen, 5 Minuten ziehen lassen, abgießen.
Bitterklee eignet sich sehr gut als Tee gegen Magen- und Darmstörungen und ist darüberhinaus sehr appetitanregend.

Boxhornklee:

Dieser eignet sich für die äußere Anwendung auf der Haut. Die reifen, gemahlenen Samen werden dabei mit heißem Wasser zu einem Brei angerührt und direkt auf entzündete Hautstellen, Pilzbildungen und Hautflechten aufgetragen.

Brennessel:

Als Tee dreimal täglich 2 bis 3 TL mit 1 Tasse kochendem Wasser übergießen, 5 Minuten ziehen lassen, abgießen.

Brennessel wirkt als Tee harntreibend und wird gegen rheumatische Erkrankungen und Gicht verwendet. Auch gegen Hauterkrankungen ist Brennessel ein zuverlässiges Heilmittel. Sie regt den Stoffwechsel an und reinigt das Blut, den Magen und den Darm. Brennessel wird seit altersher als Potenzmittel geschätzt.

Brombeere:

Als Tee dreimal täglich 1 TL mit einer Tasse kochendem Wasser übergießen, 5 Minuten ziehen lassen, abgießen.
Brombeere eignet sich als Tee, heilt Entzündungen im Mund- und Rachenraum und lindert chronische Durchfallerkrankungen. Sie ist sehr harntreibend und hat blutreinigende Eigenschaften.

Brunnenkresse:

Brunnenkresse eignet sich als Tee (zwei- bis dreimal täglich 1 bis 2 TL mit einer Tasse kochendem Wasser übergießen, 5 Minuten ziehen lassen, abgießen), noch besser jedoch als Salat und als Frischgemüse. Sie ist ein wichtiger Vitamin C Träger und hat sehr blutreinigende Eigenschaften.

Chilli:

Dies ist ein sehr scharfes Schotengewächs und eignet sich als Gewürz. Es sollte jedoch aufgrund seiner brennenden Wirkung in Maßen verwendet werden. Chilli lindert Rücken und Gliederschmerzen, heilt offene Wunden und lindert rheumatische Erkrankungen. Chilli lindert auch Hautausschläge und Gürtelrose und wird daher auch in einer Vielzahl von Salben verwendet.

Eberesche:

Diese eignet sich besonders als frisch gepreßter Saft, morgens und abends. 1 TL Eberesche hat soviel Vitamin C wie 10 Orangen. Sie ist daher sehr vorbeugend gegen Grippe und andere Erkältungskrankheiten. Eberesche wirkt harntreibend, entschlackend und blutreinigend und regt die Verdauung an (sanftes Abführmittel). Sie hilft gegen Nierenleiden und Wassersucht.

Ehrenpreis:

Eignet sich als Erkältungstee (zwei- bis dreimal täglich 1 TL mit 1 Tasse kochendem Wasser übergießen, 5 Minuten ziehen lassen, abgießen). Es empfiehlt sich aber, andere Erkältungskräuter hinzuzuziehen, da die Wirkungen des Ehrenpreis nicht besonders stark sind.

Eibisch:

Eibisch läßt sich sehr wirkungsvoll als Teegetränk, mit etwas Zucker gesüßt trinken. Drei bis fünfmal täglich 1 bis 2 TL auf 1 Tasse Wasser kurz aufkochen, ca. 5 Minuten ziehen lassen und abgießen. Eibisch läßt sich auch für den äußerlichen Gebrauch, als Kaltkonzentrat verwenden. Die Heilwirkungen von Eibisch liegen im reizmildernden und entzündungshemmenden Bereich für die Atemwege. Er lindert Husten, Heiserkeit, Rachen und Kehlkopfkatarrh, sowie Magen- und Darmschleimhautentzündungen. Auch als Spülung der Mundhöhle, Scheide und Harnröhre oder als Wickel auf entzündeter Haut läßt sich Eibisch sehr wohltuend verwenden. Eibischtee oder Saft eignet sich besonders gut als Hustenmittel für Kleinkinder.

Eiche:

Als Tee, dreimal täglich 1 TL auf eine Tasse Wasser kalt aufkochen, kurz ziehen lassen, abgießen.Eichentee wirkt sehr heilend gegen Durchfälle, Magen- und Darmblutungen und Hämorrhoiden. Als Badezusatz, ca. 500g Eiche in 3 bis 5 L Wasser aufkochen, ziehen lassen und dem Vollbad zugeben. Dies hat heilende Wirkung auf Hautausschläge und nässende Ekzeme und hilft gegen Krampfadern und übermäßige Schweißabsonderung, wie z. B. starke Achselnässe. Sollte nicht bei Verbrennungen und Frostschäden verwendet werden.

Enzian:
Als Tee zwei bis dreimal täglich 1 TL auf 1 Tasse Wasser kurz aufkochen und abgießen. Dieser Tee hat sehr appetitanregende Wirkungen und aktiviert im besonderen Maße die Verdauung.

Erdbeere:
Als Tee drei bis fünfmal täglich 1 TL auf 1 Tasse Wasser, kurz aufkochen, abgießen.
Der Erdbeertee wirkt gegen Magen- und Darmverstimmungen, Schleimhautentzündungen und sogar gegen starke Darmkatarrhe. Ganz besonders beliebt ist Erdbeertee bei leichten Durchfällen, welche durch Früchte verursacht wurden.

Erdrauch:
Als Tee zwei bis dreimal täglich 1/2 TL auf 1 Tasse Wasser kurz aufkochen, abgießen.
Dieser Tee hat blutreinigende Eigenschaften und wirkt gleichzeitig gegen Magen- und Darmerkrankungen. Auch bei Gallenüberproduktion und gegen Gallenerkrankungen wird Erdrauch sehr heilend verwendet.

Färberginster:
Als Tee zwei bis dreimal täglich 1 TL mit 1 Tasse kochendem Wasser übergießen und ca. 5 Minuten ziehen lassen, abgießen.
Dieser Tee hat sehr harntreibende Eigenschaften und dient der Blutreinigung. Bei regelmäßigem Anwenden lindernt er Hämorrhoiden. Aber auch Nierenleiden, Nierenkoliken, Gicht und wetterbedingter Rheumatismus können durch diesen Tee gelindert und geheilt werden.

Fenchel:
Als Tee, drei bis fünfmal 1 TL mit 1 Tasse kochendem Wasser übergießen und ca. 5 Minuten ziehen lassen, abgießen. Fenchel läßt sich genauso gut auch als Gewürz verwenden.
Fenchel hat sehr entkrampfende und schleimlösende Eigenschaften. Er wird daher gegen alle Erkältungskrankheiten verwendet und ist auch ein sehr heilendes Mittel gegen Magen und Darmstörungen. Fenchel ist appetitanregend, verdauensfördernd, und aufgrund seiner harntreibenden Eigenschaften auch entschlackend für den Organismus. Er lindert Blähungen, Magen- und Darmbeschwerden. Fenchel läßt sich auch als Gurgelmittel und, im abgekühlteren Zustand, als Augenspülung bei Augenentzündungen, Augenvereiterungen und anderen äußerlichen Augenkrankheiten heilend verwenden.

Fingerhut:
Der Fingerhut ist die Königin der Heilpflanzen. Er ist hochgiftig und steht unter Naturschutz. Trotzdem möchten wir diese Heilpflanze der Vollständigkeit halber in unserer Aufstellung nicht unerwähnt lassen. Aus Fingerhut werden zahlreiche Mittel gegen Herzkrankheiten, Depressionen und Migräne gewonnen. Bitte erfreuen Sie sich dem Fingerhut in der Natur nur mit den Augen, da diese Pflanze wirklich hochgiftig ist und in keinster Weise im Hausgebrauch verwendet werden sollte.

Frauenmantel:
Als Tee zwei bis dreimal täglich 1 TL auf eine Tasse Wasser kurz aufkochen, abgießen.
Wirkt gegen Darmkatarrhe, Durchfälle sowie Magen- und Darmgrippe. Frauenmantel ist sehr lindernd bei Magenverstimmungen, welche durch andere Essensgewohnheiten im Urlaub hervorgerufen werden.

Gänseblümchen:

Als Tee zwei bis dreimal täglich 1 TL mit einer Tasse siedendem Wasser übergießen und ca. 5 Minuten ziehen lassen.
Dies eignet sich als Blutreinigungsmittel und hat entschlackende Wirkungen auf den Organismus. Dieser Tee ist zur Unterstützung von Diäten sehr geeignet.

Gänsefingerkraut:

Als Tee, zwei- bis dreimal täglich 1 TL auf 1 Tasse Wasser kurz aufkochen und 5 Minuten ziehen lassen, abgießen.
Dieser Tee wird sehr gut zur Heilung bei Magen- und Darmschleimhauterkrankungen verwendet, welche mit starken Durchfällen verbunden sind. Er wirkt auch bei Magen- und Darmkoliken und heilt sogar Ruhr. Bei regelmäßiger Anwendung hat dieser Tee sehr krampflösende Eigenschaften auf die Muskulatur. Wirkt auch gegen Krampfadern und als Gurgelmittel lindert dieser Entzündungen an den Lippen, Zunge und an den Schleimhäuten in Mund und Rachen.

Gartenraute:

Als Tee, zwei- bis dreimal täglich 2 TL auf 1 Tasse Wasser kurz aufkochen und 5 Minuten ziehen lassen, abgießen.
Dieser Tee hat sehr entkrampfende und nervenberuhigende Eigenschaften. Er wirkt daher gegen nervöse Beschwerden, wie Überregbarkeit, Hysterie und andere streßbedingte Symptome. Darüberhinaus hat dieser auch sehr heilende Wirkungen bei Venenerkrankungen und rheumatische Beschwerden. Aber auch bei Verletzungen und Quetschungen verhilft Gartenraute dem Organismus zu einer besseren Heilung.

Goldrute:

Als Tee dreimal täglich 1 TL mit Tasse kochendem Wasser übergießen und 5 Minuten ziehen lassen, abgießen.
Dieser Tee hat sehr harntreibende Eigenschaften und wird daher gegen Nierenerkrankungen, sowie Nieren- und Blasenentzündungen verwendet. Aber auch gegen Wassersucht und Vorsteherdrüsenleiden. Bei regelmäßiger Anwendung werden Gichterkrankungen an Knochen und Gelenken gelindert und geheilt.

Heidelbeere:

Als Tee ca. 2 TL mit 1 Tasse kochendem Wasser übergießen und ca. 5 Minuten ziehen lassen, abgießen.
Dieser Tee wird bei Durchfallerkrankungen als Stopfmittel, besonders bei Kindern, verwendet. Bei regelmäßigem Gebrauch hilft Heidelbeere auch gegen Zuckerkrankheit. Frische Heidelbeeren haben stark verdauensfördernde und entschlackende Eigenschaften.

Holunder:

Als Tee zwei- bis dreimal täglich ca. 2 TL auf 1 Tasse Wasser aufkochen und 5 Minuten ziehen lassen, abgießen.
Dieser Tee hat stark schweißtreibende Eigenschaften und wird gegen Erkältungen und fieberhafte Erkältungskrankheiten verwendet. Aber auch gegen asthmatische Atembeschwerden. Holundertee wirkt auch heilend bei Infektionskrankheiten sowie bei Blasen- und Nierenerkrankungen. Er ist sehr harntreibend und blutreinigend. Bei regelmäßigem Gebrauch hat Holunder auch sehr heilende Wirkungen gegen Gelenkrheumatismus, Ischiasbeschwerden und Darmentzündungen.

Hopfen:

Als Tee einmal täglich 1/2 TL auf 1 Tasse Wasser kurz aufkochen und abgießen. Hopfentee hat sehr beruhigende Wirkungen auf den Organismus und wirkt sogar einschläfernd. Er wird gegen Schlaflosigkeit und bei überhöhter Reizbarkeit beruhigend verwendet. Hopfen wirkt auch sehr lindernd gegen nervliche Leiden. Da Hopfen sehr starke Wirkungen hat, empfehlen wir Ihnen vorher den Gebrauch von Baldrian. Wir bitten Sie, Hopfen bei längerer Anwendung nur unter ärztlicher Aufsicht zu verwenden.

Huflattich:

Als Tee dreimal täglich 1 bis 2 TL mit 1 Tasse kochendem Wasser übergießen und ca. 5 Minuten ziehen lassen, abgießen. Danach mit etwas Honig oder Zucker süßen.
Dieser Tee ist ein altbewährtes Hustenmittel und wirkt schleimlösend bei chronischen und akuten Erkältungskrankheiten, Lungenerkankungen und bei asthmatischen Leiden. Huflattich ist darüberhinaus krampflösend und auch ein altbewähres Heilmittel gegen Ausschläge und Akne.

Indischer Nierentee:

Als Tee zwei- bis dreimal täglich 2 TL mit 1 Tasse kochendem Wasser übergießen und ca. 5 Minuten ziehen lassen, abgießen.
Dieser Tee eignet sich als Heilmittel gegen Nieren- und Blasenerkrankungen. Er wirkt auch heilend bei Schrumpfnieren. Darüberhinaus hat er harntreibende Eigenschaften und wirkt entschlackend und reinigend für den Organismus.

Ingwer:

Dieses Gewürz ist aus fernöstlicher Küche zu uns gekommen und erfreut sich auch bei uns immer größerer Beliebtheit. Ingwer regt die Verdauung an und lindert Störungen im Magen und Darmtrakt. Er lindert auch Übelkeit und häufiges Erbrechen. Auf Reisen, Schiffsfahrten und längeren Autofahrten lindert Ingwer die häufig mit Übelkeit verbundenen Reisekrankheiten.

Isländisches Moos:

Als Tee zwei- bis dreimal täglich 1 TL auf 1 Tasse Wasser aufkochen, ca. 5 Minuten ziehen lassen und abgießen.
Isländisches Moos wird sehr gerne gegen Erkältungs- und Hustenkrankheiten bei Kindern verwendet. Da dieses nicht nur hustenreizmildernd, sondern auch appetitanregend ist.

Johannisbeere schwarz:

Als Tee zwei- bis dreimal täglich 1 TL mit 1 Tasse kochendem Wasser übergießen und ca. 5 Minuten ziehen lassen, abgießen.
Johannisbeere ist ein altbewährtes Hustenmittel und wirkt auch lindernd gegen andere Erkältungskrankheiten. Rheumatische Erkrankungen und Gichtleiden können ebenfalls durch Johannisbeere gelindert und geheilt werden.

Johanniskraut:

Als Tee zwei- bis dreimal täglich 1 TL mit 1 Tasse kochendem Wasser übergießen und ca. 2 Minuten ziehen lassen, abgießen.
Dieser Tee hat sehr nervenberuhigende Eigenschaften und wird als Beruhigungsmittel auch gegen Schlaflosigkeit und Depressionen verwendet. Darüberhinaus ist Johanniskraut ein Heilmittel gegen Entzündungen und Nierenleiden, Magen- und Darmerkrankungen (Gastritis), Gallenleiden und Hämorrhoiden. Es hilft bei Erkrankungen der Atmungsorgane. Bei Hauterkrankungen, Hautreizungen, schuppiger Haut, Nervenentzündungen oder -quetschungen läßt sich Johanniskraut sehr heilend verwenden. Es lindert migränehafte Kopfschmerzen und durch Migräne oder Gehirnerschütterung hervorgerufene Übelkeit.

Kamille:

Als Tee dreimal täglich 1 bis 2 TL auf 1 Tasse Wasser aufkochen, ca. 5 Minuten ziehen lassen und abgießen.
Kamille kann als Tee, äußerlich als Wickel, zur Hautspülung und als Badezusatz verwendet werden. Sie hat neben krampflösenden Wirkungen eine nahezu wunderhafte Heilwirkung auf innerliche und äußerliche Entzündungen. Sie lindert auch Erkältungskrankheiten und

grippale Infektionen. Kamille lindert Entzündungen der Haut und Schleimhäute und heilt äußerliche Hauterkrankungen und Ekzeme ebenso wie entzündliche Leiden der inneren Schleimhäute. Sie hilft daher besonders gegen Magenschmerzen, Darmerkrankungen, Blähungen und Koliken. Auch gegen Menstruationsbeschwerden hat sich Kamille als sehr erfolgreich bewiesen. Ober einen längeren Zeitraum können sogar nervöse Störungen, streßbedingte Mangelerscheinungen, Depressionen, Neuralgien und sogar Rheumatismus gelindert und geheilt werden.

Kardamom:

Dieses südländische Gewürz ist uns meistens aus der Türkei und nordaftikanischen Ländern bekannt. Es wird dort dem typischen Mokka hinzugegeben und verleiht diesem seine charakteristischen Eigenschaften. Gleichzeitig hat dieses Gewürz auch sehr regulierende Wirkungen auf die Magen- und Darmmuskulatur, verhindert Fäulnisdispepsien und Blähungen.

Kastanie, echt:

Als Tee zwei- bis dreimal täglich 2 TL mit einer Tasse kochendes Wasser übergießen und ca. 5 Minuten ziehen lassen, abgießen.
Dieser Tee wird sehr heilend gegen Keuchhusten und andere Erkältungskrankheiten der Atemwege verwendet. Die echte Kastanie darf nicht mit den Blättern der Roßkastanie verwechselt werden.

Knoblauch:

Täglich eine Zehe gepreßt als Zusatz zu Salaten und Soßen. Es gibt auch eine Vielzahl von Fertigprodukten, welche einfacher einzunehmen sind. Knoblauch hat sehr stark bakterientötende Wirkungen und wird daher zum Vorbeugen und Heilen vieler Infektionskrankheiten verwendet. So z. B. auch gegen Infektionen der Atmungsorgane, gegen Darminfektionen und Grippe. Knoblauch senkt den Blutdruck und zu hohe Cholesterinwerte und lindert Artereosklerose. Knoblauch wird auch gerne gegen Magenverstimmungen, Magen-Darm-Infektionen und bei Verstopfung verwendet.

Koreander:

Koreander wird meist als ätherisches Öl oder Gewürz verwendet. Als würzender Zusatz in der Küche wirkt er sehr entzündungshemmend und regt die Bildung der Magensäfte in den Drüsen an. Schwere und fette Speisen werden durch Koreander besser verdaulich.

Kümmel:

Als Tee zwei- bis dreimal täglich 1 TL mit 1 Tasse siedendem Wasser übergießen, ca. 5 Minuten ziehen lassen, abgießen. Kümmel ist auch ein beliebtes Gewürz.
Kümmeltee wird bei Blähungen, mangelnder Verdauung und Appetitlosigkeit verwendet. Aber auch bei Magenverstimmungen, Magen- und Darmbeschwerden, Gallenleiden, Bauchweh und Koliken ist Kümmel lindernd und heilend. Darüberhinaus hat Kümmel harntreibende, entgiftende und entschlackende Eigenschaften.

Kurkuma:

Als Tee, zwei- bis dreimal täglich 1 TL auf 1 Tasse Wasser kurz aufkochen und abgießen. Kurkuma wird gegen Gallenleiden, Gallenerkrankungen und Gallensteine, sowie als Magenmittel verwendet und erfreut sich auch bei uns als Gewürz steigender Beliebtheit.

Lein:

3 bis 5 EL frisch gemahlene Leinsamen werden in Milch verrührt und morgens und abends eingenommen. Der hohe Gehalt an ungesättigten Fettsäuren in den Leinsamen unterstützt den Organismus während der Reinigung und der Entschlackung. Es baut Cholesterin ab und befreit die Blutgefäße von Ablagerungen. Leinsamen unterstützt die

Gewichtsreduzierung und das Abnehmen und fungiert auch über längere Zeit hinweg als mildes Abführmittel.

Linde:

Als Tee zwei- bis dreimal täglich ca. 2 TL mit 1 Tasse siedendem Wasser übergießen, 5 Minuten ziehen lassen und abgießen.
Lindenblüten haben sehr schweißtreibende Eigenschaften und sind in ihren Wirkungen sanft und beständig gegen Erkältungs- und Infektionskrankheiten. Aufgrund der sanften Heilwirkungen der Lindenblüten werden diese sehr gerne bei Kindern verwendet.

Löwenzahn:

Als Tee dreimal täglich 1 TL auf 1 Tasse Wasser kurz aufkochen und 5 Minuten ziehen lassen, abgießen.
Löwenzahn hat sehr blutreinigende Eigenschaften. Er steigert den Appetit und lindert rheumatische Erkrankungen. Löwenzahn ist harntreibend und entschlackend für den Organismus. Darüberhinaus wirkt Löwenzahn auch sehr lindernd und heilend bei Nieren-, Gallen- und Lebererkrankungen.

Lungenkraut:

Als Tee dreimal täglich 1 TL in 1 Tasse Wasser kurz aufkochen, 3 Minuten ziehen lassen, abgießen.
Lungenkraut erweist sich zur Unterstützung bei der Behandlung von Erkältungskrankheiten und starken Lungenerkrankungen als sehr heilsam. Es ist auswurffördernd und keimtötend.

Malve:

Als Tee dreimal täglich 2 TL auf 1 Tasse Wasser aufkochen, ca. 5 Minuten ziehen lassen und abgießen.
Malve dient als gutes Heilmittel gegen Entzündungen der Atemwege, Husten, sowie bei Magen- und Darmerkrankungen. Sie lindert Magenkoliken. Malve ist daher in unzähligen Teemischungen als Heilmittel vorhanden.

Melisse:

Als Tee dreimal täglich 1 bis 2 TL mit einer Tasse kochendem Wasser übergießen und ca. 5 Minuten ziehen lassen, abgießen.
Melisse hat sehr krampflösende und beruhigende Eigenschaften und wird daher gegen Schlafstörungen, Einschlafschwierigkeiten und starke Alpträume verwendet. Sie dient aber auch der Heilung nervöser Magen- und Darmleiden, lindert Blähungen und Verdauungsprobleme und ist auch sehr heilend bei Erkältungskrankheiten im Hals-Nasen-Bereich. Auch gegen asthmatische Erkrankungen hat Melisse stark vorbeugende und heilende Eigenschaften.

Mistel:

Mistel sollte, zwei bis dreimal täglich, als Kaltgetränk verwendet werden. 1 TL auf 1 Tasse kaltes Wasser ca. 5 Stunden, oder über Nacht, ziehen lassen. Am besten ist es, gleich eine größere Menge anzusetzen.
Mistel ist ein altbewährtes Heilmittel, welches sehr schmerzstillende Wirkungen gegen Kopf und Gliederschmerzen, Migräne und wetterabhängige Kopfschmerzen hat. Sie reinigt die Gefäße, beugt Verkalkung vor und senkt den Blutdruck. Darüberhinaus lindert Mistel Epilepsien und beugt epileptischen Anfällen vor. Bei Anschwellung der Bronchien oder bei Bronchialasthma wirkt Mistel ebenfalls sehr heilend.

Muskat:

Muskat ist ein charakteristisches Gewürz, welches aus der Muskatnuß gewonnen wird. Dieses hat sehr antiseptische und desinfizierende Eigenschaften und tötet Bakterien und

Viren im Körper. Darüberhinaus unterstützt Muskat die Galle in ihrer Produktion von Gallenflüssigkeit.

Nelke:
Nelke erfreut sich nicht nur als Heilpflanze großer Beliebtheit, sondern wird auch bei uns immer häufiger als Gewürzpflanze und ätherisches Öl verwendet. Als Gewürz beruhigt Nelke die Nerven und den Kreislauf und fördert die Konzentration. Schon im alten China waren die schmerzlindernden Eigenschaften von Nelke, besonders auf Zahnschmerzen, bekannt.

Petersilie:
Als Tee ein- bis zweimal täglich ca. 1 TL auf 1 Tasse Wasser kurz aufkochen und abgießen. Petersilie wird gegen Nieren- und Blasenerkrankungen und bei Entzündungen der Harnwege verwendet. Sie ist sehr blutreinigend, entschlackend und entwässernd. Petersilientee soll nicht während der Schwangerschaft verwendet werden.

Pfeffer:
Pfeffer ist ein beliebtes Gewürz, welches sich aus der Küche nicht mehr wegdenken läßt. Neben den geschmackverstärkenden Eigenschaften hat Pfeffer sehr aktivierende Wirkungen auf den Kreislauf und den Stoffwechsel. Er verhindert Arterienverkalkung und Senilität.

Pfefferminze:
Als Tee zwei- bis dreimal täglich 1 bis 2 TL mit 1 Tasse kochendem Wasser übergießen, ca. 5 Minuten ziehen lassen und abgießen.
Pfefferminze hat krampflösende Eigenschaften und wirkt galletreibend und desinfizierend gegen Erreger. Sie wird daher gegen Störungen und Erkrankungen im Magen- und Darmbereich, wie z. B. gegen Gallenerkrankungen, Durchfälle, Magen- und Darmkoliken und sogar zur Beruhigung des Magens bei häufigem Erbrechen verwendet. Sie wirkt sehr heilend gegen Erkältungskrankheiten und gleichzeitig lindernd und vorbeugend gegen Migräne, Nervenschmerzen und krampfartige Nervenerkrankungen. Pfefferminze lindert Hysterie und andere nervlich bedingte Streß- und Depressionserscheinungen. Als Gurgelmittel wird Pfefferminze gegen Zahnschmerzen und Entzündungen im Mund- und Rachenbereich verwendet.

Quecke:
Als Tee zwei- bis dreimal täglich 1 TL mit 1 Tasse kochendem Wasser übergießen, 5 Minuten ziehen lassen und abgießen.
Quecke wird als Blutreinigungsmittel und zur Entschlackung der Verdauungsorgane verwendet.

Ringelblume:
Als Tee ein- bis zweimal täglich 1 TL mit 1 Tasse kochendem Wasser übergießen, ca. 5 Minuten ziehen lassen, abgießen.
Die Ringelblume hat harntreibende Wirkung und lindert Darmerkrankungen. Sie ist daher fester Bestandteil in vielen Teemischungen.

Rosmarin:
Als Tee ein- bis zweimal täglich 1 TL auf 1 Tasse Wasser nur kurz ziehen lassen und abgießen.
Rosmarintee aktiviert und stabilisiert den Kreislauf und kräftigt das Nervensystem. Er beruhigt darüberhinaus zu Nervosität neigende Menschen, nimmt Aggressionen und Depressionen. Rosmarin sollte nicht über einen längeren Zeitraum regelmäßig verwendet werden sondern nur für einige Tage hintereinander einmal im Monat.

Salbei:

Als Tee oder Gurgelmittel zweimal täglich 1 TL mit 1 Tasse kochendem Wasser übergießen und ca. 5 Minuten ziehen lassen, abgießen.

Als Gurgelwasser eignet sich Salbei sehr gut bei Entzündungen im Mund- und Rachenraum bis hin zu starken Mandelerkrankungen und löst auch stark eiternde und schleimende Bronchialerkrankungen und Bronchialkatarrhe. Übermäßig schwitzende Menschen können Salbei als schweißhemmendes Mittel verwenden. Während das konzentrierte Salbei-Öl niemals während der Schwangerschaft verwendet werden sollte, können Salbeigewürze und Salbeitees jederzeit bedenkenlos verwendet werden.

Sanddorn:

Sanddorn enthält sehr viel Vitamin C und sollte nur als unbehandelter Sanddornsirup eingenommen werden. Der hohe Vitamin C Gehalt des Sanddorns wirkt vor allem in nassen und kalten Monaten sehr vorbeugend gegen Erkältungskrankheiten und grippale Infektionen. Er ist ein Stärkemittel für den Organismus.

Schafgarbe:

Als Tee drei- bis viermal täglich 1 bis 2 TL mit 1 Tasse kochendem Wasser übergießen und ca. 5 Minuten ziehen lassen, abgießen.

Schafgarbe hat sehr appetitanregende Eigenschaften. Sie lindert Erkrankungen im Magen und Darmbereich und löst Verdauungsprobleme, Blähungen und andere verdauungsbedingte Störungen.

Schlehe:

Als Tee zwei- bis dreimal täglich 1 bis 2 TL mit 1 Tasse kochendem Wasser aufgießen und ca. 5 Minuten ziehen lassen, abgießen.

Schlehe hat sehr krampflösende Eigenschaften und hilft ganz besonders gegen fortgeschrittene Darm- und Magenkrämpfe. Sie lindert starke Blähungen, Blähungskoliken und krampfhafte Verdauungsproble-me. Sie ist harn- und schweißtreibend und hat daher neben der reinigenden Funktion für den Organismus auch heilende Wirkungen gegen Blasenkoliken und Erkältungskrankheiten. Schlehe wird sehr gerne als Blutreinigungsmittel verwendet.

Schlüsselblume:

Als Tee dreimal täglich 2 TL auf 1 Tasse Wasser kurz aufkochen und ca. 3 Minuten ziehen lassen, abgießen. Schlüsselblume sollte nur für einige Tage innerhalb eines Monats und nicht über einen längeren Zeitraum verwendet werden. Sie hilft gegen chronische und akute Erkältungskrankheiten der Hals- Nasen- Lungenwege. Schlüsselblume löst Verschleimungen im Rachenraum und läßt sich daher besonders gegen starken Husten und Keuchhusten verwenden. Sie hat auch lindernde und heilende Wirkungen gegen asthmatische Atemprobleme.

Spargel:

Als Tee zweimal täglich 1 TL mit 1 Tasse kochendem Wasser übergießen und ca. 5 Minuten ziehen lassen, abgießen.

Spargel hat aufgrund seiner stark harntreibenden und entwässernden Eigenschaften starke Heilwirkungen gegen Nieren- und Blasenerkrankungen. Spargel reinigt und entschlackt den Organismus und unterstützt so die Gewichtsreduzierung.

Spitzwegerich:

Als Tee drei- bis viermal täglich 1 TL mit 1 Tasse kochendem Wasser übergießen, ca. 5 Minuten ziehen lassen, abgießen. Spitzwegerich hat sehr entzündungshemmende Wirkungen auf die Schleimhäute und lindert akute Erkrankungen der Atmungsorgane im Hals- Rachenraum. Er lindert starken Husten, Heiserkeit und schleimige Katarrhe.

Steinklee:

Als Tee zwei- bis dreimal täglich 1 TL mit 1 Tasse kochendem Wasser übergießen und ca. 5 Minuten ziehen lassen, abgießen.

Steinklee eignet sich als vorbeugendes Mittel gegen Venenerkrankungen und Krampfadern. Er lindert auch Hämorrhoiden. Steinkleetee sollte jedoch nur für max. 7 Tage im Monat verwendet werden.

Stiefmütterchen:

Als Tee jeweils morgens und abends 2 TL mit 1 Tasse kochendem Wasser übergießen und 2 bis 3 Minuten ziehen lassen, abgießen.

Stiefmütterchen haben neben harntreibenden Wirkungen auch sehr blutreinigende Eigenschaften. Besonders bei akuten, chronischen und allergischen Hauterkrankungen haben Stiefmütterchen vorbeugende und heilende Kräfte. Hierbei wird der Tee äußerlich zum Tränken von Mullkompressen verwendet. Dies gilt auch für Säuglingsekzeme und Milchschorf.

Süßholz, Lakritze:

Als Tee sollte dieses Heilmittel über längere Zeit nur unter ärztlicher Aufsicht verwendet werden. Süßholz ist aufgrund seiner eigenartigen Geschmacksrichtung häufiger geschmacksverbessernder Bestandteil in einer Vielzahl von Kräutermischungen und Hustensäften. Die wichtigsten heilenden Wirkungen von Süßholz liegen in den stark schleimlösenden Eigenschaften und den harntreibenden Funktionen. Es ist daher nicht nur geschmacksverbessernd, sondern auch schleimlösender Bestandteil in nahezu allen Hustenmischungen. Süßholz wirkt darüberhinaus auch sehr lindernd bei Zwölffingerdarms und Magengeschwüren.

Tausendgüldenkraut:

Als Tee zwei- bis dreimal täglich 1 TL mit 1 Tasse kochendem Wasser übergießen und ca. 5 Minuten ziehen lassen, abgießen.

Dieses Heilkraut wird als Magenmittel gegen eine Vielzahl von innerlichen Erkrankungen verwendet. So z. B. gegen Magen- und Darmstörungen, Leber- und Gallenleiden.

Thymian:

Als Tee, vier- bis fünfmal täglich 1 bis 2 TL mit 1 Tasse kochendem Wasser übergießen und ca. 5 Minuten ziehen lassen, abgießen.

Thymian ist ein altbewährtes Hustenmittel. Er wirkt gegen Husten, Heiserkeit und Hals-Nasen-Rachenraum-Entzündungen. Auch gegen Keuchhusten, Bronchial- und Kehlkopfkatarrh und andere unangenehme kratzende, schleimende und stark reizende Hustenerkrankungen wird Thymian verwendet. Darüberhinaus hat Thymian harntreibende und appetitanregende Eigenschaften. Er eignet sich auch sehr gut zum Mundspülen gegen Mund- und Schleimhaut-Infektionen und als Zusatz zu Kräuterbädern. Thymian ist fester Bestandteil nahezu aller Husten- und Erkältungsmittel.

Wacholder:

Als Tee oder Essenszusatz zweimal täglich 1 TL mit 1 Tasse kochendem Wasser aufgießen und ca. 5 Minuten ziehen lassen, abgießen. Wacholder ist auch ein beliebtes Gewürz.

Wacholder hat sehr stark lindernde und heilende Wirkungen gegen chronische Stoffwechselstörungen, Gicht und rheumatische Leiden. Er ist sehr harntreibend, entwässernd, appetitanregend und verdauungsfördernd. Wacholder hat, neben seinen desinfizierenden und belebenden Eigenschaften, auch sehr lindernde Wirkungen auf Erkältungskrankheiten. Auf dem Markt befindlicher Wacholderspiritus wird sehr gut als natürliches Heilmittel zum Einreiben gegen Ischiasbeschwerden, Hexenschuß und rheumatische Leiden verwendet.

Waldmeister:

Zum Einnehmen als Kaltgetränk morgens und abends 1 Tasse. Ca. 2 TL auf 1 Tasse Wasser kalt ansetzen und über Nacht ziehen lassen, abgießen.
Waldmeister hat harntreibende Eigenschaften und wird bei Harnwegserkrankungen und Wassersucht verwendet. Darüberhinaus ist Waldmeister ein leichtes Beruhigungsmittel, welches wie ein Balsam für die Nerven wirkt und gleichzeitig für gesunden und erholsamen Schlaf sorgt.

Wegwarte:

Als Tee ein- bis zweimal täglich 1 TL mit 1 Tasse kochendem Wasser übergießen, ca. 5 Minuten ziehen lassen, abgießen.
Wegwarte hat verdauensfördernde und appetitanregende Eigenschaften. Darüberhinaus ist sie ein sicheres Heilmittel bei Gallenleiden und Magen- Darm-Pförtnererkrankungen.

Weide:

Als Tee zwei- bis dreimal täglich 1 TL mit 1 Tasse kochendem Wasser übergießen und ca. 5 Minuten ziehen lassen, abgießen.
Weide hat fiebersenkende Eigenschaften und darüberhinaus lindernde Heilwirkungen gegen grippale und rheumatische Gliederschmerzen. Sie dient auch als Heilmittel gegen Magen und Darmerkrankungen und lindert starke Magengeschwüre. Als Spülung heilt Weide Zahnfleischbluten, empfindliche Zahnhälse und kräftigt das Zahnfleisch (Parodontose).

Weißdorn:

Als Tee zwei- bis dreimal täglich 2 TL mit 1 Tasse kochendem Wasser aufgießen und ca. 5 Minuten ziehen lassen, abgießen.
Weißdorn hat sehr beruhigende, heilende und vorbeugende Wirkungen auf die Herzmuskulatur. Er wird gegen Durchblutungsstörungen und Herzrhytmusstörungen verwendet, und bewahrt vor Altersherz. Gleichzeitig senkt Weißdorn den Blutdruck. Neben den vorbeugenden und heilenden Eigenschaften von Weißdorn gegen Herzerkrankungen und Störungen der Herzkranzgefäße wird Weißdorn auch als Heilmittel gegen Erkrankungen der Hirngefäße verwendet. Weißdorn heilt Lähmungserscheinungen, Senilität und Schwachsinn. Weißdorn kann über einen längeren Zeitraum hinweg ohne Nebenwirkungen verwendet werden und ist daher auch ein beliebtes Vorsorgemittel.

Wermut:

Als Tee zwei- bis dreimal täglich 1 TL mit 1 Tasse kochendem Wasser aufgießen und ca. 2 Minuten ziehen lassen, abgießen.
Wermuttee wirkt krampflösend, verdauensfördernd und appetitanregend. Seine Haupteigenschaften liegen in den entzündungshemmenden Wirkungen. Er wird daher vor allem gegen Entzündungen und Geschwüre im Magen- und Darmbereich verwendet. Wermut sollte niemals über einen längeren Zeitraum hinweg eingenommen werden.

Zimt:

Dieses beliebte Gewürz stammt aus Ceylon und wird bei uns vielfach für die Weihnachtsbäckerei und zum Glühwein verwendet. Zimt hat sehr antiseptische Wirkungen gegen Bakterien und Viren. Er hilft gegen Verdauungsstörungen, Blähungen und bei Durchfall. Zimt reguliert den Blutzuckerspiegel und kräftigt die Bauchspeicheldrüse.

Zinnkraut, Schachtelhalm:

Als Tee zwei- bis dreimal täglich 1 TL auf 1 Tasse Wasser ca. 15 Minuten aufkochen und 5 Minuten ziehen lassen, abgießen.
Zinnkraut wird sehr gerne gegen Nieren- und Blasenerkrankungen und bei Erkältungskrankheiten aller Art verwendet. Darüberhinaus wirkt dieses sehr lindernd und heilend bei Lungenerkrankungen, Lungenentzündung und Lungentuberkulose.

Liebe Leser, Helfen Sie mit!

Wir freuen uns, dass Sie sich für das "Große Lexikon der Heilsteine, Düfte und Kräuter entschieden haben. Sicherlich wird Ihnen dieses Werk auch weiterhin auf der Suche nach den passenden Heilsteinen, Düften und Kräutern für mehr Wohlbefinden und Gesundheit ein treuer Begleiter bleiben. Wir möchten Sie, so kurz vor dem Schluss, noch um einen großen Gefallen bitten, nämlich um Ihre Mithilfe.

Traditionelle Medizin ist in ihrer bisher bekannten Vielfalt nicht nur deshalb so erfolgreich, weil sie täglich millionenfach von zufriedenen Kunden erfahren wird, sondern vor allem auch deshalb, weil sie von geheilten Menschen weiterempfohlen wird. Um ein Stück Erfahrung reicher und trefflicher in der Anwendung wurden so die Wirkungen vieler Naturheilmittel, sozusagen über Jahrhunderte hinweg, von Generation zu Generation, bis heute, weiter erzählt. Den vielen Menschen, die sich die Mühe dafür gemacht haben, die natürlichen Heilmittel nicht nur für sich zu gebrauchen, sondern gleichzeitig auch an ihre Kinder, Bekannten und Verwandten weiter zu erzählen, verdanken wir zum Beispiel auch dieses Buch.

Die Beschreibungen im Großen Lexikon der Heilsteine, Düfte & Kräuter beruhen auf den Erfahrungen und soliden Recherchen engagierter Menschen, die die ganze Welt bereisen, um von den verschiedenen Völkern und Kulturen zu erfahren, welche Naturheilmittel, insbesondere Heilsteine, sie seit Generationen erfolgreich gegen welche Krankheiten anwenden. Die Erfahrungen und Erkenntnisse über die Steine, die am häufigsten von unabhängigen geheilten Personen beschrieben werden, wurden als Erfahrungsschatz und Kulturerbe mit Steinen, Düften und Kräutern in dieses Buch aufgenommen. Das soll auch weiterhin so bleiben. Denn wir sind überzeugt davon, dass es auch unsere Pflicht ist, unseren Kindern das Wissen über die wahren Naturheilmittel zu überliefern. Nur so haben auch sie zusätzlich zur Pharmazie die Chance, auf natürliche Heilmittel ohne Nebenwirkungen zurückgreifen zu können. Durch die guten Erfahrungen von Millionen geheilter Menschen in Verbindung mit generationsübergreifenden Überlieferungen ist klar, dass die Wirkungen heilender Steine und anderer Naturheilmittel genauso bestätigt ist, wie moderne pharmazeutische Produkte auch, allerdings ohne Nebenwirkungen.

Seitdem das große Lexikon der Heilsteine, Düfte & Kräuter von Methusalem veröffentlicht wurde, sind viele Jahre vergangen. Unabhängige Autoren, Naturmediziner und Therapeuten waren seitdem weltweit weiterhin für Sie aktiv und haben nach weiteren Anwendungsmöglichkeiten von Heilsteinen für Sie geforscht. Ihre Ergebnisse werden augenblicklich für Sie zusammengefasst und veröffentlicht.

In diesem Zusammenhang möchten wir auch Sie, werter Leser und Anwender, innigst darum bitten, uns auch Ihre Erfahrungen mit Heilsteinen in kurzen Zeilen, ev. per E-Mail, auf beiliegender Postkarte oder per Brief mitzuteilen. Wir berücksichtigen jede Zuschrift, beziehen sie in unsere umfangreichen Recherchen mit ein und vergleichen sie mit den Erkenntnissen weiterer Tausender von Menschen. Die Erfahrungen, die sich mit den meisten beschriebenen Wirkungen der Steine decken, werden wir veröffentlichen. So wird sicher gestellt, dass der Erfahrungsschatz unserer Vorfahren auch von uns weiter gepflegt und um das Wissen ergänzt wird, was wir in unserer Generation herausgefunden haben. Hierdurch wird auch unseren Kindern das Erbe und das zusätzliche Wissen unserer Generation überliefert, damit auch sie die Chance haben, auf natürliche Heilmittel zugreifen zu können. Das sind wir unseren Kindern schuldig!

Wir freuen uns auf Ihre Zuschrift!